LERNHELFER – DEIN ONLINEPORTAL ZUM BUCH

Ergänzende Lernkartensets und Abitur-Originalklausuren zur Prüfungsvorbereitung

Lernen, wann du willst, wo du willst und wie du willst! So funktioniert's:

BUCH

Mit deinem Nachschlagewerk für den gesamten Schulstoff der Oberstufe kannst du dich gezielt auf Unterrichtsinhalte vorbereiten und verpasste Themen nachholen.

WEB

Melde dich bei unserem Lernportal über **www.lernhelfer.de/basiswissen-abitur** an und nutze alle zusätzlichen Features:

- das Schülerlexikon mit zahlreichen Beiträgen und Wissenstests
- deinen persönlichen Lernbereich mit Lernkarten und Originalprüfungen zum Abitur
- die Möglichkeit, eigene Lernkartensets zu erstellen

APP

Mit der kostenlosen Lernhelfer-App kannst du bequem unterwegs lernen:

- mobiler Zugriff auf die Inhalte des Webportals www.lernhelfer.de
- Bearbeiten, Sortieren und Erstellen von deinen Lernkarten

Passendes Übungsmaterial bei Lernhelfer

Mit deinem Basiswissen Abitur erhältst du Lernkarten für die Oberstufe und Originalklausuren mit Lösungen zur Prüfungsvorbereitung. Alles exklusiv im Paket für nur 1,– Euro.

Melde Dich einfach an unter:

www.lernhelfer.de/basiswissen-abitur

Dein Lernpaket zum Abitur

für nur 1,– Euro!

Inhaltsverzeichnis

Wissenschaftliches Arbeiten im Deutschunterricht

1

1.1 Deutsch als Wissenschaft und Unterrichtsfach

1.1.1 Einordnung der Germanistik in die Wissenschaften

Die Wissenschaft, die sich mit der deutschen Sprache und der deutschsprachigen Literatur beschäftigt, ist die **Germanistik.**

Philologie: aus griech. phílos = Freund und griech. lógos = Wort

Sie gehört demnach – wie die Anglistik, die Slawistik und die Skandinavistik – zu den zahlreichen **Philologien,** also den Wissenschaften einzelner Sprachen und ihrer Literaturen.

Die **Bildungssprache,** d. h. die Sprache, welche auf Universitäten gepflegt wurde, war bis ins 17. Jahrhundert fast ausschließlich das Latein. Die literarischen Werke dagegen wurden schon seit dem 8. Jahrhundert zu großen Teilen in der Sprache aufgeschrieben, die das Volk sprach. Seit der Zeit des Humanismus äußerten sich auch Wissenschaftler unterschiedlicher Fachrichtungen zunehmend in deutscher Sprache, u. a. schrieb MARTIN LUTHER (1483–1546) seinen „Sendbrief vom Dolmetschen" (1530) auf Deutsch.
Der Philosoph und Jurist MARTIN OPITZ (1597–1639) beschäftigte sich in seinem „Buch von der Deutschen Poeterey" (1624) mit dem Versbau.
DANIEL GEORG MORHOF (1639–1691) war in Rostock u. a. Lehrstuhlinhaber für Poesie. Sein Werk „Unterricht von der deutschen Sprache und Poesie" (1682) hatte großen Einfluss auf die Entwicklung der Germanistik als eigenständige Wissenschaft.
Ende des 18./Anfang des 19. Jahrhunderts wurde die „schöne Literatur" zum Gegenstand von Literaturgeschichten gemacht. Aber als selbstständige Wissenschaftsdisziplin existiert die Germanistik erst seit dem 19. Jahrhundert.

Porträt der Brüder GRIMM

Herausragende Verdienste bei der Etablierung der Germanistik als Wissenschaft erwarben sich die Brüder JAKOB (1785–1863) und WILHELM (1786–1859) GRIMM. Die studierten Rechtswissenschaftler begannen schon früh – auf Anregung ACHIM VON ARNIMS (1781–1831) und seines Freundes, CLEMENS BRENTANO (1778–1842) – mit dem Sammeln von Volksmärchen und Volkssagen. Ihre Arbeiten blieben jedoch nicht nur auf das Sammeln alter und älterer Texte beschränkt, sondern zogen die Untersuchung der Geschichte der indogermanischen Sprachen nach sich. JACOB GRIMMS Ergebnis dieser Forschungen war seine

„Deutsche Grammatik", zwischen 1818 und 1819 erschienen. Er hat 1822 das Gesetz der ersten (germanischen) Lautverschiebung beschrieben (grimmsches Gesetz). Systematisch erläutert er den Lautwandel, insbesondere das Muster für die Veränderungen der Verschlusslaute (p).
Das **grimmsche Gesetz** zeigt, dass sich Veränderungen innerhalb einer Sprache sowie in Sprachgruppen äußerst langsam und allmählich vollziehen. Das Werk von JAKOB GRIMM wurde durch die Forschungen des dänischen Philologen KARL ADOLF VERNER zur Akzentverschiebung ergänzt. Das **vernersche Gesetz** beschreibt die gesetzmäßige Verschiebung des Wortakzents, die in Wörtern der germanischen Sprachen nach der von GRIMM beschriebenen Konsonantenverschiebung eingetreten ist.

Siehe Basiswissen Schule Deutsch (5.–10. Klasse)

DEUTSCHES

WÖRTERBUCH

JACOB GRIMM UND WILHELM GRIMM.

ERSTER BAND.

LEIPZIG
VERLAG VON S. HIRZEL.
1854.

Das wohl nachhaltigste Beispiel für eine gemeinsame Arbeit von JACOB und WILHELM GRIMM war die am **Deutschen Wörterbuch,** die 1838 begann. Sie wurde nach dem Tod der Brüder von anderen Philologen fortgesetzt. Erst 1961 erschien der letzte Band dieser Edition.
Eng befreundet waren die Brüder GRIMM mit dem Berliner Altphilologen KARL LACHMANN (1793 bis 1851), der sich um die Herausgabe mittelhochdeutscher Texte sehr verdient gemacht hat.
Dank dieser unermüdlichen Forscher wurde die **germanistische Mediävistik** ein selbstständiger Forschungsbereich an den deutschen Universitäten. Die Germanistik in ihrer Vielfältigkeit wurde 1858 mit dem ersten „Deutsch-Philologischen Seminar" in Rostock universitärer Forschungs- und Lehrbereich. Der erste (außerordentliche) Professor auf einem Lehrstuhl für deutsche Sprache und Literatur wurde jedoch bereits 1810 berufen: FRIEDRICH HEINRICH VON DER HAGEN. Er war studierter Jurist.
Die Germanistik ist demzufolge noch eine junge Wissenschaft. Doch baut sie auf philologische Traditionen auf, die weit in die Antike zurückreichen.
Die Germanistik ist Teil der sogenannten **Geisteswissenschaften.** WILHELM DILTHEY (1833–1911) bezeichnete diese als „Wissenschaften des handelnden Menschen"[1]. Als Gegenstand umreißt er: „Das Ganze der Wissenschaften, welche die geschichtlich-gesellschaftliche Wirklichkeit zu ihrem Gegenstande haben, wird [...] unter dem Namen der Geisteswissenschaften zusammengefaßt."[2] Dazu zählen alle diejenigen Wissenschaften, die sich mit Kultur, Geschichte, Politik, Medien, sozialen Fragen

1 Dilthey, Wilhelm: Gesammelte Schriften. Herausgegeben von Bernhard Groethuysen u. a., Leipzig u. a.: B. G. Teubner u. a., 1914ff.
2 Ebenda, S. 4.

u. a. befassen. Als wichtigste Methode der Geisteswissenschaften definierte DILTHEY die Methode des Verstehens. Er unterstrich, dass „diese Wissenschaften im Erleben und Verstehen begründet sind"[1]. In diesem Sinne sind die Geisteswissenschaften von ihm auch als „Erfahrungswissenschaften" bezeichnet worden.

1.1.2 Teilbereiche der Germanistik

Die **Teilbereiche der Germanistik** ergeben sich aus ihren Aufgaben. Da sich die Wissenschaft sowohl mit der deutschen Sprache als auch mit der deutschsprachigen Literatur beschäftigt, lässt sie sich zunächst grob in **Sprachwissenschaft** und **Literaturwissenschaft** einteilen. Allerdings gehört auch der geschichtliche Aspekt von Sprache und Literatur zum Gegenstand der Wissenschaft. Deshalb hat sich der Bereich, der sich mit der Sprach- und Literaturgeschichte des Mittelalters beschäftigt, als dritter eigenständiger Teil der Germanistik herausgebildet. Als vierter Teilbereich gilt die Fachdidaktik Deutsch.
Als Mediävistik (zu lat. medium aevum = mittleres Zeitalter) werden sowohl das Teilgebiet der Germanistik als auch das Teilgebiet der Geschichtswissenschaft bezeichnet, die sich mit dem Mittelalter beschäftigen.

Germanistische Sprachwissenschaft (Linguistik)
- Lautsystem der Sprache (Phonologie)
- Schriftsystem der Sprache (Orthografie)
- Aufbau von Wörtern und Wortformen (Morphologie)
- Aufbau von Wortgruppen und Sätzen (Syntax)
- Bedeutung von Wörtern und Sätzen (Semantik)
- Bedeutung sprachlicher Äußerungen (Pragmatik)
- Wortschatz (Lexikologie u. a.)

Deutsche Sprache und Literatur des Mittelalters (Mediävistik)
Sprach- und Literaturgeschichte des Althochdeutschen, Mittelhochdeutschen und Frühneuhochdeutschen:
sprachliche und literarische Überlieferungen von den Anfängen deutscher Sprache (um 800) bis zur Frühen Neuzeit

Neuere deutsche Literatur
Literaturgeschichte vom 16. Jahrhundert bis zur Gegenwart:
Literaturtheorie, Medientheorie, Epochenfragen, Gattungsfragen

Didaktik der deutschen Sprache und Literatur
Untersuchung von Bildungszielen, Themen und Inhalten des Deutschunterrichts aller Schulformen
- Sprachdidaktik, Literaturdidaktik und Mediendidaktik
- Didaktik des Deutschen als Muttersprache
- Didaktik des Deutschen als Zweitsprache (Fremdsprache)

Darüber hinaus gibt es **Schnittstellen zu anderen Disziplinen** der Geisteswissenschaften. Eine der wichtigsten davon ist die zu den *anderen*

1 Dilthey, Wilhelm: Der Aufbau der geschichtlichen Welt in den Geisteswissenschaften. Einleitung von Manfred Riedel, Frankfurt a. Main: Suhrkamp, 1970, S.140.

Philologien, denn sie beschäftigen sich mit demselben Thema: mit der Sprache und ihrer Literatur. Sprachen und Literaturen haben sich seit Jahrtausenden gegenseitig befruchtet. So nimmt es nicht wunder, dass ein weiterer Untersuchungsgegenstand der Vergleich der Literaturen ist. Dies geschieht in der **Komparatistik.** Auch im Teilgebiet der Sprachwissenschaft wird die Methode des Vergleichs in der **Vergleichenden bzw. Indogermanischen Sprachwissenschaft** angewendet. Eine Schnittstelle zur Geschichtswissenschaft sichert das historische Wissen ab, zur Philosophie, Kunst- und Musikwissenschaft sind ästhetische Fragen für einen Dialog verfügbar usw.

1.1.3 Der Deutschunterricht in der Oberstufe

Aufgaben und Ziele des Deutschunterrichts

Sprache ist zunächst grundlegendes Medium der Verständigung in allen Lebensbereichen. Das bedeutet: Die Beherrschung der Sprache ist die Voraussetzung für die Bewältigung aller Lern- und Lebensbereiche. Das Beherrschen der **Muttersprache** ist seit der ersten Klasse der Grundschule die Schlüsselqualifikation, das **Fach Deutsch** gilt allgemein als das schulische **Basis- und Querschnittsfach** in in den deutschsprachigen Ländern. Im **Deutschunterricht** wird Sprache nicht nur als Mittel der Wissensaneignung und Erkenntnisgewinnung betrachtet und erlernt, sondern ist zusätzlich auch Inhalt des Unterrichts.
In der **Oberstufe** wird Deutsch zu einem wichtigen **Prüfungsfach.** Die in zwölf bzw. dreizehn Schuljahren erworbenen Fähigkeiten und Fertigkeiten, Kenntnisse, die fachlichen Kompetenzen werden in schriftlichen und mündlichen Prüfungen abgefordert. Mit dem Abitur oder der Matura erwerben Sie die Hochschulreife.
Die **„Einheitlichen Prüfungsanforderungen in der Abiturprüfung Deutsch"** (EPA) schreiben deshalb dem „Fach einen wesentlichen Beitrag zum Erwerb von Grundfertigkeiten für Studium und Beruf"[1] zu.
Erreicht werden soll dies durch „Vermittlung vielfältiger Kompetenzen mit dem Ziel, Texte und Medienprodukte sowie sprachliche Äußerungen und deren Strukturen und Sprachebenen zu verstehen, sich mündlich und schriftlich mit anderen differenziert und situationsangemessen in der hochdeutschen Allgemeinsprache zu verständigen und damit das Selbst- und Weltverständnis der Schülerinnen und Schüler zu erweitern und zu vertiefen."[2]

In der Abiturprüfung geht es im Wesentlichen um den Nachweis einer **wissenschaftspropädeutisch**[3] orientierten fachlichen Bildung. Das bedeutet, dass die Abiturientinnen und Abiturienten exemplarisch mit wissenschaftlichem Arbeiten vertraut sind. Die Kultusministerkonferenz der Länder

1 In: Einheitliche Prüfungsanforderungen in der Abiturprüfung Deutsch (Beschluss der Kultusministerkonferenz vom 01. 12. 1989 i. d. F. vom 24. 05. 2002), S. 3.
2 Ebenda S. 3.
3 Propädeutik: Vorbildung, Vorübung, Vorunterricht, Einführung in eine Wissenschaft.

spricht hier von „Orientierungswissen über Literatur, Sprache, Medien, Argumentationsfähigkeit, sprachliche(r) Ausdrucksfähigkeit im Schreiben sowie in der mündlichen Kommunikation, Medienkompetenz"[1].

Die **zentralen Bereiche des Deutschunterrichts** sind laut EPA:

- Erschließen von Texten und Medienprodukten (Texte analysierend, interpretierend und gestaltend erschließen und beurteilen)
- schriftliches und mündliches Darstellen (untersuchende, erörternde und gestaltende Texterschließung)
- Reflektieren über Sprache (Sprachgeschichte, Sprachsystem, kommunikative Funktion von Sprache sowie Sprachphilosophie)
- Beherrschen von Methoden und Arbeitstechniken (Methoden des Textverstehens, Fähigkeit zur kompetenten schriftlichen und mündlichen Verständigung)[2]

Die schriftliche Abiturprüfung

Folgende fachspezifische **Erschließungsformen** – untersuchen, erörtern, gestalten – können im schriftlichen Abitur abgefordert werden.

Untersuchendes Erschließen literarischer Texte: **Textinterpretation**
Untersuchendes Erschließen pragmatischer Texte: **Textanalyse**
Erörterndes Erschließen literarischer Texte: **literarische Erörterung**
Erörterndes Erschließen pragmatischer Texte: **Texterörterung**
Erörterndes Erschließen ohne Textvorlage: **freie Erörterung**
Gestaltendes Erschließen literarischer Texte: **gestaltende Interpretation**
Gestaltendes Erschließen pragmatischer Texte (Sachtexte): **adressatenbezogenes Schreiben**

Textinterpretation[3] ist – vereinfachend – die Untersuchung des literarischen Textes (auch des Subtextes[4]) mit analytischen Mitteln.

1. **Analyse – Bestandteile eines Textes und ihre Zusammenhänge bestimmen**
   - **Inhaltliche Analyse:** Aufbau des Textes, auftretende Personen, Ort/Zeit, auffallende inhaltliche Gesichtspunkte, Aussageabsicht des Autors
   - **Sprachliche Analyse:** Syntax, Wortarten, Bildlichkeit, rhetorische Figuren, Sprachebenen und ihre Wirkungen
2. **Kontextualisierung**
   - Zeithintergrund
   - Autorbiografie
   - literaturgeschichtliche Einordnung
   - Entstehungsgeschichte
   - Rezeption
   - literarische Wertung

Unter **erörterndem Erschließen** versteht die EPA die eingehende, methodisch aufgebaute Auseinandersetzung mit einem Thema oder Problem

1 EPA, a.a.O., S. 9.
2 Vgl. ebenda, S. 5–7.
3 Interpretation, von lat.: interpretatio = „Auslegung", „Übersetzung", „Erklärung": Verstehen bzw. Deuten von Aussagen.
4 Subtext: Text, der nicht allein von der Wortbedeutung her erschlossen werden kann, sondern gedeutet werden muss, das „Zwischen-den-Zeilen-Lesen".

in schriftlicher Form. Erörterungen literarischer oder pragmatischer Texte bauen auf dem untersuchenden Erschließen der literarischen Vorlage auf. Mittels geeigneter Argumentationsstrategien und -verfahren sollen die Urteilsfähigkeit und die Standpunktbildung gefördert werden. Schülerinnen und Schüler sollen sich argumentativ mit zentralen Thesen, Themen, Darstellungsformen und Argumenten in den literarischen bzw. pragmatischen Texten auseinandersetzen. Sie sollen die Textvorlage erläuternd und deutend wiedergeben und sich ein begründetes Urteil bilden können.

Das **gestaltende Erschließen** beruht ebenfalls auf dem untersuchenden Erschließen literarischer und pragmatischer Texte. Dramatische und epische Werke bzw. Werkausschnitte bilden die Grundlage für die Gestaltung eigener Texte. Pragmatische Texte werden fast immer zum Ausgangspunkt für adressatenbezogenes Schreiben (Brief).

Im Abitur werden keine Aufgaben für das gestaltende Erschließen lyrischer Texte gestellt.

Die Anforderungsbereiche im Deutschunterricht

Anforderungsbereich I	Anforderungsbereich II	Anforderungsbereich III
Kenntnis der Grundlagen an Fachwissen und Können	Organisation des Arbeitsprozesses der Analyse/Interpretation/Erörterung/Gestaltung	Fähigkeit zur eigenständigen Urteilsbildung
Kenntnis der Arbeitstechniken und Methoden	Darstellung formaler, sprachlicher und inhaltlicher Aspekte	Bewertung von Fragestellungen, die in der Aufgabenstellung gefordert wird
Kenntnis übergeordneter Theorien und Strukturen	Übertragung von Gelerntem auf neue Zusammenhänge	Analyse/Interpretation Erörterung/ Gestaltung des vorgegebenen Materials
		Methodisch wie inhaltlich eigenständige Entfaltung und Gestaltung einer Aufgabe
Operatoren für den Anforderungsbereich		
Erfassen Sie … Beschreiben Sie … Stellen Sie dar … Geben Sie wieder … Geben Sie den Argumentationsgang wieder … Benennen Sie …	Analysieren Sie … Untersuchen Sie … Vergleichen Sie mit … Ordnen Sie in den Zusammenhang ein … Setzen Sie in Beziehung zu … Erläutern Sie … Erklären Sie …	Interpretieren Sie … Beurteilen Sie … Nehmen Sie kritisch Stellung … Erörtern Sie … Setzen Sie sich mit … auseinander … Begründen Sie … Erschließen Sie … Prüfen Sie … Bewerten Sie … … Gestalten (verfassen, schreiben) Sie … Entwerfen Sie …

1

1.2 Methoden und Arbeitsweisen im Deutschunterricht

1.2.1 Informationen beschaffen und verarbeiten

Eine wichtige Methode der Informationsbeschaffung ist das **Recherchieren** (Literaturbeschaffung). Dies geschieht üblicherweise in Bibliotheken. Zeitgemäße Quellen für Informationen sind darüber hinaus Lexika und Wörterbücher auf digitalen Medien (DVD-ROM, CD-ROM, z. B. Brockhaus multimedial, Microsoft Encarta) bzw. im Internet (z. B. Wikipedia) bzw. Ganztexte (z. B. bei Wikisource, Gutenberg.de, Onlineausgaben von Tageszeitungen und Zeitschriften). Derzeit wird die Onlinequelle allerdings nicht überall als **zitierfähig** angesehen. Deshalb sollte das Hauptaugenmerk der Recherche auf dem gedruckten Buch liegen.

Exzerpieren und konspektieren

Exzerpt: lat.: excerptus = das Herausgepflückte

Konspekt: lat.: conspectus = Blick, Anblick, Betrachtung, schriftliche Übersicht

Ein **Exzerpt** besteht aus Inhaltsauszügen eines Fremdtextes. Hier gelten die Regeln des genauen Zitierens (s. unten). Will man nur den Gedankengang eines Textes dokumentieren, benutzt man Stichpunkte zwischen den Zitaten. Ein Exzerpt enthält stets die vollständige **bibliografische Angabe** des Textes.
Ein **Konspekt** ist im Gegensatz dazu eine knappe Inhaltswiedergabe eines Textes mit eigenen Worten. Das Exzerpieren wird heute kaum noch praktiziert. Stattdessen werden die entsprechenden Textpassagen fotomechanisch kopiert.

Zitieren

> Ein **Zitat** ist die Wort für Wort und Satzzeichen für Satzzeichen originalgetreue Wiedergabe des Textes eines anderen Autors in einem „durch den Zweck gebotenen Umfang" (UrhG3 § 51).

UrhG = Gesetz über Urheberrecht und verwandte Schutzrechte (Urheberrechtsgesetz)

Auslassungen werden mit rechteckigen Klammern und drei Auslassungspunkten [...] gekennzeichnet. „Das Studium der Moral ist [...] eine der vorzüglichsten Beschäftigungen des menschlichen Verstandes gewesen".[1] Auch wenn der Satz hier nicht beendet ist, wird kein weiteres Auslassungszeichen gesetzt.
Hervorhebungen durch den Verfasser sind zu kennzeichnen [Hervorhebung durch den Verfasser]: „Die *Herrschaft* [Hervorh. d. Verf.] des Menschen über die Natur beruht aber allein auf der *Kunst und Wissenschaft* [Hervorh. d. Verf.]."[2]
Ebenso wird mit Erläuterungen innerhalb eines Zitats umgegangen (d. i. der Hund, d. Verf.). Das in eckigen Klammern gesetzte [sic] bzw. [sic!]

sic: lat. = (wirklich) so

1 Lenz, Jakob Michael Reinhold: Versuch über das erste Principium der Moral. In: ders.: Werke und Schriften. Herausgegeben von Britta Titel und Hellmut Haug, Band 1–2, Stuttgart: Goverts, 1965–1966, S. 483.

2 Feuerbach, Ludwig: Geschichte der neuern Philosophie von Bacon bis Spinoza. Herausgegeben von Joachim Höppner, Leipzig: Reclam, 1976, S. 65.

zeigt dem Leser Ihres Textes an, dass Sie das davor offensichtlich falsch geschriebene Wort genau so in der Quelle gefunden haben: „Der name [sic] dieser veröffentlichung [sic] sagt schon zum teil [sic] was sie soll: der kunst [sic] besonders der dichtung [sic] und dem schrifttum [sic] dienen, alles staatliche [sic] und gesellschaftliche [sic] ausscheidend."[1] Statt jedes im Original kleingeschriebene Wort zu kennzeichnen, kann auch am Ende des Zitats ein [sic] erscheinen:

> *„Sie will die GEISTIGE KUNST auf grund der neuen fühlweise und mache eine kunst für die kunst – und steht deshalb im gegensatz zu jener verbrauchten und minderwertigen schule die einer falschen auffassung der wirklichkeit entsprang. sie kann sich auch nicht beschäftigen mit weltverbesserungen und allbeglückungsträumen in denen man gegenwärtig bei uns den keim zu allem neuen sieht, die ja sehr schön sein mögen aber in ein andres gebiet gehören als das der dichtung." [sic]*[2]

War die Schreibweise während der **Entstehungszeit der Quelle** korrekt, wird dies nicht durch ein [sic] gekennzeichnet.

Wird eine Quelle zitiert, ist „stets die Quelle deutlich anzugeben" (UrhG § 63 Absatz 1, vgl. Fußnoten in diesem Abschnitt). Kurze Zitate werden in den normalen Satzspiegel integriert, längere Zitate auch optisch vom eigenen Text getrennt. Meist ist eine Einrückung damit verbunden, wie in folgendem Beispiel:

> Er würde sich hüten, wieder umständlich Reue und Leid zu erwecken zur eigenen Qual und niemandem zu Nutz. Dieser Wahnsinn war heillos. Er hatte Proben.
>
> Und nein – und nein – es war kein Wahnsinn. Die Gerechtigkeit schuldete er sich selbst, daß es Grund und Vernunft hatte, deren er sich nicht zu schämen brauchte. Nur freilich die Wirkung war dumm.
>
> (Bahr, Hermann: Die gute Schule. Roman. 2. Auflage, Berlin: S. Fischer Verlag, 1898, S. 45.)

Einige Autoren setzen das Zitat einen Punkt kleiner als den übrigen Text, andere wiederum setzen es außerdem kursiv. Letzteres ist jedoch nur praktikabel, wenn es keine kursiven Hervorhebungen im Original gibt.

Die Quelle ist genau und nachvollziehbar zu nennen. Dafür gibt es mehrere Möglichkeiten. Üblicherweise wird die Quelle in folgender Reihenfolge und Interpunktion angegeben:

Name, Vorname: Werktitel. Untertitel. Band (bei mehrbändigen Werken), Ort: Verlag, Auflage, Jahr des Druckes, Seite des Zitats.

> Wolf, Christa: Nachdenken über Christa T. München: Luchterhand Verlag, 2002, S. 11.
>
> Frisch, Max: Stiller. 40. Aufl., Frankfurt am Main: Suhrkamp Verlag, 1973, S. 281.

Ist die Quelle Bestandteil eines größeren Werkes bzw. einer Zeitschrift, ist dies ebenfalls anzugeben:

1 Küpper, Helmut (Hrsg.): Einleitungen und Merksprüche der Blätter für die Kunst. Düsseldorf und München: Helmut Küpper, vormals Georg Bondi, 1964, S. 7.

2 Ebenda, S. 7.

Name, Vorname: Werktitel. In: Name des Werkes/der Zeitschrift – Untertitel. Jahrgang, Ort (Werkreihe), Seite.

> Hildebrandslied. In: Mettke, Heinz (Hrsg.): Älteste deutsche Dichtung und Prosa. Leipzig: Reclam, 1979, S. 78.
>
> Heidenreich, Elke: Wer nicht liest, ist doof. In: Tagesspiegel, 25. 09. 1998, auch in: Kursbuch. Das Buch. Heft 133, Berlin: Rowohlt, 1998.

Hat das Werk mehrere Herausgeber, so werden Name und Vorname des Autors des zitierten Beitrags sowie die Herausgeber des betreffenden Sammelwerks auf folgende Weise genannt:

> Büker, Petra: Literarisches Lernen in der Primar- und Orientierungsstufe. In: Bogdal, Klaus-Michael; Korte, Hermann (Hrsg.): Grundzüge der Literaturdidaktik. 4. Aufl., München: Deutscher Taschenbuchverlag, 2002, S. 123.

Internettexte werden so zitiert, dass sie der Nachprüfbarkeit standhalten. Liegen sie sowohl gedruckt als auch digital vor, man zitiert jedoch aus dem Internettext, ist folgende Reihenfolge praktikabel:
Name, Vorname: Werktitel. Untertitel, Band (bei mehrbändigen Werken), Ort: Verlag, Auflage, Jahr des Druckes, Seite des Zitats, online unter: Internetadresse/URL. Datum des Abrufs (in Klammern).

> „Dies Buch gehört den Wenigsten. Vielleicht lebt selbst noch Keiner (sic) von ihnen. Es mögen die sein, welche meinen Zarathustra verstehn (sic): wie dürfte ich mich mit denen verwechseln, für welche heute schon Ohren wachsen? – Erst das übermorgen gehört mir. Einige werden posthu<m> (sic) geboren."

(Nietzsche, Friedrich: Der Antichrist. Fluch auf das Christenthum. Nachgelassene Schriften. [August 1888–Anfang Januar 1889], 1. Auflage 1894, online unter: http://gutenberg.spiegel.de/nietzsch/antichri/antichri.htm [24. 05. 2007].)

Liegen Texte nur online vor, sieht ein Quellennachweis so aus:

> Bichsel, Peter: Rede zur Eröffnung der 1. Buchmesse in Olten am 4. Oktober 2006, in: http://www.buchmesse-olten.ch/programm/bichsel.php (09. 02. 2010).

Wird dasselbe Werk **in direkter Folge** noch einmal zitiert, verweist ein „ebenda, S. ..." auf das Werk.
Die Angabe „a. a. O." verwendet man, wenn das Werk an früherer Stelle bereits zitiert wurde.
Indirekte bzw. **sinngemäße Zitate** müssen genauso wie die wörtlich zitierten Textpassagen durch eine Quellenangabe ausgewiesen werden. Dies geschieht, indem vor der Quelle das Kürzel „vgl." erscheint:

> Feuerbach stellte klar, dass Wissenschaft kein Elfenbeinturm sein dürfe.[1]

Quellenkürzel
Statt die bis zu diesem Abschnitt angeführten vollständigen Literaturangaben zu verwenden, kann man auch die sogenannte sozialwissen-

1 Vgl. Feuerbach, Ludwig: Geschichte der neuern Philosophie von Bacon bis Spinoza. Herausgegeben von Joachim Höppner, Leipzig: Reclam, 1976, S. 65.

schaftliche Zitierweise nutzen. Das bedeutet, dass dem Zitat eine Kurzangabe der Quelle folgt. Diese besteht in der Regel aus:

Nachname des Verfassers, Leerzeichen, Erscheinungsjahr der Quelle, Doppelpunkt, Seite, der das Zitat entnommen wurde:

Statt (Feuerbach, Ludwig: Geschichte der neuern Philosophie von Bacon bis Spinoza. Herausgegeben von Joachim Höppner, Leipzig: Reclam, 1976, S. 65.)

kann also verwendet werden:

(Feuerbach 1976: 65).

Dabei *darf* zwischen dem Doppelpunkt und der Seitenzahl ein Leerzeichen stehen, wie im Beispiel gezeigt.

In einem angehängten **Literaturverzeichnis** muss dieses Quellenkürzel allerdings aufgelöst werden:

Feuerbach 1976: 65	Feuerbach, Ludwig: Geschichte der neuern Philosophie von Bacon bis Spinoza. Herausgegeben von Joachim Höppner, Leipzig: Reclam, 1976, S. 65.

Quellennachweis

Bilder, Tabellen und Grafiken, die Fremdpublikationen entnommen wurden, müssen in einem Quellenverzeichnis nachgewiesen werden. Verwenden Sie ausschließlich Bilder anderer Autoren, sind diese in einem Bildquellenverzeichnis aufzulisten.

Bibliografieren

Die gesamte verwendete Literatur wird in einem **Literaturverzeichnis** erfasst. Es wird alphabetisch nach Name des Autors bzw. des Herausgebers geordnet. Die verwendete Literatur muss vollständig analog den Angaben der Zitierregeln (siehe dort) angegeben werden. Wurden nur einzelne Aufsätze aus Sammelwerken zur Kenntnis genommen, werden diese wie folgt angegeben:

Name des Autors, Vorname des Autors: Werk. Untertitel. In: Name des Herausgebers (bei zwei Herausgebern setzt man ein Semikolon zwischen beide Namen): Titel der Aufsatzsammlung, Auflage. Ort: Verlag, Jahr der Veröffentlichung, genaue Seitenangabe von–bis.

Pfeiffer, Joachim: Romane und Erzählungen im Unterricht. In: Bogdal, Klaus-Michael; Korte, Hermann: Grundzüge der Literaturdidaktik, 4. Auflage. München: Deutscher Taschenbuch Verlag, 2006, S. 190–202.

Gibt es mehr als drei Herausgeber, wird nur der erste genannt, danach erscheint „et al." (dt.: „und andere"):

Abraham, Ulf et al.: Deutschdidaktik und Deutschunterricht nach PISA. Freiburg i. Breisgau: Fillibach Verlag, 2003.

Die in diesem Abschnitt genannten Zitier- und Bibliografierweisen werden in der Praxis nicht einheitlich gehandhabt. Wichtig ist, dass Zitate und Literaturangaben stets nach einem einheitlichen System erstellt werden müssen.

1.2.2 Erschließen von Texten

Informationen ermitteln

Lesen und Schreiben gehören zu den Grundvoraussetzungen des kulturellen Austausches in der Gesellschaft. Das betrifft auch **die Beschaffung und den Austausch von Informationen** in allen Lernbereichen der Schule und im persönlichen Umfeld. Im Deutschunterricht der Oberstufe geht es u. a. darum, allgemeine Lesetechniken und Lesestrategien zu qualifizieren. Diese werden benötigt, um literarische und Sachtexte zu verstehen, zu nutzen und zu verfassen.

Lesetechniken sind:
- punktuelles Lesen (Text ausschnittsweise lesen)
- diagonales Lesen (Text rasch überfliegen, wichtigste Informationen erfassen)
- schnelles Lesen (mehrere Zeilen gleichzeitig lesen)
- sequenzielles Lesen (Text von Anfang bis zum Ende durchlesen)
- intensives Lesen (Lesen und kritische Beurteilung von Inhalt, Aussage und Form)
- kursorisches Lesen (Überblick, Lesen, Markieren, Notizen, Auseinandersetzung)
- wiederholtes Lesen
- verweilendes Lesen
- szenisches Lesen

Texte zu erfassen bedeutet:
- Vermutungen zum Thema oder zum Gegenstand eines Textes entwickeln
- Fragen an den Text formulieren
- Begriffe klären
- Randnotizen machen
- Textsorten und Textfunktionen unterscheiden
- wesentliche Elemente erfassen: Figuren, Raum, Zeit, Ort, Handlung, Konflikt
- literaturwissenschaftliche Begriffe kennen und anwenden: Erzähler, Erzählhaltung, Erzählperspektive, Metapher, Motiv, Komposition, lyrischer Sprecher usw.
- analytische und interpretatorische Methoden anwenden
- nichtlineare Texte auswerten können: Schaubild, Internetseite, Präsentationsprogramme usw.

Medienverstehen bedeutet:
- Funktionen des Mediums unterscheiden: Informationsfunktion, Unterhaltungsfunktion
- medienspezifische Formen kennen: Zeitung, Hypertext (html), Film, Videoclip, Werbefilm, Werbeanzeige, Informationssendungen usw.
- typische Darstellungsmittel der Medien kennen
- kritische Reflexion medialer Texte
- Erkennen und Bewerten der Wirkungsabsichten
- Suchstrategien in Medien finden und nutzen
- mediale Präsentation
- eigene Produktion von Medien

Beispiel für die Arbeit mit Texten:

Beispiel für die Arbeit mit Texten

Johann Wolfgang Goethe
Naturformen der Dichtung.

hat Goethe als Nachwort zum West-östlichen Divan geschrieben (1819)

Es gibt nur drey ächte Naturformen der Poesie: die klar erzählende, die enthusiastisch aufgeregte und die persönlich handelnde: **Epos, Lyrik** und **Drama.** Diese drey Dichtweisen können zusammen oder abgesondert wirken. In dem kleinsten Gedicht findet man sie oft beysammen, und sie bringen eben durch diese Vereinigung im engsten Raume das herrlichste Gebild hervor, wie wir an den schätzenswerthesten Balladen aller Völker deutlich gewahr werden. Im älteren griechischen Trauerspiel sehen wir sie gleichfalls alle drey verbunden und erst in einer gewissen Zeitfolge sondern sie sich. Solange der Chor die Hauptperson spielt, zeigt sich Lyrik oben an, wie der Chor mehr Zuschauer wird treten die andern hervor, und zuletzt wo die Handlung sich persönlich und häuslich zusammenzieht, findet man den Chor unbequem und lästig. Im französischen Trauerspiel ist die Exposition episch, die Mitte dramatisch und den fünften Act, der leidenschaftlich und enthusiastisch ausläuft, kann man lyrisch nennen.

Poesie nach Aristoteles: Gattungen

Einzelstimme: Lyrik

Handlung: Dramatik

Chor „erzählt": Epik

Trauerspiel: schicksalhafter Konflikt der Hauptfigur

Das Homerische Heldengedicht ist rein episch; der Rhapsode waltet immer vor, was sich ereignet erzählt er; niemand darf den Mund aufthun, dem er nicht vorher das Wort verliehen, dessen Rede und Antwort er nicht angekündigt. Abgebrochene Wechselreden, die schönste Zierde des Drama's, sind nicht zulässig.

Homer: um 800 v. Chr. Schreiber, Dichter, Ilias, Odyssee

Rhapsode = Sänger

Höre man aber nun den modernen Improvisator auf öffentlichem Markte, der einen geschichtlichen Gegenstand behandelt; er wird, um deutlich zu seyn, erst erzählen, dann, um Interesse zu erregen, als handelnde Person sprechen, zuletzt enthusiastisch auflodern und die Gemüther hinreißen. So wunderlich sind diese Elemente zu verschlingen, die Dichtarten bis ins Unendliche mannigfaltig; und deßhalb auch so schwer eine Ordnung zu finden, wornach man sie neben oder nach einander aufstellen könnte. Man wird sich aber einigermaßen dadurch helfen daß man die drey Hauptelemente in einem Kreis gegen einander überstellt und sich Musterstücke sucht, wo jedes Element einzeln obwaltet. Alsdann sammle man Beyspiele die sich nach der einen oder nach der andern Seite hinneigen, bis endlich die Vereinigung von allen dreyen erscheint und somit der ganze Kreis in sich geschlossen ist.

Improvisation: Stehgreifspiel

Auf diesem Wege gelangt man zu schönen Ansichten, sowohl der Dichtarten, als des Charakters der Nationen und ihres Geschmacks in einer Zeitfolge. Und obgleich diese Verfahrungsart mehr zu eigner Belehrung, Unterhaltung und Maßregel, als zum Unterricht anderer geeignet seyn mag, so wäre doch vielleicht ein Schema aufzustellen, welches zugleich die äußeren zufälligen Formen und diese inneren nothwendigen Uranfänge in faßlicher Ordnung darbrächte. Der Versuch jedoch wird immer so schwierig seyn als in der Naturkunde das Bestreben den Bezug auszufinden der äußeren Kennzeichen von Mineralien und Pflanzen zu ihren inneren Bestandtheilen, um eine naturgemäße Ordnung dem Geiste darzustellen.

Nationale Unterschiede?

Inhaltliches, thematisches und strukturelles Erschließen von Texten

- Unbekannte Wörter nachschlagen
- Wesentliche Aussagen hervorheben (markieren)
- Zusammenhänge in Randnotizen verdeutlichen
- Stichpunkte aufschreiben
- Schlüsselbegriffe finden und wichtige Textpassagen markieren
- Sprachliche Bilder deuten
- Schreibabsicht und Adressat berücksichtigen
- Texte zusammenfassen (z. B. Nominalstil, Stichwörter, Symbole)
- Texte inhaltlich wiedergeben (Argumentationszusammenhänge)
- Inhalte veranschaulichen durch Mindmap, Flussdiagramm u. Ä.
- Textaufbau/Textstruktur erfassen, beschreiben
- Texte in Abschnitte gliedern
- Kontexte erfassen (biografische, epochengeschichtliche, zeitgeschichtliche, sozialgeschichtliche Umfelder des Textes/des Autors)
- Texte vergleichen
- Texte durch Beispiele, Erläuterungen, Ergänzungen anreichern
- Figurenkonstellation und Beziehungen herausarbeiten
- Motive erkennen
- Handlung und Handlungsmotivationen der Handlungsträger beschreiben
- Kommunikative Funktion des Textes benennen
- Stoffwahl erkennen und beschreiben
- Wirklichkeitsbezug erkennen
- Thema umreißen
- Sprachliche Gestaltung des Textes analysieren
- Erzählhaltung in epischen Werken analysieren
- Erzähltechnik in epischen Werken beschreiben
- Präsentationstechniken anwenden usw.

Diese genannten Arbeitstechniken und Verfahren der Texterschließung müssen Sie textsortenabhängig gemäß den Aufgaben, die Ihnen gestellt werden, anwenden können.

1.2.3 Verfassen von Texten

Untersuchen – Erörtern – Gestalten

Die „Einheitlichen Prüfungsanforderungen für das Fach Deutsch" sehen drei **Erschließungsformen** für das Zentralabitur vor (↗ 1.1.3, S. 12f.).

1. Das untersuchende Erschließen von literarischen Texten
Es erfordert nach den EPA-Standards folgende Operationen bzw. Leistungen der Analyse und Interpretation:

- „Erfassen des Textes in seinen wesentlichen Elementen und Strukturen
- Formulierung der Interpretations- bzw. Analysehypothesen
- Skizzierung des Lösungswegs, begründete Auswahl von Untersuchungsaspekten

- aspektorientierte Organisation der Textdeutung unter Berücksichtigung des Wechselbezuges von Textstrukturen, Funktionen und Intentionen (durch Erfassen zentraler strukturbildender, genretypischer, syntaktischer, semantischer, stilistisch-rhetorischer Elemente und ihrer Funktion für das Textganze)
- Kontextualisierung: z. B. Entwicklung von literaturgeschichtlichen, gattungsgeschichtlichen, geistesgeschichtlichen, biografischen, politisch-sozialen Bezügen
- Erkennen und ggf. Beurteilen des Zusammenhangs von Struktur, Intention und Wirkung im Rahmen des historischen und aktuellen Verstehenshorizontes
- Diskussion von Wertvorstellungen, die in den Texten enthalten sind
- literarische Wertung
- Entwicklung geeigneter Argumentationsverfahren."[1]

2. Das erörternde Erschließen von literarischen Texten
In den Orientierungen der EPA werden diese Operationen bzw. Leistungen folgendermaßen gekennzeichnet:

- „erläuternde und deutende Wiedergabe der Textvorlage
- argumentative Auseinandersetzung mit zentralen Thesen, Argumenten, Darstellungsformen der Textvorlage im Rahmen des historischen und aktuellen Verstehenshorizontes
- weiterführende Problematisierung: Aufbau und Entfaltung einer eigenständigen fachspezifischen Argumentation
- begründete Urteilsbildung."[2]

3. Das gestaltende Erschließen von literarischen Texten
Es erfordert nach den EPA-Standards folgende Operationen bzw. Leistungen der Interpretation:

- „Erfassung der Vorlage und Entfaltung des Textverständnisses; bei literarischen Texten unter Einbeziehung der sprachgeschichtlichen und literaturhistorischen Dimension
- Erkennen der Möglichkeiten der Vorlage für die eigene Gestaltung
- Strukturierung der eigenen Gestaltung
- Anwendung literarischer Muster, poetischer Repertoires, textsortenspezifischer Anforderungen
- eigenständige und einfallsreiche Textgestaltung
- Beachtung der Korrespondenz zwischen Vorlage und eigenem Text in Struktur und Stil
- sprachliche und strategische Berücksichtigung des angegebenen kommunikativen Kontextes
- Anwenden geeigneter Argumentationsverfahren
- ggf. Erläutern und Begründen der eigenen Textproduktion."[3]

1 Einheitliche Prüfungsanforderungen in der Abiturprüfung Deutsch. Beschluss der Kultusministerkonferenz vom 01.12.1989 i. d. F. vom 24.05.2002, S. 16 f.
2 Ebenda, S. 17.
3 Ebenda, S. 18.

In den EPA werden für Aufgaben zum gestaltenden Erschließen Operationen benannt, die im Besonderen für Aufgaben dieses Typs angewendet bzw. erwartet werden:

- „überraschende Einfälle entwickeln, Situationen zuspitzen, Pointen setzen
- Figuren plastisch, anschaulich, konsequent zeichnen; Empathie entwickeln
- Handlungsweisen und -muster usw. überzeugend darstellen und begründen
- Motive aufnehmen und ausgestalten
- literarische Muster und poetische Repertoires kennen und anwenden
- eine schlüssige Gesamtkonzeption entwerfen
- Stilebene der Vorlage und einzelner Figuren bestimmen und adäquat gestalten
- Stil der jeweiligen Gestaltungsform verwenden
- ggf. die eigene Textproduktion erläutern und begründen."[1]

Arbeitstechniken für das Veranschaulichen von Inhalten bzw. das Finden oder Strukturieren Ihres Themas

- Brainstorming
- Mindmap
- Clusterbildung
- Assoziieren

Mindmap

1 Ebenda, S. 18.

Brainstorming

Ablauf (klassisches Verfahren, Zeitrahmen etwa fünf bis 30 Minuten)

1. Vorbereitungsphase

Eine Gruppe wird je nach Problem zusammengestellt.
Das Problem des Brainstormings wird genannt.
Ein Gruppenleiter wird bestimmt.
Ein Protokollant wird bestimmt.

2. Phase der Ideenfindung

Das Problem wird vom Gruppenleiter dargestellt.
Das Problem wird analysiert und präzisiert.
Die Gruppenmitglieder äußern sich nun zur Lösungsfindung nach vorgegebenen Grundregeln:

- Alle Teilnehmenden sollen ohne jede Einschränkung Ideen nennen und mit anderen Ideen kombinieren können.
- Die Gruppe sollte in eine möglichst produktive und erfindungsreiche Stimmung versetzt werden.
- Es wird keine Kritik an anderen Beiträgen, Ideen, Lösungsvorschlägen geäußert, weil sich kreative Ansätze auch aus zunächst völlig unsinnigen Vorschlägen entwickeln können.
- Die genannten Ideen werden nicht gewertet.
- Jeder muss seine Gedanken frei äußern können.
- Jeder darf frei sprechen und wird nicht unterbrochen.
- Je kühner und fantasievoller die Ideen sind, desto besser ist es für das Brainstorming. Dadurch wird das Lösungsfeld vergrößert.
- Jede Idee, gleichgültig wie verrückt oder realistisch, ist willkommen.
- Es kommt auf die Menge der Vorschläge an, nicht auf die Qualität. Es sollen möglichst viele Ideen in kurzer Zeit produziert werden.
- Jeder darf jeweils nur eine Idee vorbringen. Hat er mehrere Vorschläge, sollte er sie notieren, um sie in der Zwischenzeit nicht zu vergessen. Die einzelnen Beiträge der Teilnehmer sollen kurz und prägnant sein. Das Brainstorming darf nicht in langatmige Erklärungen und Monologe ausarten.
- Jeder darf Ideen der anderen aufgreifen und für eigene Ansätze verwenden. Es gibt keinen Urheberschutz.
  Die Ideen werden protokolliert.

PAUSE

3. Phase der Ergebnisbewertung

Alle Ideen werden vom Gruppenleiter vorgelesen/vorgestellt.
Die Ideen werden von den Gruppenmitgliedern nach Zugehörigkeit zum Thema sortiert und nach Nutzen bewertet.

(Aus: DUDEN Schreibwerkstatt. Berlin, Mannheim: Duden Schulbuchverlag 2009.)

Clustering

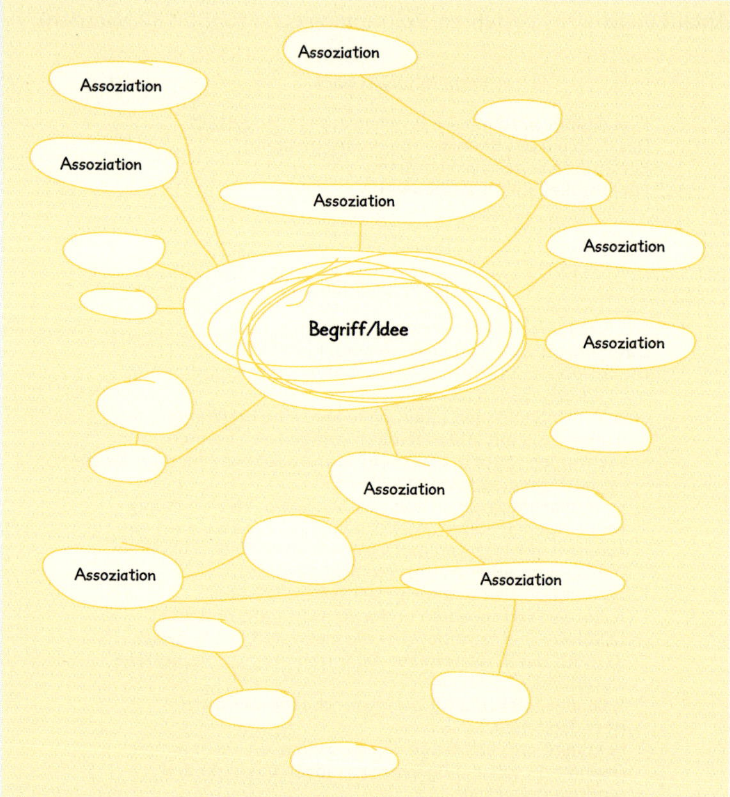

1.2.4 Aufbau einer wissenschaftlichen Arbeit

Titelblatt

LK Deutsch
Paul-Mustermann-Schule
23450 Musterhausen

Der deutsche Roman im 19. Jahrhundert

Eine empirische Studie

Semesterarbeit

Vorgelegt von:	Daniela Musterfrau, LK Deutsch Mira-Musterfrau-Weg 23 23450 Musterhausen
Betreuerin:	Frau Musterbogen,
Abgabetermin:	23.10.2012

Für das **Gestalten des Titelblatts** gibt es an den Schulen/Universitäten meistens spezielle Normen, die in jedem Falle zu berücksichtigen sind. Das Titelblatt enthält wichtige Informationen zur wissenschaftlichen Arbeit. Es enthält den Titel der Arbeit (gegebenenfalls auch den Untertitel), den Namen der Schule bzw. der Universität sowie die Klassen- oder Jahrgangsstufe bzw. den Titel des Seminars/Fachbereichs und die Art der Arbeit, den Vornamen und Nachnamen des Verfassers (ggf. die Matrikelnummer bzw. Semesterzahl), die Anschrift des Verfassers sowie i. d. R. den Betreuer der Arbeit. Gewöhnlich wird das Datum der Abgabe gefordert.

Inhaltsverzeichnis

Ein Inhaltsverzeichnis enthält alle **Kapitelüberschriften** der Arbeit sowie die dazugehörigen Seitenangaben (↗ Inhaltsverzeichnis dieses Buches). Oft werden nur die nummerierten Überschriften bis zur dritten Ebene aufgeführt.
Sind die Hauptüberschriften zählerlos, werden die nummerierten jeweils unterhalb der dazugehörigen zählerlosen Kapitel eingeordnet.
Analog dem Inhaltsverzeichnis des vorliegenden Buches könnte es ebenso auch folgendermaßen aussehen:

A Wissenschaftliches Arbeiten im Deutschunterricht
1 Deutsch als Wissenschaft und Unterrichtsfach
1.1 Einordnung der Germanistik in die Wissenschaften
1.2 Teilbereiche der Germanistik
1.3 Der Deutschunterricht in der Oberstufe
2. Wissenschaftliche Arbeitsweisen im Deutschunterricht
...
B Darstellungsformen von Texten
1 Schriftliche Texte
1.1 Erzählende Texte
...
2 Gesprochene Texte
2.1 Rede, Referat und Vortrag
...
C Literaturgattungen
1 Dramatik
...

Vorwort/Abstract

Ein **Vorwort** darf geschrieben werden. Es ist in der Regel dem Autor überlassen, ob er das Vorwort vor oder nach dem Inhaltsverzeichnis einordnet. Vorworte müssen, wenn sie Teil der Arbeit sind, im Inhaltsverzeichnis Aufnahme finden. Außerdem wird manchmal ein **Abstract** gefordert. Hier kommt es darauf an, dass Sie Ihre Untersuchungsergebnisse in knappen Worten zusammenfassen.

Abstracts sollten folgende Abschnitte enthalten:
Motivation des Textes: Was ist interessant am Text? Warum sollte er gelesen werden?
Fragestellung: Welche Fragen versucht der Text zu beantworten? Welche Argumente enthält er? Welche Behauptungen werden aufgestellt?
Methodologie: Mit welchen Methoden arbeiten Sie? Welche Zugänge benutzen Sie?
Ergebnisse: Welche Schlussfolgerungen bietet der Text? Welche Ergebnisse weist er auf?
Schlussfolgerungen: Welche neuen Erkenntnisse bietet der Text?

Einleitung

Einleitungen führen den Leser in den nachfolgenden Text ein. Sie umreißen kurz die zu erwartende Problematik, indem Sie zunächst das Thema vorstellen, dann die zu erörternde bzw. untersuchende Fragestellung benennen und das Ziel der Arbeit erläutern. Indem Sie Ihr Vorgehen beschreiben, kann sich der Leser Ihrer Arbeit in Ihre Schreibstrategie hineinversetzen. Manchmal hilft auch eine kurze Skizzierung des Aufbaus bzw. der Struktur der Arbeit dem Leser, sich besser in Ihrem Text zu bewegen.

Hauptteil

Der **Hauptteil** ist der Untersuchung bzw. Erörterung eines Problems unter bestimmten Fragestellungen vorbehalten. Hier ist darauf zu achten, dass der Text logisch und nachvollziehbar gegliedert ist,
Der Text sollte sprachlich so gestaltet sein, dass er verständlich für den Leser ist und die Argumente schlüssig sind.

Bei der Interpretation literarischer Texte geht es zunächst darum, Textstellen bzw. Texte in den Kontext der Aufgabenstellung zu bringen. Danach müssen die Textstellen bzw. Texte analytisch untersucht werden. Unter Umständen erfolgt danach ein Vergleich mit anderen Texten.
Sie haben in Erörterungen prinzipiell zwei Möglichkeiten, Ihre Argumente vorzustellen. Gehen Sie alternativ vor, sollte dem **stärksten** Gegenargument das **schwächste** Gegenargument folgen, dem stärksten Argument dagegen das schwächste Argument. Die zweite Möglichkeit ist, dass Sie dem schwächsten **Gegenargument** das schwächste **Argument** folgen lassen und dem stärksten Gegenargument das stärkste Argument.
Im Abituraufsatz kann auch eine gestaltende Aufgabe Kernpunkt der Arbeit sein. Hier müssen Sie beachten, dass der gestaltenden Aufgabe stets eine untersuchende vorausgeht.

Schlussteil

Der Schlussteil ist dem Fazit vorbehalten. Sie fassen kurz die Ergebnisse Ihrer Untersuchungen zusammen, machen noch einmal auf das Wesentliche aufmerksam. Ein Ausblick kann, je nach Fragestellung bzw. Untersuchungsgegenstand, ebenfalls erfolgen.

Anhang

In den Anhang nehmen Sie alle Materialien auf, die Sie für das Verfassen Ihrer Arbeit benötigt haben (↗ S. 15). Ein **Quellennachweis** (↗ S. 15) ist zu führen, wenn die vollständigen Literaturangaben und sonstigen Anmerkungen nicht auf der Seite vermerkt sind, auf der die Verweise stehen. Ebenso müssen die verwendeten Abbildungen in einem **Bildquellenverzeichnis** aufgeführt werden. Sie können darüber hinaus auch Übersichten, Abbildungen bzw. Fotografien in den Anhang stellen. Diese sind jedoch noch vor ein Bildquellenverzeichnis zu gruppieren.
Sollten Sie fachtypische Abkürzungen benutzen, die nicht im Duden vermerkt sind, legen Sie dem Anhang ein Abkürzungsverzeichnis bei.

Literaturverzeichnis

Das **Literaturverzeichnis** listet alphabetisch alle Quellen auf, die Sie unmittelbar oder indirekt benutzt haben.
Dazu gehören auch Werke, die Sie zum Thema zwar studiert, aber nicht unmittelbar verwendet haben.

Erklärung des Verfassers

Den Schluss Ihrer Facharbeit bildet eine **Erklärung,** die etwa folgendermaßen formuliert werden kann: Der Verfasser erklärt/bestätigt, dass er die Arbeit nur unter Nutzung der im Quellenverzeichnis angegebenen Hilfsmittel angefertigt hat und alle Formulierungen, die wörtlich oder dem Sinn nach aus anderen Quellen entnommen wurden, kenntlich gemacht hat.

Layout einer wissenschaftlichen Arbeit

In der Regel wird die wissenschaftliche Arbeit auf A4-Bögen gedruckt bzw. geschrieben. Die Anforderungen an das **Seitenlayout** können variieren, je nach den Vorgaben an der Schule bzw. Universität.
Eine am Computer erstellte Arbeit sollte formal wie folgt aussehen: Setzen Sie den Text einspaltig. Die Arbeit wird durchgängig nummeriert, beginnend mit der ersten Seite nach dem Deckblatt. Der **Seitenrand** beträgt oben, unten und rechts 2–2,5 cm, je nach Vorgabe durch die Institution, Word legt meist automatisch einen Abstand von 2,5 cm fest. Der Seitenrand links sollte mindestens 3,5 cm, höchstens aber 4,5 cm betragen. Hier sollten Sie im Schreibprogramm den Seitenabstand links unbedingt korrigieren, da Word auch hier einen Abstand von 2,5 cm festlegt. Sollte Ihre schulische oder universitäre Einrichtung andere Formatvorlagen für eine Semesterarbeit oder einen Praktikumsbericht fordern, erkundigen Sie sich vor dem Schreiben danach.

Beispiel für ein längeres Zitat in einer wissenschaftlichen Arbeit

2.3 Der realistische Roman

Der Roman setzt sich, als Genre umstritten, gegenüber dem hochgeschätzten Epos in diesem Jahrhundert durch und wird zur modernen Großform des Erzählens im beginnenden Zeitalter der Soziologie.
OTTO LUDWIG schrieb über den Roman des poetischen Realismus:

> „Er vereinigt das Wahre des aristokratischen und des Volksromans, denn er führt uns in die mittlere Schichte der Gesellschaft, welche mit dem Schatze der tüchtigen Volksnatur die Güter der Humanität, mit der Wahrheit des Lebens den schönen Schein, das vertiefte und bereicherte Seelenleben der Bildung zusammenfaßt. Der Herd der Familie ist der wahre Mittelpunkt des Weltbildes im Roman, und er gewinnt seine Bedeutung erst, wo Gemüter sich um ihn vereinigen, welche die harte Wahrheit des Lebens mit zarteren Saiten einer erweiterten Welt wiedertönen. In diesen Kreisen erst wird wahrhaft erlebt und entfaltet sich das wahre, von den extremen ferne Bild der Sitte.“[1]

Der Roman dieser Zeit steht zwischen den Polen der Sinngebung durch die

Als **Textschrift** wird in der Literatur fast einvernehmlich eine 12-pt-Schrift genannt. Es gibt schulische bzw. universitäre Einrichtungen, die eine **serifenlose Schrift** wie „Arial“ oder „Helvetica“ verlangen. Üblich ist eine Serifenschrift wie die sehr verbreitete „Times New Roman“. Der Zeilenabstand beträgt 1,5 Zeilen, empfohlen wird der Blocksatz. Für die **Kapitelüberschriften** gibt es ebenfalls an manchen Bildungseinrichtungen feste Vorschriften. In der Regel wird die Schriftgröße des Fließtextes (also 12 pt) verwendet, allerdings **fett** gesetzt, einige Schulen und Universitäten verlangen eine Schriftgröße von 14 pt, ebenfalls **fett** gesetzt. Es empfiehlt sich, Kapitelüberschriften mit zwei Zeilen Abstand zum Text zu platzieren. Unterkapitel werden ebenfalls in 12 pt gesetzt, dagegen mit nur einer Zeile Abstand zum Text.

Der **Fußnotentext** sollte mit 10 pt einzeilig gesetzt sein. Ein Zitat setzen Sie als Block mit einem Zentimenter Einzug rechts und links und 10 pt einzeilig. Zitate im Text werden wie die Textschrift gesetzt, solche Zitate werden stets in Anführungszeichen gesetzt. Sollten Sie Kopfzeilen verwenden, gibt Ihnen Word die entsprechenden Formatierungen vor, üblich sind 2 pt kleiner als die Textschrift. Word legt einen Abstand zum Seitenrand von 1,25 cm vor. Auch das können Sie nach den Layoutvorschriften Ihrer Bildungseinrichtung variieren.

Beispiel für Zitat mit Fußnote in einer wissenschaftlichen Arbeit

2.3 Der realistische Roman

Der Roman setzt sich, als Genre umstritten, gegenüber dem hochgeschätzten Epos in diesem Jahrhundert durch und wird zur modernen Großform des Erzählens im beginnenden Zeitalter der Soziologie.
OTTO LUDWIG schrieb über den Roman des poetischen Realismus:

> „Er vereinigt das Wahre des aristokratischen und des Volksromans, denn er führt uns in die mittlere Schichte der Gesellschaft, welche mit dem Schatze der tüchtigen Volksnatur die Güter der Humanität, mit der Wahrheit des Lebens den schönen Schein, das vertiefte und bereicherte Seelenleben der Bildung zusammenfaßt. Der Herd der Familie ist der wahre Mittelpunkt des Weltbildes im Roman, und er gewinnt seine Bedeutung erst, wo Gemüter sich um ihn vereinigen, welche die harte Wahrheit des Lebens mit zarteren Saiten einer erweiterten Welt wiedertönen. In diesen Kreisen erst wird wahrhaft erlebt und entfaltet sich das wahre, von den extremen ferne Bild der Sitte.“[1]

Der Roman dieser Zeit steht zwischen den Polen der Sinngebung durch die Autorenpersönlichkeit und einer analytisch-sozialen Perspektive. In England und Frankreich entwickelte sich ein starker analytischer Ansatz (Gesellschaftsroman), in Deutschland ein Typ, der die Bewusstseins- und Persönlichkeitsbildung des einzelnen verfolgt (Bildungs- und Entwicklungsroman). Charakteristisch für beide Formen ist eine stärkere Psychologisierung der Darstellung, eine interessantere und ausführlichere Beschreibung der Psyche einzelner Figuren. Dies gilt jedoch weniger für die Varianten im Bereich der Unterhaltungsliteratur.

---

[1] (Ludwig, Otto: Romanstudien. Zitiert nach: Steinecke, Hartmut: Romanpoetik in Deutschland. Von Hegel bis Fontane. Tübingen: Gunter Narr Verlag, 1984, S. 164.)

Darstellungsformen von Texten

2

2.1 Schriftliche Texte

Der Adressat ist derjenige, an den sich der Text richtet. Er kann eine bestimmte Person sein (z. B. Hausverwalter, Klassenlehrer) oder aber eine mehr oder weniger große Gruppe (z. B. Leser einer Zeitung = anonym, bzw. Lerngruppe = konkret).

Texte sind die Gesamtheit aus Satzfolgen, die für den Adressaten (Empfänger) Informationen enthalten. Der Text ist eine mehr oder weniger strukturierte Einheit von Inhalt und Form.

Nicht fiktionale Texte nennt man auch faktuale Texte, weil sie Fakten enthalten bzw. vermitteln.

Textsorten lassen sich hinsichtlich ihrer Verständigungsfunktion, ihrer Thematik, ihrer Struktur, ihres Inhaltes einteilen. Grundsätzlich unterscheidet man in **fiktionale** und **nichtfiktionale Texte.** Nichtfiktionale Texte werden unter dem Begriff der *Sach- und* **Gebrauchstexte** zusammengefasst. Ihre Formen sind traditionell vorgegeben und bewährte kommunikative Gebrauchsmuster, die sich in einer Vereinheitlichung der Form, einer Festlegung des Inhalts und einer weitestgehenden Vorgabe der zu verwendenden sprachlichen Mittel ausdrücken. Alle Sach- und Gebrauchstexte sind häufig auftretende praktische *Anwendungsformen* im *öffentlichen* wie auch im *privaten* Leben.
Alle Sach- und Gebrauchstexte werden für einen bestimmten Zweck geschrieben und folgen festgelegten Anforderungen an Inhalt und Form. Der Schreiber kann sich nur in dem vorgegebenen sprachlichen Rahmen bewegen und muss dabei den Adressaten beachten. Eine klare Abgrenzung der einzelnen Formen ist *nicht immer möglich,* teilweise sind die Übergänge zwischen ihnen fließend.

2.1.1 Erzählende Texte

Das Erzählen ist eine subjektive erlebnisorientierte Darstellungsform.

Das Erzählen von Fakten, d. h. Tatsachen, erfolgt nach denselben Mustern wie das Erzählen von Fiktionen, d. h. Ausgedachtem.

Unter **Erzählen** versteht man die erlebnisorientierte und somit stärker subjektiv gefärbte Beschreibung von Vorgängen, Handlungen und Ereignissen. Der Erzähler erlebt das Geschehen individuell und gibt es nach seinen Gedanken, Stimmungen und Meinungen wieder.

Dabei wählt er nach eigenem Ermessen aus der Menge der Ereignisse aus und verzichtet häufig auf die korrekte chronologische Wiedergabe der Einzelheiten.
Das Erzählen ist also nie objektiv und in seinem Wahrheitsgehalt weder im Einzelnen noch in der Gesamtheit überprüfbar. Grundlage des Erzählens können objektive Geschehnisse sein, aber auch die Fantasie des Erzählers. Somit ergibt sich eine klare Abgrenzung zum Bericht (↗ S. 31 f.).
Die Wirkung des Erzählens ist abhängig von der sprachlichen Gestaltung und der anschaulichen Darstellung des Geschehens.
Erzählende Texte sollten schlüssig, logisch aufgebaut und als wahrscheinlich zu betrachten sein. Dabei ist auf die zentralen Figuren – hier insbesondere auf ihre Charaktereigenschaften sowie auf die Beziehungen der Figuren zueinander – zu achten, besonders auch auf die Raum-Zeit-Bezüge, auf den Handlungsverlauf usw.

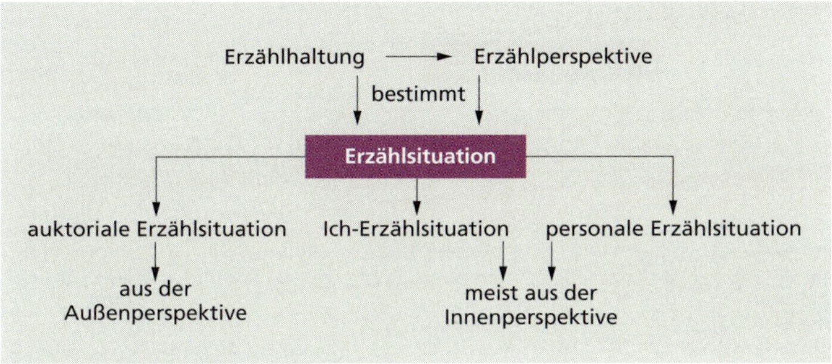

Typische gegenwärtige Beispiele für *Fantasieerzählungen* sind die Harry-Potter-Romane.

2.1.2 Beschreibende Texte

> Ein *beschreibender Text* ist eine vorwiegend *informierende, sachbetonte* und *wirklichkeitsnahe* Darstellungsform.

Zum Erzählen fiktionaler, d. h. ausgedachter, erfundener Ereignisse ↗ Epik S. 97 ff.

Die Beschreibung dient dazu, einen Gegenstand, ein Bild, eine Person oder einen wiederholten bzw. wiederholbaren Vorgang mit sprachlichen Mitteln so darzustellen, dass der Adressat eine genaue Vorstellung davon gewinnt. Dabei werden die Merkmale in ihrer räumlichen, d. h. äußeren Beschaffenheit und ihrer zeitlichen und funktionalen Anordnung *logisch* und *systematisch* erfasst. Vorgänge werden dabei immer dynamisch dargestellt, Gegenstände und Zustände dagegen vor allem ruhend/statisch.

Das Beschreiben von Vorgängen kann dem Bericht (↗ S. 31) sehr nahekommen, im Unterschied dazu geht es jedoch beim Beschreiben von Vorgängen um Wiederholbares.

> Die **Beschreibung** ist genau, sachlich, anschaulich und klar gegliedert. Sie verwendet Fachwörter. Der Satzbau ist einfach und übersichtlich. Das Tempus ist Präsens.

Beschreibende Erzählungen geben scheinbar die Wirklichkeit wieder. Es handelt sich bei Texten schöngeistiger Literatur jedoch um Fiktionen. Deshalb kann in ihnen die Tempusform gewechselt werden.

Es gibt verschiedene **Arten von Beschreibungen.** *Gegenstandsbeschreibungen* stellen Merkmale und Eigenschaften eines Gegenstandes (auch Zustandes, Raumes, einer Landschaft, äußere Form, typische Bestandteile) dar. *Vorgangsbeschreibungen* beziehen sich auf wiederholbare Vorgänge. Sie sollen den Leser zu Handlungen anleiten. Hier wird es wichtig, den genauen Zeitablauf des Vorgangs möglichst genau wiederzugeben und dabei die Chronologie zu beachten.

Personenbeschreibungen vermitteln einen genauen Eindruck von der äußeren Erscheinung der beschriebenen Person. Dabei sollte darauf geachtet werden, dass ausgehend von der äußeren Erscheinung die besonderen Merkmale der Person genannt und beschrieben werden.

Beschreibung

Gegenstand	Vorgang	Bild	Personen	Raum	Landschaft
– Gegenstände – Zustände – Lebewesen	– Gebrauchsanweisungen – Bedienungsanleitungen – Spielbeschreibungen	Gesamteindruck eines Bildes	– Gesamtbild einer Person – Selbstporträt	äußeres Bild eines Raumes	äußeres Bild einer Landschaft

Inhaltsangabe

Die Inhaltsangabe steht im Gegensatz zur **Nacherzählung,** die anschaulich und spannend sein sollte.

Die **Inhaltsangabe** gibt Geschehenes, Gehörtes oder Gelesenes in seinem wesentlichen Handlungszusammenhang wieder. Der Leser soll ohne Kenntnis des Originals über die wichtigsten Informationen und Gedanken der Vorlage in Kenntnis gesetzt werden. Die Wiedergabe erfolgt sachlich-beschreibend mit eigenen Worten.

Die Inhaltsangabe besteht aus Einleitung, Hauptteil und Schluss. In der Einleitung sind folgende Angaben enthalten:

a) Textsorte/Textgattung (z. B. Märchen, Gedicht)
b) Titel
c) Verfasser
d) Thema (Worum geht es?)
e) Aussageabsicht des Verfassers

Im *Hauptteil* der Inhaltsangabe wird das Wesentliche des Inhalts, Hauptpersonen, Ereignisse, Schauplatz und zeitlicher Rahmen, beschrieben.

Im Hauptteil kann man sich an den W-Fragen orientieren, die auch für den Bericht unerlässlich sind (↗ S. 31).

Wer → welche Personen handeln
Wann, Wo → Ort und Zeit der Handlung
Was → Verlauf der Handlung

Darüber hinaus müssen Handlungszusammenhänge oder Gedankengänge (z. B. Voraussetzungen, Ursachen, Folgen, Ergebnisse) erklärt werden.
Der Schlussteil kann entfallen oder eine kurze persönliche (subjektive) Deutung hinsichtlich der Absicht, Wirkung und der sprachlichen Mittel der Textvorlage enthalten.

Grundsätzlich steht die Inhaltsangabe im *Präsens,* vorausgegangene Handlungen oder Sachverhalte stehen im *Perfekt.*
Struktur einer Inhaltsangabe:

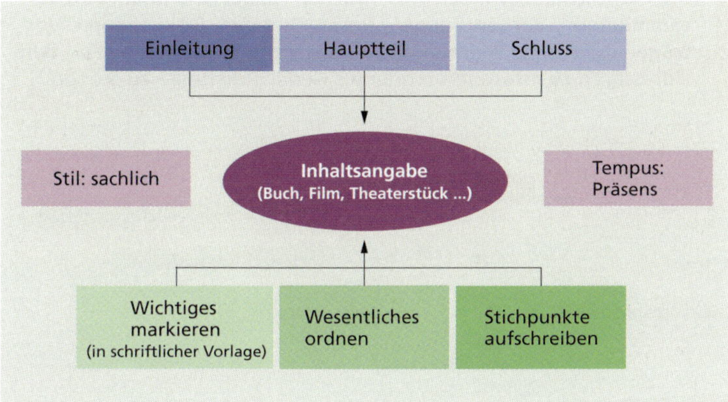

In der **Inhaltsangabe** wird in der Regel auf wörtliche Rede verzichtet. Leitmotivisch gebrauchte wörtliche Rede und Zitate, die die Handlung plausibel erscheinen lassen, sind in der Inhaltsangabe möglich.
↗S. 449 Inhaltsangabe zu „Mäusefest" von J. BOBROWSKI

2.1.3 Berichtende Texte

Bericht

> Der **Bericht** verfolgt das Ziel, einen Kommunikationspartner über ein einmaliges zurückliegendes Ereignis oder einen einmaligen Vorgang exakt, verständlich, knapp, präzise und in der Abfolge des Geschehens zu informieren. Dabei helfen die W-Fragen. Der Berichtende tritt als Person zurück, im Mittelpunkt steht der *Sachverhalt.*

Das präzise Wiedergeben eines Geschehens kann Leben retten helfen, z. B., wenn man einen Unfall oder ein ausbrechendes Feuer beobachtet und meldet.

Folgende Arten von Berichten sind möglich:
- Zeitungsbericht,
- Meldung,
- Veranstaltungsbericht,
- Unfallbericht,
- Zeugenaussage,
- Schadensmeldung,
- Ereignisbericht,
- Protokoll (↗S. 32).

Man unterscheidet
- den mündlichen Bericht und
- den schriftlichen Bericht.

Beide Arten unterscheiden sich in Wortwahl, Ausdrucksweise und Zeitform, wenn der mündliche Bericht einer nicht „offiziellen" Person mitgeteilt wird. Der Leser/Hörer soll sachlich, wahrheitsgemäß und möglichst vollständig, d. h. lückenlos, informiert werden.
Im Bericht sind persönliche Stellungnahmen zu vermeiden.
Der Berichtende beschränkt sich auf das Wesentliche der Geschehnisse.
Der Leser/Hörer wird darüber informiert,
- was geschehen ist (Vorfall),
- wo etwas stattgefunden hat (Ort),
- wer beteiligt war (beteiligte Personen),
- wann es geschehen ist (Zeit),
- wie etwas geschehen ist (Verlauf),
- warum es passiert ist (Ursache).

Im Bericht werden die Zeitformen der Vergangenheit verwendet, da sich das Geschehen in der Vergangenheit ereignet hat und abgeschlossen ist.

Eine spezielle Form des mündlichen Berichts ist der Filmbericht, der die Aussagen des mündlichen Berichts mit bewegten und unbewegten Bildern unterstützt.

Protokoll

Das **Protokoll** ist eine besondere Form des Berichts. Es gibt in einer übersichtlichen Form den wesentlichen *Ablauf* und Inhalt von Versammlungen, Verhandlungen, Besprechungen, Diskussionen, Vorträgen oder Experimenten wieder. Zweck des Protokolls ist es, den Adressaten zu *informieren* oder als *Gedächtnisstütze* zu dienen.

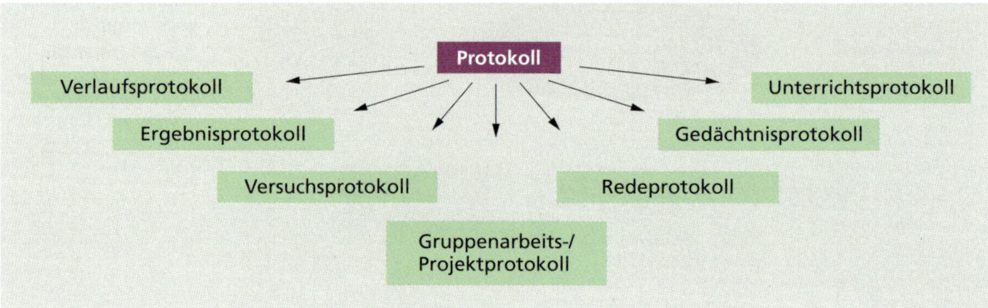

2.1.4 Erörternde Texte

Eine **Erörterung** ist eine schriftliche Form der Argumentation, in welcher der Verfasser Kausalzusammenhänge darstellt, die der Adressat über den Weg des Beweises nachvollziehen kann. Die Erörterung hat das Ziel, den Adressaten anhand ausgewählter Beispiele zu überzeugen und/oder ihm ein Thema bzw. eine Fragestellung zu verdeutlichen.

Zur Erhöhung der Beweiskraft wird nach überzeugenden Argumenten gesucht. Dies können sein:
- Beispiele,
- Belege,
- Fakten,
- Zahlen,
- Zitate und
- Beobachtungen.

Arbeitsschritte

Um eine nachvollziehbare und überzeugende Erörterung zu formulieren, sind bestimmte Arbeitsschritte einzuhalten.

1. **Stoffsammlung**
   Durch das Durchdringen des Themas und das Erkennen der verschiedenen Aspekte, die die Fragestellung einschließt, wird als erster Schritt eine Stoffsammlung angelegt, die sich auf die einzelnen Bestandteile der Fragestellung bezieht.
2. **Planung des Aufbaus**
   Einleitung*:* Der Leser soll an das Thema herangeführt und sein Interesse dafür geweckt werden (persönliche Erfahrungen, Fakten, aktuelle Bezüge). Es sollten bereits inhaltlich relevante Schlüsselbegriffe geklärt werden.
   Hauptteil: Im Hauptteil werden die Argumente in der Reihenfolge These, Beweis oder Beispiel, Folgerung dargelegt. Der Leser/die Leserin soll über die Problematik umfassend informiert und von den Schlussfolgerungen des Verfassers/der Verfasserin überzeugt wer-

den. Dies geschieht durch Argumentationsketten, d.h. durch das Verbinden der verschiedenen Argumente mit Überleitungsformen (z.B. weiterhin, darüber hinaus, wie sich schon aus dem zuletzt genannten Beispiel ergibt ...).
Schluss: Im Schlussteil wird die zusammenfassende und abschließende Meinung formuliert und ein Ausblick auf die Zukunft, ein Hinweis auf Ähnliches gegeben oder an die Einleitung angeknüpft.

Es werden zwei **Formen von Erörterungen** unterschieden:
- die **Pro-Kontra-Erörterung** oder **dialektische Erörterung** und
- die **lineare** oder **steigernde Erörterung.**

In der *dialektischen* oder Pro-Kontra-Erörterung geht es darum, zwei gegensätzliche Meinungen bzw. Standpunkte („Pro" und „Kontra") gegeneinander abzuwägen und so zu einem begründeten und für den Adressaten nachvollziehbaren Urteil zu kommen. Im Aufsatz muss deutlich werden, wo nach Meinung des Schreibers die stärkeren Argumente liegen, auf welche Seite sich die Waage neigt (pro oder kontra). Für den Leser muss das gefundene begründete Urteil nachvollziehbar sein.
Bei der *linearen* oder *steigernden Erörterung* werden die Argumente der Wichtigkeit nach aufeinander aufgebaut, sodass der Adressat durch die Argumente zu einer überzeugten Meinung gelangt. So kommt eine gewisse Steigerung der Argumente zustande. Die lineare Erörterung erkennt man oft daran, dass sie mit einer W-Frage eingeleitet wird. Bei der linearen Erörterung wird nur die Darstellung einer Seite eines Problems verlangt. Die steigernde Erörterung beschäftigt sich intensiv mit allen im Thema enthaltenen Problemen. Es werden Argumente mit Beispielen gestützt.

Pro-Kontra-Erörterung/dialektische Erörterung
Bei der **Pro-Kontra-Erörterung** oder dialektischen Erörterung (auch: Problemerörterung) handelt es sich um die *Auseinandersetzung* mit einem Problem, das als *Entscheidungsfrage* formuliert werden kann.
In der *Einleitung* werden die beiden *gegensätzlichen Positionen* benannt und im *Hauptteil der Argumentation* werden diese erst nacheinander und anschließend gegeneinander abgewogen, dazu Thesen formuliert, diese mit Argumenten unterstrichen und im folgenden Abschnitt des Hauptteiles **Gegenthesen** erstellt und diese ebenfalls mit Argumenten belegt. Der Schreiber wägt im *Schlussteil* die Fakten und Argumente ab und entscheidet sich für ein Ergebnis. Dabei kann ein *Kompromiss* formuliert oder die Erkenntnis vermittelt werden, dass es keine Lösung gibt.

Beispielthemen für **Pro-Kontra-Erörterung:**

„Computer – nur Spielzeug und Zeitvertreib?"

„Zigaretten – gesünder als harte Drogen?"

Einleitung	**Hauptteil**	**Schluss**
Ergänzungsfrage	*These 1* für Argument 1 für Argument 2 *These 2* gegen Argument 1 gegen Argument 2	Abwägung und Schlussfolgerungen/ Entscheidung

Aufbau einer dialektischen Erörterung

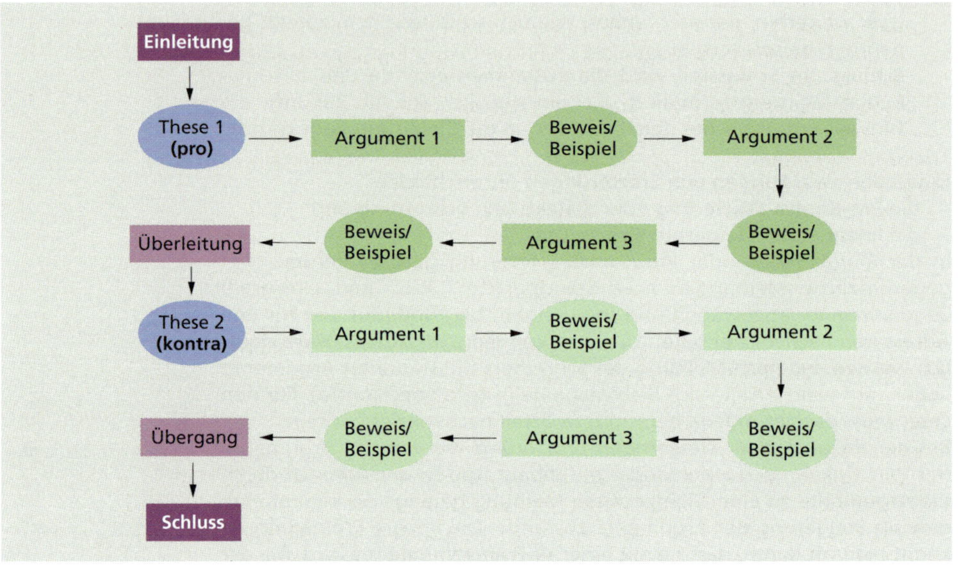

Beispielthemen für eine **Sacherörterung:**

„Jeder kann der Umwelt helfen"

„Die Rolle des Fernsehens in unserer Zeit"

Sacherörterung oder lineare Erörterung

Die Sacherörterung oder *lineare Erörterung* befasst sich mit den im Thema enthaltenen Problemen. Dabei werden passende *Thesen* entwickelt und ihr Für und Wider genannt. In der Einleitung werden Ergänzungsfragen formuliert, die das Thema betreffen. Im Hauptteil wird der Problemgehalt einer Sache in Thesen erschlossen. Argumente (angeordnet in einer Argumentationskette), die mit Beispielen und/oder Belegen untermauert werden, klären den Sachverhalt und es wird für den Leser nachvollziehbar, wie der Schreiber im Schlussteil zu seinem formulierten Ergebnis kommt. Er kann seine persönliche Stellungnahme zum Ausdruck bringen oder das Thema für weitergehende Fragestellungen öffnen. In diesem Falle handelt es sich um einen offenen Schluss.

Einleitung	**Hauptteil**	**Schluss**
Ergänzungsfrage	*These 1* Argument 1 Argument 2 *These 2* Argument 1 Argument 2	Ergebnis oder offener Schluss (weitere Fragestellungen möglich)

Argumentarten

1. Argumente, deren Richtigkeit in der Praxis nachweisbar ist
2. Argumente, die allgemein anerkannte Werte, Normen und Regeln beinhalten

3. Argumente, die ein Ergebnis einer logischen Schlussfolgerung sind
4. Argumente, die sich auf die bereits erkannten und bewiesenen Tatsachen bzw. Erkenntnisse von Fachleuten beziehen
5. Argumente, bei denen aus einer ähnlichen Ausgangslage etwas gefolgert wird

Schematische Darstellung von Argumentationen:

These	**Argument**	**Beweis** / **Beispiel**	**Folgerung**
Mögliche sprachliche Mittel:	da, weil, denn, nämlich, deswegen	sodass, wie, damit, falls, weil, beispielsweise	daher, somit, demnach, also

Je nachdem, ob einer Erörterung eine Textvorlage zugrunde liegt, unterscheidet man zwei **Arten der Erörterung.**

Textgebundene Erörterung

In einer textgebundenen Erörterung setzt sich der Autor argumentativ mit den Inhalten eines oder mehrerer Texte auseinander. Dabei wird die Textvorlage erschlossen und der Schreiber der Erörterung betrachtet kritisch den vorliegenden Text, setzt sich mit ihm auseinander und stützt bzw. entkräftet vorgegebene Meinungen bzw. Behauptungen. Dabei ist eine lineare oder dialektische Erörterung möglich.

Zu den **Prüfungsanforderungen** ↗ Kap. 1

Freie Erörterung

In der freien Erörterung wird ein Thema unabhängig von einer Textvorlage behandelt.

2.1.5 Untersuchende Texte

> **Analysen** beschäftigen sich mit der Untersuchung von Sprachmaterial. Sie beinhalten das Erkennen und Benennen von Merkmalen eines Textes und das Deuten dieser Merkmale.

Die **Einheitlichen Prüfungsanforderungen im Fach Deutsch** fordern das untersuchende Erschließen literarischer Texte (↗ Kap. 1).

Texte werden unter verschiedenen Aspekten analysiert.
Bei der Formanalyse werden die formalen Besonderheiten (z. B. Aufbau und Gliederung, Strophe, Vers, Reim, Szene, Akt) untersucht.
Die Strukturanalyse beschäftigt sich mit der Anlage des Werkes, d. h., sie betrachtet das Gefüge des Textes (Aufbau, Motive und Motivgeflechte).
Die Stilanalyse untersucht die sprachlichen Eigenheiten, d. h., der Stil wird untersucht.
Die Ergebnisse jeder einzelnen Analyseform werden in einer Werkanalyse oder **Interpretation** zusammengefasst.
Um eine umfassende Interpretation anfertigen zu können, müssen bestimmte Analyseaspekte beachtet werden:

– **bei der Textinterpretation:**
  1. Thema

2. zentrale Motive
3. Erzählperspektive/Erzählsituation
4. sprachlich-stilistische Besonderheiten
5. Figurenkonstellation
6. Figurencharakterisierung und Einordnung in den historischen bzw. gesellschaftlichen Kontext
7. Zeitgestaltung
8. Raumgestaltung
9. Aufbau der Handlung
10. Vergleich literarischer Texte unter bestimmten inhaltlichen und konzeptionellen Aspekten

– **bei der Gedichtinterpretation:**
  1. formaler Aufbau (Strophenaufbau, Gedichtform, Reim, Versmaß)
  2. inhaltlicher Aufbau (Titel, Thema, Motiv, Handlung, lyrischer Sprecher)
  3. sprachliche Gestaltung (Metaphern, Schlüsselwörter, Vergleiche, weitere Mittel)
  4. Entstehungshintergrund (zeitliche Einordnung und zeitgeschichtliche Ereignisse, Autor/-in)

– **bei der Interpretation einer Dramenszene:**
  1. Stellung und Bedeutung für das gesamte Drama
  2. Inhalt der Szene (Stellung der Szene im Handlungsverlauf)
  3. dramatische Gestaltung (Formen des Sprechens, Reaktionen der Figuren, Schreibtechniken)
  4. Aufbau
  5. Thema
  6. Figuren (Konstellation der Figuren, Tätigkeiten und Gebärden, Sprache, Absichten)
  7. Entstehungshintergrund (zeitliche Einordnung und zeitgeschichtliche Ereignisse, Autor/-in)

Analyse eines Prosawerkes (Roman)

Wichtig für die Interpretation eines **Romans** ist auch das Erkennen des Romantyps (↗ S. 120 f.).

Ein **Roman** entwirft vielschichtige Bilder von individuellen Schicksalen in ihrem *geschichtlichen Umfeld.*
Romane sind seit dem 19. Jahrhundert weitverbreitet. Bereits im 16. Jahrhundert wurde der Roman als umfangreicher *Prosatext* entwickelt. Die Bezeichnung leitet sich her von der im 12. Jahrhundert entstandenen Wortbildung „romanz", die alles Volkssprachliche bezeichnete.

Im Mittelpunkt der *Romanhandlung* stehen meist Einzelpersonen, ihr persönliches Schicksal, das in einer bestimmten Zeit unter bestimmten gesellschaftlichen Umständen dargestellt wird. Aber auch eine Gruppe von Menschen, die einen bestimmten Lebensabschnitt gemeinsam erleben, kann Gegenstand eines Romans sein.
Betrachtet werden müssen:

- *Personen:* ihre persönliche Situation, ihr Verhältnis zu anderen Personen, ihre Probleme
- *Raum und Zeit:* Ort der Handlung und Zeitraum, in dem die Handlung spielt
- *Handlung:* Verdichtung und Höhepunkte, Leitmotiv

– *Erzählperspektive:* vermittelt die Handlung ein „Ich-Erzähler“, gibt ein allwissender Erzähler einen Überblick oder erzählt ein „personaler Erzähler“ aus der Sicht einer Figur heraus

Die *Aufsatzthemen* beziehen sich meist auf ein zentrales Bauelement des Romans. So können sich die Themen beziehen auf die

1. Charakterisierung und Entwicklung der *Personen,* Beziehungen, Probleme der Handlung
2. Bedeutung wesentlicher *Textstellen*, z. B. entscheidende Dialoge
3. Bedeutung wichtiger Motive
4. Bedeutung des *Ortes* oder Zeitraums des Romans
5. Bedeutung des *Titels* oder Beziehung zwischen *Anfang* und *Ende*

Bei der *Charakterisierung* der Hauptpersonen geht es darum, das Wesen, die Eigenschaften, Verhaltensweisen und ihre Entwicklungen zu beschreiben. Dabei werden Angaben zur Person direkt dem Text entnommen und eigene *Schlussfolgerungen* aufgrund des Verhaltens und der Äußerungen der Person gezogen. Die Folgerungen sollten mit Textbeispielen belegt werden.

Arbeitsschritte für die Romananalyse
Vorarbeit

1. Gründliches Lesen, um den Text zu erfassen
2. Kennzeichnen auffälliger Textstellen durch Unterstreichen, Einkreisen, Anmerkungen am Textrand
3. Klären unbekannter Begriffe und Wörter

Erschließungsfragen
Vorfragen

– Von wem wurde der Roman verfasst? Wann ist er entstanden?

Hauptfragen

– Worum geht es inhaltlich? Wie ist der Roman aufgebaut? Mit welchen sprachlichen Mitteln erreicht der Verfasser seine Aussageabsicht (z. B. Umgangssprache, poetische Sprache, besondere Ausdrücke, Dialekte u. a.)? Welches sind die zentralen Textstellen? Welche Hauptaussage hat der Text? Welche Aussageabsicht hat der Verfasser?

Zusatzfragen

– Wie wirkt der Text auf den Leser? Wie bewertet der Leser den Text? Kann man den Text in einen Gesamtzusammenhang einordnen, z. B. Aussage einer bestimmten Zeit? Steht der Text im Zusammenhang mit anderen Werken des Autors?

Hilfreich für die Erschließung kann ein Vergleich zwischen Romanen derselben Epoche oder derselben Romangattung sein, z. B. wird Günter Grass' pikaresker Roman „Die Blechtrommel“ oft mit pikaresken Romanen früherer Jahrhunderte verglichen.

Gedichtinterpretation

Das *Gedicht* ist ein literarisches Werk in Versen, das zur Gattung **Lyrik** gehört.
In vielen Gedichten drückt der Dichter seine Gedanken, Gefühle, Stimmungen und Erlebnisse aus. Dafür wählt der Dichter oft eindrucksvolle *sprachliche Bilder.*
Das Gedicht gibt oft in besonderem Maße *persönliche Gedanken* wieder

Eine Übersicht der **Stilmittel der Lyrik** ↗ S. 157 ff.

und wirkt so unmittelbar auf den Hörer und Leser ein. Der Dichter fügt seine Worte in vielen Lyrikgattungen und -genres in eine bestimmte Ordnung von betonten und unbetonten Silben *(Hebungen und Senkungen),* von **Versen** und **Strophen,** wobei sich die Verse nicht unbedingt reimen müssen. Zu den Gedichten zählen Elegien, Hymnen, Oden, Sonette, Sprüche und Lieder.

In einigen Publikationen wird auch noch vom **lyrischen Ich** gesprochen.

In der *Lyrik* äußert sich oft ein Sprecher direkt bzw indirekt. Diesen Sprecher in Gedichten nennt man den **lyrischen Sprecher.** Er kann
- Ereignisse berichten,
- Landschaften schildern,
- eigene Gedanken und Gefühle äußern,
- eine subjektive Stimmung mitteilen,
- weitere Personen im Gedicht ansprechen.

Er kann ein „artikuliertes Ich“ sein, wie in folgendem Beispiel:

THEODOR STORM „Die Stadt“ (3. Strophe)

Doch hängt mein ganzes Herz an dir,
Du graue Stadt am Meer.
Der Jugend Zauber für und für
Ruht lächelnd doch auf dir, auf dir,
Du graue Stadt am Meer.

(Storm, Theodor: Sämtliche Werke in vier Bänden. Band 1. Berlin und Weimar: Aufbau Verlag, 1978, S. 112.)

Nicht immer ist der *lyrische Sprecher* als „Ich“ erkennbar. Dann werden Gedanken oder Schilderungen nur mittelbar erzählt:

THEODOR STORM „Sommermittag“ (1. Strophe)

Nun ist es still um Hof und Scheuer,
Und in der Mühle ruht der Stein;
Der Birnenbaum mit blanken Blättern
Steht regungslos im Sonnenschein. (ebenda, S. 111.)

Hier kann es evident sein, danach zu fragen, wie der Sprecher in den **Vorgang lyrischen Sprechens** eingebunden ist. Betreibt er eine Innenschau, d.h., reflektiert er über sich und seine Umwelt oder gibt er eher distanziert ein fast episch zu nennendes Geschehen wieder? In THEODOR STORMS Gedicht „Sommermittag“ schaut der lyrische Sprecher einen kurzen Augenblick auf eine idyllische Landschaft und beschreibt sie sowohl mit epischen – also erzählerischen – als auch mit lyrischen Mitteln. Er selbst sieht alles, den schlafenden Müller, die schläfrigen Bienen und die aufgeweckte Müllerstochter, die zum Müllersburschen huscht, tritt also als **allwissender Erzähler** auf. Er bedient sich allerdings typisch lyrischer Mittel, um die Szene bekannt zu machen: Dass Windstille herrscht, umschreibt er z. B. mit dem regungslos stehenden Birnenbaum.

Gleichklang der Vokale = **Assonanz**
Gleichklang der Konsonanten = **Alliteration**

Klangfarbe: Versmaß, Reim, Rhythmus, Lautung

Wichtig für die Interpretation lyrischer Texte kann die Untersuchung von **Versmaß, Reim** und **Rhythmus** sein. Allerdings zeichnet sich ein Gedicht nicht allein durch diese Kategorien aus. Sie müssen auch eine bestimmte **Funktion** haben, damit ein Gedicht als Gedicht gelten darf. Bei der Untersuchung des Verses spielt der Wechsel von betonten und unbetonten Silben eine wichtige Rolle. Dieses Schema nennt man **Versmaß.** Festgelegte Folgen von betonten und unbetonten Silben nennt man Versfuß. Es kann für die Deutung von lyrischen Werken wichtig sein, ob eine Strophe/ein Gedicht vorrangig aus fallenden oder steigenden Versfüßen besteht, ob ein Gedicht also einen eher trübsinnigen Unterton bekommt oder einen eher fröhlichen. Dies kann sich ebenfalls auf die **Klangfarbe** des Gedichts auswirken.

Reime können als Lautgleichklang oder Silbengleichklang auftreten. **Lautgleichklang** tritt als Gleichklang der Vokale (Assonanz) oder der Konsonanten auf (Alliteration). **Silbengleichklang** tritt als Anfangsreim, Binnenreim oder Endreim auf.
Im Gedicht von FONTANE reimt jeder zweite Vers. Dagegen ist der Rhythmus völlig gleichmäßig. Das zeigt zum einen die epische Distanz des Sprechers zur beschriebenen Szenerie, zum andern allerdings das Lyrisch-Intime der Situation: Das poetische Moment, das Lyrikfähige, liegt bereits in kleinen alltäglichen Begegnungen.

Durch die Wiederholung einzelner Silben, von bestimmten Vokalen und Konsonanten in unterschiedlichen Wörtern, aber auch durch die Wiederholung von ganzen Wörtern erhält ein Gedicht ebenfalls eine gewisse Klangfarbe. Dabei werden *helle Vokale* und Diphthonge (e, i, ei, eu), *dunkle Vokale* und *Diphthonge* (a, o, u, au), sanfte, eher weiche Konsonanten (b, g, l, m, n, w) sowie harte, *schärfere Konsonanten* (f, k, p, t, s, sch) unterschieden. In einem *Interpretationsaufsatz* sollten nur die *auffälligen Klangphänomene* genannt werden. Ihre *Wirkung* auf das gesamte Gedicht ist wichtig, nicht eine Auflistung der formalen Aspekte.
Zu bedenken ist: Gedichte liegen zumeist in grafischer Form, also gedruckt, vor. Das Zusammenspiel von Vers, Reim, Rhythmus und der einzelnen Laute wird jedoch erst bewusst, wenn man es spricht.

Poetische Metaphorik
Neben der Metrik, dem Rhythmus, dem Reim und dem Zusammenspiel der Laute eines Gedichts ist für die Interpretation der **bildhafte Ausdruck** zu beschreiben und zu werten. Bildhafte Ausdrücke dienen der Veranschaulichung von Vorgängen, Gegenständen und Erscheinungen, aber auch von abstrakten Dingen wie Gefühlen. Die **Tropen** (Sg.: Tropus bzw. Trope) umfassen alle Ausdrücke, die durch andere, einem anderen Bedeutungsfeld zugehörige Ausdrücke ersetzt werden. Dazu gehören u. a.: Metapher, Metonymie, Personifikation und Ironie. Jedoch nicht nur Wörter und Wortgruppen können metaphorisch gebraucht werden, sondern auch ganze Textteile und Texte. **Poetische Metaphorik** zielt oft auf Mehrdeutigkeit (Polysemie), verweist auf die innere Welt des Sprechers bzw. des sich im Text verbergenden Subjekts, auf Gedanken, Gefühle, Träume, Wünsche und trifft auf die innere Welt des Lesers oder Zuhörers. Dieser wird nun zum Bildproduzenten, der die Bildspanne einer Metapher weit oder eng machen kann. Es kommt also nicht darauf an, dass der Leser die Metaphern des Textes so auflöst, wie der Autor es gemeint haben

könnte. Bedeutender ist, dass er seiner eigenen Imagination, Fantasie und Einbildungskraft folgt. Durch das Sprechen eines Gedichts können die sprachlichen Ausdrücke völlig andere Reaktionen beim Zuhörer auslösen: Ein tragisches Gedicht, das auf komische Weise deklamiert wird, erfährt eine deutlich spürbare Umdeutung, die den Zuhörer zum Lachen statt zum Weinen anregt.

Es empfiehlt sich, das Gedicht zunächst laut zu lesen. So vermitteln sich Klangfarbe, Reim und auffallende Sprachmittel sehr deutlich.

Arbeitsschritte und Leitfragen für eine Gedichtinterpretation

1. Nach gründlichem Lesen Struktur und Gestaltungsmittel des Gedichts erfassen. Wichtige, auffällige Stellen im Gedicht unterstreichen. Alles Auffällige zu Inhalt und Form und Gestaltung in Stichpunkten notieren. Den Inhalt der Strophen (bei mehrstrophigen Gedichten) zusammenfassen. Das Reimschema notieren. Dieser erste Teil ist eine Analyse.
2. Beurteilen, in welcher Stimmung, Lage, Situation sich der Sprecher des Gedichts, der lyrische Sprecher, befindet.
3. Notieren, wie der innere Aufbau des Gedichts ist (Bewegungs- und Entwicklungsverlauf von Vers zu Vers oder Strophe zu Strophe, Steigerungen, Brüche).
4. Feststellen, ob ein Motiv besonders stark ist.
5. Auffällige Sprachmittel benennen. Welche Wirkung haben sie (Verben der Bewegung, Adjektive, sprachliche Bilder)?
6. Was ist die Aussageabsicht der Dichterin/des Dichters?

Hinweise zur Interpretation (Stichpunktzettel)

Zeitform: Präsens

Stil: Behauptungen mit Textstellen belegen (unterstreichen), Einzelbeobachtungen mit Oberbegriffen zusammenfassen. Einzelne Beobachtungen miteinander verbinden; dabei beachten, nicht der Dichter spricht, sondern ein lyrischer Sprecher, den der Dichter sprechen lässt.

Dramen untersuchen/interpretieren

Das **Drama** ist eine *Bühnendichtung,* ein Schauspiel. Im Drama gestaltet der Dichter einen **Konflikt** zwischen den Personen einer Handlung.
Ein Drama zeigt häufig Entscheidungssituationen, die durch das Handeln der Personen gelöst werden müssen und dabei neue Entscheidungssituationen hervorbringen. Im Drama kann der Dichter im Gegensatz zum Roman in den Szenen kaum etwas erklären oder erläutern. Er lässt seine Figuren mittels Dialog handeln und die Darstellung muss so wirken, als bräche der Konflikt unmittelbar vor den Augen des Zuschauers aus.
Dramen sind also Vorlagen für Theater, Opern- oder Ballettaufführungen, für Filme, Puppen- und Hörspiele. Ihre *traditionellen Formen* sind die **Tragödie** und die **Komödie.** Wichtig für die Analyse eines Dramas ist die Untersuchung seines Aufbaus.

Zum Drama ist auch stets die Aufführung im Theater mitzudenken.

Hinweise zur Untersuchung eines Dramas
Zuerst sollte eine Aufbauskizze erstellt werden, am besten in Form einer Tabelle.

	1. Akt	2. Akt	...
Ort			
Personen			
Kernaussagen/Handlungen			
Schwerpunkt			
Bedeutung			

Folgende Fragen können gestellt und in der Tabelle beantwortet werden:

Ort: Wo spielt sich das Geschehen jeweils ab?
Zeit: Wann geschieht etwas (morgens, am nächsten Tag ...)?
Personen: Welche Personen treten auf?
Handlung: Was geschieht?
Kernaussagen: Welches sind die wesentlichen Textstellen?
Schwerpunkt: Worum geht es in dem Akt vor allem?
Bedeutung: Was ergibt sich aus dem Geschehen dieses Aktes für den folgenden Akt oder für das gesamte Drama?

Das Aufsatzthema oder die Aufgabe kann eine Inhaltsangabe eines Aktes, eine Wiedergabe einer Szene, eine Analyse einer bestimmten Textstelle, die Charakterisierung von Hauptpersonen oder anderen Personen oder eine Interpretation einer Szene oder eines Aktes sein.

Wiedergabe einer Szene

Zur Vorbereitung einer Wiedergabe kann so vorgegangen werden:

1. Kurze Zusammenfassung, was in dieser Szene geschieht.
2. Im Hinblick auf den weiteren Verlauf der Handlung sollten das Geschehen dieser Szene, die Ursachen und Folgen benannt werden.
3. Haben sich in der Szene Veränderungen für die beteiligten Personen ergeben – wodurch, durch wen?
4. Hat die Szene für den Verlauf der weiteren Handlung eine Schlüsselfunktion? Macht die Hauptperson z. B. einen Fehler?
5. Hat die Szene Einfluss auf den Schluss des Dramas? Wodurch? Durch wen?

Genaue Untersuchung einer Textstelle

Ausgangspunkt ist die *Grundsituation:* Wer spricht mit wem? Welche *Absicht* wird verfolgt? Wie ist es zu dem Gespräch gekommen?
Die *vorhergehende Handlung* muss kurz betrachtet werden, um die Textstelle werten zu können. Eventuelle *Auswirkungen* auf den weiteren Verlauf sollten genannt werden.

Das Puppenspiel ist eine Form des Theaters, die Dramen, Opern usw. umsetzt.

Die Art des Dialogs soll beschrieben werden. Werden eher Fragen gestellt oder Behauptungen aufgestellt? Wird ein Plan geschmiedet? Handelt es sich um einen Monolog – welche Gedanken bewegen die Person, welchen Einfluss haben sie auf den weiteren Verlauf?

Die stilistische Darstellung ist zu untersuchen; mit welchen sprachlichen Mitteln werden Spannung, Freude, Stille, Trauer, Hoffnung usw. hervorgerufen?

Charakterisierung von Personen
Hier sollten folgende Leitfragen im Vordergrund stehen:

1. Wann und wo tritt die Person auf? – Am besten auf einem Notizzettel die Stellen herausschreiben und kurz zusammenfassen.
2. Zentrale Aussagen und wichtige Dialogstellen der Person kennzeichnen. Die Verbindungen zu anderen Personen und ihre Beziehungen erarbeiten. In einer Figurenskizze kann dargestellt werden, wie z. B. die Hauptperson zu den anderen Personen steht.
3. Die *Entwicklungsphasen* der Person beschreiben. Textstellen nennen, wo entscheidende Vorgänge und Veränderungen erfolgten. Die Bedeutung der Entwicklung für das weitere Geschehen darstellen.
4. Beurteilung der Handlung der Person. Diese Beurteilung muss genau begründet werden. Unter Einbeziehung des Gesamtgeschehens ist die Frage zu beantworten, warum es z. B. zur Zuspitzung oder Lösung des Konflikts kam (vor allem bei Hauptpersonen) und was die Person zur Lösung des Konflikts beitrug.

Die **Charakterisierung** der handelnden Personen, besonders der Hauptpersonen, ist unter Beachtung der historischen Verhältnisse vorzunehmen.
Diese Einordnung erleichtert die Interpretation wesentlich.

Besonders aussagekräftig ist die Charakterisierung der Hauptperson(en) am Beispiel einer Schlüsselszene, eines *Schlüsseldialogs.*
Nach einem Einleitungssatz werden die entscheidenden Aussagen der Hauptpersonen mit *Textbeispielen* zur *Charakterisierung* genannt. Die wichtigsten Eigenschaften werden im Zusammenhang dargestellt. Mit Belegen wird auf Schwächen der Personen verwiesen.

■ Szene „Der Streit der Königinnen" (SCHILLER: „Maria Stuart"); Charakterisierung der beiden Personen

In den beiden gegensätzlichen Frauen verdichtet sich der Dramenkonflikt: Maria, um deren Anspruch auf den Thron es geht und damit auch um ihren Kopf, ist eine stolze, schöne, begehrenswerte Frau. Sie ist von ihrem Recht felsenfest überzeugt und auch davon, dass die englischen Gerichte sie nicht verurteilen werden: „Ermorden kann sie mich, nicht richten" (I. Akt, 7. Szene). Selbst als Gefangene verhält sie sich wie eine Königin: „Man kann uns niedrig behandeln, nicht erniedrigen" (I., 2). Trotz ihrer politischen Klugheit ist sie unvorsichtig genug, auf eine Begegnung mit Elisabeth zu setzen: „Ihr allein, der Schwester, der Königin, der Frau kann ich mich öffnen" (I.,1). Gerade hier vertraut sie zu sehr auf ihre persönliche Wirkung und bezieht die Empfindlichkeit Elisabeths, der älteren, hässlichen, unter ihrer Glanzlosigkeit leidenden Frau, nicht mit ein. So kühl und überlegt Elisabeth sich in politischen Geschäften gibt, als Frau fühlt sie sich um ihr Glück betrogen, hasst die attraktive Rivalin, der gegenüber sie zwar ihre politische Macht ausspielen kann, aber entdecken muss, dass die Macht über Männer bei der anderen liegt. Sie will den Tod, aber einen heimlichen, der die Königin nicht öffentlich mit der Hinrichtung belastet: „So muss ich Sorge tragen, dass mein Anteil an ihrem Tod in ewigem Zweifel bleibe" (II., 5).

2.1.6 Gestaltende Texte

Briefe sind Mittel schriftlicher Verständigung zwischen räumlich getrennten Personen. Dabei werden unterschieden: Privatbriefe – Briefe zwischen Privatpersonen; halb private Geschäftsbriefe – Briefe von einer Privatperson an einen Betrieb oder eine Behörde; und Geschäftsbriefe – Briefe von Betrieb an Betrieb oder Betrieb an Behörde.

Der **Geschäftsbrief** hat neben der informierenden Funktion gleichzeitig eine Repräsentationsfunktion. Er ist die Visitenkarte eines Unternehmens. Deshalb muss für Form und Inhalt besondere Sorgfalt aufgewendet werden. Die Gestaltung sollte der DIN 676 und 5008 entsprechen.

Privatbriefe folgen keinem festgelegten Muster, sie werden vom Schreiber individuell gestaltet. Die Anredeformel zu Beginn des Briefes hat in der Regel die vertrauliche Form. Briefe werden auch literarisch genutzt. Hier dienen sie dem ausführlichen Gedankenaustausch und der Betrachtung gesellschaftlicher Erscheinungen. Bei halb privaten und **Geschäftsbriefen** müssen einige formale Festlegungen eingehalten werden. Diese Art von Brief sollte klar gegliedert, kurz und übersichtlich sein.
Am Anfang des Briefes steht links der *Briefkopf,* der Angaben des Absenders und sechs Leerzeilen darunter die des *Adressaten* enthält. Auf der ersten Zeile des Briefkopfes stehen rechts der Ort und das *Datum*. Die *Betreffzeile* wird vom Briefkopf mit vier Leerzeilen abgesetzt, danach folgt die *offizielle Anredeformel* einschließlich verliehener Titel und Dienstbezeichnungen. *Gruß- und Anredeformeln* sind übliche Wendungen und sollten vom Schreiber eingehalten werden, um nicht unhöflich zu wirken. Der *sachliche Schreibstil* sollte sich durch klare Aussagesätze und eine abwechslungsreiche Gestaltung des Satzbaus auszeichnen.

Bewerbung

In einem Bewerbungsschreiben, sei es für eine Lehrstelle, eine Arbeitsstelle oder einen Studienplatz, gilt, dass der Bewerber immer für sich wirbt. Das Bewerbungsschreiben (meist das Anschreiben) und alle Anlagen sollen auf Anhieb Interesse wecken. Deshalb müssen die Bewerbungsunterlagen vollständig sein und in Form und Inhalt einen guten Eindruck machen.

Zu den Anlagen einer **Bewerbung** gehören neben dem Anschreiben der tabellarische **Lebenslauf** (↗ S. 43) und Zeugnisse.

Antrag und Gesuch

Ein Antrag oder Gesuch ist ein zumeist in schriftlicher Form vorgetragenes Verlangen auf Gewährung von Unterstützung oder Einholung einer Entscheidung in einer persönlichen Angelegenheit.
Anträge/Gesuche können
- an *Behörden* oder staatliche Stellen,
- an *gesellschaftliche* oder *private Einrichtungen,*
- an *Arbeitgeber*

gestellt werden.

Lebenslauf

Ein **Lebenslauf** enthält persönliche Daten des Schreibers, seinen schulischen und beruflichen Werdegang und er ermöglicht dem Leser, einen

ersten Eindruck von der Entwicklung des Schreibers zu gewinnen. Es gibt zwei verschiedene Formen der Erstellung eines Lebenslaufes, den *tabellarischen* und den *ausführlichen Lebenslauf.*
Beide Formen beinhalten immer folgende Angaben über den Schreiber:
- persönliche Daten und Lichtbild,
- Fakten und Daten über den schulischen und beruflichen Werdegang,
- Angaben zu vorhandenen Berufserfahrungen,
- Sprachkenntnisse,
- besondere Kenntnisse,
- weitere Qualifikationen sowie
- persönliche Interessen und Hobbys.

Bei **Bewerbungen** ist es üblich, einen tabellarischen Lebenslauf zu schreiben. Dieser wird überlicherweise maschinenschriftlich bzw. mit dem PC verfasst. Er wird jedoch handschriftlich unterschrieben.

In einem tabellarischen Lebenslauf werden die Fakten und Daten lediglich stichpunktartig angegeben. Dabei ist auf die äußere Form (Maschinenschrift/Computer) besonders zu achten.
In einem ausführlichen Lebenslauf sind die im tabellarischen Lebenslauf chronologisch aufgeführten Punkte in Sätzen klar zu formulieren und überschaubar, einfach und anschaulich zu gestalten. Diese Art von Lebenslauf wird in der Regel mit der Hand geschrieben.
Beide Formen des Lebenslaufes müssen klar gegliedert und nach den Daten chronologisch und lückenlos angeordnet sein.

Artikel

> Ein **Artikel** ist eine schriftliche Äußerung zu einer Sache oder einem Sachverhalt. Meist findet man Artikel in einer *Zeitung* bzw. Zeitschrift. Es gibt unterschiedliche Formen von Artikeln, die von ihrem Zweck und Inhalt abhängen.

Neben Zeitungsartikeln unterschiedlichster Art sind Fachartikel zu speziellen Themen von Bedeutung, die sich in Fachpublikationen finden lassen. Fachartikel sind nur für die jeweiligen Berufszweige interessant. Populärwissenschaftliche **Artikel** dagegen richten sich an alle interessierten Leser (z. B. „GEO").

Zeitungsartikel werden meist im Auftrag einer Zeitung/Zeitschrift verfasst. Verantwortliche Zeitungsredakteure bewerten die fertigen Artikel und bestimmen, in welchem Umfang und Stil sie veröffentlicht werden. Wenn ein Ereignis stattfindet, über das die Zeitung berichten möchte, bezieht sie auf unterschiedliche Art und Weise ihre Informationen. Augenzeugen, Polizei, Feuerwehr, Reporter einer Agentur oder ein eigener Reporter liefern teils direkt, teils indirekt (Informationsfluss läuft über eine Presseagentur) notwendige Fakten und Beobachtungen, um einen Artikel verfassen zu können. Es entstehen die *unterschiedlichsten Textsorten,* alle jedoch zeichnen sich durch ihre Aktualität und die Beantwortung der *sechs für einen Zeitungsartikel relevanten W-Fragen* (Wer? Was? Wo? Wann? Wie? Warum?) aus.

Folgende Textsorten eines Artikels in einer Zeitung können auftreten:
- **Nachricht**
  Eine *Nachricht* ist eine *kurze Mitteilung,* die sich auf die *Fakten* und *Vorgänge* beschränkt.
  Der Autor einer Nachricht ist um *Objektivität* bemüht und steht den Tatsachen unparteiisch und unvoreingenommen gegenüber. Meist werden Nachrichten im *Leadstil* verfasst, d. h., die wichtigsten Informationen stehen am Anfang, danach folgt eine Darstellung der Details.

- **Bericht**
  Der Bericht ist im Vergleich zur Nachricht umfangreicher, die persönliche Meinung des Autors wird nicht mit eingebracht und eine Bewertung der Sache/des Sachverhaltes dem Leser überlassen.
- **Kommentar**
  Kommentare zeichnen sich durch ihre Subjektivität aus, d.h., die Texte werden aus einer ganz bestimmten Perspektive geschrieben. Der Autor bewertet Fakten, Vorgänge, Umstände und Hintergründe, deckt Zusammenhänge auf und erläutert diese. Ein Kommentar regt den Leser an, eine eigene Meinung zu bilden.
- **Glosse**
  Eine Glosse ist eine besondere Form des Kommentars, die vielfach in witziger, häufig auch in polemischer Form verfasst ist. Der Verfasser ist stets auf einen originellen Ausdruck bedacht und möchte den Leser auf diese Weise zum Nachdenken anregen.
- **Reportage**
  Reportagen sind *umfassende Formen von Zeitungsartikeln.* Sie gehören verschiedenen Textsorten an. Neben der *Erlebnisdarstellung* und dem Aufführen von *Hintergrundinformationen* äußert sich der Autor wertend und einschätzend. In den Reportagen wird versucht, den Leser an dem Gegenstand der Reportage teilnehmen zu lassen. Er soll sich emotional und gedanklich in das Geschilderte hineinversetzen können.
- **Leserbrief**
  Meist nehmen *Leserbriefe* auf veröffentlichte Artikel Bezug. Da der Schreiber eigene Meinungen vermittelt, ist ein Leserbrief immer *wertend* und *subjektiv.*

Der bekannteste Verfasser von Reportagen war **EGON ERWIN KISCH.** Er wurde in den1920er-Jahren als „rasender Reporter" berühmt.

Skizze

> Eine **Skizze** ist eine *grobe, halb fertige* bzw. *kurze Darstellung* einer Sache oder eines Sachverhaltes bzw. eines literarischen Werkes.

Skizze:
ital. schizzo = Spritzer (mit der Feder), spritzen. Ursprünglich wurde der Begriff hauptsächlich in der Kunstwissenschaft verwendet. Heute wird darunter in der Kunst ein Entwurf, eine flüchtig entworfene Zeichnung verstanden.

Die Bezeichnung „Skizze" hat zwei Bedeutungen. Man versteht darunter zum einen den Entwurf bzw. das vorläufige *Konzept* eines Werkes. Mit der Skizze werden die *Idee,* die *Figuren* und die *Handlung* festgehalten. Zum anderen kann mit „Skizze" auch ein bewusst formal und stilistisch wenig ausgearbeiteter kurzer Prosatext oder eine nicht ganz ausgearbeitete Erzählung gemeint sein.
Berühmte Schriftsteller bedienten sich der Skizze, unter ihnen IWAN TURGENJEW („Notizbuch eines Sportlers"), WLADIMIR MAJAKOWSKI („Meine Entdeckung Amerikas") und STEFAN HEYM („Pargfrieder"). Autoren setzten sich in Skizzen auch kommentierend mit eigenen Erzählwerken auseinander (INGEBORG BACHMANN „Hommage an die Wienerin",1972). Mitunter benutzen Autoren die literarische Skizze, um autobiografische Momente festzuhalten: HEINRICH BÖLL, DETLEV VON LILIENCRON und FRIEDRICH NIETZSCHE („Mein Leben"). JOHN IRVING legte mit „My movie business" seine Erfahrungen mit dem Geschäft des Films in Hollywood offen. Oft werden Kurzgeschichten z.B. für Tageszeitungen skizzenhaft angelegt, da sie die Handlungsphasen nicht ausladend entfalten müssen.

2.1.7 Kommentierende Texte

Kommentar

Kommentar: lat. commentarius = Notizbuch, Niederschrift. Der Begriff wurde im 18. Jahrhundert eingedeutscht. Das Verb dazu: kommentieren, lat. commentari, wurde bereits im 17. Jh. eingedeutscht und steht für „Stellung nehmen, einen Text mit erläuternden und kritischen Anmerkungen versehen, politische, kulturelle u. a. Ereignisse erläutern, besprechen".

Der **Kommentar** zählt zu den meinungsäußernden, literarisch-journalistischen Textarten. Er nimmt erläuternd und wertend Stellung zu einem aktuellen Sachverhalt, *Ereignis* oder *Thema.*
Kommentare verwendet man in der täglichen Kommunikation und insbesondere in den *Medien.* In der Presse, im Fernsehen, Hörfunk und Internet setzt sich der Verfasser des Kommentars aus persönlicher Sicht (subjektiv) mit Tatsachen und Vorgängen auseinander. Der Kommentator sollte den Sachverhalt sehr genau kennen.
Er erörtert und bewertet dazu recherchierte Fakten und Hintergründe. Der *Medienkonsument* kann sich dann mit dieser Meinung auseinandersetzen und selbst zu einer Position gelangen. Im Gegensatz zum Kommentar wird eine Nachricht knapp, präzise und möglichst objektiv verfasst. Ein Kommentar sollte Fragen stellen, aufrütteln, appellieren und Probleme aufzeigen.
In den Medien werden Kommentare in der Regel an gleichbleibender Stelle abgedruckt oder gesendet.
Ziele des Kommentars sind vor allem:
- Hintergründe aufdecken und bewerten,
- Vorgänge einordnen und beurteilen,
- Maßnahmen kritisieren und bezweifeln oder begrüßen.

Kommentarformen in der Presse sind:
- der Leitartikel zu einem zentralen Thema an zentraler Stelle,
- die witzig-ironische Randbemerkung (Glosse),
- der Kurzartikel, reduziert auf schlagende Argumente,
- das Feuilleton als literarisch-journalistischer Text (hier werden häufig scheinbar nebensächliche Sachverhalte durch überraschende Betrachtungsweisen erhellt),
- der Tageskommentar, weniger polemisch, auf ein aktuelles Thema bezogen.

Der Kommentator verfasst seinen Text anschaulich-expressiv (ausdrucksvoll). Er zeichnet mit seinem Namen.

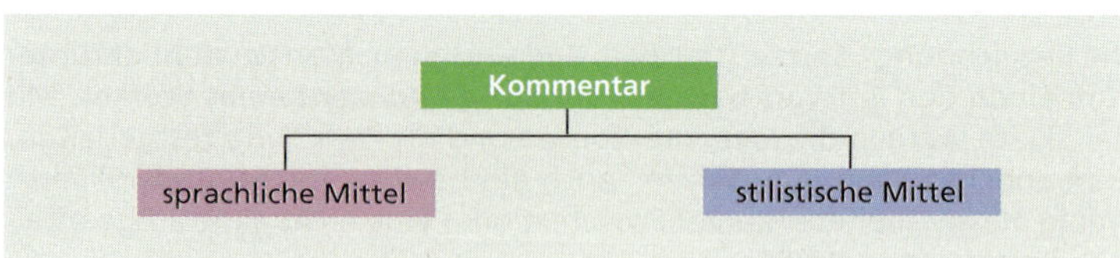

Kritik

> Die **Kritik** im literarisch-journalistischen Sinne ist eine meinungsäußernde Darstellungsform. Im Vordergrund steht die kritische Betrachtung und Wertung von Texten, Theateraufführungen sowie Kunst-, Film- und Musikveranstaltungen.

Es handelt sich um einen beschreibenden, einordnend-interpretierenden und z. T. auch glossierenden Text.

Eine häufige Form der Textkritik stellt die Rezension dar, die sich mit überwiegend *wissenschaftlichen Kriterien* der Kommunikation und Literatur zuwendet.

> In der Kritik setzt sich der Autor mit dem Werk, dessen *Umsetzung* (Einsatz der Mittel) und eventuellen *Wirkungen* auseinander.

Das Wort „Kritik" im Sinne einer Literaturkritik wurde zum ersten Mal von JOHANN CHRISTOPH GOTTSCHED verwendet.

Die häufig polemisch verfasste subjektive Darlegung sollte verständlich und nachvollziehbar sein. Sie hat keinen wissenschaftlichen Anspruch, sondern einen feuilletonistischen (plaudernden) Stil. Der Leser vergleicht dann seine Interpretation oder lässt sich einfach informieren, unterhalten.
Überall in den Medien findet man Kritiken, z. B. in Tageszeitungen (Feuilletonteil), in literarischen oder künstlerischen Fachzeitschriften, in Bücherjournalen, in Theaterprogrammen, in Rundfunk und Fernsehen, im Internet usw.

Die Kritik antwortet auf folgende Leitfragen:
Kern des Textes, der Film-, Theater- und Musikaufführung, des Bildes, der Ausstellung

Untersuchung von Inhalt und Form
- Das Erarbeiten einer Kritik erfordert die genaue Untersuchung von Inhalt und Form eines Werkes.
- Die Elemente, die dem Werk seinen unverwechselbaren *Charakter* verleihen, z. B. Analyse von Struktur und Aufbau, *Handlungsablauf* (speziell bei Literatur, Theater), **Motiv,** Geflecht, eventuell **Figuren** usw., müssen kritisch betrachtet werden.
- Eine *Stilanalyse* (Stilebenen, Bildlichkeit, Satzbau usw.) rundet die Kritik ab.

Kritiken können Einfluss auf die Auflagenhöhe eines Buches haben, wie das Beispiel des „Literarischen Quartetts" im ZDF in der Vergangenheit bewies.

Beispiele für Konzertkritik, Literaturkritik und Kritik eines Fernsehfilms:

Literatur	
1919 schrieb Kurt Tucholsky in seiner Rezension zu Heinrich Manns „Der Untertan": „Es ist ja nicht wahr, daß versipptes Cliquentum und gehorsame Lügner ewig und untrennbar mit unserem Land verknüpft sein müssen. Beschimpfen wir die, loben wir doch das andere Deutschland; lästern wir die,	Gegen eine Verallgemeinerung des Deutschen gewandt (inhaltlicher Bezug)
beseelt uns doch die Liebe zum Deutschen. Allerdings: nicht zu diesem Deutschen da. Nicht zu dem Burschen, der untertänig und respektvoll nach oben himmelt und	Ergebnis subjektiv
niederträchtig und geschwollen nach unten tritt, der Radfahrer des lieben Gottes,	Verachtenswert (Wertung)
ein entarteter species der gens humana." (Tucholsky, Kurt: Die Weltbühne, 20.03.1919, Nr. 13, S. 317.)	Bildhaft, vergleichend, satirisch

Musik zu „Besiegelt per Tattoo" Mit seinem Konzert im Casino wird Bilal die Fackel des neuen Philly-Sounds nun erstmals mit eigenen Händen nach Berlin tragen.	*Orientierung* und *Werbung* *Spielart* (jugendlicher, „cooler" Stil), oft Verwendung übertragener Bedeutungen
Fernsehfilm zu „Die Affäre Semmeling" Falls der Eindruck nicht täuscht, sollte sich „der neue Wedel" zu dem erwartet großen Fernsehroman gestalten. Am 2. Januar geht es los.	Gibt den Anschein der *Vertrautheit* und *Kennerschaft,* überschäumend, begeisternd *(Werbestil)*

Hinweise zur Formulierung

- Eine *treffsichere,* originelle *Überschrift* formulieren, z.B. Anspielung oder Wortspiel (bei Rezensionen möglichst nicht), z.B. „Das Kasperletheater" – Kritik zu einer Schulveranstaltung
- Eine interessante und spannende Einleitung (Einstieg) suchen (mit Fragen, Umfragen, vorweggenommenen Schlussfolgerungen usw.)
- Inhaltliche und formale Aspekte betrachten, Wirkungen erläutern, Schwachstellen benennen, Positives hervorheben, engagiert und überzeugend schreiben oder sprechen
- Schlussfolgerungen ziehen, zusammenfassen, einordnen, urteilen
- Man sollte den zu kritisierenden Gegenstand genau kennen.
- Der Formulierungsstil richtet sich nach dem Medium, dem zu erwartenden Konsumenten und dem Gegenstand, natürlich auch nach dem bevorzugten Stil des Schreibers.

Klappentext

> Der **Klappentext,** auch als Einbandtext bezeichnet, stellt eine Verbindung von Information und Werbung dar und beschreibt den Inhalt des Buches.

Zweck, Ziel und Standort des Klappentextes
Ein Buchverlag wirbt für das Kaufen und Lesen seines Buches. Mit dem Klappentext will er den Leser/Käufer aufmerksam machen, *Interesse* wecken für sein Produkt.
Zumeist befindet sich der Klappentext auf der vorderen und hinteren Klappe des *Schutzumschlages,* also auf Büchern, deren Schutzeinband abnehmbar ist. Bei Taschenbüchern (auch Paperback) mit festen Pappeinbänden kann man den Klappentext in den meisten Fällen auf der Rückseite des Buches lesen. Der *Textumfang* umfasst etwa. 30–40 Zeilen.

Formen von Klappentexten
Im Allgemeinen stehen auf der vorderen Klappe Aussagen zum Inhalt des Textes und auf der hinteren Angaben zum Autor, manchmal auch

Neuvorhaben des Verlages als Ergänzung. Dagegen erscheinen häufig diese Informationen bei Taschenbüchern auf der Rückseite. Es kommt aber auch vor, dass hier nur ein Zitat einer Zeitschrift oder einer kompetenten Persönlichkeit meinungsbildend veröffentlicht wird. Darin verbinden sich die informative und die werbende Funktion.

Oft wird der Beginn der Story eines Buches angedeutet, nie aber ihr Schluss.

Die *Gestaltung des Klappentextes* wird beeinflusst durch folgende Faktoren:
- Haben ein oder mehrere Verfasser den Text entworfen?
- Ist es ein Einzel- oder Sammelwerk, handelt es sich um Belletristik, wissenschaftliche Texte, künstlerische Abhandlungen, Lexika?
- Auf welche Art wird das Buch vertrieben?

Dabei sind folgende Fragen zu klären:
- Wie viel *Platz* steht zur Verfügung und wie teilt man ihn ein?
- Auf welche *Schwerpunkte* konzentriere ich mich?
- Wie können die Leser gewonnen werden?

Danach ist ein *spannender Ansatz* zu suchen, von dem aus der gesamte Klappentext gestaltet wird.

Beispiel eines Klappentextes (vordere Klappe)

Ein frostklirrender Dezembertag, die Luft ist erfüllt vom Picken der Mauerspechte. Zwei alte Männer nähern sich von der Leipziger Straße her dem Potsdamer Platz, queren die offene Grenze und wenden sich nach rechts, in Richtung Brandenburger Tor, an der durchlässig gewordenen Mauer entlang.

(In: Grass, Günter: Ein weites Feld. Steidl Verlag, Göttingen 1995.)

Zeitsymbolik zur Themenverdeutlichung (Wende)

Auf der hinteren Klappe des Schutzumschlages befinden sich weiterführende Inhaltsangaben. Der Handlungsablauf wird nicht erläutert, um die Spannung zu erhalten. Weiterhin sehr gekürzte Angaben zur Person GÜNTER GRASS und die von ihm erschienenen Bücher *(Werbung).*
Klappentexte, die Einzelwerke wie Biografien oder Charakteristika darstellen, versuchen den Leser z. B. mit ausgefallenen und originellen Informationen (z. B. mit zeitgenössischen Zitaten) für das Werk zu interessieren.
- Das Besondere des Themas benennen, an der spannendsten Stelle den Handlungsablauf nicht mehr erklären, nur das Notwendigste preisgeben, um den Leser bei Spannung zu halten.
- Mit *Andeutungen* anregen – *Werbung* ist erlaubt!

In den meisten Klappentexten wird die *knappe Inhaltsangabe,* allerdings inhaltlich unvollendet, benutzt. Mehr oder weniger, abhängig vom zu werbenden Leser oder von der Buchart (Inhalt, Form), wird der *Werbetext* integriert oder erscheint als Ergänzung. Er wird häufig auch optisch durch *Neuwörter* und „Neuregelungen" sprachlicher Normen, z. B. in der Groß- und Kleinschreibung (ComputerBILD), hervorgehoben.

2

Schematische Darstellung zum Anfertigen eines Aufsatzes

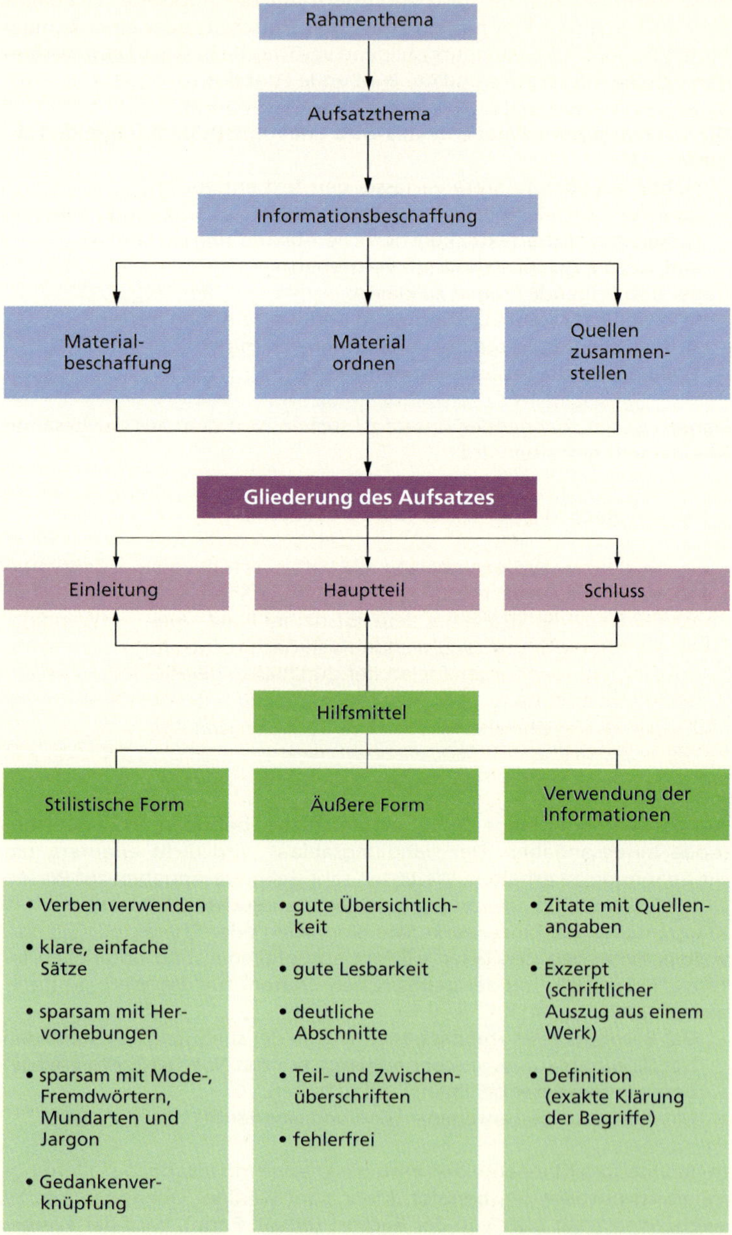

Genauere Informationen zum Prüfungsaufsatz in der Sekundarstufe II sind in Kapitel 1 zu finden.

Wissenstest 2 abrufbar auf **www.lernhelfer.de** oder mit der Lernhelfer-App

2.2 Gesprochene Texte

Es gibt viele Möglichkeiten, Kontakt zu unserer Umwelt aufzunehmen: durch unsere Mimik und Gestik, durch Gerüche und Geräusche (nonverbale Mittel) und durch unsere Sprache (verbale Mittel).
Sprachliche Äußerungen enthalten mehrere gleichzeitige Botschaften auf einmal:

- Sie sagen über den Sender (Sprecher) selbst etwas aus.
- Sie lassen erkennen, in welcher Beziehung der Sender zum Empfänger (Gesprächspartner) steht.
- Sie verdeutlichen, worüber der Sender den Empfänger informieren will.
- Sie geben an, wozu der Sender den Empfänger veranlassen will.

Welche dieser vier Botschaften vom Empfänger stärker aufgenommen wird, hängt vor allem von der Absicht des Sprechers ab.
Von seiner jeweiligen Absicht hängt auch ab, wie ein Text sprachlich gestaltet wird.

> Grundsätzlich werden monologische Redeformen und dialogische Gesprächsformen unterschieden.

Monolog: griech. monos = allein + logos = Wort, Selbstgespräch

Monologische Redeformen, z. B. Referate oder Parlamentsreden, sind durch eine **asymmetrische Kommunikation** gekennzeichnet. Das heißt, sie werden von einem Sprecher vorgetragen und sind an einen bestimmten Hörerkreis gerichtet. Die Hörer sind Empfänger und treten in der Regel nicht als Gesprächspartner auf.
Dialogische Gesprächsformen, z. B. Rundgespräche oder Interviews, basieren auf einer **symmetrischen Kommunikation.** Zwischen dem Sprecher (Sender) und dem Gesprächspartner (Empfänger) findet ein wechselseitiger Austausch statt.
Voraussetzung ist, dass die Gesprächspartner bereit sind, einander zuzuhören und auf geäußerte Standpunkte und Argumente einzugehen.

Dialog: griech. dialogos = Zwiegespräch; Gespräch

2.2.1 Monologische Redeformen

Reden, Referate und Vorträge sind mündliche Texte, die mehr oder weniger frei gehalten werden. Sie sind asymmetrische monologische Äußerungsformen.

Asymmetrisch: einseitig

Rede

Die Rede wird zu einem bestimmten Anlass mit einem bestimmten Ziel gehalten. Sie soll die Zuhörer informieren, anregen oder zu einer Handlung aktivieren.

Formen der Rede
Es werden verschiedene *Redetypen* unterschieden:

- Reden mit darstellender Funktion – wenn vor allem ein Sachverhalt dargestellt wird, wie z. B. im Referat;
- Reden mit Ausdrucksfunktion – wenn der Redner seinen Zuhörern gegenüber Eindrücke und Gefühle zum Ausdruck bringt, wie z. B. in einer Festrede;
- Reden mit appellativer Funktion – wenn die Zuhörer zu etwas aufgefordert werden, wie z. B. in einer Wahlrede.

Nicht jede Rede lässt sich diesen Redetypen eindeutig zuordnen. So gibt es auch Reden, in denen hauptsächlich argumentiert wird, wie z. B. in Anklage- oder Verteidigungsreden bei Gericht.
Politische Reden (Regierungserklärungen, Wahlreden u. a.), Gerichtsreden und Festreden sind *Formen öffentlicher Rede.*

Redner und Zuhörer
Auch wenn die Rede zunächst einseitig durch den Redner geprägt ist, darf sie nicht isoliert als „Redestrom" nur in eine Richtung gesehen werden.
Der Redner wendet sich an bestimmte Hörer. Er will sie informieren, sie ansprechen und/oder anregen. Allerdings erfolgt die *Rückinformation* (Feedback) durch die Hörer nicht direkt wie im Gespräch. Es sind vielmehr *nonverbale*, also nicht sprachliche Rückinformationen wie
- mimische Reaktionen (Gesichtsausdruck der Zustimmung, der Konzentration oder des Zweifels),
- gestische Reaktionen (abweisende Bewegungen der Hände oder Applaus) oder
- andere Erscheinungen des körperlichen Ausdrucksverhaltens (Unruhe, Müdigkeit, Verlassen des Raumes).

Manchmal geschieht die Rückinformation des Hörers auf die Ausführungen des Redners
- durch kurze *verbale Rückäußerungen* in Form von bestätigenden, zurückweisenden, zweifelnden Zurufen einzelner Hörer („Ganz richtig!", „Wieso denn das?"),
- durch Rückäußerungen in Form lautlicher Äußerungen (Gemurmel, Lachen).

Hinweise für eine gute Rede

> In Vorbereitung auf eine Rede sollte man sich genau überlegen, was man wem wie sagen will.

Das erfordert vor allem:
- Das Thema, über das man reden will, soll klar umrissen sein. Und man sollte sich gute Sachkenntnisse angeeignet haben. Das kann vor allem durch das Auswerten von Informationsmaterial wie Lexika, Fachliteratur, Zeitungsartikel, Videofilme u.a. geschehen. Man kann sich Informationen aber auch durch Interviews, durch Befragen von Experten einholen.

- Wenn das *Material* ausgewertet ist, sollte man es *ordnen* und *gliedern.* Das sollte nach den Grundschritten Einleitung, Hauptteil, Schluss vorgenommen werden. Dann sollte man sich zum Thema schriftliche Notizen in Form eines *Stichwortzettels* machen. Es sollten das Thema, die Gliederungspunkte und die Hauptaussagen notiert werden. Auch Zitate, Formeln oder Begriffe, die genau wiedergegeben werden sollen, kann man sich aufschreiben.
- Man sollte gut bedenken, wer die *Zuhörer* sind, zu denen man sprechen will. Das heißt, man sollte überlegen, was die Zuhörer über das Thema schon wissen, was sie interessieren könnte oder wie sie zu der anzusprechenden Sache stehen.
- Eine gute Rede ist immer auch eine Frage des rhetorisch guten Vortrags. Vor allem ist wichtig, klar und deutlich zu sprechen. Während der Rede ist es wichtig, sich auf die Zuhörer „einzustellen". Man sollte im *Blickkontakt* zu ihnen bleiben und ihre Reaktionen beachten (Interesse oder Langeweile z. B.), sodass man seine Rede entsprechend gestalten kann. Die wirkungsvolle Gestaltung einer Rede hängt viel vom Einsatz bestimmter *rhetorischer Mittel* ab. Das sind vor allem solche:
  - Die Zuhörer sollten direkt angesprochen werden.
  - Rhetorische Fragen (auf die keine Antwort erwartet wird) sollten formuliert werden („Ist es Ihnen nicht auch schon so ergangen?").
  - Wichtige Wörter oder Gedanken sollten wiederholt werden, um sie stärker einprägsam zu machen.
  - Antithesen (Gegensätze) sollten vorgetragen und geprüft werden, um die eigenen Argumente deutlicher zu machen.
  - Eine Übereinstimmung zwischen Redner und Zuhörer sollte herbeigeführt werden, beispielsweise dadurch, dass man von „wir" spricht („Wir haben alle schon erlebt, dass ...").

Rhetorik: Wissenschaft von der wirkungsvollen Gestaltung öffentlicher Reden; auch Redebegabung, Redekunst

Sie sollten nie die Ihnen erteilte **Redezeit** überschreiten. Sie können als Richtwert annehmen, dass man in zehn Minuten ungefähr 1 000 Wörter sprechen kann. Sprechen Sie mehr, dann reden Sie zu schnell.
In der Regel sollte die **Standardsprache** verwendet werden. Rede ist Prosa. Verwenden Sie keine Schachtelsätze, auch hier kann man in der mündlichen Kommunikation einen Richtwert angeben. Enthält der Satz mehr als 14 Wörter, könnte er – von Ihnen gesprochen, nicht gelesen! – für den Zuhörer unverständlich werden.

Analyse einer Rede
Die Analyse einer rednerischen Leistung kann ausgehend von folgenden Fragen vorgenommen werden:

1. Wie ist die **Redesituation?**
   - *Wer* redet zu welchem Thema?
   - *Für wen* wird die Rede gehalten?
   - *Was* wird vorgetragen?
   - *Wo* wird gesprochen?
   - In welcher *historischen Situation* wurde die Rede gehalten?
   - Aus welchem *Anlass* wird die Rede gehalten?
2. Welchen *Zweck* verfolgt die Rede? Wie wird das beabsichtigte Anliegen vertreten?
3. Um welche Redeform handelt es sich?

Referat

> Das **Referat** informiert übersichtlich und klar über einen Sachverhalt oder ein Thema.

Für den Vortrag sollte ein Stichwortzettel angefertigt werden.

Ziel eines Referats ist die sachgerechte Unterrichtung eines bestimmten Zuhörerkreises. Deshalb ist es wichtig, zur *Vorbereitung* eines Referates folgende Punkte zu beachten:

- Das *Thema* sollte genau umrissen werden.
- Es sollte *Informationsmaterial* besorgt werden, z. B. Lexika, Fachliteratur, Zeitungsartikel, Videofilme usw.
- Das Material sollte ausgewertet und geordnet werden.
- Eine *Gliederung* sollte erarbeitet werden (Einleitung, Hauptteil, Schluss).

Hinweise zur Vorbereitung und Gliederung eines Referats

Die Erarbeitung eines Referats umfasst einen längeren Zeitraum. Verschiedene Arbeitsschritte sind notwendig.

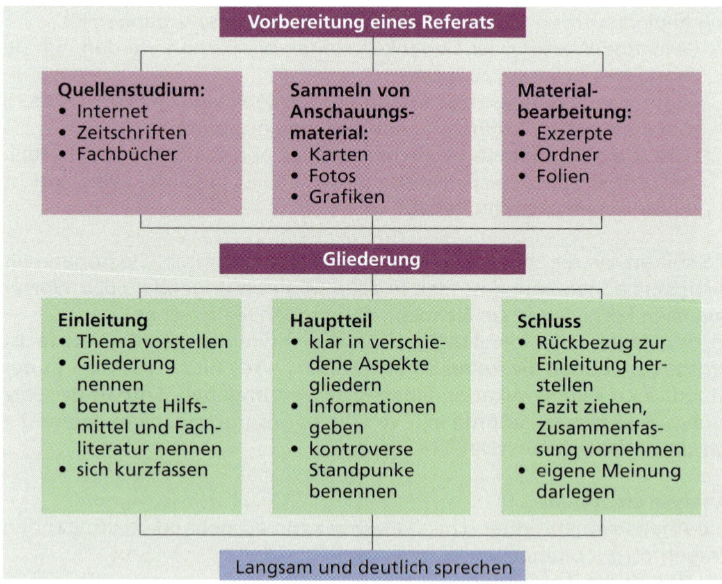

Hinweise zur sprachlichen und rhetorischen Gestaltung

Auch wenn es zunächst schriftlich ausgearbeitet wird, sollte ein Referat in *freier Rede* vorgetragen werden. Dabei sind die Einstellung zu den Zuhörern und der Kontakt zu ihnen besonders wichtig.

Die Zuhörer für das eigene Thema zu interessieren und sie übersichtlich und klar zu informieren, bedarf einer guten Vorbereitung auf das, was man sagen will. Aber auch das Referieren selbst, also wie man spricht und seinen Vortrag gestaltet, sollte genau bedacht werden.

Folgendes ist für eine gute *sprachliche* und *rhetorische Gestaltung* eines Referats hilfreich:
- Die Zuhörer sollen auf das Thema und Anliegen des Referats gut eingestellt werden. Deshalb sollten zu *Beginn des Referates* Thema und Gliederung genannt werden. Auch über benutzte Hilfsmittel, Quellenmaterial und Fachliteratur sollte etwas gesagt werden.
- Auf die *Gliederungspunkte* sollte man im Laufe seines Referates wieder zurückkommen, damit sich die Hörer orientieren können.

> „Jetzt komme ich zum zweiten Schwerpunkt des Referates."
> „Damit beende ich diesen Teil des Referates, den ich ... überschrieben habe."

- Die Zuhörer immer wieder *direkt ansprechen* und in die Darlegungen einbeziehen. Das kann durch solche Formulierungen geschehen wie:

> „Sicher denkt ihr auch, dass ..."
> „Sehen wir uns das einmal genauer an."

- Durch Vorankündigungen, Rückverweise oder Aufwerfen von *rhetorischen Fragen* können Verständnis und Interesse der Zuhörer gefördert bzw. wachgehalten werden.

Rhetorische Frage: nur zum Schein, aus Gründen der Rhetorik gestellte Frage, auf die keine Antwort erwartet wird

> „Auf diese Frage werde ich im nächsten Punkt noch eingehen."
> „Wie ich schon dargelegt habe, ist das besonders wichtig."
> „Könnt ihr euch das vorstellen?"

- Man sollte langsam und *deutlich sprechen.* Zu lange und komplizierte Sätze erschweren das Verständnis. Wichtige Aussagen kann man stärker betonen oder auch wiederholen. Mit kleinen *Sprechpausen* kann auf einen neuen inhaltlichen Schwerpunkt bzw. Gedanken aufmerksam gemacht werden.
- Die wichtigsten inhaltlichen Gedanken sollte man am Schluss des Referates noch einmal *zusammenfassen.* Auch jeweils am Ende eines Gliederungsschwerpunktes kann eine kurze Zusammenfassung vorgenommen bzw. der Hauptgedanke noch einmal genannt werden.
- Ein Referat sollte immer auch anschaulich gestaltet werden. Das kann einerseits durch eine bildliche Sprache geschehen. Andererseits können *Anschauungsmittel* und -materialien genutzt werden; wichtige Begriffe können an die Tafel geschrieben, Skizzen oder Schemata an die Wand projiziert oder Handmaterialien verteilt werden.

Vortrag

> Der Vortrag informiert über ein Sachthema vor einem größeren Hörerkreis. Er dient der Wissensvermittlung.

Vortragen: „nach vorn" tragen; vor anderen etwas mitteilen

Gebräuchliche *Formen des Vortrags* sind
- die Vorlesung (vor allem an Universitäten),

– der Lehrervortrag, der Schülervortrag (in Bildungseinrichtungen),
– der Fachvortrag (in Expertenrunden).

Vorbereitung eines Vortrags
Die Vorbereitung eines Vortrags sollte unter folgenden Gesichtspunkten erfolgen:

1. sichere *Kenntnisse* zum Thema erarbeiten (Material sammeln, auswerten, auswählen);
2. zusammengestelltes Material ordnen, Schwerpunkte des Themas benennen, eine *Gliederung* formulieren;
3. sich Kenntnis über die *Zuhörer* verschaffen (was können sie schon über das Thema wissen, was wird sie besonders interessieren);
4. überlegen, wie *Einleitung* und *Schluss* des Vortrags gestaltet werden können.

Ein Vortrag wird zunächst *schriftlich* ausgearbeitet. Dabei werden Zitate, statistische Angaben, Formeln und wichtige Kernsätze besonders kenntlich gemacht (unterstreichen, farblich markieren). So kann man diese Informationen in seinem mündlichen Vortrag auch sachlich korrekt und vollständig darbieten.
Auch wenn ein Vortrag schriftlich ausformuliert wird, sollte er nicht einfach abgelesen werden. Es ist zu beachten:

> Nur ein gut vorgetragener Text wirkt und erreicht die Zuhörer.

Gutes, wirkungsvolles Vortragen kann vorbereitet werden. Dafür sind folgende Schritte zu empfehlen:
– den aufgeschriebenen Text leise durchlesen;
– Sinneinheiten ermitteln und kennzeichnen, z. B. durch Schrägstriche (/…./…./);
– Sprechpausen markieren, z. B. durch zwei Schrägstriche (//…);
– Wörter, die besonders hervorzuheben sind, unterstreichen (aber nicht zu viele);
– in halb lautem Lesen das Sprechtempo, das Einhalten der Sinneinheiten und der Pausen sowie die Betonung prüfen;
– laut für sich selbst lesen, auf korrekte Aussprache und angemessene Lautstärke achten.

Hinweise für das Vortragen

▶ Hinweise zur sprachlichen und rhetorischen Gestaltung einer Rede oder eines Referats ↗ S. 51, S. 54

Während des Vortrags ist es wichtig, den Blickkontakt zu den Zuhörern zu halten. Nur so kann festgestellt werden, wenn
– sie etwas nicht verstanden haben,
– sie eine Aussage besonders interessiert oder
– eine kleine Denkpause eingelegt werden sollte.
Gerade auch bei Fach- und Sachvorträgen sollte das *Mitdenken der Zuhörer* gefördert werden durch
– eine überschaubare Gliederung,
– Wiederholung wichtiger Aussagen,
– Zusammenfassungen am Ende von Gliederungsabschnitten,
– klare, kurze Sätze.

2.2.2 Dialogische Redeformen

Rollenspiel

> Das **Rollenspiel** ist eine *dramatische* (handelnde) *Form* des Gesprächs mehrerer Personen zu einem bestimmten Thema.
> Es ist eine symmetrische, dialogische Gesprächsform.

Die Bezeichnung „Rollenspiel" geht auf eine Zeit zurück, als Schauspieler ihren Text noch von Papierrollen deklamierten.

Ausgehend von einer *realen Situation* (im Unterschied zur poetisch-literarischen) wird beim Rollenspiel menschliches Verhalten spielerisch-gestaltend nachgeahmt.
Diese spielerische Art ermöglicht,
- dass der Spieler einer Rolle das Denken und Verhalten der gespielten Figuren besonders gut kennenlernt, weil er sich in sie hineinversetzt;
- dass der Spieler unterschiedliche Verhaltensvariationen durchspielen und erproben kann;
- dass sich der Spieler mit Konfliktsituationen oder alternativen Sachverhalten auseinanderzusetzen lernt.

Das Rollenspiel lebt von der Spontaneität der Spieler. Jedoch je besser sich die Spieler mit dem gestellten Thema vorbereiten, umso erfolgreicher wird es.

Vorbereitung und Ablauf eines Rollenspiels
Die *Vorbereitung* eines Rollenspiels sollte von den Spielern gemeinsam getroffen werden. Sie überlegen sich zu einer Problemstellung eine bestimmte Situation, indem sie *folgende Fragen* klären:
- Wo spielt sich das Geschehen ab?
- Welche Personen treffen zusammen?
- Worum soll es gehen, welche Hauptaussage wird beabsichtigt?
- Welches ist die Kernstelle, der Höhepunkt des Spiels?
- Welche Ausstattung (Geräte/Hilfsmittel) wird benötigt?

Dann besprechen und verteilen die Spieler die dazu passenden Rollen.

Bei der *Durchführung* eines Rollenspiels ist zu beachten, dass
- das Vorspielen nicht unterbrochen werden sollte;
- die Sprache der Situation und der Rolle, die übernommen wurde, angepasst ist;
- die Zuschauer/Zuhörer keine Mitgestalter sind.

Auswertung eines Rollenspiels
Die Auswertung eines Rollenspiels ist ein wichtiger Bestandteil des Gesprächs zwischen Zuschauern/Zuhörern und Spielern. Dabei sollten vor allem *folgende Fragen* im Mittelpunkt stehen:
- Was haben die Zuschauer wahrgenommen? Stimmen ihre Wahrnehmungen mit den Absichten der Spieler überein?
- Ist die im Spiel dargestellte Lösung des Problems realistisch? Gibt es andere Lösungen?
- Hätten sich die gespielten Personen auch anders verhalten können? Wie?

2

Interview

Interview: franz. entrevue = verabredete Zusammenkunft

> Das **Interview** ist eine Gesprächsform zur Ermittlung von Wissen und Erfahrungen, Meinungen und Haltungen, Einstellungen und Bedürfnissen. Es wird durch die Abfolge von *Fragen und Antworten* zwischen zwei oder mehreren Personen in Gang gehalten.
> Das Interview ist eine asymmetrische, dialogische Gesprächsform.

Das Besondere eines Interviews als dialogische Gesprächsform besteht darin, dass sich der Informationsfluss von einem oder mehreren Antwortenden hin zum Interviewer vollzieht. Der Interviewer stellt seine Fragen zielgerichtet, er allein steuert das Gespräch.

Anwendungsbereiche des Interviews
Das Interview findet in verschiedenen Bereichen Anwendung:
- Es wird aber vor allem in der *Publizistik* eingesetzt, d.h., die Reporterin oder der Reporter stellt gezielte Fragen, zu denen sich die/der Interviewte äußert.
- In der Meinungs- und *Medienforschung* wird das Interview als Instrument der Befragung (Umfrage) verwendet. Befragungen werden mündlich, z.B. per Telefon, oder schriftlich mithilfe eines Fragebogens durchgeführt.
- In der *Medizin* und *Psychologie* findet das Interview als Instrument der Diagnostik (Bestimmung eines Krankheitsbildes) Anwendung.
- In der *Schule* wird die Befragung vor allem im Geschichtsunterricht genutzt, wenn bestimmte Informationen von Zeitzeugen eingeholt werden.

Je nach Anliegen und Zielstellung werden Personen- und Experteninterviews unterschieden.
- Bei einem *Personeninterview* geht es um die Meinung/Stellungnahme einer bestimmten Person zu einem Sachverhalt/Ereignis oder zur Person selbst. Es wird zumeist mit den gestellten Fragen in den Medien (Zeitung, Zeitschrift, Fernsehen, Hörfunk, Internet) veröffentlicht bzw. gesendet. Die Person, z.B. ein Schauspieler oder Sänger, steht im Zentrum des Interviews.
- Ein *Experteninterview* wird hauptsächlich mit dem Ziel geführt, spezielle Informationen zu einer bestimmten Sache oder einem Ereignis zu erhalten. Ein Interview mit einem Wissenschaftler über den Stand der Genforschung ist z.B. ein Experteninterview.

Es gibt verschiedene *Interviewformen,* die sich nach Zielstellung und Art der Durchführung unterscheiden:
- *Telefon-/Internetinterviews* werden sowohl in der Meinungsforschung als auch in der publizistischen Arbeit angewendet. Sie setzen eine genau umrissene Fragestellung voraus und sind zumeist auf den Erhalt möglichst vieler Informationen in einer kurzen Zeit gerichtet. Die befragten Personen beantworten die gestellten Fragen ohne besondere Vorbereitung.

- *Straßeninterviews* werden zumeist zur Erkundung von Meinungen einer breiten Bevölkerungsschicht zu einem bestimmten Ereignis oder einem Thema durchgeführt. Die befragten Personen antworten auf die gestellten Fragen spontan.
- Auch ein *Prüfungsgespräch* trägt den Charakter eines Interviews, da es auf dem Wechsel von Fragestellung und Antwort beruht.

Beachte: Das *Prüfungsgespräch* lässt keinen Rollenwechsel zu.
Die Dialogpartner sind nicht gleichberechtigt.

Interviewplanung
Jedes Interview sollte gut vorbereitet werden. Die Vorbereitung kann in folgenden Schritten erfolgen:
1. Das konkrete *Thema* und die verfolgte Absicht werden festgelegt.
2. *Geeignete Personen,* die befragt werden sollen, werden ausgewählt. Ort und Zeit des Interviews werden mit dem Interviewpartner abgestimmt.
3. Ein *Fragenkatalog* wird ausgearbeitet. Dabei sollten neben den inhaltlichen Schwerpunktfragen auch die Eröffnungsfrage und die Abschlussfrage formuliert werden; das heißt, Einleitung, Hauptteil und Schluss sind zu beachten. Die Fragen sollten inhaltlich präzise und sprachlich klar formuliert sein. Mögliche Antworten auf die Fragen werden skizziert, damit man sich gedanklich weitergehend vorbereiten kann.

Frageformen
Es gibt verschiedene Frageformen, die in Abhängigkeit von der jeweiligen Situation und den Interviewabsichten verwendet werden:
- *Meinungsfragen*
  Sie beziehen sich auf Haltungen, Einstellungen, Urteile, Erfahrungen, Motive, Wünsche, Interessen, Ansprüche, Erwartungen von Interviewpartnern.
  („Denken Sie, dass Ihre Arbeit künftig durch den Computer ersetzt wird?"
  „Wie beurteilen Sie die neuen Regelungen?")
- *Eröffnungsfragen*
  Sie gehören zu den Meinungsfragen, sind aber speziell darauf gerichtet, ein Interview einzuleiten. Sie dienen dem Bekanntmachen mit der interviewten Person oder dem Heranführen an das Thema, über das man sprechen will. Mit gut bedachten Eröffnungsfragen lassen sich Aufregung oder andere psychische Sperren, die bei einem Interviewpartner auftreten können, abbauen.
  („Wie sind Sie als einer der bekanntesten Komponisten eigentlich zur Musik gekommen?"
  „Haben Sie je gedacht, dass Ihre Entdeckung so vielen Menschen helfen würde?")
- *Tatsachenfragen*
  Sie beziehen sich auf Wissen, Erlebnisse und Erfahrungen von Interviewpartnern. Häufig wird diese Art von Fragen mit „wer, wann, wo, was, warum" eingeleitet. („Wer hat diese Krankheit entdeckt?"
  „Wann sind Sie dieser Gruppe zum ersten Mal begegnet?"
  „Warum werden Ihres Erachtens die Ergebnisse so wenig genutzt?")
- *Entscheidungsfragen*
  Sie gehören zu den Tatsachenfragen, zeichnen sich aber dadurch aus,

dass sie als Antwort nur ein *Ja oder Nein* zulassen. Besonders in Fragebögen werden häufig Entscheidungsfragen formuliert.
(„Sind Sie gegen das Rauchen am Arbeitsplatz?"
„Lesen Sie regelmäßig eine Tageszeitung?")

Durchführung von Interviews
Bei der Durchführung eines Interviews ist vor allem Folgendes zu beachten:
- Um die Aussagen eines Interviewpartners auswerten zu können, sollte man sie entweder mit einem Kassettenrekorder aufnehmen oder in Stichpunkten notieren.
- Man stellt sich zunächst selbst vor und erklärt sein Anliegen (wenn nicht bereits eine Vorabsprache getroffen wurde).
- Die Fragen sind klar und präzise, in möglichst kurzen Sätzen zu formulieren.
- Nach jeder gestellten Frage sollte man Zeit für die Antwort geben und nicht mehrere Fragen zugleich stellen.
- Dem Interviewpartner wird am Ende eines Interviews gedankt.

Rundgespräch

Eine der häufigsten, gebräuchlichsten und komplexesten Gesprächsformen im privaten wie im öffentlichen Bereich ist das *Rundgespräch,* das *Gespräch in der Runde.* Es kann straff organisiert sein (z. B. Konferenzen, Sitzungen, Meetings) oder spontan gestaltet werden. Das **Rundgespräch** ist eine symmetrische, dialogische Gesprächsform.

In einem Rundgespräch sitzen oder stehen die Gesprächspartner möglichst so, dass sie *Blickkontakt* halten können. Sie hören einander zu und gehen mit Beiträgen aufeinander ein.
Rundgespräche dienen:
- dem Meinungsaustausch,
- der Lösung von Problemen,
- dem Treffen von Absprachen und Vereinbarungen oder
- der Wissens- und Erkenntniserweiterung zu einem Thema.

Rundgespräche können das *Gemeinschaftsgefühl* stärken, indem gemeinsame Ziele vereinbart werden, die erreicht werden sollen.

Je nach kommunikativer Situation gibt es verschiedene Arten von Rundgesprächen.

Diskussion: lat. discutare = zerteilen

Die **Diskussion** ist eine von mehreren Personen geführte Auseinandersetzung über ein Thema oder Problem durch Austausch von Standpunkten und Argumenten. Sie wird zumeist von einem Diskussionsteilnehmer oder Vorsitzenden geleitet und zielt vor allem darauf, Meinungen zu bilden und zu überprüfen, Lösungsmöglichkeiten zu finden, Analysen zu erarbeiten und Wertungen vorzunehmen.

Das *Argumentieren* steht dabei im Mittelpunkt. Der Erfolg einer Diskussion hängt vor allem von der Bereitschaft der Teilnehmer ab, den Gesprächsverlauf aufmerksam zu verfolgen, auf die Standpunkte und Argumente der Partner einzugehen und sachlich zu diskutieren. Ob eine Diskussion spontan oder vorbereitet geführt wird, ist abhängig von der jeweiligen Situation und dem angestrebten Ziel.

Argumentieren: schlüssiges Darlegen von stichhaltigen Gründen zur Stützung oder Widerlegung einer These bzw. zur Begründung oder Ablehnung eines Vorhabens

Aufgaben des Diskussionsleiters
Die Aufgaben eines Diskussionsleiters bestehen vor allem darin,
- die Diskussion zu eröffnen und das Problem oder die Streitfrage darzulegen,
- den Diskussionsrednern das Wort zu erteilen,
- auf einen geordneten Ablauf der Diskussion zu achten und
- die Diskussionsergebnisse zusammenzufassen.

Formen der Diskussion
Es gibt verschiedenen Formen der Diskussion, so vor allem die Podiumsdiskussion und die Debatte.

1. Die **Podiumsdiskussion** ist ein Gespräch von mehreren Teilnehmern (etwa sechs bis acht), die über gute Sachkenntnisse zu einem Thema verfügen. Das Gespräch findet vor einer interessierten Zuhörerschaft statt, die sich jedoch nicht an der Diskussion beteiligt. Sie erhält erst im Anschluss an die Podiumsdiskussion Gelegenheit, Fragen zu stellen oder Anmerkungen zu machen.

2. In der **Debatte,** beispielsweise einer Bundestagsdebatte, steht ein Antrag im Zentrum, der zumeist von einer Gruppe der Teilnehmer gestellt ist. In einem ersten Schritt wird der Antrag begründet, dann wird über ihn mit Argumenten dafür und dagegen diskutiert. Der Ablauf einer solchen Debatte ist zumeist durch Regeln (z. B. durch eine Geschäftsordnung) festgelegt. Bei Einhaltung einer strengen Form läuft die Debatte in einer genauen Reihenfolge ab: Nach Benennung des anstehenden Problems durch den Vorsitzenden nehmen abwechselnd Für- und Gegensprecher das Wort. Argumente und Gegenargumente sollen gründlich geprüft werden. In einer offenen Debatte ist der Ablauf nicht so streng geregelt. Aber auch hier wird auf eine gleich lange Redezeit geachtet.

Debatte: franz. débat = Diskussion, Debatte (vor allem im Parlament); débattre = durchsprechen, den Gegner mit Worten schlagen

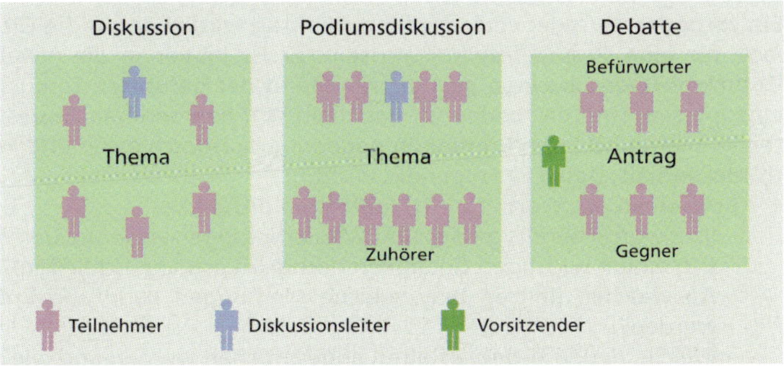

Konferenz: lat. conferre = konferieren; Besprechung mehrerer Personen über fachliche, organisatorische o. ä. Fragen

3. Die **Konferenz,** ein häufig einberufenes Gremium auf nationaler und internationaler Ebene, ist ein Rundgespräch, das von einem Moderator geleitet wird. Auf Konferenzen werden oft Teilnehmer mit unterschiedlichen Standpunkten und Auffassungen zusammengeführt und Beschlüsse gefasst (z. B. Umweltkonferenz, Schulkonferenz).
4. Die **Verhandlung** ist eine Gesprächsrunde, in der sich mehrere Personen mit einer Sachlage aus oft unterschiedlichen Blickwinkeln auseinandersetzen. Sie zielt darauf, eine Einigung zwischen den Verhandlungspartnern herbeizuführen oder eine Entscheidung vorzubereiten (z. B. Abkommen über die Beilegung eines Konflikts).

Meeting: engl. meeting, zu: to meet = begegnen, zusammentreffen; Zusammenkunft, Treffen

5. Das **Meeting** ist eine Versammlung oder Kundgebung, die häufig spontan oder kurzfristig stattfindet. Ein Meeting ist oft Ausdruck einer emotional geprägten Reaktion von Personen auf ein Thema oder ein gemeinsames Anliegen, zu dem sie ihre Meinung bekunden wollen (z. B. zur Schließung ihres Betriebes).

Talk: engl. talk, zu: to talk = reden, sprechen; Plauderei, Unterhaltung, öffentliches Gespräch

6. Der **Talk** ist eine Gesprächsrunde mehrerer Personen unterschiedlicher sozialer und beruflicher Herkunft, die zu einem gemeinsamen Thema Meinungen austauschen (z. B. Talkshow im Fernsehen). Das Gespräch wird vor einem Publikum geführt, das Meinungen äußern oder Fragen stellen kann. Ein Moderator übernimmt die Gesprächsführung. Es muss kein bestimmtes Ergebnis erzielt werden.

Symposium: griech. symposion; urspr. Trinkgelage, das der Hauptmahlzeit folgte; es war geprägt von philosophischen Gesprächen

7. Das **Symposium** ist eine Tagung zur Erörterung wissenschaftlicher Themen (z. B. an Universitäten). Oft werden in Wortgefechten kontroverse wissenschaftliche Thesen verteidigt oder abgelehnt. Die Erörterung wird von einem Gesprächsleiter geführt.

Hinweise für die Teilnahme an einem Rundgespräch

Ein konstruktiver Beitrag in einer Gesprächsrunde setzt *Sachkenntnis* voraus.

Deshalb sollte sich jeder, der an einer Gesprächsrunde teilnimmt, *gut vorbereiten,* gedanklich oder auch schriftlich.
Ein vorbedachter oder vorformulierter Beitrag wird aber nur die *Grundlage* für eine Gesprächsteilnahme sein. Er ist immer in die jeweilige Gesprächsrunde, in einen bestimmten Stand der geführten Diskussion, einzupassen. Und das bedeutet, dass man sich den anderen Gesprächsteilnehmern und ihren Positionen gegenüber aufgeschlossen und konstruktiv verhält. Dabei ist Folgendes wichtig:

1. Bevor man das Wort ergreift, sollte man *prüfen:*
   - Was wurde bereits gesagt (um *Wiederholungen zu vermeiden* oder sich einem wichtigen Gedanken nachdrücklich anzuschließen)?
   - An welchen Beitrag bzw. welche Meinungen kann angeknüpft werden?
   - Welche *neuen Aspekte* sollten angesprochen werden und wie?

2. Bekommt man das Wort, kann die *Einleitung* des Beitrages auf unterschiedliche Weise erfolgen:
   - durch Aufgreifen eines Gedankens des Vorredners,
   - durch Ankündigen eines neuen, noch nicht geäußerten Gedankens,
   - durch eine provozierende (aber nicht verletzende) Aussage, die aber auch begründet werden muss.

3. Für den *eigenen Redebeitrag* sollte beachtet werden:
   - das Thema im Auge behalten, Weitschweifigkeit vermeiden, die eigenen Aussagen aber auch nicht zu knapp formulieren; sie sollen verstanden werden,
   - die eigene Meinung schlüssig und konkret darlegen, auf allgemeine Aussagen verzichten,
   - klar und deutlich, in angemessener Lautstärke sprechen.

4. Den *Schluss* des eigenen Beitrags sollte man so gestalten, dass die weitere Diskussion befördert wird. Das kann geschehen durch:
   - Zusammenfassen der vorgetragenen Gedanken und Ableiten von Schlussfolgerungen,
   - Formulieren einer Frage, die im weiteren Gespräch aufgegriffen werden kann,
   - Auffordern der Teilnehmer, sich zu dem Vorgetragenen zu äußern.

Überblick über Rundgespräche

RUNDGESPRÄCHE		
Diskussion		Von einem Diskussionsleiter geführte *Auseinandersetzung* mit einem *Thema;* kann verschiedene Ziele haben, z. B. Meinungen bilden, Lösungsmöglichkeiten finden
	Debatte	Durch *Regeln* festgelegter Ablauf einer *Diskussion* zu einem Sachverhalt
	Podiumsdiskussion	Geleitetes *Gespräch* zu einem Thema *vor Zuhörern*
Konferenz		Geplantes und geleitetes *Gespräch* mit *Beschlussfassung*
	Verhandlung	Geplantes Gespräch zu einem *Sachverhalt mit Ergebnis*
Meeting		*Kundgebung* von Menschen, die ein Thema verbindet (oft emotional)
Talk		*Gesprächsrunde* mit geladenen Gästen; Ergebnis muss nicht erzielt werden
Symposium		Tagung zur *Erörterung* aktueller, wissenschaftlicher Themen (kontrovers)

Rhetorik: Die Kunst der Rede

„Eine gute Rede hat einen guten Anfang und ein gutes Ende – und beide sollten möglichst dicht beieinander liegen."
(MARK TWAIN, 1835–1910)

Die fünf klassischen Elemente der Rede sind:

a) Einleitung *(exordium):* Darlegung der Redeabsicht

b) Gliederung *(partitio, propositio):* Darlegung der Beweise

c) Darstellung und Widerlegung *(narratio/ dispositio):* Schilderung der Sachlage, Formulierung des Themas

d) Beweisführung *(argumentatio, tractatio, probatio):* Widerlegung anderer Argumente

e) Schlussfolgerung und Zusammenfassung *(peroratio/ conclusio):* kurze, prägnante Nennung eigener Argumente in der Zusammenfassung, Appell an die Emotionen der Zuhörer

Reden sollten gut vorbereitet werden. Im Folgenden einige Tipps, die sich an der klassischen antiken Rede orientieren:

1. **Erfindung (inventio)**
   Finden des Anlasses und des Gegenstandes der Rede

2. **Gliederung (dispositio)**
   Ordnen der Gedanken, Finden eines Schemas, wo am besten die **schlagkräftigsten Argumente** *eingesetzt werden können. Die Aufmerksamkeit der Zuhörer sollte in dem Moment am größten sein (das ist nach* CICERO *am Anfang oder am Ende einer Rede der Fall).*

3. **Einkleidung der Gedanken (elocutio)**
   Einkleiden der Gedanken (Argumente) in Worte, die Gedanken (Argumente) so zur Sprache bringen, dass sie der **Rede angemessen** *dargestellt werden. Beachtung des sprachlichen Stils, bewusste Nutzung rhetorischer Figuren und Tropen.*
   a) Sprachrichtigkeit (latinitas, auch puritas)
   b) Deutlichkeit (perspicuitas)
   c) Redeschmuck (ornatus)

4. **Einprägen der Rede (memoria)**
   Grundsatz der Rede sollte sein, gar nicht vom Blatt abzulesen. Deshalb sollten Sie sich die Rede einprägen und sich allenfalls Stichpunkte aufschreiben. Es kann helfen, die wichtigsten Stellen des Vortrags/der Rede/des Referats vorher in unterschiedlichen Farben aufzuschreiben bzw. zu markieren, Absätze zu markieren oder die Redeabschnitte extra hervorzuheben und logische Folgen optisch mit Pfeilen oder Balken zusammenzuführen. Der Erfolg dieser Methode ist jedoch abhängig vom Lerntyp. Das Auf-Band-Sprechen könnte z. B. auditiven Lerntypen helfen.

5. **Öffentlicher Vortrag (pronuntiatio, actio)**
   Hier beweist sich die gute Vorbereitung der Rede. Wichtig sind der stimmliche Vortrag, die körperliche Haltung, in der vorgetragen wird, sowie der maßvolle Einsatz von Mimik und Gestik. „Pronuntiatio" meint hier die Stimme, „actio" die körperliche Erscheinung.

Wissenstest 2 abrufbar auf **www.lernhelfer.de** oder mit der Lernhelfer-App

Literaturgattungen 3

3.1 Dramatik

Drama: von griech. drãma = Handlung, Geschehen

Agieren = handeln

Der Begriff **Dramatik** bezeichnet neben **Lyrik** und **Epik** eine der drei großen Gattungen der **Dichtung.** Das *literarische Produkt* ist das **Drama.** Es stellt ein *in sich geschlossenes Geschehen* dar, in dessen Verlauf durch Dialog und Monolog der agierenden Personen ein **Konflikt** entfaltet wird. Für die Bühnendarstellung vorgesehen, wendet es sich mehr an den Zuschauer als an den Leser. Bei der Aufführung kommen zum Wort noch Bewegung, Mimik und Gestik der Schauspieler sowie Bühnenbild, Requisiten und andere technische Hilfsmittel hinzu. Drama ist ein Sammelbegriff für alle Spielarten von Bühnenstücken (u.a. Schauspiel, Lustspiel, Tragödie, Volksstück, Komödie, Trauerspiel).

EMIL STAIGER (1908–1987) ordnete, um Abgrenzung der Gattungen bemüht, in seinem Buch „Grundbegriffe der Poetik“ (1946) das Lyrische als „Erinnerung“, das Epische als „Vorstellung“ und das Dramatische als „Spannung“ den drei Zeitebenen Vergangenheit, Gegenwart und Zukunft zu. Bei Betrachtung der konkreten literarischen Erscheinungsformen erweist sich diese durchaus einleuchtende Definition des Wesens der drei Gattungen allerdings als problematisch, finden sich doch die Grenzlinien nicht so klar gezogen.

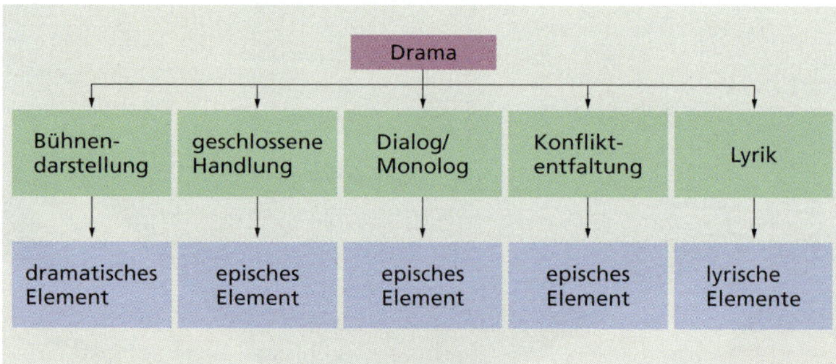

Zahlreiche Romane, die fast ausschließlich aus Dialogen bestehen, unterscheiden sich formal kaum vom Drama, während BRECHT mit seiner Konzeption des **epischen Theaters** für die Verwischung der Grenzen des Dramas zur Epik hin sorgte.

Das Drama besteht aus einer spannungsvollen Entwicklung eines Konflikts, d.h., die Spannung steigt bis zu einem Höhepunkt und fällt dann ab. Je nach Art des Konflikts wirkt der Charakter des jeweiligen Dramas entweder tragisch, komisch oder auch absurd.

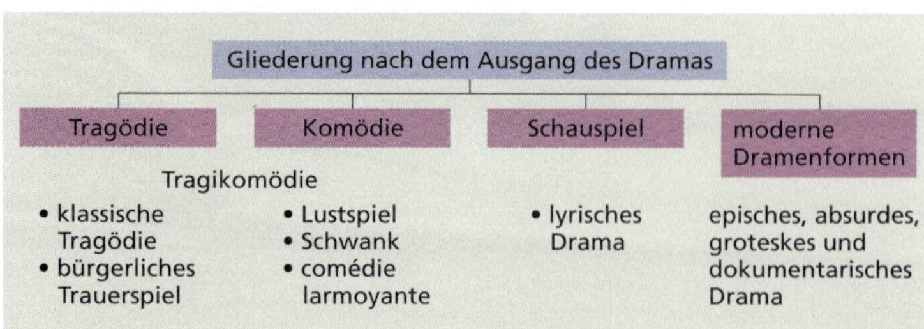

Nach dem **Aufbau** unterscheidet man das **analytische Drama** (Enthüllungsdrama, ein Geschehen der Vergangenheit wird aufgedeckt, im Handlungsverlauf wird die Katastrophe am Spielbeginn aufgelöst) und das **synthetische Drama** (auch **Entfaltungsdrama** oder **Zieldrama,** die Handlung läuft auf die Katastrophe am Ende hinaus). Weitere Kriterien bei der Differenzierung sind z. B. auch die Ideenkonzeption, die Konfliktursache und die Stoffwahl. Eine Sonderform stellt außerdem das **Lesedrama** dar, das eigentlich nicht zur Aufführung bestimmt ist.

3.1.1 Kennzeichen dramatischer Dichtung

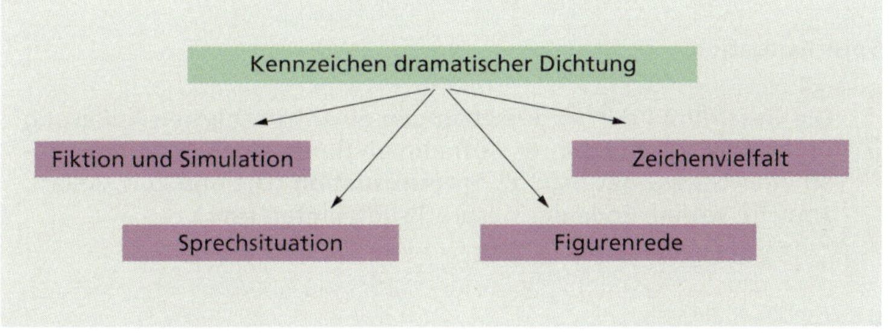

Mimesis: griech. = Nachahmung, Charakterisierung des künstlerischen Schaffens als Nachahmung der Natur (Wirklichkeit)

Fiktion und Simulation

Dramatik und **Epik** sind **mimetische Gattungen,** die eine Realität fingieren, d. h. beim Leser/Zuschauer den Eindruck erwecken wollen, es handle sich um die Darstellung eines realen Geschehens.

Dem Drama kommt dabei eine Sonderstellung zu, da es in *unterschiedlichen Repräsentationsformen* auftreten kann. Als gedruckter Text ist es, wie auch die Erzählung, ein **fiktionaler Text,** der vom Leser verlangt, sich eine erfundene Wirklichkeit als tatsächlich Gegebenes vorzustellen. Der Gattungscharakter des Dramas ändert sich aber, sobald es auf einer Bühne gespielt wird.

Auf der **Bühne** wird das Geschehen *körperlich erlebbar* und verlangt vom Zuschauer kein Eingehen auf das Fingierte. Die **Fiktion** wandelt sich in **Simulation.**

Der Fantasie des Lesers sind hinsichtlich seiner Vorstellung vom dargestellten Geschehen keine Grenzen gesetzt. Für den Zuschauer bewegt sich dagegen die Simulation in den Grenzen des Möglichen und Erträglichen. Dabei kann vieles, was in der Fiktion spannend, reizvoll und befriedigend ist, in der Simulation als peinlich, unerträglich oder lächerlich empfunden werden. Viele Lebenssituationen (z. B. tabuisierte Themen) erhalten in der Simulation nicht die gleiche Qualität wie in der Fiktion.

Unterschiede zwischen **Fiktion** und **Simulation** sind auch im Hinblick auf zeitliche Abläufe erkennbar. Lässt sich in einem epischen Text die Handlung einer Sekunde über die Lesezeit einer Stunde ausdehnen, so muss bei der Darstellung auf der Bühne die Illusion bewahrt bleiben, Handlungs- und Realzeit seien nahezu identisch. **Zeitraffung** ist nur durch Zeitauslassung zwischen einzelnen Szenen zu verwirklichen, Zeitlupe verbietet sich fast gänzlich.

Einem Simulationsvorgang auf der Bühne sind viel engere Grenzen gesetzt als dem Nachvollzug der **Fiktion** in der Fantasie des Lesers.

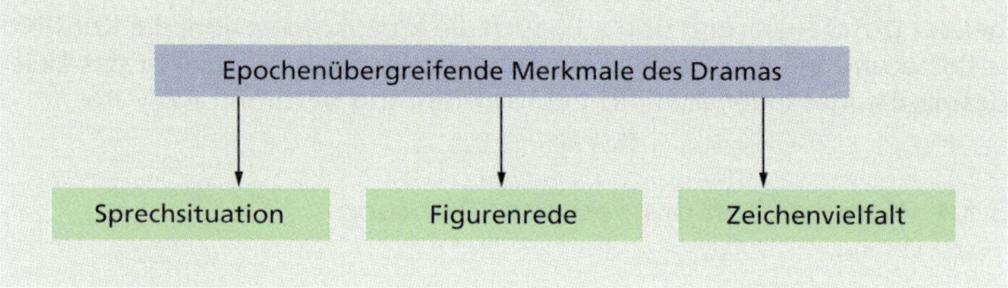

Sprechsituation

Die Gesamtheit der Voraussetzungen einer sprachlichen Äußerung und der Möglichkeit ihrer Aufnahmen durch einen Leser oder Zuschauer bezeichnet man als **Sprechsituation** (Ort und Zeit, Anlass, Absicht, soziale Rolle der Gesprächsbeteiligten usw.).

Zur Unterscheidung von epischen und dramatischen Elementen ↗S. 98

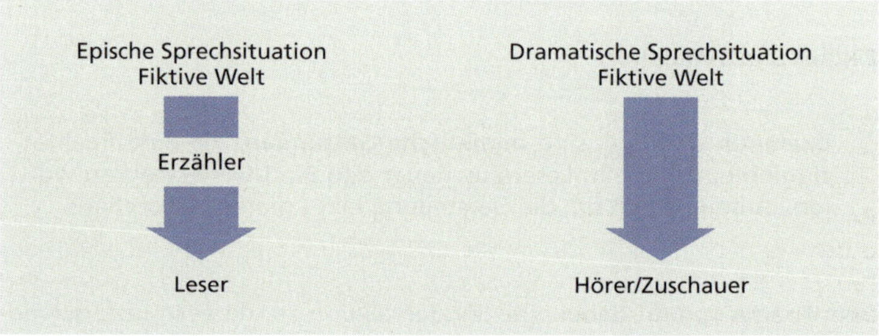

Im **epischen Text** kann der **Erzähler** mit dem Hintergrund des Geschehens vertraut machen.

Dramatischen wie epischen Werken ist das Vorkommen der **Figurenrede** gemeinsam. Jedoch fehlt dem dramatischen Text die *Instanz des Erzählers,* die zwischen fiktivem Geschehen und dem Leser oder Zuschauer vermittelt. Im Drama wird der Zuschauer meist unvorbereitet mit dem Geschehen konfrontiert. Er muss sich den Hintergrund aus den szenischen Vorkommnissen und den Äußerungen der beteiligten Figuren selbst zusammensetzen.

Figurenrede

Direkte = wörtlich angeführte Rede

Indirekte = berichtende Rede (oft im Konjunktiv)

Die **Figurenrede** kann im epischen Werk durch die kommentierenden Bemerkungen eines Erzählers eingeführt und ergänzt werden. Diese Kommentare sagen etwas über die Art und Weise aus, in der sich die handelnden Figuren verhalten. Im Drama ist der Zuschauer auf sprachliche wie außersprachliche Signale angewiesen, die das Milieu kennzeichnen, in dem sich die Figuren bewegen. Der Erzähler muss Figurenrede nicht wörtlich wiedergeben, sondern kann sich der **indirekten Rede** bedienen.

Diese Leistung bleibt im Drama der Figurenrede durch den *Schauspieler* überlassen. Was sich im Rollentext sprachlich nicht verwirklichen lässt, muss durch *außersprachliche Leistung* erbracht werden oder wird sonst auf der Bühne nicht deutlich.

Der Figurenrede im Drama kommen demnach zwei kommunikative Aufgaben zu.

- Die fiktiven Figuren reden in der vom Autor erfundenen Welt miteinander, um den Verlauf der Handlung in der vorgegebenen Weise zu motivieren und voranzutreiben.
- Die fiktiven Figuren reden so, dass der Zuschauer aus ihren Worten gleichzeitig all das über die Welt der Figuren erfährt, was zum Verständnis des Bühnengeschehens nötig ist.

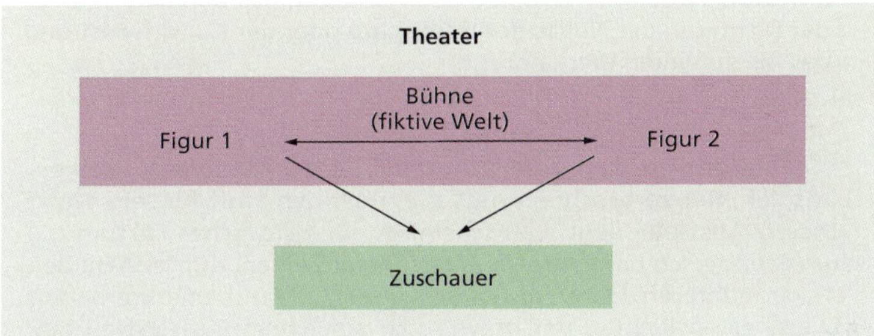

Zeichenvielfalt

Auf der Bühne lassen sich die Vorgänge der fiktiven Welt nicht allein mit dem Medium der Sprache transportieren. Eine Vielfalt von außersprachlichen akustischen (Musik, Geräusche) und optischen (Bühnenbild, Maske, Requisiten, Beleuchtung) Signalen ergänzt das gesprochene Wort. Dadurch ergeben sich für das Drama vielfältige Inszenierungsmöglichkeiten. Der **Erzähler** wird auf der Bühne durch eine **Vielzahl optischer** und **akustischer Zeichen** ersetzt.

Die Wirkung der konstanten **epischen Textvorlage** bleibt den Assoziationsfähigkeiten des Lesers überlassen.

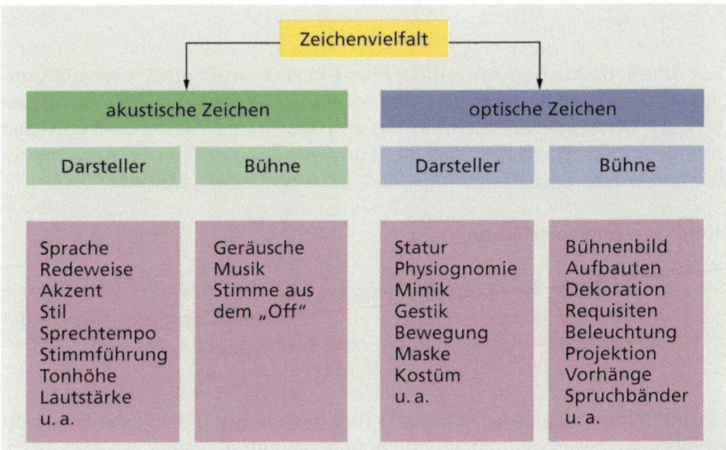

Zeichenvielfalt bezeichnet man auch als **Plurimedialität.** Der Zuschauer erhält mithilfe unterschiedlicher Medien Informationen zum Geschehen auf der Bühne (Wort, Bild, Geräusche usw.).

3.1.2 Die dramatische Handlung

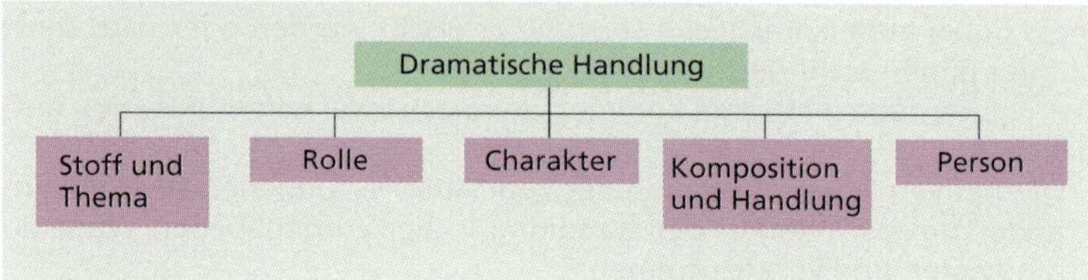

Zur epischen Handlung ↗ S. 97 ff.

Stoff und Thema

Der **Stoff** ist für eine dramatische Handlung das Rohmaterial, das der Dichter in der Natur, der Geschichte oder der Kunst findet und das ihn zu einem Werk anregt.

KLEIST informiert den Leser/Zuschauer in der Vorrede zu seinem Lustspiel „Der zerbrochne Krug" z. B. über den Stoff für sein Werk: „Diesem Lustspiel liegt wahrscheinlich ein historisches Faktum (...) zum Grunde. Ich nahm die Veranlassung aus einem Kupferstich, den ich vor mehreren Jahren in der Schweiz sah. Man bemerkte darauf zu erst einen Richter, der gravitätisch auf einem Richterstuhl saß: vor ihm stand eine alte Frau, die einen zerbrochenen Krug hielt, sie schien das Unrecht (...) zu demonstrieren: Beklagter, ein junger Bauerskerl, den der Richter, als überwiesen, andonnerte, verteidigte sich noch, aber schwach: ein Mädchen, das wahrscheinlich in dieser Sache gezeugt hatte (...) spielte sich, in der Mitte zwischen Mutter und Bräutigam, an der Schürze: wer ein falsches Zeugnis abgelegt hätte, könnte nicht zerknirschter dastehn: und der Gerichtsschreiber sah (...) jetzt den Richter misstrauisch von der Seite an ..."
(Kleist, Heinrich von: Sämtliche Werke und Briefe, hrsg. v. Helmut Sembdner, Bd. 1. München: Hanser Verlag, S. 176.)

Der französische Kupferstich „La cruche cassée" hing im Zimmer von HEINRICH ZSCHOKKE, den KLEIST 1802 in Bern besuchte. Gemeinsam mit WIELANDS Sohn LUDWIG verarbeiteten die Freunde den Stoff unterschiedlich. WIELAND schrieb eine Satire, ZSCHOKKE eine Erzählung, KLEIST das Lustspiel.

Aus dieser stofflichen Anregung filtert KLEIST ein Thema, einen Grundgedanken für sein Stück. Für ihn ist es die Darstellung des korrupten Richters, die Frage der Verbindung von Moral und Macht und von Lust und Herrschaft. *Stoff* lässt sich nicht immer genau definieren bzw. tritt in Konkurrenz zu Begriffen wie „Idee", „Thema" oder „Motiv".

Thema: griech. théma = Satz, abzuhandelnder Gegenstand, Hauptgedanke eines literarischen Werkes, auch gleichbedeutend für Motiv verwendet

Handlung und Geschehen

Die **Handlung** ist durch drei Elemente gekennzeichnet: eine oder mehrere handelnde *Personen,* eine *zeitliche Abfolge* mit Anfang und Ende und schließlich einen oder mehrere *Schauplätze*.

HEINRICH VON KLEIST komponierte eine Handlung, die auf die Situation zuläuft, die er auf dem Kupferstich zu erkennen glaubte.

Der Dorfrichter Adam stellt Eve, der Tochter von Frau Marthe Rull, nach. Um sich ihr zu nähern, behauptet er, ihr Verlobter Ruprecht werde zum Militärdienst eingezogen, als Richter könne er ihn jedoch durch ein Attest davor bewahren. Adams nächtlicher Besuch bei Eve wird von deren Verlobtem gestört. Der schlägt Adam, ohne ihn zu erkennen, mit einer Türklinke auf den Kopf. Im folgenden Handgemenge geht der besagte Krug zu Bruch, Adam flieht und verliert dabei seine Perücke. Eve verschweigt aus Sorge um Ruprecht der Mutter die Wahrheit. Diese wiederum bezweifelt die Treue ihrer Tochter. Eine unvorhergesehene Revision durch den Gerichtsrat Walter zwingt nun den Dorfrichter Adam, die Anzeige der Marthe Rull gegen Unbekannt aufzunehmen und somit gegen sich selbst zu ermitteln, dabei aber seine eigene Rolle lange erfolgreich zu vertuschen. Als schließlich eine Augenzeugin mit der verlorenen Perücke erscheint und Eve fürchten muss, dass Ruprecht bestraft wird, rückt sie mit der Wahrheit heraus. Adam flieht, wird daraufhin seines Amtes enthoben, sein Schreiber zum neuen Richter ernannt und das Brautpaar versöhnt sich wieder.

KLEISTS Lustspiel **„Der zerbrochne Krug“** entstand 1807, als Einakter wurde es 1811 erstmals aufgeführt.

Die Handlung des Dramas darf dabei nicht mit *Geschehen* verwechselt werden.

Während *Geschehen* nicht vom Menschen ausgelöst und kontrolliert werden kann, geht **Handlung** immer vom Menschen aus.

Ein Geschehen kann z. B. ein Naturereignis sein.

Handlung verfolgt ein bestimmtes Ziel, es lassen sich ein *Anlass* sowie *Gründe* für die Handlung erkennen. Im Drama wird Handlung auf der Bühne auf verschiedene Weise deutlich:

Handlung

direkte Handlung	berichtete Handlung	noch auszuführende Handlung
Der Zuschauer erlebt sie durch die Aktion der Figuren und ihre Auseinandersetzung im Dialog mit.	Eine Figur gibt Auskunft (Botenbericht, Mauerschau) bzw. eine Figur liefert sie dem Zuschauer als Reportage **(Monolog, Prolog).**	Die Figuren planen sie in Monolog und Dialog vor den Augen des Zuschauers.

Für das komische Versteckspiel des Dorfrichters Adam, der sein Amt für eigene Interessen missbraucht, wählte KLEIST die Form des **analytischen Dramas** (Enthüllungsdrama). Aus der Wahl dieser Komposition ergibt sich ein ganz bestimmtes Verhältnis von Geschichte **(story)** und Handlungsschema **(plot).** Hat die Geschichte ihren Anfang eigentlich dort,

plot: engl. = poetologische Bezeichnung für die Handlung in einem epischen oder dramatischen Werk, auf die kausale und logische Verknüpfung der Handlung und der Charaktere bezogen

wo Adam beginnt, Eve nachzustellen, setzt KLEIST den Punkt des Einsetzens der Dramenhandlung **(point of attack)** erst kurz vor Beginn der Gerichtsverhandlung. Die Katastrophe ist also bereits geschehen, kann nicht mehr verhindert werden. Die Spannung im Verlauf der Gerichtsverhandlung besteht darin, wie und wann dem Zuschauer die Aufdeckung des Vorganges vorgeführt wird.
Die Verwendung literarischer **Motive** stellt ein weiteres wichtiges gestalterisches Element der dramatischen Handlung dar.

Motiv: franz. motif = Beweggrund, Antrieb

Motive sind *situationsgebundene literarische Elemente,* die schematisierten Grundformen folgen und vom Dichter als Bausteine für die Dramenhandlung verwendet werden.

Inhaltlich lassen sich **Situationsmotive** (typisch menschliche Situationen und Zustände, z. B. der Mann zwischen zwei Frauen, die Liebe der Kinder verfeindeter Familien) und auf einzelne Personen bezogene **Typenmotive** (z. B. der Einzelgänger, die böse Frau, der Selbstlose) unterscheiden. KLEIST verwendet in „Der zerbrochene Krug" das Motiv des *vorausdeutenden Traums.* Zu Beginn des dritten Auftritts, kurz vor Beginn der Gerichtsverhandlung, wird dem aufmerksamen Zuschauer die Zwangsläufigkeit des weiteren Geschehens schon anhand des Albtraums des Richters Adam vor Augen geführt.

Komposition der Handlung

Wie wichtig die *Komposition der Handlung* ist, zeigt die Arbeit KLEISTS an seinem Lustspiel. In der von GOETHE umgearbeiteten Fassung als Dreiakter wurde „Der zerbrochne Krug" 1808 in Weimar uraufgeführt und fiel bei Publikum und Kritik durch. Der kleistsche Einakter wurde dagegen ein Welterfolg.

Für die Qualität der Gestaltung einer dramatischen Handlung ist die **Komposition der Bühnenhandlung** entscheidend. Es muss dem Autor gelingen, eine Form der szenischen Darstellung zu finden, die dem Zuschauer das Handlungsganze glaubwürdig vor Augen führt. KLEIST drängt das Bühnengeschehen an einem Ort zusammen und lässt die Handlung ohne zeitliche Unterbrechung fortlaufen. Die Figuren verbleiben nach ihrem Auftreten fast ausschließlich auf der Bühne, sodass ihnen keine Möglichkeit bleibt, in ihrer Abwesenheit die Bühnenhandlung nachdrücklich zu beeinflussen.

Grundsätze der Handlungskomposition

Konzentration	Auswahl	Konvention	Gliederung
Nur die Schwerpunkte einer Geschichte können auf der Bühne szenisch dargestellt werden.	Zur Darstellung werden deshalb bestimmte Handlungsabschnitte je nach kompositorischem Konzept des Autors ausgewählt.	Literarische Konventionen sind bei dieser Auswahl zu beachten (Erwartungshaltung der Zuschauer, Anstands- und Sittlichkeitsregeln).	Die Gesamthandlung muss in Segmente zerlegt werden, die geeignet erscheinen, repräsentativ für das Ganze zu stehen.

Im analytischen Drama „Der zerbrochene Krug" wird nur das Ende einer Geschichte auf der Bühne dargestellt.
Die *konstituierenden Elemente der Dramenhandlung* sollen hier am Beispiel der **Gretchentragödie** in GOETHES „Faust"-Drama beispielhaft herausgehoben werden. Der **Stoff** stammt aus zwei Quellen: der Liebe Fausts zu einer einfachen Magd aus der volkstümlichen Faust-Tradition und dem Fall der Frankfurterin MARGARETHA BRANDT, die 1772 als Kindsmörderin hingerichtet wurde. GOETHE ändert das Thema der Faust-Sage allerdings dahingehend, dass er Gretchen in seinem Drama zur *Gegenspielerin* Mephistos aufbaut und am Ende die Kraft der Liebe über die Teufelsmacht triumphieren lässt.
Vom Aufbau her entspricht die Gretchentragödie einem *synthetischen Drama.*

Das *Motiv* der Kindsmörderin war ein typisches Motiv der Dramatiker des *Sturm und Drang.*

> Im **synthetischen Drama** wird der entscheidende Vorfall in der Handlung selbst vorbereitet und ereignet sich im Höhepunkt.

Die **Komposition** der Gretchenhandlung von der ersten Begegnung bis hin zur Katastrophe (Niederkunft, **Kindsmord,** Gerichtsverfahren) schließt sämtliche jedoch äußeren Höhepunkte aus dem Bühnengeschehen aus. Dem Zuschauer werden nur Bruchstücke der insgesamt mindestens ein Jahr dauernden Handlung vorgestellt. Der Fantasie des Zuschauers bleibt es überlassen, daraus ein Handlungsganzes herzustellen.
GOETHE konzentriert sich auf die *Darstellung der inneren Vorgänge* der Hauptfiguren. Der Einsatzpunkt (point of attack) der Bühnenhandlung liegt zwar am Beginn der Handlung, das bruchstückhafte Geschehen auf der Bühne spiegelt aber nur die Fortsetzung dessen wider, was sich hinter der Bühne bereits abgespielt hat. Das Problem, unmöglich die ganze Handlung auf der Bühne darstellen zu können, löst GOETHE hier durch Schnitte und Unterbrechungen. Die zahlreichen Leerstellen muss der Zuschauer unter Zuhilfenahme der Andeutungen aus dem Bühnengeschehen füllen.
Hier zeigt sich ein weiteres *epochenübergreifendes Merkmal* der dramatischen Gattung, das Verhältnis von szenisch dargebotenen und vom Zuschauer ergänzten Handlungsteilen.
Von dieser nicht gezeigten Handlung muss allerdings die **verdeckte Handlung** unterschieden werden, die der Zuschauer zwar nicht als Aktion auf der Bühne vorgeführt bekommt, über deren Verlauf ihm aber auf der Bühne mitgeteilt wird. Der **Botenbericht** lässt vergangene Ereignisse, die in räumlicher und zeitlicher Entfernung zum Bühnengeschehen stehen, von einer Figur erzählen. Meist handelt es sich dabei um technisch schwer darstellbare Begebenheiten, die in der Zwischenzeit außerhalb der Bühnenhandlung geschehen sind, um Ereignisse, deren Darstellung die Moral verbietet, oder um Handlungselemente, die der Wahrscheinlichkeit der Darstellung abträglich sind.
Als weiteres dramentechnisches Mittel wird die **Mauerschau** eingesetzt, um *gleichzeitiges Geschehen,* das sich *außerhalb des Bühnenraums* abspielt, darzustellen. Sie ist eng verwandt mit dem Botenbericht, unterscheidet sich jedoch dadurch von ihm, dass sie nicht von vergangenen, sondern von *gegenwärtigen Ereignissen* erzählt. Der Berichtende nimmt

Die lange Zeit der Schwangerschaft, die in Szene 13 angekündigt wird, überbrückt GOETHE mit der Walpurgisnacht-Szenenfolge (14), während der Szene 15 der Kindsmord bereits vorausgegangen ist und Gretchen sich schon im Kerker befindet.

Mauerschau, auch **Teichoskopie:** griech. = teichoskopia, auf einer Mauer, einem Turm, einem Hügel usw. beobachtet die Figur Schlachten, einen Schiffsuntergang usw.

meist einen erhöhten Standpunkt ein und beobachtet einen *Vorgang,* der auf der Bühne nicht oder nur schwer darstellbar ist. Seine besondere dramatische Qualität erhält er vor allem durch die Gleichzeitigkeit des von ihm Beschriebenen. Dadurch wird die hier erzeugte Spannung und Suggestion im Vergleich zum Botenbericht ungemein erhöht.

3.1.3 Die Figuren

Die *Figuren* eines Dramas existieren nur im Stück und durch das Stück. Sie sind keine Dokumente für Wirklichkeit und führen kein Eigenleben. Als Träger der Handlung haben sie bestimmte Eigenschaften und Merkmale, verfolgen Absichten und lassen Gründe für ihr Handeln erkennen. Im Drama auftretende Figuren stehen zueinander in bestimmten Beziehungen.
Je nach Perspektive des Betrachters unterscheidet man innerhalb der Dramenpoetik die Begriffe **Person, Rolle, Charakter** und **Figur.** Die vier Begriffe sind keineswegs gleichbedeutend, sondern heben jeweils ein bestimmtes Bedeutungsmerkmal der künstlich geschaffenen literarischen Gestalt hervor.

Person und Rolle

Ursprünglich bedeutet das lateinische Wort „persona“ so viel wie die „Maske“ des Schauspielers. Das Tragen von Masken im antiken Theater war üblich, auch um eine bestimmte soziale Rolle der Figur (z. B. der Arzt, der Politiker, der Rechtsanwalt) zu verdeutlichen. Dabei darf der Begriff *Person* auf das Drama bezogen nicht mit den heute gebräuchlichen Begriffen „Persönlichkeit“ (Bezeichnung der leiblichen und seelischen Ganzheit eines Menschen) oder „Individuum“ (der Mensch in seiner besonderen Eigenart) verglichen werden. Diese Termini waren in der Antike unbekannt. Der ursprüngliche Wortgebrauch findet sich heute noch in den Programmheften der Theater, wenn von Personen und ihren Darstellern gesprochen wird.

> Mit *Person* ist die Rolle gemeint, die eine *Figur* im Zusammenspiel mit anderen Figuren im Drama spielt. Als *Rolle* bezeichnet man die Aufgabe, die der Schauspieler berufsbedingt in einer kollektiven Theaterproduktion zu übernehmen hat.

CALDERÓN lässt in seinem geistlichen Festspiel **„Das große Welttheater“** (1675) den Figuren vom Spielmeister im Namen Gottes Berufs- und Standesrollen zuteilen (z. B. König, Minister, General, Mönch, Verbrecher, Edelmann, Bauer, Dame, Bettler).

Das gleichnishafte Verhältnis zwischen dem Bühnengeschehen im Theater und dem Leben sowie umgekehrt wird dabei schon von SHAKESPEARE um 1600 in seinem Stück „Wie es euch gefällt“ hervorgehoben: „Die ganze Welt ist eine Bühne, und alle Männer und Frauen bloß Schauspieler. Sie haben ihre Abgänge und Auftritte. Und der Mensch spielt in seinem Leben viele Rollen […]“ **Rollenspiel** ist nicht nur Grundbedingung des Menschen im täglichen Leben und des Schauspielers auf der Bühne, sondern auch der **fiktiven Figuren** im Drama. Dabei sehen sich die Figuren häufig mit dem Problem konfrontiert, die Rollen keineswegs nacheinander zu spielen, sondern vielfach gleichzeitig in verschiedenen Rollen zu agieren. So ist Eve in KLEISTS „Der zerbrochene Krug" nicht nur das Opfer des seine Macht missbrauchenden Richters, sondern sie schlüpft gleichzeitig in die Rolle der treuen Verlobten Ruprecht gegenüber sowie die der gehorsamen Tochter ihrer Mutter. Die Figur des Adam gar spielt die Rolle des Richters und des Angeklagten in einer Person. Unausweichlich geraten die fiktiven Figuren im Drama in *Rollenkonflikte,* genauso wie Personen im realen Leben. Für viele Schauspieler und auch Zuschauer erscheinen die Rollenkonflikte in älteren Dramen heute schwer nachvollziehbar. Die Ursache dafür ist in den *veränderten sozialen Strukturen* und Wertvorstellungen unserer Zeit zu suchen. Die Analyse des Rollenspiels der Figuren erscheint also nötig, um ein Drama angemessen verstehen zu können.

Charakter

Im heutigen Sprachgebrauch kann die Verwendung des Begriffes **Charakter** in drei Bereiche unterschieden werden:
- Sprechen wir vom Charakter einer Landschaft oder eines Menschen, meinen wir die *typische Eigenart bestimmter Erscheinungen.*
- Für einen verantwortlichen, sittlich handelnden Menschen benutzen wir die Redewendung „ein Mensch von Charakter", wobei eine *ethische Komponente* zum Tragen kommt.
- Der psychologische Begriff „Charakter" bezeichnet die *seelischen Anlagen eines Menschen,* die seine individuelle Prägung ausmachen.

Der Begriff „Charakter" stammt ursprünglich vom griechischen Wort „charakter" ab und bedeutet so viel wie „Stempel", „Gepräge", „Eigenart". Unter dem Einfluss des Französischen vollzog sich die Übertragung auf die Eigenschaften, die sich in die Seele eines Menschen einprägen.

In diesem Spannungsfeld zwischen typischer Eigenart und individueller Ausprägung bewegt sich auch der Charakterbegriff in der Dramengeschichte. Der ARISTOTELES-Schüler THEOPHRAST (371–287 v. Chr.) beschrieb in einer Schrift mit dem Titel „Charaktere" dreißig allgemeine, häufig vorkommende Verhaltenstypen für die **Komödie** wie den Geizhals, den Heuchler, den Prahlhans usw. Die Komödiendichter haben sich quer durch alle literarischen Epochen immer wieder aus diesem Vorrat bedient. Sie stellten die *typischen Verhaltensmuster einer Figur* in jeweils immer neue historische und soziale Gegebenheiten.
Ein Charakter individueller Ausprägung entsteht, wenn in einer Bühnenfigur mehrere typische Eigenschaften kombiniert werden. In der Figur des Richters Adam werden zunächst der **Typ** des korrupten Richters wie auch der des lüsternen Alten sichtbar. Die Unverwechselbarkeit dieses Charakters entsteht aber gerade durch die Vermischung von Behäbigkeit und Gerissenheit, von sinnlicher Begierde und Angst vor der Entdeckung, amtlicher Arroganz und Unterwürfigkeit gegenüber dem Vorgesetzten. Das Auftreten standardisierter **Figurentypen** als *Verkörperung menschlicher Verhaltensmuster* hat eine lange Tradition und bedeutete auch für den Zuschauer einen Vorteil, sorgte es doch für einen gewissen *Wiedererkennungseffekt.* Dieses Verfahren ermöglichte es dem Zuschauer weiterhin, sich stärker auf die Geschichte des Dramas zu konzentrieren. Ohnehin war der Theaterbetrieb bis ins 20. Jahrhundert hinein traditionell durch **Rollenfächer** bestimmt. Modernere Autoren stellen zunehmend nicht nur das Allgemeine, Typische einer dramatischen Figur in den Mittelpunkt, sondern arbeiten die Individualität des dramatischen Charakters heraus. Die Figur handelt nicht einfach in einer bestimmten

Typ: von griech. typo = Schlag, Prägeform

Rollenfächer sind z. B. erster Liebhaber, der Naive, die komische Alte usw.

Situation entsprechend einem dem Zuschauer bekannten und von ihm erwarteten Verhaltensmuster. Vielmehr wird der Frage nachgegangen, welche individuellen Besonderheiten das Handeln einer Figur bestimmen. Warum verhält sie sich anders als eine andere Figur in der gleichen Situation?

Figur

Der Begriff **Figur,** mit dem wir die **dramatische Person** bezeichnen, lässt sich vom lateinischen Wort „figura" (Gebilde, Gestalt, Erscheinung) herleiten, dem wiederum das Verb „fingere" (bilden, formen, ersinnen, erheucheln) zugrunde liegt. Dem gleichen Wortstamm zugehörig sind auch die Worte „fingieren" (vortäuschen, unterstellen) und „fiktiv" (erdichtet, nur angenommen). Diese Herleitung macht deutlich, dass es sich bei der **Dramenfigur** nicht um eine reale Person handelt, sondern vielmehr um ein reines *Fantasieprodukt* des Dramatikers, um ein literarisches Konstrukt.

Moderne Sichtweisen auf dramatische Figuren

Der Begriff des Charakters erfährt bei BRECHT eine Wandlung, eine Aufweichung. Eine Definition als Summe aller Verhaltensweisen lehnt er als allzu mechanische Auffassung ab. Er betont, dass der Mensch keinen einmal vorgegebenen, unveränderbaren Charakter habe, sondern sich im Laufe seines Lebens oft sehr *widerspruchsvoll* verhalte. Für die Charakterisierung seiner dramatischen Figuren benutzt BRECHT deshalb den Begriff der *Verhaltensweise,* gibt ihnen damit die Möglichkeit, sich in bestimmten Situationen anders zu verhalten, als es ihrem Charakter eigentlich entspräche. So gelingt es ihm, die Widersprüche, denen sich der Mensch unter bestimmten gesellschaftlichen Verhältnissen ausgesetzt sieht, deutlicher herauszuarbeiten. Seine „Mutter Courage" (1941) weigert sich beispielsweise, ihre Offiziershemden als Verbandsmaterial für Verwundete zur Verfügung zu stellen: „Ich kann nix geben. Mit all die Abgaben, Zöll, Zins und Bestechungsgelder! [...] Ich gib nix, ich mag nicht, ich muss an mich selbst denken [...]" (5. Bild) Der gesellschaftliche Widerspruch wird deutlich, als die behinderte Kattrin, die keine derartigen Bedenken plagen, ihre Mutter bedroht. Die Courage erweist sich nicht als hartherzig, ihr Verhalten entspricht nicht ihrem Charakter. Die Lage, in der sie sich befindet, das gesellschaftliche Umfeld zwingt sie zu diesem Verhalten.

EUGÈNE IONESCO (1912–1994) und SAMUEL BECKETT (1906–1989) sind Vertreter des **absurden Theaters.**

Das **absurde Theater** (IONESCO, BECKETT) erweitert die Möglichkeiten der dramatischen Figur um eine weitere Facette. Die Figur stellt keinen **Typus** dar und beweist keinen Charakter, sie wird zur *Marionette.* Als solche erkennt sie vielleicht noch ihre Situation, kämpft aber nicht gegen die Umstände, die sie zur Marionette machen. Erste Anzeichen für diese Entwicklung finden sich schon bei BÜCHNER. In „Dantons Tod" (1835) lässt er die Titelfigur der Ehefrau erklären:

> „Puppen sind wir von unbekannten Gewalten am Draht gezogen; nichts, nichts wir selbst! die Schwerter, mit denen Geister kämpfen – man sieht nur die Hände nicht, wie im Märchen."
> (Büchner, Georg: Werke und Briefe. Frankfurt a. M.: Insel Verlag, 1979, S. 45.)

Die Figuren des Iren SAMUEL BECKETT, Wladimir und Estragon, in „Warten auf Godot" (1953) verhalten sich vollends willenlos und apathisch.

Die beiden Vagabunden warten das ganze Stück über auf einen gewissen Godot, der nie auftaucht. Sie langweilen sich und ersinnen allerhand Zeitvertreib. Sie ziehen ihre Schuhe an und aus, setzen den Hut auf und ab, streiten und vertragen sich wieder. Die Handlung dreht sich im Kreis, weder Anfang, noch Ende sind zu erkennen. Nicht einmal die Botschaft, Godot komme heute nicht mehr, durch einen Jungen übermittelt, ändert das Verhalten der beiden. Das Stück endet, wie es begann, die Vagabunden warten vergeblich auf Godot.

„Warten auf Godot" wurde am 05.01.1953 in Paris uraufgeführt. Die wohl spektakulärste Aufführung des Stückes war in der Spielzeit 2001/2002 am Schauspielhaus Bochum mit HARALD SCHMIDT als Lucky zu sehen. Regie führte MATTHIAS HARTMANN.

SAMUEL BECKETT (1906–1989)

Für den Zuschauer scheinen die Figuren der Situation des Wartens ohnmächtig ausgeliefert. Es gibt kein Entrinnen, keinen Versuch, die Lage zu verändern, auszubrechen. Wladimir und Estragon reden nicht in wohlgesetzten Dialogen über die Sinnlosigkeit des Lebens, sondern sie stellen es auf der Bühne sprachlich und szenisch dar. Sie werden außengelenkte Marionetten, ihr Verhalten richtet sich nicht nach eigenen Bedürfnissen, Wünschen, Überzeugungen. Sie entsprechen lediglich den Forderungen und Erwartungen, die von außen an sie herangetragen werden. Das Auszusagende und die Form der Aussage stimmen völlig überein. Dialog und Spiel der Figuren sind sinnlos, haben keine Beziehung mehr. Eine **Handlung** im Sinn des früheren Dramas gibt es nicht. EUGÈNE IONESCO spricht von seinen Dramenfiguren als „Personen ohne Charakter", „gesichtslosen Wesen". Der in seinen Stücken parodierte Kleinbürger versteht nicht, was mit ihm passiert, lässt es aber geschehen.

Transzendental = übernatürlich

Anlage dramatischer Figuren

Folgende Möglichkeiten bieten sich an, wenn man die Eigenschaften bzw. **Merkmale einer Dramenfigur** herausarbeiten will:

- Konzeption
  Wie konzipiert der Autor die Figur in Hinblick auf die Handlung des Dramas?
- Charakterisierung
  Welche Handlungen, Verhaltensweisen und Reden weist der Autor der Figur im Stück zu? Wird eine Charakterisierung der Figur durch eine andere Figur vorgenommen? Welche Perspektive nimmt die charakterisierende Figur ein? Wie schätzt die Figur das eigene Handeln ein, wie bewertet sie es?
- Konstellation und Konfiguration
  In welchem Verhältnis zur Gesamtheit der handelnden Figuren eines Stückes steht die Figur? Mit welchen anderen Figuren tritt die zu charakterisierende Figur wann auf?

Figurenkonzeption

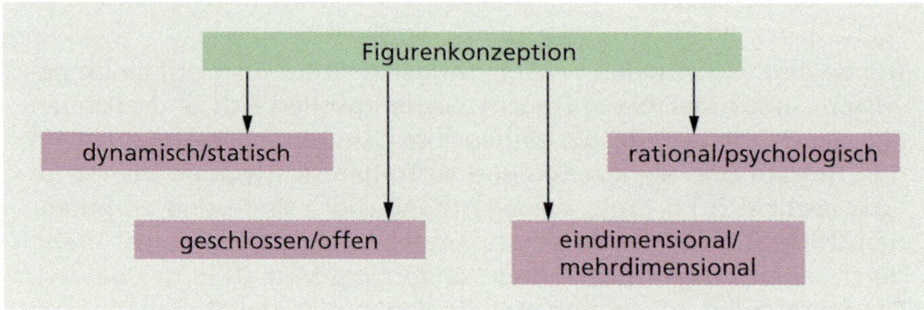

Entsprechend der Entscheidung des Autors kann eine Figur im Verlauf eines Dramas eine Entwicklung durchlaufen oder ihre Ansichten und Einstellungen beibehalten. Wir sprechen von einer **dynamischen** oder einer **statischen Figurenkonzeption.**

BRECHTS „Mutter Courage" bleibt eher statisch. Am Ende des Dramas will sie am Krieg noch immer verdienen, scheint aus der Handlung nicht klüger geworden zu sein. SCHILLERS „Maria Stuart" (1801) dagegen wandelt sich von der schönen Verführerin am Beginn des Stückes zur „schönen Seele", die gefasst in den Tod geht. Häufig führen gerade die Konflikte zwischen statischen und dynamischen Figuren im Drama zur Steigerung der Spannung bzw. zur Katastrophe.

Legt der Autor die Figur mit wenigen Merkmalen fest, die alle eine bestimmte Eigenschaft hervorheben, handelt es sich um eine **eindimensionale Konzeption.** Ist die Figur wandlungsfähig und lässt in verschiedenen Situationen immer neue Seiten ihres Wesens erkennen, deutet das auf eine **mehrdimensionale Konzeption** hin.

LESSINGS „Minna von Barnhelm" (1763) z. B. erhält die Möglichkeit, im Verlaufe des Stücks verschiedenste Merkmale dieser Figur in den Vordergrund zu rücken. Zunächst ganz stolze Adlige, beweist sie auch Großzügigkeit und Warmherzigkeit; distanziertes Verhalten zur Zofe weicht gelegentlich freundschaftlicher Verbundenheit, zielstrebiges und zweckbestimmtes Verhalten paart sich mit List und einer ordentlichen Portion schauspielerischer Fähigkeiten.

Eine **geschlossene Figurenkonstellation** strebt der Autor an, wenn er die Figur so gestaltet, dass kaum Interpretationsspielraum für Zuschauer und Darsteller bleibt. Mehrdeutigkeit dagegen ermöglicht die **offene Konzeption.**

Minna von Barnhelm ist eine *geschlossen konzipierte Figur,* trotz ihrer beschriebenen Mehrdimensionalität. Es bleiben dem Rezipienten keine Fragen. Alles über die Figur wird im Stück gesagt, ihr Auftreten in der Regieanweisung genauestens festgelegt. Die Titelhelden SHAKESPEARES sind meist nicht auf eine einzige Deutung festgelegt. Gerade diese Vielfalt der Deutungsmöglichkeiten macht offensichtlich für Darsteller wie Zuschauer den besonderen Reiz seiner Stücke aus.

Figuren der **rationalen Figurenkonzeption** bewältigen problematische Situationen mit Rationalität und Vernunft. Figuren der psychologischen *Figurenkonzeption* zeigen eine subjektiv begrenzte Perspektive.

Nur mithilfe von *Rationalität* und *Vernunft* gelingt es z. B. LESSINGS Nathan in einem Monolog, eine Antwort auf Saladins spitzfindige Frage nach der wahren Religion zu finden, ohne dabei dessen Zorn auf sich zu ziehen. ZUCKMAYERS Wilhelm Voigt im „Hauptmann von Köpenick" dagegen berichtet nicht im Monolog über sein Vorhaben. Er teilt es bruchstückhaft und nicht in letzter Konsequenz einem Verwandten mit. Sein Plan wird dem Zuschauer aber trotzdem indirekt angekündigt. Schon in den ersten beiden Akten erlebt er die magische Bedeutung militärischer Uniformen in allen Bereichen der Gesellschaft. Er ist also ausreichend **psychologisch** vorbereitet auf die Tat des Schusters.

CARL ZUCKMAYER (1896–1977) hatte seit 1933 in Deutschland Aufführungsverbot.
Bis 1938 lebte er in Österreich, emigrierte nach dem Einmarsch deutscher Truppen in die USA.
Er gehört zu den Autoren des Exils.

„Der Hauptmann von Köpenick" (1930) wurde sein größter Theatererfolg.

Figurencharakterisierung

Möglichst viele Informationen über die Personen sind nötig, um den Handlungsverlauf für den Zuschauer nachvollziehbar zu machen. Werden diese Informationen vom Autor selbst gegeben, spricht man von *auktorialer Charakterisierung.* Sie kann durch Nebentext geschehen, wie in HANS CHLUMBERGS „Die Führer" (1919):

„Bergmann sitzt vor seinem Schreibtisch. Er ist ein hochgewachsener, streng aber zuverlässig aussehender Mann von etwa 54 Jahren, mit ruhiger Sorgfalt gekleidet. Er spricht langsam, mitunter scharf pointiert und erweckt durch eine selbstverständliche Offenheit seines Auftretens und seiner Sprache unbedingtes Vertrauen."

(Chlumberg, Hans: Die Führer. Wien, Leipzig: Verlag Karl Harbauer, 1919, S. 21.)

Figuren können sich aber auch selbst charakterisieren oder durch andere Figuren, also *figural charakterisiert* werden. In SHAKESPEARES Drama „König Richard III." (1592) wird die Charakterisierung der Hauptfigur als Ausbund der Hässlichkeit, mit festen Vorsätzen, ein Bösewicht zu werden, schon im Eingangsmonolog deutlich:

„Entstellt, verwahrlost, vor der Zeit gesandt
in diese Welt des Atmens, halb kaum fertig
Gemacht, und zwar so lahm und ungeziemend,
Daß Hunde bellen, hink' ich wo vorbei [...]" (I,1)

(Shakespeare, William: Sämtliche Werke in vier Bänden. Band 3, Hrsg. Anselm Schlösser. Berlin: Aufbau Verlag, 1975, S. 793.)

WILLIAM SHAKESPEARE (1564–1616)

Eine weitere Möglichkeit der Unterteilung verschiedener Charakterisierungstechniken ergibt sich bei der Beantwortung der Frage, ob die Informationen direkt über Figuren und ihren Charakter gesprochen werden *(explizit)* oder ob der Zuschauer den Charakter aus der Gesamtheit der sprachlichen und außersprachlichen Mittel entnehmen muss, die Informationen also nicht ausdrücklich, sondern *implizit* gegeben werden.

auktorial (Autor ⟶ Zuschauer)		figural (Figur ⟶ Zuschauer)
• Figurenbeschreibung im Nebentext • sprechende Namen der Figur	explizit (ausdrücklich)	• Figur erklärt sich selbst im Monolog bzw. im Gespräch mit einer anderen Figur. • Andere Figuren erklären die Figur.
• Hervorhebung der Merkmale einer Figur durch Übereinstimmung oder Kontrast zu anderen Figuren	implizit (indirekt, enthalten)	• außersprachliche Mittel (Mimik, Gestik, Masken, Kostüme, Verhalten, Umgebung) • sprachliche Mittel (Satzbau, Wortwahl, Dialekt, Stimmqualität)

Im Drama treten die einzelnen *Charakterisierungstechniken* selten in reiner Form auf. Die Kombination einzelner Techniken ermöglicht die Darstellung vielschichtiger dramatischer Konflikte aus unterschiedlichen Perspektiven.

Gerade diese Spiegelung des Charakters einer Figur durch andere Figuren führt dem Zuschauer die *Komplexität der Handlungssituation* vor Augen. Das Verhalten einer Figur in Entscheidungssituationen stellt sich als besonders aufschlussreich dar. Schwankt GOETHES Gretchen im „Faust" zwischen Bedenken und Hingabe, so entscheidet sie sich im Moment, da Faust ihr den Schlaftrunk reicht, für ihre Liebe:

„Seh´ ich dich, bester Mann, nur an,
Weiß nicht, was mich nach deinem Willen treibt;
Ich habe schon so viel für dich getan,
Daß mir zu tun fast nichts mehr übrig bleibt."

(Goethes Werke. Hamburger Ausgabe, Bd. 3. Hamburg: Ch. Wegener, 1948 ff., S. 112.)

Dramen konzentrieren sich in der Regel auf einen zentralen Punkt der Auseinandersetzung. Deshalb sind die **Motive,** sich „richtig" oder „falsch" zu entscheiden, von besonderem Interesse beim Erfassen einer Dramenfigur. Nicht nur die vordergründigen Handlungsanlässe sind hierbei in Betracht zu ziehen, sondern vor allem die Hintergründe und die oft im Verborgenen bleibenden Zusammenhänge.

Um die *Besonderheiten einer* **literarischen Figur** herauszuarbeiten, sollte man folgende Fragen zu beantworten versuchen:
- Was hebt die Figur von anderen Figuren ab, die schon in Dramen auftraten?
- Was unterscheidet die Figur von anderen Figuren mit gleichen Interessen im Stück?
- Mit welchen Gegenfiguren im Stück lässt sich die Figur im Stück kontrastierend vergleichen?
- Ist die Figur mit realen Menschen oder Personen in der Geschichte vergleichbar?

Konstellation und Konfiguration

Die Bedeutung und Funktion einer Figur lässt sich nur aus der Beziehung zu den anderen Figuren des Dramas erkennen. Dieses Beziehungsgeflecht, die *Konstellation,* kann vom Ein-Personen-Stück bis zum vielfigurigen Drama mit Massenszenen reichen.

Je nach Bühnenpräsenz und Anteil am gesprochenen Text lassen sich *Hauptfiguren* und *Nebenfiguren* unterscheiden. Die Hauptfiguren sind nach ihrer Funktion für den Handlungsverlauf in **Helden** (Protagonisten) und **Gegenspieler** (Antagonisten) einzuteilen.

In SCHILLERS „Kabale und Liebe" lassen sich die Figuren nach *Intriganten* (Präsident von Walter, Hofmarschall von Kalb, Sekretär Wurm) und deren *Opfern* (Ferdinand von Walter, Luise Millerin, Musikus Miller und Frau) gruppieren. Eine besondere Stellung nimmt hier Lady Milford ein. Soll dem Zuschauer zunächst glauben gemacht werden, sie gehöre auf die Seite der Intriganten, wird im Verlaufe des Stückes deutlich, dass sie ebenfalls Opfer ist.
Figuren, die im Drama auf der gleichen Seite stehen, befinden sich in einer *Korrespondenzbeziehung.* Stehen Figuren dagegen auf den beiden entgegengesetzten Seiten dieser Konstellation Protagonist – Antagonist, sprechen wir von einer *Kontrastbeziehung.*
Als Hilfsmittel für die Darstellung der Figurenkonstellation wird häufig eine Grafik herangezogen. Für die Hauptfiguren des Trauerspiels „Emilia Galotti" von LESSING könnte diese Grafik folgendermaßen aussehen:

Protagonist: griech. protagonistes = „erster Kämpfer", im griechischen Theater erster Schauspieler und gleichberechtigt neben dem Autor; heute die allgemeine Bezeichnung für den Haupthelden eines Stückes

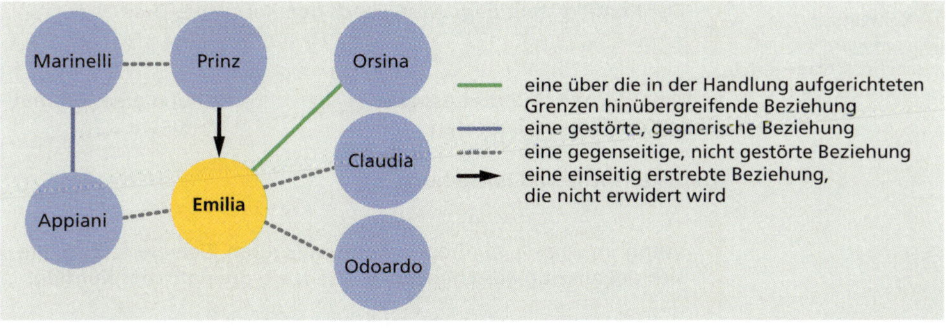

Darüber hinaus sind die sozialen Beziehungen der Figuren zueinander von Bedeutung, die sich aus dem Schema nicht ablesen lassen, aber die zu spielende Rolle maßgeblich beeinflussen.

Prinz und Marinelli – Herr und Diener
Appiani und Emilia – Braut und Bräutigam
Emilia und Odoardo – Tochter und Vater

Aus der Entwicklung der Beziehung dieser Figuren ergibt sich dann in groben Zügen die Handlung des gesamten Dramas.
Ein wichtiges gestaltendes Element für den Verlauf des Dramas ist die Konfiguration der Figuren. Der Autor lässt immer nur bestimmte Figuren gleichzeitig in einer Szene auftreten.

Konkomitant: lat. concomitari = jemanden begleiten

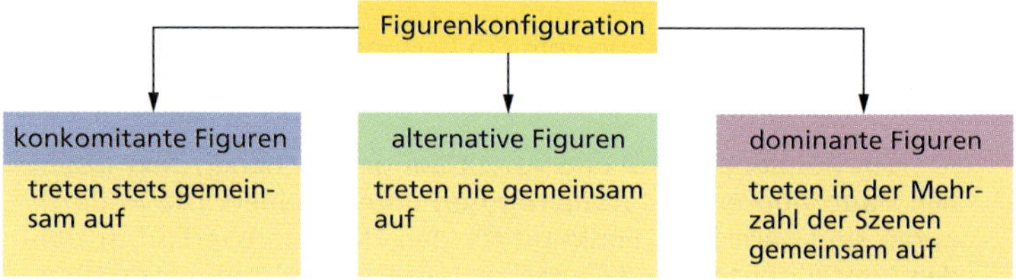

Ein Beispiel szenisch alternativer Figuren bietet ARTHUR SCHNITZLER in seinem Stück „Der Reigen" (1897). Die zehn handelnden Personen treten kettenartig miteinander verknüpft jeweils in *Zweierkonstellation* auf. In jeder folgenden Szene kehrt eine Figur mit einer neuen Figur zurück auf die Bühne, die ihrerseits eine neue Figur in die nächste Szene einbringt. Das Geschehen setzt sich zyklisch fort, sodass keine der Figuren einer anderen ein zweites Mal begegnet.
Die in zahlreichen Abstufungen wiederkehrenden Liebesszenen ließen sich bis ins Unendliche fortsetzen, werden aber durch den erneuten Auftritt der Dirne aus der ersten Szene unterbrochen. Ihre Figur schließt gleichsam den Reigen und hebt die kreisförmige Gestaltung des Stückes hervor.

Der Konflikt

Konflikt: lat. confligere = zusammenschlagen, zusammenprallen

> Der **Konflikt** stellt dem Wesen nach den *Kern* eines Dramas dar.

Im Wesentlichen sind drei Aspekte bei der Untersuchung eines dramatischen Konfliktes zu beachten:

Konfliktursache und Entstehung

> Wenn im Drama zwei oder mehrere Figuren Ziele verfolgen, die sich gegenseitig ausschließen, entsteht ein **dramatischer Konflikt.**

Machtinteressen, verschiedene Ideale oder Ideen, materielle Interessen usw. können die **Ursachen** für einen Konflikt sein. Er wird ausgelöst durch das Handeln der den Konflikt tragenden Figuren, deren Handlungsmotive bzw. -ziele es zu untersuchen gilt. Dazu zieht man die Dialoge, in die beide verwickelt sind, oder die den Handlungen vorausgehenden oder sie kommentierenden Monologe zur Untersuchung heran.

Entwicklung des Konflikts

Die **Konfliktentwicklung** lässt sich daran ablesen, was die Figuren im Fortgang des Geschehens durch ihr Handeln erreichen oder verändern, welche Normen sie setzen, beachten oder verletzen und wen oder was sie dabei in Mitleidenschaft ziehen. Besondere Beachtung verdienen dabei die Argumente, mit denen sie ihr Handeln begründen.

Lösung des Konfliktes

Die Bewertung eines Konfliktes wird meist mit der Beantwortung der Frage nach der Rechtmäßigkeit des Handelns der Hauptfiguren abgeschlossen. Nicht immer gibt es darauf eine eindeutige Antwort. Entscheidend ist die Position, von der aus eine Bewertung vorgenommen wird. Ein staatspolitischer Standort kann zu einer anderen Wertung des Konfliktes führen als die Anwendung moralischer Prinzipien. Im Drama läuft der Konflikt unweigerlich auf eine **Katastrophe** hinaus, die in der **Tragödie** zum Scheitern des Helden führt, in der **Komödie** meist komisch-heiter im guten Sinne gelöst wird.

3.1.4 Dramentheorie und -geschichte

Das *Drama in Europa* entwickelte sich im 5. Jahrhundert v. Chr. aus dem Kult um den griechischen Gott Dionysos, den die Athener im Frühjahr zu seinen Ehren im Rahmen eines rituellen Fruchtbarkeitsfestes feierten. Gegen Ende des 6. Jahrhunderts wurde das *Dionysosfest* durch den athenischen Tyrannen PEISISTRATOS zum festen Kult erhoben. Höhepunkt stellte das *rituelle Zerreißen eines Opfers* (sparagos) dar, das sowohl eine Korngabe als auch ein Tier sein konnte. Begleitet wurden die Umzüge zu Ehren der Gottheit von Sängern, die sich als Böcke verkleideten **(Bockschöre)** und ihre *Chorlieder* **(Dithyrambus)** vortrugen. Als erster Spielleiter gilt **ARION** (um 600 v. Chr.). Seit 534 v. Chr. stellte der Tragödiendichter THESPIS dem Chor einen Erklärer (**Hypokrites** = Antworter, später Begriff für Schauspieler) gegenüber, der dem Publikum die komplizierten Gesänge zu erläutern hatte. Dies war der Grundstein für die weitere Entwicklung zum Drama. Nun ließ sich erstmals ein Spannungsfeld zwischen den *lyrisch-emotionalen Gesängen* des Chores und der **Handlung** des Protagonisten aufbauen. AISCHYLOS führte einen zweiten Darsteller ein **(Deuteragonist)** und SOPHOKLES stellte ihnen noch einen dritten Schauspieler **(Tritagonist)** zur Seite. So wurden dramatischer Dialog und schließlich dramatische Handlung möglich. Aus dem Dionysoskult entwickelten sich sowohl die *Tragödie* (griech. tragodía = Bocksgesang) als auch die *Komödie,* die aus dem fröhlich-ausgelassenen Maskenumzug

▶ Dionysos war vor allem der Gott des Weines, denn Wein führte zu Ekstase und Enthemmung, die seine Verehrer im Kult erlebten. Er wurde in Gestalt eines Mannes, eines Stieres oder eines Bockes dargestellt.

▶ **Chor:** griech. choros = Tanzplatz, Tanz, Reigen mit Gesang, schließlich die ihn aufführenden Personen

anlässlich der Dionysosfeier (kōmos) hervorging. Die erste bezeugte Komödie wurde 486 v. Chr. in Athen aufgeführt.
Von ARISTOTELES ist die erste **Poetik** überliefert. Er charakterisiert darin sowohl die Epik als auch die Dramatik als Nachahmungen: „... *die Komödie sucht schlechtere, die Tragödie bessere Menschen* nachzuahmen, als sie in der Wirklichkeit vorkommen." Wichtigstes *strukturelles Merkmal* der Tragödendichtung ist nach seinem Verständnis die Geschlossenheit. Dies bezieht sich einerseits auf eine **geschlossene Handlung.** Andererseits zeigt sich die Geschlossenheit der Tragödie in der *Einheit der Zeit und des Ortes.*
HORAZ beeinflusste in starkem Maße die Poetiken vom Mittelalter bis zur Klassik. Er berief sich auf ARISTOTELES: „Sei das Werk, wie es wolle, nur soll es geschlossen und einheitlich sein." Seine Forderung, dass Dichtung „entweder nützen (prodesse) oder erfreuen (delectare)" solle, wirkte bis zu GOTTSCHEDS Poetik in der Aufklärung weiter.

▶ Diese Auffassung **ARISTOTELES'** bildet die Grundlage der bis ins 18. Jahrhundert vorherrschenden **Ständeklausel,** die die Tragödie für das adlige Personal reservierte, die Bürger und Bauern hingegen als Figuren auf die Komödie beschränkte.

Auch MARTIN OPITZ berief sich in seinem „Buch von der Deutschen Poeterey" auf die Antike und unterstützte die **Ständeklausel.** Die Tragödie schätzte er als die höchste Kunstform ein. Er wollte die deutsche Sprache auch als Kunstsprache etablieren, sie dem Französischen und Italienischen gleichstellen. Er forderte für die deutsche Literatursprache eine streng *alternierende Metrik,* als dessen reinste Verkörperung ihm der **Alexandriner** erschien.
GOTTSCHED war der Auffassung, Dichtung solle der Erziehung des Menschen dienen und die Moral des Bürgers fördern. Das *literarische Vorbild* glaubte er in der *französischen Klassik* und der *Antike* gefunden zu haben. Seiner Meinung nach war Dichtung erlernbar. Erst LESSING schuf mit dem *bürgerlichen Trauerspiel* neuartige theatralische Formen. Auch er berief sich auf ARISTOTELES, aber er interpretierte ihn anders. Er hob die *drei Einheiten von Ort, Zeit und Handlung* auf. Ein Theaterstück solle nicht „Jammern" und „Schaudern" erzeugen, sondern „Furcht und Mitleid". Nach ihm brach GOETHE mit den drei Einheiten in seiner Rede „Zum Shakespeares-Tag". Für beide hatte SHAKESPEARES Werk Vorbildfunktion. GOETHE griff LESSINGS *Genie*-Gedanken auf und brach mit der **Regelpoetik.** Für ihn war nicht mehr nur die Vernunft der Weg zur totalen Welterkenntnis, sondern er wies auf die *individuellen Empfindungen* jedes Menschen hin, die in die Poesie eingebracht werden.

▶ **GOETHE** hielt seine Rede am 14. Oktober 1771 in seinem Frankfurter Elternhaus anlässlich der ersten deutschen **SHAKESPEARE**-Feier.

GUSTAV FREYTAGS Dramentheorie („Die Technik des Dramas", 1861) berief sich auf Horaz: Freytag stellte einen **pyramidalen Bau** des Dramas fest, der „von der Einleitung mit dem Zutritt des **erregenden Moments** bis zu dem *Höhepunkt* (steigt), und von da bis zur **Katastrophe** (fällt)". Er teilt das **fünfaktige Drama** in: a) Einleitung, b) Steigerung, c) Höhepunkt, d) Fall oder Umkehr, e) Katastrophe. Die drei wichtigen szenischen Wirkungen sind das **erregende Moment,** das **tragische Moment,** das **Moment der letzten Spannung.**

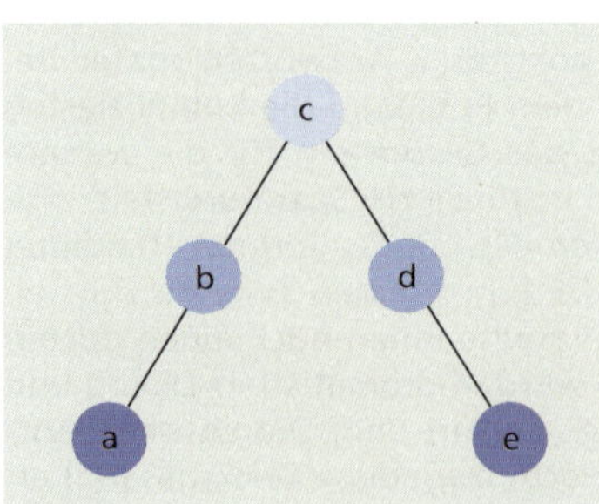

▶ GUSTAV FREYTAG (1816–1895) war Romancier, Kulturhistoriker und Publizist.

Im 20. Jahrhundert revolutionierte BERTOLT BRECHT die Dramentheorie mit seinem Konzept vom **epischen Theater.** Er kennt *keinen Unterschied zwischen dramatischer und epischer Form* und stellt stattdessen eine langsame *Verwischung der Gattungsgrenzen* fest. BRECHTS Theater ist nicht auf dramatische Spannung und Illusion orientiert. Die Welt wird als veränderlich dargestellt. Deshalb dürfe sich seiner Auffassung nach der Zuschauer nicht in den Helden einfühlen, weil die Bühnensituation nicht zwangsläufig in der Katastrophe enden müsse. „Einfühlen kann man sich nur in den Menschen, der seines Schicksals Sterne in der eigenen Brust trägt, ungleich uns." Ziel seines Theaters ist das Erreichen von *Handlungsfähigkeit des Zuschauers,* das Einnehmen einer *kritischen Distanz zum Geschehen,* um so auf die ihn umgebende Wirklichkeit angemessen reagieren zu können. Dazu nutzt BRECHT verschiedene *epische Mittel.* Der Schauspieler nimmt eine distanzierende Haltung zu der Figur ein, die er spielt. Nicht Nachahmung wird wichtig, sondern Deutung. Es werden illusionsstörende Mittel als kritisch-kommentierende Einschübe **(Verfremdungseffekt)** eingesetzt. Der Unterschied zum **aristotelischen Theater** liegt zudem in der Distanz zur *Reinigung* **(Katharsis)** *von Erregungszuständen.* „Das Theater bleibt Theater, auch wenn es Lehrtheater ist, und soweit es gutes Theater ist, ist es amüsant."
Das **absurde Theater** IONESCOS oder BECKETTS stellt existenzielle Ängste des Einzelnen in den Mittelpunkt.

Ausnahmen von der herkömmlichen Dramenstruktur gestattet jedoch auch **FREYTAG:**
„Nur nebenbei sei bemerkt, daß die fünf Teile der Handlung bei kleineren Stoffen und kurzer Behandlung sehr wohl ein Zusammenziehen in eine geringere Zahl von Akten vertragen. Immer müssen die drei Momente: Beginn des Kampfes, Höhepunkt und Katastrophe, sich stark voneinander abheben, die Handlung läßt sich dann in drei Akten zusammenfassen. Auch bei der kleinsten Handlung, welche in einem Akte verlaufen kann, sind innerhalb desselben die fünf oder drei Teile erkennbar."
(Freytag, Gustav: Die Technik des Dramas, unveränderter Nachdruck, Darmstadt: WBG, 1969, S.170f.)

3.1.5 Gattungen und Typen des Dramas

Der Begriff **Gattung** unterscheidet nicht nur die *drei Arten der Dichtung* Lyrik, Epik, Dramatik, sondern dient auch zur *Unterscheidung der unterschiedlichen Typen und Formen* der dramatischen Dichtung. Nach dem aus der Antike stammenden Muster unterscheidet man zunächst Tragödie und Komödie.

Tragödie

> Die **Tragödie** stellt einen **Konflikt** dar, der den Helden in den Tod führt. Sie entwickelt ihre Handlung aus innerer Notwendigkeit bis zum Umschlag in die **Katastrophe.** Spätestens hier erhalten die Hauptbeteiligten volle Einsicht in ihre tragischen Verstrickungen.

Tragödie: griech. zu trágos = Bock und odé = Gesang

ARISTOTELES bezeichnet sie als „die nachahmende Darstellung einer ernsten und in sich abgeschlossenen Handlung, die einen gewissen Umfang (megethos) hat, in kunstvollem Stil, der in den einzelnen Teilen sich deren besonderer Art anpasst, einer Handlung, die nicht bloß erzählt, sondern durch handelnde Personen vor Augen gestellt wird und dadurch, dass sie Mitleid (eleos) und Furcht (phobos) erregt, die Reinigung (katharsis) derartiger Gemütsbewegungen (panthemata) bewirkt". Neuere Übersetzungen seiner „Poetik" gehen davon aus, dass ARISTOTELES den Begriff *Katharsis im medizinischen Sinne* verstanden habe, also als Abreaktion eines Affektstaus. Das Erregungsniveau hebt sich durch Pho-

Zitat aus: Aristoteles: Poetik. In: ders: Hauptwerke. Übers. v. Nestle, Stuttgart: Kröner, 1953, S. 340 ff.

3

bos bis an die Schmerzgrenze, die Spannung löst sich in Eleos, bis *Katharsis als lustvolle Befriedigung* eintritt. Der Wendepunkt, das Umschlagen von Furcht in Mitleid, wird als **Peripetie** bezeichnet. Das Umschlagen von Phobos in Eleos muss ein klar erkennbarer Punkt im Handlungsverlauf sein und zudem eine für den Zuschauer nachvollziehbare Motivation haben. Bei ARISTOTELES besteht diese in einem Fehler (hamartia), den der Held macht. Man spricht auch von „tragischer Schuld". Die Tragik der Handlung darf dabei nicht dem Zufall entspringen. Das letzte Strukturelement im *aristotelischen Drama* bildet das strukturelle Gegengewicht zur Peripetie, die *Anagnorisis.*

Anagnorisis: griech. = Erkennung, Wiedererkennen

Anagnorisis ist die plötzliche Offenbarung eines verborgenen Zusammenhanges, durch den der dramatische Prozess seine tragische Wendung erhält.

SOPHOKLES

Die **griechische Tragödie** bildet mit AISCHYLOS, SOPHOKLES und EURIPIDES den *Ursprung der europäischen Tragödiendichtung.*

Der antike Mensch ist der Willkür der Götter ausgesetzt. So gesehen steht die griechische Tragödie auf einem Lebenshintergrund der Verzweiflung. Der Mensch verfällt in *Hybris* (er überschreitet die ihm gesetzten Grenzen) und wird von den Göttern bestraft. Er ist einem zerstörenden Schicksal ausgesetzt, jeden Tag kann ihn dieses Schicksal treffen (Odysseus in der Tragödie „Aias" des SOPHOKLES). Der Mensch besitzt aber die Größe, dieses vom Schicksal und den Göttern verhängte Los auf sich zu nehmen. Über AISCHYLOS zu EURIPIDES emanzipiert sich die Tragödie zunehmend *vom Mythos zum Rationalen.*

Ursache für einen tragischen Konflikt kann persönliche Schuld sein, aber auch ein Irrtum, das Schicksal oder eine außerhalb des Protagonisten liegende tragische Schuld.

SHAKESPEARES Tragödie ist bestimmt durch die politischen Verhältnisse der elisabethanischen Epoche. Während in der griechischen Tragödie der *Mensch als Typus* auftritt, schildert Shakespeare das *Individuum,* das in eine tragische Situation gerät. Der Held ist auf sich selbst gestellt. Doch sucht auch Hamlet die zerstörte Ordnung wiederherzustellen. Die Tragik entspringt mehr aus der *psychologisch bedingten Handlungsweise* des Menschen.

„Hamlet" (1600) von SHAKESPEARE wurde mehrfach verfilmt, u. a. 1948 mit SIR LAURENCE OLIVIER und 1996 mit KENNETH BRENNAGH in der Rolle des Hamlet. 2000 kam „Hamlet. The Denmark Corporation" als moderne Adaption des Stückes in die Kinos. Hamlet spielte ETHAN HAWKE.

Die *klassische französische Tragödie* von CORNEILLE und RACINE behandelt das Thema der Gefährlichkeit der Liebe in Form der Leidenschaft. Die Einheit von Zeit, Ort und Handlung, die Gesetze der griechischen Tragödie werden eingehalten.

Im *klassischen Drama* SCHILLERS rettet der Mensch seine Sittlichkeit mit dem Tod. Das *Sittengesetz ist ein Unbedingtes,* das den Menschen in seiner Körperlichkeit zwar zerstört, das ihn aber in seiner Idee und

im Geistigen triumphieren lässt. Beispiele für eine solche Haltung sind Ferdinand („Kabale und Liebe"), Marquis Posa („Don Carlos") und Max („Wallenstein").
KLEIST gilt als der tragischste deutsche Tragiker. Seinen tragischen Helden ist gemein, dass sie in ihrem Vertrauen in das eigene Gefühl erschüttert sind, einem Gefühl, das Wahrheit anzeigt, aber durch falsche Interpretation zu verhängnisvollem Handeln führt. Penthesilea stirbt nicht im Bewusstsein, einem Gesetz zu gehorchen. Hinter der Katastrophe steht die *Hoffnungslosigkeit.* Es ist keine Vermittlung zwischen Gefühl und Vernunft durch einen moralischen Erkenntnisprozess möglich.
Der Tragiker der geschichtlichen Wendepunkte ist HEBBEL. Neue sittliche Maßstäbe bringen eine *Zerstörung* in die Beziehungen der Menschen, immer wieder treten sie im Kampf der Geschlechter hervor. Trotzdem herrschen nicht nur gegenseitiges Unverständnis und gegenseitige Zerstörung. Es gibt eine Ordnung, die, ähnlich wie bei SCHILLER, stärker ist als alles Menschliche. Reines Unverständnis und nicht Umdenkenkönnen führt in HEBBELS bürgerlichem Trauerspiel „Maria Magdalena" zur Tragik.

Komödie

> Die **Komödie** entwickelte sich aus dem **Satyrspiel.** Es ist das Drama mit komischem oder heiterem Inhalt, gekennzeichnet durch einen glücklichen Ausgang. Die Menschen in der Komödie befinden sich in einem *lösbaren Konflikt.* Der Begriff **Lustspiel** wird oft synonym für Komödie gebraucht.

Komödie: griech. = komodia „Gesang bei einem frohen Gelage"

In Deutschland bildete sich die Komödie erst im15. Jahrhundert heraus. Sie tauchte als **Fastnachtsspiel** erstmals auf. Die Lösung der Konflikte gelingt in der Komödie meist durch *Zufall,* durch *persönliche Schläue* oder *Dummheit* des Helden. Die Charaktere werden oft überzogen komisch gezeichnet. Der Konflikt wird *grotesk* dargestellt.
Noch in der Mitte des 18. Jahrhunderts erfuhr man aus der *Liste der auftretenden Personen,* ob es sich um ein komisches oder trauriges Stück handelte. Bürgerliche Figuren, Bauern und Diener waren *Personage* der Komödie. Diese **Ständeklausel** geht zurück auf ARISTOTELES, der die Darstellung der schlechteren Menschen der Komödie überließ, die Tragödie hingegen für die besseren Menschen reservierte. OPITZ und GOTTSCHED übernahmen die Ständeklausel im Barock bzw. in der Aufklärung. In seiner Poetik der Komödie propagierte GOTTSCHED die **Verlachkomödie,** eine Form des Dramas, in dem das falsche Verhalten lasterhafter Personen exemplarisch dargestellt und dem Gelächter des einsichtigen Publikums preisgegeben wird. Kennzeichen der Verlachkomödie sind fünf Akte, Ständeklausel, verlachbare Fehler, Wahrscheinlichkeit, zweigeteilte Handlung (Herr–Diener). Die Darstellung beschränkt sich schematisch auf Typisches und dringt nicht zur individuellen Gestaltung vor (deshalb auch **sächsische Typenkomödie**). Bloßgestellt werden beispielsweise fehlgeleitete Gelehrsamkeit, Frömmelei u. a. Mit dieser Zweckbestimmung gehört die frühe Komödie zum Kern der **didaktisierenden Literatur** der Aufklärung. Diese Gattung ist an die Ständeklausel gebun-

3

Mittlerer Stil: lat. genus medium = unauffälliger, unterhaltender Stil, der erfreuen sollte

Die **Comédie larmoyante** wird deshalb auch **ernsthafte Komödie** genannt.

den, sie spielt unter mittleren oder niederen Ständen und bedient sich eines **mittleren Stils.** Die Texte sind in Prosa gestaltet. Charakteristisch für die Komödie ist immer der gute Ausgang der Handlung. Beispielhaft ausgeführt werden GOTTSCHEDS poetologische Anweisungen in den Komödien seiner Frau LUISE ADELGUNDE VICTORIE GOTTSCHED („Die Pietisterey im Fischbein-Rocke", 1736, „Der Witzling", 1745). Mitte der 1740er-Jahre erscheint die rührende Komödie (zeitgenössisch auch: weinerliche) als neue, erweiterte Gattungsausprägung.
Ihre französische Spielart **(Comédie larmoyante)** war zu Beginn des 18. Jahrhunderts als Aufklärungskomödie weitverbreitet. Sie richtet sich nicht an die verstandesmäßige Verurteilung und das Überlegenheitsbewusstsein, das sich im Verlachen artikuliert, sondern an ein eher *empfindsames Mitgefühl.* Die Figuren sind nicht bloß Repräsentanten eines Typus, sondern haben *individuellere Eigenschaften.* Es geht nicht nur darum, allein lasterhafte Züge an Figuren darzustellen, sondern diesen auch vernünftige und wünschenswerte Eigenschaften mitzugeben. Es entstehen **gemischte Charaktere** (LESSING). Sie werden psychologisch und sozial ernst genommen. Die glückliche Lösung der Konflikte bleibt als *Gattungsmerkmal* erhalten.
CHRISTIAN FÜRCHTEGOTT GELLERT verfasste eine Reihe erfolgreicher Texte dieser Gattung („Die Betschwester", 1745; „Das Loos in der Lotterie", 1746; „Die zärtlichen Schwestern", 1747). Insgesamt ist eine Annäherung an die *Prinzipien des bürgerlichen Trauerspiels* unübersehbar, mit dem LESSING letztendlich die alte Ständeklausel abschaffte. Zuweilen enthält die Komödie *tragische Elemente* (DÜRRENMATT: „Die Physiker", hier endet der Held Möbius tragisch).

Satyrspiel

Mit dem **Satyrspiel** endete in der griechischen Antike der Aufführungszyklus dreier Tragödien. Es war als „scherzhafte Tragödie" (tragodia paizousa) bzw. als heiteres, schwankhaftes Nachspiel zur Aufhebung der tragischen Darstellung gedacht.

Satyrspiele waren bis in die römische Zeit üblich, noch **HORAZ** formulierte in seinem Werk „Über die Dichtkunst" Regeln für die Herstellung dieser Form der theatralischen Präsentation.

JACOPO DE' BARBARI: „Geige spielender Satyr" (um 1480–1514)

Das **Satyrspiel** war meist ein- oder zweiaktig. Es griff Motive der zuvor aufgeführten Tragödien auf und travestierte sie. Seinen Namen hat das Satyrspiel von dem *Chor der Satyrn.* Satyrn entstammen der griechischen Mythologie, sie tragen Vollbart, haben eine stumpfe Nase und spitze Pferdeohren. Ein Pferdeschwanz und ein oft erigierter Phallus vervollständigen die Kostümierung. Sie waren sehr trinkfreudig und im Gefolge des Gottes Dionysos anzutreffen.
„Kyklops" von EURIPIDES ist das einzig vollständig erhaltene Satyrspiel. Es greift den Stoff um Odysseus' Heimkehr aus dem Trojanischen Krieg auf. Der Held und seine Mannen sind auf einer Insel gestrandet und werden vom Kyklopen Polysemos gefangen, können sich aber mit List befreien.

Passions- und Osterspiele

> Die **Passions-** und **Osterspiele** sind geistliche Dramen des Mittelalters, die Leidensgeschichte und Auferstehung Christi sinnlich erfahrbar zu machen versuchten.

Die ältere Form ist das Osterspiel, das im 10. Jahrhundert entstand, am Ostersonntag am Altar gesungen wurde und das zunächst noch „Osterfeier" hieß. *Kernszene* war der *Besuch der drei Frauen am Grab,* dazu kam der *Jüngerlauf von Petrus und Johannes* zum Grab und die *Erscheinungsszene*. Vom 13. Jahrhundert an wurden auch die *Auferstehung,* die *Wächterszene* und die *Höllenfahrt Christi* szenisch dargestellt. Der Wechsel von der lateinischen zur deutschen Sprache machte die Osterspiele populärer. Insgesamt wurden sie volkstümlicher, so wurde der Jüngerlauf vor allem in Süddeutschland komisch dargestellt. Durch die Aufnahme immer neuer Szenen weitete sich das Osterspiel dann zum mehrere Tage dauernden Passionsspiel.

Besuch der drei Frauen am Grab (NT Matth. 28, 5–7, Mark. 16, 6 ff. und Luk. 24, 5 ff.), Jüngerlauf von Petrus und Johannes zum Grab (NT Joh. 20, 4–8), Erscheinungsszene (NT Joh. 20, 11–18)

Das Passionsspiel erlebte seine Blüte im Spätmittelalter, als es nicht mehr länger in der Kirche, sondern auf dem Marktplatz aufgeführt wurde. Es besteht aus relativ selbstständigen dramatischen Schöpfungen, die ihren Ausgangspunkt bei der Schöpfungsgeschichte und dem Sündenfall Adams und Evas nehmen und mit dem Jüngsten Gericht enden. Bis zu 1 000 Mitwirkende sind keine Seltenheit.
Das bekannteste uns überlieferte Passionsspiel ist das *Oberammergauer Passionsspiel,* das seit 1634 alle zehn Jahre aufgeführt wird. Auslösendes Ereignis war ein Gelübde aus der Zeit der Pest. Dem mittelalterlichen Spiel sieht die heutige Variante jedoch nur noch wenig ähnlich.
Andere geistliche Dramen waren das Mysterienspiel und das *Weihnachtsspiel* (heute im *Krippenspiel* fortlebend).

Commedia dell'Arte

Commedia dell'Arte:
ital. = Theaterkunst

> Die **Commedia dell'Arte** ist eine Stegreifkomödie, die den Schauspielern keinen feststehenden Text vorgibt, sondern nur *Typen* und stereotype Handlungsabläufe sowie Verwicklungen, die spontan auf der Bühne variiert und sprachlich ausgestaltet werden.

Sie wurde im Italien des 16. Jahrhunderts erfunden. Es gibt keine überlieferten Stücke, sondern nur Modellbücher zur Improvisation bestimmter Szenen. Die Typen der Commedia dell´arte sind in Italien fast sprichwörtlich geworden: der Dottore, ein schwatzhafter, gelehrter Pedant aus Bologna, oder Pantalone, der einfältige Vater, Colombina, die kokette Zofe, der vornehme Kaufmann und der geprellte Ehemann aus Venedig. Aber nicht nur für die Italiener erlangte die Commedia dell'Arte Bedeutung, sie übte auch Einfluss auf die Theaterentwicklung anderer europäischer Länder aus, indem Wandertruppen durch ganz Europa reisten. GOTTSCHED versuchte mit seinen Reformen, in Leipzig den Einfluss der

In den Stücken CARLO GOLDONIS (1707–1793) lebt die Tradition der Commedia dell'Arte bis heute fort. („Der Diener zweier Herren", 1745)

Commedia dell'Arte mit ihren eingestreuten Witzen, Tanz-, Musik- und Zaubereinlagen, ihrer Akrobatik und ihren mimischen Scherzen zurückzudrängen.

Tragikomödie = tragische Komödie

Tragikomödie

Zur Darstellung des Geschehens in der **Tragikomödie** wechseln sich tragische und komische Elemente ab. Sie bewegt sich am Rand des Tragischen, doch bleibt meist die **Katastrophe** aus. Komik und Tragik steigern sich im wechselseitigen Kontrast.

Als Gattung wird sie erst in der Renaissance definiert. Ältere Definitionen bestimmen die Tragikomödie vom Stoff her, als *Nebeneinander hoher und niedriger Personen,* wie auch LESSING sie noch als „eine wichtige Handlung unter vornehmen Personen" versteht, die „einen vergnügten Ausgang hat". Doch bahnt LESSING ein tieferes Verständnis an, wenn er ihr ein Geschehen zugrunde legt, in dem „der Ernst das Lachen, die Traurigkeit die Freude oder umgekehrt so unmittelbar erzeugt, dass uns die Abstraktion des einen oder anderen unmöglich fällt" (Hamburgische Dramaturgie). In „Minna von Barnhelm" gelingt ihm das seltene Beispiel einer gelungenen Tragikomödie. In KLEISTS „Amphitryon" bewahren die innere Gefühlssicherheit und Unversehrtheit Alkmene vor dem tragischen Untergang. GERHART HAUPTMANN nennt sein Schauspiel „Die Ratten" eine Tragikomödie, in der echte Tragik (Frau John) neben Komödienhaftem steht. Noch zu nennen ist BÜCHNERS „Leonce und Lena".

Bürgerliches Trauerspiel

Als Begründer des bürgerlichen Trauerspiels in Deutschland gilt GOTTHOLD EPHRAIM LESSING.

Das *bürgerliche Trauerspiel* ist während der Aufklärung entstanden. In ihm gelangen **bürgerliche Tugenden** in die Tragödie. Die Moral des Bürgertums wird der Lebenshaltung des Adels entgegengestellt.

Emilia Galotti.

Ein Trauerspiel in fünf Aufzügen.

Von Gotthold Ephraim Lessing.

Berlin

LESSINGS Vorgänger hatten sich noch auf die sogenannte *Ständeklausel* berufen und die Tragödie mit ihren tragischen Konflikten für den Adel reserviert. LESSING stellte als Erster die Lage des Bürgertums zu seiner Zeit auf die Bühne. Ziel war die *moralische Selbstvergewisserung* der Bürger. Das Drama richtete sich gegen absolutistische Selbstherrlichkeit, z. B. in „Emilia Galotti" (1772) von LESSING oder in „Kabale und Liebe" (1783) von SCHILLER. Beide Werke kreisen um die Wirkung von Macht. Auch der private Bereich des Bürgers (WIELAND: „Privat-Trauerspiel") wurde zunehmend auf die Bühne gebracht und die neue Rolle der Frau

wurde thematisiert. Die Frau wird als ebensolche moralische Instanz gesehen wie der Mann. Ihre Ehre und ihre Moral sind ebenso unverletzlich. Als erstes bürgerliches Trauerspiel gilt LESSINGS „Miss Sara Sampson" (1755). Es war äußerst erfolgreich und fand in der Folge zahlreiche Nachahmer, so mit „Lucie Woodvil" von JOHANN GEBHARD PFEIL (1756), „Die Lissaboner" von CHRISTIAN GOTTLIEB LIEBERKÜHN (1757) und „Der Renegat" von KARL THEODOR BREITHAUPT (1757). Diese Stücke sind heute längst vergessen, ihnen allen ist jedoch gemeinsam, dass ihre Handlungsträger Engländer sind – wie in „Miss Sara Sampson". Auch die Handlungen ähneln dem Vorbild LESSINGS: Es sind Familiengeschichten, Ausschnitte aus der „kleinen", oft bürgerlichen Welt. Die Heldin wird verführt oder lebt in wilder Ehe, der Sohn soll sich mit der Familie versöhnen usw. Der Konflikt endet in der Regel mit der Bestrafung desjenigen, der gefehlt hat, durch die „weltliche Macht".
Das bürgerliche Trauerspiel war bis weit ins 19. Jahrhundert beliebt: HEBBEL kritisierte in „Maria Magdalena" (1844) die gesellschaftlichen Zustände seiner Epoche. Er wandte sich gegen die *kleinbürgerlich-pedantische* Moral der Bürger. Auch die **naturalistischen Dramen** HAUPTMANNS oder IBSENS gelten oft noch als bürgerliches Trauerspiel.

Historisches Drama

> Das **historische Drama** ist ein Drama mit historischer Stoffwahl, wobei unter *historischer Stoffwahl* im Allgemeinen ein Stoff verstanden wird, der einer Zeit *vor der Geburt des Verfassers* entstammt.

In historischen Dramen geht es um das *Verhältnis des Einzelnen zur Geschichte.* Beispiele sind SCHILLERS „Don Carlos" (1782/87), GOETHES „Götz von Berlichingen" (1773) und KLEISTS „Die Hermannsschlacht" (1808). BRECHT schrieb *Historiendramen* und verband mit ihnen eine *politisch-didaktische Lehre.* Das *Revolutionsdrama* diente oft der *direkten Agitation,* Beispiele sind BÜCHNERS „Dantons Tod" (1835) und PETER WEISS' „Die Verfolgung und Ermordung Jean Paul Marats, dargestellt durch die Schauspielgruppe des Hospizes zu Charenton unter Anleitung des Herrn de Sade" (1964).

Einige heute als historische Dramen bezeichnete Schauspiele sind in Wirklichkeit zeitgenössische.
„Des Teufels General" (1946) von CARL ZUCKMAYER thematisiert Vorgänge während der NS-Zeit zwischen 1933 und 1945. Der Autor lebte zwischen 1896 und 1977, kannte die Zeit aus eigener Anschauung.

Lyrisches Drama

Der Begriff **lyrisches Drama** hat in der deutschen Theatergeschichte zwei Bedeutungen: Einerseits sind lyrische Dramen im 18. Jahrhundert Textvorlagen für die Vertonung, dienen also als *Grundlage für eine Oper* oder ein Singspiel mit melodramatischen Themen, die das Gefühl stark in den Vordergrund stellen, so z. B. GOETHES „Proserpina" (1778).
Andererseits versteht man unter der Bezeichnung „lyrisches Drama" ein sehr *handlungsarmes Schauspiel,* das sich durch eine lyrisch-stilisierte Sprache auszeichnet und meist durch den Monolog einer Hauptperson tiefe Einblicke in seelische Zustände ermöglicht. Einer der Hauptvertreter im 18. Jahrhundert war KLOPSTOCK. Um 1900 gilt HOFMANNSTHAL als der lyrische Dramatiker schlechthin.

Soziales Drama

Bereits in den frühen Formen der Komödie und im Trauerspiel des 18. Jahrhunderts wurden gesellschaftliche Verhältnisse der niederen sozialen Schichten behandelt. Als **soziales Drama** im eigentlichen Sinne bezeichnet man das Drama, das in engem Zusammenhang mit der sozialen Frage in der industriellen Revolution des 19. Jahrhunderts steht, vor allem das **Drama** des Naturalismus.

WILHELM VOIGT als „Hauptmann von Köpenick"

Vertreter des **naturalistischen Dramas** (1890–1905/1910) sind in Frankreich ZOLA, BALZAC, in Russland TOLSTOI, DOSTOJEWSKI, in Skandinavien STRINDBERG.
In Deutschland war GERHART HAUPTMANN („Die Weber", 1892) der Hauptvertreter des naturalistischen Dramas. Seine Vertreter wollten die *exakte Wiedergabe der Wirklichkeit* erreichen.
Mit naturwissenschaftlichem Blick wollte man eine Analyse der sozialen Situation der Menschen leisten. Die *Darstellung des Elends* der ausgebeuteten Schichten steht deshalb oft im Mittelpunkt. Alkoholprobleme, Wohnungsnot, Arbeitslosigkeit werden thematisiert. Es ging den Naturalisten um möglichst *detailgetreue Milieuschilderung* und *Wahrscheinlichkeit des Geschehens*. Häufig genutzt wurde das Drama der *geschlossenen Form.*

Lehrstück

▶ Das **Lehrstück** wurde gegen Ende der 1920er-Jahre in der Sowjetunion und in Deutschland entwickelt.

Theoretisch fundiert und auch in der Bühnenpraxis erfolgreich wurde das **Lehrstück** vor allem durch die theaterpraktische Arbeit BRECHTS (episches Theater). „Das Lehrstück lehrt dadurch, daß es gespielt wird, nicht dadurch, daß es gesehen wird. Prinzipiell ist für das Lehrstück kein Zuschauer nötig." (BRECHT) Es sollten *politisches Denken und Verhalten* eingeübt werden. Die Entwicklung des Lehrstücks steht in engem Zusammenhang mit den sozialistischen Versuchen zum Aufbau eines eigenen Arbeitertheaters.

Episches Theater

Im **epischen Theater** wird die Welt als veränderlich dargestellt. Das *Theater* will den Zuschauer aktivieren, zwingt ihn (auch zu politischen) Entscheidungen. Nicht die aristotelische *Einfühlung des Zuschauers* wird angestrebt. BERTOLT BRECHT vollzog einen *Bruch mit der Tradition der Dramatik*. **Katharsis** sowie **Furcht und Mitleid** schloss er als Wirkungen aus. Vielmehr soll der Zuschauer sich mit dem Gesehenen auseinandersetzen, er soll *Handlungsmöglichkeiten* haben und *verändernd eingrei-*

fen können. Gegen die Einfühlung des Zuschauers in das Bühnengeschehen wird der **Verfremdungseffekt** *(V-Effekt)* eingesetzt. „Die reine Abbildung der Wirklichkeit soll gebrochen werden und die unsichtbaren Vorgänge sollen sichtbar gemacht werden." (KLOTZ) Das epische Theater appelliert an Gefühl *und* Verstand des Zuschauers.

V-Effekte können sein: Filmeinblendungen, Projektionen, projizierte Texte, eingeschobene Lieder, Transparente, Spruchbänder und ein kommentierender Erzähler oder Sänger.

Absurdes Theater

Unter **absurdes Theater** versteht man eine *Form des modernen Theaters,* das versucht, die Sinnentleertheit und Absurdität menschlichen Verhaltens und somit der Welt darzustellen.

Der Begriff **absurdes Theater** wurde 1962 von MARTIN ESSLIN geprägt.

EUGÈNE IONESCO (1909–1994)

Da sich traditionelle religiöse und metaphysische Bindungen als nicht tragfähig erwiesen haben, wird der Mensch, der sein Leben als sinnlos erkannt hat, in seiner *existenziellen Angst* vorgestellt. Statt einer kontinuierlichen Handlung findet sich eine Mischung aus szenischen Situationseinfällen, Sprachspielen, Clownsnummern oder pantomimischen Einlagen. Sprache wird zum Spielzeug, die **Figurenrede** ist keinem genau zu definierenden Gegenstand zuzuordnen. Obwohl die Figuren reden, findet *keine Kommunikation, kein Gedankenaustausch* statt. Eine Identität der Figuren ist für den Zuschauer nicht erkennbar, sie zeigen keine individuellen Charakterzüge. Entscheidendes Merkmal des absurden Theaters ist die *scheinbare Marionettenhaftigkeit der Protagonisten.* Sie gehorchen unverstandenen Mechanismen, die außerhalb ihrer Persönlichkeit liegen und von den Figuren nicht beeinflusst werden können. Sie haben in ihrer Rollenhaftigkeit jeglichen Sinn eingebüßt und agieren gleichsam als Spiegelbild eines funktionslos gewordenen Menschen. Beispiele sind SAMUEL BECKETTS Drama „Warten auf Godot" und die Werke von EUGÈNE IONESCO. Im deutschsprachigen Raum finden sich nur wenige Autoren (GÜNTER GRASS, WOLFGANG HILDESHEIMER, PETER HANDKE).

Dokumentartheater

Das Dokumentartheater steht in der Tradition BERTOLT BRECHTS und des epischen Theaters. Seine Vertreter bringen historisch-authentische Szenen oder Quellen auf die Bühne. Beispiele für dokumentarisches Theater sind „Der Stellvertreter" (1963) von ROLF HOCHHUTH, HEINAR KIPPHARDTS „Bruder Eichmann" (1983) und „In der Sache J. Robert Oppenheimer" (1963–1964) sowie „Die Ermittlung. Oratorium in 11 Gesängen"

(1965) von PETER WEISS. „Die Ermittlung" versucht den Auschwitz-Prozess (1963–1965) szenisch darzustellen. WEISS wählte aus den Aussagen der 18 Angeklagten (Angehörige des Aufsichts-, Sanitäts- und Wachpersonals von Auschwitz) und der 300 Zeugen Quellen aus, die er dann für sein Stück verwendete. Quellen sind geschichtlicher Beleg, Originalzitat und Originalmaterial (Texte, Fotos, Gemälde, Überreste von Bauwerken, Grabanlagen usw.).

Parabeltheater

BERTOLT BRECHT konzipierte in einigen seiner Stücke eine gleichnishafte **Handlung** als **Parabel** (z. B. „Der gute Mensch von Sezuan", „Der aufhaltsame Aufstieg des Arturo Ui"). *Parabelstücke* sollen unterhalten und belehren. Sie vereinfachen existierende gesellschaftliche Phänomene, wie das Verhältnis von Geist und Macht bzw. Macht und Moral, aber auch der Verantwortung des Einzelnen im Verhältnis zum Wahn einer Masse. Vertreter des Parabelstücks sind MAX FRISCH („Andorra", 1961) und FRIEDRICH DÜRRENMATT („Die Physiker", 1962). „Andorra" untersucht, wie versteckte antisemitische Antipathien plötzlich aufbrechen und die bisher Schuldlosen zu Schuldigen werden.

Lesedrama

Lesedramen sind dramatische Texte, die aus räumlichen, technischen oder anderen Gründen nicht aufführbar sind.

REMBRANDT HARMENSZ. VAN RIJN: Faust. Um 1652, Radierung

Das Lesedrama kann aus verschiedenen Gründen unspielbar sein: Meistens ist das Figurenensemble zu groß oder aber die Wahl des Schauplatzes ist technisch nicht zu verwirklichen. GOETHES „Faust II", KARL KRAUS' „Die letzten Tage der Menschheit" (1919) sowie SENECAS „De morte Claudii Caesaris" galten lange als unaufführbar. Mit den technischen Verbesserungen im modernen Theater gelang es, sie auf die Bühne zu bringen.
HENRIK IBSENS Lesedrama „Peer Gynt" wurde durch EDVARD GRIEG für das Musiktheater adaptiert und auf diesem Wege aufführbar gemacht.

Geschlossene und offene Form

Da viele Dramenformen sich nicht in ein Muster pressen lassen, hat sich für die Dramenanalyse die Unterscheidung in *geschlossene und offene*

Form im Drama bewährt. Der Prototyp des **geschlossenen Dramas** findet sich im fünfaktigen Drama, wie es seit HORAZ über die Renaissancepoetik bis in die heutigen Tage die Dramenentwicklung mitbestimmt hat.

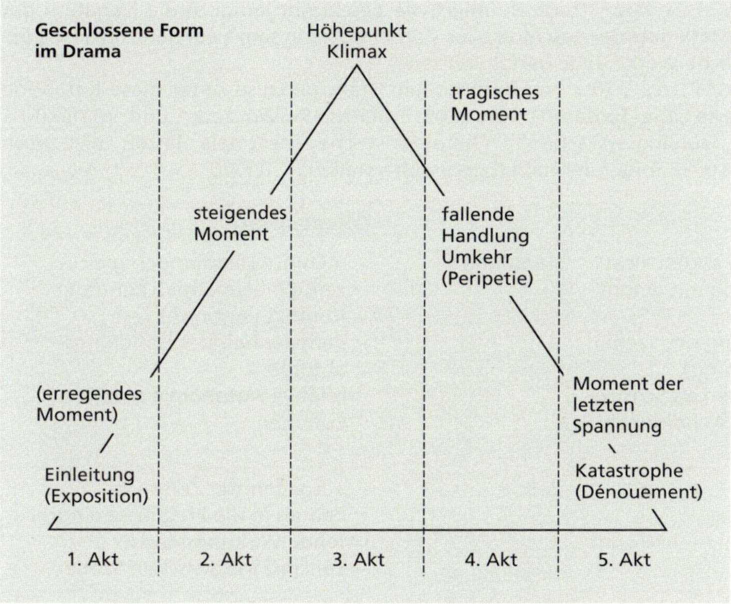

Die geschlossene Form des Dramas entspricht am ehesten den Auffassungen GUSTAV FREYTAGS.

Nach VOLKER KLOTZ lässt sich der Aufbau eines geschlossenen Dramas wie folgt erläutern:

Einleitung (Exposition)	Der Zuschauer erhält Informationen über Hintergründe und Voraussetzungen der Handlung, soweit er sie benötigt.
Erregendes Moment	Ein wichtiges Ereignis oder eine bedeutsame Entscheidung des Helden bringt die Verwicklung in Gang.
Umkehr (Peripetie)	Die Situation verkehrt sich in ihr Gegenteil.
Tragisches Moment	In der Tragödie lässt ein Ereignis oder Entschluss keine Auflösung des Konfliktes mehr zu, was zu einem versöhnlichen Ende führen würde.
Moment der letzten Spannung	In der Komödie wird der glückliche Ausgang der Handlung verzögert.
Katastrophe (Dénouement)	In der Tragödie wird der Konflikt durch Untergang des Helden gelöst. In der Komödie gibt es ein glückliches Ende durch die Auflösung des Missverständnisses.

Derartig gebaute Dramen zeichnen sich durch einheitliche, *konsequente Handlungsführung, hohes Handlungstempo* und *klare Figurenstrukturierung* aus. Alle Stücke, die sich deutlich davon unterscheiden, werden unter dem Begriff *offene Form* zusammengefasst. Diese Dramenform ist viel *weniger streng* definiert, sie beschreibt lediglich die Negation der Merkmale der geschlossenen Form und kann somit auf ganz unterschiedliche Werke angewandt werden.

GOETHES „Götz von Berlichingen“ fällt genauso unter diese Kategorie wie „Die Soldaten“ von LENZ, BÜCHNERS „Woyzeck“ und WEDEKINDS „Frühlingserwachen“. Charakteristische Merkmale lassen sich nach KLOTZ folgendermaßen gegenüberstellen:

Geschlossene Form		Offene Form
– einheitliche, in sich abgeschlossene Haupthandlung mit einem zentralen Konflikt – kausale Verknüpfung der Szenen (Nichtaustauschbarkeit) – einzelne Handlungen als Schritte einer logisch und psychologisch zwingenden Abfolge	**Handlung**	– mehrere Handlungen gleichzeitig (Polymethie), zentraler Konflikt liegt nicht fest – Zerrissenheit der Handlungsabfolge – relative Autonomie einzelner Episoden
– Einheit der Zeit – Zeit nur Rahmen des Geschehens – keine Zeitsprünge	**Zeit**	– ausgedehnter Zeitraum – Zeit als in die Ereignisse eingreifende Wirkungsmacht – Zeitsprünge zwischen Szenen
– Einheit des Ortes – Ort nur Rahmen des Geschehens	**Ort**	– Vielheit der Orte – Räume charakterisieren und bestimmen das Verhalten
– geringe Zahl – Ständeklausel (in der Tragödie sind die Helden stets Adlige) – hoher Bewusstseinsgrad	**Personen**	– große Zahl – keine ständischen und sozialen Beschränkungen – Zusammenspiel von Innenwelt und Außenwelt
– Handlungszusammenhang als Ganzes – Gliederung vom Ganzen zu den Teilen – funktionale Zuordnung der Szene zum Akt und des Aktes zum Drama – lineare Abfolge des Geschehens	**Komposition**	– Dominanz des Ausschnitts – Gliederung von den Teilen zum Ganzen – Szenen haben ihren Schwerpunkt in sich selbst – Variation und Kontrastierung von Szenen
– einheitlicher, an der Rhetorik ausgerichteter Sprachstil (oft Versform) – Dialog als Rededuell (Stichomythie) – Bewusstsein dominiert Sprache	**Sprache**	– Pluralismus des Sprechens – Mischung der Stilebenen und der Ausdruckshaltung – Orientierung an der Alltagssprache – Dominanz der Sprache über das Bewusstsein

3.2 Epik

Der Begriff „**Epik**" bezeichnet seit ARISTOTELES (384–322 v. Chr.) bis ins 18./19. Jh. hinein die Kunst des Epos, einer in Versen abgefassten Großdichtung. Seit theoretische Überlegungen im 18. Jahrhundert die Produktion von Literatur begleiteten, werden unter dem Begriff „Epik" die Genres der erzählenden Literatur zusammengefasst, und zwar in Abgrenzung von den Gattungen **Lyrik** und **Dramatik.**

Im Übergang vom Mittelalter zur frühbürgerlichen Gesellschaft setzte sich die *Prosa,* die ungebundene Rede, neben der Versform als anerkannte Sprache der Dichtung durch. Diese der gesprochenen Alltagssprache nahe Ausdrucksform wurde in Gebrauchstexten wie Chroniken, Gesetzen, klösterlicher Heilkunde und geistlichen Traktaten verwendet. Zudem war sie anfänglich den **Volksdichtungen** wie Sage, Märchen und Schwank vorbehalten.
Die sprachgewaltige Bibelübersetzung MARTIN LUTHERS (ab 1524) und seine Forderung, „dem Volk aufs Maul zu schauen", trugen maßgeblich dazu bei, Prosaformen in der Literatur Geltung zu verschaffen. Ein Werk der italienischen Renaissance, GIOVANNI BOCCACCIOS Novellenzyklus „Decamerone" (1349–1353), wurde dabei ähnlich folgenreich für die Weltliteratur wie der spanische **Schelmenroman** mit seinem gewitzten plebejischen Helden, dem **Pícaro** (Anonymus, DIEGO HURTADO MENDOZA zugeschrieben: „Lazarillo von Tormes", 1554).
Erzählformen wie **Volksbuch, Märchen, Sage, Fabel, Schwank, Legende, Novelle** und **Roman** differenzierten sich als eigenständige epische Genres heraus.

3.2.1 Kennzeichen der Epik

Charakteristisch für die Epik, also für *erzählende* Texte, ist die Vermittlung zwischen Leser oder Hörer und dem Erzählten. Als Vermittler fungieren der **Erzähler** oder Figuren **(Erzählperspektive).** Das erzählte Geschehen wird als vergangen geschildert, wobei mit den Mitteln der Rückblende, Zeitraffung, Zeitdehnung usw. die chronologische Abfolge des Geschehens durchbrochen wird.

Die Erzählperspektive bezeichnet den Blickwinkel, aus dem heraus Figuren, Handlung und Situation gesehen werden. Man unterscheidet
- überschauende Perspektive,
- figurengebundene Perspektive.

Der Umgang mit der Zeit in der Epik

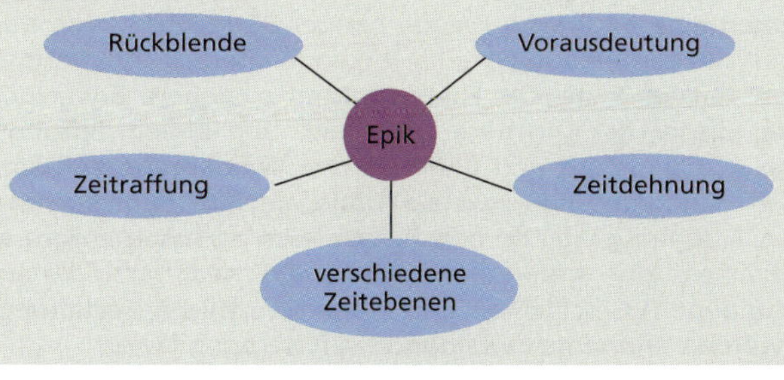

3

▶ Die **Erzähltheorie** des Kapitels stützt sich weitgehend auf die Arbeiten FRANZ KARL STANZELS (geb. 1923), weil dessen System in der gymnasialen Oberstufe immer noch am häufigsten gelehrt wird. Neuere Arbeiten von **JÜRGEN H. PETERSEN** (geb. 1937) und **GÉRARD GENETTE** (geb. 1930) haben sich im Universitätsbetrieb allerdings durchgesetzt. Sie werden deshalb hier ergänzend herangezogen.

Unterscheidende Merkmale von Epik und Dramatik

Epik	Dramatik
– Erzähler teilt Zuhörern bzw. Lesern ein Geschehen mit. – Vermittlerrolle des Erzählers zwischen Autor und Publikum – Lesen als individuelles Erlebnis	– direkte Handlungen in verteilten Rollen – sprachliche und gestische Darstellung – Theater als Gemeinschaftserlebnis – Drama als Leseerlebnis ← (Lesedrama)
– Erzähler „organisiert“ Geschichte aus seinem Blickwinkel. – Erzählerkommentare – **direkte** und **erlebte Rede** – Figuren werden mittelbar erlebt.	– Figuren agieren in Monologen und Dialogen. – Figuren werden unmittelbar erlebt.
– nicht deckungsgleich sind: berichtetes Geschehen und Akt des Erzählens, erzählte Zeit und Erzählzeit – beliebiger Zeitrahmen – Zeitdehnung und Zeitkürzung	– Dargestellter Ereignisablauf ist in seiner Zeitdauer etwa identisch mit den Handlungen auf der Bühne und vollzieht sich vor dem Zuschauer unmittelbar und ohne zeitliche Distanz.

Fakt und Fiktion

In der Literatur unterscheidet man **fiktionale** und **faktuale Texte.** Die Unterscheidung von faktualer und fiktionaler Prosa findet sich bereits in ARISTOTELES' „Poetik“ (4. Jh. v. Chr.) in der Feststellung, dass sich Geschichtsschreiber und Dichter dadurch voneinander unterscheiden, „dass der eine das wirklich Geschehene mitteilt, der andere, was geschehen könnte“.

Für ARISTOTELES ist die Dichtkunst, die Kunst allgemein, aus dem angeborenen Nachahmungstrieb der Menschen entstanden. Zudem empfinde der Mensch eine natürliche Freude bei der Betrachtung von Kunstwerken, denn das Lernen und (Wieder-)Erkennen bereite ihm Vergnügen.
Der Leser hat an Texte, die Fakten mitteilen, andere Erwartungen als an Texte, die er der Dichtung zurechnet. Von einem Zeitungsbericht verlangt er die präzise und überprüfbare Wiedergabe von Tatsachen. Nimmt er dagegen einen Text zur Hand, der auf dem Buchdeckel als Märchen, Erzählung oder Roman ausgewiesen ist, hat er aufgrund dieses Kontextwissens eine andere Leseerwartung: Er will durch die mitgeteilten (erfundenen) Geschichten und deren sprachliche Gestaltung unterhalten werden und seine Einbildungskraft anregen lassen.

Fiktionale Texte geben ein Geschehen nicht realitätsgetreu wieder, sondern so, wie es sich möglicherweise zutragen könnte. Es wird fabuliert und eine Wirklichkeitsillusion erzeugt, indem Realitätspartikel und Fiktion vermengt werden.

THOMAS MANN erweckt in seinem Roman „Die Buddenbrooks“ (1901) den Eindruck, als erzählte er getreu die Geschichte des Untergangs einer Lübecker Kaufmannsfamilie. TIM STAFFELS Roman „Terrordrom“ am Ende des Jahrhunderts (1998) gibt sich weitaus unverstellter als **Fiktion** zu erkennen. Zwar hat THOMAS MANN die „Buddenbrooks“ mit Zügen der Großbürgerfamilie MANN ausgestattet, identisch sind sie mit dieser jedoch nicht, die „Buddenbrooks“ sind ein Kunstprodukt. Die eingearbeiteten Realitätselemente sind letztlich für das „Funktionieren“ des Textes und das Vergnügen am Lesen irrelevant, sie interessieren vielmehr die Literaturwissenschaftler und Biografen. Im „Terrordrom“ erscheint das Horrorszenario der Außerkraftsetzung aller Ordnung und die medienbegleitete Errichtung einer Terrorzone inmitten einer deutschen Großstadt der Fantasie des Lesers plausibel, weil der Text das nahezu Undenkbare aus einer realitätsnahen Darstellung normalen Alltags entwickelt und so dem Leser ermöglicht, sich auf die *erfundene Wirklichkeit* einzulassen.

TIM STAFFEL, geb. 1965 in Kassel, lebt in Berlin. „Terrordrom“ ist sein erster Roman.

Ein literarischer Text mischt Realitätselemente mit Erfundenem/Fiktionalem. Deshalb wird auch das Fiktionale vom Leser für möglich gehalten.

In einem **Gebrauchstext** wie einer Dichterbiografie werden die äußeren Fakten und Ereignisse aus dem Leben eines Dichters berichtet: Geburts- und Sterbedatum, Ausbildung, Erscheinungsdaten der Werke usw. Ein literarischer Text gibt hingegen auch über das Innenleben seiner Figuren Auskunft. Der Leser erfährt vom Erzähler, was seine Figuren denken, empfinden, meinen, wünschen, glauben und hoffen. Diese „Verben der inneren Vorgänge“ (KÄTHE HAMBURGER), die in den verschiedenen *Formen der erlebten Rede* und der *Bewusstseinswiedergabe* auftauchen, sind ein sicheres Indiz für die Fiktionalität von Texten.

KÄTHE HAMBURGER (1896–1992), Germanistin, legte ihre Untersuchungsergebnisse zu den dichterischen Gattungen vor allem in dem viel beachteten Buch „Die Logik der Dichtung“ (1957) dar. HAMBURGERS Briefwechsel mit THOMAS MANN (1932–1955), der auch im Exil der beiden fortgeführt wurde, umkreiste vor allem das literarische Werk des von ihr verehrten Autors.

Ein literarischer Erzähltext beschreibt auch das Denken und Fühlen einzelner Figuren.

Ein *Wirklichkeitsbericht,* wie ihn beispielsweise eine Dichterbiografie darstellt, bezieht sich auf ein vergangenes, *abgeschlossenes Geschehen* und präsentiert es in der Tempusform des historischen Präteritums/Imperfekts.

Auch ein Erzähltext setzt ein Geschehen als vergangen voraus, denn *nur was vergangen ist, kann erzählt werden.* Der entscheidende Unterschied zum Wirklichkeitsbericht liegt darin, dass der Leser durch die Art der Gestaltung in das Geschehen hineingezogen wird, er es als gegenwärtig empfindet. Dabei kommt nicht nur das „epische Präteritum“ (KÄTHE

HAMBURGER) in Gebrauch, sondern auch andere Tempusformen, insbesondere in Passagen, die aus der Perspektive einer der handelnden Figuren erzählt sind. Es werden sogar Zeitadverbien verwendet, die auf eine andere Zeitebene verweisen. Der Leser akzeptiert diese Rückwendungen und Vorausdeutungen, wenn sie sich in den Erzählfluss einfügen und er sie als logisch empfindet:

THOMAS LEHR (geb. 1957), studierter Biochemiker, lebt in Berlin. Sein literarisches Anliegen ist es, „gegen die Zeit anzuschreiben", die „Liebe in den verschiedensten Stadien" darzustellen.

„Er ist achtunddreißig geworden. Bald wird es wieder schneien. In der Nacht werden die Flocken wie Asche herabsegeln."
(Lehr, Thomas: „Nabokovs Katze" Berlin: Aufbau Verlag, 1999.)

Ein fiktiver Erzähltext lässt vergangenes Geschehen als gegenwärtig erleben.

Die Untersuchung der besonderen Art der Gestaltung von epischen Texten gibt Aufschluss über ihre Erzähltechniken und Erzählsituationen.

3.2.2 Erzähltechniken

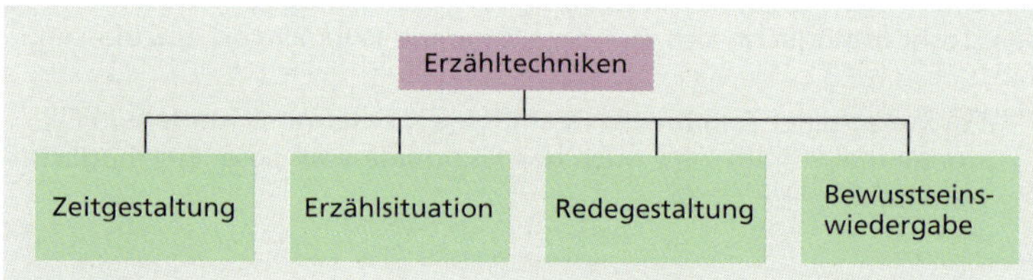

Zeitgestaltung

In einem erzählenden (narrativen) Text spielt die Zeit in zweifacher Hinsicht eine wichtige Rolle. Man unterscheidet:

Nach der Erzählgeschwindigkeit unterscheidet GÉRARD GENETTE **zeitdeckendes Erzählen** (Szene), **Dehnung, Raffung, Zeitsprung** und **Pause.**

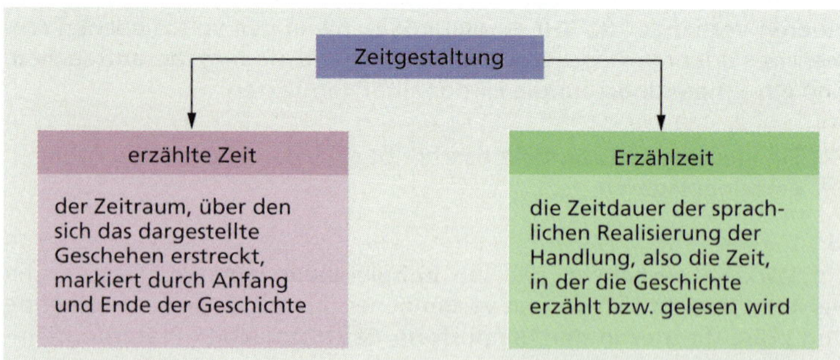

Das dargestellte Geschehen kann bei Weitem den Zeitraum übersteigen, den unser subjektives Erleben real ermöglicht. So umfasst das Geschehen in JEREMIAS GOTTHELFS Novelle „Die schwarze Spinne" (1842) mehrere Generationen. GABRIEL GARCÍA MÁRQUEZ' weltberühmter Roman „Hun-

dert Jahre Einsamkeit" (1966) erzählt die wechselvolle Geschichte des kolumbianischen Dorfes Macondo über einen langen Zeitraum hinweg und überschreitet die menschliche Erfahrungswelt, indem er mythisches und fantastisches Geschehen einflicht.
Verschiedene Techniken lassen den Erzähler gleichsam über die Zeit „herrschen".
Durch **Zeitraffung** kann ein womöglich Jahre dauernder Vorgang zusammengefasst werden. Die Handlung wird auf diese Weise vorangetrieben: „Es regnete vier Jahre, elf Monate und zwei Tage." (Márquez, Gabriel García: Hundert Jahre Einsamkeit, Köln: Kiepenheuer und Witsch, 1966.).

Der kolumbianische Autor GABRIEL GARCIA MARQUEZ (geb. 1927) ist einer der bedeutendsten Autoren des magischen Realismus in Lateinamerika.

Da die meisten Geschichten einen größeren Zeitraum behandeln, als die Erzählzeit abdecken könnte, werden verschiedene zeitraffende Erzähltechniken verwendet. Die extremste Form der Zeitraffung ist der **Zeitsprung;** in der Erzählung wird einfach ein ganzer Zeitraum ausgelassen.

„Eine schöne lange Zeit war verflossen, achtundzwanzig Jahre, fast die Hälfte eines Menschenlebens; der Gutsherr war sehr alt und grau geworden, sein gutmütiger Gehülfe Kapp längst begraben."
(Droste-Hülshoff, Annette von: Sämtliche Werke in zwei Bänden. Hrsg. Günther Weydt und Winfried Woesler, Bd. 1, München: Winkler, 1973, S. 519.)

Auch Begebenheiten, die sich immer wieder auf die gleiche Weise vollziehen, können zusammengefasst werden.

„Einmal pro Woche, am Freitag, kochte Cora für sich und ihren Mann Spaghetti. Präziser formuliert: Sie kochte einmal die Woche, immer nur freitags und immer Spaghetti, mit diversem Gemüse und wenig Risiko."
(Krausser, Helmut: Der große Bagorozy. Reinbek: Rowohlt Verlag, 1997.)

Der Ich-Erzähler in MAX FRISCHS Roman „Homo Faber" (1957) geht folgendermaßen mit der Zeit um: Der Roman eröffnet mit einem Flug, der in New York während eines Schneetreibens startet. Sehr bald kommt es zu einer Notlandung inmitten der mexikanischen Wüste. In dieser Schilderung fallen erzählte Zeit und Erzählzeit zusammen, es wird nahezu **Zeitdeckung** erreicht.
Nach einer zeitdehnenden Reflexion des Erzählers über Schicksal und Wahrscheinlichkeit folgt eine *Zeitraffung* in dem zusammenfassenden Satz:

„Unser Aufenthalt in der Wüste von Tamaulipas, Mexico, dauerte vier Tage und drei Nächte, total 85 Stunden, worüber es wenig zu berichten gibt ..."
(Frisch, Max: Homo Faber. Ein Bericht. Frankfurt: Suhrkamp Verlag, 1991, S. 25.)

Sodann schildert der Erzähler einige Eindrücke vom Landeplatz, beschleunigt die Handlung erneut: „Unser Nachmittag verging im Nu" (ebenda S. 26), um sie dann in einer etwa eine Seite umfassenden Reflexion des Erzählers zum Stillstand zu bringen, die folgendermaßen eingeleitet wird: „Ich habe mich oft gefragt, was die Leute eigentlich meinen,

JÜRGEN H. PETERSEN findet für die räumliche und zeitliche Entfernung des Erzählers zum Geschehen den Begriff „Standort".
Als **olympischen Standort** bezeichnet er jenen Ort, an dem der Erzähler die größte Entfernung zum Erzählten einnimmt.
Hier behält er quasi den **Überblick** über alle Details des Geschehens. Die größte **Nähe zum Erzählten** erreicht der Erzähler dadurch, dass er mitten aus dem Geschehen heraus erzählt.

wenn sie von Erlebnis reden." Nach diesem verzögernden Moment der **Zeitdehnung** wird der Dialog zwischen dem Erzähler und seinem Schicksalsgenossen fortgesetzt, wobei wiederum *Zeitdeckung* entsteht.
Man sieht an diesem Beispiel, dass in einem erzählenden Text, zumal in einem längeren, das **Erzähltempo** mehrfach variieren kann. Die Zeit der Erzählung kann mit der ihres Inhalts zusammenfallen oder sich „auch sternenweit von ihr entfernen" (THOMAS MANN).

> *Erzähltempo* nennt man das Verhältnis von Erzählzeit und erzählter Zeit. Das Erzähltempo kann sich beschleunigen oder verzögern.

Um Geschehen in die Geschichte zu holen, das vor der eigentlichen Handlung der Erzählung liegt, bedient sich der Erzähler der *Rückwendung* oder **Rückblende.** Als allwissender Erzähler, der große Zeiträume überblickt, kann er einfach zurückliegendes Geschehen mitteilen.

> „Aber in der letzten Hälfte des vergangenen Jahrhunderts war ein grenzenloser Übermut eingebrochen ..."
> (Gotthelf, Jeremias: Elsi, die seltsame Magd. In: Ausgewählte Werke in 12 Bänden. Bd. 10. Zürich: Diogenes, 1978, S. 107.)

Eine besondere Form der Rückwendung ist die **Binnenerzählung,** die zumeist einer der Figuren in den Mund gelegt wird. In GOTTHELFS „Die schwarze Spinne" (1842) ist es der Großvater, welcher der Taufgesellschaft die mehrere Generationen zurückliegende parabolische Geschichte vom Pakt mit dem Bösen und der Spinnenplage erzählt.

Seltener findet die **Vorausdeutung** in die Zukunft Verwendung. Sie verlangt zumeist einen Erzähler, der mehr weiß als seine Figuren.
So meldet sich am Ende von THOMAS MANNS Roman „Der Zauberberg" (1924) die allwissende Erzählerstimme zu Wort. Hans Castorp, die Hauptfigur des Romans, befindet sich nach sieben Jahren im Sanatorium mittlerweile im Schlachtgetümmel des Ersten Weltkrieges:

> „Fahr wohl – du lebest nun oder bleibest! Deine Aussichten sind schlecht; das arge Tanzvergnügen, worein du gerissen bist, dauert noch manches Sündenjährchen, und wir möchten nicht hoch wetten, dass du davonkommst."
> (Mann, Thomas: Der Zauberberg. Stuttgart et. al.: Dt. Bücherbund, S. 899.)

Behandlung der Zeit im epischen Text

Zeitraffung	Zeitdehnung	Rückblende	Vorausdeutung

Erzählsituation

Es ist wichtig, zwischen Autor (Verfasser) und Erzähler zu unterscheiden. Der *Erzähler ist nicht identisch* mit dem Autor eines erzählenden (narrativen) Textes. Der Erzähler ist eine *Rolle,* ein *Medium,* das sich der Autor

GÉRARD GENETTE unterscheidet das Verhältnis zwischen **Zeit, Modus** und **Stimme.** Hält sich der Erzähler an die zeitliche Reihenfolge des Geschehens, erzählt er **chronologisch;** werden die Ereignisse nicht in der Reihenfolge erzählt, spricht GENETTE von **anachronistischem Erzählen.** Vorausgriffe beim anachronistischen Erzählen heißen bei ihm dementsprechend **Prolepsen,** Rückgriffe dagegen **Analepsen.**

Modus nennt GÉRARD GENETTE die Art und Weise der Vermittlung einer Geschichte. Dabei ist für ihn die **Fokalisierung** der Blickwinkel des Erzählers, die Art, wie auf die Figuren geblickt wird. Wenn der Erzähler das Geschehen überblickt, sozusagen einen „allwissenden" Standpunkt einnimmt, entspricht dies der **Nullfokussierung.** Sieht der Erzähler hingegen mit der Figur mit, weiß er nicht mehr als seine Figur, so spricht GENETTE von der **internen Fokussierung.** Ein Blick von außen auf die Figur heißt **externe Fokussierung:** Die Figur weiß mehr als der Erzähler.

erschafft, um die Geschichte dem Publikum zu vermitteln. Je nachdem, in welcher Weise der Erzähler in der Geschichte anwesend ist, ob als klar erkennbare Erzählerstimme, wie ein unsichtbarer Marionettenspieler hinter den Personen oder als handelnde Person innerhalb der Geschichte, unterscheidet man nach FRANZ KARL STANZEL drei typische Erzählsituationen:

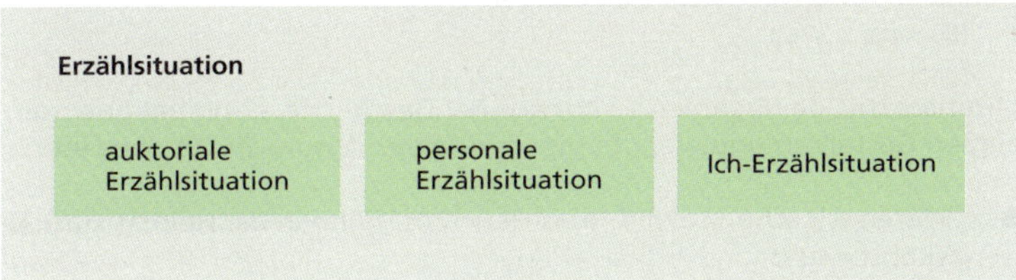

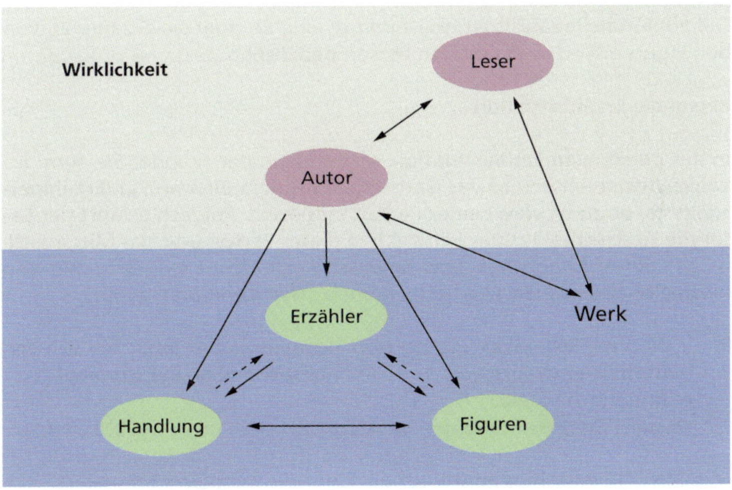

Auktoriale Erzählsituation

Der auktoriale Erzähler wird auch oft *allwissender Erzähler* genannt, weil er wie ein allmächtiger Gott mit den Figuren, den Zeiten und Räumen in der Geschichte schalten und walten kann. Der auktoriale Erzähler steht souverän, in *epischer Distanz,* über der Geschichte und dem Horizont seiner Figuren, er weiß immer mehr als diese und kann große geschichtliche und räumliche Zusammenhänge überschauen und sie im **Erzählerbericht** darbieten.

Die Abwesenheit eines Erzählers wird oft als *neutrale Erzählsituation* bezeichnet. Dies suggeriert scheinbare Wertfreiheit bzw. Objektivität.

„In den Anfangstagen des Jahres 1523 zog nämlich das kleine Zürcherheer über die Alpen zurück, das wunderlicherweise dem Papsttum Land und Leute gegen Frankreich geschützt hatte, während in der Heimat schon das Evangelium gepredigt wurde."

(Keller, Gottfried: Ursula. In: Sämtliche Werke in acht Bänden. Bd. 7. Berlin: Aufbau Verlag, 1958–1961, S. 312.)

3

Der *allwissende Erzähler* kann aber auch dicht an einzelne Figuren herantreten. Er kann ihr Handeln schildern, ja, er kann in ihr Gefühlsleben schauen.

JÜRGEN H. PETERSEN nennt die Art, wie der Erzähler die Geschichte präsentiert, **Erzählverhalten.** Tritt der Erzähler als erzählendes Subjekt deutlich hervor, nennt PETERSEN dies **auktoriales Erzählverhalten.** Benutzt er eine Reflektorfigur, das heißt, wird aus der Perspektive einer Figur heraus erzählt, ist dies das **personale Erzählverhalten. Neutrales Erzählverhalten** dagegen liegt vor, wenn ein Geschehen szenisch dargestellt wird durch direkte Rede bzw. Dialog.

„Unter den stattlichen Männern, die in der Nähe des Banners ritten, war Ulrich Zwingli selbst, und sein sympathischer Anblick erhellte die Seele des unverwandt schauenden Weibes."
(Ebenda, S. 376.)

Mitunter tritt der Erzähler *heraus aus der Geschichte,* er nimmt gewissermaßen Gestalt an und wendet sich in *direkter Ansprache an den Leser:*

„Waren wir schon soweit, dass Herr Klöterjahn in die Heimat zurückgekehrt war?"
(Mann, Thomas: Tristan. Sechs Novellen. Berlin: S. Fischer, 1903, S. 227.)

Die auktoriale Erzählsituation ist immer eine *Er- oder Sie-Erzählung,* von den Figuren wird in der dritten Person berichtet.

Personale Erzählsituation

In der **personalen Erzählsituation** wird stets in der *Er- oder Sie-Form* erzählt. Idealerweise wird das Geschehen aus dem Blickwinkel **(Erzählperspektive, point of view)** einer Person mitgeteilt. Folglich erfährt der Leser die Geschichte aus der Perspektive dieser Person und das Mitgeteilte ist auf deren *Erfahrungs- und Bewusstseinshorizont* eingeschränkt wie beispielsweise in SVEN REGENERS Roman „Herr Lehmann" (2001).

SVEN REGENER (geb. 1961 in Bremen) ist Frontmann der Band „Element of Crime". „Herr Lehmann" ist sein erster Roman. REGENER lebt in Berlin.

„‚Weg da, Scheißkerl', sagte Herr Lehmann, aber jetzt, wo sich das häßliche Tier so vertrauensvoll und haltsuchend an ihn schmiegte, tat es ihm bißchen leid."
(Regener, Sven: Herr Lehmann. Frankfurt/a. M.: Eichborn Verlag, 2001, S. 12.)

Mit GENETTE wird hier **intern** auf die Figur des Lehmann **fokussiert.** Streckenweise, vor allem in den Dialogpassagen, scheint der Erzähler fast vollkommen hinter seine Personen zurückzutreten.

„Stand das in der Zeitung?
Ja, aber wo?
Müßten wir Gesine fragen, die liest doch immer Zeitung,
Aber nur die New York Times."
(Johnson, Uwe: „Jahrestage", Bd. 1, Frankfurt/a. M.: Suhrkamp 1970.)

JANE AUSTEN (1775–1817) gilt als Mitbegründerin der Romantik in England. Der Roman „Verstand und Gefühl" handelt von der Beziehung zweier Schwestern zueinander. Während Elinor verstandesmäßig handelt, ist Marianne sehr impulsiv und leidenschaftlich.

Man spricht von einer **Multiperspektive,** wenn die Erzählperspektive *zwischen den Personen wechselt.* Dies ist häufig in den psychologischen Romanen des 18. und 19. Jahrhunderts der Fall.
Um die Sichtweise einer Romanfigur zu verlassen und die einer anderen anzunehmen, bedarf es in der Regel der *Einmischung und Vermittlung* des auktorialen Erzählers, wie im folgenden Abschnitt aus JANE AUSTENS Roman „Sense and Sensibility" (dt. „Verstand und Gefühl", um 1795, 1811 auf Deutsch) deutlich wird.

„Obwohl Marianne beim Essen erbärmlich aussah, aß sie mehr und war gefaßter, als ihre Schwester erwartet hatte. Hätte sie zu sprechen versucht oder hätte sie auch nur die Hälfte von Mrs. Jennings' gutgemeinten, aber unangebrachten Aufmerksamkeiten zur Kenntnis genommen, dann hätte sie ihre Fassung nur schwer bewahren können. Aber keine Silbe kam über ihre Lippen, und ihre Geistesabwesenheit sorgte dafür, daß sie nichts von dem wahrnahm, was um sie herum vorging."

(Austen, Jane: Verstand und Gefühl. München: Heyne Verlag, 2004, S. 236.)

Ich-Erzählsituation

Von einer **Ich-Erzählsituation** spricht man, wenn der Erzähler zugleich eine Handlungsfigur ist, also nicht außerhalb oder über dem Universum der Figuren steht. Vom auktorialen Erzähler, der sich mitunter auch als Ich-Stimme zu Wort meldet, aber nie als Person Konturen gewinnt, muss der Ich-Erzähler unterschieden werden.
Der Ich-Erzähler kann in sehr unterschiedlichem Maße in das Geschehen eingebunden sein. Immer ist er zweierlei: ein *erzählendes und ein handelndes Ich.* Der eine oder andere Aspekt kann mehr im Vordergrund stehen.
Eine handelnde Figur neben anderen ist der Erzähler in HERMAN MELVILLES „Moby-Dick" (1851), der sich mit folgenden Worten einführt:

GENETTE unterscheidet in seiner Kategorie **„Stimme"** zwei unterschiedliche Erzählertypen:
Der **heterodiegetische Erzähler** ist nicht selbst als Figur am Geschehen beteiligt. Die Geschichte wird meist in der dritten Person erzählt.
Der **homodiegetische Erzähler** ist Figur und selbst Teil der Geschichte. Er berichtet zumeist in der ersten Person. **Diegetisch** ist bei GENETTE alles, was zur erzählten Welt gehört.

„CALL ME ISHMAEL. Some years ago – never mind how long precisely – having little or no money in my purse, and nothing particular to interest me on shore, I thought I would sail about a little and see the watery part of the world."

(Melville, Herman: Moby-Dick. West Hartford: Electron Press, [o. J.] S. 11.)

Nach GENETTE erzählt hier ein **homodiegetischer Erzähler.** Für PETERSEN ist dies einfach die **Ich-Form** oder der **Ich-Erzähler.**
Die Ich-Erzählsituation lässt den Leser das Geschehen nur *aus dem Blickwinkel einer Person* nacherleben. Allerdings können mit dieser begrenzten Sichtweise enorme Effekte erzielt werden, so wie in dem frühen Ich-Roman „Simplicissimus" (1668) von GRIMMELSHAUSEN. Die naive Sicht des einfältigen Simplicissimus bildet einen starken Kontrast zu den geschilderten Gräueln des Dreißigjährigen Krieges.

„Von den gefangenen Weibern, Mägden und Töchtern weiß ich sonderlich nichts zu sagen, weil mich die Krieger nicht zusehen ließen, wie sie mit ihnen umgingen. Das weiß ich noch wohl, daß man teils hin und wieder in den Winkeln erbärmlich schreien hörte; schätze wohl, es sei meiner Meuder und unserm Ursele nit besser gangen als den andern."

(Grimmelshausen, Johann Jakob Christoffel von: Der abenteuerliche Simplicissimus. München: Winkler-Verlag, 1956, S. 18.)

Meuder = Mutter

Eine beliebte Form, vor allem im 18. und 19. Jahrhundert, war der retrospektive (zurückschauende) *autobiografische Roman,* in dem ein *Ich-Erzähler auf seine Vergangenheit schaut.* Parodistisch aufgegriffen hat

THOMAS MANN dieses Schema im Roman „Bekenntnisse des Hochstaplers Felix Krull" (1911/1954), der Vorläufer in autobiografischen Werken wie AURELIUS AUGUSTINUS „Confessiones" (um 400), ROUSSEAUS „Les Confessions" (1782/1789) oder THOMAS DE QUINCEYS „Bekenntnisse eines englischen Opiumessers" (1821) hat.
In THOMAS MANNS Roman „Doktor Faustus. Das Leben des deutschen Tonsetzers Adrian Leverkühn erzählt von einem Freunde" (1947) breitet der Erzähler Serenus Zeitblom das *biografische Material* aus, bleibt selbst aber *am Rande der Geschichte*.

MANNS Roman „Doktor Faustus" greift das Faustmotiv auf. Faust schließt einen Pakt mit dem Teufel um den Preis seiner Liebesfähigkeit. Dafür erhält er ungeahnte Inspirationen für seine Musik.

In den seltensten Fällen kommen erzählende Texte mit einer Form von Erzählsituation aus. In der Regel wechseln Erzählsituationen und Erzählperspektiven. Dann gilt es, die in einem Text bzw. Textabschnitt vorherrschende Form zu erfassen.
Vor allem die Romane in der Tradition der **Moderne** zeichnen sich durch Versuche aus, die *Allmacht* des ordnenden und kommentierenden Erzählers einzuschränken bzw. ihn ganz aus dem Text zu verbannen.
In UWE JOHNSONS Roman „Mutmaßungen über Jakob" (1959) tritt selten eine Erzählerstimme hervor, es überwiegt die **personale Erzählsituation** *mit Monolog und Dialog.* Die Mutmaßungen über den Tod von Jakob Abs, der von der Staatssicherheit in der DDR observiert wurde, wegen seiner Liebe zu Gesine Cresspahl in den Westen ging und nach seiner Rückkehr in die DDR auf ungeklärte Weise auf Eisenbahngleisen zu Tode kam, ist ein *polyphones (vielstimmiges) Stimmenorchester* derjenigen Menschen, die ihn kannten.
Vor allem an den Formen der *Rede- und Bewusstseinswiedergabe* lassen sich im 20. Jahrhundert Modernisierungen an erzählenden Texten ablesen.

Redegestaltung

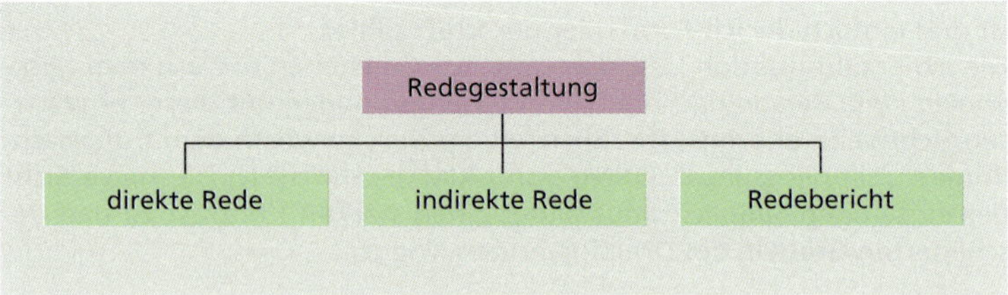

Ein Text wirkt umso unmittelbarer, je unverstellter die Figuren zu Wort kommen, d.h., je weniger sich der Erzähler kommentierend zwischen Figur und Leser stellt.
Am unmittelbarsten ist die *direkte Rede.*

„Ins Kino?"
„Natürlich ins Kino. Man geht immer ins Kino, wenn man verliebt ist."
„Wer hat dir gesagt, dass ich …"
„Kino. Das ist das einzig Wahre. Kino. Kultur, dunkel, alles klar."
(Regener, Sven: Herr Lehmann, a.a.O, S.82.)

Die Anwesenheit des Erzählers scheint allenfalls auf in *redebegleitenden Wendungen* wie:

- „Was ist mit Kino?" wachte Jürgen auf.
  (Ebenda, S. 82.)

Stärker präsent ist der Erzähler in der *indirekten Rede,* er gibt die Figurenrede in ihrem Wortlaut mehr oder weniger originalgetreu wieder.

- „Ob es der dort sei, fragte Hans Castorp noch immer gereizt und deutete auf einen Herrn mit vorhängenden Schultern am Guten Russentisch."
  (Mann, Thomas: Der Zauberberg, a. a. O., S. 112.)

Den Redebericht beherrscht der Erzähler ganz und gar. Er fasst die Aussagen der Figuren zusammen, ordnet und kommentiert sie.

- „Er war gar nicht so feige und eingeschüchtert, sogar im Gegenteil; doch seit einiger Zeit befand er sich in einem Zustande von Reizbarkeit und Spannung, der an Hypochondrie erinnerte. Er hatte sich dermaßen in sich selbst vertieft und von allen Menschen zurückgezogen, daß er jede Begegnung, nicht nur die mit seiner Wirtin, fürchtete."
  (Dostojewski, Fjodor: Verbrechen und Strafe. Übers. A. Eliasberg. Potsdam: Gustav Kiepenheuer Verlag, 1924, S. 5.)

Die indirekte Rede und der Redebericht sind vor allem an die auktoriale Erzählsituation gebunden, während die direkte Rede der personalen Erzählsituation zuzuordnen ist.

Bewusstseinswiedergabe

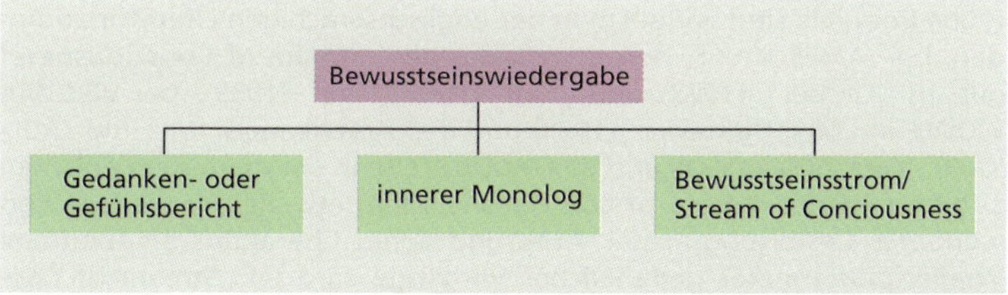

Auch in der Mitteilung der Gedanken und Gefühle gibt es Abstufungen im Grad der Einmischung des Erzählers. Das berühmte „Schnee"-Kapitel aus THOMAS MANNS „Zauberberg", in dem Hans Castorp sich allein auf Schneeschuhen vom Sanatorium entfernt, liefert dafür beste Beispiele. In einer Art *Gedanken- oder Gefühlsbericht* teilt der Erzähler die Empfindungen und Gedanken seines Helden mit. Danach geht die **direkte „stumme" Rede** oder **erlebte Rede** in einen **inneren Monolog** über, d. h., der Erzähler zieht sich gleichsam zurück und überlässt die Figur vollkommen ihrem Gedankenstrom. Ähnliches ist auch in anderen Werken jener Zeit zu beobachten. In KLABUNDS „Bracke" wechselt der Redebericht in den inneren Monolog:

> „Er sah groß und gerade dem Physikus ins Gesicht.
> Der errötete vor dem Kinde. Scham ließ seine Knie zittern.
> Ich kann dieses Kind nicht lieben. Es ist ein Tuch voll unreinen Wesens. Gott straft mich mit seiner Unbotmäßigkeit.
> ‚Ungeziefer', bellte er und schlug dem Kind die Schnecke aus der Hand."
> (Klabund: Bracke. In: ders.: Der himmlische Vagant. Eine Auswahl aus dem Werk. Hrsg. Marianne Kesting, Köln: Kiepenheuer & Witsch, 1968, S. 33.)

Die Erzähltechnik des **Bewusstseinsstroms** oder des „Stream of Consciousness" hat sich mit den Erkenntnissen der Psychoanalyse um die Wende vom 19. zum 20. Jahrhundert entwickelt. Mit ihr werden psychische und geistige Vorgänge wie Gedanken, Gefühle, Erinnerungen, Eindrücke ganz unvermittelt wiedergegeben. In den Sätzen ist die grammatische Struktur aufgelöst und oftmals überlagern sich die Gedanken und durchbrechen die chronologische zeitliche Abfolge einer Schilderung.

ARTHUR SCHNITZLER hat diese Gestaltungstechnik in den Erzählungen „Leutnant Gustl" (1900) und „Fräulein Else" (1924) benutzt.

> „Wo ist denn mein Mantel? ... ich hab' ihn ja schon angezogen ... Ich hab's gar nicht gemerkt ...Wer hat mir denn geholfen? ... Ah, der da ... dem muß ich ein Sechserl geben ... So! ... Aber was ist denn das? Ist es denn wirklich geschehn? Hat wirklich einer so zu mir geredet? Hat mir wirklich einer ‚dummer Bub' gesagt? Und ich hab' ihn nicht auf der Stelle zusammengehauen? ... Aber ich hab' ja nicht können ... er hat ja eine Faust gehabt wie Eisen ... ich bin ja dagestanden wie angenagelt ..."
> (Schnitzler, Arthur: Leutnant Gustl. In: Gesammelte Werke. Bd. 1, Frankfurt/a. M.: S. Fischer Verlag, 1961, S. 344.)

Frühe Beispiele sind vor allem in der englischsprachigen Literatur zu finden, bei JAMES JOYCE, der als Erfinder des **„Stream of Consciousness"** gilt, in „Ulysses" (1922) und „Finnegans Wake" (1939), bei VIRGINIA WOOLF in „Mrs. Dalloway" (1925) und den Amerikanern WILLIAM FAULKNER, JOHN DOS PASSOS und GERTRUDE STEIN. In der modernen epischen Literatur ist der stream of consciousness mittlerweile ein vielfach verwendetes Gestaltungsmittel. Aufgrund seines Charakters als spontane Wiedergabe innerer gedanklicher Vorgänge wird im „Stream of Consciousness" die Ich-Form verwendet.

Stoff, Geschehen, Handlung, Fabel

Wenn der Autor einen literarischen Text verfasst, gestaltet er darin einen **Stoff,** den er als quasi unbearbeitetes Rohmaterial in der Wirklichkeit vorgefunden hat (z. B. einen Kriminalfall), der vielleicht schon literarisch gestaltet wurde (z. B. der Fauststoff) oder den er erfunden hat. Die Ereignisse, die sich wie eine Kette aneinanderreihen oder auseinander ergeben, bilden das *Geschehen.* Der Autor stellt sie in einen sinnvollen Zusammenhang und fügt sie zu einer logisch verknüpften Geschichte mit Anfang und Ende. Die Aufeinanderfolge des Gesamtgeschehens wird auch als **Handlung** bezeichnet. Man unterscheidet **Haupthandlung** und **Nebenhandlungen.** In der Haupthandlung entfalten sich die wesentlichen Geschehnisse und Konflikte, während die Nebenhandlungen vor allem zu deren Unterstreichung und Ausschmückung dienen. Manche epische Texte, wie THEODOR STORMS Novelle „Der Schimmelreiter" oder GOTTHELFS „Die schwarze Spinne", verfügen über **Rahmenhandlung** und **Binnenhandlung.** Hier entwickelt der Erzähler seine Geschichte bis zu dem Punkt, an dem ein zurückliegendes Geschehen mitgeteilt werden muss. Meist tritt dann eine Handlungsfigur hervor, übernimmt die Erzählerrolle und berichtet aus ihrer Kenntnis das Geschehene, das sich mitunter über viele Seiten hinweg wie eine eigene Geschichte liest.

Als **Fabel** bezeichnet man die Grundstruktur der Geschichte, die die wesentlichen Handlungsabläufe zusammenfasst und gewissermaßen die Inhaltsangabe darstellt. Die Fabel ist von der kleinen epischen Form der gleichnishaften Tiererzählung zu unterscheiden.

Eine Handlung weist auch das lyrische Genre der **Ballade** auf. Sie wird deshalb auch als Mischform zwischen Dramatik, Epik und Lyrik bezeichnet.

3.2.3 Die epischen Genres

Epos oder Epopoe

Das Epos ist bei vielen Völkern bereits in sehr früher Zeit anzutreffen.

Epos: griech. = Wort, Rede, Kunde, Sage, Lied

> Mit der Darstellung der Helden- und Götterwelt eines Volkes und wichtiger Ereignisse aus seiner Geschichte gibt das **Epos** ein umfassendes Abbild von dessen Weltbild und Wirklichkeit. Das Epos wird von einer Gemeinschaft hervorgebracht und spiegelt deren kollektive Erfahrungswelt. Ein Epos kann für ganze Kulturkreise und Nationen von identitätsstiftender Bedeutung sein **(Nationalepos).**

Eines der ältesten Epen (3. Jahrtausend v. Chr.) ist das orientalische „Gilgameschepos", das die Heldentaten des Sumererkönigs Gilgamesch erzählt. Zu den berühmtesten und folgenreichsten Beispielen für Europa zählen die dem antiken Dichter HOMER zugeschriebenen Werke „Ilias" und „Odyssee", die im 8. Jh. v. Chr. verfasst und im 6. Jh. v. Chr. in *Hexametern* aufgezeichnet wurden. Das Epos zeichnet sich durch festes Versmaß, Strophenform und inhaltliche Kriterien wie die Schilderung von Gegenständen, Heldentaten und Schlachtenszenen aus. Es wurde an Fürstenhöfen von einem Rhapsoden (Sänger) vorgetragen. VERGILS „Aeneis" aus dem 1. Jahrhundert v. Chr. wurde maßgeblich für die mittelalterlichen Epen, etwa für die „Eneide" (1170–1189) des HEINRICH VON VELDEKE.

Als ältestes germanisches Heldenepos gilt der „Beowulf", das um 730 n. Chr. von einem englischen Geistlichen niedergeschrieben wurde. Ein frühmittelalterliches Heldenlied ist das bruchstückhaft in Althochdeutsch überlieferte Stabreimepos „Hildebrandslied" (um 810–820 niedergeschrieben). Die vom 9. bis zum 13. Jahrhundert aufgezeichnete „Edda" stellt eine umfangreiche Überlieferung aus dem nordgermanischen Raum (Island und Norwegen) dar.

Der Minnesänger **Heinrich von Veldeke** lebte in der zweiten Hälfte des 12. Jahrhunderts.

Die Stoffe der klassischen feudalhöfischen Epik gehen zurück auf die keltischen Sagen um die Artusritterrunde. Die Artusepik des altfranzösischen Dichters CHRÉTIEN DE TROYES (um 1130–um 1190) war vorbildhaft für die Epen HARTMANNS VON AUE (1160–1210) und den „Parzival" WOLFRAMS VON ESCHENBACH (1170–1220). Der vielfach gestaltete inselkeltische Tristan-und-Isolde-Stoff (u.a. schuf EILHART VON OBERGE um 1180 ein mittelhochdeutsches Epos) diente dem Dichter GOTTFRIED VON STRASSBURG zu einer epischen Dichtung.

In dem Maße, wie die feudale Ordnung an Bedeutung verlor und sich bürgerliche Gesellschaftsstrukturen in den Städten der Renaissance durchsetzten, etablierte sich im Zuge der europäischen Aufklärung der Roman als wichtigstes episches Genre und verhalf der Prosaliteratur, auch den kleineren Prosaformen, zu künstlerischer Anerkennung. Die Aufgabe des Epos, umfassende Gesellschafts- und Epochenbilder zu liefern, übernahm der Roman.

Das Versepos erlebte von der Renaissance bis hin zur Klassik allerdings noch einige Höhepunkte: in Italien mit „Die Göttliche Komödie" von DANTE ALIGHIERI (um 1320 erschienen), in England mit „Das verlorene Paradies" von JOHN MILTON (1667), in Frankreich mit „La Henriade" (1723) von VOLTAIRE, in Deutschland mit „Der Messias" von KLOPSTOCK (1748/73). GOETHE schuf unter dem Eindruck der Französischen Revolution das idyllische Züge tragende Versepos „Hermann und Dorothea" (1797).

GOETHE und SCHILLER erläuterten in ihrem Briefwechsel Ende des 18. Jahrhunderts die Bedingungen für die Ablösung des Versepos durch den Roman, der seit der Aufklärung und mit wachsendem bürgerlichen Selbstbewusstsein in der epischen Literatur zum führenden Genre aufgestiegen war.

Fabel

Fabel: von lat. fabula = kleine Erzählung

Die **Fabel** ist eine Beispielerzählung in Prosa- oder Versform, aus welcher der Leser am Ende eine moralische Lehre ziehen soll. Als Figuren agieren zumeist Tiere, die mit menschlichen Eigenschaften wie Vernunft und Sprache ausgestattet sind. Sie handeln in festen Rollen, weil sie bestimmte Eigenschaften verkörpern. So steht der Fuchs traditionell für Schlauheit, der Wolf für Gier, der Löwe für Stärke und Macht. Häufig sind soziale Konflikte zwischen Mächtigen und Machtlosen in die Fabelwelt übersetzt. Nahezu klassisch ist die Konstellation, dass die Tiere sich versammeln oder zu Gericht sitzen.

Der STRICKER dichtete in der Zeit von ca. 1220 bis 1250 und gehört zu den vielseitigsten Autoren des Mittelalters. U.a. schuf er den Artus-Roman „Daniel von dem Blühenden Tal".

Den kleineren und schwächeren Tieren gelingt es oftmals, durch Gewitztheit oder Charakterstärke die Oberhand zu gewinnen. Die Handlung folgt einem festen Schema und ist ohne Verzweigungen sehr geradlinig und knapp dargestellt und dabei auf die abschließende Lehre ausgerichtet. Vorherrschendes Gestaltungsmittel ist der Dialog.

In Europa ist die Tradition der Fabel durch den sagenhaften griechischen Sklaven AESOP (6. Jh. v. Chr.) begründet worden. Seine Fabeln wurden Vorbild für die Fabeldichtungen des Mittelalters. Der STRICKER schuf um 1230 mit religiösen Lehren verbundene „Bîspeln" (Beispiele) und um 1350 entstand ULRICH BOHNERS Sammlung „Der Edelstein". Eine erste Blütezeit erlebte die Fabeldichtung zur Zeit der Reformation und des Humanismus, in der auch MARTIN LUTHER und HANS SACHS Fabeln dichteten. Ihren Höhepunkt hatte die Fabeldichtung während der Aufklärung. Das lehrhafte Genre war die kongeniale Form für die moralischen und sozialkritischen Absichten der Aufklärer. Als Fabeldichter traten vor allem GELLERT, HAGEDORN, GLEIM und LESSING hervor. Zu besonderer Vollendung führte der französische Dichter JEAN DE LA FONTAINE (1621–1695) diese kleine epische Form. In Russland war es IWAN A. KRYLOW (1769– 1844) und in England JOHN GAY (1685–1732). Seit dem 19. Jahrhundert haben sich in der Fabeldichtung keine wesentlichen Entwicklungen mehr vollzogen und die überlieferten Fabeln gelten heute vor allem als Lektüre für Kinder.

„Der Igel

Der Löwe saß auf seinem Thron von Knochen
Und sann auf Sklaverey und Tod.
Ein Igel kam ihm in den Weg gekrochen;
Ha! Wurm! so brüllte der Despot,
Und hielt ihn zwischen seinen Klauen,
Mit einem Schluck verschling ich dich!
Der Igel sprach: verschlingen kannst du mich:
Allein du kannst mich nicht verdauen."

(Pfeffel, Gottlieb Konrad: Poetische Versuche, Erster bis Dritter Theil, Bd. 2, Tübingen: Cotta 1802, S. 34.)

Märchen

Volksmärchen sind kürzere, aus der mündlichen Volkstradition aller Völker überlieferte Prosaerzählungen. Im Gegensatz zu den Sagen, die ein tatsächliches Geschehen aufgreifen, sind Märchen frei erfunden.

Märchen: von mhd. maere = Kunde, Bericht

Märchen folgen oft einem festen Erzählschema – z. B. muss der Held Mutproben bestehen und die Prinzessin aus den Fängen des Drachen befreien. Auch die Figurenwelt ist stark typisiert – der tapfere Prinz, die gute Fee, der böse Zauberer, die schöne Prinzessin, der letztlich triumphierende Dummling. Bestimmte Grundsituationen kehren in den Märchen in Variationen immer wieder. Im Märchen sind die Rollen von Gut und Böse klar festgelegt. Darin unterscheidet es sich vom älteren **Mythos.** Die Handlung zielt immer auf den Sieg des Guten und die Bestrafung des Bösen. Es passieren fantastische Dinge: Tiere und Gegenstände können sprechen („Die Bremer Stadtmusikanten", „Der gestiefelte Kater", „Frau Holle") und es kommt zu Verzauberungen („Der Froschkönig", „Dornröschen", „Aschenputtel"). Märchen wurden vor allem in den bäuerlich-plebejischen Volksschichten überliefert und hauptsächlich den Kindern erzählt. HERDER zeigte in seinem Aufsatz „Von Ähnlichkeit der mittlern englischen und deutschen Dichtkunst" (1777), dass aus Märchen, Volkssagen und Mythologie die Nationaldichtungen hervorgegangen sind.

3

Typen des Märchens sind:
- Zauber- und Wundermärchen
- Handwerkermärchen
- Schwankmärchen
- Tiermärchen
- Schicksalsmärchen

In der historischen Phase der Herausbildung des Nationalbewusstseins der Deutschen war das Interesse am Märchen geweckt. Der Weimarer Gymnasialprofessor JOHANN KARL AUGUST MUSÄUS legte von 1782 bis 1786 eine Sammlung „Volksmärchen der Deutschen" vor, und 1812 bis 1815 schufen die Gebrüder JACOB und WILHELM GRIMM ihre beispielhafte Sammlung der „Kinder- und Hausmärchen". In den nächsten Jahren folgten weitere Sammlungen mit Märchen aus anderen Regionen des deutschsprachigen Raumes.
GOETHE („Märchen", 1795; „Die neue Melusine", 1807) und vor allem die Romantiker eigneten sich die fantastische Darstellungsweise an und schufen *Kunstmärchen,* die zum bedeutenden romantischen Erzählschatz gehören.

Weitere Kunstmärchen der deutschen Romantiker sind:
- FRIEDRICH DE LA MOTTE FOUQUÉ, „Undine" (1811)
- ADALBERT VON CHAMISSO, „Peter Schlemihls wundersame Geschichte" (1814)
- E. T. A. HOFFMANN, „Der goldene Topf" (1814); „Klein Zaches, genannt Zinnober" (1819)
- WILHELM HAUFF, „Märchenalmanach auf das Jahr 1826, 1827, 1828"

Kunstmärchen stammen von einem namentlich bekannten Autor. Sie sind nach künstlerischem Maßstab verfasst, stärker konstruiert und oft psychologisch bzw. philosophisch ausgerichtet.

Kunstmärchen der deutschen Romantiker:
- LUDWIG TIECK, „Der blonde Eckbert", Märchenspiele: „Der gestiefelte Kater" und „Ritter Blaubart" (alle 1797)
- CLEMENS BRENTANO, „Gockel, Hinkel und Gakkeleia" (1838)

Während sich diese Märchen vor allem an ein erwachsenes Publikum wandten, so ragen im 19. Jahrhundert Märchendichtungen des Deutschen THEODOR STORM, des Dänen HANS CHRISTIAN ANDERSEN und des Engländers OSCAR WILDE hervor, die für Kinder geschrieben wurden.
Auch im 20. Jahrhundert haben Dichter Märchen für Kinder geschrieben. Stellvertretend sei FRANZ FÜHMANN genannt, der sich nicht nur theoretisch über Märchen und Mythos („Das mythische Element in der Literatur", 1974) äußerte, sondern auch Märchen für Kinder schrieb („Vom Moritz, der kein Schmutzkind mehr sein wollte", 1959; „Shakespeare-Märchen. Für Kinder erzählt", 1968; „Märchen auf Bestellung", 1981).

Sage

Sage: ahd. saga = Kunde von Ereignissen

Die **Sage** ist eine zunächst mündlich weitergegebene Erzählung, die schon in der Frühzeit der Völker anzutreffen ist. Sie entstand aus dem Bedürfnis, die umgebende Natur und gesellschaftliche Wirklichkeit zu erklären. Damit ist die Sage ähnlich wie der Mythos Ausdruck einer kollektiven Weltauffassung.

In Sagen geschehen wie im Märchen wunderbare und fantastische Dinge. Im Gegensatz zu Märchen nehmen Sagen oft auf ein vergangenes Geschehen oder eine landschaftliche Gegebenheit Bezug. Mit der Weitergabe von Geschehnissen und Erfahrungen über Generationen diente die Sage der Vermittlung von historischem Wissen und dem Bedürfnis nach Unterhaltung. Sagenstoffe sind auf diese Weise auch in Heldenliedern und Heldenepen verarbeitet worden.

Als sich im 18. Jahrhundert ein deutsches Nationalbewusstsein herausbildete, wurden die Wurzeln nationaler Identität vor allem auch in den literarischen Volksüberlieferungen wie Märchen, Legenden, Sagen, Volksliedern gesucht. Es entstanden die bedeutenden Sagensammlungen der Brüder GRIMM sowie „Deutsche Sagen" (1816–1818) von MUSÄUS und BECHSTEIN. In der Folgezeit wurden Sagen in allen deutschen Regionen gesammelt und aufgezeichnet.
Für die deutsche Kultur sind vor allem die Götter- und Heldensagen der Antike (z. B. in den klassischen Dramen von KLEIST und GOETHE), die keltischen Sagen der Artusritterrunde (in den höfischen Ritterepen) und die nordischen Göttersagen (in den Opern RICHARD WAGNERS) bedeutsam geworden. Ihre Stoffe wurden vielfach von anderen Kunstgattungen und literarischen Genres adaptiert oder von Dichtern nacherzählt. Generationen von Kindern sind mit GUSTAV SCHWABS „Die schönsten Sagen des klassischen Altertums" (1838–1840) oder MUSÄUS' „Legenden vom Rübezahl" in den „Volksmärchen der Deutschen" (1782/86) groß geworden. Nacherzählungen der Troja-Sagen, „Das hölzerne Pferd" (1968), und des „Nibelungenliedes" (1971) hat FRANZ FÜHMANN vorgelegt.

RICHARD WAGNER verarbeitete germanische Göttersagen im Opernzyklus „Ring der Nibelungen".

Schwank

Beim **Schwank** handelt es sich um einen kürzeren erzählenden Text, der meist eine Begebenheit aus dem Leben unterer Volksschichten, der Bauern, Fahrenden und Plebejer, zum Inhalt hat. Die Handlung trägt meist dem Unterhaltungsbedürfnis dieser Bevölkerungsgruppen Rechnung. Sie hat oft komische Züge, wobei diese Komik recht derb und drastisch sein kann. Der Schwank ist meist in Prosa abgefasst und straff auf eine Pointe hin erzählt. Häufig ist er so angelegt, dass gegensätzliche Figuren aufeinandertreffen (Armer und Reicher, Herr und Knecht, Einfältiger und Schlauer, Pfaffe und Laie) und der scheinbar Unterlegene triumphiert, indem er Wortwitz und Situationskomik für sich nutzt. Bestimmte Rollenmuster wiederholen sich: der geizige Bauer, die untreue Ehefrau, der scheinheilige Pfaffe.

Schwank: mhd. swanc = schwingende Bewegung, Streich, Hieb

Die Quelle des deutschen Schwankes sind die lateinischen Lügenmärchen aus dem 10. und 11. Jahrhundert, die mittelalterlichen Predigtmärlein sowie Volksüberlieferungen und mittelalterliche Versschwänke. Den ersten deutschen Schwankzyklus, „Der Pfaffe Amîs", schuf der STRICKER um 1230. Im 15. Jahrhundert waren Schwänke um die Figur des NEIDHART VON REUENTHAL verbreitet. Als Sammlung unter dem Titel „Neidhart Fuchs" wurden sie 1482 gedruckt. Eine weitere Sammlung waren die „Geschichten des Pfarrers vom Kahlenberg" („Des pfaffen geschicht und histori vom Kalenberg", 2 180 Knittelverse, 1473), zusammengestellt von PHILIPP FRANKFURTER (gest. 1511).
Einen Höhepunkt in der Schwankliteratur bildet die berühmteste mittelalterliche Schwanksammlung um die Gestalt des Schelms Till Eulenspiegel, für die es aller Wahrscheinlichkeit nach ein historisches Vorbild gab. Um 1478 wurde diese Schwanksammlung erstmals in niederdeut-

NEIDHART (VON REUENTHAL) war ein mittelhochdeutscher Lieddichter aus der ersten Hälfte des 13. Jahrhunderts.

scher Sprache gedruckt. 1515 erfolgte der Druck in Hochdeutsch unter dem Titel „Ein kurzweilig Lesen von Dyl Ulenspiegel“. Als Verfasser des Volksbuches „Ein kurzweiliges Buch von Till Eulenspiegel aus dem Lande Braunschweig“ gilt HERMANN BOTE (um 1467–um 1520).

Till wählt entgegen dem Rat seiner Mutter ein Leben als fahrender Gesell und schlägt sich mit kleinen Gaunereien durch. Er wandert umher und vollbringt seine Schelmenstreiche auf Kosten der Reichen, Geizigen und Überheblichen. Mit Schalkhaftigkeit erleichtert er einen Bauern um sein Brot, einen Pfaffen um sein Pferd, eine Bäuerin um ihr Mus und übertölpelt sogar König und Papst. Seine Gewitztheit und Welterfahrenheit machen ihn seinen mächtigeren Widersachern überlegen. Die witzigen Situationen führt der Schalk Till Eulenspiegel oft dadurch herbei, dass er wörtlich nimmt, was die anderen im übertragenen Sinne meinen.

Titelblatt der Ausgabe des Volksbuches von 1515

„Till Eulenspiegel“ wurde in viele Sprachen übersetzt und im Laufe der Jahrhunderte vielfach nacherzählt und in anderen Kunstgattungen nachgestaltet.

JOHANNES PAULI (ca. 1455–1535) war ein predigender Franziskanermönch.

Die erste locker gefügte Schwanksammlung ohne eine zentrale Figur war „Schimpff und Ernst“ (1522 gedruckt) von JOHANNES PAULI. Diesem Vorbild folgte das „Rollwagenbüchlein“ (1505) von JÖRG WICKRAM (1505–1562). Seine Schwankdichtungen zeichnen sich durch besonders detailgenaue Abbildung der Wirklichkeit aus. Weit in die folgenden Jahrhunderte gewirkt hat auch das „Lalebuch“, besser bekannt unter dem Titel der Ausgabe von 1597 „Die Schildbürger“. Die Streiche der einfältigen Schildbürger sind wie die Historien des Till Eulenspiegel zu einem festen Bestandteil der Kinderliteratur geworden.

GERHARD und CHRISTA WOLF schrieben die Filmerzählung zum DEFA-Film „Till Eulenspiegel“. Den Till spielte WINFRIED GLATZEDER.

Mit dem Ende des 16. Jahrhunderts verlor der Schwank seine Bedeutung als eigenständiges Genre. Er half aber die größeren Erzählformen wie Erzählung und Roman vorzubereiten. Schwankhafte Züge tragen bis in heutige Zeit vor allem Theaterpossen, die ihre unterhaltende Wirkung aus vordergründiger Situationskomik und Wortwitz beziehen. Die beliebten Comedyshows im Fernsehen bedienen sich dieses Prinzips wie auch die Sitcoms. Wesentliche Funktionen des Schwankes hat heute die epische Kleinform des Witzes übernommen.

Parabel

Parabel: griech. parabole = Gleichnis

Bei der **Parabel** handelt es sich um eine epische Kurzform, die eine Begebenheit als Gleichnis gestaltet und damit eine didaktische Absicht verfolgt.
Doch anders als bei der ebenfalls lehrhaften Fabel handeln hier nicht mit menschlichen Eigenschaften ausgestattete Tiere, sondern Menschen.

Die moralische Lehre wird nicht explizit formuliert und als Lehrsatz angefügt, sie ist vielmehr der Geschichte eingeschrieben. Dem Leser ist es überlassen, aus dem Geschilderten Analogieschlüsse auf seine eigene Wirklichkeit zu ziehen. Die Parabel ist oft keine eigenständige literarische Form. Man findet sie als Binnenerzählung in einen anderen epischen oder dramatischen Text eingebettet, wie das bei der berühmten Ringparabel in LESSINGS „Nathan der Weise" der Fall ist, die wiederum aus BOCCACCIOS Novellenzyklus „Decamerone" (1349–1353) stammt.

Erzähltexte tragen oft mehr oder weniger ausgeprägte parabolische Züge. Nahezu einzigartig stehen in diesem Zusammenhang die Dichtungen FRANZ KAFKAS da. In ihnen ist Wirklichkeit solcherart stilisiert, dass gewissermaßen das ganze Universum seiner Parabelerzählungen und Romanfragmente zum Gleichnis erhoben ist. Die Universalität der kafkaschen Texte und ihre enorme Wirkung gerade in der zweiten Hälfte des 20. Jahrhunderts ergibt sich aus ihrem offenen Deutungshorizont. KAFKAS Werke, die um die Metaphern Schuld und Strafe, Gesetz und Macht kreisen, liefern keine klar ablesbare Botschaft. Die Ratlosigkeit ihrer Helden ist die des Lesers. So kann man die gnadenlose Welt des „Prozeß" (1925) als eine Parabel auf die unentwirrbaren, dem Zugriff des Individuums entzogenen Strukturen einer modernen, bürokratisch geordneten Wirklichkeit lesen, „Die Verwandlung" (1916) des Gregor Samsa in ein großes Ungeziefer als Reflex auf seine demütigende Rolle als unterwürfiger Sohn und Angestellter. Während diese beklemmenden Gleichnisse das individuelle Ohnmachtsgefühl angesichts einer von kaltem Nützlichkeitsdenken beherrschten Welt widerspiegeln, verfolgt der Dichter BERTOLT BRECHT mit seinen Parabelstücken und Prosaparabeln eine klare aufklärerische Intention. Mit parabolischen epischen Kurzformen wie „Die Geschichten von Herrn Keuner" (1932) will er den Erkenntnisprozess des Lesers aktivieren.

Anekdote

Der Name dieser epischen Kleinform leitet sich von einem Werk des PROKOPIUS VON CAESAREA aus dem 6. Jahrhundert ab, in dem er nach dem Tod des römischen Kaisers JUSTINIAN I. (DER GROSSE, ca. 482–565 n. Chr.) nicht autorisierte Indiskretionen über ihn und seine Gemahlin THEODORA verbreitete. Seit dem 18. Jahrhundert erscheint die Anekdote in ihrer heutigen Gestalt.

> Die **Anekdote** berichtet Details aus dem Leben berühmter Persönlichkeiten oder Begebenheiten am Rande historischer Ereignisse, die beispielhaft über charakteristische Züge dieser Person oder dieses Ereignisses Auskunft geben können.

Anekdote: griech. anekdoton = das nicht Herausgegebene

So blühte etwa im 18. und 19. Jahrhundert nach dem Tode deutscher Herrscher jeweils die Anekdotenliteratur, welche deren Leben und Taten lobpries. JOHANN PETER HEBEL („Schatzkästlein des Rheinischen Hausfreundes", 1811) und HEINRICH VON KLEIST, der zahlreiche Anekdoten für die „Berliner Abendblätter" 1810–1811 verfasste, führten die

Anekdote Anfang des 19. Jahrhunderts auf einen Höhepunkt, der für BERTHOLD AUERBACH, JOHANN ANZENGRUBER, JEREMIAS GOTTHELF und THEODOR FONTANE vorbildhaft wurde.
Die kleinen Episoden sind auf eine Pointe hin erzählt, mitunter moralisierend, oft witzig, wobei das Humorvolle nicht vordergründiger Komik entspringt, sondern tieferer menschlicher Weisheit.
Die Anekdote ist ein bis heute gepflegtes Genre, das auch in der mündlichen Wiedergabe fortlebt. Es gibt Anekdotensammlungen über Personen der Öffentlichkeit wie Künstler und Politiker, oder Anekdoten innerhalb anderer epischer, essayistischer oder journalistischer Texte.

VOLKER BRAUN verfasste in den 1970er- und 1980er-Jahren Anekdoten, in denen Arbeiter zu Handlungsträgern wurden.

Legende

Legende: lat. legenda = das zu Lesende

Legenden sind ursprünglich Geschichten aus dem Leben von Märtyrern (Christen, die für ihren Glauben Leid auf sich nahmen) und Heiligen. Sie wurden in den Klöstern in gemeinsamen Lesungen vorgetragen. Neben diesen schriftlich niedergelegten Heiligenbiografien bezeichnete man seit dem 15. Jahrhundert auch außerhalb der Kirche überlieferte, historisch nicht belegte Berichte von wunderbaren Begebenheiten als Legenden.

Papst GREGOR I., auch der GROSSE genannt, war Papst von 590 bis 604. Wegen seiner Gelehrsamkeit wurde GREGOR zum Patron des Schulwesens, der Lehrer, Studierenden und Schüler.

Eine frühe Legendensammlung sind die „Dialogi de miraculis patrum Italicorum“ (590–604) von Papst GREGOR. Als Sammlung von Heiligenlegenden ist 1643 die „Acta Sanctuorum“ (dt.: „Taten der Heiligen“) des Jesuitenmönchs JEAN BOLLANDUS begonnen worden, die bis heute fortgeführt wird.
Im Zuge der Reformation gerieten die Legenden wegen der berichteten Wundertaten in Verruf. Die Gegenreformation belebte das Genre jedoch wieder und es diente zunehmend zur religiösen Erbauung der unteren Volksschichten. Besonders zahlreich waren die Marienlegenden. Anfänglich waren Legenden in Versform abgefasst, später setzten sich Prosalegenden durch. Sie fanden Eingang ins höfische Epos und seit HROSWITHA VON GANDERSHEIM (um 935–1000) gibt es auch Legendenspiele. Legendenstoffe wurden immer wieder literarisch bearbeitet (HANS SACHS, „Schwänke von St. Peter“, 1553–56/57, MARTIN VON COCHEM [1634–1712], „Auserlesenes History-Buch“, 1648). Die Aufklärer, allen voran LESSING und WIELAND, lehnten die Wundergeschichten der Legenden ab. Doch schon die Romantiker mit ihrem Interesse am katholischen Mittelalter und volkstümlichen Formen nutzten Legenden als Stoffquelle (AUGUST WILHELM SCHLEGEL, „Der heilige Lukas“, 1798; LUDWIG TIECK, „Leben und Tod der heiligen Genoveva“, 1800). SCHILLER bediente sich eines legendären Stoffes in seinem Drama „Die Jungfrau von Orleans“ (1802).
Die Legende ist bis in die Gegenwart ein häufig genutztes Genre mit relativ offenen Gestaltungsmöglichkeiten. GOTTFRIED KELLER legte 1872 „Sieben Legenden“ vor, die die naiv-fromme Vorlage (GOTTHARD LUDWIG KOSEGARTEN, „Legenden“, 1804) in lebensbejahende, diesseitsfreudige Geschichten verwandelten. Als epische Kleinform mit gleichnishaften Zügen gestaltete ANNA SEGHERS Legenden in „Die drei Bäume“,

(1940). Da, wo die Legende zur größeren Form wird und eine außergewöhnliche Begebenheit aufnimmt, steht sie der Novelle nahe (THOMAS MANN, „Der Erwählte“, 1951) und bedient sich der großen Romanform bei JOSEPH ROTH, „Die Legende vom heiligen Trinker“ (1939) und ULRICH PLENZDORF, „Die Legende vom Glück ohne Ende“ (1979; als Film „Die Legende von Paul und Paula“, 1974).

Kurzgeschichte

Die Kurzgeschichte ist ein Genre des 20. Jahrhunderts. Der Begriff ist aus der amerikanischen *Short Story* rückübersetzt. In der Tat haben amerikanische Autoren, wie ERNEST HEMINGWAY, WILLIAM FAULKNER, SHERWOOD ANDERSON, THOMAS WOLFE, O. HENRY und JACK LONDON, das Genre in den Zwanziger- und Dreißigerjahren zur Meisterschaft geführt.

Eine **Kurzgeschichte** zeichnet sich durch einen sehr konzentrierten Erzählverlauf aus. Die Geschichte setzt ohne Einleitung mitten im Geschehen ein. Anfang und Ende sind stark pointiert. Die Handlung ist meist einsträngig, die Personage klein gehalten. Die Umstände der Handlung sind knapp, aber präzise skizziert. Personen werden nur in wenigen Zügen charakterisiert. Dargestellt ist meist eine alltägliche, charakteristische Situation, vor der in äußerst verknappter Schilderung und ohne Ausschmückungen das Besondere des Geschehens enthüllt wird. Psychologische Tiefe oder epische Breite finden sich nicht in der Kurzgeschichte. Vielmehr ist die Aktivität des Lesers gefordert. Der Stil ist lakonisch, dicht an der Alltagssprache.

Die Personage umfasst alle auftretenden Personen.

O. HENRY (eigtl. WILLIAM SIDNEY PORTER) (1862–1910)

Vorläufer der Kurzgeschichte sind bereits im 19. Jahrhundert auszumachen. Es ragen ANTON TSCHECHOW, GUY DE MAUPASSANT und EDGAR ALLAN POE heraus. Als Wegbereiter der deutschen Kurzgeschichte werden JOHANN PETER HEBEL mit seinen Kalendergeschichten („Schatzkästlein des Rheinischen Hausfreundes“, 1811) und HEINRICH VON KLEIST („Das Bettelweib von Locarno“, 1810) gesehen. Das Aufleben der Kurzgeschichte ist eng an die Blüte des Zeitschriftenwesens im 18. und 19. Jahrhundert gebunden. Zeitschriften waren das adäquate Medium für die Verbreitung von Kurzgeschichten. In der deutschen Erzählliteratur erlebte die Kurzgeschichte einen Höhepunkt nach dem Zweiten Weltkrieg durch Autoren wie WOLFGANG BORCHERT („Die Hundeblume“, 1947), ELISABETH LANGGÄSSER, HEINRICH BÖLL („Der Zug war pünktlich“, 1949); („Wanderer, kommst du nach Spa…“, 1950), SIEGFRIED LENZ („So zärtlich war Suleyken“, 1955), WOLFDIETRICH SCHNURRE („Die Rohrdommel ruft jeden Tag“, 1950), MARIE LUISE KASCHNITZ, MARTIN WALSER und WOLFGANG HILDESHEIMER („Lieblose Legenden“, 1952). Die epische Breite des Romans erschien ihnen als unangemessene Form, den bitteren Erfahrungen der Kriegsjahre Gestalt zu geben.

EDGAR ALLAN POES „Tales of The Grotesque and Arabesque“ (1840) gelten als Urtyp der Short Story.

3

Novelle

Novelle: ital. novella = Neuigkeit

> Bei der **Novelle** handelt es sich um eine Prosaerzählung von mittlerer Länge, als deren Prototyp (Urbild) BOCCACCIOS „Decamerone" (1349–1353) gilt.

MIGUEL DE CERVANTES SAAVEDRA (1547–1616)

Diese Prosaform berief sich nicht auf Vorbilder in der Antike oder der christlichen Literatur, sie speiste sich aus volksliterarischen Wurzeln und der Troubadourslyrik. In Italien (MATTEO BANDELLO [1485–1561], „Novelle", 1554–1573), Frankreich (MARGUERITE DE NAVARRE [1492–1549], „Heptameron", 1558) und Spanien (CERVANTES, „Novelas ejemplares", 1613) fand BOCCACCIO unmittelbar Nachahmer. Aus dem nicht romanischen Sprachraum kamen allein die „Canterbury Tales" (1387–1400) von GEOFFREY CHAUCER.

Erzählanlass von CHAUCERS „Canterbury Tales" ist das Zusammentreffen einer Gruppe von Pilgern in einem Gasthaus. Um sich die Zeit zu vertreiben, erzählen die Pilger einander Geschichten.

> Die Novelle ist ein Genre, das sich in der Renaissance eigenständig herausgebildet hat und modernem, neuzeitlichem Ideengut und realistischer Gestaltungsweise den Boden bereitete.

Mit der Aufklärung verbreitete sich die Novelle in ganz Europa. Da sie auf keinen festen Formenkanon festgelegt war, konnte sie neue Stoffe aufnehmen, auf Ereignisse flexibel reagieren und die sich verändernde Wirklichkeit gestalten. Sie bediente sich der Volkssprache und nicht der Sprache der Gelehrten. Ihre Gegenstände fanden die Novellendichter nicht in Heldendarstellungen und höfischen Themen, sondern sie suchten im Alltäglichen das Besondere oder Typische. Nicht „hohe Minne" wurde gestaltet, sondern Liebe und Sexualität auch in ihrer Gewöhnlichkeit. So vielfältig wie die Form der Novelle selbst, als so vielfältig und schwierig haben sich die Bemühungen um eine Definition des Genres erwiesen. Evident ist die ursprüngliche Erzählsituation, auf die frühe novellistische Formen sich berufen. Wie in den „Geschichten aus Tausendundeiner Nacht" wird oft ein Rahmen gesetzt, in dem eine oder wechselnde Erzählerfiguren die Geschichten einer Zuhörerschaft zu Gehör bringen. Bei BOCCACCIO ist es eine Gruppe vor der Pest Geflohener, in der reihum die Geschichten des „Decamerone" erzählt werden.

Evident = offenbar, einleuchtend

GOETHE hat in den „Unterhaltungen deutscher Ausgewanderten" (1795) auf diese Erzählsituation zurückgegriffen, THEODOR STORM in seinem „Schimmelreiter" (1888), STEFAN ZWEIG in der „Schachnovelle" (1941), ANNA SEGHERS in ihrem Roman „Transit" (engl. 1944, dt. 1948).

Als kennzeichnendes Merkmal der Novelle gilt seit der Aufklärung ihre Kürze und die Einfachheit ihrer Fabel, die sich auf eine Begebenheit und wenige Personen beschränkt im Vergleich zum umfangreicheren Roman mit seiner verzweigten Handlung. Für GOETHE war die Novelle eine „sich ereignete unerhörte Begebenheit" (zu ECKERMANN 1827). Damit ist ein weiteres inhaltliches und gestalterisches Kennzeichen angesprochen.

In der Novelle ist ein Vorgang auf ein krisenhaftes Ereignis zugespitzt, in dem sich schlaglichtartig das Schicksal einer Person oder die Tendenz einer Epoche enthüllt. Hinter der herausgehobenen Begebenheit offenbaren sich gewissermaßen tiefere Wahrheiten. Die Handlung ist straff und konzentriert entwickelt, die Zeit gerafft. Die Struktur ist ähnlich wie die des Dramas: Nach einer kurzen Exposition wird die Handlung bis zur Krise entwickelt, sodann verzögert durch retardierende Momente und schließlich zur Lösung oder Katastrophe geführt.

HEINRICH VON KLEIST war ein Meister in der Herausarbeitung dieses Spannungsbogens und in der sprachlichen Verdichtung. Die Romantiker überhöhten die „unerhörte Begebenheit" ins Fantastisch-Märchenhafte und führten sie auch wieder auf die gesellige Situation des Geschichtenerzählens zurück (E. T. A. HOFFMANN, „Die Serapions-Brüder", 1819–21). Zu Beginn des 19. Jahrhunderts erwies sich die Novellistik als äußerst produktives Genre, das vielfältige Ausformungen in die fantastische oder mehr realistische Richtung erfuhr. Unter dem Begriff der Novelle firmierten kürzere Erzähltexte, die damals in großer Zahl geschrieben wurden, um das Unterhaltungsbedürfnis breiter Leserschichten zu befriedigen.

Berühmte Novellen **KLEISTS** sind „Das Erdbeben in Chili"(1806), „Die Marquise von O." (1807), „Die Verlobung in St. Domingo" (1811).

Die Novelle in ihrer klassischen Ausprägung finden wir im 19. Jahrhundert bei THEODOR STORM, GOTTFRIED KELLER („Züricher Novellen", 1877; „Die Leute von Seldwyla", 1874), ANNETTE VON DROSTE-HÜLSHOFF („Die Judenbuche", 1842), MARIE VON EBNER-ESCHENBACH („Dorf- und Schlossgeschichten", 1883), in der französischen Literatur bei BALZAC, FLAUBERT, MÉRIMÉE, MAUPASSANT, in der englischsprachigen bei STEVENSON, POE und CONRAD.

Berühmte Novellen **STORMS** sind „Immensee" (1850), „Auf dem Staatshof" (1859), „Im Schloss" (1862), „Auf der Universität" (1863), „Viola tricolor" (1873), „Aquis submersus" (1876).

Zahlreiche Novellen verfasste der zu seiner Zeit erfolgreiche Autor PAUL HEYSE (1830–1914). Er machte sich auch mit theoretischen Überlegungen (der sogenannten „Falkentheorie", die er aus einer Novelle BOCCACCIOS entwickelte und in der Einleitung zu „Neuer deutscher Novellenschatz", 1876, veröffentlichte) und als Herausgeber um das Genre verdient.
In der ersten Hälfte des 20. Jahrhunderts waren es vor allem THOMAS und HEINRICH MANN, ARTHUR SCHNITZLER, JOSEPH ROTH, ARNOLD ZWEIG, STEFAN ZWEIG und ANNA SEGHERS, nach 1945 FRANZ FÜHMANN („Kameraden", 1956), STEPHAN HERMLIN („Der Leutnant Yorck von Wartenberg",1946; „Die Kommandeuse", 1954) und CHRISTOPH HEIN („Der fremde Freund", 1982), NINO ERNÉ („Blick aus dem Fenster", 1946; „Kinder des Saturn", 1987), EVA ZELLER („Heidelberger Novelle", 1988) u. a., die die Novelle im strengeren Formverständnis pflegten.
In jüngerer Zeit verwischen sich die Genregrenzen der kürzeren Prosaformen mehr und mehr, sodass insbesondere zwischen Kurzgeschichte und Novelle mitunter schwer zu unterscheiden ist.

Roman

▶ **Roman:** altfrz. roman., span. romance = in romanischer Volkssprache, nicht in Latein, abgefasste Dichtung

Der **Roman** ist eine große Form literarischen Erzählens. Von den epischen Kleinformen unterscheidet er sich durch seinen Umfang, die mehrsträngige und komplexe Handlung sowie das zahlreichere Figurenensemble. Im Gegensatz zum umfangreichen Epos, als dessen legitimer Nachfolger er gilt, ist der Roman nicht in gebundener Rede, also Versen, abgefasst, sondern in Prosa.

Der Roman ist die wandelbarste, variantenreichste literarische Form, weil er durch kein Regelwerk eingeschränkt ist. Im Gegenteil: Indem immer neue Techniken in der Zeit- und Redegestaltung erprobt werden, ist der Roman imstande, die komplizierter und immer weniger durchschaubare moderne Wirklichkeit in sich aufzunehmen und ihr literarische Gestalt zu geben.

▶ THEODOR WIESENGRUND ADORNO (1903–1969) war ein deutscher Philosoph, Soziologe und Musiktheoretiker.

Der Roman ist die „spezifische Form des bürgerlichen Zeitalters" (THEODOR W. ADORNO). Nicht das geschlossene, von ritterlichen Tugenden und religiösen Idealen geprägte mittelalterliche Weltbild fand im Roman seinen Ausdruck, sondern das neue Selbstbewusstsein des bürgerlichen Menschen. Mit der Erfindung des Buchdrucks erfuhren Romane massenhafte Verbreitung und statt des ursprünglich vortragenden Erzählens und Vorlesens setzte sich das individuelle stille Lesen durch.

GEORG WILHELM FRIEDRICH HEGEL (1770–1831, ↗Bild) war ein führender Vertreter der deutschen idealistischen Philosophie des 18./19. Jh.

▶ In der Antike kannte man den Roman als „fabulae" (Erfundenes).

Der bürgerliche Mensch bestimmte sich nicht mehr vornehmlich durch die Werte, die sich aus seinem Stand und seiner religiösen Bindung ergaben. Er sah sich als autonomes (unabhängiges) Individuum einer Welt gegenüber, in der er sich als nützlich und tüchtig erweisen musste. Romanhandlungen bauen oft darauf auf, dass der Held diese Welt des reinen Nützlichkeitsdenkens als fremd und feindlich empfindet. Er muss sich behaupten und reift in einem Prozess der Desillusionierung und der Bewusstseinsbildung. HEGEL nennt dies in seinen „Vorlesungen zur Ästhetik" (1817–1829) den „Konflikt zwischen der Poesie des Herzens und der entgegenstehenden Prosa der Verhältnisse".

Herausbildung des Romans als epische Gattung

Als eigenständige epische Form bildete sich der Roman seit Ende des 13. Jahrhunderts neben dem Epos heraus und löste dieses allmählich ab. Frühe Romane waren die Prosaauflösungen der höfischen Versepen. *Ritterromane* nach dem Vorbild des „Amadis de Gaule" (um 1490) von dem Spanier RODRIGUEZ DE MONTALVO schufen eine sehr erfolgreiche Tradition, die dem Unterhaltungsbedürfnis der gebildeten höfischen Oberschicht entsprach.

In den unteren Schichten entstanden die sogenannten *Volksbücher* wie die Schwanksammlung zu „Till Eulenspiegel" (1515) und die „Historia von D. Johann Fausten" (1587). Von großem Einfluss waren der französische Schäferroman „Astreé" (1607–1627) von HONORÉ D'URFÉ und „Gargantua et Pantagruel" (1532–1564) von FRANÇOIS RABELAIS. Einen Roman von weltliterarischem Rang schuf der Spanier MIGUEL DE CERVANTES mit „Don Quijote" (1605–1615). Er rechnete mit den Klischees des Ritterromans ab, indem er ihn parodierte.

Don Quijote und sein Diener Sancho Pansa sind Teil des CERVANTES-Denkmals an der Plaza de España in Madrid.

Alonso Quijano gerät durch die übermäßige Lektüre von Ritterromanen in einen Zustand der Verwirrung, in dem er die wirkliche Welt verkennt. Er nennt sich Don Quijote, hält seinen alten Klepper für das Streitross Rosinante, Windmühlen für Riesen, Mönche für Entführer einer Prinzessin. In seinem Begleiter Sancho Pansa sieht er seinen Knappen und er erfindet sich mit Dulcinea die angebetete Dame seines Herzens. Don Quijote deutet die Welt nach seinen Vorstellungen um und erntet damit nur Spott. Letztlich wird er in einem vermeintlichen Kampf besiegt und zur Aufgabe seiner Ritterlaufbahn gezwungen. Er stirbt schließlich zu Hause, mit der Welt und seiner wahren Identität versöhnt.

„Don Quijote" gehört zu den meistgelesenen Werken der Weltliteratur und ist oft verfilmt worden. Auch als Musical wurde der Stoff adaptiert („Man of La Mancha"). Torheit aus weltfremdem Idealismus wird seither Donquichotterie genannt.

Die meisterliche Gestaltung des Widerspiels von Ideal und Wirklichkeit, Fantasie und Vernunft, Freiheit des Geistes und Anerkennung des Gegebenen und das äußerst produktive Gestaltungsmittel des Herr-Knecht-Paares machen die bis heute unverminderte Wirkung dieses Romans aus.

Schelmenroman

Auch die Tradition des *Schelmenromans* hat ein spanisches Vorbild: das „Leben des Lazarillo de Tormes" (1554) von einem anonymen Verfasser.

Im Mittelpunkt steht der *Pícaro,* der Schelm. Dieser Held aus den unteren Volksschichten schlägt sich mit Gewitztheit und Raffinesse ohne materielle Mittel durchs Leben. Stets auf den eigenen Vorteil bedacht, führt er seine Kontrahenten, die zumeist höheren Schichten entstammen, an der Nase herum und stellt ihre Scheinheiligkeit und geheuchelte Moral bloß.

Der Schelmenroman vermag mit seiner realistischen Darstellungsweise Kritik an gesellschaftlichen Zuständen zu üben. Das Strukturprinzip ist

Der Schelmenroman wird auch pikarischer bzw. pikaresker Roman genannt (von span. *pícaro* = Gauner).

eine lockere Reihung von abenteuerlichen Episoden. Einen frühen Höhepunkt pícaresken Erzählens, den ersten bedeutenden Roman überhaupt in der deutschen Literatur, stellt „Der abentheuerliche Simplicissimus Teutsch“ (1668) von HANS JACOB CHRISTOFFEL VON GRIMMELSHAUSEN dar. Die äußerst lebendige Schilderung der Zeit des Dreißigjährigen Krieges aus der naiven Sicht des heranwachsenden Simplicius Simplicissimus fand zahlreiche simplicianische Nachahmungen.

In der englischen Literatur stehen DANIEL DEFOES (1660–1731) „Glück und Unglück der berühmten Moll Flanders“ (1722) und HENRY FIELDINGS (1707–1754) „Geschichte des Tom Jones“ (1749) in der unmittelbaren Tradition des pícaresken Romans.

Von großer Wirkung auf die amerikanische Literatur waren die berühmten Jungengeschichten von MARK TWAIN (1835–1910) „The Adventures of Tom Sawyer“ (dt. „Tom Sawyers Abenteuer“, 1876) und „Adventures of Huckleberry Finn“ („Huckleberry Finns Abenteuer“, 1885). Sie beziehen ihre erzählerische Kraft aus der Diskrepanz zwischen der naiven Sicht des erzählenden Jungen, seiner frischen, unverdorbenen Natur einerseits und der verknöcherten und bigotten Moral der Gesellschaft andererseits. Auf der einen Seite gibt es in „Huckleberry Finns Abenteuer“ die Gemeinschaft auf dem Floß, der sich Huck nach der Flucht vor seinem trunksüchtigen Vater angeschlossen hat, und das Leben im Einklang mit der Natur, auf der anderen Seite die gierige, grausame Gesellschaft am Ufer. Die Flussreise strukturiert die Episodenreihung des pícaresken Erzählmusters.

„Schwejk“ wurde sehr oft verfilmt. Sehr erfolgreich 1960 mit HEINZ RÜHMANN in der Rolle des Schwejk.

„Die Abenteuer des braven Soldaten Schwejk“ (1921–1923) des tschechischen Autors JAROSLAV HAŠEK (1883–1923) erweitern das Prinzip des Schelmenromans um burlesk-satirische Züge.

Der für schwachsinnig befundene, aber dennoch zum Militärdienst im Ersten Weltkrieg eingezogene Schwejk unterläuft mit seiner wortgenauen Ausführung der Befehle alle Prinzipien des Militärapparates und des Gehorsams und zieht sie damit ins Lächerliche. Zugleich bietet er auf gewitzte plebejische Weise dem Irrsinn des Krieges und den Autoritäten des Militärs Widerstand.

Als Ironisierung von Schelmenroman und Bildungsroman sind „Die Bekenntnisse des Hochstaplers Felix Krull“ (1954) von THOMAS MANN angelegt. Der geläuterte und gereifte Held schildert Episoden seines abenteuerlichen Lebens, in dem er andere Menschen (besonders die Frauen) zu blenden und für sich einzunehmen versteht und so seinen gesellschaftlichen Aufstieg (und späteren Fall) bewirkt.

Nach dem Zweiten Weltkrieg nutzten HEINRICH BÖLL in „Ansichten eines Clowns“ (1963) und GÜNTER GRASS in „Die Blechtrommel“ (1959) den Filter der eingeschränkten Perspektive ihres Helden und Ich-Erzählers für einen kritischen Rückblick auf die Epoche der Weltkriege und deutsche kleinbürgerliche Verhältnisse.

THOMAS BRUSSIG bediente sich in seinem satirischen Roman über die deutsche Wende „Helden wie wir" (1996) ebenfalls des Schemas des Schelmenromans.

Der in seiner historischen Einsicht äußerst beschränkte Ich-Erzähler Klaus Ulzscht berichtet Aberwitziges aus seinem Leben im kleinbürgerlichen Mief der DDR und ist der festen Überzeugung, den Fall der Mauer verursacht zu haben. Sein Verkennen der Realität, das aber der Leser mit seinem Wissen um die tatsächlichen historischen Gegebenheiten konfrontieren kann, bewirkt die komischen Effekte des Romans.

Entwicklungs- bzw. Bildungsroman

Ein ähnlich episodisches Bauprinzip wie der Schelmenroman und eine starke traditionsbildende Kraft weist der *Entwicklungs-* oder *Bildungsroman* auf. Seine Prototypen (WIELANDS „Geschichte des Agathon", 1766; GOETHES „Wilhelm Meisters Lehrjahre", 1795–1796, und „Wilhelm Meisters Wanderjahre", 1821–1829) basieren auf dem Humanitätsideal von *Spätaufklärung* und *Weimarer Klassik* sowie dem Anspruch, die geistigen und emotionalen Fähigkeiten des Menschen harmonisch auszubilden. Ein junger Mensch wird durch die Erfahrungen in verschiedenen Lebensstationen geprägt, durchwandert sie gleichsam in einem Prozess von Reifung und Bildung und fügt sich am Ende als vollwertiges Mitglied in die bürgerliche Gesellschaft ein. Im 19. Jahrhundert wurde der *Bildungsroman* zum vorherrschenden Romantypus in der deutschen Literatur (JEAN PAUL, „Titan", 1800–1803; NOVALIS, „Heinrich von Ofterdingen", 1802; ADALBERT STIFTER, „Der Nachsommer",1857). In GOTTFRIED KELLERS „Der Grüne Heinrich" (1854–1855) gelingt die Selbstverwirklichung des Helden zum Künstler nicht. Das Scheitern und die Desillusionierung angesichts der harten, von Nützlichkeits- und Gewinnstreben beherrschten kapitalistischen Welt prägen auch die Romane der realistischen französischen Erzähler STENDHAL („Rot und Schwarz",1830), BALZAC („Verlorene Illusion", 1837–1844) und FLAUBERT („Lehrjahre des Gefühls", 1869).
THOMAS MANN schuf mit seinem „Zauberberg" (1924) im 20. Jahrhundert eine ironische Variation des Bildungsromans und eine hellsichtige Analyse der geistigen Strömungen Europas vor dem Ersten Weltkrieg.

Weitere Bildungsromane sind JAMES JOYCES „Portrait of the Artist as a Young Man" (1916), EDUARD MÖRIKES „Maler Nolten" (1832), KARL PHILIPP MORITZ´ „Anton Reiser" (1790), WILHELM RAABES „Der Hungerpastor" (1864) und HERMANN HESSES „Das Glasperlenspiel" (1943).

Gesellschaftsroman

Die großen französischen und englischen Romanciers führten den Typus des *Gesellschaftsromans* auf einen Höhepunkt. Sie erweiterten das Modell des *Entwicklungsromans* um die kritische, nahezu dokumentarische Analyse der gesellschaftlichen Verhältnisse wie BALZAC in seinem Romanzyklus „Die menschliche Komödie" (1842–1850), ZOLA im „Rougon-Macquart"-Zyklus (1871–1893) und DICKENS in „Oliver Twist" (1850) und „David Copperfield" (1849–1850). Ein derartiges Gesellschaftspanorama schufen in Deutschland allenfalls THEODOR FONTANE mit „Der Stechlin" (1899) und HEINRICH MANN mit seinen Satiren auf den preußisch-wilhelminischen Staat „Professor Unrat" (1905) und „Der Untertan" (1918).

Der Roman „Das siebte Kreuz", den ANNA SEGHERS 1942 in der Emigration verfasste, beschreibt den gelungenen Ausbruch eines Häftlings aus dem KZ.
Die Stationen seiner Flucht, auf denen ihm Hilfe zuteil wird, ergeben ein lebendiges Bild der Lebens- und Denkweise der einfachen Bevölkerung im Gebiet an Rhein und Main.

Psychologischer Roman und Briefroman

Als psychologischer Roman ist KARL PHILIPP MORITZ´ „Anton Reiser“ (1785 – 1790) deklariert.

Die psychologische Vertiefung gesellschaftlicher Konflikte, wie in FLAUBERTS „Madame Bovary“ (1856), aber auch in DOSTOJEWSKIS Romanen „Schuld und Sühne“ (1866) und „Die Brüder Karamasow“ (1879–1880) sowie TOLSTOIS Ehebruchroman „Anna Karenina“ (1877) und FONTANES „Effi Briest“ (1895), war unter anderem in den sehr populären *Briefromanen* des 18. Jahrhunderts vorbereitet. Die fingierten (erfundenen) Briefe oder Briefwechsel ermöglichten eine konsequente Ich-Perspektive und das tiefe Ausloten des Gefühlslebens ihrer Protagonisten.
Als europäisches Vorbild wirkte der Briefroman „Pamela“ (1740) des Engländers SAMUEL RICHARDSON. Es ist die Geschichte eines jungen Mädchens, das seine Tugend tapfer verteidigt und mit dem Aufstieg aus den untersten Schichten zur wohlsituierten Ehefrau belohnt wird. Als Höhepunkt von weltliterarischem Rang gilt GOETHES Briefroman „Die Leiden des jungen Werthers“ (1774), der den jungen Autor quasi über Nacht berühmt machte. HÖLDERLINS „Hyperion“ (1797) erreichte diese enorme Wirkung nicht mehr und nach dem 18. Jahrhundert mit dem Abflauen der allgemeinen Briefkultur und der Epoche der *Empfindsamkeit* spielte dieser Romantyp keine Rolle mehr.

Abenteuerroman und Robinsonade

Illustration einer deutschen „Robinson Crusoe“-Ausgabe aus dem Jahr 1882.

Doch Romane wollten nicht nur bilden und erziehen. Der wirtschaftliche Erfolg dieses Genres beruhte vor allem darauf, dass das Belehrungs- und Unterhaltungsbedürfnis des breiten Lesepublikums gleichermaßen befriedigt wurden. Großer Popularität erfreute sich im 18. Jahrhundert die sogenannte *Robinsonade,* eine spezielle Variante des Abenteuerromans. Das Vorbild hatte 1719 der Engländer DANIEL DEFOE mit der fingierten Ich-Erzählung des Schiffbrüchigen Robinson Crusoe geliefert. Unmittelbare Nachahmung fand es in der „Insel Felsenburg“ (1731–1743) von JOHANN GOTTFRIED SCHNABEL. Das Schicksal des auf sich selbst gestellten und aus eigener Kraft versorgenden Schiffbrüchigen galt als Beispiel für den Erfolgswillen der aufstrebenden bürgerlichen Klasse.

SCHNABEL veröffentlichte seinen Roman unter dem Pseudonym GISANDER.

Historischer Roman

Als Vater des europäischen historischen Romans gilt der Schotte SIR WALTER SCOTT. Nach sehr erfolgreichen Ritterepen in Versen verfasste er in schneller Folge zahlreiche romantisch geprägte Romane in einer Mischung aus historisch Verbürgtem und Erfundenem, wobei er häufig Stoffe aus seiner schottischen Heimat verarbeitete. SCOTT wurde vielfach übersetzt und nachgeahmt. Stellvertretend seien VICTOR HUGOS „Notre Dame von Paris“ (1831), ALEXANDRE DUMAS’ „Die drei Musketiere“ (1844) und „Der Graf von Monte Christo“ (1845–1846) sowie TOLSTOIS „Krieg und Frieden“ (1864–1869) genannt. Ende des 19. Jahrhunderts fand der historische Roman in Deutschland ein breites Lesepublikum.

Er erlangte während der Zeit des Faschismus wieder literarische Bedeutsamkeit. Die Schriftsteller, die in die Emigration gegangen waren, kleideten ihre Auseinandersetzung mit den braunen Machthabern in ein historisches Gewand (LION FEUCHTWANGER, „Der falsche Nero“, 1936; HEINRICH MANN, „Henri Quatre“, 1935–1938). FEUCHTWANGER legte sowohl in den Zwanzigerjahren („Die hässliche Herzogin Margarete Maultasch“, 1923; „Jud Süss“, 1925) als auch nach dem Krieg („Die Füchse im Weinberg oder Waffen für Amerika“, 1947/1948; „Goya“, 1951; „Die Jüdin von Toledo“, 1954) bedeutende historische Romane vor. Die historische Einkleidung war auch für Autoren der DDR ein Weg, sich mit dem absoluten Machtanspruch von Staat und Partei auseinanderzusetzen und Zensurmaßnahmen sowie Druckverbot zu entgehen (STEFAN HEYM, „Der König David Bericht“, 1972; MARTIN STADE, „Der König und sein Narr“, 1975; CHRISTA WOLF, „Kassandra“, 1983).

SIR WALTER SCOTT (1771–1832)

Schauergeschichte und Kriminalroman

Den Nachtseiten der menschlichen Seele und Gesellschaft hatten sich schon die Romantiker in ihren Erzählungen zugewandt. Ein Meister der fantastischen *Schauergeschichte* war E. T. A. HOFFMANN. 1818 hatte er in „Das Fräulein von Scuderi“ einen Kriminalfall in den Mittelpunkt eines novellistischen Romans gestellt. Der russische Autor FJODOR DOSTOJEWSKI, der für viele Schriftsteller des 20. Jahrhunderts, u. a. für THOMAS MANN, von großem Einfluss war, machte in „Schuld und Sühne“ (1866) und „Die Brüder Karamasow“ (1879–1880) das Verbrechen und die Seele des Verbrechers zum Gegenstand literarischer Gestaltung.

Weitere Schauergeschichten von E. T. A. HOFFMANN: „Die Elixiere des Teufels“ (1815/1816), „Nachtstücke“ (1816/1817)

FJODOR DOSTOJEWSKI (1821–1881) gehört zu den bedeutendsten Autoren des 19. Jh. Seine psychologische Erzählweise beeinflusste Autoren in aller Welt, u. a. stellte JEAN-PAUL SARTRE (1905–1980) fest, erst durch das Lesen dostojewskischer Romane zu eigenem Schreiben angeregt worden zu sein. Auch FRIEDRICH NIETZSCHE war sein eifriger Bewunderer.

Im 19. Jahrhundert, als sich die bürgerlichen Rechts- und Ordnungsmächte formierten, bildete sich vor allem im englischen Sprachraum das Genre des *Kriminalromans* heraus. Das Vorbild schuf EDGAR ALLAN POE mit seiner Erzählung „Der Doppelmord in der Rue Morgue“ (1841), in der ein Privatdetektiv der Frage „Wer war es?“ nachgeht. Damit sind die einfachen, aber erfolgreichen *Strukturprinzipien des Genres* genannt. Entweder werden auf „analytischem“ Wege Täter und Tathergang von einem Detektiv Schritt für Schritt (einschließlich retardierender Momente in Form falscher Fährten und Verdachte) enthüllt, oder aber das Wissen wird dem Leser gleich zu Beginn mitgeteilt und die Spannung baut sich „synthetisch“ auf, indem *Tatmotive und Psyche des Täters* aufgedeckt werden. Von diesen Basiselementen in verschiedenen Variationen lebt das Krimigenre, das sich auch als Film unerschütterlicher Beliebtheit erfreut: der Detektiv, der mehr oder weniger als Person profiliert wird

(Miss Marple, Sherlock Holmes, Philipp Marlowe, Kommissar Maigret), und sein Assistent (Dr. Watson), die Vorführung von Milieus und sozialen Schichten (im englischen Krimi die gehobene Mittelklasse und der Adel; im amerikanischen Krimi die harten Milieus der Großstädte), die *Enthüllung des psychologischen Profils des Täters* (mit der Fassade des Gutbürgerlich-Anständigen oder der psychopathische Serienmörder).
Zu den Krimiklassikern zählen die Romane der Engländer AGATHA CHRISTIE und ARTHUR CONAN DOYLE, der Amerikaner DASHIEL HAMMETT und RAYMOND CHANDLER und des Belgiers GEORGE SIMENON. Viel gelesene Krimiautoren auch noch im 21. Jahrhundert sind die Amerikanerin DONNA LEON und der Schwede HENNING MANKELL.

Der Roman der Moderne und seine Wandlungsfähigkeit

Die *klassischen Romanformen* unterlagen einer steten Wandlung. Es haben sich immer neue Romantypen herausgebildet. THOMAS MANN, womöglich der bedeutendste deutsche Erzähler des 20. Jahrhunderts, hat eine Fülle von Erzähltechniken zu virtuoser Meisterschaft entwickelt. Ein radikaler Erneuerer war er jedoch nicht, eher blieb er dem traditionellen chronologischen und auktorialen Erzählen verbunden, so wie auch HEINRICH MANN, LION FEUCHTWANGER, ARNOLD ZWEIG, JOSEPH ROTH, HERMANN HESSE, STEFAN ZWEIG und ANNA SEGHERS.

JAMES JOYCE (1882–1941)

Das *epochale Krisengefühl,* das der expansive Kapitalismus hervorrief, widerspiegelt sich in radikalen *formalen Neuerungen in der Literatur* Ende des 19., Anfang des 20. Jahrhunderts. Die Erzählmuster erneuerten und vervielfältigten sich in schneller Folge. Der ruhige, harmonische Erzählfluss des 19. Jahrhunderts, der Standpunkt des allwissenden Erzählers und die chronologische Zeitabfolge erschienen vielen Autoren als unangemessen, um der immer komplexer werdenden Wirklichkeit Herr zu werden. Sie unterliefen die Erwartungen des bildungsbürgerlichen Lesepublikums mit *avantgardistischen Formexperimenten.* Jene Autoren, die damals oft auf Unverständnis und Ablehnung des Publikums, aber auch auf die begeisterte Zustimmung ihrer Kollegen stießen, rechnet man heute zu den Vertretern der *klassischen Moderne.* In Reaktion auf die hässliche, brutale Wirklichkeit suchten einige Autoren *Zuflucht im Ästhetizismus,* einer Kunstwelt des Schönen (OSCAR WILDE, GABRIELE D'ANNUNZIO, KARL-JORIS HUYSMAN), andere in radikaler Subjektivität und psychologischer Erkundung (KNUT HAMSUN, MARCEL PROUST, VIRGINIA WOOLF).

Von großer Wirkung auf nachfolgende Schriftstellergenerationen, jedoch ohne Anknüpfungspunkte im Sinne von Wiederholbarkeit, war MARCEL PROUSTS mehrbändiges Werk „Auf der Suche nach der verlorenen Zeit" („À la recherche du temps perdu", 1909–1927) und JAMES JOYCE´ „Ulysses" (1922). PROUST schuf eine handlungsarme, auf die *Wiedergabe von Erinnerungen und Sinneseindrücken* und satirische Sozialanalyse gerichtete Prosa, in der das Erzähler-Ich zudem die verfließende Zeit sowie die Vorgänge des Erinnerns und Empfindens reflektiert. Am weitesten trieb JOYCE die erzähltechnischen Neuerungen. Sein Roman „Ulysses" schildert einen Tag des Dubliner Anzeigenwerbers Leopold Bloom in Anspielung auf HOMERS Epos als *Odyssee durch die Großstadtwelt und das menschliche Bewusstsein.* Er experimentiert mit verschiedenen Erzähltechniken, montiert auch alltagssprachliche Gebrauchstexte wie Zeitung und Reklame ein und macht Sprache zum direkten Ausfluss ungeordneten menschlichen Bewusstseins in einem mehrseitigen interpunktionslosen *Stream of Consciousness.*

Das Erzählen selbst, oder besser die Unmöglichkeit geschlossener epischer Darstellung, die Behandlung der Zeit, der kunstschöpferische Prozess wurden im Roman zum Thema (RILKE, „Aufzeichnungen des Malte Laurids Brigge", 1910; HERMANN BROCH, „Die Schlafwandler", 1931–1932; ROBERT MUSIL, „Der Mann ohne Eigenschaften", 1930–1943). ALFRED DÖBLIN nutzte in seinem Roman „Berlin Alexanderplatz" (1929) die *Montagetechnik,* um der chaotischen, vielstimmigen Welt der modernen Großstadt Ausdruck zu geben. FRANZ KAFKAS pessimistische, extrem deutungsoffene Romanparabeln sind Fragment geblieben und wurden nach seinem Tode und gegen seinen testamentarischen Willen von seinem Freund MAX BROD veröffentlicht. Sie machten KAFKA in der Nachkriegszeit in Westeuropa und Amerika zu einem viel gelesenen Autor.

Titelseite der Originalausgabe von „Berlin Alexanderplatz" (1929)

Nach den katastrophalen Erfahrungen des Zweiten Weltkrieges erschien der jüngeren Autorengeneration das naive, episch breite Erzählen ebenso unmöglich wie modernistische Formexperimente. Der „Tod des Romans" wurde verkündet und hauptsächlich Kurzprosa verfasst.

Rezipiert wurden in jener Zeit jedoch die Romane ausländischer Autoren: die Amerikaner WILLIAM FAULKNER und ERNEST HEMINGWAY sowie die französischen Existentialisten SARTRE und CAMUS (ALBERT CAMUS, „Der Fremde", 1942 und „Die Pest", 1947; sowie JEAN PAUL SARTRE, „Der Ekel", 1938, dt. 1949). In der westdeutschen Erzählliteratur herrschten realistische (WOLFGANG KOEPPEN, „Das Treibhaus", 1952; MARTIN WALSER, „Ehen in Philippsburg", 1957) und gemäßigt modernistische Erzählweisen (GÜNTER GRASS, „Die Blechtrommel", 1959) vor. An der *klassi-*

schen Moderne geschult waren die subjektive Erzählperspektive, die jähen Perspektivwechsel und Wechsel der Zeitebenen sowie die Polyphonie (Vielstimmigkeit) bei UWE JOHNSON, dessen Roman „Mutmaßungen über Jakob“ (1959) u. a. aus diesen Gründen nicht in der DDR erscheinen durfte. Seine Romantetralogie „Jahrestage“ (1970–1983) verschränkt eine Gegenwartshandlung, in die Fakten aus dem Zeitgeschehen eingestreut sind, mit Rückblicken auf die deutsche Geschichte. Auktoriales und unvermittelt dialogisches Erzählen wechseln einander ab.

In der Literatur der DDR war wie in anderen Staaten, die sich im Machtbereich der Sowjetunion befanden, die Schreibweise des *sozialistischen Realismus* verordnet. Das kommunistische Geschichtsbild und der Aufbau des Sozialismus sollten nach den Vorgaben der Partei volksnah und realitätsgetreu „widergespiegelt“ werden. Zum Ende der DDR hin wurde dieses enge Konzept jedoch mehr und mehr unterlaufen.

Erzählerische Innovationen und Impulse auf die internationale Romanliteratur gingen in den Fünfzigerjahren vom französischen noveau roman aus. Autoren wie ALAIN ROBBE-GRILLET, MICHEL BUTOR und NATHALIE SARRAUTE experimentierten mit ungewöhnlichen Erzähltechniken.

Nouveau Roman: franz. = neuer Roman

Der *Noveau Roman* propagierte eine neue, objektive Art des Schreibens. Die genaue Beschreibung der sinnlich wahrnehmbaren äußeren Welt schließt eine chronologische Erzählführung, innere Handlung, individuelle Charakterisierung der Figuren sowie Subjektivität aus.

Als **magischer Realismus** wird eine literarische Strömung bezeichnet, die versucht, nicht nur die äußere Wirklichkeit als real darzustellen, sondern auch die „Innenwelten“ der Figuren als Wirklichkeit zu begreifen. Dabei bedient man sich fantastischer, legendenhafter, magischer, spontaner, unterbewusster, mythologischer und absurder Elemente.

Die ganz ursprüngliche spielerische Freude am Fabulieren, am Erfinden und fantastischen Ausschmücken von Geschichten, am Verbinden von Moderne und Mythos, Geschichtlichkeit und Subjektivität hat der *magische Realismus* des lateinamerikanischen Romans wieder in die internationale Literatur gebracht. Dem großen Welterfolg des Kolumbianers GABRIEL GARCÍA MÁRQUEZ „Hundert Jahre Einsamkeit“ (1967) stehen die Romane von MARIO VARGAS LLOSA, CARLOS FUENTES, JORGE AMADO, JULIO CORTÁZAR, ALEJO CARPENTIER, MIGUEL ANGEL ASTURIAS und ISABELLE ALLENDE zur Seite.

1982 erhielt MÁRQUEZ den Literaturnobelpreis für „Hundert Jahre Einsamkeit“.

GABRIEL GARCÍA MÁRQUEZ´ Roman „Cien anos de soledad“ (dt. „Hundert Jahre Einsamkeit“) spielt in einem kleinen kolumbianischen Dorf namens Macondo. Das Ehepaar José Arcadia Buendia und seine Frau Ursula hatte sich nach einem Mord vor dem Geist des Ermordeten in den Urwald geflüchtet und dieses Dorf gegründet. Ihnen werden zwei Söhne geboren, später leben diese mit ihren Frauen im Haus der Eltern. Immer mehr Menschen finden unter dem Dach des Hauses Unterschlupf. MÁRQUEZ erzählt die Geschichten seiner Bewohner. Sieben Generationen dauert es, bis der Fluch, der wegen des Mordes auf der Familie lastet, von ihr abfällt. Das sind die titelgebenden hundert Jahre Einsamkeit, Schlaflosigkeit und Vergessen. Die Welt trifft sich in dem kleinen Dorf, zu dem keine Straße führt. Der Leser erlebt die Wunder, die hier geschehen, wenn z. B. die Himmelfahrt einer gerade Verstorbenen geschildert wird.

Die alten kolumbianischen Mythen werden hier lebendig – und MÁRQUEZ fügt eigene Mythen hinzu. Aber auch die Wirklichkeit bricht sich Bahn, wenn z.B. vom großen Massaker an den streikenden Bananenarbeitern berichtet wird. So wird die Geschichte einer Familie auch zur Geschichte des Aufstiegs und Falls eines Dorfes mitten im Urwald. Nachdem sieben Generationen friedlich in Macondo gelebt haben, gerät das Dorf in den lateinamerikanischen Freiheitskampf. Die Familie Buendia geht in ihm unter.

CARLOS FUENTES: „Die Sage von Macondo und der Familie Buendia schließt die Gesamtheit der legendären, mündlich überlieferten Vergangenheit ein und macht uns klar, dass wir uns nicht mit der offiziellen, dokumentierten Geschichtsschreibung zufrieden geben können; dass Geschichte auch all das Gute und Böse ist, das die Menschen sich ausdachten, träumten und wünschten, um sich zu erhalten und um sich zu zerstören."

Roman und Buchmarkt

Die Masse der Buchproduktion ist seit Ende des 18. Jahrhunderts stetig angewachsen und reagiert auf sehr unterschiedliche Lesebedürfnisse. Neben den Werken für gehobene literarische Ansprüche entstand und entsteht eine Flut von *Trivial- und Unterhaltungsliteratur,* die den Fundus erfolgreicher Vorbilder mehr oder weniger gelungen kolportiert (nachahmt) und auffächert. Die Grenzen zwischen anspruchsvoller Literatur und Unterhaltungsliteratur sind fließend und oft irrelevant.
Große Literatur kann durchaus als Abenteuerroman (wie HERMAN MELVILLES „Moby-Dick"), als Krimi und Historienschinken (wie UMBERTO ECOS „Der Name der Rose", 1980), als Kriegsroman (wie ERICH MARIA REMARQUES „Im Westen nichts Neues", 1929) oder als *Science Fiction* (wie GEORGE ORWELLS „1984") daherkommen.

Kriminal- und Abenteuerliteratur, Arztromane, Horrorgeschichten, Agententhriller sowie Science-Fiction- und Fantasyromane sind Ende des 20. Jahrhunderts mittels Buch- und Filmindustrie zu einem *gigantischen Marktsegment* geworden, das dem *Bedürfnis nach Ablenkung und Nervenkitzel,* nach dem Überschreiten der prosaischen Wirklichkeit im Geiste, nachkommt. Einmal erfolgreiche Bücher werden nicht selten in Fortsetzungen produziert, wie in jüngster Zeit die Harry-Potter-Bücher von J. K. ROWLING.

Die Möglichkeiten des Romans sind unerschöpflich und offen in jede Richtung. Zwischen den epischen Genres und den literarischen Gattungen verwischen die Grenzen. Film und Fernsehen gestalten literarische Vorlagen und die Techniken des Films und der Massenmedien wirken auf die Literatur zurück.
Texte existieren zudem als lebendige, unabgeschlossene, sich selbst generierende, aufeinander verweisende, hypertextuelle Gebilde in der virtuellen Welt des Internets. Neue Systematisierungsversuche und Begriffsbestimmungen kommen auf uns zu.

3

3.3 Lyrik

Lyrik: von griech. Lyra = Leier bzw. lyrikós = zum Spiel der Lyra gehörend, mit Lyrabegleitung, ursprünglich Gesänge, die mit der Lyra begleitet wurden

Lyrik ist eine sowohl nicht epische als auch nicht dramatische Dichtung, deren auffälligstes Kennzeichen ihre Gliederung in Verse ist.

3.3.1 Kennzeichen der Lyrik

Satyr mit Lyra, attisch-rotfigurige Trinkschale, 460–450 v. Chr.

Anthologie = Textsammlung

Allgemein gilt alles in Gedichtform Geschriebene und Überlieferte als Lyrik, wobei selbst längere, in **Versform** strukturierte dramatische Monologe in vielen Lyrikanthologien vertreten sind (z. B. GOETHES „Osterspaziergang" aus dem „Faust I"). Lyrik wird von vielen als die subjektivste der literarischen Gattungen aufgefasst, weil angeblich der Autor selbst – mehr oder weniger distanziert – durch ein „Ich" spricht. Das kann allerdings angesichts jener lyrischen Texte, die sich aus dramatischen Werken in die Lyrik „verselbstständigt" haben, oder aber angesichts der sogenannten „Rollenlyrik", die sich bestimmter dramatischer Formen bedient, recht leicht widerlegt werden. In vielen Rollengedichten sprechen sogar zwei oder mehrere Personen. Mitunter weisen auch Gedichttitel (z. B. GOETHES „Prometheus") auf den **lyrischen Sprecher** hin. Hier erkennen wir leicht, dass Prometheus der Sprecher ist und dass der Autor sich lediglich eine Instanz, eine **Erzählfigur,** erschaffen hat:

„**Ich** kenne nichts ärmers
Unter der Sonn' als euch, Götter!"

In dem Gedicht „Der Knabe und das Vergissmeinnicht" von KAROLINE VON GÜNDERRODE z. B. entspinnt sich ein Dialog zwischen einem kleinen Jungen und einer Blume:

„Die Stimme, ach Süßer! die hab ich nicht.
Doch trag **ich** den Namen **Vergissmeinnicht.**"

Auch hier ist nicht davon auszugehen, dass die Autorin mit den Figuren identisch ist.
Wie in anderen poetischen Texten ist also auch in der Lyrik der Sprecher eine **Vermittlungsinstanz,** die sich der Autor schafft und dessen Blick der Leser nachvollzieht, dessen Wahrnehmungen er folgen oder ablehnen kann. Dieser Sprecher wird in älteren Poetologien manchmal „lyrisches Ich" genannt.

Die Zuordnung eines literarischen Werkes zur Gattung Lyrik lässt sich auch nicht auf *rein formale Elemente* reduzieren. So ist Lyrik nicht unbedingt an den **Reim** und ein bestimmtes **Metrum** gebunden. Das Vorhandensein eines strukturierenden **Versmaßes** und/oder eines Reims wurde zwar bis ins 20. Jahrhundert bei der Identifizierung eines lyrischen Textes angenommen, moderne Texte arbeiten jedoch auch mit **freien Versen** und mit **freien Rhythmen.**

Wichtig für die Zuordnung eines lyrischen Textes sind:
- Bildhaftigkeit,
- Assoziationsreichtum,
- Klangreichtum, Stimmungshaftigkeit und Rhythmusbetontheit,
- Aus- bzw. Ansprechen von Empfindungen,
- relative Kürze lyrischer Texte,
- Abweichungen von der Alltagssprache (Wortwahl, Wortstellung, Wortgestalt ...),
- besondere Subjekt-Objekt-Beziehung, die je nach Umfang und Art des Anteils der dichterischen Subjektivität auch verschiedene Arten hervorbringt (etwa das Volkslied, die Gedankenlyrik, Liebeslyrik, Naturlyrik, die Stimmungslyrik usw.).

Es gibt eine Vielfalt poetischer Ausdrucksmöglichkeiten. Lyrik ist sehr traditionsreich in Bezug auf *Inhalt und Form* (etwa die Formenstrenge des Sonetts).
Schon im Barock (CATHARINA REGINA VON GREIFFENBERG: „Kreuzgedicht“) wurde der Inhalt von Gedichten über die Form vermittelt. Dieses Verfahrens bediente sich u. a. auch CHRISTIAN MORGENSTERN:

CHRISTIAN MORGENSTERN
„Die Trichter

Zwei Trichter wandeln durch die Nacht.
Durch ihres Rumpfs verengten Schacht
fließt weißes Mondlicht
still und heiter
auf ihren
Waldweg
u. s.
w.“

(Christian Morgenstern: Ausgewählte Werke. Herausgegeben von Klaus Schuhmann, Leipzig: Insel, 1975, S. 254.)

In der **konkreten Dichtung** (konkrete Poesie, konkrete Literatur) wird das Gedicht sogar oft auf sein reines Sprachmaterial bezogen, auf seine optischen bzw. akustischen Aspekte, auf

Wörter,
Buchstaben,
Satzstrukturen.

FRANZ MON, HELMUT HEISSENBÜTTEL, GERHARD RÜHM, H. C. ARTMANN und andere bedienen sich dieses Verfahrens.

3.3.2 Geschichte der Lyrik

Vor- und Frühgeschichte, Altertum

Bereits in Frühformen menschlicher Gesellschaften tritt die Lyrik als Bestandteil ritueller Zeremonien auf. Um 1500 v. Chr. finden sich erste schriftliche Zeugnisse der Lyrik in China, später auch in Japan (Haiku, Tanka).

2100–1600 v. Chr. entstand im *Zweistromland* das „Gilgameschepos", ein Monumentalgedicht, aufgeschrieben auf zwölf Tontafeln. Die meisten der noch erhaltenen Tafeln stammen aus der Tontafelbibliothek des Königs ASSURBANIPAL (669–627 v. Chr.).

Die ältesten *indischen Hymnen* wurden um 1000 v. Chr. in Sanskrit, einer indoeuropäischen Sprache, verfasst und waren oft religiösen Inhalts. Das „Rigveda" besteht aus 1028 Hymnen. Sie richten sich an verschiedene indische Gottheiten und werden z. T. noch heute beim Opfer für die Götter gesprochen. Das „Mahabharata" ist die verdichtete Geschichte der Bharatas, eines indischen Volksstammes. Die heutige Fassung stammt aus dem 4. und 5. Jahrhundert v. Chr.

Auf *Papyrus* überlieferte Liebes-, Arbeits-, Trink-, Preis- und Götterlieder zeugen vom Reichtum *altägyptischer Lyrik*. Die überlieferten Stücke stammen aus dem *Neuen Reich* Ägyptens (1550–1070 v. Chr.).

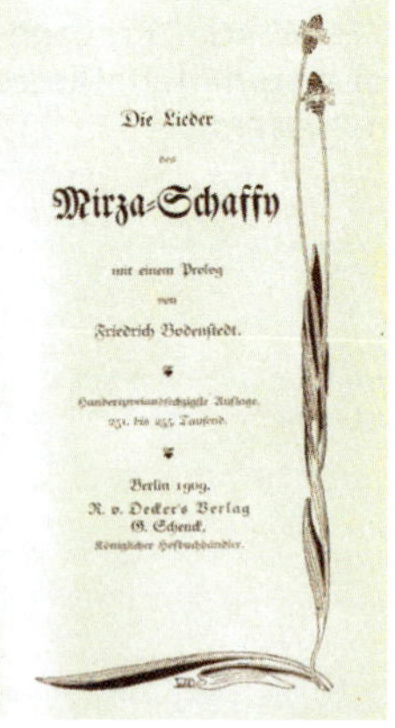
Die Lieder
des
Mirza-Schaffy
mit einem Prolog
von
Friedrich Bodenstedt.
Berlin 1909.
R. v. Decker's Verlag
G. Schenck.
Königlicher Hofbuchhändler.

Die *arabische Lyrik* hat als erste den Reim verwendet. Sie beginnt in der vorislamischen Epoche der *Omaijaden* (661–750). Die Lyrik wurde zunächst mündlich überliefert: Die Dichter jener Zeit trugen ihre Werke auf Jahrmärkten vor. Mit der Ausbreitung des arabischen Reiches unter den Mauren und ihres Kalifen WALID I. (705–715) beeinflusste die arabische Lyrik u. a. die spanische Literatur zwischen 711 und 1492. GOETHE ließ sich in seinem „West-östlichen Diwan" von persischer Lyrik inspirieren. Die arabisch-persische Lyrik wird bis heute in Europa rezipiert. FRIEDRICH BODENSTEDT (1819–1892), ein Vertreter der „orientalisierenden" Dichtung, übersetzte u. a. den größten Lyriker der persischen Sprache HAFIS (um 1326–1389) und MIRZA-SCHAFFY, einen Freund BODENSTEDTS.

Die **griechische Lyrik** hat die älteste lyrische Tradition Europas. Sie lieh dem heutigen Begriff Lyrik ihren Namen, war aber in ihrer Geschichte einer Entwicklung und Wandlung unterzogen. Sie entstand aus dem **Mythos.** Sie diente zunächst kultisch-religiösen Zwecken, zur Anrufung der Götter und spielte bei der Arbeit, bei Festen und beim Tanz eine Rolle. Später – mit weltlichen Themen – diente sie auch der *Unterhaltung* des Publikums. Sie war von vornherein öffentliche Literatur und spielte eine große *soziale und politische Rolle* in den griechischen Stadtstaaten. Die griechischen Lyriker entwickelten diese literarische Gattung zu großem Formenreichtum. Bereits HOMER kannte Paian (Bittgebet), Threnos (Klagegesang), Linos-Lied (Totenklage mit Tanz) und Hymenaios (Hochzeitslied). Bedeutende Dichter waren PINDAR, ALKAIOS, SAPPHO, ANAKREON.

SAPPHO, eigentlich PSAPPHO (um 650–590 v. Chr.), war die bedeutendste Lyrikerin der Antike. Sie wurde auf der Insel Lesbos, vermutlich in der Hauptstadt Mytilene, geboren und war Zeitgenossin von STESICHOROS und ALKAIOS. Von SAPPHO sind nur bruchstückhaft erhaltene Dichtungen, Oden, Epithalamien (Hochzeitsgedichte), Elegien und Hymnen überliefert.
Die lateinischen Dichter des Römischen Reiches beriefen sich auf die Lyrik der Griechen. Sie ahmten ihre lyrischen Formen nach und entwickelten sie weiter. Zu den bedeutendsten lateinischen Lyrikern gehörten HORAZ, VERGIL und OVID.

SAPPHO schrieb vor allem monodische Lyrik. Das Bild zeigt SAPPHO in einem Fresko in der Stanza della Segnatura im Vatikan für Papst JULIUS II.

Deutsches Mittelalter

Bis zur althochdeutschen Phase herrschten traditionelle germanische Reimformen vor (Stabreim, siehe: Hildebrandslied).
Antike Reimformen setzten sich erst mit der Christianisierung der Germanen vor allem in der Liturgie durch. Deutsche Lyrik des Mittelalters im engeren Sinn ist heute üblicherweise lediglich *gesungene Lyrik* (z. B. **Minnelied**). Sie ist in **Strophen** oder strophenähnliche Abschnitte gegliedert. Vertreter sind WALTHER VON DER VOGELWEIDE, ULRICH VON WINTERSTETTEN, OSWALD VON WOLKENSTEIN, KONRAD VON WÜRZBURG, HEINRICH VON MEISSEN, gen. FRAUENLOB.

Mittelalterliche Lyrik unterscheidet man in weltliche und geistliche Lyrik

Weltliche Lyrik

1. Liebe
2. Religiöses außerhalb des kirchlichen Bereichs
3. Moral und Ethik, Fragen der richtigen und falschen Lebensführung u. a.
4. Politik: Sangsprüche (Sirventes, Moral und Ethik, Politik), Kreuzzugslyrik (Liebe/Religiöses), politisches Erzähllied
5. Spielmannsdichtung (Vagentendichtung)

Geistliche Lyrik

1. Liturgische Dichtungen in lateinischer Sprache (Sequenzen, Hymnus)
2. In deutscher Sprache verfasste geistliche Lieder, Kirchenlieder, Bußlieder, Weihnachtslieder ab dem 14. Jh. (z. B. „In dulci jubilo")

Liebeslyrik unterscheidet zwischen **Minnelyrik** (niedere Minne, ebene Minne, hohe Minne) sowie **Spruchdichtung** (vermeintlich nicht gesungene Einzelstrophen).

Die Minnelyrik

WALTER VON DER VOGELWEIDE (um 1170–1230)

Niedere Minne	Ebene Minne	Hohe Minne
Ausweitung auf den 3. und 4. Stand	keine Standesfragen, Partner sind gleichberechtigt	gebunden an den Adelsstand
Alleinherrschaft des Sexuellen	Bekenntnis zur Sexualität	Verdrängung des Sexuellen
ethische Unverbindlichkeit	sittlich-personale Bindung der Partner	Tugend ist unpersönlich
Unterschicht, oft Dirnenmilieu	„Aufhebung" der sozialen Grenzen	unwirkliche Erhabenheit der Frau
„Wip"	„Wip" als „Frouwe"	„Frouwe"

Die Fidel ist ein geigenähnliches Instrument.

Der Minnesang wurde zu Fidel oder Harfe vorgetragen. Die mittelalterliche Welt war eine zutiefst religiöse. Die Suche nach Gott und Seelenheil wurde zur Hauptaufgabe eines Ritters. Deshalb kämpfte er auch für die dauerhafte Rückgewinnung des Heiligen Grabes und Jerusalems. Die **Kreuzzugslyrik** bzw. das Kreuzlied geht aus diesem Grunde oft eine Synthese von Liebeslyrik und Kreuzzugserfahrung ein. Häufige Motive des Genres sind die Trennung von Liebenden bzw. die **Gottesminne.** Gottesminne ist hier als Kontrast zur Frauenminne zu verstehen und meint die idealisierte Liebesvereinigung mit Christus als Hoffnung auf eine glückhafte jenseitige Welt.

Humanismus und Reformation

Lyrik des *Humanismus* in Deutschland orientierte sich an der klassischen Antike und war Gesellschaftslyrik nach italienischen (PETRARCA) sowie unter der Einwirkung der französischen *Plejade* (PIERRE DE RONSARD) auch nach französischen Mustern. Noch wurde die Lyrik vor allem im klassischen Latein verfasst. Vertreter dieser *lateinischen Humanistenlyrik* sind u. a. KONRAD CELTIS (1459–1508), ULRICH VON HUTTEN (1488–1523) und PHILIPP MELANCHTHON (1497–1560). Das neue weltliche Kunstlied belebte antike Mythologie und Motive, so etwa Hirten- und Bauernsujets, die im Barock vorherrschend wurden. Auch antike Versformen, wie der Alexandriner, der **Hexameter** oder das **Sonett,** wurden in jener Zeit in die deutsche Literatur eingeführt. Im Zuge der *Reformation* entwickelte sich das **protestantische Kirchenlied** in deutscher Sprache (MARTIN LUTHER: „Ein feste Burg ist unser Gott").

CHRISTOPH WIRSUNG benutzte 1556 erstmals die Sonettform, JOHANN FISCHART verband 1575 erstmals mehrere Sonette zu einem Sonettzyklus.

Die Meistersinger führten die literarische Tradition der Spruchdichter und Minnesänger fort. Ihr bekanntester Vertreter war der Schuhmacher HANS SACHS (1494–1576). Weitere bedeutende Meistersinger waren HANS ROSENPLÜT (um 1400–1470) und Hans FOLTZ (um 1450–1513).
Ein Meisterlied bestand aus 20 Versen, wobei Vers 1–6 den 1. Stollen, Vers 7–12 den 2. Stollen und Vers 13–20 den Abgesang bildeten. 1. und 2. Stollen bildeten den Aufgesang:

HANS SACHS: „Edelfalk"

In centonovella ich lase,
Wie zu Florenz vor zeiten sase
Ein jung edelman, weit erkannt
Fridrich Alberigo genant
Der in herzlicher libe brennet
Gen einem edlen weib, gennet

1. Stollen

Aufgesang

Giovanna, an gut ser reicht,
An eren stet und gar lobleiche.
Der edelman stach und turnirt,
Zu lieb der frauen lang hofiert,
Sie aber veracht all seine liebe,
An irem herren reulich bliebe.

2. Stollen

Gar reichlich Fridrich ausgab
Bis er verschwendet große hab,
entlich verpfent er all sein gute,
Zug auf ein sitz und in armute.
Nichts dan ein falken het,
Mit dem er teglich baißen tet,
Und nert sich aus eim kleinen garten,
Des er auch tet mit arbeit warten.

Abgesang

Die Erfindung des *Buchdruckes* mit beweglichen Lettern um die Mitte des 15. Jahrhunderts gab dem Humanismus und der Verbreitung der klassischen Werke einen weiteren Aufschwung.

Die Reformation führte zu einer Entwicklung der Nationalliteraturen in Europa, weil die Schriften nicht mehr auf Latein veröffentlicht wurden, sondern in der jeweiligen Landessprache.

Barock

Der *Barock* ist nur im Zusammenhang mit stattgefundenen konfessionellen Auseinandersetzungen, dem Dreißigjährigen Krieg, dem Zerfall des Reiches und der Herausbildung des frühmodernen, absolutistischen Territorialstaates zu verstehen.

Lyrik des Barock war deshalb u. a. gekennzeichnet durch Rhetorisierung der Sprache, gesteigerte Bildlichkeit, Artistik der Form. Diese Gesellschaftsdichtung war zugleich *Gelegenheitsdichtung* und diente auch der Fürstenhuldigung.

MARTIN OPITZ
(1597–1639)

Gelegenheitsdichtung war Auftragsdichtung, die zu einem ganz bestimmten Anlass geschrieben wurde. Dies konnte eine Hochzeit, ein Begräbnis oder der Geburtstag eines Fürsten sein. In der Form variierte sie, war Epigramm, Hymne, Sonett usw.

PAUL GERHARDT, MARTIN OPITZ, SIMON DACH, PAUL FLEMING, ANDREAS GRYPHIUS, FRIEDRICH SPEE VON LANGENFELD, ANGELUS SILESIUS u.a. schufen jedoch auch Gedichte religiösen Inhalts. Lyrik des Barock zielt auf eine Harmonie der Gegensätze, auf das Gesamtkunstwerk. Den eigentlichen Beginn der Barocklyrik markiert das „Buch von der Deutschen Poeterey" von MARTIN OPITZ.

OPITZ' „Trostgedichte in Widerwärtigkeit des Krieges" von 1633 spiegeln das Harmoniebedürfnis des Verfassers in der Zeit des Dreißigjährigen Krieges wider.

Bei ANDREAS GRYPHIUS (1616–1664) heißt es in dessen Gedicht „Threnen des Vatterlandes/Anno 1636":

> „Wir sindt doch nuhmer gantz/ja mehr den gantz verheret!
> Der frechen völcker schaar/die rasende posaun
> Das vom blutt fette schwerdt/die donnernde Carthaun
> Hatt aller schweis/vnd fleis/vnd vorraht auff gezehret.
> Die türme stehn in glutt/die Kirch ist vmbgekehret.
> Das Rahthaus ligt im graus/die starcken sind zerhawn.
> Die Jungfrawn sindt geschändt/vnd wo wir hin nur schawn
> Ist fewer/pest/ vnd todt der hertz vndt geist durchfehret.
> Hier durch die schantz vnd Stadt/rint alzeit frisches blutt.
> Dreymall sindt schon sechs jahr als vnser ströme flutt
> Von so viel leichen schwer/sich langsam fortgedrungen.
> Doch schweig ich noch von dem was ärger als der todt.
> Was grimmer den die pest/vndt glutt vndt hungers noth
> Das nun der Selen schatz/so vielen abgezwungen."
>
> (Gryphius, Andreas: Gesamtausgabe der deutschsprachigen Werke. Hrsg. Marian Szyrocki und Hugh Powell, Tübingen: Niemeyer, 1963, S. 48.)

Die barocke Sprache dieses Gedichtes sucht noch im Untergang nach dem „schönen Bild", nach dem Erhabenen. Die wohlgesetzte Metrik (Jambus) steht dem geschilderten Sachverhalt diametral entgegen. Chaos kennt kein Metrum.

Weitere herausragende Lyriker des Barock waren BARTHOLD HINRICH BROCKES, der als ausgesprochener Naturlyriker galt, CHRISTIAN HOFFMANN VON HOFFMANNSWALDAU, Haupt der früher so genannten *2. Schlesischen Schule,* und ANGELUS SILESIUS (dt. „Bote aus Schlesien", eigentl. JOHANNES SCHEFFLER). CHRISTOPH MARTIN WIELAND hingegen gilt als Inbegriff der deutschen *Rokokodichtung,* einer literarischen Epoche, die an die Epoche des Barocks anschließt, sowie als Dichter der deutschen *Aufklärung*. Weitere Vertreter waren u. a. HAGEDORN und GELLERT.

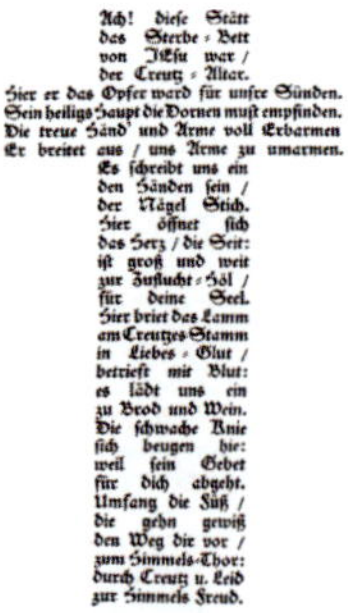
Ach! diese Stätt
das Sterbe-Bett
von JEsu war /
der Creutz-Altar.
Hier er das Opfer ward für unsre Sünden.
Sein heiligs Haupt die Dornen must empfinden.
Die treue Händ' und Arme voll Erbarmen
Er breitet aus / uns Arme zu umarmen.
Es schreibt uns ein
den Händen sein /
der Nägel Stich.
Hier öffnet sich
das Herz / die Seit:
ist groß und weit
zur Zuflucht-Höl /
für deine Seel.
Hier briet das Lamm
am Creutzes Stamm
in Liebes-Glut /
betriefst mit Blut:
es lädt uns ein
zu Brod und Wein.
Die schwache Knie
sich beugen hie:
weil sein Gebet
für dich abgeht.
Umfang die Füß /
die gehn gewiß
den Weg dir vor /
zum Himmels-Thor:
durch Creutz u. Leid
zur Himmels Freud.

Manierismus als besondere Spielart barocker Literatur

Aufklärung und Empfindsamkeit

Im 18. Jahrhundert, dem Zeitalter der *Aufklärung,* nahmen sich die Lyriker vor allem das französische heitere Lied zum Vorbild. FRIEDRICH VON HAGEDORNS anakreontische Gedichte wirkten bei WILHELM LUDWIG GLEIM und JOHANN PETER UZ weiter. Auch LESSING orientierte sich zunächst an der *Anakreontik*.

Anakreontik bezeichnet eine Spielart der Lyrik um die Mitte des 18. Jh., die durch Geselligkeit und Lebensfreude gekennzeichnet ist. Der sinnliche Lebensgenuss wurde vor antiker Kulisse gefeiert. (Locus amoenus) Benannt wurde die Anakreontik nach ANAKREON VON TEOS (563–478 v. Chr.), dessen Dichtungen nachgeahmt wurden.

Im Mittelpunkt der aufklärerischen Lyrik stand jedoch die **Gedankenlyrik** und **Lehrdichtung.**

Gedankenlyrik wird auch als Ideenlyrik bezeichnet. Sie umkreist philosophisch-weltanschauliche Themen und trug in der Aufklärung stark didaktische Züge.

GOTTSCHEDS „Versuch einer critischen Dichtkunst vor die Deutschen" (1730), einer kritischen Auseinandersetzung mit dem Barock, spiegelte sich auch in seinen „Helden- und Ehrenliedern" wider. Die Auseinandersetzung LESSINGS mit GOTTSCHEDS dogmatischen Auffassungen zum Drama beeinflusste auch die Lyrik jenes Zeitraums.
Bedeutsamkeit erreichte zudem die Lyrik der **Empfindsamkeit,** die stark durch pietistische Strömungen in England und seinen Kolonien (Nordamerika) beeinflusst wurde. Der englische Lyriker LAURENCE STERNE gab mit dem Reisebericht „A Sentimental Journey Through France and Italy" (1768, dt.: „Yoricks empfindsame Reise durch Frankreich und Italien") dieser Strömung den Namen. Ihre Kennzeichen waren Gefühlsbetontheit, Begeisterung für sittliche Ideale, das Schwärmen für Natur und Vaterland. Herausragende Vertreter waren die Dichter des **Göttinger Hain** (J. H. VOSS, HÖLTY u. a.) und des **Darmstädter Kreises** (GOETHE, HERDER, CAROLINE FLACHSLAND). Empfindsame Lyrik war stark durch pietistische Einflüsse geprägt. Die Sprache war oft schlicht und heiter.
KLOPSTOCKS „Messias" (von HÄNDEL vertont) gilt als gewaltigstes Werk der empfindsamen Lyrik.

Sturm und Drang

Im **Sturm und Drang,** einer Weiterentwicklung und teilweise Radikalisierung bestimmter Tendenzen der **Aufklärung,** wurde SHAKESPEARE zum Vorbild für junge Autoren. Die Abkehr von der Vernunftherrschaft der Aufklärung, das Feiern des „Originalgenies" **(Geniezeit)** führte zur Bejahung der schöpferischen Kraft des Gefühls und der Fantasie.

Das Sammeln und Nachempfinden von Volksliedern und volksliedhaften Gedichten wurde typisch für die Lyrik des Sturm und Drang.

Deshalb wird die Literatur des Sturm und Drang oft mit ihrer Lyrik identifiziert.

„Ich ging im Walde
So für mich hin,
Und nichts zu suchen,
Das war mein Sinn […]"
(Goethe, Johann Wolfgang von: Berliner Ausgabe. Poetische Werke [Band 1–16], Band 1, Berlin: Aufbau, 1960 ff., S. 22.)

Die Volksliedstrophe hat ein jambisches oder trochäisches Versmaß mit meist vier Hebungen.

heißt es in dem Gedicht „Gefunden" von J. W. VON GOETHE ganz im Geiste der Volksliedstrophe.
Die Stürmer und Dränger protestierten gegen die herrschende Ständeordnung und die erstarrten sozialen Konventionen (z. B. GOETHE: „Prometheus"). Die Lyrik war geeignet, in kurzer, prägnanter Form auf die gesellschaftlichen Missstände aufmerksam zu machen. Vertreter dieser aus der Aufklärung gewachsenen und z. T. mit ihr verwobenen Autoren waren neben GOETHE und SCHILLER, HERDER, H. W. V. GERSTENBERG und G. A. BÜRGER.

Klassik:
Verbunden wird die **Weimarer Klassik** (oder deutsche Hochklassik) zumeist mit dem Schaffen **GOETHES** und **SCHILLERS** zwischen 1786, dem Beginn der 1. Italienischen Reise **GOETHES** und 1805, dem Todesjahr **SCHILLERS**.

Klassik

Die *Weimarer Klassik* ist ohne den deutschen philosophischen Idealismus nicht zu begreifen. KANTS kategorischer Imperativ forderte die Einsicht in das Wesen der Sittlichkeit: „Handle so, dass die Maxime deines Willens jederzeit zugleich als Prinzip einer allgemeinen Gesetzgebung gelten könnte."

Zitat aus: Kant, Immanuel: Kritik der praktischen Vernunft. in ders.: Werke in zwölf Bänden. Herausgegeben von Wilhelm Weischedel. Frankfurt a. Main: Suhrkamp, 1977, S. 140.

Klassik war vor allem von den Leitideen der Harmonie und Humanität geprägt. Die Übereinstimmung von Mensch und Natur, Individuum und Gesellschaft führte zu einer Ausrichtung am Ideal der griechisch-römischen Antike.

GOETHES und SCHILLERS oft stark weltanschaulich geprägte Lieder, Sonette, Elegien, Balladen und Hymnen sind am Gleichmaß der antiken Metrik geschult. Sie sind oft philosophische und existenzielle Reflexionen und in diesem Sinne ausgesprochene Gedankenlyrik (SCHILLERS „Das Ideal und das Leben", GOETHES „Grenzen der Menschheit"). Gegenseitig inspirierten sich beide Autoren beim Schreiben von Balladen. Ideenballaden, die an konkreten Beispielen moralische Prinzipien verdeutlichen, sind z. B. SCHILLERS „Die Kraniche des Ibykus", „Die Bürgschaft" und „Der Handschuh" sowie GOETHES „Die Braut von Korinth", „Der Zauberlehrling". HÖLDERLINS Weltanschauungslyrik wurde dagegen erst im 20. Jahrhundert wieder wahrgenommen.

Spätere Generationen konnten das Pathos der Gedichte GOETHES und SCHILLERS nicht mehr nachvollziehen. **HEINE** z. B. bezeichnete SCHILLERS Gedankenlyrik als „besoffene Reflexionen".

„Mit gelben Birnen hänget Und voll mit wilden Rosen Das Land in den See, Ihr holden Schwäne Und trunken von Küssen Tunkt ihr das Haupt Ins heilignüchterne Wasser.	Motiv: Lebensmitte – Wendepunkt – Höhepunkt (gelbe Birnen, wilde Rosen) Metaphorisch: Morgen – Abend Frühling – Herbst Licht – Schatten
Weh mir, wo nehm ich, wenn Es Winter ist, die Blumen, und wo Den Sonnenschein, Und Schatten der Erde? Die Mauern stehn Sprachlos und kalt, im Winde Klirren die Fahnen."	Konkrete Bilder als Umkehrungen in den beiden Strophen: Schwäne – Winter Küsse – klirrende Fahnen heilignüchterne Wasser – sprachlos und kalt 1. Strophe: Harmonie 2. Strophe: antithetisch, Disharmonie

HÖLDERLINS „Hälfte des Lebens" wurde erstmals im „Taschenbuch für das Jahr 1805" veröffentlicht.

In HÖLDERLINS „Hälfte des Lebens“ beispielsweise werden hymnisch Vergänglichkeit, seelische Ängste, Trauer, Schwermut und Sehnsüchte thematisiert.
„Hälfte des Lebens“, als Vorahnung verstanden, bedeutet hier: 1806, ein Jahr nach seiner Veröffentlichung, wurde sein Verfasser in die Heilanstalt Tübingen eingewiesen; seit 1808 lebte er in geistiger Umnachtung beim Tischlerehepaar ZIMMER.

Romantik

Die **Romantik** war insofern eine Art Fortführung des Sturm und Drang, als sie die **Volkspoesie** als Urgrund der Dichtung ansah. Zugleich jedoch gab es eine Hinwendung zum Mittelalter sowohl als literarischem Sujet als auch poetischem Stilprinzip. Die Gegensetzung „nordischer“ Landschaft zu antikem Ideal spiegelte sich auch im Denken wider. Nicht von ungefähr entstanden romantische Geisteshaltungen während der Napoleonischen Kriege.

Die Lyrik war die wohl wichtigste literarische Gattung innerhalb der Romantik. In der Frühromantik verstand sich Kunst – und also auch Lyrik – als Naturpoesie. Sie barg den Wunsch zur Poetisierung der Welt in sich. (NOVALIS „Hymnen an die Nacht“, 1797) Sie war in großen Teilen sehr volkstümlich und liedhaft (EICHENDORFF „Mondnacht“), mit stark religiösen Zügen ausgestattet (NOVALIS, BRENTANO, ACHIM VON ARNIM, EICHENDORFF).
Der Hang zum Irrationalismus und zum Gefühl wird vorwiegend durch die Motive Wanderschaft und Sehnsucht, Wehmut und Melancholie, Nacht und Traum deutlich.

„Der wesentliche Sinn des Lebens ist Gefühl. Zu fühlen, dass wir sind, und sei es durch den Schmerz. Es ist die ‚sehnsuchtsvolle Leere‘, die uns dazu treibt, zu spielen – zu kämpfen – zu reisen – zum leidenschaftlichen Tun.“ (LORD BYRON)

Als mit den Napoleonischen Kriegen das Heilige Römische Reich aufhörte zu existieren, verstärkte sich die Tendenz zum Konservativismus, die auch die Lyrik prägte (EICHENDORFF, DROSTE-HÜLSHOFF).

Wichtiges Sprachrohr der Jenaer Romantik war die Zeitschrift *Athenäum*.
Als wichtige Publikationen der Heidelberger Romantik gelten die „Teutschen Volksbücher“ (1807) und **„Des Knaben Wunderhorn“** (1806–1808). Die Berliner Romantik wird mit dem literarischen Salon der RAHEL VARNHAGEN sowie dem Kreis der **Serapionsbrüder** verbunden.

Biedermeier, Realismus, Vormärz, Junges Deutschland

Der Zeitraum zwischen den Befreiungskriegen (1813–1815) und der bürgerlichen Revolution 1848 wird im Allgemeinen als Restaurationszeit bzw. -epoche bezeichnet und fällt mit sehr unterschiedlichen literarischen Strömungen zusammen.

Das **Biedermeier,** als Ausläufer der Spätromantik, ist auffallend unpolitisch.
Diese Lyrik ist sehr metaphernreich, bildhaft, teilweise resignativ und melancholisch. Das Hauptanliegen war die Poetisierung der Welt. Dies bestimmte auch die schlichte Schönheit der Gedichte.

Caput: Pl. Capitis, lat. Kopf, Spitze, Kapitel …

Die bekanntesten Lyriker des Biedermeier sind ANNETTE VON DROSTE-HÜLSHOFF, NIKOLAUS LENAU und EDUARD MÖRIKE. **Junges Deutschland** (1830–40/50) lässt sich geschichtlich am Ausbruch der Französischen Julirevolution ausmachen. Der Begriff zielt auf eine Gruppe von Schriftstellern, die nur in losem Kontakt miteinander gestanden hatten. Die herausragendsten Lyriker dieser literarischen Strömung waren HEINRICH HEINE, GEORG HERWEGH, HOFFMANN VON FALLERSLEBEN, FRANZ DINGELSTEDT und FERDINAND FREILIGRATH.

HEINRICH HEINES „Deutschland. Ein Wintermärchen" ist ein politisch-satirisches Versepos. HEINE nannte es ein „neues Genre, versifizierte Reisebilder" und es war das Ergebnis der ersten Reise HEINES nach Deutschland (Herbst 1843, Ziel Hamburg) seit seiner Emigration nach Paris. In 27 Kapiteln werden Reiseeindrücke von den tatsächlichen Stationen der Hin- und Rückreise (in veränderter Folge) episodenhaft aneinandergereiht vermittelt und grundsätzliche Konflikte erörtert. Das Wintermärchen bildet den Schluss der „Neuen Gedichte" und gilt als HEINES bedeutendstes politisches Gedicht. Vor allem die Kritik an Preußen missfiel der damaligen Zensur.

Zensur: von lat. censura = Prüfung, Beurteilung, meint die behördliche Prüfung und ggf. das Verbot literarischer Produkte durch Staat oder Kirche.

„Man schickte uns Kleider und Betten genug,
Auch Brot und Fleisch und Suppen!
Der König von Preußen wollte sogar
Uns schicken seine Truppen [...]
Fatal ist mir das Lumpenpack,
Das, um die Herzen zu rühren,
Den Patriotismus trägt zur Schau
Mit allen seinen Geschwüren [...]"

(Heine, Heinrich: Werke und Briefe in zehn Bänden. Hrsg. Hans Kaufmann, 2. Aufl., Berlin und Weimar: Aufbau, 1972, S. 486.)

Das *Junge Deutschland* wird zuweilen mit dem *Vormärz* gleichgesetzt. Im eigentlichen Sinne ist hiermit jedoch eher die Zeit zwischen 1840 und 1848 gemeint. Nach der Thronbesteigung FRIEDRICH WILHELMS IV. und einer allgemeinen Radikalisierung der Gesellschaft, verbunden mit dem berechtigten Hoffen auf Änderung der politischen Verhältnisse, d. h. auf mehr Bürgerfreiheiten, wurde gerade die Lyrik ein wirkungsvolles Medium der politischen Agitation.

GEORG HERWEGH bezeichnete die Lyrik als „Vorläuferin der Tat", „Waffe für unsere Sache".

Realismus

Um 1830 gibt es auch erste Ansätze für die ab 1850 zu verzeichnende *realistische Lyrik*. Zwar spielte diese literarische Gattung in jener Zeit eine untergeordnete Rolle (der *Roman* und die *Novelle* waren die Hauptgenres des poetischen Realismus), Bedeutsames aber findet sich unter den Balladen und Dinggedichten C. F. MEYERS, TH. STORMS und TH. FONTANES.

„Der römische Brunnen" von C. F. MEYER, „Die Brücke am Tay" und „John Maynard" von FONTANE sind herausragende Beispiele realistischer Lyrik von klassischem Rang. Zu den bedeutenden Lyrikern jener Zeit gehört auch der Philosoph FRIEDRICH NIETZSCHE.

AUGUST VON PLATEN huldigte einem elitären Schönheitskult. Seine Lyrik ist geprägt von der meisterlichen Beherrschung anspruchsvoller Formen und Metren. Für PLATEN war die vollendete Form Rettung aus dem Gefühlschaos. Seine dichterischen Ausdrucksmittel umfassen die **antike Ode,** die romantische **Romanze,** das **Sonett** („Venezianische Sonette") und orientalische Gedichtformen (**Ghaseln**).
Mit seiner Solidarität für die Befreiungsbewegungen in Europa rückt PLATEN in die Nähe des Jungen Deutschlands.

Ghaseln entstammen der persischen Literatur. Sie sind im eigentlichen Sinne Liebesgedichte.
Im Deutschen sind Ghaseln Verse mit Kettenreim.

Naturalismus

Der *Naturalismus* (1870–1900) forderte die naturgetreue Widerspiegelung der empirisch erfassbaren Realität (H. CONRADI, A. HOLZ, **Friedrichshagener Dichterkreis**). Die bevorzugte Gattung des Naturalismus war das Drama, die naturalistischen Lyriker wie JOHANNES SCHLAF und ARNO HOLZ hingegen vollzogen einen völligen Bruch mit der Tradition, indem sie eine neuartige Formensprache fanden, die einzig dem Rhythmus gehorchen sollte. Dabei hoben sie die Einheit von Vers und Strophe auf und schufen die sogenannte **Prosalyrik.**
Der Gedichtzyklus „Phantasus" von ARNO HOLZ, 1916–1924 noch erweitert, bietet auch insofern Neues in der Form, als der Autor die Verszeilen um die Mittelachse der Buchseiten anordnete. Die Gedichte bestechen durch Knappheit und eigenwilligen, der Natur „nachempfundenen" Rhythmus.

„Phantasus", Erstausgabe von 1898

„Draussen die Düne
Einsam das Haus,
eintönig,
ans Fenster,
der Regen.
Hinter mir,
tictac,
eine Uhr,
meine Stirn
gegen die Scheibe.
Nichts.
Alles vorbei.
Grau der Himmel,
grau die See
und grau
das Herz."

(Arno Holz: Phantasus. Verkleinerter Faksimiledruck der Erstfassung. Hrsg. Gerhard Schulz, Stuttgart: Reclam, [1978], S. 49.)

Symbolismus, Impressionismus

Der **Symbolismus** beeinflusste aus Frankreich kommend die deutschen Dichter. Zentralgestalten des französischen Symbolismus waren ARTHUR RIMBAUD und PAUL VERLAINE sowie STÉPHANE MALLARMÉ, dessen „Nachmittag eines Faun" („L'après-midi d'un faune", 1876) die symbolistische Bewegung vorantrieb. STEFAN GEORGE z. B. sprach sich für die

l'art pour l'art (frz.) = Kunst für die Kunst (Kunst um der Kunst willen)

Erziehung durch die Kunst aus. Er versammelte Gleichgesinnte um sich, schuf die „Blätter für die Kunst". Er löste sich von der naturalistischen Auffassung und forderte l'art pour l'art: Kunst solle alle Bereiche des Lebens durchdringen. GEORGES Gedichte waren durch eine besondere Formenstrenge, auch als Gegenbild zur naturalistischen Lyrik geprägt. Herausragende deutsche Vertreter des Symbolismus waren z. B. H. VON HOFMANNSTHAL, M. DAUTHENDEY und R. M. RILKE.

RAINER MARIA RILKES „Der Panther" vom September 1903 beschreibt das Erleben und Mitfühlen menschlichen Gefangenseins. Auffallend ist das Sicheinfühlen in die Kreatur und das darin Aufgehen. Das Gedicht gehört zu den sogenannten „Dinggedichten" des Bandes „Neue Gedichte". Seine symbolbildende Wirkung erreicht es durch die Intensität der Beobachtung und das sprachliche Nachvollziehen und Nachgestalten von Bewegung und Raum.

RAINER MARIA RILKE (1875–1926)

„Der Panther *Im Jardin des Plantes, Paris*

Sein Blick ist vom Vorübergehn der Stäbe
so müd geworden, daß er nichts mehr hält
Ihm ist, als ob es tausend Stäbe gäbe
und hinter tausend Stäben keine Welt.

Der weiche Gang geschmeidig starker Schritte,
der sich im allerkleinsten Kreise dreht,
ist wie ein Tanz von Kraft um eine Mitte,
in der betäubt ein großer Wille steht.

Nur manchmal schiebt der Vorhang der Pupille
sich lautlos auf. Dann geht ein Bild hinein,
geht durch der Glieder angespannte Stille
und hört im Herzen auf zu sein."

(Rilke, Rainer Maria: Sämtliche Werke. Bd. 1, Wiesbaden und Frankfurt a. M.: Insel, 1955–1966, S. 505.)

Um die Jahrhundertwende entstand *impressionistische Lyrik* (DETLEV VON LILIENCRON, MAX DAUTHENDEY, RICHARD DEHMEL, HUGO VON HOFMANNSTHAL, ARTHUR SCHNITZLER, PETER ALTENBERG) und mit l'art pour l'art läutete der **Impressionismus** die ästhetische **Moderne** ein.

Expressionismus

KURT HILLER prägte 1911 den Begriff des **Expressionismus.** Die literarische Strömung entstand am Vorabend des Ersten Weltkrieges. Zu ihr gehörten fast ausnahmslos Autoren der jungen Generation: GEORG TRAKLS (1887–1914) erste Gedichte erschienen 1910, GEORG HEYM (1887–1912) schrieb seit seiner Schulzeit, sein erster Gedichtband erschien 1911, ERNST STADLERS (1883–1914) erstes Gedicht wurde 1901 abgedruckt.

Die Expressionisten strebten eine „Erneuerung des Menschen" an.

Nicht zufällig folgten viele von ihnen begeistert des Kaisers Rufen in den *Krieg,* woraus sie ernüchtert und desillusioniert heimkehrten. Einige bedeutende Lyriker starben auf den Schlachtfeldern: 1914 ERNST STADLER und GEORG TRAKL, ein Jahr später AUGUST STRAMM (1874–1915).

Weltgeltung errangen vor allem die Maler der Dresdner „Brücke" (1905) und der Münchner Gruppe „Der Blaue Reiter" (1911): FRANZ MARC, OSKAR KOKOSCHKA u. a.

AUGUST STRAMM
„Schlachtfeld

Schollenmürbe schläfert ein das Eisen
Blute filzen Sickerflecke
Roste krumen
Fleische schleimen
Saugen brünstet um Zerfallen.
Mordesmorde
Blinzen
Kinderblicke."

(Stramm, August: Das Werk. Wiesbaden: Insel Verlag, 1963, S. 68.)

Der Arzt GOTTFRIED BENN (1886–1956) verarbeitete seine Erlebnisse in den Lazaretten (1917: „Fleisch", Gedichte). Zunächst wichtigster Ort des Expressionismus war **Berlin.** Die Zeitschriften „Der Sturm" von HERWARTH WALDEN sowie „Die Aktion" von FRANZ PFEMFERT wurden dort verlegt. In *Leipzig* gründeten ROWOHLT und KURT WOLFF ihre für den Expressionismus wichtigen Verlage.
Hier erschien auch die Lyrikanthologie „Menschheitsdämmerung" (1920, Hrsg.: KURT PINTHUS). *Wien* und *Prag* waren weitere wichtige Zentren dieser literarischen Strömung. Während des Ersten Weltkrieges wurde in Zürich der „Club Voltaire" gegründet, in dem sich vor allem die jungen *Dadaisten* versammelten (KURT SCHWITTERS, RICHARD HUELSENBECK, JOHANNES BAADER, HUGO BALL).

KURT PINTHUS (1886–1975), Publizist und Herausgeber, war einer der bedeutendsten Theoretiker des Expressionismus („Zur jüngsten Dichtung", 1915).

Die Lyrik war die entscheidende Gattung des *Expressionismus*. Die Gedichte sind gekennzeichnet durch die gehäufte Verwendung charakteristischer Motive: Weltende, Großstadt, Krieg. Häufige poetische Verfahrensweisen waren Allegorie, Bildverdichtung und Typisierung.

ELSE LASKER-SCHÜLER (1869–1945) wird in den Umkreis des Berliner Expressionismus gerechnet, obwohl ihr literarisches Werk sehr eigenständig war und u. a. auch neoromantische Tendenzen aufwies. Bis heute werden ihre Liebesgedichte stark rezipiert, wozu auch die an GOTTFRIED BENN gerichteten gehören. Die Liebe spielt auch in ihrem Gedicht „Weltende" eine Rolle. JAKOB VAN HODDIS (1887–1942) gab den Frühexpressionisten das wohl wichtigste Gedicht: „Weltende".

3

„Weltende	„Weltende
Es ist ein Weinen in der Welt, Als ob der liebe Gott gestorben wär, Und der bleierne Schatten, der niederfällt, Lastet grabesschwer. Komm, wir wollen uns näher verbergen … Das Leben liegt in aller Herzen Wie in Särgen. Du! wir wollen uns tief küssen – Es pocht eine Sehnsucht an die Welt, An der wir sterben müssen." ELSE LASKER-SCHÜLER (1869–1945)	Dem Bürger fliegt vom spitzen Kopf der Hut, In allen Lüften hallt es wie Geschrei. Dachdecker stürzen ab und gehn entzwei, Und an den Küsten – liest man – steigt die Flut. Der Sturm ist da, die wilden Meere hupfen An Land, um dicke Dämme zuzudrücken. Die meisten Menschen haben einen Schnupfen. Die Eisenbahnen fallen von den Brücken." JAKOB VAN HODDIS (1887–1942)

Surrealismus

PAUL CELAN (1920 bis 1970), geboren in Czernowitz, gest. in Paris. Lyriker und Übersetzer. GUILLAUME APOLLINAIRE (1880–1918), französischer Dichter und Kunstkritiker. ANDRÉ BRETON (1896 bis 1966), französischer Dichter und Kritiker. MAX ERNST (1891–1976), Dichter und bildender Künstler, berühmt für seine Frottagen, Bühnendekorationen, Collagen. HANS (JEAN) ARP (1887–1966), in Straßburg geborener deutsch-französischer Bildhauer, Maler und Dichter

Nach dem Ende des Ersten Weltkrieges formte sich, aus Frankreich kommend, in Deutschland der **Surrealismus** aus. Seine Vertreter hatten sehr unterschiedliche Vorbilder, wie Barockdichter, Romantiker, Symbolisten, Dadaisten. Sie profitierten von SIGMUND FREUDS „Psychoanalyse" und dementsprechend thematisierten sie das Unbewusste, Triebhafte und Irrationale. Durch Verzicht auf Logik, Inhalt und literarische Form versuchten sie, die Grenzen zwischen Realität und Traumwelt aufzuheben. Die Bezeichnung geht auf eine Äußerung GUILLAUME APOLLINAIRES von 1917 zurück und wurde durch ANDRÉ BRETONS „Erstes Manifest des Surrealismus" 1924 theoretisch untermauert. MAX ERNST und HANS ARP waren bedeutende Dichter und Bildhauer.
Einer der herausragendsten Vertreter des späten Surrealismus ist PAUL CELAN. Er benutzte surrealistische Elemente, um seine Erlebnisse als Zwangsarbeiter und Internierter in Czernowitz während der deutschen Besatzung Rumäniens zu verarbeiten (Todesfuge: „Schwarze Milch der Frühe […]", 1952).

Lyrik der 1920er- und 1930er-Jahre

> Die 1920er-Jahre waren u. a. auch durch **Gebrauchslyrik** (B. BRECHT) und Lyrik der **Neuen Sachlichkeit** (E. KÄSTNER) geprägt.

Aus den 1930er-Jahren überdauerte innerhalb der sogenannten inneren Emigration vor allem die Naturlyrik OSKAR LOERKES und WILHELM LEHMANNS sowie die religiöse Lyrik RUDOLF ALEXANDER SCHRÖDERS, die nach dem Zweiten Weltkrieg die Lyrik der Nachkriegszeit stark beeinflussten. Nach der Machtergreifung HITLERS wurde heroisierende nationalsozialistische Lyrik gefördert. Dichter der Exilliteratur äußerten sich in lyrischer Form wenig, Ausnahme ist hier zum einen BERTOLT BRECHT mit seinem anklagenden Gedicht „Die Bücherverbrennung", in dem er OSKAR MARIA GRAFS Artikel „Verbrennt mich" dichterisch verarbeitete:

> „Tut mir das nicht an! […] Habe ich nicht
> Immer die Wahrheit berichtet in meinen Büchern? Und jetzt
> Werd ich von euch wie ein Lügner behandelt! Ich befehle euch,
> Verbrennt mich! […]"
>
> (Brecht, Bertolt: Gedichte Bd. IV. Aufbau-Verlag, Berlin 1961, S. 103.)

Den Begriff „Gebrauchslyrik" formulierte BRECHT selbst. Er meinte damit Lyrik, die für den Alltag geschrieben war. Sie sollte politisch sein oder zumindest die Widersprüchlichkeiten der Zeit verbalisieren.

Weitere Ausnahmen stellen zum anderen die 1939 erschienenen „Svendborger Gedichte", Gedichte von HANS SAHL sowie ELSE LASKER-SCHÜLERS Gedichtband „Mein blaues Klavier" (1943) dar. Im Exil begann u.a. Hilde Domin (1909–2006) Gedichte zu schreiben. Ihre Gedichte erschienen allerdings erst in den 1950er-Jahren in der Bundesrepublik (u.a. „Herbstzeitlosen", 1955).

Lyrik nach 1945

Die im Ergebnis des Zweiten Weltkrieges gespaltene Nation brachte auch das Phänomen zweier Literaturen hervor:
Nach 1945 gab es in den *westlichen Besatzungszonen,* in *Österreich* und der **Schweiz** neben sehr konservativer Lyrik (WERNER BERGENGRUEN) die sogenannte Kahlschlagslyrik (ein Terminus von WOLFGANG WEYRAUCH) bzw. Trümmerliteratur (GÜNTER EICH, WOLFDIETRICH SCHNURRE). Sie war zuweilen sehr lakonisch, skeptisch, verbalisierte die inneren Widersprüche der Autoren:

> „Zerschlagt eure Lieder
> verbrennt eure Verse
> sagt nackt
> was ihr müßt."
>
> (Schnurre, Wolfdietrich: An die Harfner. Zitiert nach: Schnell, Ralf: Geschichte der deutsprachigen Litratur seit 1945: Stuttgart: Metzler, 1993, S. 90.)

Die Lyrik der Nachkriegszeit war oft schwer verständlich, „hermetisch" (verschlossen), rätselhaft, „chiffriert". Daneben gab es eine größere Gruppe christlicher Autoren, die mit religiöser Lyrik an die Öffentlichkeit traten (ALBRECHT GOES: „Gedichte", 1953; RUDOLF ALEXANDER SCHRÖDER: „Die geistlichen Gedichte", 1949; REINHOLD SCHNEIDER: „Die Sonette von Leben und Zeit, dem Glauben und der Geschichte", 1954). Bedeutsamkeit erlangte vor allem die von HANS WERNER RICHTER gegründete „Gruppe 47". In ihr lasen u.a. INGEBORG BACHMANN, ILSE AICHINGER, HANS MAGNUS ENZENSBERGER und GÜNTER GRASS.

Hermetisch: lat. hermetice = vieldeutig, dunkel, geheimnisvoll

Für die Lyrik der Fünfziger- und Sechzigerjahre wird INGEBORG BACHMANN zur Schlüsselperson. Sie thematisierte in ihren Gedichten die Bedrohung des Menschen durch die Allmacht der Geschichte schlechthin. BACHMANNS Affinität zum Werk HEIDEGGERS und dessen bevorzugten Themenkreisen Endlichkeit, Tod, Nichtigkeit und Authentizität rühren von einer tiefgreifenden Beschäftigung mit dem Philosophen her, in deren Höhepunkt ihre Dissertation „Die kritische Aufnahme der Existentialphilosophie MARTIN HEIDEGGERS" (1950) stand.
Für ihren ersten Gedichtband „Die gestundete Zeit" (1953) wurde sie ausgezeichnet. Im Titelgedicht wird sowohl der *Metaphernreichtum* als auch der *existenzialistische Tenor* ihrer Lyrik bereits sehr deutlich:

Nach INGEBORG BACHMANN ist der wohl bedeutendste deutsche Literaturpreis benannt, den die Stadt Klagenfurt und der Österreichische Rundfunk (ORF) jährlich für das beste unveröffentlichte Manuskript vergeben.

3

„[...] die Eingeweide der Fische
sind kalt geworden im Wind.
Ärmlich brennt das Licht der Lupinen.
Dein Blick spurt im Nebel:
die auf Widerruf gestundete Zeit
wird sichtbar am Horizont. [...]"
(Bachmann, Ingeborg: Werke I. München: Piper, 1978, S. 37.)

In der *sowjetischen Besatzungszone* erschien zunächst Lyrik der aus dem Exil heimgekehrten Autoren. Sie befasste sich mit der unmittelbaren Vergangenheit und Zukunft:

„[...] Wenn ihr gewillt seid, Deutschland zu erretten
Und gebt der Freiheit euer Mutterwort –
Dann schwebt ein Segen über Trümmerstätten
Und in uns leben eure Söhne fort!"
(Becher, Johannes R.: Ihr Mütter Deutschlands. In: Als namenloses Lied. Gedichte. Verlag Philipp Reclam jun., Leipzig, 1981, S. 212.)

HUCHEL wurde von KURT HAGER, dem Verantwortlichen für Wissenschaft und Kunst in der SED, wegen „majestätischer Isoliertheit im Elfenbeinturm" angegriffen.

Der Chefredakteur der renommierten Zeitschrift „Sinn und Form" (1948 bis 1962) PETER HUCHEL (1903–1981) war ein bedeutender Verfasser von politisch-verschlüsselter Naturlyrik. Seit 1963 erschienen seine Gedichtbände jedoch nur noch in der Bundesrepublik und nach Kontroversen mit Kulturschaffenden und -funktionären verließ er 1971 die DDR. Bis dahin wurde er ständig überwacht, traf sich jedoch auch mit namhaften Literaten, unter ihnen WOLF BIERMANN, GÜNTER KUNERT, REINER KUNZE, INGEBORG BACHMANN, HEINRICH BÖLL und MAX FRISCH.

PETER HUCHEL
„Das Zeichen

Baumkahler Hügel,
noch einmal flog
am Abend die Wildentenkette
durch wässrige Herbstluft.
War es das Zeichen?
Mit fahlen Lanzen
durchbohrte der See
den ruhlosen Nebel. [...]"
(Huchel, Peter: Chausseen Chausseen. Frankfurt/Main: S. Fischer, 1963, S. 9.)

Eine entsprechende Gegenbewegung zum Bitterfelder Weg in der Bundesrepublik war die „Gruppe 61".

Die Theorie des **sozialistischen Realismus** bestimmte nach dem dritten Parteikongress der SED 1950 die Literatur und also auch die Lyrikproduktion. Der **Bitterfelder Weg** (Konferenzen 1959 und 1964) formulierte unter dem Slogan „Greif zur Feder, Kumpel!" ein „authentisches" Schreiben und versuchte, die Kluft zwischen Hand- und Kopfarbeit zu überwinden. Die Arbeitswelt sollte sich auch in der Kunst widerspiegeln. Das „Laienschaffen" brachte die „Zirkel schreibender Arbeiter" hervor. Die jährlichen Poetenseminare der Jugendorganisation FDJ in Schwerin seit 1970 förderten vor allem junge Lyriker bis zum 27. Lebensjahr. Zu diesen Autoren gehörten u. a. STEFFEN MENSCHING, UWE LUMMITSCH und UWE KOLBE.

JOHANNES BOBROWSKI wurde mit seinen Lyrikbänden „Sarmatische Zeit“ (1961) und „Schattenland Ströme“ (1962) in ganz Deutschland gelesen. Das geografische Gebiet im sogenannten Dreiländereck Litauen, Ostpreußen und Polen um die Stadt Tilsit/Memel verarbeitet BOBROWSKIS Erinnerungen an Kindheit und Jugend und meint damit auch die eigene Schuldverarbeitung und die Deutschlands sowie die Suche nach Identität nach dem Zweiten Weltkrieg.
Die Kulturlandschaft Sarmatien, geografisch in Nordpolen, der Region Kaliningrad und Litauen gelegen, wird in seinen Gedichten zu einem mythischen Ort. In dieser Landschaft begegnen sich Natur und Geschichte auf unterschiedlichste Weise: Schuld und Unschuld, Freundschaft und Hoffnung, Trauer, Angst und Wurzellosigkeit. Polen, Juden und Deutsche treten einmal in Harmonie, ein andermal aus der Sicht der schuldbeladenen Seele des lyrischen Sprechers auf.

In den Fünzigerjahren gab es in der DDR 22 Verlage für Belletristik, Kinder- und Jugendliteratur. Im Jahre 1960 gab es rund 18 000 staatliche Allgemein- und Gewerkschaftsbibliotheken und 33 wissenschaftliche Bibliotheken.

„Schwer,
ich wachse hinab,
Wurzeln
breite ich in den Grund,
die Wasser der Erde
finden mich, steigen,
Bitternis schmeck ich –
du bist ohne Erde […]“
(Bobrowski, Johannes: Schattenland Ströme. Berlin: Union Verlag, 1967, S. 20.)

So heißt es in dem Gedicht „Ungesagt“ (1962).

FRANZ FÜHMANN, in den Fünfzigerjahren ein sehr produktiver Lyriker des sozialistischen Realismus, wandte sich in den 1960er-Jahren der Prosa zu. Die relativ ungebrochene Lyrikproduktion in der DDR seit den Sechzigerjahren muss man auch als eine Art Nische für die Autoren verstanden wissen. Hier konnte am ehesten Protest, in Metaphern versteckt, aber auch Kritik an der Art und Weise des Aufbaus des Sozialismus ausgesprochen werden. Beispiele dafür sind VOLKER BRAUNS „Wir und nicht sie“ (1970) und „Gegen die symmetrische Welt“ (1974), die gleichsam barocken Gedichte von ANDREAS REIMANN („Die Weisheit des Fleisches“, 1975) und ADOLF ENDLERS „Die Kinder der Nibelungen“ (1974).

ERNST JANDLs Gedichtband „Laut und Luise“ erschien erstmals 1966, hier eine Ausgabe aus dem Jahr 1997.

In den 1980er-Jahren entstand im Berliner Bezirk Prenzlauer Berg eine neuartige Literaturszene mit SASCHA ANDERSON, REINER SCHEDLINSKI, BERT PAPENFUSS-GOREK, JAN FAKTOR u. a. Die Dichter benutzten unterschiedliche Mittel und Formen lyrischen Gestaltens und waren sich lediglich einig in einer gewissen Opposition zur damaligen offiziellen Kulturauffassung.

Seit etwa 1950 entwickelte sich in der Bundesrepublik, in der Schweiz und in Österreich auch innerhalb der experimentellen Dichtung die **konkrete Poesie** (konkrete Dichtung, konkrete Literatur), wobei das konkrete sprachliche Material (Buchstaben, Wörter, Wortteile) visuell **(visuelle Dichtung)** bzw. akustisch **(akustische Dichtung)** Ausgangspunkt für literarische Experimente wird.

Satzbau und Wortbedeutung spielen keine Rolle mehr, Ziel ist es, das sprachliche Feingefühl zu erhöhen. Vertreter der konkreten Dichtung sind u. a. EUGEN GOMRINGER, ERNST JANDL und die Autoren der **Wiener Gruppe** (H. C. ARTMANN, GERHARD RÜHM, OSWALD WIENER, FRIEDRICH ACHLEITNER), die deutlich von Positionen des **Dadaismus** und **Surrealismus** beeinflusst waren. Seit den *1970er-Jahren* kommt der Lyrik in der Bundesrepublik erstmals wieder eine größere Bedeutung zu. In Darmstadt wird der Leonce-und-Lena-Preis verliehen. Zu den bedeutendsten Lyrikern gehören HILDE DOMIN, KARL KROLOW, KARIN KIWUS, ULLA HAHN, PETER MAIWALD und JÜRGEN BECKER. In dieser Zeit setzte sich in Ost wie West eine literarische Richtung durch, deren Gedichte sehr stark vom *Alltagsleben,* persönlichen Befindlichkeiten und privaten Beziehungen sprachen. Vertreter dieser **Neuen Subjektivität** (nach M. REICH-RANICKI) sind z. B. SARAH KIRSCH, PETER HÄRTLING und REINER KUNZE.

Mit rd. 20 000 Zuhörern findet 1979 ein erstes Lyrikertreffen in Münster/Westfalen statt.

Die **Lyrik** hat sich im Verlauf ihrer Geschichte zu einer besonders formenreichen Gattung entwickelt.

3.3.3 Verslehre

Verslehre, auch **Metrik,** bedeutet die Erfassung der bindenden Regeln der Verssprache und des Versbaus. Die Verslehre umfasst sowohl die *rhetorisch-stilistischen Mittel* des Verses als auch die Regeln der **Silbenfolge.** Metrische Grundeinheiten sind der **Versfuß** und der **Vers** als rhythmische Einheit. Baustein des Verses ist die Silbe. Die deutsche Metrik orientiert sich am **dynamischen Akzent** (betonte und unbetonte Silbe).

Das Prinzip des dynamisch-akzentuierenden Verses geht auf MARTIN OPITZ zurück, der in seinem „Buch von der Deutschen Poeterey" (Breslau, 1624) schreibt:

Der letzte betonte Vokal in „klingen" und „singen" ist i. Der letzte betonte Vokal in „Klang" und „sang" ist a.

> „nicht zwar das wir auff art der griechen vnnd lateiner eine gewisse grösse der sylben können in acht nemen; sondern das wir aus den accenten vnnd dem thone erkennen / welche sylbe hoch vnnd welche niedrig gesetzt soll werden."
> (Opitz, Martin: Buch von der Deutschen Poetery, Breslau: David Müller, 1624, Tübingen: Niemeyer, 1963, S. 38.)

Lautreime

Der **Reim** (mhd. rim) verbindet Teile eines Gedichtes, wirkt ordnend, ist **Gleichklang.** Dabei können einzelne Konsonanten oder Vokale gleich klingen oder aber ganze Wörter. Klingen anlautende Konsonanten gleich, bezeichnet man dieses als **Stabreim.** Er war die ursprüngliche Form des germanischen Reims und ist uns im althochdeutschen (um 800) *Hildebrandslied* überliefert:

- „Hiltibrant enti Hadhubrant untar heriun tuêm“ (Hildebrandslied)

Gleiche stabreimende Buchstaben sind farblich abgehoben.

Hier reimt der Konsonant H dreimal im Anlaut. Man nennt diese Reimform auch Alliteration:

- „... brach Balken, Bogen und Bande“; „bei Wind und Wetter“;
  „Da wallen und wogen die Wipfel des Waldes“; „Mann und Maus“;
  „Kind und Kegel“, „Leib und Leben“

Von neulat. alliteratio = ad = zu und Letter = Buchstabe

Alliterieren dürfen nicht nur Konsonanten (konsonantischer Stabreim), sondern auch Vokale, wenn sie im **Anlaut** stark sind (vokalischer Stabreim):

- agar agar

Klingen dagegen betonte Vokale im **Wortinneren** zweier oder mehrerer Wörter gleich, sprechen wir von der **Assonanz** (vokalischer Halbreim).

- Unterpfand – wunderbar
  handvoll – Antwort

Von lat. assonare = einstimmen

Silben- bzw. Wortreime

Im heutigen Sprachgebrauch wird als Reim bezeichnet, wenn zwei oder mehr Wörter **vom letzten betonten Vokal an** gleich klingen. Hier unterscheidet man Reime, die am Anfang, in der Mitte oder am Ende von Versen reimen.

Anfangsreim
Der **Anfangsreim** ist dadurch gekennzeichnet dass die ersten Wörter zweier aufeinanderfolgender Verse reimen.

- „Krieg! Ist das Losungswort.
  Sieg! Und so klingt es fort.“ (Goethe)

Binnenreim
Das Versende reimt beim **Binnenreim** mit einem Wort des Versinnern.

- „Bei stiller Nacht zur ersten Wacht“ (Spee von Langenfeld)

Einige **Formen** des Binnenreims sind:
Schlagreim: Reim zweier im einzelnen Vers unmittelbar aufeinanderfolgender Wörter.

Im Schlagreim reimen sich Wörter innerhalb einer Verszeile.

- „Quellende, schwellende Nacht“ (Hebbel)

Inreim: Versende und Wort aus dem Vers reimen:

- „Eine starke, schwarze Barke“ (Heine)

Mittelreim: Zwei Wörter aus dem Innern aufeinanderfolgender Verse reimen:

3

„Nun ist's dem alten **Recken** ein tiefer Zeitvertreib,
Zu waschen und zu **strecken** den narbenvollen Leib." (Uhland)

Endreim:
Zwei Wörter am Ende zweier Verse reimen beim **Endreim.** Der Endreim wurde lange Zeit als das typische Merkmal von Lyrik wahrgenommen. Im 9. Jahrhundert erlangte im Zuge der Christianisierung Mitteleuropas das Lateinische auf die deutsche Sprache größeren Einfluss. Deutlich wird dies bereits im mittelhochdeutschen (um 1200) *Nibelungenlied*. Hier ist ein Endreim zu konstatieren mit dem Reimschema ab ab cd cd.

Der Gleichklang ist farblich abgehoben.

„Uns ist in alten mæren/wvnders vil geseit
von helden lobebæren/von grozer arebeit
von frövden hôchgeciten/von weinen unde von klagen
von küevner recken striten/mvget ir nv wvnder horen sagen"

Das Reimschema endreimender Verse betrachtet lediglich die letzten Silben der Verszeile bzw. des Halbverses.

Im obigen Beispiel gesellt sich zum Endreim noch ein spezieller Binnenreim: der **Zäsurreim** (*mæren/bæren* sowie *citen/striten* reimen).
Je nachdem, wie sich die Wörter am Ende der Zeile reimen, unterscheidet man **reine** (genauer Gleichklang in Vokal und Schlusskonsonant vom letzten Vokal an) und **unreine Reime** (ungenauer oder unvollständiger Gleichklang entweder der Vokale oder der Schlusskonsonanten).

Nach dem **Klang** unterscheidet man Endreime in:

„König ist der Hirtenknabe" (weiblich), „Grüner Hügel ist sein Thron" (männlich) (HEINE)

männlicher Reim (stumpfer Reim)	weiblicher Reim (klingender Reim)
Reim, der mit einer Hebung (einer betonten Silbe) endet Beispiel: rat/bat, wann/kann, Pracht/Macht usw.	Reim, der mit einer Senkung (einer unbetonten Silbe) endet Beispiel: schweifen/pfeifen, wegen/legen, Tagen/tragen usw.

Jeweils die letzten Silben der Verszeile reimen: „Leise zieht durch mein Ge**müth** liebliches Geläu**te** Klinge, kleines Frühlings**lied**, Kling´ hinaus in´s Wei**te**!" (Reimschema: abab) (HEINE)

Endreime sind z. B.:
- **Kreuzreim,** auch Wechselreim genannt. Eine paarweise gekreuzte Reimstellung kennzeichnet ihn. Es reimt der erste mit dem dritten, der zweite mit dem vierten Vers usw. (ab, ab, cd, cd). Der Kreuzreim wird häufig im Volkslied und volkstümlicher Lyrik verwendet.
- **Paarreim:** Form der Reimbildung mit jeweils zwei aufeinanderfolgenden Versen (aa, bb, cc, usw.). Eine Sonderform ist die Reimhäufung (aaa, bbb, ccc).
- **Schweifreim** aabccb usw.
- **umarmender Reim** abba usw.
- **verschränkter Reim** abc[d] abc[d] usw.
- **Schüttelreim:** Reim bei zwei Wörtern. Tausch der Anfangskonsonanten beider Wörter

„Die böse Tat den Schächer reut,
Doch nur, weil er den Rächer scheut."

- Kehrreim (Refrain): Wiederholung einer Reihe am Schluss der Strophe

Versbau

> Der **Versfuß** besteht aus einer betonten Silbe (Hebung: –) und einer oder mehreren unbetonten Silben (Senkung: ◡). Der Takt ist die kleinste *metrische Einheit des* **Metrums.** Das Metrum regelt die Abfolge von betonten und unbetonten Silben, das heißt die Anordnung des Wortakzents.

Unbetonte Silben erkennt man in der Alltagssprache oft daran, dass sie sehr flüchtig gesprochen bzw. dialektal „verschenkt" werden. Auf der betonten Silbe liegt der Hauptakzent.

Versfüße orientieren sich an der griechischen Literatur. Die Lyrik der deutschen Literatur begreift sich zunächst als nachahmende Gattung. Der griechischen kurzen bzw. langen Silbe stellt man in der deutschen Literatur die betonte bzw. unbetonte Silbe gleich. In der ursprünglichen germanischen Literatur gab es lediglich den Stabreim bzw. die **Alliteration.**

Der **Vers** ist die von einem bestimmten Rhythmus getragene Zeile innerhalb der gebundenen Rede. Den Rhythmus beschreibt man mittels des Versfußes. Der **Versfuß** besteht im Deutschen aus einer betonten Silbe (Hebung: –) und unbetonten Silben (Senkung: ◡).

Von lat. Versus, eigentl. das Umwenden (des Pfluges), die gepflügte Furche, die Reihe

Jambische und anapästische Verse weisen **steigende Versfüße** auf. Sie beginnen stets auftaktig, d.h. mit einer unbetonten Silbe. Der **Jambus** besteht im Deutschen aus einer unbetonten und einer betonten Silbe. **Jambische Verse** weisen demzufolge das Versschema auf: ◡ – ◡ – ◡ – ◡ – ◡ – (unbetont, betont ...). Sie werden oft als frisch, belebend, dynamisch beschrieben, können jedoch auch gemäßigt, fest und schwer wirken:

Die deutsche Lyrik verwendet den **silbisch-akzentuierenden Versbau**. Andere Systeme der Verslehre sind die quantierende, Silben zählende und akzentuierende Dichtung

„Du siehst, wohin du siehst, nur Eitelkeit auf Erden.
Was dieser heute baut, reißt jener morgen ein."
(ANDREAS GRYPHIUS: „Es ist alles eitel")

Der **Alexandriner** gehört zu den jambischen Reimversen: Er ist die Versform der deutschen *Barock*dichtung und der französischen Klassik. Eine **Verszeile** besteht aus sechs Jamben mit obligater Zäsur (durch ein Wortende markierter Einschnitt) nach der dritten Hebung (betonte Silbe) bzw. aus 12 (männlicher Ausgang) oder 13 Silben (weiblicher Ausgang) mit deutlicher *Diärese* nach der dritten Hebung.

Diärese bezeichnet einen besonderen Einschnitt. Sie tritt auf, wenn das Ende eines Wortes mit dem Ende eines Versfußes zusammenfällt.

„Der schnelle Tag ist hin. / Die Nacht schwingt ihre Fahn."
(GRYPHIUS: Abend)

„Du siehst, wohin du siehst, nur Eitelkeit auf Erden.
Was dieser heute baut, reißt jener morgen ein:
Wo itzund Städte stehn wird eine Wiese sein,
auf der ein Schäferskind wird spielen mit den Herden.
Was itzund prächtig blüht, soll bald zertreten werden.
Was itzt so pocht und trotzt, ist morgen Asch und Bein.
Nichts ist, das ewig sei, kein Erz, kein Marmorstein.
Itzt lacht das Glück uns an, bald donnern die Beschwerden."
(ANDREAS GRYPHIUS: „Es ist alles eitel")

3

Der **Blankvers** ist ein ungereimter **steigender Fünftakter.** Man nennt ihn auch den Vers SHAKESPEARES. Im 18. Jahrhundert wurde er aus der englischen Dichtung in die deutsche übernommen.

„Es eifre jeder seiner unbestochnen
Von Vorurteilen freien Liebe nach."
(LESSING: „Nathan der Weise")

Griech. von anapaien = zurückschlagen

Der **Anapäst** wird im Deutschen aus zwei unbetonten Silben und einer betonten Silbe gebildet. **Anapästische Verse** weisen demzufolge das Versschema auf: ∪ ∪ – ∪ ∪ – ∪ ∪ –. Sie wirken oft vorwärtstreibend, bewegt:

„Und es wallet und siedet und brauset und zischt."
(FRIEDRICH SCHILLER: „Der Taucher")

Fallende Versfüße beginnen stets auftaktlos, d.h. mit einer betonten Silbe. Trochäische und daktylische Verse weisen fallende Versfüße auf. Der **Trochäus** wird im Deutschen aus einer betonten und einer unbetonten Silbe gebildet. **Trochäische Verse** weisen das Versschema auf: – ∪ – ∪ – ∪ – ∪ (betont, unbetont). Sie werden oft als gemäßigt, fest, schwer beschrieben.

„Nach Korinthus von Athen gezogen
Kam ein Jüngling, dort noch unbekannt."
(JOHANN WOLFGANG VON GOETHE: „Die Braut von Korinth")

Griech. daktylos – der Finger, jeder Finger, mit Ausnahme des Daumens; 3 Glieder

Der **Daktylus** wird im Deutschen aus einer betonten und zwei unbetonten Silben gebildet. **Daktylische Verse** weisen das Versschema auf: – ∪ ∪ – ∪ ∪ – ∪ ∪ (betont, unbetont, unbetont ...). Sie wirken oft bewegt, heiter:

„Pfingsten, das liebliche Fest, war gekommen; es grünten und blühten
Feld und Wald; auf Hügeln und Höhn [...]"
(GOETHE: „Reineke Fuchs", Anfang)

Der **fallende Fünftakter** gehört zu den trochäischen Versen. Er wird auch serbischer Trochäus genannt und kommt in der deutschen Dichtung besonders in der Ballade vor.

„Nach Korinthus von Athen gezogen
Kam ein Jüngling, dort noch unbekannt.
Einen Bürger hofft' er sich gewogen [...]"
(GOETHE: „Die Braut von Korinth")

Griech. hex = sechs, metron = Maß Hexameter = Sechsmesser

Der **Hexameter** ist ein daktylischer Vers. Er war der Grundvers des antiken Epos und ist aus sechs daktylischen Metren zusammengesetzt, wobei es möglich ist, in den ersten vier Versfüßen die zwei kurzen Silben durch eine lange Silbe zu ersetzen.
– ∪ ∪ – ∪ ∪ – ∪ ∪ – (–) – ∪ ∪ – ∪
– ∪ ∪ – ∪ ∪ – (–) – ∪ ∪ – ∪ ∪ – ∪

„Nun erhob sich Achilleus vom Sitz vor seinem Gezelte,
Wo er die Stunden durchwachte, die nächtlichen, schaute der Flammen
Fernes schreckliches Spiel und des wechselnden Feuers Bewegung,
Ohne die Augen zu wenden von Pergamos' rötlicher Feste.
Tief im Herzen empfand er den Haß noch gegen den Toten,
Der ihm den Freund erschlug und der nun bestattet dahinsank."
(GOETHE: „Achilleis")

Der Hexameter wird im Deutschen auch *Romanzenvers* genannt:

„Pfingsten, das liebliche Fest, war gekommen; es grünten und blühten
Feld und Wald; auf Hügeln und Höhn, in Büschen und Hecken
Übten ein fröhliches Lied die neu ermunterten Vögel;
Jede Wiese sproßte von Blumen in duftenden Gründen …"
(GOETHE: „Reineke Fuchs")

Der **Pentameter,** ebenfalls daktylisch, ist ein Fünfmesser mit verkürztem dritten und sechsten Versfuß. Der Name ist irreführend, weil sechs Hebungen erhalten bleiben.

„[Éine gróße Epóche hát das Jahrhúndert gebóren,]
Áber der gróße Momént / fíndet ein kléines Geschlécht"
(GOETHE/SCHILLER: „Xenien")

Das **Distichon** ist ein Doppelvers, der aus einem Hexameter und einem Pentameter besteht. FRIEDRICH SCHILLER verfasste ein Distichon mit dem Titel „Distichon", das zugleich als Merkvers gelten kann.

Griech. dis = doppelt, stichos = Vers

„Im Hexameter steigt/des Springquells flüssige Säule,
Im Pentameter drauf/fällt sie melodisch herab."
(SCHILLER: „Distichon")

– ◡ – ◡◡ – / ◡ – ◡ – ◡◡ – ◡
– ◡ – ◡◡ – / – ◡◡ – ◡◡ –

Es gibt zwei Gedichtformen, die durch das Distichon gekennzeichnet sind: das **Epigramm** und die **Elegie.** Während das Epigramm, das oft nur aus einem einzigen Distichon besteht, sich den verschiedenen Charakter von Hexameter und Pentameter für eine komprimierte anspielungsreiche Kurzaussage zunutze macht (z. B. GOETHES und SCHILLERS „Xenien"), ist die Elegie meist ein längeres Gedicht.

„Täglich geh ich heraus, und such ein Anderes immer,
Habe längst sie befragt, alle die Pfade des Lands;
Droben die kühlenden Höhn, die Schatten alle besuch ich,
Und die Quellen; hinauf irret der Geist und hinab."
(HÖLDERLIN: „Menons Klagen um Diotima")

– ◡ – ◡◡ – / ◡ – ◡ – ◡◡ – ◡
– ◡ – ◡◡ – / – ◡◡ – ◡◡ –
– ◡◡ – ◡◡ – / ◡ – ◡ – ◡◡ – ◡– ◡ – ◡◡ – / – ◡◡ – ◡◡ –

3

Der **Knittelvers** lässt sich weder den steigenden noch den fallenden Versfüßen zuordnen. Er war im 15. und 16. Jahrhundert nicht nur in der Lyrik, sondern auch in Dramatik und Epik der gebräuchlichste Vers. Kurze Reimpaare mit vier Hebungen und freier Senkungsfüllung kennzeichnen ihn.

Knittelvers: evtl. von knüttel: knorrig, im Sinne von schlechten, unregelmäßigen Versen

„Hábe nun, ách! Phílosophíe,
Jurísteréi und Médizín
Und léider áuch Théologíe [...]“
(GOETHE: „Faust“)

– ∪ ∪ – – ∪ ∪ –
∪ – ∪ – ∪ – ∪ –
∪ – ∪ – – ∪ ∪ –

Einige Gedichtgattungen

Griech. epigramma = Aufschrift

Das **Epigramm** ist eine Gedichtgattung von prägnanter geistvoll-zugespitzter Kürze (Sinngedicht). Ursprünglich bezeichnet es eine Auf- oder Inschrift auf Grabmalen oder Denkmalen. Das Epigramm war im Barock sehr beliebt, hatte in der **Romantik** und im **Jungen Deutschland** seinen letzten Höhepunkt. Eine Sonderform ist der **Limerick.**

FRIEDRICH HAUG
Erlaubte Rache

Herr Firlefanz erschöpfte sich
In seinem Epigramm auf mich;
Und meine Rache für den Spuck?
Ich gab sein Epigramm in Druck.

Bekannte Elegien der Moderne sind: R. M. RILKES „Duineser Elegien“, B. BRECHTS „Buckower Elegien“

Elegie bedeutete ursprünglich jedes im elegischen Versmaß (Distichon) abgefasste Gedicht, Trauer- oder Klagegedicht. Es fand seinen Höhepunkt in der Dichtung HÖLDERLINS.

Ital. Sonetto, von: sonus = Klang, Schall

Bedeutende Sonettdichter waren u.a. SHAKESPEARE, dessen 154 Sonette in deutscher Übersetzung von SCHLEGEL/TIECK und in neuerer Zeit von P. CELAN und F. J. CZERNIN vorliegen; GEORG HEYM, PAUL BOLDT (1885 bis 1921) und J. R. BECHER schrieben expressionistische Sonette.

Das **Sonett** ist eine aus dem Italienischen stammende Gedichtform mit strengem Aufbau. Im Deutschen besteht es aus meist *fünffüßigen Jamben.* Zum Sonett gehören zwei vierzeilige *Quartette* und zwei dreizeilige Terzette. In der neueren Lyrik wird diese strenge Form immer wieder durchbrochen durch drei vierzeilige *Quartette* und ein zweiteiliges Duett. Die Reime in den Quartetten folgen dem Schema abba abba (umschlingender Reim) bzw. abab cdcd, während in den *Terzetten* unterschiedliche Reimstellungen möglich sind.

AUGUST WILHELM SCHLEGEL
„Das Sonett

Zwei Reime heiß ich viermal kehren wieder,
Und stelle sie, geteilt, in gleiche Reihen,
Daß hier und dort zwei eingefaßt von zweien
Im Doppelchore schweben auf und nieder.

Dann schlingt des Gleichlauts Kette durch zwei Glieder
Sich freier wechselnd, jegliches von dreien.
In solcher Ordnung, solcher Zahl gedeihen
Die zartesten und stolzesten der Lieder.

Den werd ich nie mit meinen Zeilen kränzen,
Dem eitle Spielerei mein Wesen dünket,
Und Eigensinn die künstlichen Gesetze.

Doch, wem in mir geheimer Zauber winket,
Dem leih ich Hoheit, Füll in engen Grenzen,
Und reines Ebenmaß der Gegensätze."

(Schlegel, August Wilhelm: Sämmtliche Werke, Hrsg. Eduard Böcking, Bd. 2, Leipzig: Weidmann, 1846, S. 304.)

Die Hymne war ursprünglich ein Kultgesang ohne feste formale und inhaltliche Kennzeichen. Sie ist ein feierlicher Preis-, Lob- und Festgesang. Bei KLOPSTOCK wurde sie über religiöse Anlässe hinaus, durch z. B. übersteigerte patriotische Gefühle, erweitert. Mit NOVALIS („Hymnen an die Nacht") und HÖLDERLIN wird die romantische Todessehnsucht mit einbezogen.

Griech. hymnos = Gesang, Lied

JOHANN WOLFGANG VON GOETHE
„Ganymed

Wie im Morgenrot
Du rings mich anglühst,
Frühling, Geliebter!
Mit tausendfacher Liebeswonne
Sich an mein Herz drängt
Deiner ewigen Wärme heilig Gefühl,
Unendliche Schöne!

Dass ich dich fassen möchte
In diesen Arm!
Ach, an deinem Busen
Lieg ich, schmachte, ...
Und deine Blumen, dein Gras
Drängen sich an mein Herz.
Du kühlst den brennenden
Durst meines Busens [...]"

(Goethe, Johann Wolfgang von: Berliner Ausgabe, Bd. 1 Berlin: Aufbau, S. 329.)

Man unterscheidet die chorische Ode und die monodische Ode.

Die **Ode** (griech. Gesang) war ein antiker **Chorgesang.** Die bedeutendsten Werke der Chorlyrik stammen von PINDAR (Lobesänge auf Helden und Sieger). Die chorische Ode ist dreigeteilt: 1. Ode, 2. Antode (Gegenstrophe), 3. Epode (Abgesang). Daneben gibt es verschiedene Strophenformen des Einzelgesangs (Monodie), wie etwa bei SAPPHO.
Die Ode ist Lyrik in weihevoller, feierlich-erhabener und schwungvoller Form. Sie ist traditionell ungereimt. Die Ode ist emphatisch-enthusiastische Dichtung mit hymnischen Tönen (z. B. GELLERTS „Die Himmel rühmen", vertont durch BEETHOVEN).

Klassische **monodische Odenstrophen** sind:

Alkäische Strophe	Benannt nach dem griechischen Dichter ALKAIOS. Sie besteht aus vier Versen, Vers eins und zwei sind Elfsilbler, Vers drei ist ein Neunsilbler, Vers vier ist ein Zehnsilbler. Das Metrum ist ein Jambus, im Schlussvers treten zwei Daktylen und zwei Trochäen auf, im Deutschen sind sie meist trochäisch.
Asklepiadeische Strophe	Benannt nach dem griechischen Dichter ASKLEPIADES aus Samos (270 v. Chr.). In allen Versen Wechsel von Trochäen und Daktylen, entscheidendes Kennzeichen: Mittelzäsur in den ersten beiden Versen.
Sapphische Strophe	Benannt nach der griechischen Dichterin SAPPHO aus Lesbos (600 v. Chr.), vierzeilige metrisch geregelte Strophen. Trochäen mit eingeschobenem Daktylus, alle Versausgänge weiblich.

Alkäische Strophen:

FRIEDRICH HÖLDERLIN
„An die Parzen

Nur einen Sommer gönnt, ihr Gewaltigen!
Und einen Herbst zu reifem Gesange mir,
Dass williger mein Herz, vom süßen
Spiele gesättiget, dann mir sterbe

Die Seele, der im Leben ihr göttlich Recht
Nicht ward, sie ruht auch drunten im Orkus nicht;
Doch ist mir einst das Heil´ge, das am
Herzen mir liegt, das Gedicht, gelungen,

Willkommen dann, o Stille der Schattenwelt!
Zufrieden bin ich, wenn auch mein Saitenspiel
Mich nicht hinab geleitet; Einmal
lebt ich, wie Götter, und mehr bedarfs nicht."

(Hölderlin, Friedrich: Sämtliche Werke. Kleine Stuttgarter Ausgabe, Band 1, Hrsf. Friedrich Beissner, Stuttgart: Cotta, 1946, S. 247.)

Ein Beispiel für die asklepiadeische Strophe ist FRIEDRICH GOTTLIEB KLOPSTOCKS „Der Zürchersee". Die sapphische Strophe benutzte AUGUST VON PLATEN in „Los des Lyrikers" (↗ DVD).

ANAKREON
(um 563–478 v. Chr.)

Bei den Anakreontikern ist der Begriff „Ode" zumeist gleichbedeutend mit Lied. Vorbild waren oft die Oden des griechischen Lyrikers ANAKREON und seiner Nachahmer. Im Unterschied zu den klassischen Oden sind diese jedoch gereimt.
FRIEDRICH SCHILLERS „Ode an die Freude" (1785) wurde von LUDWIG VAN BEETHOVEN vertont und ist seit 1972 die offizielle Hymne des Europarats.

3.3.4 Stilmittel der Lyrik

Die **Rhetorik** ist die Theorie und Technik der (öffentlichen) *Redekunst*. Im Gegensatz zur Dichtung hat sie das Ziel der überzeugenden Darstellung eines Standpunktes und/oder der Überredung (persuasive Kommunikation, von lat. persuasiv: der Überredung dienend). Die Rhetorik hatte vor allem in der *griechischen* und *römischen Antike* einen hohen Stellenwert. Rede vor Gericht, politische Rede und Festrede waren die drei Formen der antiken Redekunst.

Griech. rhetorike techne = Redekunst

Die Rhetorik verlagerte sich im Laufe der Zeit auf die Schriftlichkeit und wurde Bestandteil der Poetiken, sodass Begriffe und Techniken Einlass fanden in die Beschreibung auch von Lyrik. Für die Literatur sind die bereits in der Antike entwickelten rhetorischen Figuren und Tropen von besonderer Wichtigkeit. Es sind **Stilfiguren** zur Verdeutlichung, Veranschaulichung und Ausschmückung einer Aussage.

Rhetorische Figuren und Tropen

Bezeichnung	Beschreibung	Beispiel
Accumulatio	Häufung von Wörtern derselben Kategorie	„Ist was, das nicht durch *Krieg, Schwert, Flamm* und *Spieß* zerstört?" (GRYPHIUS)
Adynaton	Es wird indirekt ausgedrückt, dass etwas auf gar keinen Fall geschehen kann.	„Eher geht ein Kamel durch ein Nadelöhr, als dass ein Reicher in das Reich Gottes kommt." (Bibel)
Allegorie	Verbildlichung: etwas anders ausdrücken, vergegenständlichte abstrakte Idee, über das Einzelwort hinausgehende Metapher, systematisierte Metapher	Personifizierte mythische Figuren: Gerechtigkeit als Justizia, Tod als Gerippe
Allusion	Anspielung: Etwas wird andeutungsweise mit etwas anderem verglichen.	„Nicht jeder Held ist ein Alexander."
Anakoluth	**Satzbruch:** Ein Satz wird nicht wie gewohnt zu Ende geführt.	„Korf erfindet eine Mittagszeitung, welche, wenn man sie gelesen hat, ist man satt." (MORGENSTERN)
Anastrophe	Die geläufige syntaktische Wortstellung wird umgekehrt.	Des Glaubens wegen, „Röslein rot" (GOETHE), „Wer schon so früh der Täuschung schwere Kunst/ausübte, der ist mündig vor der Zeit." (SCHILLER)
Antiklimax	**Gradation:** Wörter werden mit abnehmender Gewichtung aneinandergereiht.	„Urahne, Großmutter, Mutter, Kind ..." (BÜRGER)

Antitheton	Gegenüberstellung zweier in einigen Punkten gegensätzlicher Gedanken oder Ausdrücke	Der kriechend-stolze Mensch
Antonomasie	Umschreibung: Der Eigenname steht für einen Gattungsnamen.	„Demosthenes" statt „großer Redner"
Apostrophe	Anrufung einer Gestalt, einer Sache, eines höheren Wesens durch das Sprecher-Ich oder eine Figur als Ausruf (Exclamatio) oder Einwurf (Interiectio)	„Freude, schöner Götterfunken, Tochter aus Elysium" (SCHILLER), „O süße Augen, fromme Liebessterne" (HEINE)
Archaismus	Veraltetes, nicht mehr gebräuchliches Wort	„Dieser zog mein **gülden** Ringlein /Aus dem tiefen Quell" (litauisches Volkslied)
Asyndeton	Unverbundene Aufzählung unter Weglassung der notwendigen Konjunktionen	„Wie selig bin ich doch! O haar/ stirn/blick/brust/hand/So köstlich/ freindlich/klar/anmuthig und beglicket!" (WECKHERLIN)
Bathos	Ein höherer Wert wird einem niedrigen kontrastiv gegenübergestellt. Auch: gemeine, kriechende, erhaben sein sollende Schreibart	
Brachylogie	Knappe Ausdrucksweise durch die Auslassung von Satzteilen, gedrängter, knapper Stil	
Ellipse	Auslassung von Wörtern oder Satzteilen	„Zwei Augen, ein kurzer Blick, die Braue, Pupille, die Lider" (TUCHOLSKY)
Zeugma	Sprachwidrige Verbindung zweier oder mehrerer Ausdrücke durch Einsparung eines logisch notwendigen Satzglieds	„Als Viktor zu Joachime kam, hatte sie Kopfschmerzen und Putzjungfern bei sich." (J. PAUL)
Correctio Epanorthosis	Korrektur, Verbesserung	„Ganz Deutschland – was sage ich – Europa ..."
Chiasmus	(Meist) spiegelbildliche Anordnung einander entsprechender Wörter oder Satzglieder	„Ach Gott! Die **Kunst** ist ***lang;*** Und ***kurz*** ist unser **Leben."** (GOETHE)
Dikolon	Zweigliedriger Satz, auch: aus zweierlei Versen bestehendes Gedicht	
Dysphemismus Kakophemismus	Abwertende Wortschöpfung (vgl. Euphemismus)	Drahtzieher, Dreckskerl „ins Gras beißen" für „sterben"
Emphase	Nachdrucksvoll, kräftig, Kraft eines Ausdrucks, sofern in demselben mehr liegt, als er eigentlich ausspricht.	
Epanalepse Repetitio Wiederholung	Wiederholung von Wörtern oder Wortgruppen	**„Mein Vater, mein Vater,** jetzt fasst er mich an." (GOETHE) **„Lass sausen** durch den Hagedorn, **lass sausen,** Kind, **lass sausen."** (BÜRGER)

Anapher	Wiederholung von Wörtern oder Wortgruppen am Versanfang	**„Wer nie** sein Brot mit Tränen aß,/ **Wer nie** die kummervollen Nächte ...“ (GOETHE) **„Das Wasser** rauscht/**das Wasser** schwoll ...“ (GOETHE)
Anadiplose	Wiederholung eines Wortes/einer Wortgruppe des Versendes am Anfang des folgenden Verses	„Ha! Wie will ich dann dich **höhnen!/Höhnen?** Gott bewahre mich!“ (SCHILLER)
Epipher	Wiederholung von Wörtern oder Wortgruppen am Versende	„[...] doch alle Lust will **Ewigkeit** –, will tiefe, tiefe **Ewigkeit!**“ (NIETZSCHE)
Epizeuxis	Dasselbe Wort wird der Verstärkung des Ausdrucks wegen mehrfach wiederholt.	„Aber wehe, wehe, wehe,/Wenn ich auf das Ende sehe!“ (BUSCH)
Kyklos Inclusio	Wiederholung des Versanfangs am Versende	**„Entbehren** sollst du, sollst **entbehren!**“ (GOETHE)
Epiphrase	Syntaktisch scheinbar beendeter Satz mit einem Nachtrag	„Mein Retter seid ihr und mein Engel.“ (SCHILLER)
Epitheton ornans	Schmückendes Beiwort (Epitheton) in formelhafter Verwendung	Eulenäugige Athene (Glaukopis Athenâ)
Exclamatio	Ausruf, Äußerung des Schmerzes, des Unwillens, der Verwunderung in der Anrede an Menschen und leblose Dinge	„O Mutter, Mutter! Hin ist hin!“ (BÜRGER)
Hendiadyoin	Aneinanderreihung zweier Substantive gleicher Bedeutung	„Leib und Leben“, „Hab und Gut“
Hyperbel	Ein Gegenstand wird größer oder kleiner dargestellt, als er ist.	„Das Lächeln meiner Luise ist Stoff für Jahrtausende, und der Traum des Lebens ist aus bis ich diese Träne ergründe.“ (SCHILLER)
Hypotaxe	Satzgefüge aus Haupt- und Nebensätzen	„Kümmere dich nicht darum, ob die Wellen, die von dir ins Publikum laufen, auch zurückkommen – das sind Kinkerlitzchen.“ (TUCHOLSKY)
Inversion	Ein Wort oder Satzteil wird an eine andere Stelle gesetzt als grammatisch üblich.	„Aufsteigt der Strahl und fallend gießt/Er voll der Marmorschale Rund [...]“ (MEYER)
Ironie	Gegenteil des Gemeinten wird gesagt durch: Untertreibung, Unähnlichmachung *(dissimulatio)*, Anspielung, Verstellung *(simulatio)*.	*Simulatio:* „Du bist mir ja ein schöner Freund!“ *Dissimulatio:* „Ich weiß, dass ich nichts weiß.“ (Dem Sokrates durch Platon in den Mund gelegt.)

Antiphrasis	Drückt das Gegenteil von dem aus, was gesagt werden soll, Benennung einer Person oder Sache, von deren Wesen der Name das Gegenteil anzeigt	„Eumeniden" („wohlmeinende Göttinnen") statt „Erinnyen" („Rasende")
Euphemismus	Beschönigende Milderung eines Ausdrucks	„Betucht" für „vermögend", „befrieden" für „unterwerfen"
Katachrese	**Bildbruch:** Verwendung eines nicht passenden Ausdrucks, fehlerhaft oder absichtlich, *auch:* verblasste Metapher	**Laute** Tränen, **welkes** Licht *auch:* Tisch**bein,** Fluss**bett**
Klimax	**Gradation:** Wörter werden mit zunehmender Gewichtung aneinandergereiht.	„Ich kam, ich sah, ich siegte." (CÄSAR)
Komparativ	Steigerung (bzw. Abschwächung) von Adjektiven	**Weißer** als **Weiß;** das **minder fleißige** Lieschen
Litotes	Tropus der Untertreibung, der Verneinung oder der Abschwächung seines Gegenteils	„Nicht übel", „kein Anfänger", „nicht ohne Charme", „kein Unmensch"
Metapher	Sprachbild, für das es keinen „eigentlichen" Ausdruck gibt und das sowohl als Wort, als Wortgruppe oder als ein ganzer Text bestehen kann. Es kann nur in seinem Kontext untersucht und verstanden werden. Metaphern aktivieren Emotionen und Vorstellungskraft, fördern Erkenntnis.	*Attributiv:* **„Schwarze** Milch der Frühe" (CELAN) *Komposition:* **Motor**haube, **Daten**autobahn … *Apposition:* „[…] dein Schweigen, **ein Stein"** (BOBROWSKI) usw.
Metonymie	Ein sprachlicher Ausdruck wird nicht in seiner eigenen, sondern in seiner übertragenen Bedeutung benutzt.	Im **Schiller** lesen, ein **Glas** trinken **Napoleon** wurde in Russland geschlagen.
Neologismus	Wortneuschöpfung	Steintag (CELAN)
Omission	Übergehung, Auslassung	Ich brauche nicht extra zu betonen …
Onomatopoesie	Lautmalerei	Gack-gack, miau, wau
Oxymoron	Zwei gegensätzliche Begriffe werden aneinandergereiht.	Hassliebe, „schwarze Milch" (CELAN)
Contradictio in adiecto	Ein Widerspruch in sich, in der Beifügung; etwas, das es eigentlich nicht gibt	„Eisenholz", „schwarze Milch" (CELAN)
Palindrom	Ein Text wird vorwärts und rückwärts gleich gelesen.	Anna, Otto; ein Esel lese nie.

Paraphrase	Erklärende Umschreibung mit eigenen Worten	
Paralipse	Ein Thema wird dadurch hervorgehoben, dass betont wird, nicht darauf eingehen zu wollen.	
Parataxe	Beiordnung, Reihung, Nebenordnung von gleichberechtigten Sätzen	„Es begann stark zu regnen, die Leute traten unter die Dächer. Der Bäcker war fort." (G. HEYM)
Parenthese	Einschub, Unterbrechung einer geschlossenen Satzkonstruktion	„Ich sei, gewährt mir die Bitte, in eurem Bunde der dritte." (SCHILLER)
Paronomasie Annominatio	Wortspiel, das auf zufälliger Klangähnlichkeit beruht	„Der Rheinstrom ist geworden zu einem Peinstrom." (SCHILLER)
Etymologische Figur	Ein Verb und das stammverwandte Substantiv werden miteinander verbunden.	Einen Kampf kämpfen „Gar schöne *Spiele spiele* ich mit dir." (GOETHE)
Periphrase	Ein Begriff wird umschrieben.	„Das Auge des Gesetzes"
Pejoration	Abwertung einer Person, einer Personengruppe oder einer Sache	„Grüne **Chaoten"** „Baader-Meinhoff-**Bande"**
Personifikation	Tiere, Pflanzen usw. werden mit menschlichen Eigenschaften ausgestattet.	Tiere in der Fabel oder im Gedicht: Adebar, Isegrim usw.
Polysemie	**Wortspiel:** Ein Wort steht für mehrere Bedeutungen.	„Läufer" als laufender Mensch und als Teppich
Pleonasmus	Die Bedeutung z. B. einer Sache wird in mehreren unterschiedlichen Worten umschrieben.	Großer Riese, kleiner Obulus
Tautologie	Dasselbe sagen, Häufung gleichbedeutender Wörter	„Die Rose ist eine Rose ist eine Rose." (G. STEIN)
Rhetorische Frage	Scheinfrage, auf die man keine Antwort erwartet	„Was aber tun brave Mitteleuropäer …" (TUCHOLSKY), „Was nun?"
Stilbruch	Ein Ausdruck wird als störend empfunden, weil er stilistisch nicht zum übrigen Text passt (z. B.: Diskrepanz zwischen Standardsprache und Umgangssprache).	
Symbol	**Sinnbild:** etwas sinnlich Wahrnehmbares	„Weiße Taube" = Frieden, „blaue Blume" = Symbol für Romantik
Synästhesie	Vermischung von zwei oder mehr Sinneseindrücken	„Golden wehn die Töne nieder" (BRENTANO) **Kalte** Farbe, **trockener** Wein
Synekdoche	Tropus, Ersetzung eines Wortes durch eines aus demselben Begriffsfeld	„Unser täglich Brot", „Segel" für „Schiff"
Pars pro toto	Meint beim Teil eines Gegenstandes das Ganze	„Segel" statt „Schiff", ein **Dach** über dem Kopf haben

Totum pro parte	Das Ganze steht für einen Teil.	„**Wir** sind Papst!" (Schlagzeile der BILD-Zeitung)
Tropus	Sprachliche Stilmittel, die einen Ausdruck durch einen anderen bedeutungsveränderten ersetzen (Metonymie, Synekdoche, Metapher, Ironie ...). Tropen erfüllen Austauschfunktionen. Sie sollen einen Sachverhalt ironisch umschreiben, den Ausdruck variieren, etwas Bestimmtes pointiert hervorheben (Litotes) oder einen Text augenfällig gliedern.	
Vergleich (Gleichnis)	Wörter oder Wortgruppen werden mit dem Vergleichswort **wie** verglichen.	Schön **wie** eine Rose sein
Wortspiel	Nebeneinanderstellung oder Verbindung von Wörtern, die bei Ähnlichkeit des Lautes verschiedene, vielleicht gar entgegengesetzte Bedeutung haben	Jesuiter – Jesuwider (J. FISCHART)

3.3.5 Rhythmus

Rhythmische Mittel

- Akzent
  - Wortbetonung
  - Satzbetonung
- Pause
- Tempo
- Klangfarbe
  - helle, dunkle Vokale
  - weiche, harte Konsonanten

Der **Rhythmus** des deutschen Verses ist an eine regelmäßige Folge von Hebung und Senkung gebunden.

In den sogenannten **freien Rhythmen** werden die Verse lediglich durch einen stark ausgeprägten Rhythmus geformt, ohne die Regelmäßigkeit eines Metrums und ohne Reim. Der Rhythmus des Verses ist zwar vorgegeben (Metrum), der Vortragende hat aber verschiedene Möglichkeiten, den Vers zu akzentuieren.

Freie Verse (franz. vers libre)	Freie Rhythmen
Gereimte Zeilen von unterschiedlicher Länge, durchgehend Jamben (eine unbetonte und eine betonte Silbe) oder Trochäen (eine betonte und eine unbetonte Silbe) mit oder auch ohne Strophenform.	Reimlose, metrisch ungebundene, rhythmisch geprägte Verszeilen. Ohne metrisch festgelegte Strophenform, doch sinngemäß in Gruppen unterschiedlicher Länge gegliedert.

Durch Gegenbetonung (gegen den Text lesen) kann u. a. Komik, aber auch besondere Ausdrucksstärke und Umdeutung der Textvorlage erreicht werden (dieses Verfahren wird oft im Theater verwendet). Durch individuelles Setzen von Pausen wird ein fließender Rhythmus bewusst gestört, der Vortragende hat die Möglichkeit, gegen das Tempo eines Gedichtes zu lesen usw. Generell gilt:

- Wer alles betont, betont nichts.
- Der Sinn des Textes entscheidet, wo die Hauptbetonung gesetzt werden muss.
- Pausen und deren Längen sind möglichst nach Sinneinheiten zu setzen.
- Das Sprechtempo ist abhängig von der Gesamtgestimmtheit eines Gedichtes zu wählen.

JOHANN WOLFGANG VON GOETHE
„Willkommen und Abschied

1 – Es schlug mein Herz, geschwind zu Pferde!
2 – Es war getan fast eh gedacht.
3 – Der Abend wiegte schon die Erde,
4 – Und an den Bergen hing die Nacht;
5 – Schon stand im Nebelkleid die Eiche,
6 – Ein aufgetürmter Riese, da,
7 – Wo Finsternis aus dem Gesträuche
8 – Mit hundert schwarzen Augen sah."

Das Gedicht beginnt in Zeile 1 und 2 heiter-dynamisch (geschwind – Pferd = Ritt), in Zeile 3 und 4 klingt die Dynamik ab (Abend = Ruhe), Zeilen 5 bis 8 klingen bedrohlich (Nebelkleid – Riese – Finsternis – hundert schwarze Augen), hier bietet sich ein dramatisch-dynamischer Rhythmus an. Pausen zwischen Zeile 2 und 3 sowie zwischen Zeile 4 und 5 erhöhen die Spannung.

9 – „Der Mond von einem Wolkenhügel
10 – sah kläglich aus dem Duft hervor,
11 – Die Winde schwangen leise Flügel,
12 – Umsausten schauerlich mein Ohr.
13 – Die Nacht schuf tausend Ungeheuer,
14 – Doch frisch und fröhlich war mein Mut:
15 – In meinen Adern welches Feuer!
16 – In meinem Herzen welche Glut!"

(Goethe, Johann Wolfgang von: Berliner Ausgabe. Poetische Werke, Bd. 1, Berlin: Aufbau Verlag, 1960 ff. S. 48.)

Verse 9–16 verdeutlichen sehr eindringlich, dass GOETHE mit sehr bildhafter Sprache einerseits die Bedrohung des Individuums durch die nächtliche Natur beschwört, dass sich andererseits das Individuum aber nicht beirren lässt. Um die Betonung solcher Signalwörter effektvoll im Vortrag nutzen zu können, hilft es, diese im Text zu markieren. Nicht mehr als zwei Begriffe pro Vers sollten Sie für Ihren Vortrag deutlicher herausstellen.

Rhythmustypen sind:
- fließender Rhythmus
- strömender Rhythmus
- bauender Rhythmus
- spröder bzw. gestauchter Rhythmus
- tänzerischer Rhythmus

Der rhythmische Ablauf zwischen Pausen heißt *Kolon*.

Formen des Reims

Lautreim

- **Konsonant**
  - Stabreim
  - Alliteration
- **Vokal**
  - Assonanz

Silben- oder Wortreim

- **Anfangsreim**
  - Anfangsreim
  - Eingangsreim
- **Binnenreim**
  - Schlagreim
  - Inreim
  - Mittelreim
  - Zäsurreim
  - …
- **Endreim**
  - Kreuzreim
  - Paarreim
  - Schweifreim
  - Umarmender Reim
  - Verschränkter Reim
  - Schüttelreim
  - Haufenreim
  - …

Erzählende Textsorten

- Märchen
- Drama
  - Komödie
  - Tragödie
  - Satyrspiel
  - Bürgerliches Trauerspiel
  - …
- Sage
- Roman
- Musikfilm
- Erzählung
- Spielfilm
- Hörspiel
- Sinfonische Dichtung
- Epos
- Legende
- Werbespot
- Musiktheater
- Parabel
- Kurzgeschichte
- Gleichnis
- Trickfilm
- Anekdote
- Novelle
- Schwank
- Ballade
- Dokumentartheater
- Fabel

Wissenstest 3 abrufbar auf **www.lernhelfer.de** oder mit der Lernhelfer-App

Literaturgeschichte

4

4.1 Literatur und Literaturgeschichte

Als **Literaturgeschichte** wird im Allgemeinen der zeitliche Verlauf von National- bzw. Weltliteraturen bezeichnet. Im engeren Sinne bezeichnet der Begriff die Geschichte der Epochen, Autoren und Werke einer Nationalliteratur.

Die Literaturgeschichte ist fast so alt wie die Literatur selbst. **SUETON** war der bekannteste Literaturhistoriker der Antike. Mit „De viris illustribus" (110 n. Chr.) verfasste er eine Abhandlung über das Leben von Dichtern, Rednern, Historikern, Philosophen und Grammatikern.

Literatur ist eine Art kollektives Gedächtnis einer Nation. Die Rezeption literarischer Texte ist demzufolge immer auch eine Auseinandersetzung mit der Vergangenheit, der Gegenwart und der Zukunft. Die Geschichte der Literatur ist nicht zu trennen von der Sprachgeschichte, der Kulturgeschichte und der politischen Geschichte eines Landes.

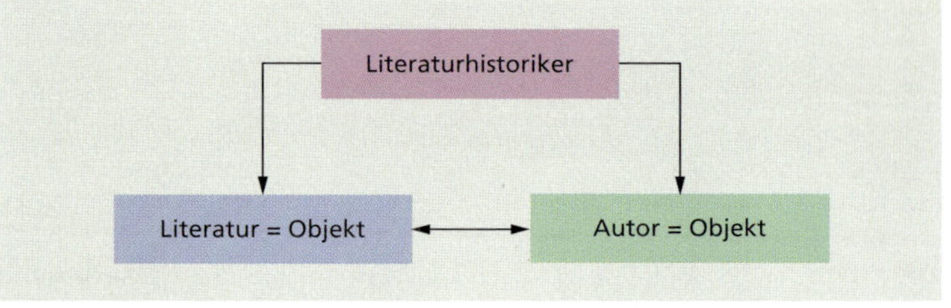

Mittels ideen-, geistes-, kultur- oder sozialgeschichtlicher Perspektive kann das Menschenbild einer Epoche, können die Werte und Vorstellungen einer Gesellschaft erschlossen werden. Der Literaturhistoriker hat so die Möglichkeit der Interpretation von Literatur. Die Literaturgeschichte ist immer auch ein Schlüssel zur *Gesellschaftsgeschichte*.

Epoche: von griech.: anhalten, zurückhalten, bezeichnet einen bestimmten Zeitraum der Literatur, in der verwandte Erscheinungen in Form und Ideen auftreten

Um Literatur zeitlich in die Geschichte der Nationen eingliedern zu können, benutzt man den *Epochenbegriff*. Dieser wird seit dem 18. Jahrhundert sehr unterschiedlich interpretiert: Sah man die Epoche zunächst im Kontext literarischer Strömungen, Richtungen und Gruppierungen, ging man später dazu über, die Literatur hinsichtlich der Dichtungsauffassung, Stoffwahl und Formensprache zu untersuchen. Im 19. Jahrhundert wurde die literarische Entwicklung als Geschichte der geistigen und kulturellen Entfaltung einer Nation verstanden. Man betrachtete einzelne Epochen, die man als geistige, kulturelle oder auch weltanschauliche Einheiten empfand.

Seit Mitte der 1960er-Jahre werden Epochen verstärkt als Erscheinungsformen ökonomischer, politischer und sozialer Entwicklungen verstanden. Da seit dem 18. Jahrhundert, aber vor allem seit der *Moderne* verschiedene Richtungen und Strömungen nebeneinander existieren, wird zwar im Folgenden der Epochenbegriff verwendet, jedoch zunehmend unter der Maßgabe eines *Jahrhundertüberblicks*. Dies trifft vor allem für die jüngere und jüngste Literaturgeschichte zu. Da das 20. Jahrhundert im Ergebnis des Zweiten Weltkriegs in vier deutsche Literaturen (österreichische, schweizerische, bundesdeutsche und DDR-Literatur) gespalten war, wird eine Zäsur ab 1945 gesetzt.

4.2 Vorbilder für die deutsche Literatur

Literatur und Mythos

Literatur (Dichtung) entspringt dem unendlich scheinenden Reservoir der *Mythen* aller Völker mit geordneten, aber irrationalen Weltvorstellungen und menschlichen und übermenschlichen Wesen.

Mythos ist eine religiös-weltanschauliche Erzählung über den Ursprung des Kosmos, der Götter und Menschen. Man unterscheidet: kosmogonischen Mythos (Ursprung der Welt), eschatologischen Mythos (Ende der Welt), theogonischen Mythos (Entstehung der Götter), anthropologischen Mythos (Entstehung der Menschen) und aitologischen Mythos (Entstehung von Naturphänomenen).

Mythos: griech. = Wort, Rede, Erzählung, Fabel

Der Held der Mythen wie auch jede Figur
- ist Teil des harmonischen Weltgefüges,
- hat einen festen Ort und naturhafte Bindungen,
- stellt einen Typus dar.

Typus bezeichnet eindimensionale Charaktere: der gute Held, der böse Gegenspieler, der Schöne, der Hässliche, Gott, Mensch usw.

Der Erzähler schildert den Mythos mit Feierlichkeit und Ehrfurcht.
Die Weitergabe dieser Mythen an die jüngeren Generationen bedeutet immer auch ihre Anpassung an die sich entwickelnde Gesellschaft. Mit ihrer *Verschriftlichung* werden sie erstmals authentisch. Sie sind bewusst unter Nutzung der überlieferten Vorlage veränderbar und damit lösen sie sich von ihren Ursprüngen, werden Literatur.
Begeben wir uns auf die Suche nach der ersten Hochkultur der Menschheit, den Sumerern in Mesopotamien, begegnen wir auch zum ersten Mal dieser *Materialisierung der Mythen*.

4.2.1 Das Gilgameschepos

Das **Gilgameschepos** gilt als hervorragendste Dichtung der babylonischen Literatur und als das *erste niedergeschriebene literarische Werk* der Menschheit überhaupt

Gilgamesch = Bilgamesch – „Der Alte ist ein junger Mann"
Uruk: heute die Ruinenstätte Warka im Irak

Das **Epos** berichtet von einem sagenhaften König, der über den sumerischen Stadtstaat *Uruk* herrschte, der um 3000 v. Chr. das Zentrum der sumerischen Kultur darstellte. Gilgamesch (2750–2600 v. Chr.) ist zu zwei Dritteln Gott und zu einem Drittel Mensch. Er ist ein despotischer Herrscher, weswegen die Schöpfergöttin Aruru sich entschließt, den Steppenmenschen Enkidu zu erschaffen, der Gilgamesch besiegen kann. Vor dem Tempel kommt es zum Kampf, der unentschieden endet. Die Gegner werden Freunde und bestehen gemeinsame Abenteuer. Gilgamesch und Enkidu treten gegen ein Ungeheuer namens Huwawa an und werden bei ihrer Rückkehr nach Uruk als die größten Helden gefeiert.

Der größte Teil des **Gilgameschepos** stammt aus der Tontafelbibliothek des Assyrerkönigs ASSURBANIPAL (669– 627 v. Chr.) aus Ninive.

Ischtar, die Liebesgöttin, erklärt Gilgamesch daraufhin ihre Liebe, er aber weist die Göttin ab, weil er weiß, wie es Dumuzi, einem früheren Liebhaber Ischtars, ergangen ist. Erbittert schickt sie den Himmelsstier nach Uruk, der nun die Erde verwüstet. Doch die beiden Helden erschlagen auch dieses Untier.

Gilgamesch, der den Löwen Inannas (Ischtars) bezwang; Relief im Louvre

Aus Rache lassen die Götter Enkidu von einer Krankheit befallen und qualvoll sterben. Gilgamesch weiß, dass ihn dasselbe Los erwartet, und macht sich auf die Suche nach der Unsterblichkeit. Auf sehr abenteuerlichem Weg gelangt er zu einem Fährmann, der ihn über das Wasser des Todes zu Utnapischtim, einem Vorfahren Gilgameschs, übersetzt. Jener rät Gilgamesch, sechs Tage und sieben Nächte nicht zu schlafen, dann würde er Unsterblichkeit erlangen. Gilgamesch hält dies jedoch nicht durch. So erzählt ihm Utnapischtim von der Pflanze, die aus Alt Jung macht. Daraufhin taucht Gilgamesch in die Tiefen des Meeres und findet sie.

Um die Menschen jung zu machen, will er die Verjüngungspflanze in seine Heimat bringen, doch eine Schlange raubt sie. Gilgamesch kehrt daraufhin verzweifelt nach Uruk zurück. Er hat nun Gewissheit über das Todesschicksal der Menschen gewonnen. Die Sehnsucht nach Unsterblichkeit ist nichtig.

▸ In vielen Kulturen wird die Schlange als Wesen angesehen, das sich durch die Häutung wieder selbst erschafft.

Da Gilgamesch zwar zu zwei Dritteln Gott ist, zu einem Drittel aber Mensch, muss er nun um dieses einen Drittels willen selbst sterben. Auf der letzten Tafel wird berichtet, wie Enkidu – der ja bereits gestorben ist – in die Unterwelt steigt und dort festgehalten wird. Gilgamesch bittet die Götter, ihm bei der Befreiung des Freundes zu helfen, und Enki, der Herr der Erde, erbarmt sich seiner und lässt Enkidu durch ein Loch aus der Erde entweichen.

Wir begegnen im *Gilgameschepos* einem *neuen Typus des Helden*. Der Halbgott verliert in jenem Moment seine Unsterblichkeit, als er die menschliche Freundschaft entdeckt. Es gibt keinen Unterschied mehr zwischen Mensch und Halbgott. Damit nähert sich der Mensch einerseits den Göttern an, andererseits stellt er sie auf eine Stufe mit seiner Art.

Keilschrift-Epos

Das Gilgameschepos ist vom sumerischen Dichter SIN-LEQE-UNNINI, dem Stammvater einer späteren Priesterfamilie in Uruk, zum heute überlieferten Gilgameschepos (rund 3000 Verse) zusammengefasst worden (wahrscheinlich schon vor 1200 v. Chr.). Motive aus dem Epos wurden später in Märchen und Sagen anderer Völker aufgenommen.

Entstehungszeit und historische Einordnung

Das Gilgameschepos ist zwischen 2100–1600 v. Chr. im Raum Babylonien bis Kleinasien entstanden und in mehreren altorientalischen Sprachen auf zwölf Tontafeln in Keilschrift überliefert. Historisch beschreibt das Epos den Übergang vom **Mythos** zur *Geschichte*. Die menschliche Gesellschaft hat gelernt, göttliche Entscheidungen infrage zu stellen oder offen dagegen zu opponieren. Deshalb wird die Suche nach dem ewigen Leben zu einem *Leitmotiv* des Gilgameschepos. Der Mensch will selbst zum Gott aufsteigen, sprich: die Geschicke seines Lebens in die eigene Hand nehmen. Zugleich geht es hier um den vergeblichen Versuch des Menschen, das eigene Schicksal zu verstehen.

Der historische GILGAMESCH regierte gegen Ende der 2. Frühdynastie, etwa zwischen 2700 und 2500 v. Chr. über die Stadt Uruk. Während dieser Zeit wird er in Tempelinschriften und gemeinsam mit seinem Vater LUGALBANDA auf der Königsliste der Sumerer erwähnt. GILGAMESCH muss sehr früh vergöttlicht worden sein und war wohl einer der mächtigsten Herrscher dieser Zeit. Eine historische Persönlichkeit Enkidu ist dagegen nicht nachzuweisen. Vielmehr ist anzunehmen, dass es sich um eine rein mythologische Gestalt handelt. Denn Enki, der Herr der Erde, ist im alten sumerischen Glauben der Gott des Süßwasserozeans, der Weisheit und der Güte. Enkidu bedeutet demnach „Mann der guten Erde".

Heldenepos ist eine epische Großform der Heldendichtung, in der Stoffe der **Heldensage** verarbeitet wurden. Es entstand aus dem älteren **Heldenlied.**

Weitere Epen sind:
- „Mahabharata" (Indien),
- „Ramayana" (Indien),
- „Bhagavad-Gita" (Indien),
- „Ilias" und „Odyssee" (Griechenland),
- „Beowulf" (England),
- „Rolandslied" (Frankreich),
- „Nibelungenlied" (Deutschland).

Das „Mahabharata", ein großes Epos in rund 100 000 Doppelversen, berichtet vom Kampf der Nachkommen des „Bharata", über den Bruderzwist der Kaurawas und Pandawas im Raum des heutigen Delhi. Das Werk dürfte sich zwischen dem 5. Jh. v. Chr. und dem 4. Jh. n. Chr. zu seiner jetzigen Gestalt entwickelt haben. Als legendärer Verfasser wird WJASA genannt.

Die Beziehungen des **Gilgameschepos** zu anderen mythischen Vorstellungen der Region sind noch heute im Alten Testament der **Bibel** nachweisbar. Sowohl Utnapischtims Bericht von der großen Flut, der sehr stark an den Sintflutbericht von Genesis 6–9 erinnert, als auch die Freundschaft zwischen GILGAMESCH und ENKIDU, welche der Freundschaft zwischen DAVID und JONATHAN ähnelt (1. und 2. Buch Samuel), lassen die Vermutung zu, dass viele Geschichten des Alten Testaments bereits in Babylon erzählt worden sein müssen. GILGAMESCH gilt als einer der Herrscher in Babylon, die kurz nach der Sintflut regierten. Und sogar der Schauplatz Uruk ist in der Bibel als Erech bekannt.

4.2.2 Die Antike als Quelle europäischer Literatur

Als **Antike** bezeichnet man die Zeit des griechisch-römischen oder klassischen Altertums, das um 1100 v. Chr. beginnt und im 4.–6. Jh. n. Chr. endet. Die griechische Antike gliedert sich in Archaik (minoisch-kretische Kultur), Klassik und Hellenismus. Die römische Antike wird gegliedert in die Königszeit (bis etwa 500–470 v. Chr.), die Zeit der Republik (bis 27 v. Chr.) und die Kaiserzeit (27 v. Chr. bis 476 n. Chr.).

Griechen siedeln im Mittelmeerraum

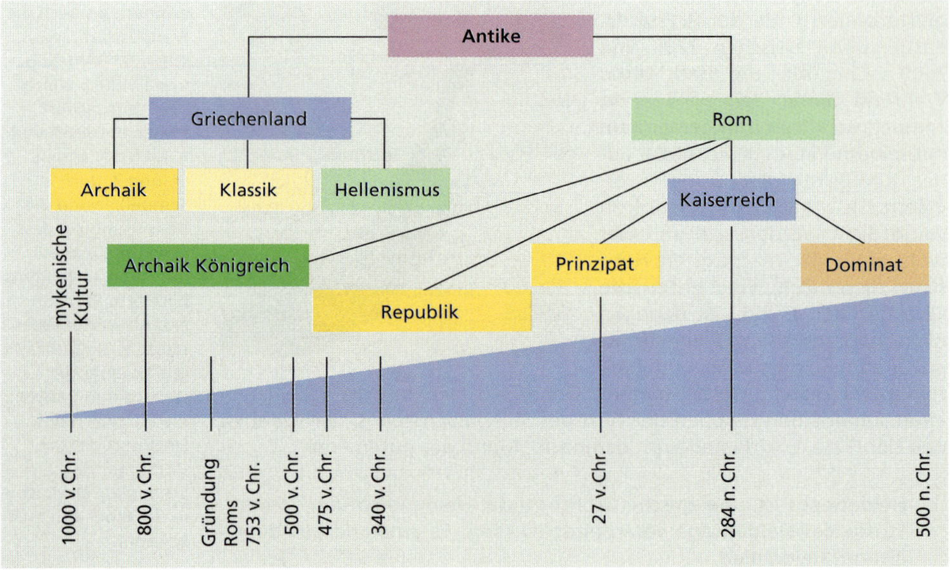

Bei neueren Ausgrabungen in Troja fand man Brandspuren und Überreste unbestatteter Leichen in der Ausgrabungsschicht Troja VIIa. Und es gibt sogar Hinweise auf eine jahrelange Belagerung. So fand man große Vorratsbehälter, auch Spuren von Flüchtlingsbauten zwischen den steinernen Häusern.

Vor rund 3000 Jahren begannen die *Griechen* das Mittelmeergebiet zu besiedeln. Aus den Bauern wurden Seefahrer. Es waren zunächst die Äoler (Achäer), dann die Ionier, später die Dorer, die von weither kamen und in dem warmen Klima sesshaft wurden. Die Achäer besiegten die alte kretische Kultur des Königs MINOS und begründeten die **mykenische Kultur**. Im 13. und 12. Jh. v. Chr. befand sich die achäische Kultur gerade auf ihrem Höhepunkt. Für Mykene war Troja ein ernst zu nehmender Konkurrent. Troja hatte sich als bronzezeitlicher Handelsplatz einen Namen gemacht. Auch Mykene war eine bedeutende Stadt.
Die Achäer beherrschten das Kriegshandwerk. Das hatten sie unter Beweis gestellt. Nun drangen sie nach Kleinasien vor. Und schließlich besiegten sie auch das mächtige Troja. Davon handeln die **Epen** HOMERS. Und mit diesen Eroberungen brachten die Achäer nicht nur ihre Kultur, sondern auch ihre eigenen Götter mit in das fremde Land. Die griechischen Göttervorstellungen hatten Einfluss auf die gesamte Antike.

Die Götter Griechenlands

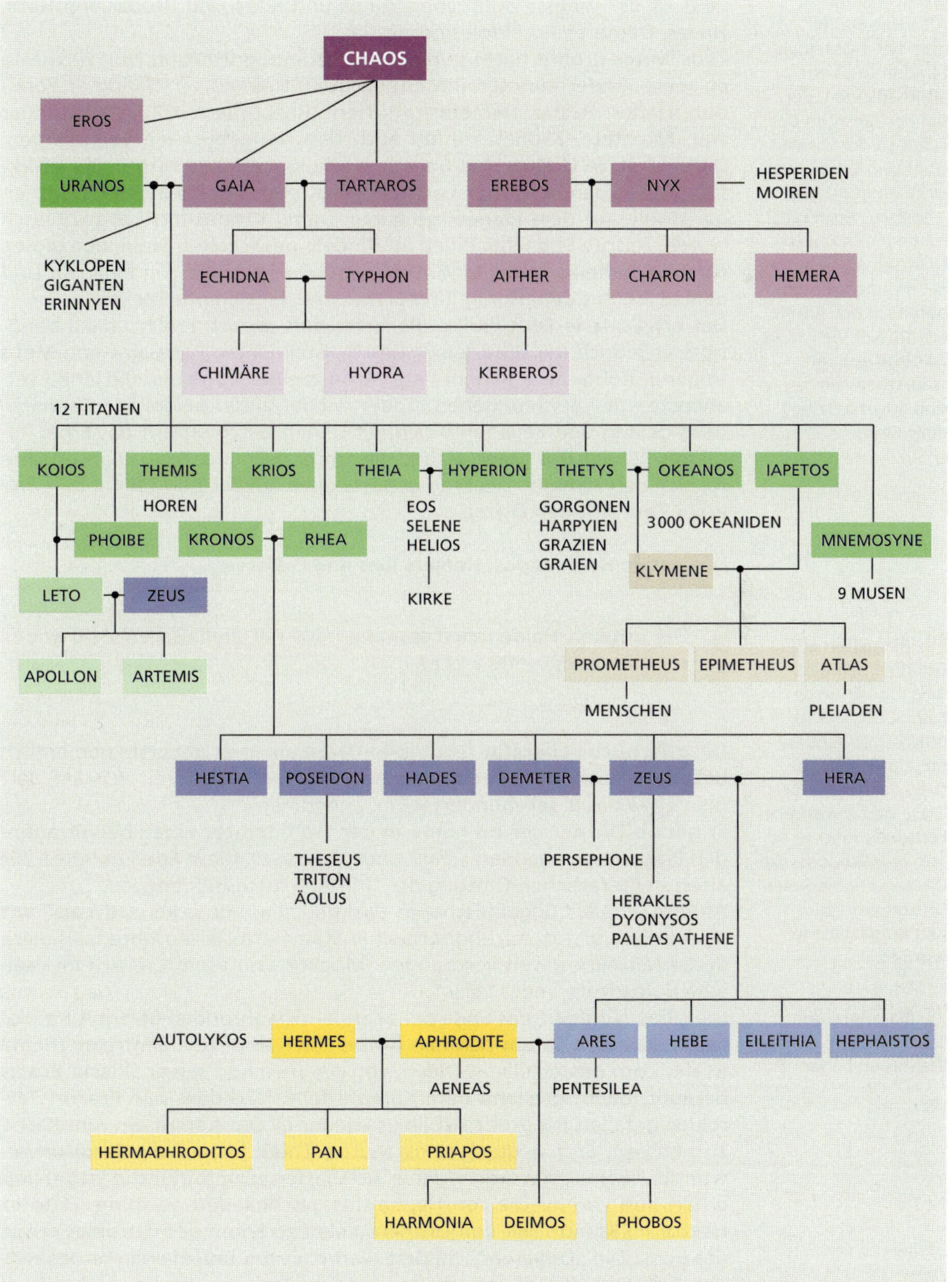

HOMER = griech. HOMEROS, lat. HOMERUS. Im Altertum stellte man sich HOMER als blinden Greis vor, als Rhapsoden, der bei den Gelagen des Adels Lieder vortrug. Über sein Leben gibt es keine gesicherten Angaben. Auch sein Name bleibt unklar. Über seinen Geburtsort mutmaßte man bereits in der Antike, ein antiker Vers zählt 7 Städte auf, am wahrscheinlichsten sind Smyrna (Izmir) oder Chios.

Der oberste griechische Gott ist Zeus (röm. Iupiter), er ist der Vater der Götter und Menschen.
Zeus ist der jüngste Sohn von Kronos und Rhea und Bruder von Hera, Hades, Demeter, Poseidon und Hestia.
Zeus' Vater Kronos hatte seinen Vater Uranos entthront. Nun fürchtete er, seine Kinder könnten ihn entmachten. Deshalb verschlang er Poseidon, Hades, Hestia, Demeter und Hera. Rhea, die mit Zeus schwanger war, fürchtete, Kronos könnte auch den Neugeborenen verschlingen. Darum bat sie Uranos und Gaia um Hilfe, um Zeus zu retten. Sie schickten die werdende Mutter nach Lyktos (Kreta), wo Rhea das Kind in einer Höhle auf dem Idagebirge gebar. Damit Kronos nicht argwöhnisch wurde, reichte Rhea ihm einen in Windeln gewickelten Stein, den dieser, für Zeus haltend, verschlang. Die Nymphe Amaltheia zog Zeus auf und nährte ihn mit dem Honig ihrer Schwester, der Nymphe Melissa.
Der erwachsene Zeus wollte die Herrschaft an sich reißen, dazu benötigte er jedoch die Hilfe seiner Geschwister. Einem Rat Gaias und Metis folgend, flößte Zeus seinem Vater Kronos eine Droge ein, die jenen veranlasste, die verschlungenen Kinder wieder auszuspeien. Die Entmachtung gelang und Zeus teilte sich mit seinen Geschwistern das Erbe: Poseidon bekam das Meer, Hades die Unterwelt und Zeus beanspruchte für sich den Himmel. Die Erde gehörte allen zu gleichen Teilen. Zum Sitz erkor Zeus sich den Olymp.

Das antike Heldenepos: Homers Ilias und Odyssee

Die **antiken Heldenepen** stammen aus der archaischen Zeit Griechenlands (800–500 v. Chr.).

Inschriften auf Gefäßen belegen, dass man Ende des 8. Jh. v. Chr. das Alphabet verwendete, um einfache Dichtung aufzuschreiben. Diese neu erworbene Fertigkeit machte es nun möglich, dass die Werke verschiedener Dichter wortgenau aufgezeichnet wurden.

Ilias: nach der Stadt Ilios (Troja) in Kleinasien benannt

Die **griechische Literatur** fängt mit HOMER an. Er ist der erste namentlich bekannte Autor der abendländischen Welt. Als Lebenszeit HOMERS darf man etwa das 8. Jahrhundert v. Chr. annehmen.
Er gilt als Dichter der bis heute in der Weltliteratur einen hervorragenden Platz einnehmenden *„Ilias"* und *„Odyssee"*. Diese Epen gehören zur ältesten literarischen Gattung der Griechen, dem *Heldenepos*.
Ähnlich wie das **Gilgameschepos** sind die „Ilias" und die „Odyssee" auf mündliche Vorstufen frühgriechischer Stämme zurückzuführen, als diese in die Mittelmeerwelt vordrangen. Möglich sind sogar kretisch-mykenische Kulturreste in der „Ilias".
Die **„Ilias"** schildert das Ende der zehn Jahre währenden Belagerung Trojas. Auf beiden Seiten nehmen Götter am Kampf teil. Zentrales Thema ist der Zorn des Achilleus. Dieser, von Agamemnon seiner Sklavin Briseïs beraubt, bleibt grollend dem Kampfe fern. Nachdem sein Freund Patroklos gefallen ist, greift Achilleus wieder in den Kampf ein, um Rache zu nehmen. Er war durch seine Mutter Thetis bis auf die Ferse unverwundbar gemacht worden (daher Achillesferse; empfindliche Stelle) und erhält nun von ihr die von Hephaistos geschmiedete Rüstung. Er tötet Hektor im Kampf. Mit den Leichenspielen zu Ehren des Patroklos endet das Epos. Die **„Odyssee"** schildert die Irrfahrten und Heimkehr des Helden Odysseus, König von Ithaka, aus dem Trojanischen Krieg. Das Epos

setzt kurz vor der Heimkehr zu Odysseus' Frau Penelope ein. Während eines Aufenthalts bei der Nymphe Kalypso berichtet Odysseus vor den Phaiaken seine früheren Erlebnisse.

In einer Parallelhandlung erfährt der Leser, wie sich Penelope, die nicht an den Tod Odysseus' glauben will, listig der vielen Freier erwehrt. Diese beiden Epen stellen den Übergang von der *Mündlichkeit zur Literatur* bei den Griechen dar.

HESIOD (740–670 v. Chr) ist der erste mit Namen zeichnende abendländische Dichter der Geschichte und Begründer der griechischen Lehrdichtung. Seine „Theogonia" (Götterabstammung) ist eine in **Hexametern** verfasste Theogonie über den Ursprung der Götter, in der die Entstehung der Welt durch Mythen verstehbar gemacht wird.

Die **Rhapsoden** HESIOD und HOMER sahen sich wohl eher als Medium der Musen, weniger als Verfasser im neuzeitlichen Sinne. Sie standen nicht am Anfang eines literarischen Werkes, d. h., sie „erfanden" keine Literatur, sondern schrieben das nieder, was andere verkündet hatten. Sie bedienten sich der vorhandenen **Mythen,** schmückten diese aus. Sie waren Mittler zwischen *Muse* und Publikum.

Das einzige griechische *Großepos,* das sich zwischen HOMER und NONNOS DIONYSIAKA (5. Jh. n. Chr.) erhalten hat, ist „Argonautika" (4 Bücher) des hellenistischen APOLLONIOS aus Rhodos (ca. 290–250 v. Chr.). Es schildert die Abenteuer Iasons und seiner *Argonauten,* die mit dem Schiff „Argo" hinausfahren, um das *Goldene Vlies* zu suchen. Das Thema war in der klassischen Phase Athens bereits durch EURIPIDES auf die Bühne gebracht worden.

VERGIL (Publius Vergilius Maro, 70–19 v. Chr.) verfasste das **römische Nationalepos** „Aeneis", das sich in Stil und Aufbau an die *homerischen Epen* anlehnt. Der **daktylische Hexameter** wird darin zur Perfektion weiterentwickelt. Das Epos beschreibt die sieben Jahre währenden Fahrten und Abenteuer des Helden Aeneas vom Fall Trojas bis zu seinem Sieg über Turnus in Italien. Aeneas gelingt die Flucht aus der umkämpften Stadt. Er stellt eine Flotte zusammen, segelt gemeinsam mit den überlebenden Trojanern nach Thrakien, Kreta, Epirus und Sizilien und erleidet schließlich vor der libyschen Küste Schiffbruch. Dido, die Königin von Karthago, entdeckt ihre Liebe zu Aeneas; als er dennoch abreist, verflucht sie ihn und begeht Selbstmord. Aeneas erreicht die Tibermündung und geht an Land. Im Kampf um die Hand Lavinias, der Prinzessin von Latium, tötet er Turnus, den König der Rutuler. VERGIL zufolge stammten die Römer in direkter Linie von Askanios ab, dem Gründer von Alba Longa, dem Ur-Rom.

Aesops Fabeln

AESOP gilt als Begründer der **Tierfabel.** Es ist nicht gesichert, ob er jemals gelebt hat. Jedenfalls sind seine Fabeln erst Jahrhunderte nach seinem Tode aufgezeichnet worden. Nach Angaben HERODOTS lebte er vermutlich von 620 bis 560 v. Chr. auf der Insel Samos. Seine Lebensgeschichte selbst klingt abenteuerlich:

Er soll ein verkrüppelter, hässlicher Sklave gewesen sein, dessen Weisheit, Witz und Erzählungen beim Volk so beliebt waren, dass es seine Freilassung forderte. Danach soll er auf Reisen gegangen sein und sich sogar am Hofe des lydischen Königs KROISOS (Krösus) aufgehalten haben.

HOMER (zw. 750 u. 650 v. Chr.)

HESIODS „Sichten auf die Jugend" klingen zeitlos: „Ich habe keine Hoffnung mehr für die Zukunft unseres Volkes, wenn sie von der leichtfertigen Jugend von heute abhängig sein sollte. Denn diese Jugend ist ohne Zweifel unerträglich, rücksichtslos und altklug. Als ich noch jung war, lehrte man uns gutes Benehmen und Respekt vor den Eltern. Aber die Jugend von heute will alles besser wissen und ist immer weit mit dem Munde voran."

Die „Aeneis" stellt keine auf Überlieferungen beruhende Darstellung von Ereignissen dar wie etwa HOMERS Epen, sondern diente der Verherrlichung Roms.

Fabel: lat. fabula = Erzählung, Sage, eine Kurzform der Epik

HERODOT (etwa 485–425 v. Chr.): griechischer Geschichtsschreiber

Dieser, so erzählt HERODOT, soll ihm im Jahre 543 v. Chr. eine große, für das delphische Heiligtum bestimmte Summe Geldes anvertraut haben. Aus irgendwelchen Gründen geriet AESOP jedoch mit den Delphern in Streit. Aus Rache, wie es heißt, versteckten die Delpher einen goldenen Becher in seinem Gepäck. Als er sich auf den Heimweg machte, wurde er angehalten und durchsucht.

DIEGO VELASQUEZ: „Aesop", entstanden zwichen 1639 und 1640

Man fand den Becher, AESOP wurde festgehalten, des Tempeldiebstahls beschuldigt, zum Tode verurteilt und von den Felsen oberhalb Delphis hinabgestürzt. Daraufhin sollen Hungersnöte und Seuchen über die Stadt hereingebrochen sein und die Priester von Delphi hielten eine Entsühnung für nötig, die an einen Verwandten AESOPS gezahlt werden sollte. Es fand sich lange niemand, da AESOP Sklave gewesen war und keine Kinder hatte. Eines Tages besuchte IADMON die Stadt und hörte von der Bekanntmachung. Er erinnerte sich, dass AESOP einmal für seinen Großvater gearbeitet hatte. Diese Verbindung reichte den Delphern aus, sie zahlten IADMON die Entschädigung. AESOPS Fabeln sind die bis heute bekanntesten. Die ältesten Texte stammen zwar aus dem 2. Jahrtausend v. Chr. aus Mesopotamien, die europäische Tradition ist jedoch durch die Rezeption aesopscher Fabeln geprägt.

Tiere als Handelnde dienten den Autoren als Schutz vor Willkür des Staates wegen der in der Fabel versteckten Kritik.

Typische Charakteristika der Fabeln AESOPS sind „ein klarer Aufbau, anschauliche Erfassung der Szene, behaglicher Ton der Gespräche, auf jener Elementarstufe geistiger Entwicklung, wo der Mensch noch ganz auf du und du mit Tier und Pflanze und aller Kreatur zu verkehren vermag" (Dithmar, Reinhard: Die Fabel, Paderborn: Schöningh, 1974. S. 17).
Zwei einzelne Tiere stehen sich oftmals gegenüber. Typische und häufig auftretende Fabeltiere sind der Löwe, der Fuchs, der Wolf, der Esel, der Hase und der Rabe. Schon seltener erscheinen das Lamm, die Maus, der Frosch, der Igel, der Ochse oder die Schlange. AESOPS volkstümliche Fabeln übten mit ihren Hauptfiguren in Tiergestalt *Gesellschaftskritik* und karikierten die menschlichen Schwächen auf vergnügliche Art.

In der lateinischen Fassung, die PHAEDRUS (15 v. Chr.–um 50 n. Chr.) im 1. Jh. n. Chr. schrieb, verschob sich der Akzent von der **Satire** zum **Lehrstück.** So erlangte die **Fabel** im **Mittelalter** und zur Zeit des *Humanismus* große Bedeutung. Mit der steinhöwelschen Ausgabe des „Erneuerten Esopus" von 1476/1477 gibt es eine erste wortgetreue Übersetzung ins Deutsche. Jedoch griffen nachantike Fabeldichter oftmals lediglich auf AESOP zurück, indem sie seine Motive, sein Figureninventar und seine Kompositionsprinzipien nur variierten. Erst seit der Reformation und der Aufklärung gab es mit MARTIN LUTHER, FRIEDRICH VON HAGEDORN, CHRISTIAN FÜRCHTEGOTT GELLERT und GOTTHOLD EPHRAIM LESSING bedeutende deutsche Fabeldichter. Zum Kunstwerk erhob der französische Schriftsteller JEAN DE LA FONTAINE (1621–1695) das literarische Genre mit satirischem Biss.

Antike Philosophie

Die Vorform der *Philosophie* des Abendlandes ist der **Mythos.** HEGEL definierte ihn als „Zeit, in Gedanken gefasst“. Er ist der erste Versuch der Welterklärung und -erkenntnis. Wie auch der Mythos ist die Philosophie zum Anfange hin stark religiöser Natur. Die griechischen Philosophen sind die Stammväter der abendländischen Philosophie. Der Begriff der „Philosophie“ stammt vermutlich von HERAKLIT ab und bedeutete ursprünglich die Gesamtheit des Wissens, die es zu ordnen galt.

PLATON (427–347 v. Chr.) bevorzugte die *sokratische Denkmethode,* die vom Wissen um das Nichtwissen ausgeht, und entwickelte die sogenannte „Ideenlehre“ mithilfe einer „Zwei-Welten-Theorie“.

Auffassungen der **Sophisten:**

- Zweifel an der Erkenntnisfähigkeit des Menschen
- Kunst der Rede
- Recht des Stärkeren
- ethische Auffassungen = subjektiv
- Denken = Gegenstand des Denkens
- Blick von der Natur auf den Menschen

Die **Philosohie,** griech. philosophia, eigentl. Weisheitsliebe, fragt nach dem Sinn und dem Grund des Lebens.

Nach PLATON wird die materielle Sinnenwelt durch einen Weltbildner gemäß der Vernunft nach dem Vorbild der Ideen geformt. Die Welt der Ideen ist die eigentliche Welt und der reinen Vernunft zugänglich. Gegen diese *Ideenlehre* wandte sich ARISTOTELES mit scharfer Kritik.

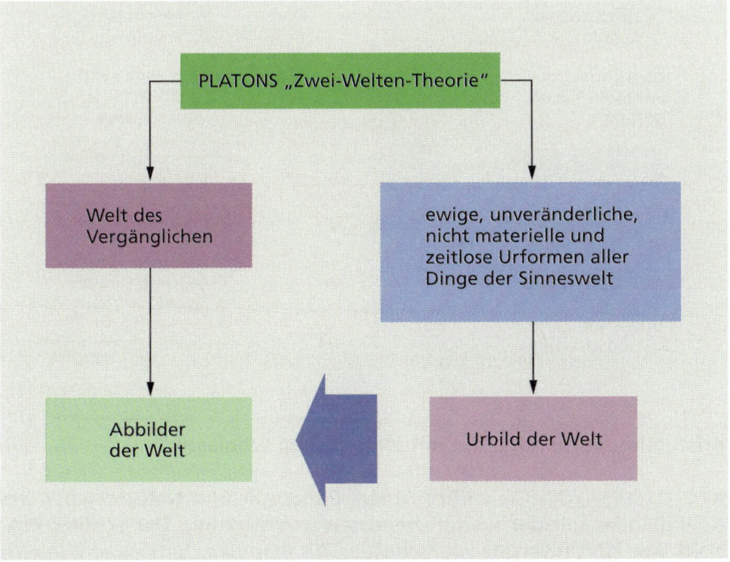

Nach den Auffassungen PLATONS konnte Wahrheit nur im Gespräch erreicht werden. Er folgte darin seinem Lehrer SOKRATES.
Bei XENOPHON gibt es Gespräche dialogischer Art zwischen SOKRATES und jeweils einem seiner Zeitgenossen. Man diskutierte nach dialektischem Muster (Frage – Antwort, einer These wurde eine Antithese gegenübergestellt. Durch Negation wird die Antithese zur Synthese, die wiederum als Antithese zur neuen These wird).

Vorsokratiker:

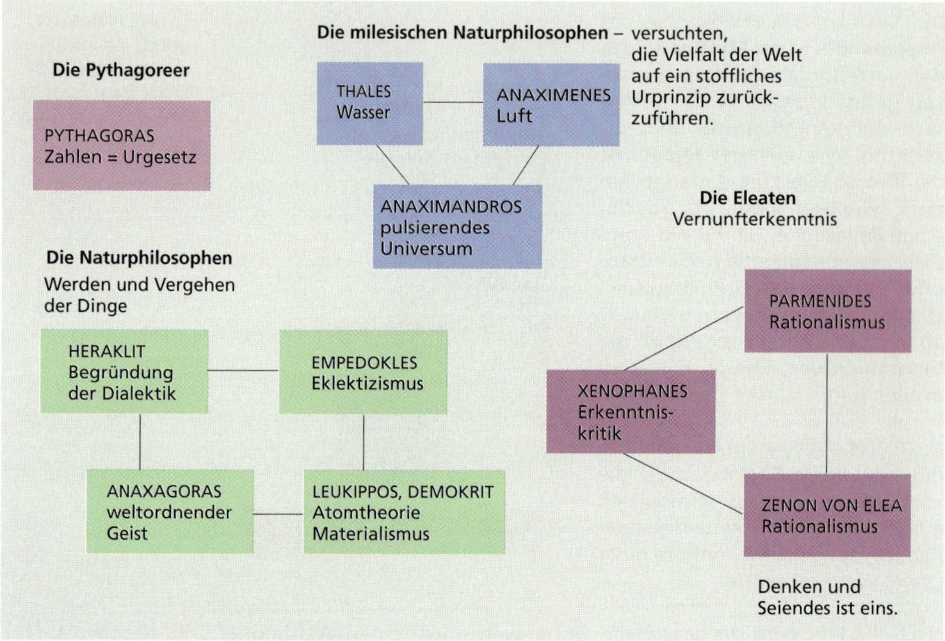

Vorsokratiker:

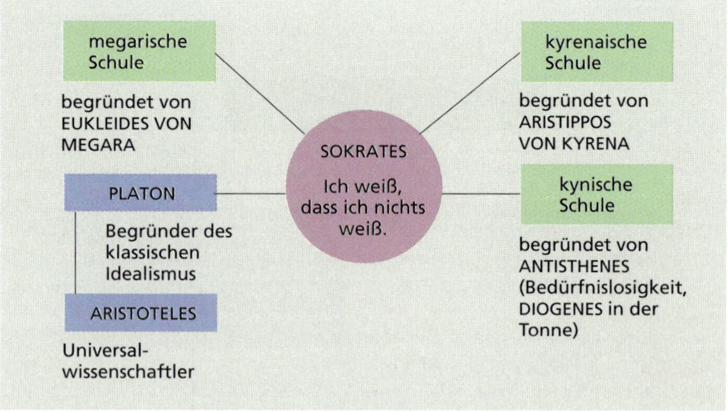

Aristoteles: Vorbereiter der mittelalterlichen Scholastik

ARISTOTELES (384–322 v. Chr.) ist der Philosoph und Naturforscher des Abendlandes mit der weitreichendsten Nachwirkung. Der Schüler PLATONS war ein Universalwissenschaftler. Als *Empiriker* betrieb er zugleich systematisierende Naturforschung, Erkenntnistheorie, Metaphysik, untersuchte Dichtkunst und Rhetorik, war der Erzieher ALEXANDERS DES GROSSEN.

ARISTOTELES gilt mit seinem „Organon" (dt. „Werkzeug") als Begründer der **Logik** (die er selbst „Analytik" nannte) als Wissenschaft, als der Lehre vom richtigen Denken. Als Epagoge bezeichnete ARISTOTELES die Bewegung des Gedankens vom Einzelnen zum Allgemeinen. Dieses logische Verfahren wird heute als **induktive Methode** verstanden. ARISTOTELES arbeitete dabei u.a. mit **Hypothesen,** die durch zahllose Einzelbeobachtungen gestützt werden.

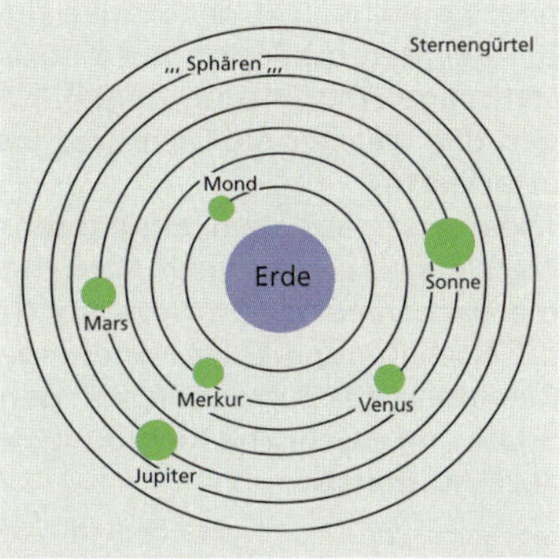

Das aristotelische Weltbild (auch ptolemäisches Weltbild genannt nach PTOLEMAIOS)

Er wandte zudem die **deduktive Methode** als Bestandteil von Beweisen in der Logik an:
- Schluss vom Allgemeinen auf das Einzelne oder das weniger Allgemeine,
- Schluss von der Allgemeinheit auf dieselbe Allgemeinheit,
- Schluss vom Einzelnen auf das Partikuläre.

ARISTOTELES hat außerdem mit seinem Werk „Politeia" die *Politikwissenschaften* begründet. Die „TA META TA PHYSIKA", die „Bücher hinter der Physik", sind Schriften über Natur, Zweck und Eigenschaften der Dinge und erhielten um 60 v. Chr. ihren heutigen Titel von Bibliothekaren. Die Bücher handeln vom Ersten Beweger, der alle anderen Bewegungen in der Welt bewirkt. **Gott** ist hier reines Denken, reiner Geist, woraus sich das Streben aller Dinge dieser Welt ergibt, denn alle Dinge sehnen sich nach Vollkommenheit.

ARISTOTELES lehrte auch, dass alle irdischen Körper aus vier Elementen bestehen: Feuer, Luft, Erde und Wasser; er hat als einer der ersten abendländischen Philosophen festgestellt, dass es prinzipiell keine Zeit ohne Bewegung und umgekehrt geben kann.

ARISTOTELES' philosophische Anschauungen gelangten über die Aristoteliker der islamisch-arabischen und byzantinischen Welt im 11./12. Jh. ins westliche Europa. Sie waren wichtigste Grundlage der mittelalterlichen **Scholastik** von THOMAS VON AQUIN und wurden erst durch NIKOLAUS VON KUES (CUSANUS) infrage gestellt. So revidierte CUSANUS das **ptolemäische Weltbild:** Indem er die Welt als Schöpfung eines unendlichen Gottes dachte, sah er auch zwingend das *Universum als Unendlichkeit,* daher mussten sein Zentrum und seine Peripherie in eins fallen. Demnach aber konnte die Erde nicht Mittelpunkt des Universums sein. Dieser philosophische Ansatz gelang noch vor GIORDANO BRUNO, der die Revision des ptolemäischen Weltbildes mit naturwissenschaftlichen Methoden vollzog. Die nacharistotelische Kritik CUSANUS' erstreckte sich auch auf dessen **Metaphysik**kritik, indem er feststellte, dass Gott nicht erkannt oder bewiesen werden könne, sondern gedacht werden müsse. Der menschliche Geist kann nach CUSANUS als Gleichnis für Gott dienen, sodass jede Selbsterkenntnis auch die Gotteserkenntnis befördert. Das „Erkenne dich selbst" findet im **Humanismus** seine erste eigentliche Entsprechung. CUSANUS gilt nicht zuletzt deshalb als letzter mittelalterlicher *Universalwissenschaftler* bzw. als erster Philosoph der Neuzeit.

Nach KOPERNIKUS ist das Weltbild benannt, das die Sonne in den Mittelpunkt der Welt stellte (heliozentrisches oder kopernikanisches Weltbild).

Poetik des Aristoteles

Poetik ist die Lehre von der Dichtkunst. ARISTOTELES definiert in seiner Poetik die Eigenarten und Besonderheiten der literarischen Gattungen.

ARISTOTELES' „Poetik" (entstanden ca. nach 335 v. Chr.) ist der älteste poetologische Text der Antike und hatte einen bestimmenden Einfluss bei der Herausbildung der neuzeitlichen Dichtungstheorie. Die Schrift stellt eine Abgrenzung gegen PLATONS (427–ca. 347 v. Chr.) Auffassungen dar, welcher die Dichtung, insbesondere **Epos** und **Tragödie,** heftig attackierte.
Theater sei aus dem angeborenen Nachahmungstrieb **(Mimesis)**, der Freude am Lernen durch Nachahmung entstanden, wobei die **Komödie** die Nachahmung von Gewöhnlicherem und Lächerlichem, die Tragödie die Nachahmung edler Handlungen in gewählter Rede zum Zwecke der Reinigung des Zuschauers von den Leidenschaften darstellte. Die emotionale und psychische Reinigung durch Furcht und Mitleid nennt ARISTOTELES **Katharsis.**

Die Struktur des aristotelischen Dramas:

Zurückgehend auf die „Ars poetica" des HORAZ waren lange Zeit fünf Akte im antiken Drama verbindlich.

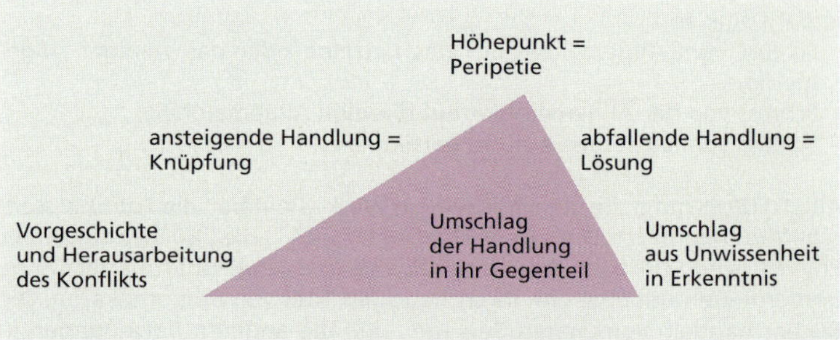

Diese Einheit wurde allerdings erst von LUDOVICO CASTELVETRO (1505 bis 1571) formuliert.

Die Einheit von Ort (Unverrückbarkeit des Schauplatzes), Zeit (Übereinstimmung von Spielzeit und gespielter Zeit) und Handlung (Geschlossenheit und die Konzentration der Handlung) wurde bis zur **Aufklärung** praktiziert. ARISTOTELES' **Tragödientheorie,** insbesondere die *Katharsis*-lehre, wird variiert bis heute als sogenannte *aristotelische Dramenform* angewendet. BERTOLT BRECHT entwickelte im 20. Jahrhundert das **epische Theater.**

Er stellte seine Theorie der des ARISTOTELES gegenüber:

Aristotelisches Theater

- verwickelt den Zuschauer in eine Aktion und verbraucht seine Aktivität
- ermöglicht ihm Gefühle
- vermittelt ihm Erlebnisse
- der Zuschauer wird in eine Handlung hineinversetzt
- die Empfindungen werden konserviert

Episches Theater

- macht ihn zum Betrachter, aber weckt seine Aktivität
- erzwingt von ihm Entscheidungen
- vermittelt ihm Kenntnisse
- der Zuschauer wird der Handlung gegenübergesetzt,
- die Empfindungen werden bis zu Erkenntnissen getrieben

Das antike Theater

Das *Theater* fand seinen Ursprung in den **Dionysoskulten.** In ihm wurden nicht nur Tragödien und Komödien aufgeführt, sondern vor allem auch Volksversammlungen, heilige Zeremonien, Musenspiele und in der späten Antike sogar sportliche Kämpfe.

Dionysos (auch Bacchus), Sohn des Zeus und der Semele: griechischer Gott der Fruchtbarkeit und des Weines

Das Theater bestand aus dem *Spielraum,* einer (fast kreisrunden) Spielfläche, der *Orchestra* (Tanzplatz), auf der vor allem der Chor agierte, dem *Kulissengebäude,* auch Skene (Hütte) genannt, das die Orchestra nach hinten abschloss, mit Türen und einem flachen Dach, auf dem Göttergestalten auftreten und reden konnten, dem schmalen, lang gestreckten rechteckigen Streifen zwischen der Skene und der Orchestra, auf dem die Einzelschauspieler auftraten, genannt *Logeion* (Sprechplatz), den seitlichen *Theatereingängen* zwischen Auditorium und der Skene: Auf ihnen zogen die Chormitglieder an den Zuschauern vorbei in die Orchestra ein. Das Dach beherbergte auch die ersten Maschinen, mit denen die Akteure durch die Luft fliegen konnten. „Deus ex Machina" nennt man seither diese Art Konfliktlösung. Wenn der Held keinen Ausweg mehr sah, griff Gott ein und rettete ihn somit.

Theater: griech. théatron = Schauplatz

„Deus ex Machina" = der Gott aus der Maschine

Antikes Theater

Das *Publikum* setzte sich aus jedem freien männlichen Bürger zusammen, Minderbegüterten wurde der Eintritt vom Staat gezahlt. Man spielte an einem Tag fünf Komödien und an drei Tagen eine Tetralogie, d.h. eine Abfolge von drei Tragödien und einem Satyrspiel, oft mit inhaltlichem Zusammenhang. Die Reihenfolge wurde durch das Los bestimmt. Die Inszenierungen leitete der Dichter. Dem Siegerdichter winkte ein Preis in Naturalien.

Die Maske, durch die hindurch antike Schauspieler beim Auftritt sprachen, hieß „Persona", daher das Wort Person.

Schauspieler durften nur Männer sein. Sie genossen ein hohes Ansehen und wurden vom Kriegsdienst befreit. Jeder der meistens drei Schauspieler hatte drei bis vier Rollen zu spielen. Man trat in der Tragödie in lang herabwallenden, farbigen Gewändern mit reicher Verzierung, in der Komödie in kurzen Gewändern mit umfangreichen Lederpolstern am Körper sowie mit überdimensionierter Maske auf und trug Stiefel mit extra dicker Sohle, damit man auch im obersten Rang noch sehr gut gesehen wurde. In Athen ist das Theater seit dem Ende des 6. Jh. v. Chr. nachgewiesen. Das *Athener Theater* gilt auch als Ursprung der **Tragödie.** Das klassische 5. Jh. v. Chr. stellte die herausragendsten altgriechischen Tragöden AISCHYLOS (525–456 v. Chr.), SOPHOKLES (496–406 v. Chr.) und EURIPIDES (485/84–407/06 v. Chr.). AISCHYLOS führte den zweiten Schauspieler, SOPHOKLES den dritten Schauspieler, EURIPIDES den „Deus ex Machina" ein. Bei EURIPIDES handeln erstmals menschliche Figuren in ihrer leidenschaftlichen Widersprüchlichkeit. Seine Themen sind unter anderem:

- Kritik an der untergeordneten Position der Frau in der athenischen Gesellschaft,
- Kritik an der ungerechten Behandlung außerehelicher Kinder,
- Kritik an der Glorifizierung des Krieges.

Der attische Tyrann PEISISTRATOS (um 600–527 v. Chr.) führte die Panathenäen, ein viertägiges Fest, wieder in Athen ein. Damit war die Verlegung des Schauplatzes des Dionysoskultes von Eleuthereus nach Athen verbunden.

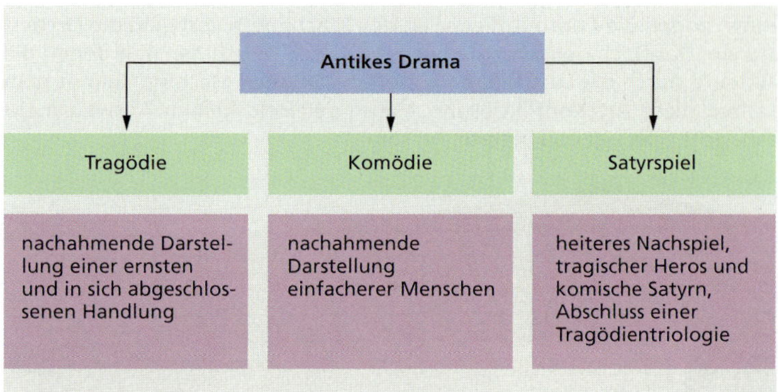

Die antike Tragödie: Sophokles' „Antigone"

Um 480/479 v. Chr., während der Perserkriege, entstand die attische Tragödie. Bedeutende lateinische Tragödien schuf erst der Römer SENECA (LUCIUS ANNAEUS SENECA, um 4 v. Chr. bis 65 n. Chr.).

SOPHOKLES entwickelte die **analytische Tragödie,** die das Geschehen von rückwärts aufrollt, und stellte das nach Wahrheit und Selbsterkenntnis suchende Individuum in den Mittelpunkt. Beispielhaft für diese Herangehensweise ist sein Stück „Antigone". Diese ist die Tochter des thebanischen Königs Ödipus. Nach dessen Tod regieren die Söhne Polyneikes und Eteokles die Stadt gemeinsam, bis Polyneikes mit seinem Bruder in Streit gerät und aus Theben vertrieben wird. Bald darauf zieht dieser gegen Theben und versucht es zu erobern. Im Kampf töten sich die Brüder gegenseitig.

Hier setzt die Handlung des Dramas ein. Polyneikes bleibt unbestattet am Ort des Zweikampfes liegen. Der neue König Kreon, Antigones Onkel, droht demjenigen mit der Todesstrafe, der den Staatsfeind Polyneikes begräbt. Ihre Schwester Ismene fügt sich dem Urteil, Antigone jedoch weigert sich, dem Verbot zu folgen. Beim wiederholten Versuch, ihren Bruder zu bestatten, wird Antigone gestellt. Ihr Todesurteil ist gefällt. Haimon, der Verlobte Antigones und Sohn Kreons, versucht zwar, den Vater zur Zurücknahme seines Richterspruchs zu bewegen, sein Mühen aber ist vergebens: Man führt Antigone in ihr Felsengrab. Darauf versucht der blinde Seher Teiresias, Kreon zur Einsicht zu bringen. Doch erst die Prophezeiung unausweichlichen Unglücks bringt den König ins Schwanken. Er will

Antigone eigenhändig befreien. Seine Entscheidung kommt allerdings zu spät, um die Katastrophe zu verhindern. Die Verurteilte hat sich bereits erhängt und Haimon ersticht sich neben der Leiche seiner Braut. Auch Eurydike, Kreons Gemahlin, nimmt sich auf die Nachricht vom Tode ihres Sohnes hin das Leben. Gebrochen und einsam bleibt Kreon zurück.

Der Konflikt zwischen Antigone und Kreon

Antigone

- vertritt die Traditionen
- Gesetz = Gottesgesetz
- Verstoß gegen irdisches Gesetz
- Gerechtigkeit = Recht der Familie
- Staat = Volksherrschaft
- Menschenrechte gelten immer
- handelt aus Liebe und Verantwortungsbewusstsein
- Humanität
- Freiheit des Individuums
- moralisches Recht
- Vernunft

Kreon

- stellt sich gegen die Traditionen
- Gesetz = Machtwort des Königs
- Verstoß gegen göttliches Gesetz
- Recht des Staates
- Staat = König
- Loyalität zum Staat steht über Menschenrecht
- handelt aus egoistischem Machttrieb
- Inhumanität
- Tyrann-Despotie
- moralische Verfehlung
- Unvernunft

Erst mit der **Renaissance** tritt die Figur der Antigone erneut ins Blickfeld: 1356–1364 verfasste BOCCACCIO „De claris mulieribus“, 1533 übersetzte LUIGI ALAMANNI das Stück erstmals ins Italienische, 1573 gab es die erste französische Übersetzung durch ANTOINE DE BAIF, 1636 übersetzte OPITZ die „Antigone“ ins Deutsche. Bei HÖLDERLIN wurde die Antigone zur Repräsentantin des Anarchischen (1804), 1841 wurde das Stück in Potsdam unter der Leitung von TIECK mit der Musik von MENDELSSOHN aufgeführt, 1917 veröffentlichte HASENCLEVER seine pazifistische Antigone. Neue Antigonedichtungen entstanden besonders nach zwei verheerenden Weltkriegen im 20. Jahrhundert als Ergebnis von Herrscherwillkür. Antigone wird nun zum Symbol der Friedenshüterin und des Widerstandes gegen autokratische Politik und der Verteidigung individueller Rechte: Während der deutschen Besetzung Frankreichs schrieb JEAN ANOUILH 1942 seine „Antigone“, 1947 erschien ELISABETH LANGGÄSSERS „Die getreue Antigone“, 1948 BRECHTS „Antigone – Modell 48“, 1975 HOCHHUTHS „Berliner Antigone“ und 1980 GRETE WEILS „Meine Schwester Antigone“.

Die antike Komödie

Die **antike Komödie** entwickelte sich aus dem **Satyrspiel.** Der Klassiker der sogenannten alten attischen Komödie ist ARISTOPHANES (ca. 445 bis 385 v. Chr.). Die älteste seiner Komödien, „Die Acharner“ (uraufgeführt 425 v. Chr.), spielt bereits vor dem Hintergrund des Peloponnesischen Krieges und beschreibt den Versuch des Atheners Dikaiopolis, sich den sozialen und ökonomischen Konsequenzen des Krieges mit Sparta durch

Komödien wurden in Athen seit etwa 486 v. Chr. gespielt.

einen von missgünstigen Neidern immer wieder bedrohten „Privatfrieden" zu entziehen. In seinem Stück „Lysistrata" (Uraufführung 411 v. Chr.) geht es um eine vom ständigen Krieg ermüdete Athenerin, die die Frauen Griechenlands dazu anstiftet, die Männer so lange aufzureizen und dann aus den Betten zu verbannen, bis diese einwilligen, den Krieg zu beenden und Frieden zu schließen. Diese Taktik zeigt schließlich auch Erfolg, und so sind am Ende alle glücklich. Die Frauen, da nun endlich Friede herrscht, und die Männer, da sie nun das Eheglück wiederhaben.
Im Jahre der Uraufführung der „Lysistrata" wütete der *Peloponnesische Krieg* zwischen Sparta und Athen schon 20 Jahre lang und Athen war kurz davor, ihn ganz zu verlieren – und damit auch seine Vormachtstellung und seinen Reichtum.

TERENZ = PUBLIUS TERENTIUS AFER, Beiname „Afer" = Afrikaner (um 190–159 v. Chr.); unter anderem wurden ARIOSTO, LOPE DE VEGA, CALDERÓN, SHAKESPEARE, MOLIÈRE, H. SACHS und LESSING von PLAUTUS geprägt.

Die antike Komödie verhöhnte politische Missstände der Zeit. Die **mittlere Komödie** (Mese), die sich mit der privaten Sphäre und dem Kurtisanenmilieu befasste, ist mit den Namen ANTIPHANES (ca. 407/4 bis 330 v. Chr.) und ANAXANDRIDES (1. Hälfte 4. Jh. v. Chr.) verbunden. Der Meister der **neuen attischen Komödie** (Nea) ist MENANDER (MENANDROS, 342–291 v. Chr.). Sie hat kein politisches Interesse und auch kein politisiertes Publikum mehr. Ihre Themen sind die Welt der Familie, die Konflikte zwischen den Generationen und natürlich die Liebesabenteuer.
Um 240 v.Chr. begann die Entwicklung der Komödie in Rom. Die *römischen Dichter* übernahmen im Prinzip das erfolgreiche Konzept und die Motivik der Nea und es prägte auch die Komödie der Neuzeit: MOLIÈRE, KLEIST u. a. Die größten römischen Komödiendichter der römischen Archaik waren PLAUTUS und TERENZ. Die Werke von TERENZ wurden bis ins hohe Mittelalter hinein rezipiert. HROTSVITH VON GANDERSHEIM bearbeitete seine Stücke.
In der Komödie „Mercator" des römischen Dichters PLAUTUS (TITUS MACCIUS PLAUTUS, um 250–184 v. Chr.) verlieben sich Vater und Sohn in die gleiche Frau. Dies geschieht dort dem alten Athener Demipho und seinem Sohn Charinus. Die schöne Hetäre Pasicompsa hat es allen beiden angetan, aber nach langem hin und her darf der Sohn sie für sich beanspruchen.

Bukolische Dichtung oder **Bukolik:** von griech. búkolikós = die Hirten betreffend, ländlich. Diese **Schäferdichtung** hatte das friedliche, idyllische Leben von Hirten zum Inhalt. Sie ist gattungsübergreifend, da sie lediglich das Inhaltliche eines literarischen Werkes bezeichnet. Die **Anakreontik** griff bukolische Themen und Motive auf.

Der antike Roman

Der *Roman* als *Gattung* beschränkte sich auf das *Liebessujet* und entsprach im eigentlichen Sinne der heutigen „Unterhaltungsliteratur". Man maß solcher Art von Gebrauchsliteratur keinen besonderen Wert bei, weswegen sie auch „fabulae" (erfundene Geschichten) genannt wurde.

Das Wort „Roman" (von lat. lingua romana = Volkssprache) gibt es allerdings erst seit Beginn der Neuzeit. Es wird hier für die eigenständige Gattung der Prosa gebraucht.

Der erste **griechische Roman** von Weltgeltung ist der **Hirtenroman** „Daphnis und Chloë" (2./3. Jh.) von LONGOS (2. Jh. n. Chr.). In ihm wurden die Motivik der *bukolischen Dichtung* mit Sujets der **Abenteuerliteratur** kunstvoll verwoben. In Erinnerung an die Eroberungen ALEXANDERS DES GROSSEN, die von fernen, exotischen Ländern kündeten, und an die immer wieder im Römischen Reich geführten Kriege, die eine Sehnsucht nach einfachen und friedlichen Verhältnissen nährten, fand „Daphnis und Chloë" ein offenes Publikum und reihte sich ein in eine Vielzahl von Schriften, die auf einfachem Niveau das Erbe des großen **Epos** angetreten hatten.

„Metamorphoses oder Der goldene Esel" (170 n. Chr.) von APULEIUS (um 125–ca. 180 n. Chr.) ist ebenso in oben genanntem Sinne typisch für die Antike. Dieser erste vollständig erhaltene antike Roman ist die Bearbeitung eines griechischen Romans des LUKIOS VON PATRAI. Darin werden die Abenteuer eines jungen Mannes beschrieben, der in einen Esel verwandelt wurde. In die Geschichte sind zahlreiche unterhaltsame, oft erotische Abenteuer eingegangen, die auf die spätere europäische Literatur einen starken Einfluss hatten, so z. B. das Märchen von Amor und Psyche, das einzige ausgeführte Märchen, das aus der Antike bekannt ist. Interessant sind auch Beschreibungen über den *Isiskult,* mit welchem sich der Held zurückzuverwandeln sucht. Gedeutet wurde die Geschichte als Satire auf die Laster jener Zeit und als Gleichnis für die menschliche Seele, die nach vielen Leiden durch Mysterien erlöst wird. Die „Lügengeschichten und Dialoge" des Griechen LUKIAN VON SAMOSATA (120–180) enthalten eine andere Version des *Eselsromans* unter dem Titel „Lucius oder Der magische Esel".

Der zweite bedeutende, allerdings nur noch in Bruchstücken vorhandene Roman der römischen Antike ist der *Abenteuerroman* mit satirischem Einschlag „Satyricon" von PETRON (PETRONIUS ARBITER, gest. 66 n. Chr.). Der Form nach eine Mischung aus Prosa und Poesie ist dieser Roman dem Inhalt nach eine teilweise recht derbe Parodie auf die Sitten der Gesellschaft. Die Handlung spielt im griechisch kolonisierten Süden Italiens. Der Erzähler, Encolpius, stammt aus wohlhabenden Kreisen, ist jedoch in die Schicht der Mittellosen und Landstreicher hinabgestürzt. Gemeinsam mit Freund Giton und Bruder Ascyltus besteht er eine Menge Abenteuer, die er voller Leidenschaft, Naivität, in wohlgesetzten Sätzen zu erzählen weiß. Scheinbar nur beschränken sich die Konflikte, in die sich die drei begeben, auf Liebe, Eifersucht und auf die Gefahren des Landstreicherlebens. PETRON schildert Konflikte gesellschaftlicher Gruppen, etwa das Verhältnis der „freien", aber mittellosen Landstreicher zueinander und zu ihren Umfeldern, z. B. zu dem ehemaligen Sklaven Trimalchio, der durch Bauernschläue und Schmeichelei zu Freiheit und Vermögen gekommen ist. Die *„Cena Trimalchionis"* („Das Gastmahl des Trimalchio") gehört zu den bedeutendsten Schöpfungen der antiken Literatur und steht in der literarischen Tradition des von PLATON erdachten Symposions. Während Essen und Trinken bei PLATON lediglich als Vorwand und Hintergrund für die durch die Diskussion vermittelten Lehren dienen, verbindet PETRON die Abfolge der Speisen und Getränke auf der einen und die Reden und Dialoge auf der anderen Seite zu einer farbigen Schilderung der Lebens- und Denkart bestimmter Schichten der römischen Gesellschaft.

Der griechisch-römische Lügen- und Schelmenroman findet seine Nachahmer u. a. im Barock (GRIMMELSHAUSEN) und in der Aufklärung (BÜRGER, FIELDING).

Symposion: griech. = gemeinsam trinken, Gastmahl, ist eine besondere Form mimischen Dialogs, bei dem sich die Teilnehmer über verschiedene Themen und Erzählungen unterhalten.

Im „Sartyricon" anzutreffen ist eine Vermischung verschiedener Gattungsmerkmale: Die im **Roman** enthaltenen Elemente der Symposionliteratur wirken ebenso als Gattungsparodie wie die Elemente des antiken **Liebesromans,** des **Abenteuerromans** und des **Schelmenromans.**
Das „Satyricon" gilt als Prototyp von Romanen wie „Histoire de Gil Blas de Santillane" (dt.: „Gil Blas von Santillana", 1715–1735) von ALAIN-RENÉ LESAGE und „The Adventures of Roderick Random" (dt.: „Die Abenteuer Roderick Randoms", 1748) von TOBIAS SMOLLETT.

FEDERICO FELLINI schuf frei nach PETRON 1969 mit „Satyricon" ein üppiges Fresko über Erotik, Groteskerie und moralischen Verfall im sinnenfreudigen Spätrom NEROS – und damit einen Zerrspiegel für die genusssüchtigen 1960er-Jahre.

Die antike Lyrik

Fast alle abendländischen literarischen Gattungen haben ihren Ursprung und ihre erste Vollendung im Griechischen. Die **Lyrik** beginnt hier mit Festgesängen zu bestimmten Anlässen, dem Jambos, mit Chorliedern und zur Leier vorgetragenen Liedern der lesbisch-äolischen Lyrik. Aus diesen entwickelten sich die lyrischen Genres. **Xenien** waren in der Antike eines der ersten Genres in Malerei und Dichtung. Sie bezeichneten Gastgeschenke. Daraus bildete sich die **Mimesis.** Weitere Genres entstanden nach demselben Prinzip: So war die **Ode** ein instrumental begleiteter Chorgesang über verschiedene Themen, der **Hymnus** ein Lobgesang, die **Elegie** war jedes im elegischen Versmaß **(Distichon)** abgefasste Gedicht, Trauer- oder Klagelied. Jeden Vers zeichnete Formenstrenge aus. Thematisch orientierte man sich anfangs am **Mythos,** am (halb-)göttlichen Helden.

Xenien: griech. = xénos, der Fremde, der Gast, abgeleitet Mimesis = Nachahmung der Natur bis zur Täuschung

> Die *Lyrik* der klassischen Phase Griechenlands (etwa 80–340 v. Chr.) war zur Lyra gesungene Dichtung und die sogenannte *Melik,* das sind die äolische Einzellieddichtung und die frühe Chorlyrik.

ARCHILOCHOS (680–ca. 645/40 v. Chr.) baute in Sprache und Verstechnik zwar auf HOMER auf, feierte in seiner Lyrik jedoch nicht den Heroen, sondern beschrieb das Diesseits, seine Liebe, seinen Hass. Ihm kam es nach eigenen Äußerungen auf den subjektiven und persönlichen Wert (oder Unwert) mehr an als auf den objektiven und allgemeinen. Nur so konnte sich die Lyrik aus dem **Epos** erheben. ARCHILOCHOS entwickelte den **Jambus** in Form des Spott- und Schimpfgedichtes und war seiner Haltung nach der erste Realist unter den Dichtern. Nach Ansicht der antiken Autoren war nur die Kunst des HOMER noch höher anzusetzen als die des ARCHILOCHOS. Der Autor beschrieb mit ungläubigem Staunen das Erleben einer Sonnenfinsternis auf seiner Heimatinsel Paros in der Ägäis am 6. April 648 v. Chr.:

Erst THALES aus Milet soll es gelungen sein, für 585 v. Chr. eine Sonnenfinsternis in Kleinasien aufs Jahr genau vorherzusagen.

> „Unvorstellbares Ereignis, ganz unmöglich, wunderbar
> ist hinfort nichts mehr auf Erden, seit der Göttervater Zeus
> Mittagszeit in Nacht verwandelt und der hellen Sonne Licht
> sich verbergen ließ. Die Menschen spürten plötzlich kalte Angst."
> (Archilochos-Fragment, zitiert nach: Ekschmitt, Werner: Weltmodelle – Griechische Weltmodelle von Thales bis Ptolemäus. Mainz: Zabern, 1989, S. 14.)

PINDAR (518–438 v. Chr.), einer der herausragenden *panhellenischen* Lyriker, führte die griechische Chorlyrik zu ihrem Höhepunkt. Auf ihn geht die Bezeichnung **pindarische Ode** zurück, eine Odenform, die aus zwei gleich gebauten und einer metrisch abweichenden dritten Strophe (Epode) besteht. ALKAIOS (um 600 v. Chr.) ist neben SAPPHO Vertreter der

äolischen Lyrik. Nach ihm wurde die aus zwei elfsilbigen, einem neunsilbigen und einem zehnsilbigen Vers bestehende **alkäische Strophe** benannt, die THEOKRIT nachahmte und die HORAZ für die römische Lyrik übernahm.
SAPPHO (um 650–590 v. Chr.) ist die bedeutendste Lyrikerin der Antike, sie schrieb vor allem Götterhymnen, Hochzeits- und Liebeslieder. ALKAIOS, ANAKREON, HORAZ und CATULL wurden von ihr stark beeinflusst. Nach SAPPHO ist die vierzeilige *sapphische Odenstrophe* benannt, die aus drei Elfsilblern und einem abschließenden Fünfsilbler, dem Adoneus, besteht:

> „Bunten Thrones ewige Aphrodite,
> Kind des Zeus, das Fallen stellt, ich beschwör dich,
> nicht mit Herzweh, nicht mit Verzweiflung brich mir,
> Herrin, die Seele."
>
> (Zitiert nach: Volkmer, Dietrich: Die Insel der Sappho: Ostägäische Impressionen. Norderstedt: BoD, 2003, S. 69.)

Für ihre hingebungsvolle Liebeslyrik wurde SAPPHO in nachklassischer Zeit geachtet und geschmäht. Sie war in den Augen der Hellenen eine zu selbstbewusste Frau und passte nicht in das neue Rollenbild, das der Frau kaum Handlungsfreiheit ließ.

ANAKREON (um 572–etwa 488 v. Chr.) schrieb heiter-graziöse Verse in schlichter, klarer Sprache. Er besang den Genuss des Augenblicks und pries die Liebe, den Wein und heitere Geselligkeit. Von seinen **Oden,** Jambendichtungen, **Elegien, Epigrammen** und Liedern sind nur wenige erhalten. ANAKREON gab einer Richtung der Lyrik im **Rokoko,** der **Anakreontik** (etwa 1740–1770), den Namen.

Nach dem Peloponnesischen Krieg verlor Athen seine Bedeutung als Mittelpunkt allen Wissens und aller Bildung; der Schauplatz der neuen Literaturperiode wurde das Reich ALEXANDERS DES GROSSEN, wobei die Kultur des Abendlandes mit der des Orients allmählich in Einklang gebracht wurde. Der früher schroffe Gegensatz zwischen Hellenen und „Barbaren" schwand mehr und mehr.

Unter der **alexandrinischen Periode** der griechischen Literatur versteht man die Zeit von der Entstehung und Befestigung der Diadochenmonarchien etwa 330 v. Chr. bis zu ihrem Untergang im Römischen Reich, also etwa bis zum Beginn der Kaiserherrschaft (27 v. Chr.). Diese Zeit wird auch *Hellenismus* genannt.

Man nennt diese Lyrik die alexandrinische Dichtung nach ihrem Zentrum, der berühmten Bibliotheksstadt Alexandria, wo KALLIMACHOS als Bibliothekar wirkte.

Perioden und Kennzeichen alexandrinischer Dichtung:

- Dichter vor KALLIMACHOS
- Dichter zu Lebzeiten KALLIMACHOS'
- Dichter nach KALLIMACHOS, sog. Epigonen

- Alte Mythen werden von Nebenpersonen aus beleuchtet.
- Hervorheben der weiblichen Schönheit
- Realismus in der Poesie

KALLIMACHOS (um 300–ca. 240 v. Chr.) ist der bekannteste Vertreter der **alexandrinischen Dichtung**. Er griff in seiner Lyrik das Erlesene, die kleine, ausgefeilte Form auf, thematisierte den seltenen, noch nicht abgegriffenen Gehalt und wurde deshalb zum Vorbild für viele antike Lyriker, vor allem der *Neoteriker*.

Die Bibliothek von Alexandria soll um 47 v. Chr. einen Bestand von etwa 700 000 Büchern gehabt haben.

4

Antike Bukolik, lateinische Lyrik

Bukolik zu bukólos = Hirte

THEOKRIT (ca. 310–250 v. Chr.) gilt mit seinen „Eidyllia" als erster bekannter Dichter von **Hirtengedichten** in der griechischen Literatur, obwohl Elemente dieses lyrischen Genres bereits im 6. Jh. v. Chr. zu beobachten sind.

> **Bukolik** bezeichnet die *Hirten- bzw. Schäferdichtung*. Ihre Themen sind die Liebe, das sängerische Kräftemessen der Hirten sowie Leid und Freude des (imaginierten) Landlebens.

THEOKRITS „Eidyllia" sind realistische Schilderungen eines idealisierten Hirtenlebens, dabei benutzte er unheldische Sujets. Seit THEOKRIT ist das Hirtenleben mit erotischen Fantasien verbunden: Das berühmte „Schäferstündchen" nahm hier seinen Anfang.
BION und MOSCHUS im 2. Jahrhundert v. Chr. sowie VERGIL mit seinen „Bucolica" (37 v. Chr.) setzten die Tradition fort. Als Schauplatz wählte VERGIL jedoch, hierin von THEOKRIT abweichend, einen poetisch stilisierten, weniger realen Hintergrund für seine Hirtengedichte, das Land Arkadien. Verwandt mit der Bukolik ist auch der Hirtenroman „Daphnis und Chloë" des Griechen LONGOS.
ENNIUS (239–169 v. Chr.) dichtete als erster Römer in **Hexametern** und machte dieses Versmaß zum Standardvers der lateinischen Dichtung.
CATULL (GAIUS VALERIUS CATULLUS, 87–54 v. Chr.) ist der erste lateinische Autor, in dessen Dichtungen sich das persönliche Leben stark und rein widerspiegelt. Er war Mitglied einer Gruppe von Lyrikern, die sich **Neoteriker** nannte. CATULL wollte als **poeta doctus** gelten, begann deshalb mit der Erschließung griechischer Lyrik für die lateinische Sprache. Er übersetzte u. a. die Alexandriner des KALLIMACHOS. In seinen Versen voller Bekenntniskraft und rückhaltloser Selbstäußerung hat er die spröde lateinische Sprache den verschiedensten griechischen **Metren** erschlossen. Seine Sprache besaß eine reiche Ausdrucksskala für alle Nuancen seines Stimmungs- und Erlebnisreichtums. Er beherrschte viele Genres der lateinischen Lyrik und gilt als Meister des lateinischen *Epigramms* und des Epyllions, verfasste Hochzeitsgedichte, Elegien, Freundschafts- und Trinklieder, Spottverse. Berühmt sind seine „Liebeslieder auf Lesbia". Die Dichtungen des HORAZ (QUINTUS HORATIUS FLACCUS, 65–8 v. Chr.), einem Klassiker des Goldenen Zeitalters, sind vollständig erhalten. Seine formal nach den Vorbildern ANAKREONS, ALKAIOS', PINDARS und SAPPHOS verfassten Oden „Carmina" wirkten bis ins 19. Jahrhundert nach. Es sind Preislieder des Friedens, des Patriotismus, der Liebe und Freundschaft, des Weins, der Freuden des Landlebens und des einfachen Lebensstils.

Neoteriker = neoterici = die Neueren. Vorbild ist die Formstrenge, die Kürze und der hohe Anteil an Gelehrsamkeit in der griechischen Literatur. **Poeta doctus** = Ideal eines universal gebildeten Autors in der lateinischen Antike

EDUARD MÖRIKE bewunderte „feierlichen Ernst, überraschende Kühnheit des Ausdrucks und sinnschwere Kürze" sowie „einen höchst kunstreichen Organismus des Verses", als er HORAZ übersetzte. HORAZ' Oden seien „wie prächtige, aus starrem Erz getriebene Gebilde mit sorgfältiger Ornamentierung", stellte er fest.

MARTIAL (MARCUS VALERIUS MARTIALIS, 40–103/104 n. Chr.) ist der bedeutendste Epigrammatiker der römischen Antike. MARTIAL verfasste Huldigungen an die Kaiser DOMITIAN, NERVA und TRAJAN. Sein „Liber spectaculorum" und seine „Epigrammata" sind von ihm selbst zusammengestellt. Neben eigentlichen *Epigrammen* (Aufschriften, Grabepigrammen, Beschreibungen von Villen u. Ä.) stehen solche zu festlichen (Geburtstagsgedichte), traurigen (Klageelegien) Anlässen und witzige

Kommentierungen beliebter aktueller Ereignisse, wobei er die Namen angegriffener Personen wegen der zu erwartenden **Zensur** durch Pseudonyme ersetzte.

„Früher ein Arzt, ist jetzt Diaulus Leichenbestatter;
Leichenbestatter, wie jetzt, war er auch früher als Arzt."

Als Versmaße benutzte MARTIAL u. a. **Distichen, Hexameter** und **Jamben.** Mit ungewöhnlich scharfem Auge für das Groteske, für das Absurde beschrieb er seine Umwelt. Bis ins 18. Jahrhundert wurde der Autor hoch geschätzt. LESSING verband mit Epigrammen nach dem Vorbild MARTIALS eine pädagogische Absicht der Abschreckung.

FRANÇOIS BOUCHER: „Aurora und Kephalos"; Illustration zu den „Metamorphosen" des Ovid

OVID (PUBLIUS OVIDIUS NASO, 43 v. Chr.–ca. 18 n. Chr.) war der letzte bedeutende Dichter im augusteischen Rom und ein Meister der Elegie. Seine „Metamorphosen" gehören zu den schönsten Werken der Weltliteratur. OVID hat das alte griechisch-römische mythische Weltbild kunstvoll mit naturwissenschaftlichen Deutungsversuchen seiner Zeit verknüpft. Durch ihr zeitliches Gefüge verschmelzen die häufig dramatisch gestalteten Erzählungen zu einem Ganzen. Der Schöpfung und Sintflut folgen Göttersagen, Erzählungen von Heroen und Heroinen und mythische Geschichten über Troja und Rom, die mit einem Lob und der Vergöttlichung CAESARS enden. In einem kurzen Epilog preist OVID sein Werk, durch das er für alle Zeiten leben werde. Mehr als zehn Jahre und rund 12 000 daktylische Hexameter hat OVID seinem berühmtesten Werk gewidmet und es hat wie kaum ein anderes literarisches Werk die abendländische Kunst geprägt. Die Verwandlungssagen bieten dem Leser Einblick in die antike Mythologie. Aus dem Mittelalter, in dem „Die Metamorphosen" zu den meistgelesenen Schriften der Antike zählten, sind rund 150 Abschriften und deutsche Übersetzungen erhalten.

Seine Liebeselegien, „Amores" (erschienen 2 n. Chr.), widmete OVID „Corinna", einer vermutlich fiktiven, allenfalls historisch wenig fassbaren Gestalt. Aus seiner frühen Schaffenszeit stammt auch „Ars amandi" (Liebeskunst, 1 v. Chr.), ein bis heute weitverbreiteter Gedichtzyklus über die Kunst der Verführung und Liebe.

Seine Liebesgedichte brachten OVID im Jahre 8 n. Chr. lebenslange Verbannung nach Tomi (heute Constanza) ein. Hier schrieb er noch die „Trista"-Elegien, bevor er 18 n. Chr. starb.

4.3 Literatur des Mittelalters

Als althochdeutsche Literatur bezeichnet man seit JACOB GRIMMS Deutscher Grammatik die älteste Periode der hochdeutschen Literaturgeschichte, die von etwa 750 bis etwa 1050 reicht.

4.3.1 Herrscherbild und Weltbild im Mittelalter

410	Eroberung Roms durch die Westgoten
476	ODOAKER setzt den letzten weströmischen Kaiser ROMULUS AUGUSTULUS ab.
481	CHILDERICH I. ist der erste bekannte Merowingerkönig.
um 500	Gallien wird unter dem Merowinger Gaukönig CHLODWIG I. zum Frankenreich.
751	Das Königtum der Merowinger endet mit der Königserhebung PIPPINS III. Das Zeitalter der Karolinger beginnt.
800	Kaiserkrönung KARLS DES GROSSEN
843	Vertrag von Verdun: Die Dreiteilung des Fränkischen Reiches in das Westfränkische (späteres Frankreich), das Ostfränkische (späteres Deutschland) und das Mittelreich (Lotharingen)

Die Herausbildung im Prinzip zweier unterschiedlicher deutscher Sprachgebiete hängt u. a. auch mit den „Sachsenkriegen" (772–804) zusammen. 772 eroberte KARL DER GROSSE die Gegend um das heutige Paderborn, bis 804 eroberte er die nordelbischen Gebiete. Mehrere Strafexpeditionen und gewaltsame Christianisierung begleiteten diesen Kriegszug. Das neue Reichsgebiet bildet, gemeinsam mit dem durch die Ostexpansion (bis 1350) gewonnenen, das heutige niederdeutsche Sprachgebiet.

Ziele, Wege und Ergebnisse christlicher Missionierungsarbeit in Germanien

Der Erfolg der Gebietseroberungen KARLS gründete sich auf dessen Taktik, berittene Krieger einzusetzen, denen er nach erfolgreichem Angriff ein *Lehen* versprach. Diese *miles* wurden als Ritter die Stütze des Mittelalters.

In ihren Anfängen ist die **deutsche Literatur** sprachlich kein einheitliches, sondern vielmehr ein mehrsprachiges Gebilde, wobei das Latein als „Hochsprache" aller germanischen Stämme fungierte. Kulturell fand durch die Eroberungen die Durchmischung der germanischen Stämme statt. Die Westgoten eroberten u. a. lateinisches Sprachgebiet. Die Franken eroberten u. a. langobardisches, allemannisches, bairisches Gebiet sowie Gallien. Politisch gesehen war das spätere Deutschland durch die fränkischen Stämme und deren Herrscher bestimmt.
Das Auftauchen *althochdeutscher Texte* fällt ungefähr zusammen mit der Regierungszeit KARLS DES GROSSEN (747–814).
Im 8. Jahrhundert hatten die Franken bereits ganz Gallien sowie die allemannischen und bairischen Gebiete erobert. Mit der Eroberung der sächsischen Länder reichte das Frankenreich ab 804 von der Atlantikküste im Westen bis zur Elbe im Osten. Die christliche Kirche sollte nun zur Umerziehung der eroberten Gebiete beitragen. Dazu versammelte KARL die geistige Elite um sich: ALKUIN (Angelsachse), EINHARD (Franke), PETRUS VON PISA (Langobarde), PAULUS DIAKONUS (Langobarde), OSULF und FRIDUGIS (Angelsachsen) u. a. wirkten in seinem Sinne. KARL selbst war ein gebildeter Mensch, er sprach ein fließendes Latein, reformierte die

lateinische Schrift (karolingische Minuskel), ließ „Scriptorien“ (Schreibstuben) einrichten, in denen man Handschriften vervielfältigte. Am Hofe des Kaisers wurde eine Akademie gegründet, es entstanden Bibliotheken, antike Autoren wurden rezipiert. *Lateinische* Texte wurden in die *germanischen Dialekte* übersetzt. Die entstehende Literatur trug somit Missions- und Bildungscharakter: KARL DER GROSSE bediente sich der **Volkssprache,** um die Christianisierung in seinem Reich durchzusetzen. Nicht zufällig sind die ältesten Schriften Glossare, Glaubensbekenntnisse, Beichtformeln und Übersetzungen des Vaterunser. Dabei riss die Verbindung zur ursprünglichen germanischen Dichtung ab.

Glossare sind Wörterverzeichnisse mit Erklärungen.

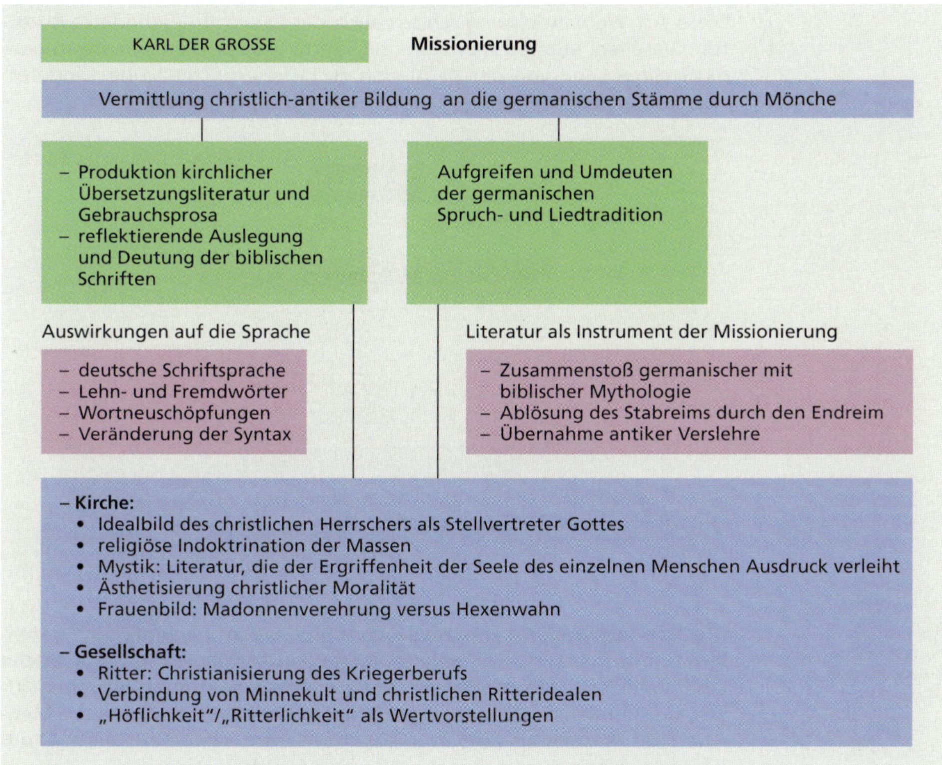

LUDWIG DER FROMME (778–840) ließ eine Sammlung germanischer Heldenlieder vernichten, die KARL hatte anlegen lassen. Der Vertrag von Verdun (843) läutete die Reichsteilung und damit das Entstehen der deutschen und französischen Nation ein. Auf dem Gebiet des späteren Deutschlands lässt sich eine Zweiteilung in hoch- und niederdeutsche Dialekte beobachten, die bis heute anhält.
OTTO I. (936–973) und sein Enkel OTTO III. (983–1002) bemühten sich, die von KARL begonnene Kultur- und Bildungspolitik fortzusetzen, ein höfisches Zentrum jedoch konnten sie nicht wieder errichten. Stattdessen übernahmen diese kulturellen Aufgaben die lothringischen Klöster

Das Latein beherrschte das Mittelalter vom Anfang bis zum Ende, ein ganzes Jahrtausend lang, von 500 bis 1500 n. Chr.

und das **Kloster Fulda.** HEINRICH II. (1002–1024) unterstützte die von der Kirche, hauptsächlich vom 910 gegründeten französischen Kloster Cluny ausgehenden Bestrebungen, das reine, asketische Klerikale über das profane, niedere Weltliche in der Literatur zu stellen. Die Kirche reinigte sich auf diese Art und Weise von allem Weltlichen.

Man erhob das geistliche Leben zur reinsten Form des christlichen Menschen. Ideologisch wurde diese Sicht durch die Lehren ABÄLARDS (1079 bis 1142) und BERNHARDS VON CLAIRVAUX (1091–1153) sowie durch die Ideen der Scholastik materialisiert. Deutsche Texte werden von nun an selten. Die Selbstaufgabe in Gott pries der Klerus in lateinischer Sprache. Diese Art Weltverneinung schloss auch das *Laientum* (gebildetes Rittertum, Vasallen, Ministerialen) ein und führte einerseits zu dem Bestreben, das Heilige Land von den Muslimen zu befreien (Kreuzzüge), andererseits zu dem Phänomen des **Minnesanges** im Hochmittelalter.

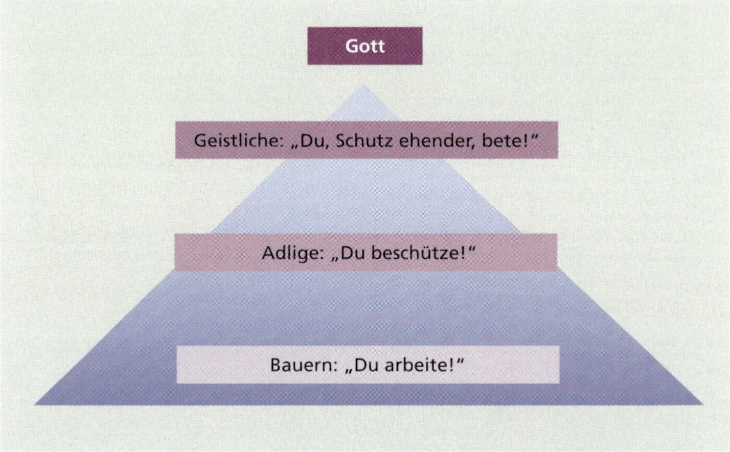

Die **Standespyramide** entschied über den Grad an persönlichen Freiheiten. Die Aufgaben waren den Ständen von Gott gegeben. Das einfache (analphabetische) Volk erreichte diese neue Vergeistigung nicht begrifflich, sondern lediglich über die Liturgien und die Priesterschaft. Die Menschen des Mittelalters zeichnete eine tiefe *Frömmigkeit* aus. Sie verstanden sich als Teil einer ganzen, größeren göttlichen Ordnung.

Lesen und Schreiben lernten im Mittelalter nur einige wenige Menschen. Am ehesten war dies in den Klöstern möglich.

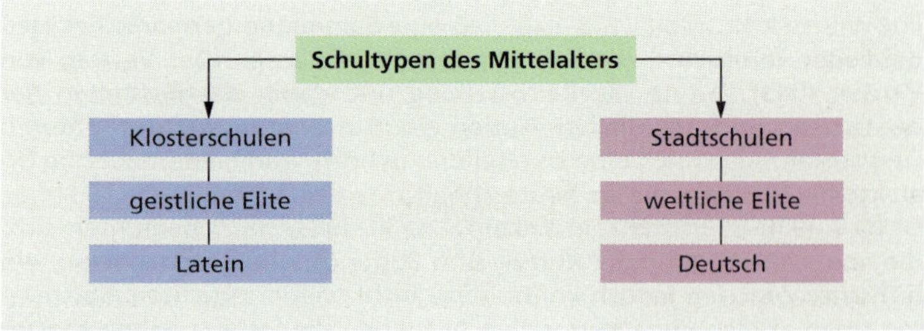

4.3.2 Erste schriftliche Überlieferungen

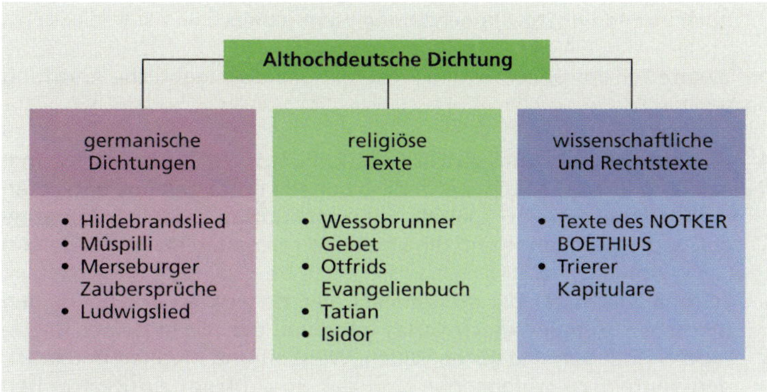

Literatur lag in ahd. Zeit nur als Manuskript (Handschrift) vor, sie wurde auf Pergament (Tierhaut) geschrieben. Das war sehr kostenaufwendig. Es konnten sich nur sehr vermögende Menschen Bücher leisten. Deshalb wurden auch nur für die damalige Zeit wichtige Werke kopiert.

Arten althochdeutscher Dichtung

Die althochdeutschen Schriften waren vor allem für die Menschen des Mittelalters bestimmt, die des Lateinischen nicht mächtig waren. 764/772 datiert die erste *schriftliche Überlieferung*. Es ist die deutsche (eigtl. bairische) Bearbeitung einer *lateinischen Synonymensammlung,* benannt nach dem ersten Stichwort: Der „Abrogans" ist jedoch nicht das erste literarische Werk, denn Literatur wurde damals in erster Linie mündlich tradiert. Trotzdem wird dieses Entstehungsdatum im Allgemeinen als Beginn der althochdeutschen Literatur bezeichnet, da Literatur im heutigen begrifflichen Sinne der *Schriftlichkeit* bedarf. Erste literarische Zeugnisse des Althochdeutschen basieren auf **Stabreimdichtungen.** „Wessobrunner Gebet" (8. Jh.), „Hildebrandslied", „Mûspilli" (9. Jh.), „Merseburger Zaubersprüche" (10. Jh.) sind in ihrer Form noch vom Germanischen geprägt. Zugleich gehören sie unterschiedlichen Gattungen an. Inhaltlich sind sie bereits *christlich* umgeprägt. Der *Stabreim* sollte Vertrautheit erwecken und der Intensivierung des Ausdrucks dienen.
Das „Mûspilli" ist ein als Fragment überliefertes Gedicht über Endzeit und Weltgericht und wurde wahrscheinlich um 870 ebenfalls in Fulda verfasst. Herkunft und Bedeutung des Wortes Mûspilli sind ungeklärt. Die stabreimenden Langzeilen zeigen erste Ansätze zum Endreim.

Der **Abrogans** ist die deutsche Bearbeitung einer lateinischen Synonymensammlung.

Germanischer Stabreim versus Endreim

Das „Wessobrunner Gebet" ist eine eigentlich aus zwei nicht zueinander gehörigen Teilen bestehende Schilderung der Existenz Gottes. Der erste Teil besteht aus stabreimenden Langzeilen:

„dat gafregin ih mit firahim/firiuuizzo meista. Dat ero ni
uuas noh ufhimil noh paum/noh pereg ni uuas ni nohheinig
noh sunna ni scein noh mano /ni liuchta [...]"

(Wackernagel, Wilhelm: Deutsches Lesebuch, Band 1. Basel: Schweighauserische Buchhandlung, 1885, S. 17.)

Buchstaben mit gleichen Farben stabreimen.

Übersetzung

„Das erfuhr ich bei den Menschen als der Wunder größtes:
Dass Erde nicht war noch oben Himmel,
noch irgendein Baum noch Berg war,
noch irgendein (Stern) noch Sonne nicht schien."

Der zweite Teil des Gebets ist ein Prosatext und die eigentliche Anrufung Gottes:

„cot almahtico du himil enti erda gauuorahtos enti du mannun so manac coot forgapi forgip mir in dino ganada rehta galaupa enti cotan uuilleon uuistom enti spahida enti craft tiuflun za uuidarstantanne enti arc za piuuisanne enti dinan uuilleon za gauurchanne." (Ebenda)

Übersetzung

„Gott allmächtiger, der du Himmel und Erde wirktest und der du den Menschen so mannigfach Gutes gegeben, gib mir in deiner Gnade rechten Glauben und guten Willen, Weisheit und Klugheit und Kraft, den Teufeln zu widerstehen und das Böse (Arge) zurückzuweisen und deinen Willen zu tun (wirken)."

Der **„Heliand"** wurde vermutlich auf Veranlassung LUDWIGS DES FROMMEN gedichtet.

Stabreime überlebten nur noch in festen Wendungen, wie „Mann und Maus", „mit Kind und Kegel".

Eine altsächsische (altniederdeutsche), stabreimende poetische Lebensbeschreibung Jesu ist der „Heliand", entstanden um 830. Der Heiland tritt als *hebancuning* (Hímmelskönig), als Held und Gefolgsherr auf. Seine Jünger sind „gesidos" (Gefolgsleute). Dieses Werk diente der Missionierung der gerade unterworfenen Sachsen, ähnlich wie die „altsächsische Genesis" (um 830).
Der altdeutsche Endreimvers in erzählender Dichtung ist seit dem 9. Jh. überliefert. Dazu gehören das ahd. „Evangelienbuch" des Mönchs OTFRID VON WEISSENBURG (863–871) und das „Ludwigslied" (9. Jh.).

Das Heldenlied

In der Vor- und Frühgeschichte war das **Heldenlied** eine episch-balladeske, mündlich vorgetragene Dichtung, die mit der Verschriftlichung der Literatur als kleinere Form der **Heldendichtung** weiterbesteht und Episoden aus dem Leben der Heldengestalten erzählt.

Das „Hildebrandslied" ist ein zur Zeit der *Völkerwanderung* entstandenes germanisches *Heldenlied* in deutscher Sprache und wurde ca. 820/840 im Kloster Fulda in eine christlich geprägte Variante für das im Zuge der Sachsenkriege eroberte niederdeutsche Missionsgebiet umgeschrieben. Die Sprache ist deshalb
- langobardisch (= Urtext),
- althochdeutsch (= Ort der Umdichtung = Fulda),
- altniederdeutsch (= Missionsgebiet).

Langobarden: nhd. = Langbärte

Die „brand"-Namen des „Hildebrandsliedes" deuten auf den langobardischen Ursprung. Die Langobarden waren ein ursprünglich aus Skandinavien stammender germanischer Stamm, der sich in Oberitalien ansiedelte. Begrifflich ist dieser Stammname noch in dem Namen der Region „Lombardei" vorhanden.

Stofflich ist das „Hildebrandslied“ der Dietrichsage zugehörig.

„ik gihorta ðat seggen, ðat sih urhettun ænon muotin, Hiltibrant enti Haðubrant untar heriun tuem.“	„Ich hörte berichten, dass zwei Krieger aufeinanderstießen, Hildebrand und Hadubrand, zwischen ihren beiden Heeren.“

Zur Aussprache: ð = th wie in engl. the, þ = th (hart), h am Wortende = ch

Alle einfachen Vokale mit Zirkumflex werden lang gesprochen: û, ô, î, ê,â, ebenso æ, iu = ü, Diphthonge sind als zwei Vokale zu sprechen (echte Doppellaute) oe, ue, uo.

Diese beiden Krieger sind Vater und Sohn. Hildebrand, der Ältere, war einst mit Dietrich von Bern aus seiner Heimat vertrieben worden. Nun stehen sich beide als Feinde gegenüber, denn der Vater kämpft im Heer der Hunnen. Der Konflikt zwischen beiden eskaliert, denn wohl vermag der Vater in dem anderen den Sohn, der Sohn jedoch nicht in seinem Gegenüber den Vater zu sehen. Mitten im Kampf bricht die Handschrift ab. Spätere Quellen („Edda“) legen den Schluss nahe, dass Hildebrand seinen Sohn im Zweikampf tötet.

Die „Edda“ ist eine altisländische Sagensammlung. Sie wurde nach der Christianisierung Islands verfasst (um 1240) und enthält germanische Götter- und Heldenlieder.

Zwar ist das „Hildebrandslied“ vom alten germanischen Schicksalsglauben bestimmt, jedoch werden nicht germanische Götter angerufen, sondern der „waltant got“ = der waltende Gott. Dies zielt auf ein Umformen des alten Glaubens mithilfe germanischer Überlieferung.

Historisch kann die Entstehung des Stoffes für das „Hildebrandslied“ durch den Untergang Burgunds 437 und den Tod des Hunnenkönigs ATTILA (ETZEL) sowie durch die Ermordung ODOAKERS durch DIETRICH VON BERN 493 festgemacht werden.

ATTILA = ETZEL
ODOAKER = Heerkönig Italiens
DIETRICH VON BERN = THEODERICH DER GROSSE, Ostgotenkönig

Das „Evangelienbuch“ OTFRID VON WEISSENBURGS (etwa 800–875) ist der erste endreimende althochdeutsche Text. Die in mehreren Handschriften vorliegende poetische Darstellung des Lebens Jesu erzählt die Geschichte vom Einzug Jesu in Jerusalem und ist in der sogenannten „ambrosianischen Strophe“ des lateinischen Hymnus geschrieben. Das ist ein paar- und endgereimter zweimal zwei vierhebiger Vers:

> „odo métres kléini, theist góuma filu réini.
> Sie dúent iz filu súazi, ioh mézent sie thie fúazi,
> thie léngi ioh thie kúrti, theiz gilústlichaz uuúrti.“
> (Wackernagel, Wilhelm: Deutsches Lesebuch, Band 1. Basel: Schweighauserische Buchhandlung, 1885, S. 28.)
>
> „die Kunst metrischer Dichtung bietet reinen Genuß. Sie machen [gerade] diese sehr geschmackvoll, messen auch die Versfüße, die Längen und Kürzen, damit ihr Werk Vergnügen bereitet.“

Übersetzung

Das Verspaar erscheint im obigen Beispiel auf einer Zeile als Einheit. Diese Konstruktion wird **Langzeile** genannt. Zwei Verspaare sind zur höheren Einheit, der **Strophe,** zusammengeschlossen.

Das Metrum weist bereits den **Endreim** auf, zwei Verse werden durch den Gleichklang ihres Ausgangs **(Kadenz)** miteinander verbunden:

Ḱríst / íst = einsilbig männliche Kadenz, *wúaste / geíste* = zweisilbig klingende Kadenz.

Im althochdeutschen Vers wird bereits die **Silbenbetonung** gebraucht (Hebung – Senkung).

Kadenz: Versschluss, zweisilbige Wörter werden am Ende kurz gesprochen

Das „**Ludwigslied**" ist ein Preislied für den westfränkischen König LUDWIG III., der am 03.03.881 in der Schlacht von Saucourt einen entscheidenden Sieg gegen die eindringenden Normannen erringen konnte.

Das „Ludwigslied" besteht aus 59 Kurzpaarversen, die durch Endsilbenreim paarweise gebunden sind, und gilt als das früheste althochdeutsche christliche Heldenlied. Die Sprache ist rheinfränkisch mit mittel- und niederfränkischen Komponenten.
Das „Ludwigslied" besteht aus zwei Teilen, im ersten Teil wird das Leben des Königs beschrieben, dass Gott sich der Waise annimmt, LUDWIG seinerseits Gott dient. Der zweite Teil berichtet von der Prüfung LUDWIGS durch Gott und vom Sieg LUDWIGS über die Normannen.

„Gilobot si thiu godes kraft: / Hluduig warth sighaft;
gab allin heiligon thanc! / Sin warth ther sigikamf.
Duo dar abur Hluduig, / Kuning was salig!
Garo so ser hio was, / Sewar so ses thurft was,
Gihalde inan truhtin / Bi sinan ergrehtin." (Ebenda S. 46.)

Übersetzung

(„Gottes Allmacht sei gepriesen: Ludwig wurde Sieger. Dank sei gleichfalls allen Heiligen! Seinem Kampf wurde der Sieg zuteil. Dir aber, Ludwig, Heil, du unser König, im Kampf voll Glück! – Er war stets zur Stelle, wo seine Hilfe vonnöten war. Gott der Herr erhalte ihn stets in seiner Gnade!")

4.3.3 Literarische Entwicklung im 10. und 11. Jahrhundert

Im 9. Jahrhundert mit der Reichsteilung von 870 beginnt sich das Fränkische Reich sprachlich zu differenzieren. Es kommt zur Ausbildung eines „deutschen" und „französischen" Sprachgefühls.

Literarischer Ausdruck dieser Trennung sind die **„Straßburger Eide"** von 842, in denen die Westfranken in romanischer (lingua vulgaris), die Ostfranken in (rhein-)fränkischer (lingua theodisca) Sprache einen Beistandseid ablegten.

Die **lingua theodisca** und die **lingua vulgaris** waren „Volkssprachen". Ihnen gegenüber stand das klassische Latein als überregionale Verständigungssprache des Klerus sowie des Staates.
Diese Entwicklung wird im 10. und 11. Jahrhundert noch deutlicher, als das Lateinische die Vormachtstellung auch in der Literatur errang. HROTSVITH VON GANDERSHEIM (um 935–nach 973) steht für diese Entwicklung. Die mittelalterliche Mystikerin verfasste Legenden und Dramen in lateinischer Sprache. Dazu gehören die Sammlungen „liber primus", „liber secundus" und „liber tertius" in Hexametern, Distichen bzw. rhythmisch gereimter **Prosa** als Reaktion auf den römischen Autor TERENZ. HROTSVITH sah dessen Texte als gefährliche Lektüre an, entwarf statt der unzüchtigen Frau bei TERENZ das Gegenbild der „heiligen christlichen Jungfrau". Ihre Lesedramen beschäftigen sich mit der Bekehrung von Frauen („Pafnutius", „Abraham" u.a.) und Männern („Gallicanus", „Callimachus" u.a.). Andere literarische Formen, die sich zu jener Zeit herausbildeten, waren u.a. die **Evangelienspiele (Osterspiel, Passionsspiel** usw.), deren Ausgangspunkt die christliche Liturgie war.
Die *wichtigsten literarischen Werke des 10. Jahrhunderts* schuf der St. Galler Mönch NOTKER LABEO (950–1022). Er war Lehrer der Klosterschule von St. Gallen und schrieb deutsche Bearbeitungen wichtiger lateinischer Schulschriften, um seine Schüler an diese heranführen zu

können. NOTKER war, indem er lateinische Begriffe ins Althochdeutsche übersetzte, auch sprachschöpferisch tätig. Nur wenige Texte sind für das 11. Jahrhundert überliefert. Vor allem wurde in *Latein* geschrieben. Um 1000 ist „De Heinrico" verbürgt. Dieses Preislied ist in vierhebigen, abwechselnd lateinischen und deutschen Strophen abgefasst und schildert eine Begegnung HEINRICHS DES ZÄNKERS VON BAYERN (bzw. HEINRICH, Bruder OTTOS I.) mit seinem Neffen, OTTO III.
Die *erste episch-satirische Tierdichtung* in Deutschland, „Ecbasis Captivi" („Flucht eines Gefangenen", 1043/46), enthält u. a. Motive aus AESOPS Fabeln und schildert, wie ein Kalb entläuft, in die Gefangenschaft des Wolfes gerät, von den anderen Tieren des Waldes gerettet wird und so zur Mutter heimkehren kann. Allegorisch meint die Fabel die Bekehrung zur Einsicht in die Gefahren der Welt.
Zwischen 1030 und 1050 entstand der erste, *frei erfundene lehrhafte Abenteuer- und Ritterroman „Ruodlieb",* Vorläufer des höfischen Romans. Verfasser ist vermutlich ein Tegernseer Geistlicher. Das Werk ist nur fragmentarisch überliefert. Es wurde durch Motive und Strukturen des Märchens und des spätantiken Romans beeinflusst. Ritter Ruodlieb wird zum Wahrer von Frieden und Gerechtigkeit, ganz im Sinne des späteren Rittertums und Minnesangs. So gibt das Fragment ein anschauliches Bild jener Zeit wider (Tanzszenen, Dressur von Vögeln usw.). „Ruodlieb" gilt jedoch als ein poetisches Fragment, da es sich kaum in die literarischen Traditionen der Entstehungszeit einordnen lässt.
Zu den wenigen deutschen Texten gehören das „Ezzolied" (1063), ein Welterlösungszyklus, benannt nach dem Verfasser, dem Bamberger Domherrn EZZO, sowie das „Annolied" (1077/1105), eine **Weltchronik,** geschrieben zu Ehren des Kölner Erzbischofs ANNO. Diese Lieder werden in den meisten *Literaturgeschichten* bereits zur **mittelhochdeutschen Literatur** gerechnet.

NOTKER LABEO (lat. labeo = der Breitlippige) wird wegen des Gebrauchs der „Volkssprache" und als Abgrenzung zu anderen Trägern dieses Namens, auch „der Deutsche" genannt.

4

4.3.4 Machtkämpfe zwischen Kaiser und Papst und das Aufblühen der Städte

Das *Hochmittelalter* bringt entscheidende Wandlungen hervor. Nicht mehr nur die bischöflichen Sitze (geistliche Literatur) werden zu Zentren der Bildung, nun erobern die *Ritterburgen* und fürstlichen *Residenzen* (weltliche Literatur) die Kultur. Eine der Ursachen für diesen Wandel lag darin, dass die Kaiser sich auf den wichtigen äußeren Zusammenhalt des Heiligen Römischen Reiches konzentrierten, die Fürsten als Vasallen verstärkter lehnsherrliche Aufgaben übernahmen. Immer mehr Rechte mussten die Kaiser ihren *Vasallen* zubilligen, damit diese ihnen in den Auseinandersetzungen mit dem Papst/Klerus folgten. Das daraus resultierende Selbstbewusstsein der Vasallen führte zu einer nie da gewesenen Blüte der *Literatur* und *Kunst (klassische Periode).*

Von den insgesamt 19 000 Burganlagen, die im Mittelalter im deutschsprachigen Raum gebaut wurden, sind noch rund 6 500 Burgen erhalten geblieben.

Das deutsche Kaisertum und das römische Papsttum hatten im Investiturstreit (1059–1077) schwere Prüfungen zu bestehen. Der Gang nach Canossa (1077) Kaiser HEINRICHS IV. ist Ausdruck für diesen Machtkampf. Das Kaisertum wurde geschwächt, die Rolle der Kirche und des Papstes gestärkt (↗S. 202)

Gegen Ende des Mittelalters gab es 4000 deutsche Städte, von denen jedoch 90 bis 95 % weniger als 2000 Einwohner besaßen. Nur 25 deutsche Städte wiesen mehr als 10000 Einwohner auf. Köln hatte im 13./14. Jh. ungefähr 50000 Einwohner, Magdeburg 30000, Lübeck 25000 (um 1400), Bremen 20000 (um 1350), Danzig und Nürnberg ungefähr 20000 (im 15. Jh.); Hamburg, Braunschweig, Frankfurt am Main, Augsburg wiesen zwischen 10000 und 18000 Einwohner auf.

Im 14. Jahrhundert kam es schließlich zu weiteren einschneidenden gesellschaftlichen Veränderungen. Innerkirchliche Machtkämpfe führten zur *Spaltung der Kirche,* in Avignon wurde ein Gegenpapst eingesetzt. Das schwächte den Klerus. Es kam zu einem *Zerfall des Rittertums* und des Lehnswesens. *Raubrittertum* breitete sich aus, das mit den Idealen des Hochmittelalters nichts gemein hatte.
1356 legte die Goldene Bulle fest, dass sieben Fürsten des Reiches den König küren durften. Das stärkte den Einfluss der Kurfürsten und Pfalzgrafen, während der kaiserliche deutlich sank.
Mit dem Aufkommen der *Geldwirtschaft* und den vielen *Städtegründungen* konnte sich der bürgerliche Stand etablieren. Man gründete Schulen und *Universitäten,* bildete eine eigene *bürgerliche Elite* aus, wurde zu Förderern der Kultur. Bessere Bildung führte zu einem Machtkampf zwischen den *Patriziern* und den *Zünften* und *Gilden* (spätes Mittelalter), in dessen Ergebnis Handwerksmeister in den Räten mit über die Geschicke der Städte entschieden, sich eine eigene Kultur schufen (Meistergesang).

Einflüsse auf die weltlich orientierte Literatur:

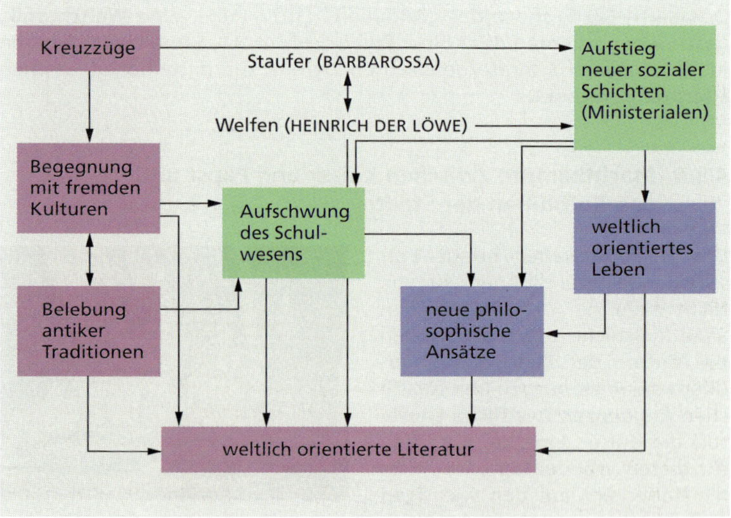

Ministeriale waren ursprünglich unfreie Bedienstete. Nun wurden sie Teil der adligen Oberschicht.

Ab etwa 1050 sprechen wir von der mittelhochdeutschen Literatur. Wir unterteilen diese Periode in Frühmittelhochdeutsch, klassisches Mittelhochdeutsch (1170–1250) und Spätmittelhochdeutsch (1250–1350).

4.3.5 Frühmittelhochdeutsche Literatur

Mittelhochdeutsche Literatur

frühmittelhochdeutsche Literatur (1050–1170)	klassische Literatur (1170–1250)	spätmittelalterliche Literatur (1250–1350)
• Legendendichtung • Mariendichtung • Vagantenlyrik • Spielmannsepik	• höfische Epik: Kreuzzugsepik Heldenepik Artusepik • Minnesang • Kreuzlied • Spruchdichtung • Tanzlied • Minneleich • politische Dichtung • geistliches Schauspiel • Kleinepik	• politische Dichtung: Spruchdichtung Lehrdichtung geistliches Schauspiel • Übergang vom Minnelied zum Meistergesang • Ritterroman • Reiseliteratur • Kochbuch • Stadtchronik • geistliche Kunstlyrik • geistliches Schauspiel

Die *Literaturproduktion* und *-verbreitung* führte zur Herausbildung einer relativ homogenen **überregionalen Dichtersprache.**

mittelhochdeutsche Dialekte

mittelhochdeutsche Dichter

überregionale Dichtersprache

Im „Älteren Physiologus" sind neben bairischen (Kärnten) auch rheinfränkische und alemannische Spracheinflüsse nachweisbar. Dieses Phänomen deutet, anders als etwa althochdeutsche Texte, eher auf eine Aufnahme der mittelhochdeutschen Literatur in verschiedenen Teilen des Reichs. Dafür sprechen auch unterschiedliche sprachliche Varianten eines Textes.

Physiologus (griech.: der Naturkundige) beschreibt Pflanzen, Steine und Tiere und deutet allegorisch auf das Heilsgeschehen hin, fragt nach dem Sinn biologischer Tatsachen.

„De leone
Hier begin ih einna reda umbe diu tier, uuaz siu gesliho bezehinen. Leo bezehinet unserin trohtin turih sine sterihchi, unde bediu uuiret er ofto an heligero gescrifte genamit. Tannan sagita Iacob, to er namæta sinen sun Iudam."

(Der altdeutsche Physiologus. Hrsg.: F. Maurer, Tübingen: Niemeyer 1967.)

Charakteristische Genres für die frühmittelhochdeutsche Dichtung sind die **Legendendichtung** und die **Mariendichtung.**

Marienverehrung

ENNODIUS (um 500) → HROTSVITH VON GANDERSHEIM → Arnsteiner Mariengebet (1150/60) → Reformklöster, BRUDER WERNHER → GERTRUD VON LE FORT (1924)

Tradition der Legendendichtung

um 900	„Georgslied" (ahd.)
um 950	HROTSVITH VON GANDERSHEIM (lat.)
um 1085	„Annolied" (mhd.)
um 1150	mittelfränkisches Legendar
	HEINRICH VON VELDEKE: „Servatius"
	HARTMANN VON AUE: „Armer Heinrich"
um 1270	JACOBUS DE VORAGINE: „Legenda Aurea"
um 1300	„Väterbuch", „Passional"
14. Jh.	HERMANN VON FRITZLAR
16. Jh.	HANS SACHS: „Legende vom Hufeisen"
19. Jh.	GOTTFRIED KELLER: „Sieben Legenden"

Klausnerin = Einsiedlerin

Um 1060 entstand die „Wiener Genesis", eine Versifizierung des 1. Buches Mose. Die Klausnerin FRAU AVA (um 1060–1127) verfasste mehrere einfach gestaltete, jedoch tiefe Religiosität ausstrahlende Verse, die alle um biblische Thematiken kreisen, unter ihnen „Johannes", „Das Leben Jesu", „Der Antichrist", „Das Jüngste Gericht".

Johannes

Nu sul wir mit sinnen
sagen von den dingen,
wie daz zît ane viench,
daz diu alte ê zergiench.
daz gescach in terra promissionis,
daz rîche was dô Herodis.
in dem zîte gescach
micheles wunders gemach.
in Galilea was äin guot man –
Zacharias gehäizan –
bî der burch ze Nazareth,
sîn wîp hiez Elizabeth.

Johannes

Nun sollen wir mit Verstand
erzählen von den Dingen,
als ein neues Weltalter anbrach,
das das alte Testament ablöste.
Es geschah im Land der Verheißung,
dessen Herrscher Herodes war.
In dieser Zeit geschahen
so manche Wunder.
In Galiläa lebte ein tüchtiger Mann –
Zacharias genannt –
bei der Stadt Nazareth,
seine Frau hieß Elisabeth.

In ihren Schriften erwähnt FRAU AVA zwei Söhne. Vermutlich haben diese ihr theologische Texte aus dem Lateinischen ins Deutsche übersetzt, aus denen sie endreimende Verse schuf. Ihr Lebensende verbrachte sie vermutlich im Kloster Melk.

4.3.6 Hochklassik

Seite aus der „Carmina Burana"

Nicht zufällig entsteht im 11./12. Jahrhundert eine stark *weltlich orientierte Literatur,* die Eingang in Liedersammlungen, den sogenannten **Carmina,** fanden. Eine der berühmtesten ist die deutsch-lateinische Liedersammlung **„Carmina Burana"** aus dem Kloster Benediktbeuern. Sie entstand um 1230 und ist damit knapp 200 Jahre jünger als die „Carmina Cantabrigiensia" (entstanden um 1050), die später nach ihrem Aufbewahrungsort Cambridge benannt wurde. Man rechnete diese Lieder lange Zeit der **Vagantendichtung** zu, die von Scholaren (fahrenden Schülern oder Klerikern) geschaffen wurde. Neuere Theorien gehen jedoch davon aus, dass sie keineswegs von Vaganten geschrieben wurden, sondern ihre Autoren bedeutende Gelehrte gewesen sein müssen. Die „Carmina Burana" enthält Liebeslieder, Trink- und Spielerlieder, Spottgesänge und geistliche Theaterstücke.

Ritterlich-höfische Standesliteratur

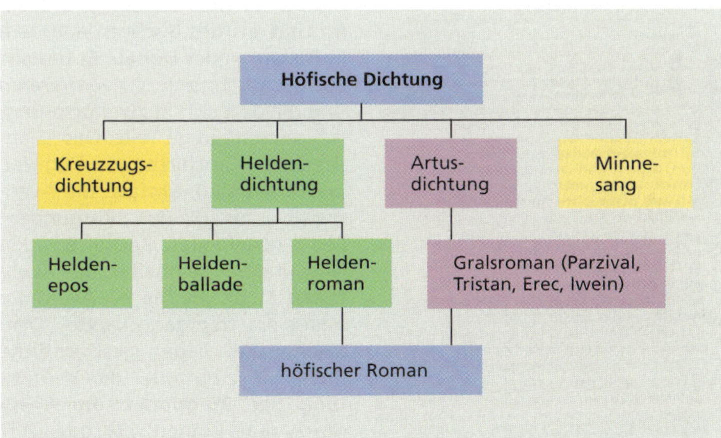

Ritterlich-höfische Standesliteratur ist im weitesten Sinne jede Dichtung, die sich formal an der *höfischen Gesellschaft* orientiert. Höhepunkt der höfischen Dichtung ist die Zeit zwischen 1170 und 1250 (staufische Klassik). Ihre Hauptformen sind der **Minnesang,** der **höfische Roman** und die **Heldendichtung.**

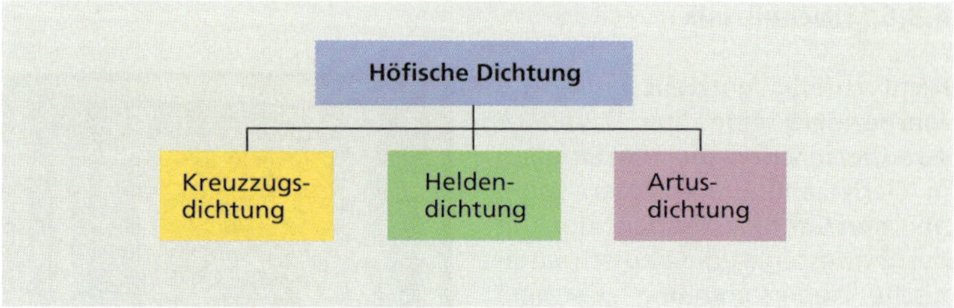

Im Mittelpunkt der *Heldendichtung* stand die Darstellung der adligen Führungsschichten. Historische Ereignisse wurden oft nur angedeutet. Bekannte Heldendichtungen waren das althochdeutsche „Hildebrandslied“, die altnordischen Heldenlieder der „Edda“ sowie das um 1200 entstandene „Nibelungenlied“. Im Letzteren wird der Versuch unternommen, die bis dahin offenbar mehrheitlich mündlich überlieferten germanischen Heldenlieder in eine Form zu bringen, die nicht allzu sehr von den Idealen der höfischen Kultur abwich. Aus den germanischen Wehrbauern wurden Ritter, aus den amazonenhaften Frauen wurden „Friuwen“ = Damen.

„Uns ist in alten mæren / wunders vil geseit
von helden lobebæren / von grôzer arebeit,
von fröuden, hôchgezîten, / von weinen und von klagen,
von küener recken strîten / muget ir nu wunder hœren sagen.“

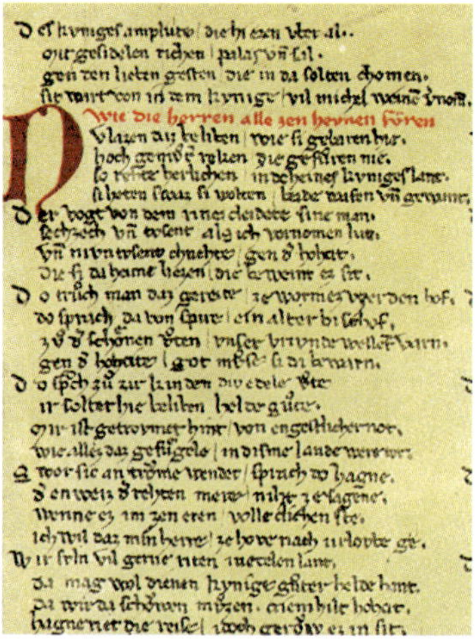

Das „Nibelungenlied“ entstand vermutlich zwischen 1198 und 1204, im Umkreis des Bischofs WOLFGER in Passau an der Donau. Es besteht aus 39 Abschnitten *(„Aventiuren“)* und gliedert sich in zwei ursprünglich selbstständige Teile: Das ,,Siegfriedlied“ (Geschichte von Siegfried und Kriemhild), umfasst die Aventiuren 1 bis 19, das ,,Burgundenlied“ (Kriemhilds Rache an den Nibelungen) beinhaltet die Aventiuren 21 bis 39. Die 20. Aventiure bildet ein Übergangskapitel. Dem zweiten Teil liegen geschichtliche Ereignisse zugrunde: die Vernichtung der Burgunden am Rhein durch die Hunnen 436 oder 437 und der Tod ATTILAS 453. Das „Nibelungenlied“ ist in etwa 2400 *Nibelungenstrophen,* vier paarweise reimenden Langzeilen, abgefasst, wobei die letzte Halbzeile überlängt ist. Benannt ist das Lied nach dem König *Nibelung* („Sohn des Dunkels“; zusammenhängend mit Nebel). In der deutschen Sage war „Nibelungen“ die Bezeichnung für ein von einem bösen Geist besessenes Zwergengeschlecht. Sie sind die Besitzer des Nibelungenhortes, eines Goldschatzes,

FRIEDRICH DER GROSSE schrieb am 22. Februar 1784 an CHRISTIAN HEINRICH MÜLLER, den ersten Herausgeber des **„Nibelungenliedes“**:

„Hochgelehrter, lieber getreuer! Ihr urtheilt viel zu vorteilhafft von denen Gedichten aus dem 12., 13. und 14. Seculo, deren Druck Ihr befördert habet, und zur Bereicherung der Teutschen Sprache so brauchbar haltet. Meiner Einsicht nach sind solche nicht einen Schuß Pulver werth; und verdienten nicht aus dem Staube der Vergessenheit gezogen zu werden. In meiner Bücher-Sammlung wenigstens würde Ich dergleichen elendes Zeug nicht dulten; sondern herausschmeißen. Das Mir davon eingesandte Exemplar mag dahero sein Schicksal in der dortigen großen Bibliothek abwarten. Viele Nachfrage verspricht aber solchem nicht,
Euer sonst gnädiger König Frch.“

Seite aus dem „Nibelungenlied“ aus der Handschrift A des 13. Jahrhunderts

Aventiuren, sprich: Aventüren

an den ein Fluch gekettet ist. Er wird vom mächtigen Zwerg Alberich behütet. Siegfried besiegt das elbische Zwergengeschlecht: Er tötet die Könige Nibelung und Schildung und überwindet Alberich. Die Bezeichnung Nibelungen übernimmt er für sich und seine Mannen. Nach dem Tod Siegfrieds geht die Bezeichnung auf die Burgunderkönige über.

Aventiur: nhd. = Abenteuer

Struktur des Nibelungenliedes:

Aventiuren 1 + 2	Einleitung, Kriemhilds und Siegfrieds Kindheit und Jugend
Aventiuren 3–5	Siegfrieds Reise nach Worms, sein Leben am Hof
Aventiuren 6–11	Reise nach Island und die folgende Doppelhochzeit, Kriemhild und Siegfried verlassen Worms und ziehen nach Xanten.
Aventiuren 12–19	Die beiden kommen als Besucher zurück, der Streit der Königinnen, die Ermordung Siegfrieds, Hagen versenkt den Schatz.
Aventiure 20	Verbindungsstück zwischen den zwei Komplexen, die Hunnen werden vorgestellt, und Kriemhilds Reise zu ihnen wird vorbereitet.
Aventiuren 21–22	Kriemhilds Reise zu Etzel und ihre Hochzeit
Aventiuren 23–27	Kriemhild lädt ihre Brüder ein, diese ziehen nach Etzelburg.
Aventiuren 28–31	Die Burgunden an Etzels Hof, erste Konflikte mit den Hunnen
Aventiuren 32–39	Die Kämpfe, Tod fast aller Charaktere

Es liegen heute 11 vollständige und 23 fragmentarische Handschriften des „Nibelungenliedes" vor, die aus der Zeit vom 13. bis zum 16. Jahrhundert stammen. Die drei wichtigsten werden als A, B und C bezeichnet:
- Hohenems-Münchener Handschrift um 1280 (A)
- St. Galler Handschrift um 1250 (B)
- Hohenems-Lassbergische Handschrift um 1230 (C)

Zur Rezeptionsgeschichte des „Nibelungenliedes"

Die alten germanischen Motive von Liebe, Krieg und Rache konnten in der sich bildenden neuen Rittergesellschaft verstanden werden. Die realen Fehden zwischen den *Staufern* und *Welfen,* den *Schwaben* und *Sachsen* usw. konnten sich an denen des Nibelungenliedes messen lassen. Die Wirkung des Nibelungenlieds auf Literatur und Kunst dauert bis heute an: HANS SACHS schrieb „Der hörnen Sewriedt, ein Son Sigmunds im Niderlandt" (1557), RICHARD WAGNER den „Ring der Nibelungen" (1876), FRIEDRICH HEBBEL seine Trilogie „Die Nibelungen" (1861), FRIEDRICH BARON DE LA MOTTE FOUQUÉ „Der Held des Nordens" (1808–1810), EMANUEL GEIBEL „Brunhild" (1857). KARL SIMROCK übersetzte das „Nibelungenlied" (1867), FRITZ LANG verfilmte es („Die Nibelungen", 1924), FRANZ FÜHMANN erzählte es nach („Das Nibelungenlied", 1971). ROLF SCHNEIDER verfasste den Roman „Tod des Nibelungen. Aufzeichnungen des deutschen Bildschöpfers Siegfried Amadeus Wruck, ediert von Freunden" (1970). 1978 hatte HEINER MÜLLERS Stück „Germania Tod in Berlin" Uraufführung.

Nibelungentreue: blinde Gefolgschaft

Kreuzzugslyrik

Die Konflikte zwischen *Kaiser* und *Papst* waren durch den *Investiturstreit* und durch HEINRICHS IV. *Gang nach Canossa* (in dessen Folge die deutsche Fürstenopposition mit RUDOLF VON SCHWABEN einen Gegenkönig aufstellte) zugunsten des Klerus entschieden worden. Diese Niederlage des Kaisertums hatte weitreichende Folgen. Mit dem Plan, Jerusalem und das Heilige Land (Palästina) von der Herrschaft der „ungläubigen" Muslime zu befreien, hatte bereits Papst GREGOR VII. versucht, seine weltliche Macht zu konsolidieren.

Den *1. Kreuzzug* initiierte Papst URBAN II. (1088–1099) 1095 auf dem Konzil in Clermont. 1096 bricht die christliche Ritterschaft Europas auf, das Heilige Land zu erobern. Im Sommer 1099 wurde Jerusalem von Teilnehmern des 1. Kreuzzuges erobert und ein lateinisches Königreich ausgerufen.
In insgesamt sieben Kreuzzügen gelang es den Kreuzfahrern dauerhaft nicht, ihre Pläne durchzusetzen.

Unter den Kreuzfahrern waren auch einige *fahrende Sänger*. Die **Kreuzzugsdichtung** entstand. Einige Beispiele sind: das „Rolandslied" des PFAFFEN KONRAD (um 1170), WOLFRAMS VON ESCHENBACH (um 1170/1180 bis ca. 1220) Epos „Willehalm", Lieder FRIEDRICHS VON HAUSEN (vor 1171–1190), ALBRECHTS VON JOHANSDORF (urkundl. bezeugt zwischen 1180 und 1209) und WALTHERS VON DER VOGELWEIDE sowie FREIDANKS (Vridanke, gest. 1233) „Bescheidenheit" (um 1230).

„... Schœniu lant rîch unde hêre,
swaz ich der noch hân gesehen,
sô bist dûz ir aller êre.
Waz ist wunders hie geschehen!
Daz ein maget ein kint gebar,
hêre übr aller engel schar,
was daz niht ein wunder gar?

Hie liez er sich reine toufen,
daz der mensche reine si.
do liez er sich herre verkoufen,
daz wir eigen wurden fri.
anders waeren wir verlorn:
wol dir, sper, kriuz, unde dorn!
we dir, heiden! deist dir zorn ..."

(Walther von der Vogelweide: „Palästinalied". In: Die Gedichte Walthers von der Vogelweide. Hrsg.: Karl Lachmann. Berlin: G. Reimer, 1827, S. 14 f.)

Artusdichtung

Mit dem **Hochmittelalter** setzt im mittelhochdeutschen Sprachraum die Beschäftigung mit dem keltischen **König Artus** und seiner *Tafelrunde* ein. Dass dieser Stoff gerade im 12. Jahrhundert so oft rezipiert wird, hat etwas mit der neuartigen Stellung des Rittertums zu tun.

Aufgaben der Ritter	Ritterliche Tugenden
• treuer Dienst für den Herrn • Dienst für Kirche und Christenheit (Kreuzzug, Hilfe für Arme und Schwache, Friedfertigkeit untereinander) • Frauendienst	• triuwe (Treue, Aufrichtigkeit) • hôher mout (Tapferkeit, seelisches Hochgestimmtsein) • zuht und mâze (Anstand, Wohlerzogenheit, Selbstbeherrschung) • êre (Ansehen, Geltung, Würde) • milte (Freigebigkeit) • stæte (Beständigkeit, Verlässlichkeit)

↓

Artusromane

Erste Texte zum Artusstoff gibt es bereits im 6. Jh. im walisischen Raum. GEOFFREY VON MONMOUTH bedenkt Artus in seiner „Historia Regum Britanniae" (um 1139, Geschichte der Könige Britanniens) mit einer längeren Erzählung, auf der fast alle deutschen Artusbearbeitungen fußen.

HARTMANN VON AUES „Erec" und „Iwein" (12. Jahrhundert) sowie WOLFRAM VON ESCHENBACHS „Parzival" (um 1210) sind unter dem Einfluss des Artusromans von CHRÉTIEN DE TROYES entstanden. WOLFRAM VON ESCHENBACHS „Parzival" ist von allen Epen des Mittelalters mit über 80 Handschriften am reichsten überliefert. Damit gilt es als das erfolgreichste Werk mit ritterlichem Sujet jener Zeit. Es ist in 25000 Verse und 16 Bücher gegliedert. Die beiden Haupthelden sind Parzival und Gawan, deren Lebenswege sich kreuzen. Am Beginn des Romans steht ein dritter Erzählstrang, in dem die Geschichte der Eltern von Parzival, Gahmuret und Herzeloyde, erzählt wird.

Ritter, ursprünglich gepanzerte Reiter. In der Zeit der Kreuzzüge verschmolz der neue Ritterstand mit dem alten Adelsstand.

WOLFRAM VON ESCHENBACH: „Parzival" (Gahmurets Tod):

swie den knappen jâmer jagte, den helden er doch sagte: „mînen hêrren lebens lenge vlôch. sîn härsenier von im er zôch: des twanc in starkiu hitze. gunêrtiu heidensch witze hât uns verstoln den helt guot. ein ritter hete bockes bluot genomen in ein langez glas: daz sluog er ûf den adamas: dô wart er weicher danne ein swamp."	Wie sehr den Knappen der Schmerz auch quälte, er berichtete doch den Helden: „Mein Herr musste so jung sein Leben lassen, weil er der großen Hitze wegen seine Kettenhaube ablegte. Verfluchte heidnische Hinterlist hat uns den tapferen Helden geraubt. Ein Ritter hatte Bocksblut in eine lange Flasche gefüllt und zerschlug sie auf Gahmurets Diamanthelm, der nun weicher wurde als ein Schwamm."

(Wolfram von Eschenbach: Werke. Hrsg. von Karl Lachmann. 5. Aufl. Berlin: G. Reimer, 1891, S.105.)

GOTTFRIED VON STRASSBURGS (um 1170–ca. 1215) Epenfragment „Tristan und Isold" (1210) gehört ebenfalls in diesen Stoffkreis *höfischer Dichtung.*

4

Die Minnedichtung

> **Minnedichtung** beschreibt die Anbetung einer höhergestellten Frau als Herrin (mhd. frouwe) durch einen Gefolgsmann. Minne muss hier als eine rein gedankliche Tat gedacht werden (vgl. das lateinische Wort meminni = „gedenken, sich erinnern"). Sie ist die Verherrlichung des Weiblichen als der Verkörperung Gottes auf Erden. Ein wesentliches Motiv ist die triuwe (Treue).

„Höfische" Liebe im Hochmittelalter muss als entsagungsvolles Sehnen nach Tugend und Sittlichkeit verstanden werden. Dafür geht der Ritter in Turnier und Schlacht und freudig in den Tod, denn in der Person der Herrin (frouwe) wird symbolisch die Liebe zu Gott und zu der Jungfrau Maria gesucht. *Ziel des Minnesangs* ist also zum einen die charakterliche Läuterung des Ritters, ein würdiges Mitglied der höfischen Gesellschaft zu werden, zum anderen hat der Minnesang ein religiöses Ziel. In den Machtkämpfen jener Zeit wird der Ritter als *miles* gebraucht.

Minnelyrik variiert einen engen Kreis von Motiven und Formen. Die Gedichte wurden zur Laute gesungen. Dies erforderte eine strenge Gliederung. Die ältesten erhaltenen Minnedichtungen entstanden zur Zeit BARBAROSSAS und gehen auf DEN KÜRENBERGER zurück. Die bedeutendsten Interpreten waren fahrende Sänger sowohl niederen als auch adeligen Standes.

DER KÜRENBERGER: Dichter der sogenannten „donauländischen Liebeslyrik", lebte um die Mitte des 12. Jahrhunderts und war vielleicht bei Linz ansässig.

Formen der Minnedichtung sind:
Kanzone, Kreuzlied (Kreuzzugsdichtung), Pastourelle, Tanzlied, Tagelied, Minneleich
Das *Tagelied* ist eine rein stofflich orientierte Kategorie, weil es den Morgen, den Beginn des Tages, beschreibt. Tanzlied und Minneleich folgen in ihren rhythmischen Strukturen der Tanzbarkeit zugehöriger Musiken. Die *Pastourelle* ist ein häufiger Liedtyp der mittelalterlichen Lyrik. Ein höhergestellter Herr (Ritter, Kleriker, Scholar) und ein Bauernmädchen (meist eine Hirtin) treffen sich zufällig irgendwo im Freien. Der Herr versucht, das Mädchen zu einem Liebesabenteuer zu überreden oder, wenn es nicht anders geht, zu zwingen, zumeist – jedoch nicht immer – mit Erfolg.
Die **Kürenbergerstrophe** ist im Wesentlichen identisch mit der **Nibelungenstrophe:** Sie besteht aus vier Langzeilen, von denen je zwei durch Reim verbunden sind. Die **Anverse** (erste Vershälfte) haben vier, die **Abverse** (zweite Vershälfte) drei Hebungen. Nur der Abvers der vierten **Langzeile** hat vier Hebungen bewahrt:

Die Bezeichnung „Pastourelle" ist abgeleitet von dem provenzalischen Wort „pastorel" (Hirtin). Leich = Lied (zu angels. lacan, got. laikan = springen, tanzen), Bewegungslied

„Ich zôch mir einen valken / mêre danne ein jâr.
dô ich in gezamete / als ich in wolte hân
und ich im sîn gevidere / mit golde wol bewant,
er huop sich ûf vil hôhe / und floug in anderiu lant."

(Wackernagel, Wilhelm: Altdeutsches Lesebuch. Basel: Schweighauserrische Buchhandlung, 1885, S. 153.)

„Ich zog mir einen Falken / länger als ein Jahr.
Doch als er, wie ich wollte, / von mir gezähmet war
Und ich ihm sein Gefieder / mit Golde wohl bewand,
Hob er sich auf gewaltig / und flog hinweg in andres Land."

Übersetzung

Der Falke steht in diesem Minnelied für die Geliebte, die man umwirbt, hegt, um deren Vertrauen man buhlt. Liebe lässt sich nicht zähmen, die Geliebte entscheidet sich anders. Sichtbar und doch unerreichbar ist sie nun. „Gott bringe sie zusammen, die sich einander lieb und hold", heißt es deshalb auch in der letzten Verszeile. Eine andere Deutung geht davon aus, dass die Dame um ihren Liebhaber trauert, der sie verlassen hat.

Die **Kanzonenstrophe** (provenzalischer Name für das französische Minnelied) ist zweiteilig gebaut, wobei die erste Hälfte aus zwei Reimpaaren besteht, z. B. HARTMANN VON AUE:

HARTMANN verfasste des Weiteren die legendenhaften Erzählungen „Gregorius" und „Der arme Heinrich".

Aufgesang:	Manger grûezet mich alsô (der gruoz fuot mich ze mâze frô)	= 1. Stollen
	„Hartmann, gen wir schouwen ritterliche frouwen."	= 2. Stollen

Abgesang:	mac er mich mit gemache lân und ile er zuo den frouwen gan! bi frouwen triuwe ich niht vervân wan daz ich mûede vor in stân.

(Hartmann von Aue, Lieder. Mhd/Nhd. Hrsg.: Ernst von Reuter, Stuttgart: Reclam 1985.)

Die *Klassiker* des *Minnesangs* sind REINMAR VON HAGENAU, HEINRICH VON MORUNGEN, ALBRECHT VON JOHANNSDORF. Der jüdische Minnesänger SÜSKIND VON TRIMBERG (ca. 1200–1250) steht für die enge Verknüpfung von jüdischer Kultur und christlicher Umgebung.

Um 1200 gab WALTHER VON DER VOGELWEIDE dem Minnesang entscheidende neue Impulse: Er vollzog seinen Abschied von der hohen Minne und begründete mit den „Mädchenliedern" die ebene Minne. An die Stelle einer ehrenhaften, aber fruchtlosen Anbetung der adeligen Frau setzt WALTHER die Forderung nach Erhörung, nach Erfüllung der Liebe, nach einer gleichberechtigten Beziehung. Zu den Liedern der ebenen Minne gehört das berühmte klang- und sinnenfrohe Lied „Under der linden an der heide" sowie „Herzeliebes frowelîn", „Muget ir schouwen" und „Nemt, frouwe, disen kranz". Sein elegisches Alterswerk „Owê war sint verswunden alliu mîniu jâr" gilt heute noch als Meisterwerk und Ausnahmeerscheinung innerhalb der klassischen mittelalterlichen Periode.

NEIDHART (VON REUENTAL) (vor 1210–nach 1230) besingt etwa um 1210 die niedere Minne. Diese zieht die handfeste Liebe, meist zwischen einem Ritter und einem Mädchen aus dem Bauernstand, einer rein platonischen vor. In 21 Handschriften und Bruchstücken sind 56–132 *Lieder* und 55 *Melodien* überliefert. Es sind oft einfach gebaute Reigenlieder zum Thema *Minne:* Ein ritterlicher Sänger spielt im Dorf zum Tanz auf

SÜSKIND VON TRIMBERG in der „Manessischen Liederhandschrift"

Das bekannteste überlieferte Lied NEIDHARTS ist das zum Volkslied gewordene „Nun will der Lenz uns grüßen".

und erobert ein Bauernmädchen. NEIDHARTS Themen scheinen wie prall aus dem Leben gegriffen und erweisen sich doch oft als Parodie auf den Ritterstand. Bei JOHANNES HADLAUB wird der Minnesang zur reinen Freizeitgestaltung des gebildeten städtischen Bürgers. Das bereitet die Umbildung zum Meistersang vor.

Die politische Dichtung

WALTHER VON DER VOGELWEIDE (um 1170–ca. 1230) in einer Darstellung der „Manessischen Liederhandschrift"

Die politische Lyrik ist Teil eines Komplexes, den KARL SIMROCK (1802–1876) als Spruchdichtung bezeichnete und die heute definiert wird als Lyrik, die Fragen der richtigen bzw. falschen Lebensführung (Moral/Ethik), die Problematik der Sängerexistenz, Politik und Religion behandelt.
Als bedeutendster Verfasser politischer Lyrik gilt WALTHER VON DER VOGELWEIDE (um 1170–ca. 1230). Er hielt sich an den Höfen von Wien bis Meißen auf. Offenbar beim Meißner Markgrafen DIETRICH, einem Anhänger der Welfen, verfasste WALTHER sein kritisches Papstgedicht:

„Ahî wie kristenlîche nû der bâbest lachet,
swenne er sînen Walhen seit: ‚ich hânz alsô gemachet!'
daz er dâ seit, des solt er niemer hân gedâht.
er giht: ‚ich hân zwên Allamân under eine krône brâht,
daz siz rîche sulen stœren unde wasten.
ie dar under mülin in ir kasten:
ich hâns an mînen stoc gement, ir guot ist allez mîn.'"

(Walther von der Vogelweide: „Palästinalied". In: Die Gedichte Walthers von der Vogelweide. Hrsg.: Karl Lachmann. Berlin: G. Reimer, 1827, S. 14 f.)

Übersetzung

„Wie christlich nun der Papst lacht, wenn er zu seinen Italienern sagt: ‚Ich habe es so gemacht!' Was er da sagt, sollte er nicht einmal gedacht haben. Er sagt: ‚Ich habe zwei Deutsche unter eine Krone gebracht, damit sie das Reich verwirren und verwüsten;
währenddessen füllen sich ihre Truhen. Ich habe sie an meinen Opferstock getrieben, ihr ganzes Geld gehört mir.'"

↗Auch die Elegie „Owê war sint verswunden alliu mîniu jâr!"

Wie sehr das „Private", die Existenzprobleme der Sänger, in die mittelalterliche Lyrik Einzug hält, verdeutlicht u. a. das Gedicht „Ich hân mîn lehen". Von Kaiser FRIEDRICH II. (Enkel BARBAROSSAS) erhielt WALTHER um 1220 sein Lehen in Würzburg, das er noch rund zehn Jahre genießen kann. Ob es sich allerdings um einen Landbesitz oder einen Zinsertrag handelt, lässt WALTHER offen.

„Ich hân mîn lêhen, al die werlt, ich hân mîn lêhen.
nû enfürhte ich niht den hornunc an die zêhen
und wil alle bœse hêrren dester minre flêhen.
Der edel künec, der milte künec hât mich berâten,
daz ich den sumer luft und in dem winter hitze hân.
mîn nâhgebûren dunke ich verre baz getân,
sie sehent mich niht mêr an in butzen wîs als sî wîlent tâten.
Ich bin ze lange arm gewesen ân mînen danc,
ich was sô voller scheltens daz mîn âtem stanc:
daz hât der künec gemachet reine, und dar zuo mînen sanc."
(Ebenda, S. 28.)

Übersetzung

„Ich habe mein Lehen, hör es, Welt, ich habe mein Lehen! / Nun fürchte ich nicht mehr den Frost an den Zehen / und will in Zukunft die geizigen Herren nicht mehr anbetteln. / Der edelmütige König, der großzügige König, hat so für mich gesorgt, / dass ich im Sommer Kühlung und im Winter Wärme habe. / Gleich erscheine ich auch meinen Nachbarn um manches vornehmer. / Sie sehen mich nicht mehr wie vordem als Schreckgespenst an. / Ich bin zu lange arm gewesen. / Ich war so schmähsüchtig, dass mein Atem stank. / Das alles hat der König wieder rein gemacht und meinen Gesang dazu."

4.3.7 Spätmittelhochdeutsche Literatur

Der Sagenstoff um DIETRICH VON BERN

Mündliche Überlieferungen (bis zum 8. Jh.)
„Hildebrandslied" (820/40)
„Nibelungenlied" (1198–1204)
„Kudrun" (1230/40)
„Alphards Tod" (ca. 1250)
„Großer Rosengarten" (nach 1250)
„Rabenschlacht" (ca. 1268)
„Dietrichs Flucht" (nach 1280)
„Jüngeres Hildebrandslied" (15.–17. Jh.)

Die Beschäftigung mit dem alt**germanischen Sagenkreis** um DIETRICH VON BERN erfährt im 13. Jahrhundert einen neuen Höhepunkt. Die historischen Dietrichepen „Dietrichs Flucht", „Die Rabenschlacht" und „Alpharts Tod" handeln von DIETRICHS Vertreibung aus Italien durch ERMENRICH (ERMANERICH, † 375), seiner Flucht an ETZELS († 453) Hunnenhof und seinen Rückkehrversuchen. Die eher aventürehaften Epen weisen hingegen märchenhafte Züge auf. In ihnen kämpft DIETRICH gegen Riesen („Eckenlied" und „Sigenot"), Zwerge („Goldemar", „Virginal", „Laurin") und die Helden der **Nibelungensage** („Rosengarten", „Biterolf und Dietleib"). Die „Kudrun" ist ein in den Vierzigerjahren des 13. Jahrhunderts im oberdeutschen Raum entstandenes Heldengedicht in 1705 Strophen. Sein Verfasser ist unbekannt. Überliefert ist es im „Ambraser Heldenbuch", verfasst zwischen 1504 und 1516.

Der Nibelungenstoff ist auch in der älteren Edda vorhanden, hier heißt der Held nicht Sîgfrîd, sondern Sigurd.

Das „Kudrunlied" steht in der Tradition der germanischen Heldensage, legt den Schwerpunkt jedoch auf die Brautgewinnungsgeschichten mit glücklichem Ende und gilt insofern als „Gegen-Nibelungenlied". Die **Kudrunstrophe** stellt eine Erweiterung der Nibelungenstrophe dar.

Entwicklung der mittelhochdeutschen Kleinepik und der Novelle

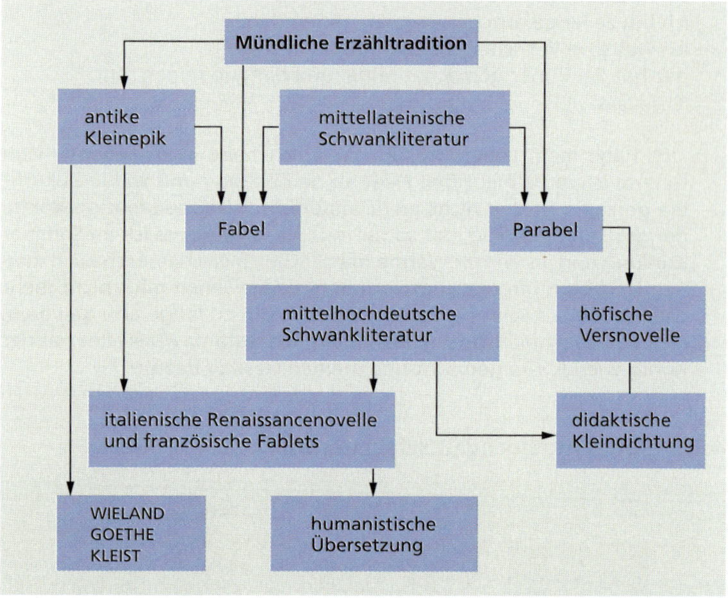

Einer der bedeutendsten Lyriker des Spätmittelalters und zugleich der letzte **Minnesänger** von Bedeutung war OSWALD VON WOLKENSTEIN (um 1375/78–1445). Sein Werk verweist bereits auf die Renaissance. Von ihm sind in zwei repräsentativen Handschriften über 130 Lieder – meist voller Witz und Humor – sowie zwei Reimpaarreden überliefert, ebenso zahlreiche mehrstimmige Kompositionen, viele davon Bearbeitungen aus dem Französischen und Italienischen.

OSWALDS Abenteuerlust und Streitbarkeit kosteten ihn das rechte Auge.

„Wol auf gesellen an dy vart/gen Augspurg zuden frewlin zart/
vnd wer da hat ein langen part/der mag gewinnen preyse/
Auch wer desselben nit enhat/der pleib da haim das ist mein rat/
oder er mocht werden mat/vnd darzu kurczlich greyse/
Sein frewd möcht im wol werden gancz/ober möcht komen anden tancz/all zu den frewlin glancz./die duncken sich so weyß/
Des hab ich wol genomen war/do kom ich auf dz tanczhawß dar/
ich trug ain part gar/ wolgeuar. der geuil in schon mit fleyß/"
(Oswald von Wolkenstein: Die Lieder. München: Vollmer 1979.)

Das Porträt OSWALDS VON WOLKENSTEIN, in den Handschriften überliefert, ist das *erste nach der Natur gemalte Autorenporträt* der deutschen Literaturgeschichte.

4.4 Frühneuhochdeutsche Literatur

Die frühneuhochdeutsche Literatur ist gekennzeichnet durch **Humanismus** im philosophischen Denken, **Renaissance** in Kunst und Kultur sowie durch die **Reformation** im geistig-religiösen Bereich.

4.4.1 Der Mensch als Individuum: das neue Denken

Im 14. und 15. Jahrhundert entwickelten sich in Europa neue philosophische Strömungen, die die *Weltanschauung* stark verändern sollten und eine *Gegenbewegung zur Scholastik* und der damaligen kirchlichen Autorität darstellten. Die Würde und die Bedeutung eines jeden Menschen sowie seine freie geistige Entfaltung rückten in den Mittelpunkt des *Humanismus*. Es entstand das Bild vom Menschen als *Individuum*. Die Bildung rückte in den Vordergrund. Vorbild und Anreger humanistischer Ideale war die Antike, in der die Menschlichkeit am reinsten entwickelt schien. Der Humanist ERASMUS VON ROTTERDAM suchte einen harmonischen Ausgleich von Antike und Christentum in einem *christlichen Humanismus*. Die Art des neuen Denkens wirkte sich u. a. auch auf die Literatur aus. Allerdings blieb die humanistische Bewegung in Deutschland auf die Gelehrten und also auf die lateinische Sprache beschränkt. Die *Renaissance* brach sich in Kunst und Architektur als zeitgemäßer Ausdruck des *Territorialfürstentums* Bahn. Die neue Zeit wurde in Deutschland vor allem durch die *Reformation* eingeläutet. Auch wirtschaftlich veränderte sich einiges: Die *mittelalterlich-ständische Ordnung* löste sich langsam auf, weil die Politik abhängig wurde vom Geld bürgerlicher Kaufleute (FUGGER, WELSER). Der Kampf um die politische Vorherrschaft in Europa wurde zwischen den Königshäusern *Habsburg* und *Valois* ausgetragen und führte letztlich zur Errichtung der absoluten Fürstenmacht. Mit dem *großen Bauernkrieg* in Deutschland 1524–1525 und der grausamen Niederschlagung dieser bäuerlichen Erhebung erstarkte das Territorialfürstentum weiter, LUTHERS Stellung „wider die Aufständischen" festigte die Stellung der Landesfürsten als Kirchenoberhäupter.

In Prag wurde 1348 die erste Universität gegründet.

Der Bauernkrieg war für lange Zeit der Schlusspunkt zahlreicher sozialer Erhebungen in Deutschland.

4.4.2 Renaissance

Als Epoche der *Renaissance* wird die Zeit zwischen 1350 und dem Beginn des 16. Jh. in Europa bezeichnet. Sie kennzeichnet den Übergang vom Mittelalter zur Neuzeit.

Renaissance: franz. = Wiedergeburt

Während der *italienischen Renaissance* wurden antike literarische Formen neu belebt **(Epos, Satire, Lyrik)** und man entdeckte die Volkssprache als Literatursprache. Als Wegbereiter dieser neuen Tendenzen gilt der größte Dichter Italiens DANTE ALIGHIERI (1265–1321) mit seiner 14230 Verse umfassenden „Divina Commedia" („Göttliche Komödie", um 1307 bis 1321). Die bedeutendsten italienischen Renaissanceautoren waren FRANCESCO PETRARCA (1304–1374) und sein Schüler BOCCACCIO (1313–1375).

Universitätsgründungen:

Italienische Renaissance

- Prag (1348)
- Krakau (1364)
- Wien (1365)
- Heidelberg (1385)
- Köln (1388)

- Rostock (1419)
- Greifswald (1456)
- Freiburg (1457)
- Tübingen (1477)
- Basel (1460)

- Wittenberg (1502)
- Frankfurt/O. (1506)
- Marburg (1527)
- Königsberg (1544)
- Graz (1582)

Neue Erfindungen wirkten sich auf den Zeitgeist aus:

Durch die Entdeckung neuer Seewege und Amerikas entwickelte sich der Überseehandel. Allerdings profitierte der Binnenhandel davon weniger. Jedoch der Geldhandel wurde immer wichtiger, dadurch stieg die Bedeutung des Bürgertums.

- Entstehung neuer Wissenschaften: Astronomie, Physik, Medizin, Chemie, Technik
- Entdeckung neuer Kontinente durch Erfindung von Kompass und Sextant
- Neue Einschätzung von Raum und Zeit durch Erfindung von Taschenuhr (HENLEIN) und Fernrohr (GALILEI)
- Buchdruck = Alphabetisierung = Bildung und Gelehrsamkeit
- Glaubenseinheit zerbricht: LUTHER = Reformation

Bauernkriege und religiöse Bewegungen gegen die Autorität und Korruption der Kirche und die Zentralgewalt

- Zentralgewalt verliert an Macht
- Entstehung absolut regierter Territorialstaaten
- Bürgertum erstarkt durch neue Aufgaben: Beamtentum
- Wirtschaft

Frühkapitalismus

„Der Ackermann aus Böhmen"

Der Anlass zum Schreiben des Werkes „Der Ackermann aus Böhmen" war ein ganz privater: Am 1. August 1400 starb TEPLS Frau MARGARETHA im Kindbett.

An der Schwelle zwischen spätmittelalterlicher und *frühneuhochdeutscher Literatur* steht JOHANNES VON TEPLS „Der Ackermann aus Böhmen", in dem sich bereits der neue, humanistische Sprachwille zeigt und der das Ende des Mittelalters andeutet. Das Werk behandelt ein Streitgespräch zwischen einem Ackermann und dem Tod und ist nach der Art des mittelalterlichen Gerichtsprozesses aufgebaut. Der Autor verwendet als Erster hierfür die ungebundene Rede. In zweiunddreißig Kapiteln – Rede und Gegenrede nach antikem Vorbild – beklagt der Ackermann den Verlust seiner geliebten Frau:

„Grimmiger tilger aller lande, schedlicher echter aller werlte, freissamer morder aller guten leute, ir Tot, euch sei verfluchet!"
(Johannes von Saaz: Der Ackermann aus Böhmen. Hrsg. Günther Jungbluth, Band I, Germanische Bibliothek, 4. Reihe: Texte. Heidelberg: Winter, 1969.)

Der Tod argumentiert aus seiner Stellung als Vertreter der Macht Gottes heraus:

„Wir tun als die sunne, die scheinet vber gute vnd bose: wir nemen gute vnd bose in vnsern gewalt."
(Ebenda)

Der Tod meint, das Leben sei sowieso nichtig und der Mensch schlecht. Der Ackermann verteidigt das Recht des Menschen auf Leben. Im 33. Kapitel spricht Gott sein Urteil über Ackermann und Tod:

„Ir habet beide wol gefochten. Den twinget leit zu klagen, disen die anfechtung des klagers, die warheit zu sagen. Darvmb: klager, habe ere, Tot, habe sige, seit ieder mensche das leben dem Tode, den leib der erden, die sele vns pflichtig ist zu geben."
(Ebenda)

Einen Übergang stellt dieses Werk insofern dar, als *mittelalterliche* (der personifizierte Tod, mittelalterliche Gläubigkeit) und *antike Stilmittel* (Rhetorik) sowie renaissancegemäße *neue Geisteshaltung* (Schicksal ist nicht gottgelenkt, weltliches Glück wird betont) den „Ackermann aus Böhmen" prägen. Diese weisen das Werk als *frühe humanistische Gelehrtendichtung* aus; zudem ist es das erste überlieferte in (früh)neuhochdeutscher Sprache im 15. Jahrhundert. Der Text ist für den heutigen Rezipienten bereits lesbar geworden. Mit neuer Rechtschreibung wird das *Gottesurteil* für den Leser auch optisch verständlich:

„Ihr habt beide wohl gefochten. Den zwingt das Leid zu klagen, diesen die Anfechtung (den Angriff) des Klägers, die Wahrheit zu sagen. Darum: Kläger, habe Ehre, Tod, habe Sieg, jeder Mensch ist dem Tod das Leben, den Leib der Erde und die Seele uns zu geben schuldig."
(Vgl. ebenda)

4.4.3 Humanismus

Humanismus ist die Bezeichnung für eine philosophische Strömung, die im 14. und 15. Jahrhundert in ganz Westeuropa verbreitet war und sich an der klassischen Antike orientierte. Die Würde und der *Wert* des *Individuums* wurden in den Mittelpunkt der Betrachtungen gehoben.

Gesellschaftliche Veränderungen führten zu einem veränderten Weltbild und zu einem Selbstverständnis des Menschen:

- Lösung aus kirchlich-religiösen Bindungen
- Mensch als Zentrum allen Geschehens
- Mensch als Individuum
- Freiheit in der Entwicklung der Persönlichkeit
- Beginn politischer Aktivität

Die deutsche Literatur dieser Zeit ist durch den konfessionellen Kampf bestimmt und weitgehend satirisch ausgerichtet.

JOHANNES REUCHLIN (1455–1522)

Der *humanistische Geist* zeigte sich im 15./16. Jahrhundert vor allem in den (lateinischen) Schriften JOHANNES REUCHLINS und des ERASMUS VON ROTTERDAM (um 1466–1536). REUCHLIN verfasste das **lateinische Drama** „Henno" (1497), eine Bauernkomödie, die zum Vorbild für das *lateinische Schuldrama* des 16. Jahrhunderts wurde. Es ist die Geschichte des klugen Knechtes, der seinen Herrn betrügt. Bekannt geworden ist der *Flugschriftenstreit* zwischen REUCHLIN und PFEFFERKORN. JOHANNES PFEFFERKORN, ein Christ, der sich vom Judentum losgesagt hatte, rief ab 1507 in Flugschriften und Flugblättern, insbesondere im sogenannten „Handspiegel" (Frühjahr 1511) dazu auf, den Juden ihre Bücher wegzunehmen, sie zu Bekehrungspredigten zu zwingen, ihnen den Geldverleih zu verbieten, sie zu vertreiben oder sie niedere Arbeiten verrichten zu lassen.

PFEFFERKORNS Polemik gegen Juden und Judentum fand 1543 mit MARTIN LUTHER und dessen schrecklicher Schrift „Von den Juden und ihren Lügen" einen unerwarteten Parteigänger. LUTHER rief darin zur Zerstörung der Synagogen und Wohnhäuser jüdischer Mitbürger auf und forderte: „... daß man ihnen nehme all ihre Betbüchlein und Talmudisten, darin solch Abgötterei, Fluch und Lästerung gelehret wird ...". Zuvor, im Jahre 1523, hatte er das Buch „Daß Jesus ein geborener Jude sei" veröffentlicht, in dem er die Juden verteidigte und lobte. Als sie sich aber auch zu seiner neuen christlichen-Lehre nicht bekehren ließen, wandte er sich gegen sie.

REUCHLIN, der ein profunder Kenner des Hebräischen und *kabbalistischer Schriften* war, setzte sich für den Erhalt der *jüdischen Literatur* ein. Er sprach sich als einziger vom Kaiser MAXIMILIAN I. eingesetzter Gutachter gegen die Beschlagnahme und Vernichtung aus und erreichte auch schließlich, dass PFEFFERKORN die bereits beschlagnahmten Bücher zurückgeben musste. REUCHLIN betrachtete die jüdische Literatur als Zeugnis für die Wahrheit des Christentums und damit auch als Mittel zur *Missionierung* der Juden. In seiner Schrift „Augenspiegel" verteidigte er seine Positionen. In diesem Streit mit PFEFFERKORN und der Kölner Universität erhielt REUCHLIN Unterstützung aus Kreisen seiner humanistischen Freunde, vor allem durch ERASMUS VON ROTTERDAM. CROTUS RUBEANUS (eigentlich: JOHANNES JÄGER), Mitglied des *Erfurter Humanistenkreises,* und ULRICH VON HUTTEN verfassten nach Veröffentlichung der „Clavorum virorum epistolae" (1514 und 1519) die satirisch aggressiven „Dunkelmännerbriefe" („Epistolae Obscurorum Virorum"1515/1517). Der Streit endete erst im Juni 1520 mit der päpstlichen Verurteilung des „Augenspiegels".

4.4.4 Reformation

Reformation ist die Bezeichnung für eine Bewegung innerhalb der katholischen Kirche, die die Vorherrschaft des Papstes in der Kirche beendete und zur Gründung der protestantischen Kirchen führte.

Für die Entwicklung einer einheitlichen **deutschen Nationalliteratur** hat die Bibelübersetzung DR. MARTIN LUTHERS entscheidende Voraussetzungen erbracht. Die technische Grundlage für die Verbreitung der Heiligen Schrift war durch die *Erfindung des Buchdrucks* mit beweglichen Lettern durch JOHANNES GUTENBERG bereits gegeben. Mit dem Buchdruck bildete sich der Kleindruck heraus in Form von *Flugschrift* und **Flugblatt.** Dadurch konnten Nachrichten sehr schnell verbreitet werden. Buchdrucker traten zuweilen auch als Dichter von *Meisterliedern,* **Reimpaarsprüchen** und **Fastnachtsspielen** hervor. Zu ihnen gehörten HANS FOLZ und PAMPHILUS GENGENBACH (um 1480–1525).

Auf der Wartburg übersetzte **LUTHER** 1521 zunächst nur die Psalmen und das Neue Testament ins Deutsche, wofür er nur zweieinhalb Monate benötigte; 1534 gelang der Abschluss der Bibelübersetzung auch des Alten Testaments.

Gesellschaftliche Veränderungen zu Beginn des 16. Jahrhunderts:

Anspruch der Kirche auf politische Weltherrschaft

- Forderung nach einer Reformation der Kirche
- Materielle Not der Bevölkerung
- KARL V. (1519–1556) führte vier Kriege gegen FRANZ I. VON FRANKREICH (1521–1526, 1527–1529, 1534–1536 und 1542–1544)
- Bauernkrieg 1524/25
- Stärkung des Landesfürstentums

Entstehung der evangelischen Landeskirchen und damit Verbreitung der übersetzten Bibel und anderer theologischer Schriften

Die Rezeption antiker Literatur, gebrochen durch neuartige humanistische Lesart (Mensch als Individuum), brachte einerseits neuartige Dramen **(Humanistendrama)** und epische Formen (**Reisebeschreibung** usw.) hervor, andererseits, in ihrer gegenreformatorischen Ausformung, wurde die Literatur auch zu einem Kampfmittel der Konfessionen. So bildete sich das **Jesuitendrama** heraus.

Seit 1250 gibt es Papier in Europa. Druckereien entstanden in Straßburg und Bamberg 1460, in Köln 1465, in Augsburg und Basel 1468, in Nürnberg 1470, in Ulm und Lübeck 1473. Bis zum Ende des 15. Jh. gab es in 53 deutschen Städten Druckereien. Buchmessen fanden in Frankfurt seit 1564, in Leipzig seit 1594 statt. Durchschnittlich wurden von 1601 bis 1700 etwa 101 395 Bücher gedruckt, also im Jahresdurchschnitt 1 014 Titel.

Entwicklung dramatischer und epischer Formen im 16. Jahrhundert:

- Lateinische und deutsche Schuldramen
- Bibeldrama
- Jesuitendrama

↓

- Humanistendrama
- Passionsspiel
- Fastnachtsspiel
- Meistersingerdrama

- Religiöse und politische Kampfschrift
- Prosadialog
- Volksbuch:
  - Fortunatus (1509)
  - Faustbuch (1587)
- Fabel
- Satire
- Reisebeschreibung
- Biografie
- Roman: Liebes-, Abenteuer-, Erziehungs-, Schelmen-, Ritter-, Amadisroman

Die plötzliche Vielfalt der epischen und dramatischen literarischen Formen im 16. Jahrhundert ist auf die Erfindung der Druckpresse und damit auf das kostengünstigere Herstellen von Literatur zurückzuführen.
Bekannte Volksbücher neben dem „Faustbuch“ waren u.a. „Der gehörnte Siegfried“, „Tristan“, „Reinecke Fuchs“ und „Till Eulenspiegel“.

Die Entwicklung des Humanistendramas erhob das Drama zur Dichtung:

Neuere theatralische Inszenierungen greifen bisweilen auf die interaktive Bühne zurück und bieten Mischformen zwischen Stehgreifspiel und festgelegter Figurensprache an.

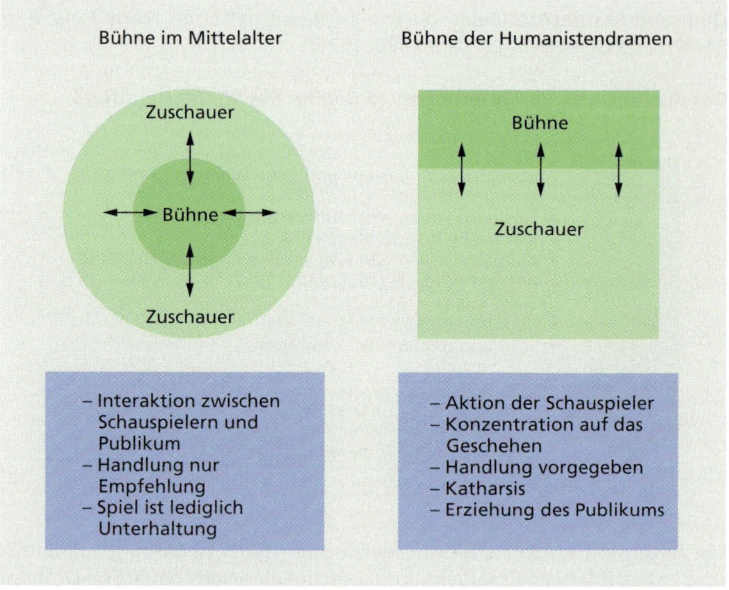

Das Volksbuch vom Dr. Faustus

In einer Zeit der Inquisitionsprozesse und *Hexenverbrennungen* und offensichtlich in moralisierender Absicht geschrieben, tritt das *Sujet vom Teufelsbündnis* explizit in die Literatur ein. Bei JOHANN SPIES erschien 1587 das Volksbuch „Historia von D. Johann Fausten dem weitbeschreyten Zauberer vnnd Schwartzkuenstler Wie er sich gegen dem Teuffel auff eine benandte zeit verschrieben Was er hier zwischen fuer seltzsame Abendtheuwer gesehen selbs angerichtet vnd getrieben biß er endtlich seinen wol verdienten Lohn empfangen. Mehrertheils auß seinen eygenen hinderlassenen Schrifften allen hochtragenden fuerwitzigen vnd Gottlosen Menschen zum schreckiichen Beyspiel abschewlichen Exempel und treuwhertziger Warnung zusammen gezogen und in den Druck verfertiget“.
Das *Volksbuch vom Dr. Faustus* ist ganz im Geist des Luthertums geschrieben: Die Reformation predigte den mündigen Christen, für sein Schicksal selbst verantwortlich zu sein („Von der Freyheit eyniß Christen menschen“, 1520). Einen *Ablass* für begangene Sünden hatte LUTHER in seinen 95 Thesen strikt abgelehnt. Vorbildfiguren für christliches Leben ganz im Zeichen des Luthertums bzw. Figuren, die vor den Gefahren der

irdischen Versuchung warnten, waren ganz im Sinne des Zeitgeistes. Man nahm sich des JOHANN (bzw. GEORG) FAUST an. Der real existente, zeitgenössische FAUST war Astrologe, Zauberer, erstellte Horoskope und behauptete, er könne die Wunder Christi wiederholen. Diese Figur, die im Volksglauben noch ein „positiver Held" war und zum Rebellen avancierte, wird im Volksbuch von SPIES als abscheuliches Exempel vorgeführt und endet mit schrecklicher Höllenfahrt als Strafe für das Teufelsbündnis und die Abkehrung von der Kirche. In diesem Sinne ist Faust auch eine Gegenfigur zu MARTIN LUTHER, da er nicht an Gottes Barmherzigkeit und Gnade glaubte.
Wie alle Volksbücher in jener Zeit erhält der „Dr. Faustus" eine **Rahmenhandlung,** in die hinein austauschbare **Fabeln** gesetzt werden. Reales Geschehen wird mit Fiktivem gemischt, so entsteht Unterhaltsames, Lehrhaftes und Gemahnendes. Und in letzterem Sinn gehört das Faustbuch auch ideologisch in die Zeit des **Humanismus.** CHRISTOPHER MARLOWE diente das Volksbuch als Grundlage für seine 1592/1593 entstandene „The Tragicall History of the Life and Death of Doctor Faustus". Das „Puppenspiel vom Dr. Faust" wurde wohl um 1600 zum ersten Mal aufgeführt. Andere Adaptionen des **Fauststoffes** waren „Das Faustbuch des Christlich Meynenden" (1725) und LESSINGS Faustfragment im 17. Literaturbrief vom 16. Februar 1759. FRIEDRICH MÜLLER („Situation aus Fausts Leben",1777, „Fausts Leben dramatisiert von Mahler Müller. Erster Theil", 1778), FRIEDRICH MAXIMILIAN KLINGER („Fausts Leben, Thaten und Höllenfahrt in fünf Büchern", 1791), CHRISTIAN DIETRICH GRABBE („Don Juan und Faust. Eine Tragödie", 1829) befassten sich mit dem Stoff, freilich blieben GOETHES Faustbearbeitungen, der „Urfaust" (um 1772), sein „Faustfragment"(1790) und schließlich „Faust I"(1808) und „Faust II"(1832) die berühmtesten. Jedoch auch in nachklassischer Zeit wurde der Stoff immer wieder zitiert, u. a. von BULGAKOW („Der Meister und Margerita", entstanden 1929–1940, veröffentlicht 1966), HEINRICH HEINE („Der Doktor Faust. Ein Tanzpoem", 1847), von IWAN S. TURGENJEW („Faust. Erzählung in neun Briefen", 1856), von THOMAS MANN („Dr. Faustus – Das Leben des deutschen Tonsetzers Adrian Leverkühn erzählt von einem Freunde", 1947), von KLAUS MANN („Mephisto", 1936), von VOLKER BRAUN („Hans Faust", 1968) u. a.

Das Volksbuch vom Dr. Faust erfuhr in kurzer Zeit 22 Neuauflagen und fünf Übersetzungen.

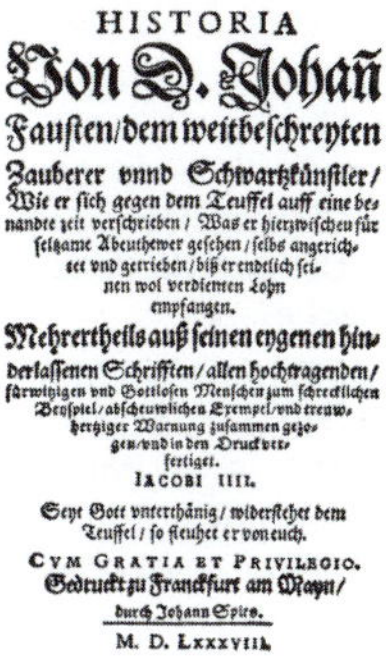
HISTORIA
Von D. Johañ
Fausten/dem weitbeschreyten
Zauberer vnnd Schwartzkünstler/
Wie er sich gegen dem Teuffel auff eine benandte zeit verschrieben / Was er hierzwischen für seltzame Abentheuwer gesehen / selbs angerichtet vnd getrieben / biß er endlich seinen wol verdienten Lohn empfangen.
Mehrertheils auß seinen eygenen hinderlassenen Schrifften / allen hochtragenden / fürwitzigen vnd Gottlosen Menschen zum schrecklichen Beyspiel / abscheuwlichen Exempel / vnd treuwhertziger Warnung zusammen gezogen / vnd in den Druck verfertiget.
IACOBI IIII.
Seyt Gott vnterthänig / widerstehet dem Teuffel / so fleuhet er von euch.
CVM GRATIA ET PRIVILEGIO.
Gedruckt zu Franckfurt am Mayn/
durch Johann Spies.
M. D. LXXXVIII.

Schelmenliteratur

Schelmenliteratur ist eine Sonderform der **Abenteuerliteratur.** In ihrem Mittelpunkt steht ein sozial unterprivilegierter Schelm (Picaro), weshalb man die romanhaft erzählten Geschichten auch als pikarischer Roman bzw. pikaresker Roman bezeichnet. Aus der Sicht des Schelms wird dessen Beziehung zur Gesellschaft gespiegelt.

Neue literarische Impulse erfährt die deutsche Literatur durch das *protestantische Weltbild* und das damit zusammenhängende bürgerliche Selbstbewusstsein der Autoren. Beispiele für satirisch-groteske Epik sind JOHANN FISCHARTS Bearbeitung des „Gargantua und Pantagruel" von FRANÇOIS RABELAIS, die „Affentheuerlich Naupengeheurliche Geschichts-

Dem 1494 erschienenen „Narrenschiff" folgten zahlreiche Nachdrucke, Umarbeitungen, Übertragungen, 1497 JAKOB LOCHERS lateinische Übersetzung („Stultifera Navis") sowie Übersetzungen ins Französische, Englische und Niederländische.

Weitere Werke sind: HERMANN BOTES (1467–1520) „Till Eulenspiegel", das „Lalebuch. Wunderseltzame, Abentheuerliche, vnerhörte, vnd bißher vnbeschribene Geschichten und Thaten der Lalen zu Laleburg" (1509), umgearbeitete Fassung „Die Schildbürger" (1600), ERASMUS VON ROTTERDAMS „Lob der Torheit" (1511), PAMPHILUS GENGENBACHS „Gäuch-matt" (1516), THOMAS MURNERS „Doctor murners narrenbeschwerung" (1509–1512)

klitterung" (1575) sowie das epische Gedicht „Das Glückhafft Schiff von Zürich" (1576). SEBASTIAN BRANTS Stände- und Zeitsatire „Das Narrenschiff" (1494) löste eine Narrenliteraturflut aus (↗ Text links).
JÖRG WICKRAM verfasste mit seinem „Knabenspiegel" wohl den ersten **Erziehungsroman der deutschen Literatur.**

Schwank und Fastnachtsspiel

Ein **Schwank** ist scherzhafte Literatur in Prosa oder Versform. Er ist gattungsübergreifend, kann also sowohl als Schwankspiel als auch als Schwankerzählung oder Schwankmärchen erscheinen.

Der *Schwank* ist das volksnaheste **Genre** der **erzählenden Literatur** des 16. Jahrhunderts. Schwänke gab es aber schon im Hochmittelalter. DER STRICKER schuf etwa um 1230 mit dem „Pfaffen Amis" eine zyklische Gruppierung von Schwänken um eine zentrale Figur, was häufig nachgeahmt wurde. Im 16. Jahrhundert erreicht das Genre allerdings eine neue Qualität: JOHANNES PAULIS „Schimpf und Ernst" (1522) und JÖRG WICKRAMS „Das Rollwagenbüchlein" (1555). Der bedeutendste *Schwank-* und **Fastnachtsspiel**dichter ist HANS SACHS (1494–1576). Er verstand es, in einfacher (Volks-)Sprache Ideen der Reformation zu literarisieren.

Fastnachtsspiele sind die ältesten Formen des weltlichen Dramas. Ursprünglich aus germanischen Frühlingsriten stammend, entwickelten sie sich zwischen 1430 und 1600 von Einzelvorträgen über lockere Dialoge hin zu Handlungsspielen fester Spielgruppen.

Die Ursprünge des *Fastnachtsspiels* reichen ebenfalls weit ins *Mittelalter* zurück. Das älteste erhaltene **Drama** in deutscher Sprache ist das „Neidhartspiel" (um 1200).
Es sind populäre, weltliche Themen. Zumeist wird das *bäuerliche Milieu* aufs Korn genommen: In „Das Kälberbrüten" von 1551 geht es um einen Rollentausch: Hier versucht der närrische Bauer aus einem Käse ein Kalb zu brüten, denn zuvor ist ihm eines in den Brunnen gefallen. Die Bäuerin ist die Resolute und konterkariert den Satz: „Der Mann sollt sein der Herr im Haus." Die Komik entspringt sowohl dem bäuerlichen **Sujet** als auch dem *Rollentausch*. In „Der farendt Schuler im Paradeiß" (1550) wird die Bäuerin genarrt: Ein fahrender Schüler, der sich durch die Lande schnorrt, taucht bei ihr auf und bittet um ein Almosen. Als er großtuerisch erzählt, er komme eben aus Paris, versteht die Bäuerin fälschlich „Paradies" und meint damit eine Verbindung zu ihrem Seligen gefunden zu haben. Die Frau gibt dem Scholaren Geld, das dieser ihrem verstorbenen Ehemann zukommen lassen solle. Das Stück karikiert die von der Kirche verbreiteten naiven Jenseitsvorstellungen. Eine wesentlich entschiedenere kirchenkritische Komponente enthält das Fastnachtsspiel „Der Ketzermeister mit den viel Kessel Suppen", in dem der Ketzermeister, d.h. der Inquisitor, einzig und allein deshalb gegen Simon Wirt vorgeht, um sich an dessen Eigentum zu bereichern.

Mit dem **Fastnachtsspiel** formte sich im 15. Jahrhundert das **weltliche Lustspiel** heraus.

Meistergesang

> Als **Meistergesang** sieht man die Fortsetzung des mittelalterlichen Minnesangs und der Spruchdichtung durch Zunfthandwerker in den größeren Städten des ausgehenden Mittelalters an. Die Meisterlieder hatten biblisch-belehrende Inhalte und wurden in den Kirchen gesungen.

HANS SACHS war auch ein *Meistersänger*. Das Handwerk hatte sich im 14. und 15. Jahrhundert stark entwickelt und die Meister besaßen hohes Ansehen in den Städten. Dieses sollte auch kulturell zur Geltung kommen. Von **fahrenden Sängern** übernahmen die Handwerker die Regeln zur Verfertigung von Gedichten. Meistersingerschulen wurden im gesamten süddeutschen Raum gegründet. Da man des Lateinischen nicht mächtig war, wurde in deutscher Sprache gedichtet. Aus dem Minnesang übernahm man den Aufgesang in zwei Stollen mit gleicher und einen Abgesang mit anderer Melodie.

> Handwerker machten oft fast 50 % der Bürger aus.

Das Abfassen der *Meisterlieder* wurde wie ein Handwerk aufgefasst, deshalb organisierte man sich in *Zünften*. Feste Regeln wurden in der *Tabulatur* aufgezeichnet. Die praktische Umsetzung orientierte sich einerseits an strenger, von *Merkern* überwachter Einhaltung der Regeln, andererseits wiederum daran, im Rahmen des Erlaubten größte Kunstfertigkeit zu demonstrieren. Dabei orientierte man sich an einer festen Hierarchie: HANS FOLZ (um 1450–1513), in der Tradition HANS ROSENPLÜTS (um 1400 bis 1470) stehend, reformierte um 1500 den *Meistergesang*. Demnach waren nun auch weltliche Themen gestattet. Wer lediglich die bekannten Lieder sang, war *Singer;* wer alte Melodien mit einem neuen Text versah, war *Dichter,* wer eine neue Melodie erfand, war *Meister*. Vorgetragen wurden die Meisterlieder im **Singstuhle.**

> Merker: im Meistergesang der im Gemerk sitzende Kunstrichter

> Die „vier gekrönten Meistersänger" waren HEINRICH VON MEISSEN gen. FRAUENLOB, BARTHEL REGENBOGEN, KONRAD MARNER und HEINRICH VON MÜGELN.

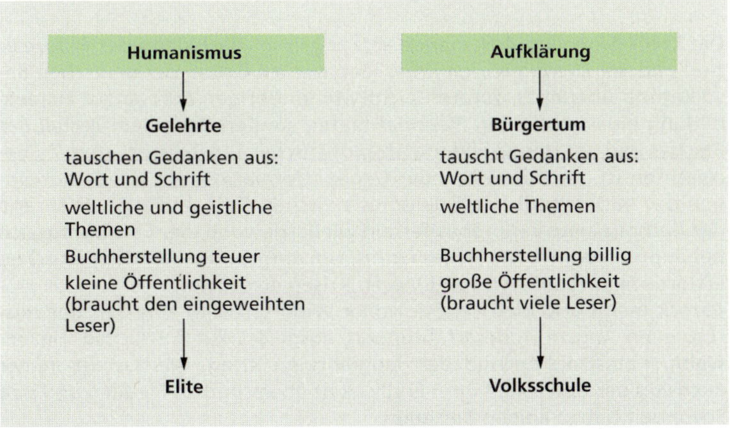

4.5 Literatur des Barock

Barock: von port. pérola barroca = unregelmäßige Perle

Als **Barock** bezeichnet man die Epoche zwischen *Reformationszeit* bzw. *Renaissance* und *Aufklärung* von etwa 1600 bis 1720. Der oder das Barock ist also die Kunst der Gegenreformation und des Absolutismus. Kennzeichen für die barocke Literatur ist der Hang zur Übersteigerung und übertriebenen Bildhaftigkeit. Zeitlich gliedert sich das Barock in Früh-, Hoch- und Spätbarock.

4.5.1 Zeit voller Widersprüche

Vom 23. Mai 1618 bis zum 24. Oktober 1648 wurden mindestens 13 Kriege geführt und zehnmal Frieden geschlossen.

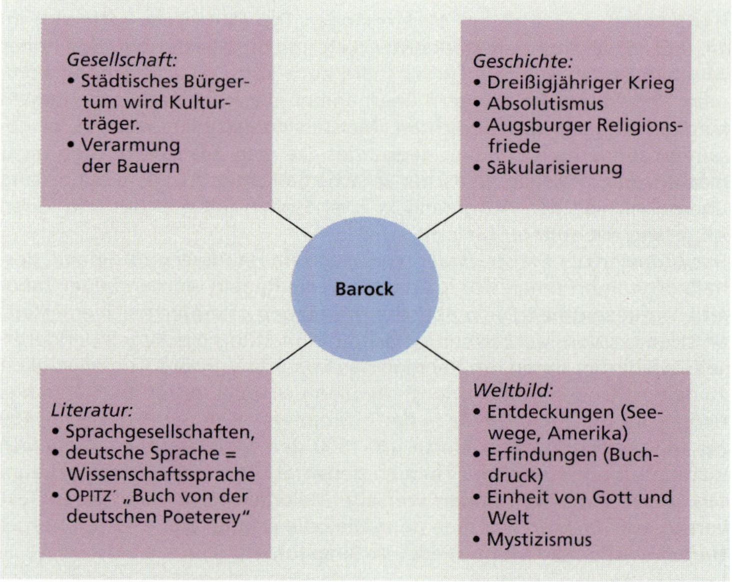

Vorbild für die Sprachgesellschaften war die 1583 in Florenz gegründete Accademia della Crusca.

Wissenschaftler des **Barock**:
ISAAC NEWTON
JOHANNES KEPLER
OTTO VON GUERICKE
BLAISE PASCAL
CHRISTIAAN HUYGENS
MARCELO MALPIGHI
JOHANNES HEVELIUS
EDMUND HALLEY
ROBERT BOYLE
RENÉ DESCARTES

Die *konfessionellen Auseinandersetzungen* im Nachklang der *Reformation* und der *Dreißigjährige Krieg,* den nur ein Drittel der deutschen Bevölkerung überlebte, führten nicht wie im übrigen Europa zur Herausbildung eines modernen *Nationalstaates,* sondern zu einem Zerfall des Reiches und der Herausbildung *absolutistischer Territorialstaaten.* Zu beobachten ist, ganz im Sinne der *Gegenreformation,* ein Wiederaufklingen des mittelalterlichen Dualismus zwischen Gott und Welt. Während der *Katholizismus* verlorenes Terrain wiedergewann, der *Calvinismus* sich behaupten konnte, wurde das *Luthertum* aufgrund seiner dogmatischen Erstarrung am stärksten von inneren Krisen erschüttert.
Barock meint also eine Periode voller Widersprüche, eine Zeit der existenziellen Ängste, Todeserfahrungen, ausgelöst durch Seuchen, Hexenwahn, Katastrophen und den langjährigen Krieg. Weltlust ist immer auch von der Gewissheit ihrer Endlichkeit überschattet. Freuden und ihre Schönheit haben keinen Bestand.

Barock meint jedoch auch *absolutistische Prachtentfaltung,* Luxus, Reichtum, Verschwendungssucht als Zeichen der wiedergewonnenen Macht der geistlichen und weltlichen Herrscher. Diese Gegensätze sind heute an dem gebärdenreichen Figurenstil der Malereien und der Architektur des Barock sehr gut nachzuempfinden. Das Schloss als Herrschersitz der weltlichen und geistlichen Fürsten war das Zentrum der Macht. Hier hielt man prachtvoll Hof, veranstaltete Feste mit Balletteinlagen, Opernaufführungen, Theaterstücken, lud zu ausgedehnten Jagden, Bällen und Empfängen. Dazu war viel Personal nötig. Neben den Bediensteten, den Köchinnen, Stubenmädchen, Lakaien usw. wirkten hier der Kapellmeister, der Architekt, der Hofmaler und letztlich der Poet, der Theaterstücke oder *Lobeshymnen* auf den Fürsten zu schreiben hatte.

Die Schriftsteller jener Zeit konnten von der Literatur, die sie schrieben, nicht leben. Deshalb waren sie stets darum bemüht, eine Anstellung zu finden. Sie verdingten sich u. a. als Sekretäre von Fürsten, Reisebegleiter von Fürstensöhnen, Bibliothekare, Hofmeister. Einige Autoren arbeiteten in bürgerlichen Berufen.

4.5.2 Literarische Verhältnisse im 17. Jahrhundert

Stile der barocken Dichtung

Die Literatur wurde **drei Stilen** zugeordnet:	Drei **Stände** entsprachen den Stilen:
1. **hoher Stil** = in würdevoller, wohlklingender Sprache verfasst, behandelte erhabene, heroische, ernste Themen	– weltlicher und geistlicher Adel = 1. und 2. Stand
2. **mittlerer Stil** = Sprache war weniger abgehoben, behandelte komische Themen	– Bürgertum und Stadtbewohner = 3. Stand
3. **niederer Stil** = in einfacher, derber Sprache geschrieben	– Bauern und Landleute = 4. Stand

Melancholie, Krankheit und Tod zum einen und Sinnenfreude, Lebenslust und Liebe zum anderen sind vorherrschende Themen der barocken Literatur.

Vanitas ist ein verbreitetes Motiv in Literatur und Kunst seit dem Mittelalter. Bezug nehmend auf das Buch Kohelet (Der Prediger Salomo) des **Alten Testaments,** symbolisiert es die Verbindung von vollem, sattem Leben mit dem Tod oder Todesboten.

„Vanitas vanitatum et omnia vanitas" = „Eitelkeiten der Eitelkeiten, und alles ist Eitelkeit!" oder: „Es ist alles eitel."

Typisch für die **Vanitas** ist die provozierende Gegenüberstellung von Leben und Tod in einem Bild:
- dunkle und tiefe Farbtöne, die Nacht bzw. die öde Wüste als Verdeutlichung der allgegenwärtigen Nähe des Todes,
- Motive sind die (verlöschende) Kerze, abgelaufene Sanduhr, der Spiegel, der Totenkopf, Ungeziefer (Käfer, Würmer), verfaulendes Essen wie beispielsweise Obst, das verbreitetste Vanitasattribut der bildenden Kunst ist der menschliche Schädel.

Die Vanitas korrespondiert einerseits mit dem **„Memento mori"** (Gedenke des Todes) seit dem frühen Mittelalter, der Mahnung, ein tugendhaftes und frommes Leben zu führen, um jederzeit auf das Sterben vorbereitet zu sein, sowie andererseits in der *bildenden Kunst* mit den *Totentänzen*. Alle Menschen sind angesichts des Todes gleich.
„Carpe diem" heißt das andere Extrem der barocken Literatur: Nutze/genieße den Tag.

Sprachschöpfungen der Sprachgesellschaften:
Tageleuchter = Fenster,
Laufstern = Planet,
Nachsinnung = Theorie,
Schauburg = Theater,
Mundart = Dialekt,
Schauglas = Spiegel,
Hochschule = Universität

Der Pegnesische Blumenorden ist die einzige Sprach- und Literaturgesellschaft aus der Barockzeit, die seit ihrer Gründung 1644 ununterbrochen weiterbesteht.

4.5.3 Die Sprachgesellschaften

Sprach- und Dichtergesellschaften waren im 17. und frühen 18. Jh. Organisationsformen von Autoren, Gelehrten und Mäzenen. Wichtiges Anliegen war die Förderung des Deutschen als Literatursprache.

Die *Sprache als Mittel der Literatur* erhält in sogenannten Sprachgesellschaften eine neue Rolle, wird zum Zentrum theoretischer Bemühungen. Die Pflege und Förderung der deutschen Sprache, d.h. die „Reinigung" der Sprache von Fremdwörtern, besonders aus dem Französischen und Italienischen, wurde zu etwas bis dahin Einmaligem. Das hatte jedoch den entschiedenen Bruch mit der einheimischen Tradition von WALTHER VON DER VOGELWEIDE bis HANS SACHS zur Folge. Schriftsteller, Gelehrte, aber auch Fürsten, Adlige und Hofbeamte waren Mitglieder dieser Sprachgesellschaften. Auffällig sind die allegorischen Vereinsnamen, die eine Gleichheit der Mitglieder untereinander ausdrücken sollten:

1617 Fruchtbringende Gesellschaft (auch Palmorden genannt)
1633 Aufrichtige Tannengesellschaft
1643 Teutschgesinnte Genossenschaft
1644 Pegnitzschäfer (auch: Pegnesischer Blumenorden)
1658 Elbschwanenorden

Als ein Ergebnis der Überlegungen dieser Sprachgesellschaften erschien JUSTUS GEORG SCHOTTELS „Ausführliche Arbeit von der Teutschen Haubt-Sprache" (1663), dessen Anregungen erst im Zuge der deutschen Romantik und deren sprachforschenden Bemühungen wieder aufgenommen und erweitert wurden.

Fürst LUDWIG VON ANHALT-KÖTHEN gründete die „Fruchtbringende Gesellschaft". Unter seiner Leitung nahm sie 527 Mitglieder auf und entwickelte sich zur größten und angesehensten Sprachgesellschaft überhaupt. Der Elbschwanenorden zählte 45 Mitglieder zwischen 1658 und 1667.
Der Palmorden nahm 1668 als erste Sprachgesellschaft eine Frau auf und hatte bis 1709 117 Mitglieder. CATHARINA REGINA VON GREIFFENBERG (1633–1694) war Mitglied zweier Sprachgesellschaften: dem Pegnesischen Blumenorden unter SIGMUND VON BIRKEN und erstes weibliches Mitglied der

von PHILIPP VON ZESEN gegründeten Teutschgesinnten Genossenschaft, die zwischen 1642 und 1705 207 Mitglieder aufnahm. Der Pegnesische Blumenorden in Nürnberg zählte neunzehn weibliche Mitglieder. In diesen Gesellschaften ging es jedoch auch um die Erforschung des Wesens der deutschen Sprache, um literaturtheoretische und literaturkritische Fragen. Nun wurde stärker als je zuvor auf die Literaturen Italiens und Frankreichs geschaut. Es ging auch um Gelehrsamkeit und um den Gelehrtenstand, so galt ein besonderes Augenmerk der Übersetzung aus dem Französischen, Italienischen und Englischen.

Nachfolger der Sprachgesellschaften wurden die durch JOHANN CHRISTOPH GOTTSCHED ihr Gepräge erhaltenden Deutschen Gesellschaften, sie entstanden in Universitätsstädten: Jena 1730, Göttingen 1738, Greifswald 1740, Königsberg 1741, Helmstedt 1742, Bremen 1762, Altdorf und Erlangen 1765. Sie nahmen vor allem Studenten auf, man hielt Reden, las Briefe, Übersetzungen, Untersuchungen zur Grammatik und zur Wortkunde vor und fühlte sich eher der Sprachübung verpflichtet.

Das Buch von der deutschen Poeterey

„Vorrede
WJewol ich mir von der Deutschen Poeterey / auff ersuchung vornemer Leute / vnd dann zue beßerer fortpflantzung vnserer sprachen / etwas auff zue setzen vorgenommen; bin ich doch solcher gedancken keines weges / das ich vermeine / man könne iemanden durch gewisse regeln vnd gesetze zu einem Poeten machen. Es ist auch die Poeterey eher getrieben worden / als man je von derselben art / ampte vnd zue gehör / geschrieben: vnd haben die Gelehrten / was sie in den Poeten (welcher schrifften auß einem Göttlichen antriebe vnd von natur herkommen / wie Plato hin vnd wieder hiervon redet) auffgemercket / nachmals durch richtige verfassungen zuesammen geschlossen / vnd aus vieler tugenden eine kunst gemacht. Bey den Griechen hat es Aristoteles vornemlich gethan; bey den Lateinern Horatius; vnd zue unserer Voreltern zeiten Vida vnnd Scaliger so außführlich / das weiter etwas darbey zue thun vergebens ist. Derentwegen ich nur etwas / so ich in gemeine von aller Poeterey zue erinnern von nöthen zue sein erachte / hiervor setzen wil / nachmals das was vnsere deutsche Sprache vornemlich angehet / etwas vmbstendtlicher für augen stellen."

(Opitz, Martin: Buch von der deutschen Poeterey. Breslau: David Müller, 1624, S. 7.)

OPITZ, schon von seinen Zeitgenossen als Vater der deutschen Dichtkunst verehrt, orientierte sich an JULIUS CAESAR SCALIGERS „Poetices libri septem" (1561) und PIERRE DE RONSARDS „Abbregé de l'art poetique françois" (1565). Er forderte:

Spätere deutsche Poetiken waren: ZESENS „Deutsches Helicon" (1640/1641), SCHOTTELIUS' „Deutsche Reimund Verskunst" (1645), HARSDÖRFFERS „Poetischer Trichter" (1647/1653), BUCHNERS „Anleitung zur deutschen Poeterey" (1665).

„Wiewol auch bey den Italienern erst Petrarcha die Poeterey in seiner Muttersprache getrieben hat / vnnd nicht sehr vnlengst Ronsardus; von deme gesaget wird / das er / damit er sein Frantzösisches desto besser außwürgen köndte / mit der Griechen schrifften gantzer zwölff jahr sich vberworffen habe; als von welchen die Poeterey jhre meiste Kunst / art vnd liebligkeit bekommen." (Ebenda, S. 16.)

Er folgte in seiner „Poetik" dem Grundsatz, in der **deutschen Lyrik** die lateinisch-humanistische **Silbenzählung** durch die **Wortbetonung** wiederzugeben.

„das wir aus den accenten unnd dem thone erkennen / welche sylbe hoch unnd welche niedrig gesetzt soll werden." (Ebenda, S. 38.)

Libretto: von ital. liber = Buch, das Textbuch einer Oper, einer Operette usw.

Dieses Prinzip wurde bestimmend für die gesamte deutsche Lyrik nach OPITZ (siehe Lyrik). OPITZ hat nicht nur das petrarkische *Sonett,* das an SENECA orientierte *Trauerspiel* („Trojanerinnen", 1625) und den **Roman** durch Übersetzungen bekannt gemacht, sondern auch die deutsche *Oper* durch das *Libretto* für „Daphne" (1627) begründet.

Die Übersetzung des 23. Psalms aus dem Psalter der Bibel:

PAUL SCHEDE MELISSUS (1572)	AMBROSIUS LOBWASSER (1573)	MARTIN OPITZ (1637)
Got waidet mich uf der hut seiner herde, Er ist mein hirt, kainn mangel haben werde. Mich rasten lest uf gruner auen ranfte, Unt bringet mich zun stillen wassern sanfte: Labt meine sel, unt uf gerechten wegen Furet er mich, um seines names wegen.	Mein hüter vnd mein hirt ist Got der Herre/ Drumb fürcht ich nicht das mir etwas gewerre/ Auff einer grünnen Awen er mich weydet/ Zu schönem frischen wasser er mich leytet/ erquicket mein seel von seines namens wegen/ Gerad er mich fürt auff den rechten stegen.	Gott ist mein Hirt/ Jch darff nicht mangel leiden/ Er giebet mir die Ruh auff grüner heiden/ Und führet mich wo frische Wässer rinnen: Er labet mir die matte Seel' und Sinnen: Führet mich den Weg der richtig ist und eben/ Darmit hierdurch sein Name weit mag schweben

Zum Vergleich der Psalm Davids aus „Die Bibel nach der Übersetzung MARTIN LUTHERS in der revidierten Fassung von 1912":

„Der HERR ist mein Hirte, mir wird nichts mangeln. Er weidet mich auf einer grünen Aue und führet mich zum frischen Wasser. Er erquicket meine Seele. Er führet mich auf rechter Straße um seines Namens willen." (A.a.O.)

1625 wurde **OPITZ** vom Kaiser zum **Poeta laureatus** gekrönt, 1627 geadelt („VON BOBERFELD").

Schon zu seinen Lebzeiten wurde OPITZ in zahlreichen Lobgedichten gepriesen. Die Verfasser gehören bis heute zu den bedeutendsten Literaten des 17. Jahrhunderts: GEORG RUDOLF WECKHERLIN (1584–1653), FRIEDRICH VON LOGAU (1604–1655), PAUL FLEMING (1609–1640), CHRISTIAN HOFFMANN VON HOFFMANNSWALDAU (1616–1679), QUIRINUS KUHLMANN (1651–1689), DOROTHEA ELEONORA VON ROSENTHAL, AUGUST AUGSPURGER (1620–1675) u.a. OPITZ duldete in seiner *Poetik* lediglich den *Jambus* und den *Trochäus,* tolerierte den *Daktylus*. Erst PHILIPP VON ZESEN (1619–1689) und AUGUST BUCHNER (1591–1661), der „Vater des Daktylus", sahen den Daktylus als vollwertigen *Versfuß* an und schrieben sogar Gedichte mit jambisch-daktylisch gemischten Versmaßen.

Das nebenstehende Gedicht ist ein vierhebiger Daktylus.

„Wo such' ich den Liebsten wo sol ich ihn finden?
ihr bleichen Masinnen / weis keine mein Licht?
bei welchem gewässer und lieblichen gründen
enthält sich mein Traute / wie? saget ihrs nicht?
Ihr beliebten Amstelinnen /
und ihr höflichen Lechinnen /

> kündigt meinem Schönsten an /
> daß ich nicht mehr leben kan."
> (Zesen, Philipp von: Sämtliche Werke. Hrsg. Ferdinand van Ingen. Band I. Berlin, New York: Walter de Gruyter. 1980, S. 352.)

Petrarkismus und Schäferidylle als besondere Sujets des Barock

> **Petrarkismus** bezeichnet die in Europa verbreitete Nachahmung und Umdichtung von FRANCESCO PETRARCAS Liebeslyrik „Rime in vita e morta di Madonna Laura" (erschienen 1470; auch „Canzoniere" genannt).

Die Gedichte des „Canzoniere" haben fast ausschließlich PETRARCAS unerwiderte Leidenschaft zu Laura zum Inhalt. Der Autor benutzte die lyrischen Formen des **Sonetts** und Madrigals, der Kanzone, Sestine und **Ballade.** Die wichtigsten Repräsentanten des nachahmenden Petrarkismus kamen aus Italien (PIETRO BEMBO, 1470–1547, JACOPO SANNAZARO, 1458–1530, TORQUATO TASSO, 1544–1595), Spanien (GARCILASO DE LA VEGA, 1539–1616, LUIS DE LÉON, 1527/1528–1591), Frankreich (besonders die Pléiade-Dichter), Portugal (FRANCISCO DE SÁ DE MIRANDA, 1481–1558, LUÍS DE CAMÕES, 1524–1580) und England (THOMAS WYATT, 1503–1542, EDMUND SPENSER, ca. 1552–1599). In Deutschland waren es OPITZ, FLEMING und HOFFMANNSWALDAU.
Zwei Komponenten zeichnen den Petrarkismus aus:
- die Ambivalenz der Liebe und
- der Schönheitskatalog.

WILLIAM SHAKESPEARE (1564–1616) gehörte zu den Vertretern des Antipetrarkismus. Dabei verfassten einige Autoren sowohl „petrarkistische" Gedichte als auch „antipetrarkistische" *Parodien,* wie FRANCESCO BERNI (ca. 1497–1535) und der Pléiadedichter JOACHIM DU BELLAY (1522–1560).

Antipetrarkismus meint Texte unterschiedlicher Gattungen, die in komisierender und parodistischer Weise auf Elemente des **Petrarkismus** Bezug nehmen.

Schäferdichtung

> **Schäferdichtung** (auch Bukolik genannt) bezeichnet jede Form der Dichtung, die Sujets des Hirtenlebens nutzt.

Das reale Arkadien liegt in der Mitte der Peloponnes. In der griechischen Mythologie gilt diese gebirgige Landschaft ohne Zugang zum Meer als Zufluchtsort der Zentauren nach deren Vertreibung aus ihrer Heimat Thessalien. Zentrale Gestalt ist der Hirtengott Pan mit seiner Schilfrohrflöte (Syrinx).

Schäferdichtung gab es vom 15. bis 18. Jahrhundert in Italien, Spanien, Frankreich, England und Deutschland. In der italienischen Renaissance nutzten FRANCESCO PETRARCA, GIOVANNI BOCCACCIO und TORQUATO TASSO („Aminta",1573) die Sujets der Bukolik und schufen in Lyrik, Prosa und Drama Kunstwelten sentimentalen Lebens, die vollkommene Menschlichkeit symbolisierten und als utopische Gesellschaftsentwürfe der realen Welt entgegenstanden. Spätere europäische Dichter stützten sich vor allem auf PETRARCAS Eklogen-Sammlung „Bucolica". MIGUEL DE CERVANTES SAAVEDRA (1547–1616) verfasste den Schäferroman „La Galatea"(1585). In England waren es „The Shepheardes Calendar" (1579)

von EDMUND SPENSER in zwölf Eklogen und „The Shepherd's Week" (1714) von JOHN GAY. Auch SHAKESPEARES „As you like it" (1600) spielt mit dem **Sujet.** In Deutschland wird die Schäferdichtung erst im **Barock** und später durch die Dichter der **Anakreontik** aufgegriffen. Schauplatz ist oft Arkadien, ein **locus amoenus** (lat. „lieblicher Ort") des befreiten Geistes, als Hort der Wissenschaften und Künste. Die Natur wird zur reinen Kulisse idealisiert. Für die deutsche Schäferdichtung des Barock kann Arkadien nach Wüstenei und Tod des Dreißigjährigen Krieges als Anspielung auf das goldene Zeitalter der Antike und somit als Friedenssehnsucht gelten, als Gegenstück zum allgegenwärtigen *locus horribilis,* dem Furcht-, Unglücks- und Schreckensort.
FRIEDRICH VON SPEES „Trutz Nachtigall" sind 52 Gedichte, deren religiöse Thematiken von der Tradition der **Schäferdichtung** beeinflusst sind. In SPEES Lyrik treten Hirten mit antiken Namen auf, die über Geburt, Leiden, Tod und Auferstehung Christi sprechen bzw. Gott preisen.
GEORG PHILIPP HARSDÖRFFER (1607–1658), Gründer des **Pegnesischen Blumenordens,** und JOHANN KLAJ (1616–1656), Meister der Lautmalerei, schrieben Schäferpoesie von zeitloser Schönheit, PHILIPP VON ZESEN (1619–1689) war stärker sprachschöpferisch tätig, während CHRISTIAN HOFFMANN VON HOFFMANNSWALDAU (1616–1679) und DANIEL CASPER VON LOHENSTEIN (1635–1683) eher höfisch-galante Dichtung verfassten.
MARTIN OPITZ verwendet in seiner **Prosaekloge** „Schäfferey von der Nimfen Hercinie" (1630), einer Mischung aus Prosa und Versen, Material aus SANNAZAROS „Arcadia"(1482 bzw. 1504) und den Eklogen VERGILS.
Auf die *Utopien* der *Rokokozeit* antworteten die Dichter des **Sturm und Drang** schließlich mit der Umdeutung der **Schäferidylle.**

4.5.4 Der barocke Roman

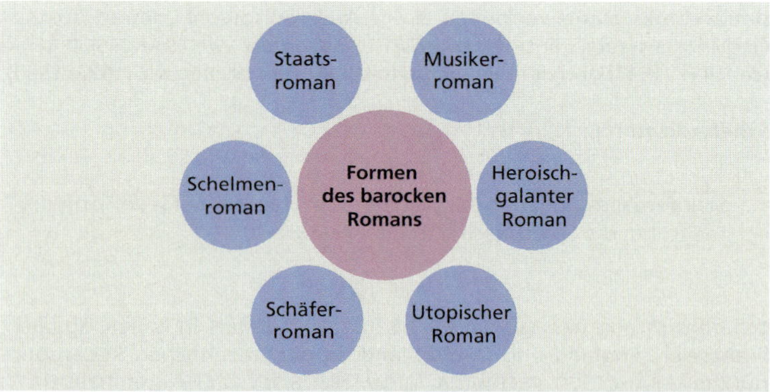

PHILIPP VON ZESENS Roman „Die Adriatische Rosemund" (1645) gilt als der erste große deutsche Barockroman. JOHANN JAKOB CHRISTOFFEL VON GRIMMELSHAUSEN (1622–1676) schrieb mit „Der Abentheurliche Simplicissimus Teutsch" (1669) den *ersten deutschen Prosaroman von Weltgeltung* und den berühmtesten aller *Barockromane* in der Manier des spanischen *Schelmenromans.* In urwüchsiger Sprache und mit hintergründigem Humor verarbeitete er gängige Schwankstoffe. Das Buch beschreibt, wie der Einzelne ausschließlich über Erfahrungen zu Urteilen kommt. Es ist die Geschichte des Simplicius, des „Einfältigen", Simplicissimus, der im *Dreißigjährigen Krieg* (1618–1648) zunächst als Page am Hanauer Hof, dann bei den kaiserlichen Truppen den Narren spielen muss und sich schließlich als „Jäger von Soest" einen Namen macht, bis er in schwedische Gefangenschaft gerät, zu einer Heirat gezwungen wird, sich in Paris als Musiker und Schauspieler durchschlägt, eine zweite Ehe eingeht und schließlich den *Westfälischen Frieden* erlebt, sich nach Afrika einschifft, Schiffbruch erleidet und auf diese Art und Weise mehrere Kontinente bereist. GRIMMELSHAUSEN, der 1635 selbst in den Militärdienst gezwungen worden war, zunächst als kaiserlicher Dragoner und später als Regimentssekretär, verarbeitete in diesem Roman seine Erlebnisse. GRIMMELSHAUSENS sprachlich genauer *Realismus* bestach ganze Generationen von Lesern und gehört heute zum Lesenswertesten der **Schelmenliteratur.**

GRIMMELSHAUSEN schrieb seinen „Simplicissimus" unter dem Pseudonym Samuel Greifnson vom Hirschfeld, einem Anagramm aus seinem bürgerlichen Namen. Dieses Spiel setzte er fort mit: Philarchus von Trommenheim, Erich Stainfels von Grufenholm, Melchior Sternfels von Fuchshaim, Michael Rechulin von Sehmsdorff. Erst 1838 entdeckte man den wahren Autor.

Fortsetzungen findet der „Simplicissimus" in den Romanen „Trutz Simplex oder ausführliche und wunderseltsame Lebensbeschreibung der Erzbetrügerin und Landstörzerinn Courasche" und „Der seltzame Springinsfeld" (beide 1670). Die Hauptpersonen der Romane waren im „Simplicissimus Teutsch" bereits aufgetreten. Die „Courasche" als weibliches Gegenstück zum „Simplicissimus" zeichnet das erbarmungslos realistische Porträt einer Frau, die in die Wirren des Dreißigjährigen Krieges hineingezogen wird. Einst einigermaßen wohlhabend, endet sie als Landstreicherin. Die Geschichte der „Courasche" inspirierte BERTOLT BRECHT 1939, angesichts des gerade gescheiterten *Spanischen Bürgerkrieges* und des bevorstehenden *Zweiten Weltkrieges,* zu seinem **Antikriegsstück** „Mutter Courage und ihre Kinder". Der „Springinsfeld" beschreibt die Geschichte eines ehemals tüchtigen Soldaten, mit dem sich Simplicissimus in Westfalen befreundet hat. Später erscheint er als ausgemergelter und heruntergekommener Landstreicher.

Landstörzerin = Landstreicherin

JOHANN BEER (1655–1700), Erfinder des **Musikantenromans,** gilt neben GRIMMELSHAUSEN als der bedeutendste deutschsprachige Romanschriftsteller des 17. Jahrhunderts. Er wirkte u. a. als Literat, Musiker und Komponist. In der Tradition des **Schelmenromans** geschrieben ist der Doppelroman „Die kurzweiligen Sommer=Täge" (1683) und „Die teutschen Winter=Nächte" (1682).

CHRISTIAN REUTERS (1656–um 1712) „Schelmuffskys Warhafftige Curiöse und sehr gefährliche Reisebeschreibung zu Wasser und Lande" (1696/1697) ist eine derbe Vermischung von Abenteuer- und Schelmenroman und parodiert den **Abenteuerroman** als triviales *Genre*. REUTER gilt als Dichter zwischen Barock und Aufklärung.

ACHIM VON ARNIM rühmte die Figur des Schelmuffsky als „deutschen Donquichote".

Der **Schäferroman** und der *Staatsroman* sind vor allem als Übersetzungen aus dem Englischen mit PHILIP SIDNEYS (1554–1586) „Arcadia" (1581) bzw. JOHN BARCLAYS (1582–1621) „Argensis" (1621) und aus dem Französischen mit HONORÉ D'URFÉS (1567–1625) „Astrée" (1607, deutsch 1619) im Deutschland des **Barock** vertreten. Der erste **utopische Roman** Deutschlands entstand 1619 mit „Rei publicae christianopolitanae" des lutheranischen Pastors JOHANN VALENTIN ANDRAÉ (1586–1654) unter dem Einfluss der „Utopia" von THOMAS MORUS (1516) und THOMAS CAMPANELLAS „Cita del Sole" (1623). Herzog ANTON ULRICH VON

„Cita del Sole": dt. = „Der Sonnenstaat"

BRAUNSCHWEIG UND LÜNEBURG (1633–1714) schrieb die Romane „Die durchläuchtige Syrerin Aramens" (5 Bände, 1669–1673) und „Römische Octavia" (6 Bände, 1677–1685). Der heroisch-galante Roman schließlich verband den mittelalterlichen **Amadisroman** mit der antiken **Schäferdichtung.**

4.5.5 Lyrik des Barock

Die **Lyrik des Barock** begegnet uns zunächst in starker Formelhaftigkeit. Zwischen Lebensgenuss und Nichtigkeit menschlichen Daseins bzw. Vergänglichkeit im Gegensatz zum ewigen Leben bewegt sich auch die barocke Lyrik. Sie diente vorwiegend höfisch-galanter Unterhaltung und der Erziehung zu katholischer Gläubigkeit. Ihre kunstvollen Stilmittel galten als Bildungsnachweis der Autoren. Neue Töne brachten protestantisch orientierte Lyriker ein. Ihre Gedichte sind stark weltlich orientiert, sie sollen weniger etwas Persönliches ausdrücken, sondern eine allgemeingültige Behauptung, ein Lob oder eine Lehre, sie sind öffentlich und gesellig.

Lyrische Genres und Gattungen des Barock

- Schäferdichtung oder Bukolik
- Geistliche Dichtung: Kirchenlied
- Religiöse Lyrik
- Liebeslyrik
- Volksliedartiges Gedicht
- Sonett
- Alexandrinergedicht (Elegie)
- Lehrgedicht
- Epigramm
- Ode
- Sestine
- Madrigal
- Figurengedicht

Bevorzugte Stilmittel

- Allegorie
- Metapher
- Topos
- Rhetorische Pathosformeln
- Antithetik
- Emblematik

Im 17. Jahrhundert war die Casualpoesie die gängige Form der literarischen Produktion.

Casualpoesie: nach lat. occasio = Gelegenheit

Unter **Casualpoesie** verstehen wir Gelegenheitsdichtung, die zu bestimmten Anlässen entstand und z. B. zu Hochzeiten, Taufen, Geburtstagen, Beerdigungen vorgetragen wurde. Die *Aufklärung* verwarf die *Casualpoesie* als Ausdruck erstarrter Stilroutine; das *Genie*konzept des *Sturm und Drang* führte endgültig zu ihrer programmatischen Abwertung im Zeichen des Ideals der poetischen Originalität.

Casualpoesie wurde innerhalb des höfischen Zeremoniells auch in Form eines kurzen Musikstückes, einer Serenata (Ständchen) vorgetragen, um dem Hausherrn, häufiger jedoch der Dame des Hauses zu huldigen.

Zwei Gattungen der Casualpoesie waren das sogenannte Epicedium (Grabgedicht) sowie das Epitalamium (Hochzeitsgedicht). Das Aufkommen von Casualpoesie hatte damit zu tun, dass sich langsam der Stand des Berufsdichters herauszubilden begann, der seinen Lebensunterhalt mit der Schriftstellerei verdienen musste.

Emblematik

Die **Emblematik** ist eine besondere Bildsprache des Barock. Ein *Emblem* besteht aus dem Bild *(pictura)*, das z.B. Pflanzen, Tiere, Geräte, Tätigkeiten, Vorgänge des menschlichen Lebens, eine mythologische, biblische, historische Figur oder Szene zeigt, der Überschrift *(inscriptio)*, die eine Sentenz, ein Sprichwort, eine moralische Forderung enthält, und einer in Versen verfassten Erklärung *(subscriptio)*. Die Embleme (wörtlich „Sinnbilder") waren allgemein bekannt, ihre Bedeutung festgelegt und durch Tradition verbürgt.

Emblem aus dem „Philothei Symbola Christina ..." 1677, des pfälzischen Kurfürsten KARL II. (1651–1685)

Der barocke **Manierismus** bezeichnet den oft üppig wirkenden, häufig negativ als „schwülstig" und „gekünstelt" charakterisierten Sprachstil des Spätbarock.

Religiöse Lyrik

„Ermahnung zur buß an den Sünder

Thu auff/ thu auff/ du schönes Blut/
Sich Gott zu dir wil kehren.
O sünder greiff nun hertz/ vnd mut/
Hör auff die sünd zu mehren.
Wer buß zu rechter zeit verricht
Der soll in warheit leben/
Gott will den todt deß sünders nicht/
Wan wiltu dich ergeben?"

(Spee von Langenfeld, Friedrich: Trutznachtigall, Hrsg. Gustave Otto Arlt, Halle a.d.S.: Niemeyer, 1936, S. 73 f.)

Die **religiöse Lyrik** in ihrer protestantisch geprägten Variante führte die von LUTHER begründete Tradition des **Kirchenliedes** fort. Lutherisches religiöses Liedgut bedeutete zunächst vor allem die *Umdichtung weltlicher Lieder auf geistliche Texte* bzw. die sehr volksnahe *Umsetzung religiöser Texte auf populäre Volksmusik*. Die katholische *Kirchenliedgeschichte* beginnt in der *Karolingerzeit* und blieb im Wesentlichen auf die Klöster bzw. den Chorus der Kleriker beschränkt, die *Gegenreformation* musste dem **protestantischen Kirchenlied** jedoch etwas Adäquates entgegensetzen.
Der *Jesuit,* Lehrer, Seelsorger und bedeutende *Barockdichter* FRIEDRICH SPEE V. LANGENFELD (1591–1635), als Beichtvater von zum Tode verurteilten „Hexen" eingesetzt, prangerte in den anonym erschienenen „Cautio criminalis" (1631) die damaligen Hexenprozesse an. Seine kompromisslos ablehnende Haltung brachte ihn schließlich selbst in Gefahr.

Als Gegenreformation bezeichnet man das Bestreben des Papsttums und der katholischen Kirche, den Einfluss des Protestantismus zurückzudrängen. Dies war einer der Anlässe für den Dreißigjährigen Krieg.

Das erste ausdrücklich für Frauen geschriebene Andachtsbuch SPEES, das „Güldene Tugend-Buch", dessen Vorbild das biblische *Hohenlied* ist, variiert das Thema der Jesusliebe. Es kreist um die drei göttlichen Tugenden Glaube, Hoffnung und Liebe. „Trutz Nachtigal oder Geistliches-Poetisch Lust-Waldlein" ist ein Zyklus geistlicher Lieder.
SPEE ist sowohl der wichtigste Vertreter des katholischen Kirchenliedes als auch der *bedeutendste katholische Barockdichter* in Deutschland.
Gegen Ende des *Dreißigjährigen Krieges* und danach gibt es innerhalb der geistlichen Lyrik die Tendenz der Institutionalisierung der Konfessionen, was sich auch in der Literatur widerspiegelt. U.a. BENJAMIN SCHMOLCK (1672–1737), CATHARINA REGINA VON GREIFFENBERG (1633 bis 1694) und PAUL GERHARDT (1607–1676) verfolgten mit ihrer **Erbauungslyrik** geistliche Sinnlichkeit. Dabei sind die Grenzen zwischen geistlichen und weltlichen Lyrikern schwer zu ziehen. Verkürzt formuliert, finden sich bei den weltlichen Autoren auch geistliche Themen, während geistliche Autoren weltliche Themen kaum streiften.

Ziel der Erbauungslyrik war die Stärkung des Glaubens und der Frömmigkeit. Auch war sie als Trostspender in Glaubensfragen gedacht.

Weltliche Lyrik

Bei ANDREAS GRYPHIUS (1616–1664), Zeitgenosse des *Dreißigjährigen Krieges* und sprachgewaltigster Autor deutscher Literatur im Zeitalter des Barock, wird die menschliche Geschichte nicht als Entwicklung, sondern als Vergänglichkeit definiert. **Vanitas** und Einsamkeit sind vorherrschende **Motive** seiner **Lyrik:** „Es ist alles Eitel", „Menschliches Elende", „Einsambkeit", „An die Welt", „Mitternacht" und „Am Ende".
GRYPHIUS gehört zu den bedeutendsten Verfassern des Typus eines **Poeta doctus,** dem Typus des gelehrten Autors, der sein gediegenes Wissen in die literarische Arbeit einbringen kann. Im Humanismus wie im Barock stellt Bildung eine wesentliche Bedingung der Autorschaft dar.

Poeta doctus: lat. = gelehrter Dichter; Doctor = Lehrender

Gedichte wie HOFFMANNSWALDAUS „Auf den Mund" (1695), Opitz´ „Du schöne Tyndaris", das „Sonnet XXI.", „Francisci Petrarcae" und FLEMINGS „Wie Er wolle geküsset seyn" (1642) sind Beispiele für eine sinnenfrohe, an PETRARCA geschulte Lyrik. In ihnen wird die Jugend und die Liebe (mitunter auch schwermütig) gefeiert, ganz wie es ihr gebührt und ohne vanitatischen Hintersinn.
Der erste ausgesprochene Natur- und Landschaftslyriker der deutschen Literatur ist BARTHOLD HINRICH BROCKES (1680–1747). Epochengeschichtlich sind seine Werke dem Ende des *Barock* bzw. dem Beginn der *Frühaufklärung* einzuordnen. Seine Jugendgedichte schrieb er unter dem Einfluss von POPE und THOMSON, die er übersetzte. Kennzeichnend für seine Gedichte ist das Streben nach Einfachheit und Klarheit. Seine Gedichte „Irdisches Vergnügen in Gott" (1721–1748) bestechen durch genaue Beobachtung der Naturerscheinungen und einen protestantisch geprägten diesseitigen Gottesglauben.

BARTHOLD HINRICH BROCKES (1680–1747)

BROCKES, Mitglied des Hamburger „Schwanen-Ordens", hatte als reicher Patrizier genug Muße, das Verhältnis Mensch – Natur – Gott zu reflektieren. Geprägt durch NEWTONS naturwissenschaftliche Erkenntnisse, wagte BROCKES die Synthese von Naturwissenschaft und Religion. Seine Lyrik konzentriert sich deshalb viel stärker als die der barocken Dichter vor ihm auf sinnenfrohes Leben, das Preisen der göttlichen Schöpfung und Detailreichtum in Naturbeschreibungen.

4.6 Literatur des 18. Jahrhunderts

Zwischen dem nicht verbürgten Ausspruch LUDWIGS XIV. (1638–1715, französischer König seit 1643), „L'état, c'est moi!" („Der Staat bin ich") und der Auffassung FRIEDRICHS DES GROSSEN, er sei erster Diener des Staates, liegen etwa 100 Jahre.

LUDWIG XIV. (1638–1715)

Das Zeitalter des Barock barg die gesellschaftlichen Veränderungen, die sich in der *Aufklärung* zeigen, bereits in sich. Der sich ausformende absolutistische Staat brauchte Beamte, die den Staat verwalteten, und Geld, um die wachsenden Ausgaben des Staates zu bezahlen. Allmählich aber wurden tiefgreifendere Reformen nötig. Der allgemeinen Forderung des Bürgertums nach *Abschaffung der ständischen Privilegien* begegnete man in Österreich im 18. Jahrhundert durch *Reduzierung des Einflusses des Adels auf die Landesherren.* MARIA THERESIA führte die Grundsteuerreform ein, die auch den Adel zwang, Abgaben zu leisten. Hatte der Adel bis dahin kein Interesse an Arbeit, wurde er nun von Staats wegen zur Arbeit gezwungen. Adlige wurden zu hohen Beamten des Staates. Der Beamtenbedarf war jedoch höher. Mittleres und niedriges Beamtenpersonal stellten die Bürger (auch in anderen deutschen Staaten). Dazu mussten sie lesen und schreiben können. In Österreich wurde um 1750 das Volksschulwesen eingeführt. Als erster Staat Europas führte Preußen bereits 1717 durch FRIEDRICH WILHELM I. die *allgemeine Schulpflicht* ein. Er brauchte qualifiziertes Personal für seine Armee. Gymnasien sorgten zudem für eine höhere Bildung der vermögenden Bürger. In Wien wurde die Universität verstaatlicht. Die Berliner Charité wurde zum Ausbildungsort für Ärzte und Feldscher.

1810 wurde die Friedrich-Wilhelms-Universität (heutige Humboldt-Universität) in Berlin gegründet.

Auch der Einfluss der Geistlichkeit auf den Landesherren wurde eingeschränkt. Es wurden Forderungen nach *Trennung von Staat und Kirche* laut. Eine der ersten Maßnahmen FRIEDRICHS II. war es, nach seinem Regierungsantritt 1740 in Preußen die *Religionsfreiheit* einzuführen.

Die politischen und sozialen Erhebungen im 16. Jahrhundert (Bauernkrieg) sowie die Religionskriege im 17. Jahrhundert (Dreißigjähriger Krieg) hatten zu einer *Krise von Religion und Denken* geführt. Neue naturwissenschaftliche Erkenntnisse (NEWTONS Mechanik, GALILEIS heliozentrisches Weltsystem) wirkten sich auch auf die Geisteswissenschaften aus. (Eine konsequente Trennung von Geistes- und Naturwissenschaften war in jenen Jahrhunderten noch unbekannt.) Nach Weltangst und Pessimismus im Dreißigjährigen Krieg versuchte die Wissenschaft, die dringenden Fragen der Zeit neu zu beantworten. Zum zentralen Begriff der Philosophie und Geisteshaltung des 18. Jahrhunderts wurde die *Vernunft*. Auch die Umbildung der Gesellschaft zu einer „natürlichen Ordnung" wurde angestrebt, wobei dies kaum auf politischem Wege, wohl aber im moralischen Sinne erreicht werden konnte. Dies hätte keine weitreichenden Folgen gehabt, hätte sich nicht infolge der *gesellschaftlichen Veränderungen* das besitzende und gebildete Bürgertum als neue wirtschaftliche Kraft herausgebildet. Nicht mehr der vereinzelte Besitzende innerhalb des 3. Standes, sondern der Bürger mit seiner Erkenntnis, dass sich aus Kapital mehr Kapital machen lässt, war es, der zum neuen Kulturträger aufstieg.

Das Sichbewusstwerden des Bürgers musste den Menschen aus jenseitigen Bindungen lösen. Religionskritik griff das christliche Dogma an. Moral galt nun als höchstes Gut.

4.6.1 Aufklärung

Aufklärung wird eine europäische Geistesbewegung genannt, die in der zweiten Hälfte des 17. Jahrhunderts einsetzte und im 18. Jahrhundert ihren Höhepunkt erreichte. Sie ist durch ein **naturwissenschaftliches Weltbild,** durch *Emanzipation des Denkens von kirchlich-dogmatischer* sowie *staatlicher Bevormundung* geprägt und wird begleitet durch *neue wirtschaftliche Methoden.* Der Verstand (ratio) wird zum obersten Prinzip jeglichen Handelns erhoben.

Die *Agrarrevolution* begann um 1700 in England. Auf dem europäischen Kontinent setzte sie in der zweiten Hälfte des 18. Jh. ein.

Aufklärung: engl. = „enlightenment“, frz. „les lumières“, it. „illuminismo“, bedeutet auch Erleuchtung, Aufhellung im Sinne der Erleuchtung des menschlichen Geistes/Verstandes. Licht galt als Symbol der Erkenntnis und Aufklärung.

Aufklärung meint *Licht ins Dunkel* bringen. Unter „Licht" ist die *Vernunft* und *wissenschaftliche Erkenntnis* durch den Menschen zu verstehen, während *Dunkelheit* so viel wie *Unvernunft, Unmündigkeit, kritiklosen Glauben, Aberglauben* bezeichnet. Die Philosophen der Aufklärung kritisierten Gesellschaft und Religion, denn Aberglaube und Intoleranz waren für sie Symbole der Kirche, Unmündigkeit jedoch ein Problem des Staatswesens. Die von England und Frankreich ausgehende Forderung nach *Trennung von Staat und Kirche* sowie die Feststellung, dass keine Regierung ohne Zustimmung des Volkes regieren dürfe (JOHN LOCKE), beeinflussten die Aufklärung auch in Deutschland.
Rationales Denken und Vernunft im gesellschaftlichen, *bürgerliche Moral* und Sittlichkeit im privat-religiösen Bereich bildeten die Grundlage der Aufklärung.

Das neue Weltbild

Anfänge der Aufklärung finden sich in Ansätzen schon in Renaissance, Humanismus und in der Reformation. Mitten im barocken Zeitalter, nach langen verheerenden Kriegen, begann sich das Selbstbewusstsein des Bürgertums zu entwickeln. Grundlage dafür war ein staatlich gelenkter **Merkantilismus** sowie eine zentralisierte Produktion von Waren in **Manufakturen,** die dem Bürgertum weitgehende wirtschaftliche Unabhängigkeit brachten. Die Ständegesellschaft, überlebenswichtig noch im Mittelalter, hemmte nun die freie Entfaltung des Einzelnen. Grundlage bürgerlichen Denkens waren eine dem Adel *überlegene Moralvorstellung* und eine solide, *auf kulturellen Werten fußende Bildung*. Sich auf die Erkenntnisse des Humanismus stützend, entwickelte man neue Welterkennungsmodelle. Für die Aufklärung prägend wurde der von rationalistischen Vorstellungen durchdrungene *Deismus*. Man glaubte zwar noch an einen Gott als Schöpfer der Welt, dieser greife jedoch nach der Schöpfung nicht mehr in den Weltenlauf ein. Der Holländer BARUCH SPINOZA (1632–1677) vertrat die Idee einer Identität von Gott und Natur. Durch diesen *Monismus* sind dem Menschen Geist (Denken) und Materie (Körperlichkeit) zugänglich als Voraussetzungen für die Freiheit des Denkens und der Toleranz.

Merkantilismus ist eine Wirtschaftsform des 17./18. Jh. mit dem Bestreben, durch gesteigerte Warenausfuhr gegenüber der Wareneinfuhr Geld (als Gradmesser für Wohlstand) ins Land zu bringen.
In einer **Manufaktur** herrschte Handarbeit vor, sie unterlag jedoch keinem Zunftzwang. Der Geselle wurde zum Arbeiter.

Deismus: von lat. deus = Gott, rationalist. Religionsphilosophie; Vertreter waren u. a. VOLTAIRE, ROUSSEAU, LOCKE, CHR. WOLFF, REIMARUS, LESSING, MENDELSSOHN.

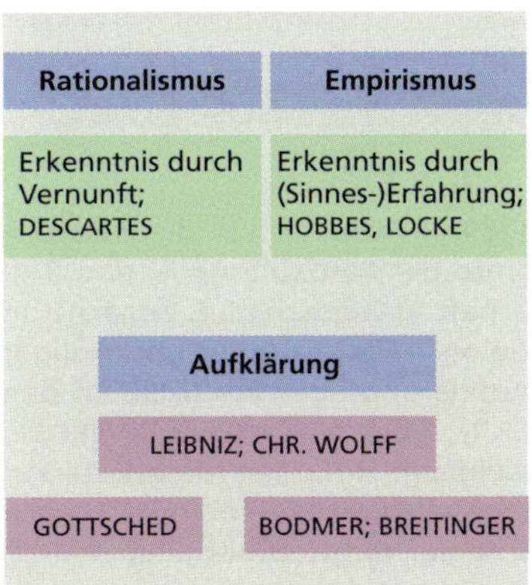

Von SPINOZA in Holland über den englischen **Empirismus** THOMAS HOBBES', JOHN LOCKES und DAVID HUMES verbreiteten sich die Ideen der Aufklärung zu Frankreichs Enzyklopädisten (DIDEROT, VOLTAIRE) und Rationalisten (RENÉ DESCARTES). Die Ideen der Aufklärung wurden nicht mehr, wie noch im Humanismus, lediglich unter Gelehrten diskutiert, sondern auch unter dem Bürgertum. Es entstand eine *bürgerliche Stadtkultur.* Darauf reagierten Schriftsteller und Philosophen.

ratio = Vernunft
emotio = Gefühl
empeiria = Erfahrung
Sinneserfahrung ist das Wahrnehmungsvermögen mittels der Sinne.

DESCARTES
„Cogito ergo sum" („Ich denke, also bin ich") wurde zum Leitspruch der europäischen Aufklärung.

Die Enzyklopädisten versuchten, das Wissen der Welt in Büchern zu erfassen. Die „Encyclopédie ou dictionaire raisonné des sciences, des arts et des metiers" (1751–1780) umfasste 35 Bände mit etwa 72 000 Artikeln. Herausgeber waren DIDEROT und D'ALEMBERT.
Die Intellektuellen Europas verstanden sich als *Weltbürger*. Man übersetzte englische und französische Schriften ins Deutsche und Mitte des 18. Jahrhunderts beherrschten diese Ideen auch Deutschland. Die Philosophen des deutschen Idealismus (IMMANUEL KANT) entwickelten sie weiter:

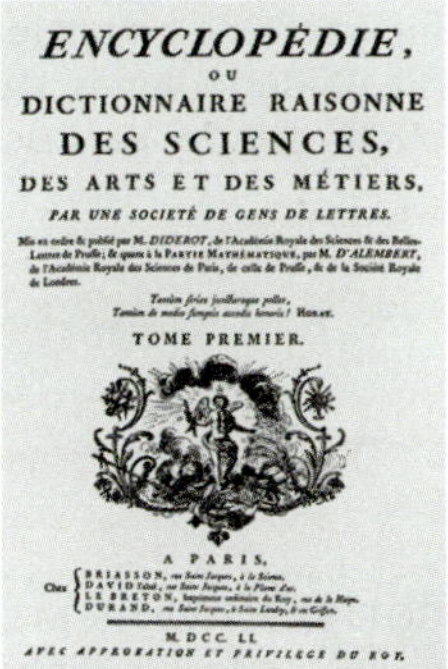

Titelblatt der Enzyklopädie von DIDEROT

„Aufklärung ist der Ausgang des Menschen aus seiner selbstverschuldeten Unmündigkeit. Unmündigkeit ist das Unvermögen, sich seines Verstandes ohne Leitung eines anderen zu be dienen. Selbstverschuldet ist diese Unmündigkeit, wenn die Ursache derselben nicht am Mangel des Verstandes, sondern der Entschließung und des Mutes liegt, sich seiner ohne Leitung eines andern zu bedienen. Sapere aude! Habe Mut, dich deines eigenen Verstandes zu bedienen! Ist also der Wahlspruch der Aufklärung." (IMMANUEL KANT ↗ DVD)

Die Hauptleistungen der Aufklärung liegen in dem Bereich der *Rechts- und Staatslehre*. Man berief sich auf das Naturgesetz der Vernunft. Die neuen Auffassungen zur Staats- und Rechtslehre bildeten die Voraussetzungen für die amerikanische Unabhängigkeitserklärung und die Französische Revolution:

Thesen der Aufklärung zur Staats- und Rechtslehre

- Jeder Mensch ist frei geboren. (PUFENDORF, ROUSSEAU)
- Es gibt angeborene Menschenrechte jedes Einzelnen auf Leben, Freiheit, Eigentum, Streben nach Glück. (Gesellschaftsvertrag, ROUSSEAU)
- Der Staat muss religiöse Toleranz üben. (MILTON, PUFENDORF, LOCKE)
- Hexenprozesse und die Folter müssen abgeschafft werden. (THOMASIUS, FRIEDRICH DER GROSSE)
- Die Staatsgewalt hat Grenzen, es muss Gewaltenteilung geben. (LOCKE, MONTESQUIEU)
- Die Verhältnisgleichheit von Verbrechen und Strafe muss gewahrt sein. (MONTESQUIEU, VOLTAIRE)

↓ Amerikanische und französische Menschenrechtserklärungen von 1776 und 1789

Partikularismus: lat. = Aufspaltung des Landes in zahlreiche Einzelstaaten

Während die Ideen der Aufklärung 1789 in Frankreich in die *Französische Revolution* mündeten, verlangsamte der *Partikularismus* den Prozess der Demokratisierung der Gesellschaft in Deutschland. Zunächst in **Lesegesellschaften** und **literarischen Salons** reicher Bürger und Adliger verbreitet, gelangten die Ideen der Aufklärung über VOLTAIRE an den Hof des preußischen KÖNIGS FRIEDRICH II., über WIELAND und HERDER, später GOETHE und SCHILLER an den Weimarer Hof. Man pflegte stärker als je zuvor die deutsche Sprache, Lesegesellschaften bildeten sich auch in den Kleinstädten. Daran waren nicht nur die Großbürger beteiligt, sondern zunehmend auch die mittleren Schichten und das Kleinbürgertum. Es entwickelte sich über die Grenzen der deutschen Kleinstaaten hinweg eine emanzipierte *bürgerliche deutsche Nationalkultur,* obwohl die Bildung eines deutschen Nationalstaates erst im 19. Jahrhundert (1871) auf der politischen Tagesordnung stand.

Im Ergebnis des Deutsch-Französischen Krieges wurde 1871 das Deutsche Kaiserreich unter Führung Preußens errichtet.

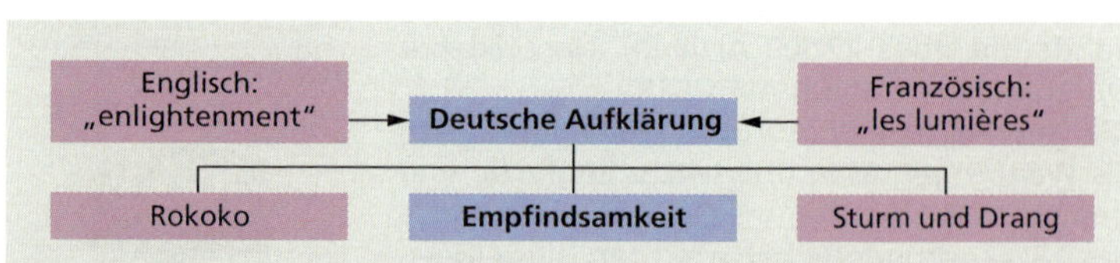

GOTTFRIED WILHELM LEIBNIZ (1646–1716) repräsentiert als letzter Universalgelehrter die Einheit von Philosophie, Mathematik, Physik, Technik,

Jura, Geschichts- und Sprachforschung und der Praxis. Als politischer Schriftsteller und Philosoph trat er hervor. Seine Auffassung von der Individualität alles Existierenden und der Integration des Einzelnen ins Weltganze, in der „Monadologie“ von 1721 niedergeschrieben, und seine Verteidigung der Welt als der besten aller möglichen, weil von Gott geschaffenen („Theodizee“, 1710), beeinflusste die aufklärerischen Philosophen des gesamten 18. Jahrhunderts. LEIBNIZ war Gründer und erster Präsident der Akademie der Wissenschaften zu Berlin (1700).

Als Mathematiker entwickelte **LEIBNIZ** das Dualsystem (mit den Ziffern 1 und 0), ohne das es heute keine Computer gäbe.

Wege der Aufklärung: pädagogisches Jahrhundert

Literatur war bis in den Barock der gebildeten höfischen Gesellschaft vorbehalten, nun wurde sie der *bürgerlichen Öffentlichkeit* zugänglich gemacht und zum Medium politischer Auseinandersetzung.
Das Ziel der aufklärerischen deutschen Dichter war die *Erziehung des Menschen durch Literatur und Kunst.* Als nützlich erwiesen sich ganz bestimmte literarische Genres. Als didaktische Literaturform war die Fabel hervorragend geeignet, Lehren zu vermitteln.
Als agitatorische Kleinkunst wurde die Fabel durch ERASMUS ALBERUS und BURKHARD WALDIS während der *Reformationszeit* genutzt. Auch MARTIN LUTHER hatte die Möglichkeiten der Fabel als Instrument für die Reformation des Glaubens erkannt. Er nutzte sie, um seine religiös-moralischen Ansichten zu veranschaulichen. Während der Aufklärung nutzten FRIEDRICH VON HAGEDORN (1708–1754), CHRISTIAN FÜRCHTEGOTT GELLERT (1715–1769) und GOTTHOLD EPHRAIM LESSING das *Genre*. Während HAGEDORN die Fabel als ironisch-kritisches Lehrgedicht umbaute und GELLERT sie mit Leichtigkeit komponierte, dass sie „seinem eignen Naturelle“ folgte, nutzte LESSING die epigrammatisch kurze Prosaform. Ihnen gemeinsam war die vernunftbasierte Lehre der Fabel, die zugleich unterhalten sollte.

Die Fabel galt als volkstümliches Genre, das vor allem die unteren Schichten ansprach. GOTTSCHED, der theoretische Kopf der Frühaufklärung, vernachlässigte die Fabel als zu niedrig.

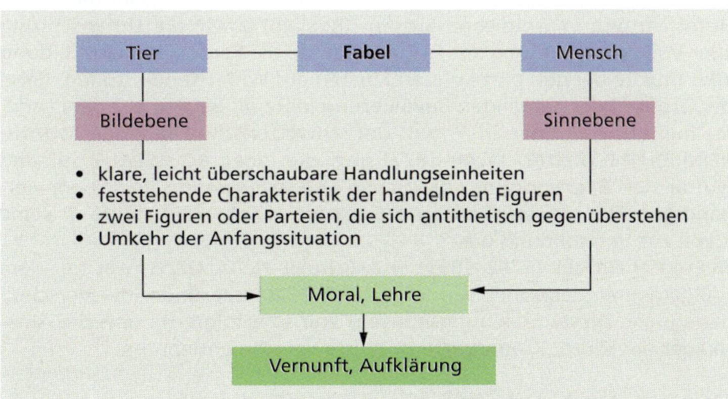

Eine weitere Möglichkeit der „Erziehung“ des Bürgertums war der Roman. JEAN-JACQUES ROUSSEAUS Erziehungsroman (1762) „Émile ou de l'éducation“ („Emile, oder über die Erziehung“) war zugleich das wichtigste Werk zur Etablierung eines aufgeklärten Erziehungswesens.

JEAN-JACQUES ROUSSEAU (1712–1778)

Besondere Bedeutung wurde den exakten Wissenschaften Mathematik und Physik als Impulsgeber für eine Neubestimmung der Geisteswissenschaften beigemessen.

Erste Realschulen wurden im 18. Jh. in Halle und Berlin gegründet. Realfächer waren u. a. Geschichte, Geografie, Mathematik und Physik.

Der Pädagogik wurde in der Aufklärung eine zentrale Funktion zugeschrieben. Kinder würden empfindsam geboren und erst im Laufe des Lebens vernünftig, meinte ROUSSEAU. Der Erzieher müsse also Sorge tragen, dass das Kind lerne, vernünftig zu handeln. Der Zögling dürfe nicht indoktriniert werden. Das Kind solle eine Erziehung genießen, die an seine Entwicklung angepasst sei.

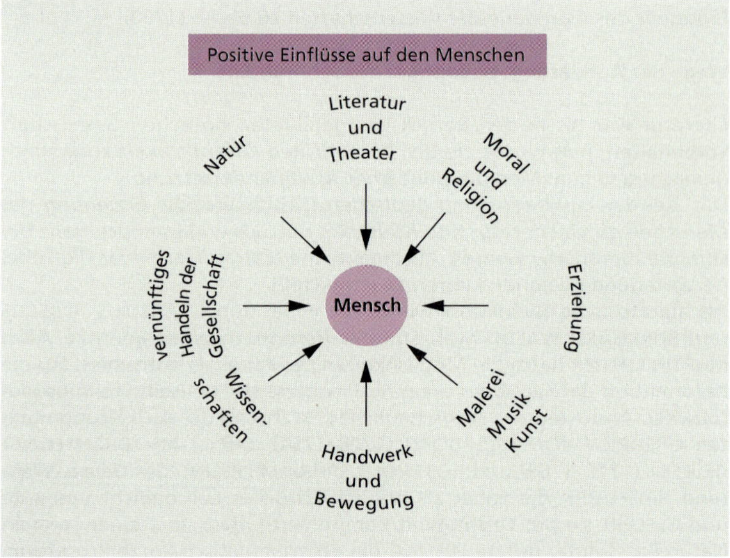

1770 konnten erst etwa 15 % und 1800 etwa 25 % der deutschen Bevölkerung lesen.

Um 1800 lebten in Deutschland 75 % der Bevölkerung von der Landwirtschaft.

Die *Philanthropen* forderten die Anwendung wissenschaftlicher Verfahrensweisen in der Schule, die von der Vernunft getragen sein sollten, die Unterrichtung in weltlichen Stoffen (Realien) sowie die Unterrichtung aller Volksschichten und der Frauen. Gerade die Forderung nach Bildung aller musste bei den partikularen Fürsten auf Widerstände stoßen, denn der Großteil der damaligen Bevölkerung lebte als Bauern auf dem Land, die meisten von ihnen in Armut. Der schweizerische Pädagoge JOHANN HEINRICH PESTALOZZI (1746–1827) griff die Ideen ROUSSEAUS auf und wurde zum *Begründer des deutschen Volksschulwesens.* In seinem vierbändigen Roman „Lienhard und Gertrud" (1781–1785) stellte er seine Ideen zur Volksbildung dar.
FRIEDRICH FRÖBEL (1782–1852), u. a. Schüler PESTALOZZIS, war mit dem „Allgemeinen deutschen Kindergarten" (1840) Begründer der Vorschulpädagogik. Dieses Erziehungskonzept war so erfolgreich, dass die Amerikaner das Wort „Kindergarten" in ihre Sprache entlehnten.

Moralische Wochenschriften

Zwischen 1700 und 1770 erschienen 1 287 Romane in Deutschland.

Im 18. Jahrhundert beginnt der Aufstieg des Buches zum Massenmedium. **Moralische Wochenschriften** waren Voraussetzungen für die Entstehung eines literarischen Marktes: Durch das Aufgreifen populärwissenschaftlicher Themen, leichter Unterhaltung usw. erschloss man breitere Leser-

schichten und konnte auf diese Weise bürgerliche „Tugend" und „Moral" fördern. Man schrieb in einfachen literarischen Formen, verfasste Dialoge, Briefe, Kurzerzählungen.
Vorbild der moralischen Wochenschriften waren die englischen „moral weeklies". In kurzer Zeit entstanden eine Unzahl von Zeitschriften: Der von JOHANN MATTHESON herausgegebene „Vernünftler" (1713/14) war Vorreiter. Ihm folgte BROCKES' „Der Patriot" (1724–1726), eines der populärsten Aufklärungsjournale überhaupt, GOTTSCHEDS „Der Biedermann" (1727–29) und „Discourse der Mahlern" (1721–1723) von JOHANN JAKOB BODMER (1698–1783) und JOHANN JAKOB BREITINGER (1701–1776). Auch die „Briefe, die neueste Literatur betreffend", von LESSING, NICOLAI und MENDELSSOHN herausgegeben, gehören in diesen Umkreis.
SOPHIE VON LA ROCHE (1730–1807), erste Frauenromanautorin der deutschen Literatur und Großmutter von CLEMENS BRENTANO und BETTINA VON ARNIM, brachte 1783 mit „Pomona für Teutschlands Töchter" die erste Frauenzeitschrift in Deutschland heraus. Auch GOTTSCHED mit „Die vernünftigen Tadlerinnen" (1725–1726) und JOSEF VON SONNENFELS (1732–1817) mit „Theresie und Eleonore" (1767) waren Herausgeber von Frauenzeitschriften.
Die moralischen Wochenschriften förderten die Entstehung der modernen Zeitschrift sowie den raschen Anstieg der Buchproduktion und den zahlenmäßig sprunghaften Anstieg der Schriftsteller. Anstelle des durch Tauschhandel (1450–ca. 1700) organisierten Buchhandels traten das moderne Verlagswesen und der moderne Buchhandel. Die mittlere Auflagenhöhe lag bei etwa 500 Exemplaren (höchstens 6000).

JOHANN JAKOB BODMER (1698–1783)

Allein in Wien erschienen im 18. Jh. 30 Frauenzeitschriften.

Kunst als Nachahmung der Natur: die Frühaufklärung

Naturwissenschaftler hatten die Natur beobachtet und sie als „vernünftig" angesehen. Dieses Vernunftprinzip sollte nun auch auf die gesellschaftliche Ebene des absolutistischen Staates angewendet werden: Kategorien wie Moral, Religion und Justiz wurden hinsichtlich ihrer „Vernunft" betrachtet. Auch die Literatur hatte daran Anteil. Man besann sich antiker Traditionen.

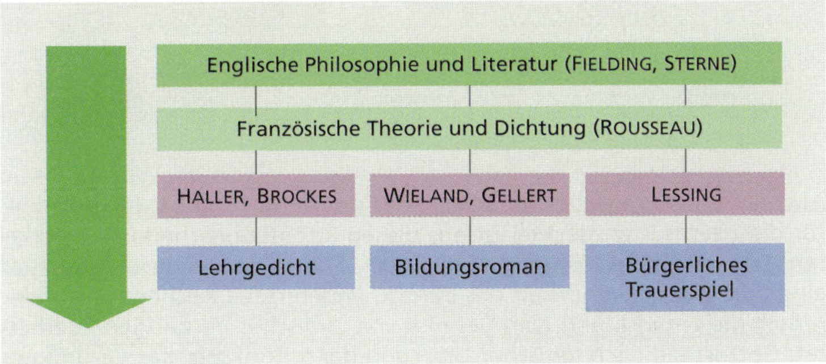

Vernunft galt als Voraussetzung für den „unendlich vollkommeneren Aestheticus" (G. F. MEIER), der sich vom „gemeinen, studierten, gelehrten Pöbel" (GOTTSCHED) abzuheben hatte. Der Bürger musste sich durch allseitige Bildung vom Adel abheben, denn der Verstand war das Einzige, womit man der unvollkommenen Wirklichkeit entgegenwirken konnte.

Das literarische **Rokoko** kultivierte die antike *Anakreontik*. FRIEDRICH VON HAGEDORN, JOHANN GEORG JACOBI (1740–1814), der Zweite Hallesche Dichterkreis um JOHANN PETER UZ, JOHANN NIKOLAUS GÖTZ

MATTHIAS CLAUDIUS (1740–1815)

(1721–1781) und JOHANN WILHELM LUDWIG GLEIM besangen in ihren Gedichten das Leben und seine Freuden, sie priesen Wein und Geselligkeit, zeichneten eine poetische Schäferlandschaft. Die Hallenser wollten die Melancholie vertreiben und durch heitere Literatur eine heitere Stimmung hervorrufen. Der heitere Mensch war gesellig und umgänglich. Dies sahen die Anakreontiker als Voraussetzung dafür, dass die Menschen ihre Arbeitspflichten mit Freude wahrnahmen. UZ war neben GLEIM der angesehenste und künstlerisch bedeutendste Vertreter der deutschen Anakreontik. 1746 übersetzte er zusammen mit GÖTZ „Die Oden Anakreons". Nachdem er jedoch in die Literaturdiskussion um BODMER und GOTTSCHED geriet, von WIELAND kritisiert worden war, wandte er sich den ernsthafteren geistlichen und weltlichen Themen zu. Auch MATTHIAS CLAUDIUS, anfangs der Anakreontik verpflichtet, war später mit mehr religiösen und ethischen Themen befasst. CLAUDIUS´ Lyrik blieb stets volksliedhaft einfach, ist vielfach volkstümlich geworden („Der Mond ist aufgegangen").

Die **Anakreontik** als literarisches Phänomen ist einerseits als Weiterwirken barocker Vorstellungen, andererseits aber als literarische *Empfindsamkeit* innerhalb der Aufklärung zu verstehen.

Pietismus: protestantische Bewegung des 17./18. Jh., die eine Erneuerung der Kirche anstrebte. Man glaubte an die Wiedergeburt eines jeden Menschen. Eine Rechtfertigung gegenüber der Kirche wurde abgelehnt, nur das persönliche Erleben der göttlichen Gnade angestrebt. Pietismus ist ein stark diesseitig orientierter Glaube.

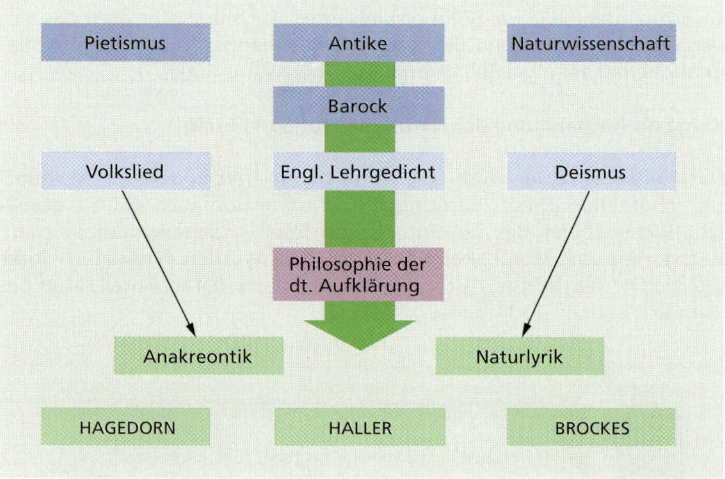

ALBRECHT VON HALLER (1708–1777)

Auch BARTHOLD HINRICH BROCKES, der die Natur- und Landschaftslyrik für die Literatur entdeckte, ist aus diesen Strömungen heraus zu erklären. Sein „Irdisches Vergnügen in Gott" (1721–1748) zeigt im Titel zum einen die Gottgewandtheit des Barock, andererseits zeichnet er aufklärerisch die Entwicklung zum Deismus vor. „Irdisches Vergnügen" bedeutet: Gott ist lediglich logischer Ursprung der Schöpfung, das Vergnügen in Gott ein diesseitiges, weltliches. In diesem Sinne ist Brockes Verfasser von aufklärerischen Lehrgedichten. ALBRECHT VON HALLERS philosophisches **Lehrgedicht** „Die Alpen" (1733) huldigte dem Leben im Einklang mit der Natur, SALOMON GESSNERS „Idyllen" (1756) sind aus naturverbundener Perspektive verfasst. GESSNER bedichtet ein goldenes Weltalter als gewesenes Ideal. In seiner Vorrede erläuterte er seine Poetik als Zweiteilung von Gegenwart und Ideal:

> „sie erhalten dardurch einen höhern Grad der Wahrscheinlichkeit, weil sie für unsre Zeiten nicht passen, wo der Landmann mit saurer Arbeit unterthänig seinem Fürsten und den Städten den Überfluß liefern muß, und Unterdrükung und Armuth ihn ungesittet und schlau und niederträchtig gemacht haben."
> (Gessner, Salomon: Idyllen. Stuttgart: Reclam Verlag, 1973, S. 16.)

SALOMON GESSNER (1730–1788), lebte in Zürich

Der Bürger selbst geriet plötzlich zum Objekt der Betrachtung im **bürgerlichen Trauerspiel** und im **Bildungsroman**. CHRISTOPH MARTIN WIELANDS „Geschichte des Agathon" (1766) schildert die Entwicklung eines jungen Menschen und gilt als Begründung des deutschen Bildungsromans.
Die schöne Literatur (Belletristik) galt seit dem Meistersang als erlernbar. Aufklärerische Literatur sollte darüber hinaus belehren und unterhalten. Zugleich entwickelten Autoren der Aufklärung eigene Poetiken, die das Besondere der Poesie herausarbeiten und ihre Einzigartigkeit unterstreichen sollten. Aus der Idee, dass *Poesie prinzipiell nicht erlernbar sei,* entwickelte sich der **Genie**gedanke des **Sturm und Drang.**

CHRISTOPH MARTIN WIELAND (1733–1813)

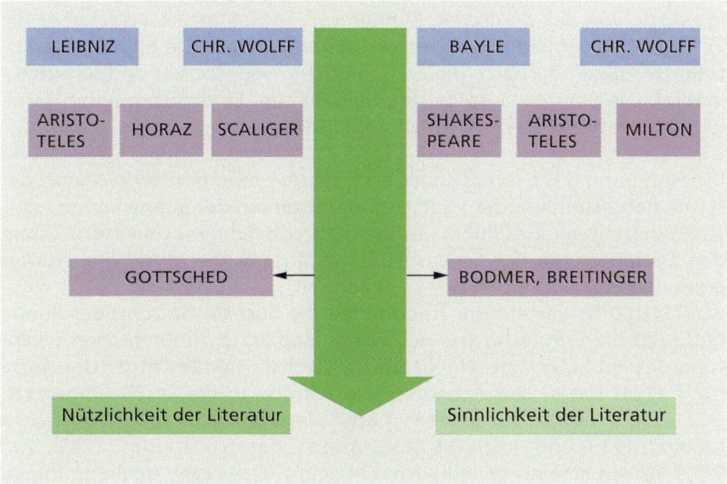

GOTTSCHED und BODMER/BREITINGER schieden sich an Ideal und Wirklichkeit. GOTTSCHED verfocht das Ideal einer von Dialekten gereinigten Hochsprache, BODMER/BREITINGER beharrten auf regionalen Unterschieden, die Literatur erst sinnlich und bunt machten.

Der Leipziger Professor für Poesie JOHANN CHRISTOPH GOTTSCHED (1700–1766) hatte sich mit den Ideen LEIBNIZ' und seines Schülers CHRISTIAN WOLFF vertraut gemacht. 1730 gab er seinen auf philosophisch-rationalistischen Vorstellungen der Vorbilder LEIBNIZ und WOLFF fußenden „Versuch einer Critischen Dichtkunst vor die Deutschen" in den Druck. Die letzten bedeutenden Poetiken stammten aus dem **Barock** (OPITZ, HARSDÖRFFER) und waren eher rhetorisch fundiert. In seiner Poetik legte GOTTSCHED Regeln für die Produktion von lyrischen und epischen Werken und für das Drama fest. Er fasste Dichtung traditionsgemäß als erlernbar auf. Und in diesem Sinne, als Lehrbuch der Dichtkunst, ist der

„Versuch …" abgefasst. Die Hauptaufgabe von Literatur war für GOTTSCHED die sittlich-moralische Erziehung des Bürgertums. Im Sinne seines Vorbildes ARISTOTELES sah er die Aufgabe des Künstlers in der Nachahmung der Natur *(Mimesis):*

> „Die Nachahmung der vollkommenen Natur, kann […] einem künstlichen Werke die Vollkommenheit geben, dadurch es dem Verstande gefällig und angenehm wird …"
>
> Gottsched, Johann Christoph : Ausgewählte Werke. Hrsg. Joachim Birke u. P. M. Mitchell. Band 6,1, Berlin; New York: Walter de Gruyter, 1968–1987, S. 183 f.)

Einen großen Teil des Werkes nimmt die Gattungstheorie ein. Als äußerst bedeutsam erkennt GOTTSCHED die *Reform des Theaters.* Er wollte das deutsche Theater zur Formenreinheit der Antike zurückführen. Das Theater des 18. Jahrhunderts fand vorwiegend als Volksbelustigung auf Jahrmärkten statt. Man kannte keine Textgrundlage, sondern spielte stegreifspielartig mit spontanen Texten. Die Schauspieler stellten Typen dar: Liebhaber, Lüstling, schlaue Tochter, alten Vater. Seit dem frühen 16. Jahrhundert diente der Hanswurst (Harlekin) der Belustigung des Publikums. Ursprünglich stammte er aus der **Commedia dell´Arte.** 1737 hat GOTTSCHED ihn gemeinsam mit der Theaterprinzipalin CAROLINE NEUBER in Leipzig von den deutschen Bühnen verbannt. Stattdessen schuf er die in fünf Akte gegliederte **sächsische Typenkomödie.** Sie ahmte eine lasterhafte Handlung nach, die vom Publikum verlacht wurde **(Verlachkomödie).** Die Ständeklausel wurde beibehalten: Eine zweigeteilte Handlung kontrastierte den Herrn mit dem Diener.

Commedia dell'Arte = Komödie der Kunstfertigkeit, bezeichnet die in der Mitte des 16. Jh. in Italien entstandene Stegreifkomödie.

Die Handlung des Dramas sollte nach dem *Vorbild der Wirklichkeit,* der Natur, dargestellt werden. Götter und Geister auf der Bühne lehnte Gottsched deshalb ab. Das Publikum sollte nun diszipliniert und aufmerksam den Darbietungen der Schauspieler folgen, um die Moral des Stückes erkennen und nach ihr handeln zu können.

GOTTSCHED betrachtete das Theater bereits als moralische Anstalt.

GOTTSCHED bewertete die *Tragödie als die höchste Gattung* der Poesie und hielt die Bühne für das geeignete Medium zur moralischen Belehrung des Publikums. In seinem Drama „Der sterbende Cato" (Uraufführung 1731) hat er seine theoretische Position in die Praxis umgesetzt. GOTTSCHED nutzte für seinen „Cato" Vorlagen von JOSEPH ADDISON („Cato", 1713) und FRANÇOIS DESCHAMPS („Caton d'Utique", 1713). Von 1648 Versen schrieb er lediglich 174 selbst. Das recht trockene *Ideendrama* handelt von Cato, dem konservativen Gegner Caesars, dem aufrechten und unbestechlichen Senator, der die Selbsttötung nach Caesars Sieg bei Utica 46 v. Chr. der Verhaftung und etwaigen Begnadigung vorzieht.

Das Ideendrama baut auf einem weltanschaulichen Leitgedanken auf, dem Handlung, Charakter und Stoff untergeordnet sind.

In seiner „Deutschen Schaubühne nach den Regeln und Exempeln der Alten" veröffentlichte GOTTSCHED Übersetzungen aus dem Französischen, eigene Stücke und die seiner Frau, der GOTTSCHEDIN, sowie Werke von Freunden, ganz nach dem Prinzip „prodesse et delectare" („nützen und erfreuen") aus der „Ars Poetica" des HORAZ. Einen wirklichen Erfolg auf dem Theater hatte aber erst LESSING mit dem *ersten bürgerlichen Trauerspiel* „Miß Sara Sampson".

GOTTSCHEDIN = LUISE ADELGUNDE VICTORIE GOTTSCHED geb. KULMUS (1713–1762)

Vor GOETHE beschäftigte sich GOTTSCHED bereits mit der Figur des Reinecke Fuchs. Eine hochdeutsche Übersetzung des „Reynke de Vos“ (1498) wurde Vorlage für sein Versepos „Reinek der Fuchs“ (1752).

Die Vernunft und das Wahre, Gute und Schöne: die Hochaufklärung

Der Literaturstreit

GOTTSCHED	LESSING
Französisches Theater	**Englisches Theater**
• Fürstenerziehung • belehrende erzieherische Figuren • Vernunft • Ständeklausel im Drama • rationalistische Gesellschaftstragödie • Furcht und Schrecken: Angst • Alexandriner • 3 Einheiten: Ort, Zeit, Handlung • hoher Sprachstil (Tragödie) • schmucklose Rede	• Erziehung des Menschengeschlechts • realistische Figuren • Identifikation mit den Helden • Leidenschaft • Aufhebung der Ständeklauseln • realistische Gesellschaftstragödie • Katharsis: Mitleid, Einfühlung • Blankvers • Bruch mit den 3 Einheiten • Sprachstil den Inhalten angepasst

GOTTSCHEDS Ideal einer reinen *Verstandesdichtung* musste seine Gegner finden. Seine Schüler GOTTLIEB WILHELM RABENER (1714–1771), CHRISTIAN FÜRCHTEGOTT GELLERT, JOHANN ELIAS SCHLEGEL u. a. gründeten 1744 in Bremen „Neue Beyträge zum Vergnügen des Verstandes und Witzes“, in denen sie sich deutlich von den Theorien ihres Lehrers distanzierten. Die Autoren strebten *empfindsame und gefühlvolle Unterhaltung mit lehrhafter Tendenz* an. Diese Tendenz der Aufklärung wird deshalb auch *Empfindsamkeit* genannt. GELLERT war Vertreter der *Comédie larmoyante,* des „lehrhaft-rührenden Lustspiels“, das GOTTSCHEDS sächsische Typenkomödie von der Bühne verdrängen sollte. Er probte das aus Frankreich kommende Rührstück u. a. in „Die zärtlichen Schwestern“ (1747) aus und untermauerte seine Theatertheorie 1751 in „Pro comoedia commovente“, einer Programmschrift über das rührende Lustspiel.

Auch aus Halle erfolgten Angriffe gegen den „Literaturpapst“ GOTTSCHED durch GEORG FRIEDRICH MEIER (1718–1777) in dessen Schrift „Beurtheilung der Gottschedschen Dichtkunst“ (1747). Massiv setzten die schweizerischen Aufklärer JOHANN JACOB BODMER und JOHANN JAKOB BREITINGER in ihren Poetiken „Critische Abhandlung von dem Wunderbaren in der Poesie“ bzw. „Critische Dichtkunst“ (beide 1740) Gegenakzente zu GOTTSCHED. BODMER und BREITINGER, die das Emotionale und die Fantasie in der Dichtung forderten, orientierten sich stark an den literarischen und philosophischen Tendenzen in England (Empirismus), während GOTTSCHED sich an die französische Aufklärung (Rationalismus) angelehnt hatte.

GEORG FRIEDRICH MEIER (1718–1777) war ein bedeutender Vertreter der Aufklärung, Begründer der modernen philosophischen Ästhetik, Theoretiker der halleschen Anakreontik.

Zentren der Aufklärung	
Zürich	BODMER, BREITINGER, KLOPSTOCK, WIELAND
Halle	UZ, GÖTZ, G. F. MEIER
Zentren der Aufklärung	
Leipzig	LEIBNIZ, GOTTSCHED, LESSING, KÄSTNER
Hamburg	LESSING, KLOPSTOCK, BROCKES, CLAUDIUS
Bremen	GELLERT, J. E. SCHLEGEL, KLOPSTOCK
Berlin	LESSING, MENDELSSOHN, NICOLAI
Königsberg	KANT, GOTTSCHED, HERDER
Göttingen	HALLER, LICHTENBERG, HERDER

Ähnliche Angriffe erfuhr GOTTSCHED durch GOTTHOLD EPHRAIM LESSING (1729–1781). Dessen „Briefe, die neueste Literatur betreffend" (1759 bis 1765) und die „Hamburgische Dramaturgie" wurden zur eigentlichen theoretischen Grundlage des deutschen Dramas.
In seinem 17. Literaturbrief griff LESSING GOTTSCHED persönlich an und warf ihm vor, mit seiner Theaterreform eher Verschlimmerungen als Verbesserungen bewirkt zu haben. GOTTSCHED habe es versäumt zu untersuchen, ob das französische Theater für das deutsche als Vorbild tauge. Hingegen wird SHAKESPEARE und das englische Theater, weit entfernt von rationalistischen Tendenzen, zum Vorbild für ein deutsches Nationaltheater erhoben. SHAKESPEARES Theater sei natürlich und ursprünglich, auch sei das zeitgenössische englische Theater geeigneter, weil „das Große, das Schreckliche, das Melancholische besser auf uns wirkt als das Artige, das Zärtliche, das Verliebte" (LESSING).
Mit der Hervorhebung der Bedeutung des englischen Theaters und insbesondere SHAKESPEARES leitete LESSING eine lang anhaltende, vor allem für den *Sturm und Drang* und die *Romantik* bedeutende SHAKESPEARE-Rezeption ein. Die bedeutendsten Übersetzungen shakespearescher Werke stammen von CHRISTOPH MARTIN WIELAND, FRIEDRICH SCHLEGEL, LUDWIG und DOROTHEA TIECK und WOLF GRAF BAUDISSIN (1825–1833).
LESSING strebte die Wandlung des Theaters vom Hoftheater zum Nationaltheater an. Er nahm deshalb begeistert eine Stellung als Dramaturg am Hamburger Nationaltheater an, kehrte aber der Hansestadt bald enttäuscht den Rücken. Jedoch wurden seine Vorstellungen Jahrzehnte später verwirklicht und bürgerliche Stadttheater gegründet.

> Das **bürgerliche Trauerspiel** ist eine während der *Aufklärung* im 18. Jahrhundert entstandene dramatische Gattung. Sie stellt das Schicksal des Bürgers ins Zentrum der Betrachtung.

Die in den Renaissance- und Barockpoetiken festgelegte **Ständeklausel** im Drama wurde überwunden. Die Ständeklausel sah vor, dass in der Tragödie ausschließlich Mitglieder höherer Stände (Adel) Handlungsträger sein durften.

LESSING gelang mit „Miß Sara Sampson" (1755), in nur vier Wochen niedergeschrieben, und „Emilia Galotti" (1771), das *bürgerliche Trauerspiel* in Deutschland zu etablieren. Zugleich löste er den traditionellen **Alexandriner** durch den **Blankvers** ab. Das Drama wirkte so prosaischer.

„Emilia Galotti" spielt in Italien. LESSING greift darin ein oft bearbeitetes Motiv von TITUS LIVIUS (59–17 v. Chr.) auf. In „Ab urbe condita" („Vom Ursprung der Stadt") wird die Legende von der Römerin Virginia erzählt, die von ihrem Vater getötet wird, weil dies der einzige Weg ist, sie vor der Willkür des Decemvirn Appius Claudius zu bewahren.

Ein Decemvir gehörte zu einem Gremium von zehn Beamten, die mit Sondervollmachten ausgestattet waren und Sonderaufgaben im Römischen Reich erfüllten.

Emilia soll den Grafen Appiani heiraten, jedoch Hettore Gonzaga, Prinz von Guastalla, verliebt sich in das Bürgermädchen. Marchese Marinelli, sein Kammerherr, soll nun alles tun, die Hochzeit zu verhindern. Bald darauf wird das Brautpaar von Verbrechern überfallen und Appiani ermordet. Emilia wird mit ihrer Mutter auf das Schloss des Prinzen „in Sicherheit" gebracht, bald trifft auch der Vater Odoardo dort ein. Gräfin Orsina, die ehemalige Geliebte des Prinzen, klärt Odoardo über die Hintergründe der Bluttat auf. Emilia fürchtet, den Verführungskünsten des Prinzen nicht standhalten zu können, und um die Ehre seiner Tochter zu retten, gibt der Vater ihrem Drängen nach und ersticht sie.

Das Drama ist so beliebt, dass es Nachahmer findet: JOHANN JAKOB BODMER schreibt 1778 „Odoardo Galotti, Vater der Emilia. Ein Pendant zur Emilia. In einem Aufzuge: und Epilogus zur Emilia Galotti. Von einem längst bekannten Verfasser".

Shakespeare und die Folgen

1576 gab es das erste feststehende und öffentlich zugängliche Theatergebäude in London. WILLIAM SHAKESPEARE wird einer der ersten namhaften „modernen" Autoren gewesen sein, der mit seinem „Globe Theatre" (gegr. 1597) in London zugleich auch ortsansässig bleiben konnte. Um 1650 zogen jedoch die englischen Wandertruppen bereits wieder durch Europa, da ein Verbot der festen Theater verhängt worden war. Viele Shakespearestoffe gelangten so nach Deutschland. Jedoch dauerte es noch 100 Jahre, bis erste kongeniale Übersetzungen vorlagen.
Mit CHRISTOPH MARTIN WIELAND begann in Deutschland der Shakespearekult. Er übersetzte 16 seiner Stücke, u. a. „Romeo und Julia", „König Lear" und „Hamlet, Prinz von Dänemark". Diese Werke wurden zu Vorbildern für die **Stürmer und Dränger:** GOETHES „Götz von Berlichingen", SCHILLERS Karl Moor aus „Die Räuber", JAKOB MICHAEL REINHOLD LENZ' „Hofmeister" orientierten sich an der Lebendigkeit der shakespeareschen Figuren.

WILLIAM SHAKESPEARE (1564–1616)

HERDERS „Shakespeare" (1773), GOETHES „Zum Schäkespears Tag" (1771) und LENZ' „Anmerkungen übers Theater" (1774) beschäftigten sich anhand des durch HERDER eingeführten „Genie"-Begriffs mit SHAKESPEARE.

„Romeo und Julia“ wurde mehrfach verfilmt, zuletzt 1996 mit CLAIRE DANES als Julia und LEONARDO DI CAPRIO als Romeo.

„Romeo und Julia“ spielt in Verona, wo sie den verfeindeten Familien Montagues und Capulets angehören. Der Degenkampf zwischen Tybalt und Benvolio löst einen Kampf zwischen den Familienoberhäuptern beider Häuser aus. Romeo Montague verliebt sich auf einem Fest in die Julia aus dem Hause der Capulets. Sie lassen sich vom Pater Laurenzo trauen, der gehofft hatte, mit dieser Ehe würde der Familienzwist beendet werden können. Tybalt tötet bald darauf jedoch Mercutio, worauf Romeo Tybalt töten muss. Romeo flieht nach Padua, Julia bittet den Pater verzweifelt um Rat. Jener verabreicht ihr einen Trunk, der sie in einen todesähnlichen Schlaf versetzt. Romeo erhält eine Todesnachricht, geht zurück nach Verona und sieht seine Ge liebte, glaubt sie tot. Daraufhin nimmt er sich selbst das Leben, Julia, aufwachend, sieht Romeo tot und begeht Selbstmord. Nur die Eltern können miteinander versöhnt werden.

JOHANN CASPAR LAVATER (1741–1801)

Es sind Geschichten nach dem Geschmack des ausgehenden Mittelalters, Kriminalstücke, tragische Vater-Sohn-Konflikte, verzweifelte Liebesgeschichten, die ab Mitte des 18. Jahrhunderts durch die Übersetzungen WIELANDS, TIECKS und SCHLEGELS nach Deutschland gelangten und ein zumeist euphorisches Publikum fanden. Mit welcher Verspätung das deutsche Publikum SHAKESPEARE kennenlernte, mag folgendes Beispiel belegen: Der „Kaufmann von Venedig“ wurde erstmals 1598 erwähnt. 1607 wurde das Stück in Passau erstmalig in Deutschland aufgeführt. Jedoch erst AUGUST WILHELM VON SCHLEGEL übersetzte es 200 Jahre später in eine heute noch spielbare Form.

Gottsched, Lessing und die Literaturkritik

Die Prüfung der Dichtung daraufhin, ob sie tauglich sei zur Erbauung und Belehrung, führte bereits GOTTSCHED ein. Dieser nutzte auch das erste Mal das Wort „Kritik“. Bedeutende Literaturkritiker ihrer Zeit waren BODMER und BREITINGER. Sie forderten, der Dichter solle nicht nur Wirkliches, sondern auch Mögliches schildern. Das geriet ganz gegen die Vorstellungen GOTTSCHEDS. Jedoch beriefen sich BODMER und BREITINGER auf das gemeinsame Vorbild LEIBNIZ. Die Dichtung „... machet wie die Magie die uncörperlichen Dinge sichtbar, sie ... machet den Sinnen begreiflich, was der Verstand ... sonst nicht ohne tiefes Nachdenken erreichen kann“. Ohne es zu verbalisieren, forderten sie eine **Genie**-Ästhetik.

HERDER formulierte, ein Genie sei „das Licht der Welt“, meinte, das Genie sei der „Aussprecher unaussprechlicher Dinge“.

ratio = Verstand	Poesie ist erlernbar. →	Meistersinger
	Poesie ist erlernbar. →	GOTTSCHED
emotio = Gefühl	Poesie ist nicht erlernbar. →	LESSING
	Poesie ist nicht erlernbar. →	HERDER
	Originalgenie →	Sturm und Drang

LESSING als bedeutendem Literaturkritiker seiner Zeit kommt das Verdienst zu, die Kritik als eigenständige Disziplin eingeführt zu haben. Er forderte in seiner Schrift „Der Rezensent braucht nicht besser zu machen, was er tadelt" eine Trennung von Künstler und Kritiker. LESSING führte den Begriff des Originalgenies ein, der bei den Stürmern und Drängern zum Schlüsselbegriff werden sollte.
Zwischen 1748 und 1755 war LESSING Mitherausgeber der „Beyträge zur Historie und Aufnahme des Theaters". Mit „Briefe, die neueste Literatur betreffend" etablierten LESSING, FRIEDRICH NICOLAI (1733–1811) und MOSES MENDELSSOHN (1729–1786) die Literaturzeitschrift in Deutschland. Als Dramaturg am *Hamburger Nationaltheater* verfasste LESSING von 1767 bis 1769 die „Hamburgische Dramaturgie". Darin äußerte er:

> „Nicht jeder Liebhaber ist Kenner; nicht jeder, der die Schönheiten eines Stücks, das richtige Spiel eines Akteurs empfindet, kann darum auch den Wert aller andern schätzen. Man hat keinen Geschmack, wenn man nur einen einseitigen Geschmack hat; aber oft ist man desto parteiischer. Der wahre Geschmack ist der allgemeine, der sich über Schönheiten von jeder Art verbreitet, aber von keiner mehr Vergnügen und Entzücken erwartet, als sie nach ihrer Art gewähren kann."
> (Lessing, Gotthold Ephraim: Werke, Bd.4. Hrsg.: Herbert G. Göpfert München: Hanser, 1970 ff., S. 232.)

Metakritik der reinen Vernunft: Hamann und Herder

JOHANN GEORG HAMANN (1730–1788) war der wohl radikalste Aufklärer. Er war gegen eine reine Vernunft, wie sie IMMANUEL KANT vertrat. Als dessen „Metakritikus" versuchte er, auf KANT Einfluss zu nehmen, dass dieser seine „Kritik der reinen Vernunft" dahingehend veränderte, den Aspekt der Beeinflussung der *Vernunft durch Sprache* in seine Betrachtungen einzubeziehen. Vernunft an sich sei eine Selbstvergötzung derselben. In HAMANNS Denken steht die Menschwerdung Gottes im Zentrum der Überlegungen. Nach seinen Vorstellungen ist die menschliche Vernunft durch Sprache Wirklichkeit geworden. Es gibt eine Harmonie zwischen der Sprache des Menschen und der Sprache der Natur, die jedoch dem Menschen nicht bewusst ist. HAMANN deutet: *Sprache ist Nachahmung der Natur* und demnach die Voraussetzung für die Vernunft, auf die sich die Aufklärer berufen. Er verkehrt den descarteschen Satz „Cogito ergo sum" („Ich denke, also bin ich") zu „Est; ergo cogito" („Ich bin; also denke ich"). Die notwendige Konsequenz dessen ist HAMANNS Beschäftigung mit Sprache und Orthografie als Voraussetzung für die Vernunft, denn mit dem Benennen der Dinge und Verhältnisse beginnt das Ordnen des Chaos, beginnt Vernunft *(Sprache = Vernunft)*, beginnt für ihn das Ende des Mythos.

Für HAMANN war die Bibel (die überlieferte Religion) ein Gleichnis für die Geschichte der Menschheit.

JOHANN GOTTFRIED HERDER (1744–1803) griff den Gedanken seines Freundes und Lehrers HAMANN auf und meinte, die Sprache als Voraussetzung zur Verständigung zwischen Menschen sei ebenso notwendig wie die Vernunft selbst und das tätige Handeln der Menschen. Und schlussendlich wird nicht der Mensch, sondern die *Gruppe zur kleinsten*

HERDER war der Auffassung, Religion und Dichtung hätten die Bestimmung, die Menschheit zur reinen Humanität zu führen. Er brach mit dem christlichen Dogma, wonach die Sprache den Beginn der Welt markierte. („Am Anfang war das Wort.")

Einheit erklärt (Sprache = Welt = Vernunft). HERDER drängte darauf, die Erkenntnisfähigkeiten des Menschen zu untersuchen. Damit untermauerte er nicht nur HAMANNS Kritik an KANT, sondern fand einen eigenen philosophischen Ansatz einer Metakritik.
In einem Preisausschreiben der Akademie der Wissenschaften 1770 („Abhandlung über den Ursprung der Sprache") beantwortete er die Frage nach dem *Ursprung der Sprache* dahingehend, dass diese nicht göttlich, sondern aus der Geschichte der Menschen gewachsen sei. „Schon als Tier hat der Mensch Sprache", beginnt konsequenterweise sein Essay. Mit ihren Vorstellungen weisen HAMANN und HERDER in die Kritik der Aufklärung: in den *Sturm und Drang*.

Forderung nach Toleranz: Lessings „Nathan der Weise"

LESSING stattete seinen Nathan mit den Zügen seines Freundes **MOSES MENDELSSOHN** aus.

LESSINGS Toleranzdrama „Nathan der Weise", 1779 in Druck gegeben, spielt in der Zeit des 3. Kreuzzugs. Es thematisiert die Frage der Judenemanzipation und der religiösen Toleranz. Bereits 1749 hatte der Autor sich in der Komödie „Die Juden" mit dem Toleranzgedanken beschäftigt und die Überheblichkeit der Christen gegenüber den Juden verspottet.
LESSING siedelt sein Stück in der Stadt der drei Weltreligionen, Jerusalem, an. Auf Befehl des Sultans Saladin sind alle gefangenen Kreuzritter ermordet worden, bis auf einen, den Tempelherrn, der dem verstorbenen Bruder des Sultans ähnlich sieht. Der reiche Jude Nathan, gerade von einer Reise zurückgekehrt, erfährt, dass seine Tochter Recha vom Tempelherrn aus dem brennenden Haus gerettet worden ist. Recha und ihre christliche Gesellschafterin Daja, die von dem Schicksal des Tempelherrn erfahren haben, sehen in der Rettung ein Wunder.
Der Sultan lädt Nathan zu einem Gespräch ein. Da fügt es sich, dass der Sultan ihn mit der Frage konfrontiert, welche der drei Religionen die wahre sei. Nathan antwortet mit einem „Märchen", der Ringparabel.

GOTTHOLD EPHRAIM LESSING (1729 –1781)

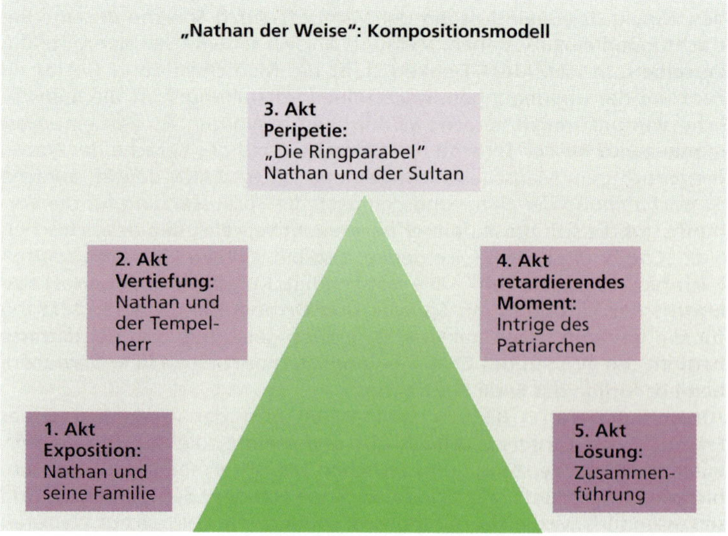

Ein „Mann im Osten" besaß einen Ring, der die Eigenschaft hatte, seinen Träger „vor Gott und Menschen angenehm zu machen, wer / In dieser Zuversicht ihn trug". Er wurde vom Vater demjenigen Sohn weitervererbt, der ihm am liebsten war, bis er auf einen Herrscher kam, der seinen drei Söhnen mit gleicher Liebe zugetan war. Unfähig, sich für einen von ihnen zu entscheiden, lässt er nach dem Muster des echten Rings zwei vollkommen gleiche anfertigen und übergibt sie vor dem Tod seinen Söhnen. Deren Streit um den echten Ring schlichtet ein kluger Richter, indem er einzig *praktisches Handeln zum Maßstab* für die Echtheit des Rings erhebt: „Es eifre jeder seiner unbestochnen / Von Vorurteilen freien Liebe nach! / Es strebe von euch jeder um die Wette, / Die Kraft des Steins in seinem Ring an Tag / Zu legen! komme dieser Kraft mit Sanftmut, / Mit herzlicher Verträglichkeit, mit Wohltun, / Mit innigster Ergebenheit in Gott / Zu Hilf!" Der Sultan erkennt in dem Bild von den drei Ringen die Religionen Christentum, Islam und Judentum, ist überrascht ob der Weisheit des Nathan, trägt ihm seine Freundschaft an. Religion, das erkennt der Sultan, muss sich durch praktische Humanität beweisen.
Der Tempelherr, in leidenschaftlicher Liebe zu Recha entbrannt, begehrt sie zur Frau. Nathan erkennt mithilfe des vom Patriarchen ausgesandten Klosterbruders in dem Tempelherrn Rechas Bruder, und Saladin und dessen Schwester Sittah erkennen in ihm ihren Neffen, den Sohn des Bruders Assam. Märchenhaft löst sich die Szene in Umarmungen und der Erkenntnis auf, dass drei Religionen in einer Familie vereint sind.
Nathan der Weise handelt nach den Regeln aufklärerischer Vernunft. Nicht Rache ist sein, nachdem die Tempelritter seine Familie ermordeten, sondern Güte und Solidarität, indem er die elternlose Recha bei sich aufnimmt. Und auch in den Akten des Dramas selbst beweist er, dass Vernunft sich durchsetzen kann.

„Die Ringparabel" entnahm LESSING einer Novelle von BOCCACCIOS **„Decamerone"**. Sie bildet dort die dritte Novelle des ersten Tages.
Den Namen Nathan entnahm LESSING der dritten Novelle des zehnten Tages.

Diese Utopie rief schon bald Kritiker hervor. Man warf LESSING vor, er habe ein positives Bild Nathans gezeichnet, weil er von jüdischen Kreisen bestochen worden sei. Der Antisemitismus erreichte ihn jedoch nicht mehr: Der „Nathan" wurde zwei Jahre nach dem Tod des Autors 1783 in Berlin erstmals aufgeführt.
Formell ist der Dramenstoff um Nathan, Recha und den Sultan geeignet, zur Tragödie zu werden. LESSING gibt dem dramatischen Gedicht einen Komödienschluss. Er durchbricht hier die strengen Regeln des klassischen Theaters.

Noch nach dem Wiener Kongress 1815 gab es in Deutschland vereinzelt Pogrome und antisemitische Hetzkampagnen. Erst 1871 erhielten die Juden volle staatsbürgerliche Rechte.

Von Reuter zu Gisander: der aufklärerische Roman

Der Aufstieg des Romans im 18. Jahrhundert zu einem dominierenden Genre in der epischen Gattung begann wiederum in England. DANIEL DEFOES „Robinson Crusoes Leben und seltsame Abenteuer" (dt. 1720) gab einer neuen Stilrichtung innerhalb des Genres seinen Namen: **Robinsonade.** SAMUEL RICHARDSON etablierte den **Briefroman,** HENRY FIELDING schrieb den ersten realistischen Roman der englischen Literatur, TOBIAS SMOLLETT machte den **pikarischen Roman** populär und LAURENCE STERNE gab mit „A Sentimental Journey Through France And Italy" (Yoricks empfindsame Reise durch Frankreich und Italien, 1768) einer ganzen Richtung innerhalb der Aufklärung einen Namen: **Empfindsamkeit.**

CHRISTIAN REUTERS „Schelmuffskys Warhafftige Curiöse und sehr gefährliche Reisebeschreibung zu Wasser und Lande" (1697) bereitete den aufklärerischen Roman in Deutschland vor.

Neben dem Erziehungsaspekt wiesen einige Romane utopische Gesellschaftsentwürfe auf. Zu ihnen gehörten GISANDERS (JOHANN GOTTFRIED SCHNABEL, 1692–1751/1758) unter dem sehr barock klingenden Titel veröffentlichter „Wunderliche Fata einiger See-Fahrer, absonderlich Alberti Julii, eines gebohrnen Sachsens, Welcher in seinem 18den Jahre zu Schiffe gegangen", später nach LUDWIG TIECKS Bearbeitung von 1828 unter „Die Insel Felsenburg" bekannter utopischer Roman sowie die „Reise eines Erdenbewohners in den Mars" von CARL IGNAZ GEIGER (1756–1791).

„Die Insel Felsenburg" ist die bedeutendste deutsche **Robinsonade** mit weit über 2000 Seiten. Sie berichtet von einer sozialen Gemeinschaft ohne Privateigentum und Geld, die sich nach einem Schiffbruch auf der Grundlage des **Pietismus** bildete. Eberhard Julius, der Ich-Erzähler, wird von seinem Onkel Albert auf die Insel Felsenburg eingeladen und erfährt von dessen Abenteuern. Eberhard macht sich indessen ein Bild vom urkommunistisch-lutherischen Leben auf der Insel. Stände- bzw. Zunftordnungen gelten auf der Insel Felsenburg nicht. Um die niedrigen Arbeiten kümmern sich Affen, die aus dem Familienverband jedoch ausgeschlossen sind und eher sklavisch gehalten werden. Albert Julius steht dieser Gesellschaft patriarchalisch vor. Eingebettet in den Roman sind 22 Autobiografien europamüder Auswanderer, die zunächst geprüft werden, ehe sie in die Gemeinschaft der Inselbewohner aufgenommen werden. „Die Insel Felsenburg" fand viele Nachahmer, unter ihnen auch EDGAR ALLAN POES „Arthur Gordon Pym".

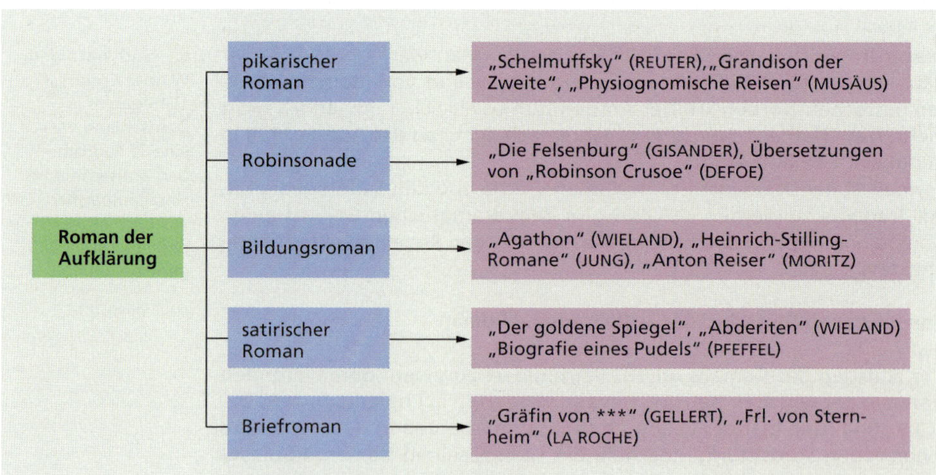

CHRISTIAN FÜRCHTEGOTT GELLERT war einer der meistgelesenen Autoren seiner Zeit. Sein Roman „Das Leben der schwedischen Gräfin von G***" (1747/1748), war der erste **bürgerliche Roman** und eine Mischung aus Brief- und Abenteuerroman.

Die Gräfin von G***, eine livländische Adlige, erzählt die Geschichte ihrer Familie. Mit 16 Jahren wird sie dem schwedischen Grafen von G*** angetraut. Es folgt ein Leben am Hofe, der Gatte zieht in den Krieg, die Gräfin schlägt die Werbungen des Prinzen von S** aus. Der Prinz rächt sich für die verschmähte Liebe, das Paar wird vom Hofe verbannt, der Mann erneut in den Krieg geschickt. In einem Brief erklärt er: „Ich soll durch das Schwerdt sterben, weil ich es nicht beherzt genug fuer das Vaterland gefuehret habe." Die Gräfin und Herr R**, ein bürgerlicher Freund der Familie, fliehen aus Schweden unter Zurücklassung all ihrer Habe, nachdem der Graf für tot erklärt wurde. R** und die Gräfin siedeln sich in Amsterdam an und heiraten. Gräfin von G*** erhält Nachricht, dass der Graf die Gefangenschaft überstanden hat und lebt. Bei seiner Rückkehr treten Herr R** und die Gräfin anstandslos von ihrer Ehe zurück, Herr R** wandelt sich wieder zum guten Freund der Familie. Als der Graf stirbt, heiratet die Gräfin erneut Herrn R**.

GELLERTS „Schwedische Gräfin" wurde als erster deutscher Roman auch in anderen europäischen Ländern verlegt. Ihm folgte eine ganze Reihe von Familienromanen empfindsamer Prägung nach.

In dieser recht abenteuerlichen Geschichte werden die Helden immer wieder auf die Probe gestellt ob ihrer Standhaftigkeit gegenüber den Versuchungen des Lebens. WIELANDS **Bildungsroman** „Geschichte des Agathon" (1766/1767 erschienen) war nicht als „Modell eines vollkommen tugendhaften Mannes" gedacht, „es (wird) erzählt, (wie es) hätte geschehen können", erläutert der Autor im Vorbericht. Ein gewisser Realismus („Wahrheit") wird unterstellt, der allerdings auf dem Vernunftprinzip der Aufklärung beruht und sich der „Natur einer jeden Leidenschaft" unterwirft und ein Werk zwischen „Dichtung und Wahrheit" (GOETHE) zu sein vorgibt. WIELAND macht den Versuch, die innere Entwicklung seines Helden Agathon darzustellen, deshalb setzt er auf Wiedererkennung durch den Leser. Agathon ist nicht das Ideal, sondern die Bildung Agathons soll den Helden idealisch machen. Deshalb besitzt er gute wie schlechte Seiten, die zum einen Momente der Identifikation mit dem Helden bilden, andererseits Ansätze zu seiner Formung darstellen.

Das *Wahrheitsprinzip* begleitet die deutsche Literatur über Jahrhunderte und wurde im **Naturalismus** und der **Neuen Sachlichkeit** zum obersten Prinzip erhoben.

Schauplatz des Romans ist Athen. Agathon, der im Tempel aufwächst, begegnet seinem reichen Vater. Durch ihn genießt er Erziehung und Bildung, bekleidet bald ein hohes Amt in der Polis, wird, da er aristokratische Interessen verletzt, von den Athenern verstoßen und muss fliehen. Von Seeräubern gefangen, wird er als Sklave an Hippias verkauft. Mit diesem entspannen sich lange Dialoge um Genusssucht (Materialismus = Hippias) und Ideale (Idealismus = Agathon). Hippias will Agathon zu seinem Nachfolger machen, deshalb versucht er auch mittels der Verführung, den Ziehsohn von seinen Idealen abzubringen.
Die Hetäre Danae verliebt sich in den zu Verführenden, Agathon flieht erneut, nachdem er erfahren hat, wer sie ist. Am Hofe des Dionysios von Syrakus scheitert Agathon daran, die Reformen des Plato zu vollenden. Erst in der Republik Tarent gelingt es ihm, Ideal und Wirklichkeit zu verbinden und seine Reformen zu realisieren.

Die Dialoge sind nach dem Muster der „sokratischen Dialoge" PLATONS verfasst.

Der Sänger der Band „Ton, Steine, Scherben“, RIO REISER, benannte sich nach Anton Reiser.

„Anton Reiser“ (in vier Teilen 1785–1790 erschienen), der erste autobiografische *„psychologische Roman“* in deutscher Sprache von KARL PHILIPP MORITZ (1756–1793), berichtet die Geschichte eines Hutmacherlehrlings, die weitgehend der Biografie des Autors entspringt. „Anton Reiser“ stammt wie der Autor aus niederen gesellschaftlichen Verhältnissen, die Beziehung zu seinen Eltern gestaltet sich problematisch, denn „seine junge Seele (schwankte) beständig zwischen Hass und Liebe, zwischen Furcht und Zutrauen zu seinen Eltern hin und her“. Ohne Freunde wächst Anton auf. Seine erste Liebe gilt der Literatur, es gelingt ihm, die Hochschulreife zu erringen, zu studieren, er schließt sich der speichschen Theatergruppe an. Bettelnd um Anerkennung, zerbricht er jedoch an der „Prosa der Verhältnisse“ (HEGEL) und an seiner kranken Seele.

MORITZ führt einen *auktorialen Erzähler* ein, der das Geschehen um Anton Reiser kommentierend begleitet und beobachtet. Das scheinbar wissenschaftliche Interesse des Erzählers am Gemütszustand Reisers wird durch die sehr distanzierte Erzählhaltung zum Interesse eines Arztes gegenüber seinem Patienten.
Das Interesse des Autors für krankhafte Seelenzustände spiegelt sich bereits in dessen Periodikum „Magazin zur Erfahrungsseelenkunde als ein Lesebuch für Gelehrte und Ungelehrte“ (1783–1792, 10 Bände) wider. Hier veröffentlichte MORITZ psychologisch interessante Fallbeispiele und Beobachtungen (Krankengeschichten, Beispiele für Wahnsinn usw.) und greift der späteren **Psychoanalyse** SIGMUND FREUDS bereits vor.

Seit SOPHIE VON LA ROCHE werden die erfolgreichsten Frauenromane von Frauen selbst geschrieben.

SOPHIE VON LA ROCHE schrieb mit der „Geschichte des Fräuleins von Sternheim“ (1771) das damals wohl bekannteste Werk einer Frau und zugleich den ersten deutschen **Frauenroman** überhaupt. Sie benutzte in diesem Bildungsroman um die Erziehung „dieser Tochter meines Geistes“ (SOPHIE VON LA ROCHE) den Brief als schriftlichen Dialog und wurde mit ihrem Werk zum Anreger für GOETHES „Werther“. LA ROCHE wurde dem hochaufklärerischen Ideal gerecht, indem sie einen Ausgleich zwischen Gefühl und Denken, Erfahrung und Reflexion, Sinnlichkeit und Sittlichkeit suchte.
JOHANN KARL AUGUST MUSÄUS veröffentlichte zwei *pikarische Romane:* 1760–1762 anonym den Roman „Grandison der Zweite“, eine Parodie im Stil des „Don Quijote“ von CERVANTES auf RICHARDSONS „Sir Charles Grandison“ und 1778/79 „Physiognomische Reisen“.

Patriotischer Enthusiasmus: Ossian und die Volksdichtung

Das Streben der aufklärerischen Dichtung nach Natürlichkeit bewirkte u.a., sich mit Volksliedern und der Sprache des Volkes zu beschäftigen. Galt zunächst HOMER als Urgrund der Dichtung, wurde dieser zunehmend durch den keltischen Sänger OSSIAN (3.Jh.n.Chr.) verdrängt. GOETHE lässt seinen Werther schreiben: „Ossian hat in meinem Herzen Homer verdrängt.“ FRIEDRICH GOTTLIEB KLOPSTOCK (1724–1803) untersuchte die Gesänge der keltischen Sänger, der Barden, ganz besonders die OSSIANS. STEWART MCPHERSON (1736–1796), schottischer Vorromantiker, hatte Anfang des 18. Jahrhunderts Bruchstücke gälischer Volksdichtung gesammelt, jedoch vieles letztlich selber erdichtet und sie OSSIAN zugeschrieben. HERDERS Aufsatz über OSSIAN löste 1771 die „Volksliederbewegung" aus. Den Aufklärern ging es jedoch um das Finden einer patriotischen Thematik, man unterschied kaum in keltische, englische oder deutsche Mythen, sondern vereinigte alle gefundenen Bruchstücke unter germanische, also letztlich deutsche Vorzeiten. Die ossianischen Freiheitsgesänge verarbeitete KLOPSTOCK in seiner Ode „Der Hügel und der Hain" (1771). JOHANN HEINRICH VOSS, LUDWIG CHRISTOPH HEINRICH HÖLTY, JOHANN MARTIN MILLER und die Brüder STOLBERG benannten ihren **Göttinger Hainbund** nach dieser Ode KLOPSTOCKS.

FRIEDRICH GOTTLIEB KLOPSTOCK (1724–1803)

KLOPSTOCK bereitete mit seiner feierlichen, schwungvoll beseelten Sprache den Durchbruch der **Empfindsamkeit,** des **Sturm und Drang** und der Erlebnisdichtung vor. Er passte den *Hexameter* der deutschen Sprache an und führte die Metrik in **freie Rhythmen.** Sein Hauptwerk „Messias", ein aus zwanzig Gesängen bestehendes biblisches Epos, schrieb er mit vierundzwanzig Jahren in gewaltigen **Hexametern.** Es erschien zwischen 1748 und 1773 in vier Bänden.

KLOPSTOCK benötigte zur Fertigstellung des „Messias" mehr als 25 Jahre.

KLOPSTOCK leitete die deutsche klassische Periode ein. Die Autodidaktin und Dichterin ANNA LUISE KARSCH – die KARSCHIN (1722 bis 1791) – hatte *anakreontische* Vorbilder, als sie aus materieller Not heraus zu schreiben begann. Männer wie MENDELSSOHN und LESSING waren ihre Förderer. GLEIM gab 1764 eine erste Sammlung ihrer Gedichte heraus, die so populär wurden, dass die Autorin von ihren Zeitgenossen als „deutsche Sappho" gefeiert wurde. Sie war die *erste deutsche Berufsautorin.* Ihre Gedichte wirken heute eher sentimental und die Reime holprig:

„An eine Freundin

Dies Tantalussische Verlangen,
Der heiße Fieberdurst in mir
Ist nun, dem Himmel Dank! vergangen.
Nun, meine Freundin! kann ichs Dir
Wohl sagen froh und unverholen,
Nun glüht mir Tag und Nacht der Mund
Nicht mehr wie angeflammte Kohlen,
Seitdem mir Milon hat befohlen:
‚Bleib ruhig, bleib gesund –
Sonst kränkst du mich' –
Er sprachs, und läßt mich denken:
Ihn, meinen Wunsch, mein Augenmerk,
Ihn, meinen Abgott! nicht zu kränken,
That die Natur ein Wunderwerk –"

(Gedichte von Anna Louisa Karschin, geb. Dürbach. Nach der Dichterin Tode nebst ihrem Lebenslauff herausgegeben von Ihrer Tochter C. L. v. Kl. Berlin: gedruckt mit Ditericischen Schrifften, 1792, S. 300.)

Die Bewunderung der KARSCHIN durch die Zeitgenossen lag jedoch genau in ihrer Ursprünglichkeit und Authentizität, „Kind des Volkes" zu sein, das „nur die Natur" gebildet hatte.

Diese schwärmerischen Tendenzen innerhalb der Literatur und Gesellschaft, Teil der **empfindsamen Phase** der Aufklärung, markierten zugleich den Beginn des **Sturm und Drang.**

4.6.2 Sturm und Drang

Vielerorts als eigenständige literarische Epoche bezeichnet, wird der **Sturm und Drang** auf den Zeitraum von Mitte der 60er- bis Mitte der 80er-Jahre des 18. Jahrhunderts datiert und nach dem gleichnamigen Drama von Klinger benannt.

Als politische Revolte bedeutungslos, erwies sich der Sturm und Drang als außerordentlich wirkungsvoll für die Literatur späterer Epochen **(Klassik, Romantik, Naturalismus, Expressionismus)** und einzelner Autoren (z. B. **BÜCHNER, BRECHT**).

Der Sturm und Drang (Geniezeit, Genieperiode) bildete innerhalb der *Aufklärung* im 18. Jahrhundert eine neue Tradition, in der Begriffe wie „Genie" und „Gefühl" eine beherrschende Rolle spielten. Die *Empfindsamkeit* erhielt in der Literatur eine neue Qualität, geriet aber teilweise als Sentimentalität in Gegensatz zum *Rationalismus* der Aufklärung. Die literarischen Vertreter dieser geistigen Strömung versuchten eine *Verbindung zwischen Verstand und Gefühl* herzustellen. „Sensibilität" und „Zärtlichkeit" waren Schlagworte der Bewegung.
- Die Stürmer und Dränger waren unzufrieden mit der Regel- und Normengläubigkeit der Menschen ihrer Zeit.
- Sie lehnten die alleinige Anwendung des rein rationalistischen Prinzips, wie es bei manchen Autoren der Aufklärung zu beobachten ist, ab.
- Sie bemängelten ein verflachtes Menschenbild, welches das Individuum nur als reagierenden, funktionierenden Bestandteil der Gesellschaft beschrieb und so in seiner Kreativität von vornherein beschränkte.
- Sie setzten Vernunft und Verstand als alleinigen Prüfstein menschlichen Handelns Gefühl, Trieb, Spontaneität entgegen.
- Die Überbetonung des Gefühls und der Subjektivität nahm dabei teilweise triviale Züge an und wirkte so der ursprünglich politisch-sozialen Emanzipationsbewegung Aufklärung entgegen.

Literarische Verhältnisse in der 2. Hälfte des 18. Jahrhunderts. Leseverhalten und Lesegewohnheiten

Die Bevölkerung Deutschlands bestand um 1780 zu zwei Dritteln aus Landbevölkerung. Die meisten Menschen konnten nicht lesen und waren in dieser Hinsicht auf den Pfarrer angewiesen. Die aufgenommene Literatur beschränkte sich auf Bibel und Gesangbuch. Das Lesepublikum war vor allem in den Städten anzutreffen.

Das *Wachstum der literarischen Produktion* in dieser Zeit ist ein deutliches Zeichen für das gestiegene Interesse an Literatur. Vor allem Menschen aus kleinbürgerlichen Schichten und selbst Dienstboten vergrößerten ständig den Kreis der Leser. Zeitgenossen sprachen von einer regelrechten *„Lesewut"*, die neben dem Zuwachs an „Aufklärung" auch eine *Horizonterweiterung für die Menschen* bedeutete.
Das Lesen als Tätigkeit wurde salonfähig und das Interesse am Austausch über die Lektüre wuchs. Die schon bestehenden *Lesezirkel* wurden vergrößert, neue schossen wie Pilze aus dem Boden. **Lesegesellschaften** und *Leihbibliotheken* ermöglichten einer großen Anzahl von Lesern die Nutzung einzelner Exemplare.

Autonomiebedürfnisse der Autoren

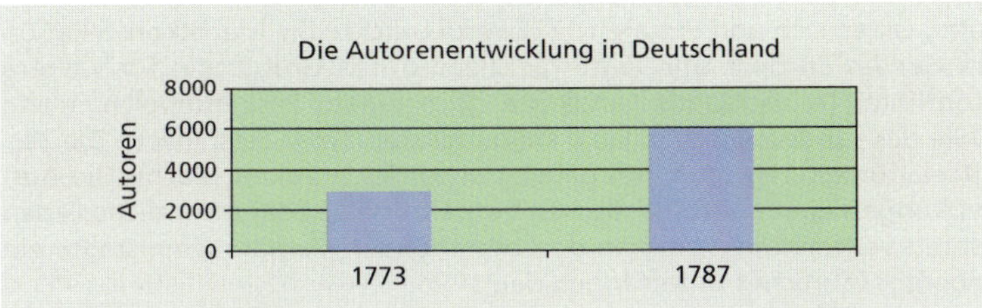

Gerade auch für die jungen Autoren des Sturm und Drang wurden schnell die Grenzen zwischen ihren Vorstellungen von Würde, den Möglichkeiten und Rechten des Individuums auf der einen Seite und der anderseits für Schriftsteller überlebenswichtigen ökonomischen Abhängigkeit von einem reichen adligen Gönner deutlich. Schon LESSING hatte seinen Traum von einer unabhängigen Schriftstellerexistenz aufgeben müssen. Selbst der gefeierte KLOPSTOCK bezog einen überwiegenden Teil seines Einkommens aus verschiedenen fürstlichen Pensionen. Keiner der Autoren erhielt ein angemessenes Honorar. Gewinne machten günstigstenfalls die Verleger. Die gesellschaftliche Anerkennung, welche die Autoren erfuhren, zahlte sich nicht in gleichem Maße in barer Münze aus und verdammte sie oft jahrzehntelang zur Suche nach einem erträglichen Broterwerb.

Nach langem Bemühen, eine selbstständige Schriftstellerexistenz aufzubauen, nahm LESSING 1770 eine Stelle als herzoglicher Bibliothekar an der „Bibliotheca Augusta" in Wolfenbüttel an.

Buchmarkt und Buchproduktion

Gab es um 1700 jährlich etwa eintausend Neuerscheinungen auf dem deutschen Buchmarkt, so verfünffachte sich diese Zahl um 1780. Dabei stieg der Anteil der schönen Literatur im Verhältnis zur gelehrten Literatur. Den absolut größten Aufschwung nahm dabei die Massenliteratur, die spontan einen großen Kreis von Lesern beeinflusste. Die zunehmende Orientierung der Buchproduktion am Markt bewirkte auch den *Aufstieg des Romans* als bevorzugtes Genre. Die um echte Fortschritte in der Literatur ringenden Dichter sahen sich, von Anfang an erfolglos, einer Schwemme von **Trivialliteratur** gegenüber, die den Absatz ihrer eigenen Produkte beeinträchtigte. Erst Ende des Jahrhunderts wurden Ansichten über das Wesen geistigen Eigentums diskutiert. Bis dahin zahlte der Verleger dem Autor eine willkürlich festgelegte Pauschale und schloss ihn damit von der weiteren Verwertung seines geistigen Produktes aus.

Anteil der schönen Literatur an gesamter Buchproduktion:

1700 ca.	3 %
1750 ca.	6 %
1800 ca.	50 %

FRIEDRICH II., genannt der Große, lebte von 1712–1786. Als König von Preußen regierte er eines der mächtigsten deutschen Fürstentümer.

Die Wegbereiter des Sturm und Drang: das historische Umfeld

Fast alle Länder Europas wurden von absolutistischen Herrschern regiert. In Österreich regierte MARIA THERESIA (1740–1780), Preußen erstarkte unter FRIEDRICH II. (1740 bis 1786). Europa erlebte zahlreiche Kriege, die die Länder verheerten und ausbluten ließen.

ADOLPH MENZEL: „Das Flötenkonzert Friedrichs des Großen in Sanssouci" (1850)

Der Schriftsteller **CHRISTIAN FRIEDRICH DANIEL SCHUBART** wurde wegen einiger kritischer Bemerkungen in seiner „Deutschen Chronik" auf Befehl des Herzogs KARL EUGEN VON WÜRTTEMBERG ohne Prozess eingekerkert. Das während der Haft geschriebene Gedicht „Die Fürstengruft" brachte ihm weitere sieben Jahre Haft ein.

MARIA THERESIA (1717–1780), übernahm 1745 die Regierungsgeschäfte in Österreich.

Nach den *österreichischen Erbfolgekriegen* erhielt Preußen 1745 Schlesien und wuchs zur *Großmacht*. Die erste Teilung Polens zwischen Russland, Österreich und Preußen 1772 verdeutlichte die Machtkonstellation im Herzen Europas und legte gleichzeitig den Grundstein für weitere Konflikte. Deutschlands Landkarte glich einem Flickenteppich, weite Teile des Landes waren in *viele kleine Fürstentümer* zersplittert. Die Territorialfürsten regierten mit nahezu uneingeschränkter Macht. Die Auswirkungen dieser absolutistischen Verhältnisse auf das öffentliche Leben waren verheerend, Kritik an den bestehenden Verhältnissen stellte ein lebensgefährliches Unterfangen dar.

Auch die amerikanischen Ereignisse der 1770er-Jahre, der Kampf der amerikanischen Siedler gegen die Kolonialmacht England, der mit der *Unabhängigkeitserklärung* von 1776 begann, fand in Europa starke Resonanz und blieb nicht ohne Wirkung auf die deutsche Literatur. In der Poesie wie auch in der Publizistik lässt sich eine *unmittelbare Widerspiegelung der weltgeschichtlichen Ereignisse* finden. Eine indirekte Rezeption in Form einer ästhetischen Verarbeitung historisch-politischer Erfahrungen ist beispielsweise in den Dramen des jungen SCHILLER nachweisbar. Die Anteilnahme wird durch drei Gesichtspunkte bestimmt, einmal die politischen und militärischen Ereignisse, zweitens die herausragende Persönlichkeit FRANKLINS und zum dritten die unmittelbare deutsche Beteiligung durch den Soldatenhandel deutscher Fürsten mit England.

Natur und Genie – die philosophischen Grundlagen

Ausgangspunkt des Sturm und Drang als literarischer Bewegung war ein Treffen zwischen JOHANN GOTTFRIED HERDER (1744–1803) und JOHANN WOLFGANG VON GOETHE (1749–1832) in Straßburg im September 1770. HERDER hatte in zahlreichen Schriften („Über die neuere deutsche Literatur", 1766–1767; „Journal meiner Reise im Jahre 1769", herausgegeben 1846, und der „Abhandlung über den Ursprung der Sprache", 1772) Ideen entwickelt, die in ihrem Kern auf die Befreiung der deutschen Literatur von gesetzgebenden Mustern und die Betonung ihrer Eigenständigkeit zielten.
Er verwies auf die Natürlichkeit und *Ursprünglichkeit der Volkspoesie*, er sammelte und veröffentlichte Volkslieder („Volkslieder. Zwei Teile", 1778–1779; „Stimmen der Völker in Liedern", 1807). Die bloße Korrektheit, der stilistische Regelzwang, wurde verworfen, die *volkstümliche Sprache* in ihr Recht eingesetzt. Auch nicht schriftgemäße Ausdrücke und Wendungen sollten getrost verwendet werden.

Gesellschaftspolitisch wurde der junge HERDER durch die leidenschaftliche Forderung JEAN-JACQUES ROUSSEAUS „Zurück zur Natur!" angeregt.

Der französische Philosoph und Erziehungstheoretiker vertrat die Ansicht, die Kultur zerstöre das Glück des Menschen, schaffe Verwirrung und Unordnung. „Alles ist gut, wie es aus den Händen des Schöpfers kommt; alles entartet unter den Händen des Menschen." Offen kritisierte er alle staatlichen Institutionen, besonders das Bildungswesen, und die Gesellschaft in ihrer Gesamtheit als unvernünftig und unnatürlich. Nicht der Staat dürfe über die Menschen verfügen, sondern die freien Menschen sollten sich in gemeinsamer vertraglicher Abmachung den *Staat als Ausdruck ihres Gemeinwillens* zum Schutz und zur Förderung ihrer Interessen selbst schaffen („Contract social", dt.: „Sozialvertrag", 1762). ROUSSEAUS Schriften („Abhandlung über die Wissenschaften und Künste", 1750; „Abhandlung über die Ungleichheit", 1754), in denen er forderte, der Mensch dürfe nicht länger nach seiner Geburt beurteilt werden, stellten gerade auch in Deutschland die Grundlagen der Adelsherrschaft infrage und stärkten das bürgerliche Bewusstsein.
Philosophisch grenzte sich der Sturm und Drang im pietistisch geprägten Kontext JOHANN GEORG HAMANNS gegen das rationale Erkenntnisprinzip der *Aufklärung* ab. Sein im Jahre 1759 erschienenes Werk „Sokratische Denkwürdigkeiten" erzielte außerordentliche Wirkung. HAMANN griff mit dieser Schrift eine Auseinandersetzung auf, die in Deutschland vor allem von J. CHR. GOTTSCHED und M. S. REIMARUS geführt wurde und die SOKRATES in den Rang einer Schlüsselfigur im Kampf der Aufklärung gegen die theologische Orthodoxie erhob.

▶ JOHANN GEORG HAMANN (1730 in Königsberg bis 1788 in Münster)

HAMANN deutete den berühmten Satz des SOKRATES „Ich weiß, dass ich nichts weiß" im Unterschied zu den Aufklärern jedoch nicht einseitig als Aufforderung, mithilfe von *Vernunft und Verstand* die Welt zu erkennen, sondern erklärte die *sinnliche Erfahrung* zur Basis des menschlichen Lebens. Damit erklärte er SOKRATES zur *Verkörperung des Genies,* das ohne gelerntes Wissen auf natürlichem Wege die Wirklichkeit zu erkennen vermag. Auf die gleiche Stufe erhob er auch HOMER und SHAKESPEARE, deren Genie nach seinem Verständnis die Kenntnis poetischer Kunstregeln (z.B. der klassizistischen ARISTOTELES-Auffassung) überflüssig machte. Sinne, Gefühl und Leidenschaft wurden zu den Mitteln menschlichen Naturerlebens, dem Genie kam die Aufgabe zu, mit seiner Kunst, entstanden durch den Gebrauch eben dieser Mittel, die Gesellschaft zu neuer Erlebnis- und Lebensfähigkeit zu erwecken. Damit hatte Hamann der jungen Schriftstellergeneration das *Geniekonzept als Kunstkonzeption* vorformuliert.

SOKRATES
(um 470–399 v. Chr.)

Auch *englische Einflüsse* prägten die Ideen des Sturm und Drang. HERDER pries das Genie W. SHAKESPEARES und begeisterte sich für die von JAMES MACPHERSON (1736–1796) herausgegebenen „Fragments of ancient poetry, collected in the highlands of Scotland" (1760), eine Sammlung, die sich später als Fälschung herausstellte. Dem **Straßburger Kreis** gehörten neben HERDER und GOETHE auch FRANZ CHRISTIAN LERSE (1749–1800), den GOETHE im „Götz von Berlichingen" verewigte, CHRISTIAN GOTTHILF SALZMANN (1744–1811), JUNG-STILLING und JAKOB MICHAEL REINHOLD LENZ (1751–1792) an. Wichtig für das Denken des Kreises war außerdem B. E. YOUNGS „Conjectures on original composition", ein Essay von 1759, der zwei Jahre später unter dem Titel „Gedanken über die Originalwerke" auch in Deutschland erschien.

▶ JOHANN HEINRICH JUNG (genannt JUNG-STILLING, 1740–1817), schrieb Bildungsromane in zunehmend pietistisch-mystizistischem Stil.

4

Sturm-und-Drang-Dramatik

Im Sturm und Drang stand das **Drama im Mittelpunkt** der Literaturproduktion. Es war HEINRICH WILHELM VON GERSTENBERG (1737–1823), der mit seinem „Versuch über Shakespeares Werke und Genie" und den „Briefen über Merkwürdigkeiten der Literatur" (1766–1767) den theoretischen Auftakt für den *neuen Weg des deutschen Dramas* gab.

Die für die Folgezeit programmatische Schrift „Von deutscher Art und Kunst" mit HERDERS „Shakespeare"- Aufsatz und GOETHES Artikel „Von deutscher Baukunst" erschien erst 1773.

Ging es LESSING in seiner „Hamburgischen Dramaturgie" allein um den Dramatiker SHAKESPEARE, so versuchte GERSTENBERG erstmals den Briten als schöpferischen Geist in der Totalität seiner Erscheinung zu begreifen. Bezogen auf das Drama wies GERSTENBERG bereits auf den Wesensunterschied zwischen shakespeareschen Dramen und den aristotelischen Gesetzmäßigkeiten hin, den HERDER dann ausarbeitete und mit voneinander verschiedenen historischen Gegebenheiten begründete. „Shakespeare ... fand keinen so einfachen Geist der Geschichte, der Fabel, der Handlung: er nahm Geschichte, wie er sie fand, und setzte mit Schöpfergeist das verschiedenartigste Zeug zu einem Wunderganzen zusammen." HERDER fand die deutschen Verhältnisse den englischen ähnlicher als den griechischen und schlussfolgerte daraus, dass die Regeln des ARISTOTELES (fünf Akte, Einheit von Ort, Zeit und Handlung usw.) deshalb nicht Richtschnur für das neue deutsche Drama sein dürften.

Ein erstes praktisches Beispiel für diese „In-tyrannos-Stimmung" (lat.: gegen die Selbstherrscher) des Sturm und Drang leistete GERSTENBERG mit seinem düsteren Trauerspiel „Ugolino" (1768).
Bemerkenswert ist hier vor allem die explosive Wirkung der Sprache, in der HEINRICH WILHELM VON GERSTENBERG seinen Helden den Protest formulieren lässt („Ugolino", IV):

> „Ha! Wie er wütet, der Gedanke! wie er sich in mir umkehrt! Ich kann ihn nicht ausdenken! ich mag nicht! Oh Pfui! Brandmal für die Menschlichkeit! ewiges Brandmal! Ich kann mich deiner nicht erwehren; du Wohnhaus des Schreckens!.. Gruft meiner Auferstehung! aber erst meiner Verwesung! ach! nicht nur meiner! Fürchterlich hier hinsinken! Hier mit dem Tode ringen! einsam! von keiner freundschaftlichen Hand unterstützt! ganz einsam! ..."
> (Sturm und Drang. Dichtungen und theoretische Texte in zwei Bänden. München: Winkler Verlag, 1971, S. 150.)

Die Häufung heftigster Ausrufe fällt ins Auge. Ausrufezeichen signalisieren die gewaltige innere Leidenschaft. Satzfetzen, Flüche verstärken die Wucht des Ausbruches. Gepflegte Formen der Überlieferung und grammatikalische Zwänge werden verneint. Damit entspricht GERSTENBERG den Forderungen HERDERS nach einer von Zwängen befreiten, natürlichen, starken Dichtersprache.

FRIEDRICH MAXIMILIAN KLINGER (1752 in Frankfurt a. M.–1831 in Dorpat) Sein dramatisches Schaffen versiegte in den 80er-Jahren des 18. Jh.

Bevorzugte Themen der Dramen des Sturm und Drang waren der tragische Konflikt eines markanten Individuums mit der Gesellschaft oder dem Geschichtsverlauf sowie der Zusammenprall von Gefühl und Ehrenkodex. Hier taten sich vor allem KLINGER und LENZ hervor.

FRIEDRICH MAXIMILIAN KLINGERS „Die Zwillinge" entstand 1775 als Beitrag zu einem Preisausschreiben, initiiert von FRIEDRICH LUDWIG SCHRÖDER (1744–1816), dem Leiter einer damals berühmten Theatertruppe. Die Handlung des Stückes ist in die italienische Renaissance zurückverlegt, in der der Heldentyp des „Kraftmenschen", den die Stürmer und Dränger zu gestalten versuchten, glaubhafter wirkte. Dargestellt wird der Konflikt zweier Brüder um die Erstgeburt:

FRIEDRICH LUDWIG SCHRÖDER war 1771 Leiter des Ackermannschen Theaters, das u. a. mit LESSING, GOETHE und WIELAND arbeitete.

Fernandino gilt als der ältere Zwilling der beiden Söhne aus adligem Geschlecht und hat allein durch diesen Umstand Anspruch auf alle Reichtümer und Rechte seiner Familie. Sein Bruder Guelfo, ein von der Natur reich begabter Mensch, arm und rechtlos, bezweifelt die Erstgeburt Fernandinos. Die Nachforschungen ergeben, dass weder der Arzt noch die Mutter es wissen. Im Verlauf der Handlung begehrt Guelfo gegen die gesellschaftliche Praxis auf, steigert sich bis zum Äußersten und setzt den Verbrechen der Gesellschaft mit dem Mord an seinem Bruder seine eigenen Freveltaten entgegen. KLINGER lässt seinen Helden vom Opfer zum Täter werden und verurteilt den Verbrecher dann zum Tode durch die Hand des eigenen Vaters. Damit gestaltet KLINGER anschaulich den Typ des „Kraftgenies", umreißt gleichzeitig die Grenzen des Sturm-und-Drang-Helden, indem er Guelfo als einen Einzelgänger gestaltete, der in seinem Verhältnis zur Umwelt gestört, mit sich selbst im Streit liegt und zwischen Sehnsucht nach Liebe und Güte sowie blindem Hass hin und her gerissen wird.

KLINGERS „Zwillinge" wurde erstmals 1776 von SCHRÖDERS Theatertruppe in Hamburg aufgeführt. Der große Erfolg des Stückes veranlasste KLINGER dazu, die Universität zu verlassen.

In Weimar verfasste KLINGER 1776 in wenigen Wochen sein Drama „Sturm und Drang", das der ganzen literarischen Bewegung den Namen gab. Hier versuchte er, seine Auffassungen an einem Gegenwartsstoff mit welthistorischer Bedeutung zu verdeutlichen.

KLINGERS „Sturm und Drang" hieß ursprünglich „Wirrwarr".

Helden des Dramas sind zwei englische Edelleute, deren Familien verfeindet sind. Der Sohn des einen liebt jedoch die Tochter des anderen. Der moderne Romeo (Karl), durch Intrige der Gunst seines Königs verlustig gegangen, flieht und findet als Soldat im amerikanischen Unabhängigkeitskrieg nach langen Wirren seine Julia (Caroline) wieder. Klinger begrüßt den Befreiungskampf weniger in Hinblick auf seine politische und soziale Bedeutung, als vielmehr als Ausdruck seiner Hoffnung auf die Befreiung der Gefühle in der „neuen Welt", fernab feudalabsolutistischer Standesnormen. Im Gegensatz zu seinen anderen Dramen endet „Sturm und Drang" glücklich, den Liebenden gelingt es, nach stürmischem Verlauf des Dramas, die Eltern zu versöhnen.

4

KLINGERS Aufenthalt in Weimar führte zu einem Bruch mit GOETHE. Er hatte den Wunsch, entweder Berufsdichter oder Offizier zu werden. Deshalb schloss er sich zunächst der Seydlerschen Theatertruppe als Dramaturg an. Um eine bürgerliche Existenz bemüht, trat er später als Offizier in russische Dienste.

Eine Eigenart klingerscher Dichtkunst wird in „Sturm und Drang“ besonders deutlich. Bewusst zeichnet er in jeder seiner Figuren nur besonders stark ausgeprägte Züge, die ihn interessieren. So ergänzen Karls Freunde Blasius und La Feu den Haupthelden und heben durch ihre *komische Übertreibung* dessen Eigenheiten hervor. Zusammen sind sie wie ein einziger widerspruchsvoller Charakter, der in drei Personen Gestalt angenommen hat. So wurde es möglich, auf der Bühne entgegengesetzte Eigenschaften einer Person deutlich zu machen, indem sie in Form von unterschiedlichen Figuren zusammenstießen.
Besondere Erwähnung verdient auch der zeitliche Verlauf des Dramas, den KLINGER in Abkehr von aristotelischen Regeln gestaltete. In knapp 24 Stunden spielen sich die Ereignisse ab, die die zuvor in der Exposition nur knapp angerissenen zehnjährigen Leiden des Helden beenden. Dieses atemberaubende Tempo ist Ausdruck der neuen Lebensverhältnisse, in denen sich der Held wiederfindet und steht in deutlichem Kontrast zu den erstarrten Formen des gesellschaftlichen Lebens und Denkens in der deutschen Realität.
Ein weiteres zentrales Thema der Literatur des Sturm und Drang ist das *Motiv des verführten Mädchens und des Kindsmordes,* das sich zur Darstellung der moralischen Verkommenheit des Adels sowie gleichzeitig zur Anprangerung einer barbarischen, mittelalterlichen Justiz nutzen ließ. Die Ursachen für dieses weitverbreitete Verbrechen sahen die Männer des Sturm und Drang nicht in der allgemeinen Verderbtheit des Menschen, sondern in der gesellschaftlich bedingten Furcht vor der öffentlichen Schande, der uneheliche Mütter ausgesetzt waren. Das „Häckerlingsstreuen“, das GOETHE in der Brunnenszene des „Faust“ erwähnt, ist ein Brauch, bei dem man der „nicht unbescholtenen Braut“ am Vorabend ihrer Hochzeit gehacktes Stroh statt Blumen vor das Haus streute. Dieser Brauch stellte noch ein mildes Mittel der Verhöhnung dar. Vielerorts wurden Frauen öffentlich ausgepeitscht oder mit hohen Geldstrafen belegt. Uneheliche Kinder waren ein Leben lang rechtlos und wurden als „Bankerte“ bezeichnet. Im Drama „Die Kindermörderin“ versucht HEINRICH LEOPOLD WAGNER (1747 bis 1779) zu zeigen, dass die Opfer dieser gesellschaftlichen Umstände moralisch höher stehen als die, die sie verurteilen.

Gleich zu Beginn des Dramas beschließt der adlige Leutnant von Gröningseck, ein Mann mit elegantem Auftreten, aber liederlichen Sitten und einer zynischen Offiziersmoral, sich der Tochter seiner kleinbürgerlichen Vermieter, Evchen, zu bemächtigen. Diese widersetzt sich seinen Werbungen und der Leutnant kann sein Ziel nur mit Gewalt erreichen. Evchens Zorn und Empörung sind größer, als es Gröningseck erwartet. Um sie zu besänftigen, verspricht er ihr die Ehe. Da Offiziere nicht heiraten durften, war dieses Versprechen von vornherein wertlos. Der folgende Dramenablauf wird lange von der Frage bestimmt, ob dieses Versprechen trotzdem eingehalten wird. Der Adlige bricht es und setzt eine Handlung in Gang, die erst den Tod von Evchens Mutter, dann deren Flucht aus dem Vaterhause bewirkt und schließlich Evchen im Wahnsinn ihr Kind töten lässt. In wenigen Worten formuliert sie am Schluss ihr Schicksal: „Meine eigene

Herzensunruh', die Furcht vor ihm, mein Vater, der Gedanke, meine Mutter umgebracht zu haben – dies, und oh was alles noch mehr! brachte mich in Verzweiflung – ich wollte mir aus der Welt helfen, und hatte nicht Entschlossenheit genug, selbst Hand an mich zu legen; jetzt mag's der – Henker tun! – Mein Kind ist tot, tot durch mich –."

WAGNERS Stück wurde 1776 erstmals in Pressburg (heute Bratislava) aufgeführt. Nach der Umarbeitung des Stückes 1779 gab es in Frankfurt/M. eine Neuinszenierung unter dem Titel „Evchen Humprecht oder Ihr Mütter merkts euch!" PETER HACKS bearbeitete WAGNERS Stück 1963.

WAGNER wollte die Heldin seines Dramas als unschuldiges Opfer seiner Zeit zeigen. Diese Absicht lässt sich an der Struktur des Dramas nachvollziehen. Die Hauptfigur ist eher passiver Natur, sie trägt fast nichts zu ihrem eigenen Untergang bei. Die dramatische Handlung entspricht der eines „geschobenen" Dramas, bei dem der Anstoß das Entscheidende bleibt. Es entsteht keine „Zielhandlung" (LESSING, „Emilia Galotti") oder „Entwicklungshandlung" (SCHILLER, „Die Räuber"), sondern eine sogenannte „Folgehandlung". Der Vergewaltigung Evchens im ersten Akt folgt der Ablauf eines Gesamtvorganges, in dem sich die Situationen immer wieder wandeln, bis nach der Tötung des Kindes im sechsten Akt eine ausweglose Lage entsteht.

Wie alle Sturm-und-Drang-Autoren nutzte auch WAGNER starke szenische Eindrücke und Übersteigerungen, um die Wirklichkeit zu unterstreichen und die Bedeutung des Gefühls und der körperlichen Gebärde hervorzuheben (5. und 6. Akt):

„Frau Humprecht *(kommt gelaufen, rauft sich die Haare).* Dieselbe *(schlägt die Händ' über dem Kopf zusammen, will reden, verstummt),* Humprecht *(fällt wie betäubt auf einen Stuhl, die Händ' auf dem Tisch, den Kopf drauf).* Evchen *(die ... wie sinnlos nur auf dem Bett saß und nur ihr Kind anstarrte, auffahrend.).* Humprecht *(reißt sich die Westenknöpf alle auf)* ..." (Vgl. ebenda, S. 1454 ff.).

Lyrik des Sturm und Drang

Im Mittelpunkt der Sturm-und-Drang-Poetik standen Emotionalität und Spontaneität des – vor allem lyrischen – Ausdrucks. Dabei wirkte HERDERS Begriff der „Urpoesie" stilbildend. Dichter wie GOTTFRIED AUGUST BÜRGER (1747–1794), CHRISTIAN FRIEDRICH DANIEL SCHUBART (1739–1791), MATTHIAS CLAUDIUS sowie LUDWIG CHRISTOPH HEINRICH HÖLTY und JOHANN HEINRICH VOSS (beide Mitbegründer des *Göttinger Hain)* nutzten die Lied- und Balladenform als Medium einer Ästhetik des Sinnlichen. Eine Wurzel dieser neuen elegischen Sprache war der **Pietismus,** besonders in seiner Einwirkung auf den großen Vermittler KLOPSTOCK. Stil und Sprache der Anakreontiker bestimmten maßgeblich die sentimentale Intensivierung der Darstellung eines subjektiv geprägten, am **Pantheismus** orientierten Naturgefühls.

Pantheismus: griech./neulat. = Allgottlehre; philosophische Anschauung, nach der Gott das Leben des Weltalls selbst ist, negiert die alleinige Schöpferrolle Gottes, geht von der Anwesenheit Gottes (und seiner schaffenden Eigenschaft) in der Natur und auch im Menschen aus.

Die Empfindsamkeit als europäische Dichtungsbewegung stand vor allem auch unter englischem Einfluss. Die Tugend- und Familienromane S. RICHARDSONS, die empfindsamen Romane L. STERNES und die idyllischen

Romane GOLDSMITHS, die Idyllen THOMSONS, die schwermütigen „Nachtgedanken" YOUNGS und die sentimentale Lyrik GRAYS und E. ROWENS begeisterten die jungen Autoren.

Der Göttinger Hain

Literarische Freundeskreise waren in der deutschen Literaturlandschaft des 18. Jahrhunderts keine Neuheit, erlangten jedoch durch den losen Zusammenschluss einiger Dichterfreunde im September 1772 zum **Göttinger Hainbund** hinsichtlich Wirkung und Ausstrahlung eine neue Dimension.

Zu den Begründern dieses Zentrums der empfindsamen Lyrik gehörten HÖLTY, VOSS und MILLER sowie drei weitere Studenten der Göttinger Universität. Man gelobte, „ewig" zusammenzuhalten, und traf sich wöchentlich zum Austausch der Gedanken, die in einem Bundesjournal, und der Gedichte, deren beste in einem Bundesbuch festgehalten wurden. Bei der Namenswahl orientierten sich die jungen Dichter am verehrten KLOPSTOCK, der in seiner Ode „Der Hügel und der Hain" im Gegensatz zum *Parnass* den *Hain* als Sinnbild bardischer Dichtung und Gesinnung gefeiert hatte.

Parnass: mächtiger Kalkstock in Mittelgriechenland, galt als Sitz des Apollos und der Musen, besonders als Symbol für die Dichtkunst gebräuchlich.

Die Mitglieder pflegten im Umgang miteinander einen gelegentlich übertrieben wirkenden *Freundschaftskult,* begeisterten sich für sittliche Ideale und verliehen ihrem *schwärmerischen Verhältnis zur Natur* Ausdruck. Der Versuch, den bei KLOPSTOCK angesprochenen nationalen Gedanken in das literarische Schaffen der Hainbündler einfließen zu lassen, ließ zahlreiche „Tyrannengesänge" entstehen, über die GOETHE später nicht ganz zu Unrecht spottete.

Die *lyrischen Formen* des Sturm und Drang sind einerseits von KLOPSTOCK beeinflusst. Vor allem die **freien Rhythmen** und die *Hymnenform* (GOETHE), aber auch die *Oden* (HÖLTY) wirken weiter. Andererseits gewinnen die gereimten Verse von Minnelied, Volkslied und Anakreontik an Beliebtheit. Das Sonett kommt wieder zum Vorschein, die *Balladendichtung nach englischem Vorbild* entwickelt sich.

Wenn auch der Umfang der Lyrik des Sturm und Drang im Verhältnis zur Dramatik bescheiden ausfällt, übertrifft die Vielfalt der Formen und stilistischen Ausdrucksmöglichkeiten dieser Jahre die vorangegangene Dichtung bei Weitem.

Naturidealisierung und Zivilisationskritik

Die größte lyrische Begabung unter den Hainbündlern besaß LUDWIG CHRISTOPH HEINRICH HÖLTY. Seine Bemühungen um die *elegische Ode* (an KLOPSTOCK anknüpfend) gaben diesem Genre eine bis dahin nicht erreichte Innigkeit, Bildgenauigkeit und kunstvolle sprachliche Einfachheit („Die künftige Geliebte", „Das Landleben", 1775).

Schlug KLOPSTOCK noch hymnisch-pathetische Töne an, setzte HÖLTY sanftere, melodiösere Akzente, auch wenn er weltanschauliche Grundfragen gestaltete („An Gott"). HÖLTYS Lieder erleichterten durch ihre Sangbarkeit einem großen Publikum die Aufnahme („Mailied", „Erntelied", „Blumenlied").

LUDWIG HEINRICH CHRISTOPH HÖLTY
„Minnelied

Es ist ein halbes Himmelreich,
Wenn, Paradiesesblumen gleich,
Aus Klee die Blumen dringen;
Und wenn die Vögel silberhell
Im Garten hier, und dort am Quell,
Auf Blütenbäumen singen.

Doch holder blüht ein edles Weib,
Von Seele gut und schön von Leib,
In frischer Jugendblüte.
Wir lassen alle Blumen stehn,
Das liebe Weibchen anzusehn
Und freun uns ihrer Güte."
(Hölty, Ludwig Christoph Heinrich: Sämtliche Werke. Bd. 1, Weimar: Gesellschaft der Bibliophilen, 1914, S. 116.)

HÖLTY gelang in Anlehnung an die komischen Romanzen SCHIEBELERS und GLEIMS die erste *volkstümliche* **Kunstballade** („Ballade", 1771; „Töffel und Käthe", 1772; „Die Nonne", 1773).

Soziale Anklage und Herrscherkritik

HÖLTY beabsichtigte in seiner Lyrik keineswegs, die wirklichen Naturzustände zu schildern, sondern verwendete sie lediglich als poetisches Modell des weltabgewandten Lebens im Sinne ROUSSEAUS. VOSS und BÜRGER setzen, das Leben in der ländlichen Natur betreffend, in ihren Gedichten andere Akzente. Voss stellte das bäuerlich, häuslich gesellige Leben dar, vergleichbar der realistischen Malerei der Niederländer. Er ließ die Vertreter des einfachen Volkes zu Worte kommen („Das Milchmädchen", „Die Spinnerin", „Die Kirschpflückerin"). Damit ist Natur für ihn nicht Sinnbild des verlorenen Paradieses, sondern Objekt segensreicher Arbeit. Diese *Wirklichkeitsnähe* wusste auch HEINE später an VOSS zu schätzen.

JOHANN HEINRICH VOSS (1751–1826) war Mitbegründer des Göttinger Hainbundes.

Einen entschieden aggressiveren Ton, vergleichbar dem Grundtenor der Dramatik des Sturm und Drang, schlug BÜRGER mit seiner *offen antifeudalen Lyrik* an: „Wer bist du, Fürst, daß ohne Scheu / Zerrollen mich dein Wagenrad, / Zerschlagen darf dein Roß?" („Der Bauer / An seinen Durchlauchtigen Tyrannen").

In diesem Rollengedicht macht sich BÜRGER zum Sprecher der Bauern, schafft eine Figur, die, anders als das lyrische Ich, stellvertretend für eine ganze Gruppe eine subjektive Meinung ausdrückt. Im fiktiven Brief des Bauern an seinen Landesfürsten kommt schon in der Adressatenformulierung die grobe Verhöhnung zum Ausdruck. Die ehrerbietige Anrede („durchlauchtig") wird durch den *Vorwurf despotischen Machtmissbrauchs* („Tyrann") aufgehoben und in das Gegenteil verkehrt. Die Anrede des Fürsten mit dem gleichmachenden „Du" stellt darüber hinaus eine *grobe Beleidigung* dar. Stilebene und Verscharakter ahmen bewusst das sprachliche Unvermögen, die *bäuerlich unbeholfene Sprechweise*

des sprechenden Subjekts nach, unterstützt durch die Derbheiten in der *Wortwahl* („ungebleut", „haun", „zerschlagen") und den Gebrauch von Gewaltverben („zerrollen", „zerschlagen").
Die hier angeschlagene *agitatorische Schärfe* bezeugt den neuen Ton, der für kurze Zeit in die politischen Gedichte des Sturm und Drang einzieht. Programmatisch formuliert BÜRGER seine Herrschaftskritik im Vierzeiler „Mittel gegen den Hochmut ...", in dem er die Dialektik von Unterdrückung und Unterwerfung anspricht:

„Mittel gegen den Hochmut der Großen
Viel Klagen hör ich oft erheben
Vom Hochmut, den der Große übt.
Der Großen Hochmut wird sich geben,
Wenn unsre Kriecherei sich gibt."
(Bürgers Gedichte in zwei Teilen. Teil 1: Gedichte 1789. Hrsg. Ernst Cosentius. Berlin et al.: Bong, 1914, S. 247.)

Unter Zuhilfenahme barocker Verwesungsmetaphorik verspottet auch SCHUBART in seinem antifeudalistischen Gedicht „Die Fürstengruft" (1779–1780) die Tyrannen. Ihm, dem sein *politisches Engagement* zehn Jahre Kerkerhaft einbringt, geht es nicht darum, Dichtung bloß als Instrument der bürgerlichen Aufklärung zu benutzen, sondern sie als *Waffe im Kampf der Schwachen* gegen die Willkürherrschaft einzusetzen. Unter der politischen Sturm-und-Drang-Lyrik finden sich auch zahlreiche Beispiele geradezu pazifistischer Texte. In Zeiten, da Landesfürsten ihren Luxus mit dem Verkauf eigener Landeskinder als Söldner finanzierten, scheint derartige Kritik naheliegend. MATTHIAS CLAUDIUS („Kriegslied", 1778) und SCHUBART („Der Bettelsoldat", 1781–1783, und „Kaplied", 1787) formulierten in schlichter Sprache diese Kritik in einfachen, in volkstümlicher Liedform gehaltenen Texten.

Um ihre Finanzen aufzubessern, verkauften deutsche Landesherren ihre Bürger an die Engländer. Die Soldaten wurden im amerikanischen Unabhängigkeitskrieg gegen die amerikanischen Truppen eingesetzt.

Die Beispiele verdeutlichen, dass Dichtung nicht mehr nur auf Wirkungen der Vernunftseinsicht und der rationalen Argumentation im Sinne der Aufklärung zielte, sondern *individuelle Schicksale* vorführte, die beim Leser *innere Anteilnahme und Identifikation* hervorrufen sollten.

Goethes Erlebnislyrik

Entstehen GOETHES erste lyrische Produkte noch im Stil der *Anakreontik,* findet er in seiner Straßburger Zeit (1770–1771) zu einer neuen Ausdruckssprache.

Einflüsse auf GOETHES Ausdruckssprache

Gesänge des „Ossian"	Volkslieder (HERDER)	KLOPSTOCK	kunsttheoretische Überlegungen HERDERS

HERDERS Polemiken gegen den einseitigen Gebrauch der Verstandesklugheit und der Forderung nach „Herz! Wärme! Blut! Menschheit! Leben!" lässt das Individuum mit seiner subjektiven Erlebnisbereitschaft stärker in den Mittelpunkt dichterischen Schaffens rücken. Die sprachliche Mitteilung des inneren Erlebten, als **Erlebnisdichtung** verstanden, darf jedoch nicht dazu verleiten, diesen Typus von Lyrik als poetische Widerspiegelung wirklich erlebter Vorgänge misszuverstehen. Dennoch erzeugen die erlebnisstarken Motive und die leidenschaftliche Sprachgebung oft den Eindruck solcher Identität. GOETHE schreibt dazu in „Dichtung und Wahrheit":

> „Und so begann diejenige Richtung, von der ich mein ganzes Leben über nicht abweichen konnte, nämlich dasjenige, was mich erfreute oder quälte, oder sonst beschäftigte, in ein Bild, ein Gedicht zu verwandeln und darüber mit mir selbst abzuschließen, um sowohl meine Begriffe von den äußeren Dingen zu berichtigen, als mich im Innern deshalb zu beruhigen."
>
> (Goethes Werke. Hamburger Ausgabe in 14 Bänden. Hamburg: Christian Wegener, 1948 ff., S. 283.)

Das Erlebte wird hier eindeutig zum Anlass der Dichtung genommen, was häufig dazu führte, dass man GOETHES Lyrik aus seinem Leben zu erklären versuchte. Auf diese Weise besteht jedoch die Gefahr, die Werke als bloße Lebensdokumente des Autors zu verkürzen, wenn auch die Kenntnis der Entstehungsbedingungen dem Verstehen behilflich sein kann. Der Eindruck unmittelbaren Erlebens, die Wiedergabe momentaner Empfindung wird beispielsweise in GOETHES „Maifest" deutlich:

Den Versuch, das Werk eines Autors aus der reinen Biografie (ohne fiktive Elemente) heraus zu beschreiben, nennt man Biografismus.

„Wie herrlich leuchtet
Mir die Natur!
Wie glänzt die Sonne!
Wie lacht die Flur!
Es dringen Blüten
Aus jedem Zweig
Und tausend Stimmen
Aus dem Gesträuch,
Und Freud und Wonne
Aus jeder Brust."

(Goethe, Johann Wolfgang von: Berliner Ausgabe. Poetische Werke, Bd. 1, Berlin: Aufbau Verlag, 1960 ff., S. 51)

Die innere Bewegung des lyrischen Sprechers, die Lebendigkeit der Natur und die Dynamik der Verse reißen den Leser in den Strudel der *Gefühlsunmittelbarkeit*. Wie distanziert und im ständigen Wechsel von Reflexion und Erleben berichtet dagegen das lyrische Ich von seinen Gefühlen in KLOPSTOCKS „Frühlingsfeier":

KLOPSTOCKS Gottesbegriff geht von der Allmacht Gottes aus. Es ist der unsichtbare Beweger, der allgegenwärtige, deshalb namenlose Gott.

„Mit tiefer Ehrfurcht,
Schau' ich die Schöpfung an!
Denn Du!
Namenlosester, Du!
Erschufest sie!"

(Klopstock, Friedrich Gottlieb: Oden, Bd. 1, Leipzig: Göschen, 1798, S. 160.)

Die größte Nähe stellt sich nur für einen Moment ein:

„Lüfte, die um mich wehen,
Und süße Kühlung
Auf mein glühendes Angesicht ergießen.
Euch, wunderbare Lüfte,
Sendet der Herr? Der Unendliche?" (Ebenda, S. 161.)

Im Unterschied dazu hebt GOETHE den Abstand zwischen Gott, fühlendem Ich und Natur weitgehend auf. Natur ist ihm näher und vertrauter, Natur und Liebe bilden ein inniges Beziehungsverhältnis. „Willkommen und Abschied" bildet ein typisches Beispiel für diese Verschränkung jugendlicher Verliebtheit mit ihren Gefühlswirren und ausdrucksstarken Landschaftsbildern.

„Es schlug mein Herz, geschwind zu Pferde!
Es war getan fast eh gedacht.
Der Abend wiegte schon die Erde,
Und an den Bergen hing die Nacht;
Schon stand im Nebelkleid die Eiche,
Ein aufgetürmter Riese, da,
Wo Finsternis aus dem Gesträuche
Mit hundert schwarzen Augen sah.
Der Mond von einem Wolkenhügel
Sah kläglich aus dem Duft hervor,
Die Winde schwangen leise Flügel,
Umsausten schauerlich mein Ohr;
Die Nacht schuf tausend Ungeheuer,
Doch frisch und fröhlich war mein Mut:
In meinen Adern welches Feuer!
In meinem Herzen welche Glut!"
(Goethe: Berliner Ausgabe. A. a. O., S. 48.)

Die *hektische Eile,* die Ungeduld des liebenden Ich, sich seiner Geliebten zu nähern, bestimmen das Verstempo. Die emphatische Kraftsprache der Stürmer und Dränger verstärkt die *leidenschaftlich gehobene Stimmung* des lyrischen Ich, dem sich angsterregende Mächte in Form dunkler Naturbilder in den Weg stellen. Auch die *Bedrohtheit der Liebe* durch Trennungsahnungen kommt natursymbolisch zum Ausdruck. Doch das lyrische Ich besteht den unheimlichen Ritt, auch wenn am Schluss im Gefühl der Freude Bedenklichkeiten mitschwingen:

„In deinen Küssen welche Wonne!
In deinem Auge welcher Schmerz!
Ich ging, du standst und sahst zur Erden,
Und sahst mir nach mit nassem Blick:
Und doch, welch Glück, geliebt zu werden!
Und lieben, Götter, welch ein Glück!" (Ebenda, S. 49.)

Die letzten beiden Zeilen drücken GOETHES unabdingbare Voraussetzung für *höchste Glücksempfindungen* aus; die Wechselseitigkeit der Zuneigung zweier gleichberechtigt Liebender. Schon im „Maifest" hatte er diesen Gedanken treffend formuliert: „Wie lieb ich dich! Wie liebst du mich!"

Hymnen auf das menschliche Genie

Typisches Beispiel für die kraftvoll-trotzige Selbstbehauptung der Stürmer und Dränger ist Goethes im Jahre 1774 entstandene Hymne „Prometheus".

„Prometheus

Bedecke deinen Himmel, Zeus,
Mit Wolkendunst!
Und übe, Knaben gleich,
Der Disteln köpft,
An Eichen dich und Bergeshöhn!
Mußt mir meine Erde
Doch lassen stehn,
Und meine Hütte,
Die du nicht gebaut,
Und meinen Herd,
Um dessen Glut
Du mich beneidest.

Ich kenne nichts Ärmeres
Unter der Sonn als euch Götter.
Ihr nähret kümmerlich
Von Opfersteuern
Und Gebetshauch
Eure Majestät
Und darbtet, wären
Nicht Kinder und Bettler
Hoffnungsvolle Toren.

Da ich ein Kind war,
Nicht wußte, wo aus, wo ein,
Kehrte mein verirrtes Aug
Zur Sonne, als wenn drüber wär
Ein Ohr zu hören meine Klage
Ein Herz wie meins,
Sich des Bedrängten zu erbarmen

Wer half mir wider
Der Titanen Übermut?
Wer rettete vom Tode mich,
Von Sklaverei?
Hast du's nicht alles selbst vollendet,
Heilig glühend Herz?
Und glühtest, jung und gut,
Betrogen, Rettungsdank
Dem Schlafenden da droben?

Ich dich ehren? Wofür?
Hast du die Schmerzen gelindert
Je des Beladenen?
Hast du die Tränen gestillet
Je des Geängsteten?
Hat nicht mich zum Manne geschmiedet
Die allmächtige Zeit
Und das ewige Schicksal,
Meine Herren und deine?
Wähntest du etwa,
Ich sollte das Leben hassen,
In Wüsten fliehn,
Weil nicht alle Knabenmorgen-
Blütenträume reiften?

Hier sitz ich, forme Menschen
Nach meinem Bilde,
Ein Geschlecht, das mir gleich sei,
Zu leiden, weinen,
Genießen und zu freuen sich,
Und dein nicht zu achten,
Wie ich." (A. a. O., S. 327 ff.)

Die in **freien Rhythmen** gestaltete Hymne ist in sieben verschieden lange Abschnitte mit jeweils unterschiedlicher Verslänge gegliedert. Anhand der unterschiedlichen Sprechhaltungen lassen sich wiederum drei große Teile erkennen: erstens die *aggressiv-verhöhnenden Ausrufe* und Fragesätze (Verse 1–28), zweitens die *vorwurfsvoll-anklagenden* Fragesätze (Verse 29–51) und drittens die resümierenden *Schlussfolgerungen* (Verse 52–58).
In der ersten Strophe formuliert Prometheus die Trennung zwischen göttlichem und irdischem Bereich und betont damit die *Unabhängigkeit des Menschen,* dessen Leben ohne den Einfluss der Götter verläuft.

Alle Naturgewalten, die Zeus zur Verdeutlichung seines Herrschaftsanspruches bemüht, gleichen nur dem folgenlosen Spiel eines übermütigen Knaben. Das *greifbare Diesseits* wird in der Schrittfolge Erde – Hütte – Herd – Glut verengt und auf das Licht/Feuer als *Symbol der Erkenntnis und Aufklärung* fokussiert. Feuer in Verbindung mit *Sesshaftigkeit* („Hütte", „Herd") gilt uns zugleich als Urquell der eigenständigen menschlichen Zivilisation überhaupt.

Das *Motiv der Auflehnung* zu Beginn der Hymne bezieht sich zunächst auf die Vorstellungswelt antiker Mythen, beinhaltet jedoch in seiner *Auflehnung gegen die Gottgewalt* auch Elemente des biblischen Sündenfalls.

Der angerufene Zeus, auch als *Gleichnisgestalt* des biblischen Gottes zu verstehen, ist der gleichgültig „Schlafende", der empfindungslos Kalte, dem die Gefühlsbereitschaft und Wärme der menschlichen Geschöpfe entgegengesetzt wird.

Die in den Strophen 4, 5 und 6 geäußerten rhetorischen Fragen formulieren Erwartungen, die in den Psalmen der Bibel versprochen, von Gott aber nicht erfüllt wurden.

Schlussfolgernd daraus ergibt sich, dass der Mensch seinen Daseinszustand nur sich selbst zu verdanken habe, weshalb Prometheus beschließt, den *Gott zu ignorieren,* ihn „nicht zu achten". Gegen Ende des Gedichts werden Prometheus Schöpfungskräfte zuerkannt, nähert sich der Mensch zunehmend *göttlicher Daseinsweise* an.

Die Mythologie der Prometheus-Figur kennt zwei Überlieferungsstränge: Erzählt der ältere **Mythos** die Geschichte vom Menschenfreund Prometheus, der Zeus das den Menschen vorenthaltene Feuer bringt und zur Strafe an den Kaukasus geschmiedet wird, so schildert eine spätere Sage ihn als Schöpfer, der den Menschen aus Ton nach seinem Bilde formt. Beide Varianten waren im 18. Jh. bekannt und entsprachen der Welt und Kunstauffassung der Geniegeneration. Prometheus galt als Urbild des schaffenden, kraftgenialen Künstlers.

Der Roman der Sturm-und-Drang-Zeit

Der **Roman** der Aufklärung war meist ein statisch angelegtes Konstrukt, die Figuren wirkten exemplarisch und vertraten entweder die eindeutig positiven Werte des bürgerlich-aufklärerischen Ideals in seinen verschiedenen Varianten oder waren die negativen Gegenfiguren dieses Ideals. Individuelle Entwicklungen wurden im deutschen Roman der Aufklärung kaum gestaltet. Besonders die Familienromane des Briten RICHARDSON zeichneten sich jedoch durch eine neue Qualität aus. Seine Romanfiguren mussten sich durch *vielfältiges Leiden* bewähren, was zu einer *gesteigerten* **Empfindsamkeit** führte. Mit ihm wurden englische Romane maßgebend für die deutsche Romanentwicklung.

Die epischen Produkte des Sturm und Drang weisen starke *autobiografische Bezüge* auf, die sich aus dem gesteigerten Interesse der Autoren an der *Gestaltung des Individuums* erklärt.

Den ersten Bestseller der neueren deutschen Literatur schrieb GOETHE mit seinem Briefroman „Die Leiden des jungen Werthers" (1774). Er verarbeitet darin eigene Erlebnisse mit CHARLOTTE BUFF, aber auch die biografischen Reflexe seines Bekannten KARL WILHELM JERUSALEM aus seiner Zeit in Wetzlar.

Die Verbindung von *Leidenschaft, Gesellschaftskritik und Natursehnsucht* setzte eine Welle von Empfindsamkeit in Gang, die dem Zeitgefühl entsprach und dem Roman eine sensationelle Wirkung bescherte. „Die Wirkung dieses Büchleins war groß, ja ungeheuer, und vorzüglich deshalb, weil es genau in die rechte Zeit traf." (GOETHE in „Dichtung und Wahrheit", ↗ DVD)

Klagte LESSING noch über den Mangel an deutschen Romanen, so muss man Anfang der 70er-Jahre von einer wahren Überflutung des deutschen Buchmarktes mit dieser Art von Literatur sprechen. Die „Neue Allgemeine Bibliothek" zählte 1796, dass seit 1773 mehr als sechstausend Romane in Deutschland gedruckt worden seien.

Vor einem Ball lernt Werther Lotte kennen und liebt sie leidenschaftlich, obwohl er weiß, dass sie schon an den strebsam nüchternen Albert vergeben ist. Als der Verlobte auftaucht, muss er erkennen, dass ihm Lotte versagt bleibt. Da stürzt er vom höchsten Glücksgefühl in tiefste Verzweiflung. Seine Lage wird unerträglich. Werther nimmt eine Stelle in einer Gesandtschaft an, doch Adelsdünkel und Engstirnigkeit drängen ihn aus dem Amt. Er kehrt zur inzwischen verheirateten Lotte zurück. Als er die Ausweglosigkeit seiner Lage erkennt, erschießt er sich.
Der absolute Geltungsanspruch von Werthers Gefühl ist unvereinbar mit den Institutionen der Gesellschaft (Ehe, Beamtenberuf ...). Es ist seine Tragik, dass ihn seine Empfindungsfülle zerstört, dass sein unbedingter Freiheitswille ihn in den Tod treibt. Der Schwärmer, der aus der Ichseligkeit seiner Empfindungen in die Leere hinabstürzt, wirkt als Protestfigur gegen die enge Ständegesellschaft.
Um die Unbedingtheit seiner Gefühle zum Ausdruck zu bringen, richtet Werther einseitig Briefe an seinen Freund Wilhelm, in denen er sich unmittelbar mitteilt. Die Gattung des Briefromans verliert hier ihren dialogischen Charakter, da angemessene Antworten nicht mehr vorstellbar sind. Umso intensiver erfasst der Leser das Geschehen aus der Perspektive der Zentralfigur.

Auf kirchlicher Seite entfachte der „Werther" einen Proteststurm. Die junge Generation hingegen fühlte sich verstanden und nahm den Roman begeistert auf. Ein *Wertherfieber* brach aus, *Werthermode* wurde getragen, begleitet von einer Selbstmordwelle im Wertherstil. Zahlreiche *Parodien* und *Nachdichtungen* verstärkten das Interesse am Wertherstoff. Eine ungewöhnliche Rezeption erfuhr GOETHES Roman zweihundert Jahre nach der ersten Niederschrift. 1972 erschien PLENZDORFS Erzählung „Die neuen Leiden des jungen W.". Der Autor übernahm das Handlungsmuster, um das Lebensgefühl der jungen DDR-Generation zu formulieren. Edgar Wibeau, der junge Werther in Bluejeans, verwendet Zitate aus dem „Old Werther", um sich seiner Befindlichkeit mithilfe vorformulierter Sätze zu vergewissern.
Die Titelfigur von FRIEDRICH HEINRICH JACOBIS (1743–1819) Romanfragment „Aus Eduard Allwills Papieren" (1775–1776) ist als „Zwillingsbruder Werthers" bezeichnet worden. Auch er wird wie Werther zum Verkünder eines Naturglaubens im Sinne ROUSSEAUS.
Im Jahre 1787 erschien ein Roman mit dem Titel „Ardinghello und die glücklichen Inseln" des Autors WILHELM HEINSE (1746–1803). Obwohl der Autor sich nie dem Sturm und Drang zugehörig fühlte und auch von GOETHE und SCHILLER mit Missachtung gestraft wurde, trägt sein Held die Züge dichterischen Selbsthelfertums und geniehaften Originalschöpfertums. Mit der ungehemmten Sinnlichkeit, dem unbedingten Altruismus und der aggressiven Verachtung der ständischen Gesellschaftshierarchie seines Helden weist HEINSE einen Weg zur Selbstverwirklichung des Individuums, das am Vorabend der Französischen Revolution ein Licht auf die auch in Deutschland auf der Tagesordnung stehenden gesellschaftlichen Veränderungen warf.

GOETHE in Wetzlar: GOETHE kam am 10. Mai 1772 als Rechtspraktikant am Reichskammergericht nach Wetzlar. Er lebte zusammen mit JAKOB HEINRICH BORN, einem Bekannten aus der Leipziger Studienzeit und Sohn des Bügermeisters von Leipzig in einem Haus. Nach der unglücklichen Liebe zu CHARLOTTE BUFF verließ GOETHE Wetzlar am 11. September 1772 wieder. Nach dem Freitod des Gesandtschaftssekretärs KARL WILHELM JERUSALEM Ende Oktober 1772 kehrte GOETHE vom 6. bis 10. November 1772 noch einmal für kurze Zeit nach Wetzlar zurück. JERUSALEMS Selbstmord war für GOETHE der Auslöser für seinen Roman „Die Leiden des jungen Werthers". Darin verbindet er die eigenen Erlebnisse mit seiner angebeteten CHARLOTTE BUFF mit dem Schicksal JERUSALEMS, das er in Gesprächen mit Personen, die kurz vor seinem Tod noch mit ihm zu tun gehabt hatten, ergründete.

4

Prospero Frescobaldi, für Stürmer und Dränger das Ideal eines begnadeten Menschen, jung, schön, voll Leidenschaft, voll Geist und Sinnlichkeit, hält sich unter dem Decknamen Ardighello als Maler in Venedig auf. Hier lernt er die schöne Cäcilia kennen, die seinen Lebensweg schicksalhaft bestimmen soll. Der Widerspruch zwischen der Freiheit der jungen Liebe und der Befangenheit in traditionellen Vorstellungen bricht auf, als der Statthalter von Kandia um die Geliebte wirbt und von der Familie als zukünftiger Bräutigam angenommen wird. Die „Rachenovelle" im Stile der Renaissance endet im ersten Teil des Romans mit der Ermordung des Ehemanns auf dessen Hochzeitsfest. In den zwei folgenden Teilen lernt der Held weitere Frauen kennen, die sich in unterschiedlicher Weise von konventionellen Zwängen befreit haben, aber ihre angestrebte Freiheit nicht ausleben können. Der Roman endet folgerichtig in einer Utopie. Da sich das Ideal des freien Menschen in einer freien Gesellschaft nicht verwirklichen lässt, beschließt Ardinghello, mit seinen Freunden und Freundinnen auf den Inseln Naxos und Paros im Ägäischen Meer einen Idealstaat zu gründen.

KLINGERS „Faust" erfreute sich bei den Zeitgenossen großer Nachfrage. Schnell gab es drei Nachdrucke (die Raubdrucke nicht mitgezählt). Der Roman wurde schon zu Lebzeiten KLINGERS mehrmals für das Theater bearbeitet und ist auch über die Grenzen Deutschlands bekannt geworden. Kurz nach dem Erscheinen wurde er ins Englische, Französische, Schwedische und Holländische übersetzt.

FRIEDRICH MAXIMILIAN KLINGERS (1752–1831) philosophischer Reiseroman „Faust's Leben, Thaten und Höllenfahrt" aus dem Jahre 1791 setzt bereits den Schlusspunkt unter das Romanschaffen der Stürmer und Dränger, das insgesamt keineswegs eine Ausprägung erfuhr wie etwa die dramatische Kunst.

Faust war, wie auch Prometheus, eine Lieblingsgestalt der Stürmer und Dränger. Der Rebell, der es wagt, die *göttliche Macht* in Frage zu stellen, die *Grenzen seiner Möglichkeiten* zu überschreiten, war eine literarische Verkörperung der Probleme, die die junge Generation bewegte.

KLINGERS Roman war die erste umfassende Beschäftigung mit dem Faustthema, nur LESSINGS und GOETHES Fragmente und MALER MÜLLERS Dramen gingen ihm voraus. Nach GOETHES später entstandenem Drama ist KLINGERS Faust der bedeutendste, weil er das abschreckende Gesicht der Feudalgesellschaft so schonungslos darstellt wie keine andere Dichtung am Ende des 18. Jahrhunderts.

In KLINGERS Roman wird der Alchemist GEORG FAUST (geboren um 1480) mit dem Buchdrucker JOHANNES FUST (geb. etwa 1400) identifiziert, der als Finanzier JOHANNES GUTENBERGS maßgeblich an der Erfindung des Buchdrucks beteiligt war.

Der Buchdrucker muss erfahren, dass seine Erfindung, die eine Quelle des Guten und der Verbreitung des Wissens werden könnte, keine Förderung durch die Machthaber erfährt. Seine Sehnsucht nach Freude, Freiheit und letztendlich Anerkennung wird von der Sorge um das tägliche Brot für sich und seine Familie verdrängt. In seiner Not ruft er den Teufel. Im zweiten bis vierten Buch durchstreift Faust Deutschland und Europa und lernt die Machtstrukturen und Willkür der Herrschenden kennen. Im fünften Buch, nach Deutschland zurückgekehrt, zieht Faust ein düsteres Fazit. In einer Art Epilog erkennt er, dass er, der ausgezogen war, das Böse mithilfe seiner Erfindung zu bekämpfen und Gerechtigkeit herzustellen, das Gegenteil bewirkte. Fast überall brachte sein Eingreifen den Menschen noch mehr Böses.

Offensichtlich auch in Anspielung auf sein Zerwürfnis mit GOETHE stellte KLINGER im Vorwort zum „Faust" fest, er habe von all dem, „was bisher über Fausten gedichtet und geschrieben worden, nichts genutzt, noch nutzen wollen". Sein „Faust" sei „sein eigenes Werk, es sei wie es wolle".

KLINGER unterzieht in seinem Roman alle gesellschaftlichen Institutionen einer strengen Kritik. Sein Ideal von Freiheit ist dabei nicht mehr das rebellische, überindividualisierte Aufbegehren gegen jegliche Beschränkung und Verpflichtung, sondern die reife Forderung nach freier Entwicklung und Formung der Persönlichkeit, unbeeinträchtigt von Despotismus und Tyrannei:

> „Glaubt darum nicht, ich sei einer der Toren, welche die Freiheit dahinein setzen, daß jeder tun kann, was ihm gefällt. Wohl weiß ich, daß die Kräfte des Menschen verschieden sind und ihre Lage im bürgerlichen Leben bestimmen müssen, aber da ich mich nach Gesetzen umsah, die einem jeden diese Lage, sein Gut und seine Person sicherten, so fand ich nichts als ein wildes Chaos, das tyrannische Gewalt geflissentlich zusammengemischt hat, um sich zum eigenmächtigen Herrn des Glücks und des Daseins der Untertanen zu machen."
> (Klinger, Friedrich Maximilian: Werke in zwei Bänden, Bd. 2. Ausgew. u. eingel. v. Hans Jürgen Geerts, Berlin: Aufbau Verlag, 1970, S. 91.)

4.6.3 Klassik

Klassik ist die Bezeichnung für kanonbildende geistesgeschichtliche Epochen der Menschheitsgeschichte. Sie werden als vorbildhaft und erstrebenswert, als Blütezeit einer Nationalliteratur bzw. -kunst anerkannt.

Zum Kanon ↗ S. 270

Erste klassische Epochen der Menschheitsgeschichte waren die griechische und römische Antike. Auch die *italienische Renaissance* bezog sich auf die Antike. I.d.S. begreift man die Zeit DANTE ALIGHIERIS, GIOVANNI BOCCACCIOS und TORQUATO TASSOS als *italienische Klassik,* das Wirken PEDRO CALDERÓN DE LA BARCAS und MIGUEL DE CERVANTES SAAVEDRAS im *Siglo de Oro* (1500–1680) als *spanische Klassik* und das *Elisabethanische Zeitalter* (WILLIAM SHAKESPEARE) in Großbritannien als *englische Klassik*. In Frankreich ist die Klassik während der Regierungszeit LUDWIGS XIV. (1634–1715) besonders ausgeprägt (PIERRE CORNEILLE, 1606–1684; JEAN RACINE, 1639–1699). Die *russische Klassik* ist eng mit dem Wirken ALEXANDER PUSCHKINS (1799–1837) verbunden. In Deutschland begreift man als Klassik jene Zeit nach dem Sturm und Drang, die eng mit dem Wirken JOHANN WOLFGANG VON GOETHES und FRIEDRICH VON SCHILLERS verbunden ist. Sie wird nach dem Wirkungsort dieser beiden Klassiker **Weimarer Klassik** genannt. Politisch umgreift die deutsche Klassik die Zeit kurz vor, während und kurz nach der *Französischen Revolution* (1789

Die griechische und die römische Antike wurden als Idealgesellschaften verstanden, die den Einzelnen individuelle Freiheiten zubilligten.

bis 1795) sowie die geschichtliche Person NAPOLEON BONAPARTES. Die Geisteshaltung der deutschen Klassik schloss die *politische Gedankenwelt* (ein politisches Engagement) jedoch aus.

Parallel zur Weimarer Klassik entstand in Deutschland die Romantik (ab 1790, ↗ S. 302 ff.). Die Zeitgleichheit deutscher Klassik und Romantik führte in der Literaturwissenschaft zur Meinung, die Klassik selbst sei der Romantik zugehörig. Dies wird zudem durch die Tatsache genährt, dass die klassizistische Architektur sich wesentlich von der Romantik anregen ließ (Ruinen).

Ideengeschichtliche Voraussetzungen

Dem Verstandeskult und Vernunftoptimismus der Aufklärung stehen in der Klassik die *Ideale des Guten, Wahren, Schönen* entgegen. Die Zweifel an der Vätergeneration des „[...] tintenklecksenden Säkulums" (SCHILLER: „Die Räuber") waren weitestgehend ausgeräumt. Das nur über das Gefühl aufgenommene Menschenbild (dichterische Freiheit), dieser Subjektivismus des Sturm und Drang, ist nun einer schöpferischen Fortentwicklung der Autoren im Wege. Geistige Freiheit sah man nun als Blick vom Individuellen zum Allgemeinen. Die Antike war den Klassikern Ausdruck des idealischen Lebens, die absolute Harmonie. Vor dem *politischen Hintergrund der Französischen Revolution* und deren Wirkung und Nachwirkungen auf ganz Europa entwickelten die deutschen idealistischen Philosophen und die klassischen Autoren das Konzept einer *Dichtung der Humanität.* Diese empfanden die klassischen Autoren als *Norm.*

Als Norm bezeichnet man eine allgemeine Regel, Richtschnur oder einen Maßstab.

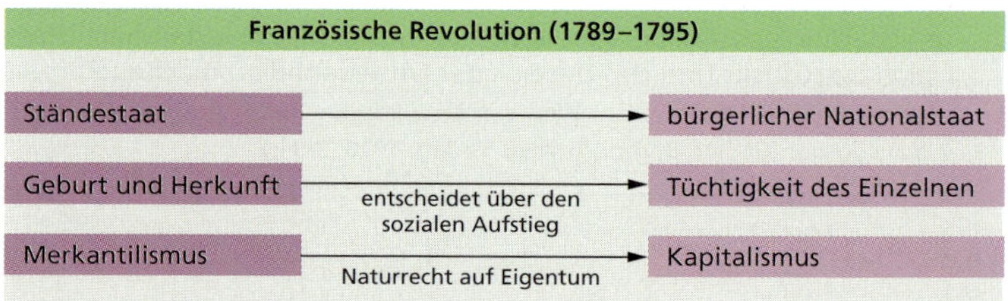

Die Zeit der deutschen Klassik ist verbunden mit dem allmählichen Umbau des Feudalstaates in Richtung des Kapitalismus. Die dagegen opponierten, nennt man Romantiker.

Ziel der Revolution war es, den sozialen Menschen mit dem natürlichen Menschen gleichzusetzen.

Ästhetische Leitideen

Als Teilgebiet der Philosophie untersucht die **Ästhetik** die Probleme der Kunst und des Schönen. Sie befasst sich mit dem Entstehungsprozess eines Kunstwerkes, mit seiner Struktur und mit dem Verhältnis Kunst – Wirklichkeit. **Poetik** nennt man den Teil der Ästhetik, der sich mit der Dichtung beschäftigt.

Ästhetik: von griech. = aisthánesthai (durch die Sinne) wahrnehmen

Philosophisch gründen die deutsche Klassik und die **Aufklärung** auf den Ideen IMMANUEL KANTS. Dieser untersuchte in der „Kritik der praktischen Vernunft" (1788) den Vorgang sittlichen Handelns.

> „Es ist überall nichts in der Welt, ja überhaupt auch außerhalb derselben zu denken möglich, was ohne Einschränkung für gut könnte gehalten werden, als allein ein guter Wille."
> (Kant, Immanuel: Werke in zwölf Bänden. Frankfurt/Main: Suhrkamp Verlag, 1977, S. 18.)

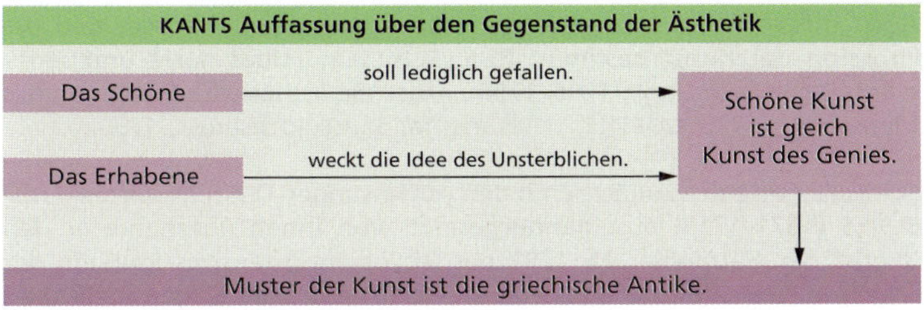

Den Geniegedanken entwickelte KANT in seiner Schrift „Kritik der Urteilskraft". „Genie ist das Talent (Naturgabe), welches der Kunst die Regel gibt." (KANT ↗ DVD)

Die Kunst des Genies ist, nach KANT, gleichzusetzen mit der schönen Kunst. Daraus folgt ihr Regelkatalog.
Neue Ideale eroberten das Denken in der Klassik:
- freie Selbstbestimmung,
- freie Selbstvollendung,
- Aussöhnung mit der Gesellschaft und ihren Gesetzen.

Nach den Vorstellungen der Klassiker lebten die Menschen der Antike in Einheit mit der Natur. Nur so ließ sich das Erhabene schaffen. Dies sahen sie als Voraussetzung für Harmonie (Mensch – Natur) und Humanität (Vernunft – Gefühl).

In einem solchen Sinne verstanden sich die Autoren der Klassik, insbesondere aber GOETHE, als *Weltbürger*. Die menschliche Kultur sollte sich zu einem Werkzeug zur Einigung der Welt unter die höheren Ideale entwickeln. Das Weltganze sollte eine Einheit darstellen, in der alle Disharmonien untergehen.

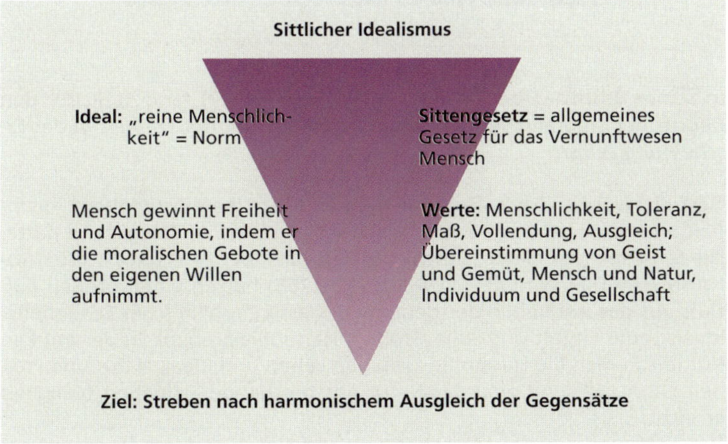

Man strebte *Vollendung und Schönheit* an, deutete sie als Harmonie zwischen dem Sinnlichen (Gemüt) und der Vernunft (Geist). Werte wie Menschlichkeit, Toleranz, Ausgleich, Maß und Reinheit standen dafür. Harmonie und Humanität waren die Leitideen der Klassik.

Autonomie der Kunst = Unabhängigkeit der Kunst. Kunst wird lediglich durch die eigenen Erfahrungen des Genies bestimmt.

Die Autoren schufen eine Idee von der *Autonomie der Kunst,* die dadurch geprägt war, dass die Kunst sich ein autonomes Universum mit einer eigenen Wirklichkeit schafft. Dazu bedurfte es eines Formbewusstseins, das den Stürmern und Drängern in dieser Strenge noch nicht bewusst gewesen war.

Auch theoretisch wurde das *klassische Kunstideal* betrachtet und die Funktion der Kunst bestimmt (u.a. SCHILLER: „Über naive und sentimentalische Dichtung", 1795–1796; „Über die ästhetische Erziehung des Menschen", 1795; GOETHE: „Literarischer Sansculottismus", 1795).

ANTHONY ASHLEY COOPER, EARL OF SHAFTESBURY, war Schüler LOCKES. Er vertrat die Auffassung, dass das Sittliche die vollkommene harmonische Entfaltung natürlicher Anlagen sei. Das Ding und der Geist bzw. die Natur und die Gesellschaft harmonieren miteinander.

SCHILLER hatte sich zunächst mit den Auffassungen LEIBNIZ' und SHAFTESBURYS (1671–1713) auseinandergesetzt. Von ihnen übernahm er den Begriff der *Harmonie*. Ab 1792 betrieb er ein intensives Studium der Schriften IMMANUEL KANTS. Über dessen Theorie der Gegensätzlichkeit von Sittlichkeit und Vernunft gelangte er u.a. zum klassischen Ideal. Das Ideal der Versöhnung von Sittlichkeit und Vernunft fand SCHILLER in der ästhetischen Harmonie:

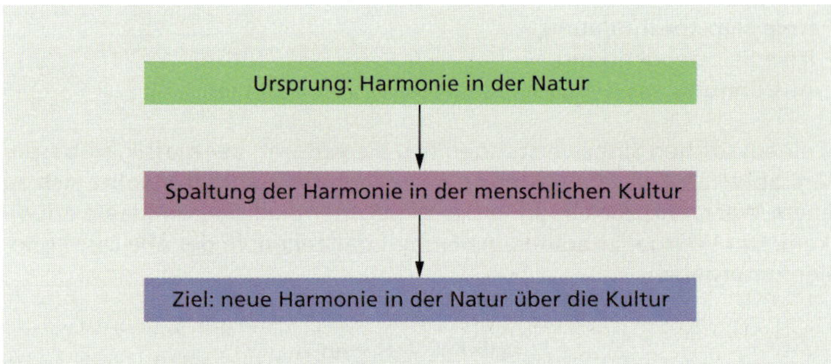

In seiner Schrift „Über Anmut und Würde" (1793) fand SCHILLER den Begriff der „moralischen Schönheit" als Ausdruck der *Freiheit in der Erscheinung selbst.*

Gestrebt wurde nach Vollkommenheit und der *Übereinstimmung von Inhalt und Form,* ganz wie es die griechisch-römische Antike gezeigt hatte. Die Schriften (vor allem „Geschichte der Kunst des Altertums", 1764) JOHANN JOACHIM WINCKELMANNS (1717–1768) hatten einen großen Einfluss auf das Antikebild der deutschen Klassik (apollinisches Schönheitsideal: „edle Einfalt und stille Größe", Harmoniestreben). In der antiken Kultur sah man die Harmonie zwischen Leben und Ideal, Natur und Freiheit (SCHILLER) und eine der Natur entsprechende Schönheit (GOETHE) erreicht.

Das Begriffspaar „edle Einfalt und stille Größe" hat GOETHE von seinem Zeichenlehrer ADAM FRIEDRICH OESER (1717–1799) übernommen.

Der *Entfremdung des Menschen von der Natur und des Denkens vom Empfinden* konnte durch die Kunst begegnet werden. Mensch und Natur sowie Individuum und Gesellschaft wurden zu Begriffspaaren. Diese Dualismen wurden auch *kanonbildend* für nachfolgende Strömungen und Epochen. Der Kanon deutscher Literatur wird vor allem in den Lehrplänen der Schulen sowie im Germanistikstudium abgebildet. Er widerspiegelt nicht das tatsächliche Lesebedürfnis der Bürger.

Kanon: von griech. kanón = Rohrstab, Messstab und lat. canon = Richtschnur

„Kanon" bezeichnet in der Literatur mustergültige, regelhafte und angesehene Werke. Die Auswahl dieser Werke wird „Kanonbildung" genannt.

Das ästhetische Ideal SCHILLERS

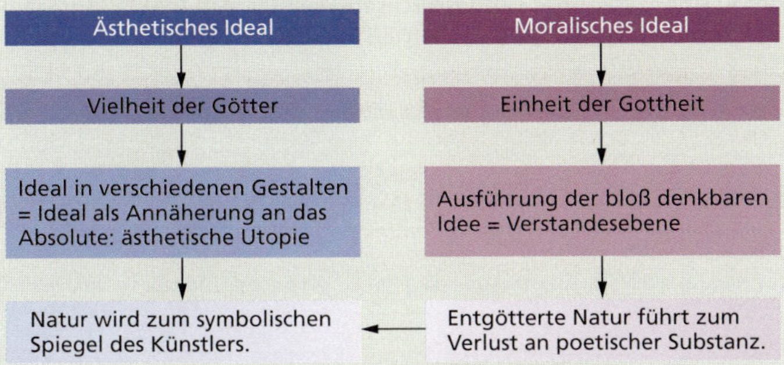

Sinnlichkeit sah SCHILLER als ästhetisches Ideal, Vernunft als moralisches Ideal an. Vermittlung zwischen beiden ist das Ziel der Kunst.

„Glauben sie nicht der Natur und den alten Griechen, so holst du
Eine Dramaturgie ihnen vergeblich herauf."
(Schiller, Friedrich: Sämtliche Werke, Bd. 1, München: Hanser, 1962, S. 300.)

SCHILLERS Beschäftigung mit der griechischen Antike zeigt sich u.a. in seinem Gedicht „Die Götter Griechenlands" (1788) und in zwei Übersetzungen des Euripides, während GOETHE sein Drama „Iphigenie auf Tauris" (1787) vollendete.
GOETHE suchte in der Natur ein Modell für den universalen Zusammenhang aller Erscheinungen, für SCHILLER wurden Philosophie (IMMANUEL KANT) und Geschichte zu den wichtigsten Bezugspunkten. Da sich beide Autoren philosophisch dem deutschen Idealismus hingezogen fühlten, ist es deshalb naheliegend, von SCHILLER als dem „Vernunftidealisten" und von GOETHE als dem „Naturidealisten" zu sprechen.

GOETHE als Naturforscher entdeckte den Zwischenkieferknochen beim Menschen (Sutura incisiva GOETHEI).

Weimarer Klassik

Weimarer Klassik ist eng mit dem gemeinsamen Schaffen JOHANN WOLFGANG VON GOETHES und FRIEDRICH SCHILLERS in Weimar verbunden. Sie beginnt mit GOETHES Italienreise (17861788) und SCHILLERS Übersiedlung nach Weimar im Jahre 1787. Die Weimarer Klassik endet mit SCHILLERS Tod (1805).

Über die zur Weimarer Klassik gehörenden Autoren ist man sich nicht einig. Bisweilen wird die Weimarer Klassik auch nur auf **GOETHE** und **SCHILLER** reduziert. Von wenigen Literaturwissenschaftlern werden JEAN PAUL und HEINRICH VON KLEIST auch als der Weimarer Klassik zugehörig eingeordnet.

Um 1770 genoss der „Musenhof" der Herzogin ANNA AMALIA (1739 bis 1807) in Weimar als Begegnungsstätte zwischen Bürgertum und Adel bereits ein hohes Ansehen. CHRISTOPH MARTIN WIELAND war ab 1772 als Erzieher des 15-jährigen Prinzen KARL AUGUST (1757–1828) in der Stadt. Das *Ideal einer Fürstenerziehung* fand seinen Niederschlag im aufgeklärten Herzog.
Der hatte keine Berührungsängste mit dem Bürgertum, als er den einstigen Stürmer und Dränger JOHANN WOLFGANG VON GOETHE (1749–1832)

1782 wurde GOETHE durch Kaiser FRANZ JOSEPH II. geadelt.

im Jahr 1776 als Geheimen Legationsrat im „Geheimen Conceil" Regierungsverantwortung übertrug. KARL LUDWIG VON KNEBEL, JOHANN CHRISTIAN BERTUCH und JOHANN KARL AUGUST MUSÄUS wirkten bereits in der Residenzstadt des Landes Sachsen-Weimar. Auf GOETHES Veranlassung kam JOHANN GOTTFRIED HERDER 1776 nach Weimar.

Phasen der Weimarer Klassik
Vorklassik: LESSING, WINCKELMANN, KLOPSTOCK, WIELAND, VOSS, bis 1786
Frühklassik: MORITZ, HERDER, GOETHE, SCHILLER, HÖLDERLIN, 1786–1790
Hochklassik: GOETHE, SCHILLER, HUMBOLDT, 1790–1805

GOETHES Regierungsverpflichtungen wuchsen ständig: 1779 wurde er Geheimer Rat, 1782 Leiter der Finanzkammer, außerdem hatte er die Oberaufsicht über den Ilmenauer Bergbau. Auch literarisch war er sehr schöpferisch: Aus seiner Beschäftigung mit dem Bergbau heraus entstand 1790 der „Versuch, die Metamorphose der Pflanzen zu erklären". Das Drama „Stella" (1776) erwuchs aus der Reflexion seiner Beziehung zu ANNA ELISABETH (LILI) SCHÖNEMANN (1758–1817). Die Prosafassung von „Iphigenie auf Tauris" (1779) nähert sich dem antiken Humanitätsideal bereits an. In „Egmont" (1788) griff er zum zweiten Mal (nach „Götz von Berlichingen") ein historisches Sujet auf: den Befreiungskrieg in den Niederlanden Mitte des sechzehnten Jahrhunderts.

Die Uraufführung des „Egmont" fand 1789 statt. BEETHOVEN schrieb eine Ouvertüre zum Stück, die am 15.06.1810 ihre Uraufführung hatte.

Der Schauplatz des Dramas ist Brüssel. Unter der Herrschaft der Regentin Margarete von Parma haben Unterdrückung, Steuern und Religionskämpfe in den Niederlanden zu einer instabilen Situation geführt. Graf Egmont, unter der Bevölkerung sehr beliebt, versucht gemeinsam mit Wilhelm von Oranien, die Sorgen des Volkes zu erläutern, sie kehren jedoch ohne Erfolg zurück. Um für Ruhe zu sorgen, wird Herzog Alba mit seiner Armee nach Brüssel gesandt. Oranien ahnt einen Hinterhalt, er warnt Egmont vergeblich, sich in die Hände des Herzogs zu begeben. Egmont vertraut auf seine Stellung bei Hofe und seine bisher erwiesene Treue und nimmt Albas Einladung zu einer Ratssitzung an. Alba hat nun wirklich die Order, alle niederländischen Führer hinzurichten, und setzt diese Vorgabe auch skrupellos durch. Egmont redet sich selbst im Gespräch mit Alba durch Ehrlichkeit und Offenheit um Kopf und Kragen, wird gefangen gesetzt, verurteilt und hingerichtet.

GOETHE wich in seinem Drama von den tatsächlichen Ereignissen in den Niederlanden ab. Aus dem alten, verheirateten Grafen EGMONT VON GAURE (1522–1568) machte er einen jugendlichen und ungebundenen Helden; der historisch sehr bedacht handelnde Egmont erscheint bei GOETHE als ungestümer Hitzkopf.

„Torquato Tasso" (1789) behandelt die Künstlerexistenz im sozialen Gefüge der menschlichen Gesellschaft. Um seinen Verpflichtungen zu entfliehen, unternahm GOETHE eine Reise nach Italien (1786–1788). Der Eindruck antiker Formenwelt prägte sein späteres (klassisches) Schaffen.
1784 war FRIEDRICH (VON) SCHILLER von Herzog KARL AUGUST von Sachsen-Weimar zum „Weimarischen Rat" bestimmt worden. 1787 kam er in der Residenzstadt an, auch um sich an den „drei Weimarischen Riesen" WIELAND, GOETHE und HERDER messen zu lassen. Er widmete sich zunächst seinen geschichtlichen Studien, eines reinen Broterwerbs, um seinen Bekanntheitsgrad zu vergrößern. Seine Werke „Geschichte des Abfalls der vereinigten Niederlande von der Spanischen Regierung" (1788) und „Geschichte des Dreißigjährigen Krieges vom Prager Fenstersturz bis zum Westfälischen Frieden" (1790–1792) waren das Ergebnis dieser Arbeit.

1802 wurde SCHILLER geadelt.

Aus der Beschäftigung mit dem Dreißigjährigen Krieg entstand seit den 90er-Jahren des 18. Jh. die „Wallenstein"-Trilogie.

1789 ernannte man SCHILLER auf Initiative GOETHES hin zum außerordentlichen Professor der Geschichte und Philosophie in Jena. Seine Antrittsvorlesung „Was heißt und zu welchem Ende studiert man Universalgeschichte?" wurde außerordentlich erfolgreich aufgenommen.
1794 begründete SCHILLER seine literarische Zeitschrift „Die Horen", an der auch GOETHE mitarbeitete. Durch die Zusammenarbeit begann ihre Freundschaft.
Am 21. Juli 1794 trafen sich GOETHE und SCHILLER in Jena. Zwischen beiden fand sich „eine unerwartete Übereinstimmung, die umso interessanter war, weil sie wirklich aus der größten Verschiedenheit der Gesichtspunkte hervorging. Ein jeder konnte dem anderen etwas geben, was ihm fehlte, und etwas dafür empfangen", schrieb SCHILLER an seinen Freund KÖRNER.

CHRISTIAN GOTTFRIED KÖRNER (1756–1831) war Jurist und Rat am Dresdener Oberkonsistorium für Kirchen und Schule. Er war der Vater THEODOR KÖRNERS.

Haltung Goethes und Schillers zur Französischen Revolution als Voraussetzung für ihre Freundschaft

1794 erfolgte eine Annäherung zwischen GOETHE und SCHILLER. Diese war möglich geworden durch eine veränderte Haltung SCHILLERS gegenüber der Französischen Revolution. Hatte dieser die Veränderungen in Frankreich anfänglich noch begrüßt, begann mit dem *jakobinischen Terror* 1793 ein Umdenkungsprozess. Sowohl GOETHE als auch SCHILLER verhielten sich neutral gegenüber den Veränderungen in Frankreich und Europa. GOETHE hatte als Begleiter des Herzogs KARL AUGUST den 1. Koalitionskrieg (1792–1797) der Österreicher und Preußen gegen die Franzosen erlebt und stand der Revolution sehr ablehnend gegenüber.
GOETHE setzte sich jedoch in verschiedenen Werken mit der Französischen Revolution auseinander:

GOETHE schrieb in einem Brief, er wolle mit SCHILLER „gemeinschaftlich ... arbeiten, zu einer Zeit, wo die leidige Politik und der unselige körperlose Parteigeist alle freundschaftlichen Verhältnisse ... zu zerstören droht." (GOETHE, 1794)

Werke GOETHES, die sich mit der Französischen Revolution auseinandersetzen:
- „Der Groß-Cophta" (1791)
- „Das Mädchen von Ober-Kirch" (1795–1796)
- „Der Bürgergeneral" (1793)
- „Hermann und Dorothea" (1797)
- „Die natürliche Tochter" (1803)
- „Venezianische Epigrame" (1795)

– „Belagerung von Mainz“ (1820)
– „Campagne in Frankreich 1792“ (1822)
– „Unterhaltungen deutscher Ausgewanderten“ (1794–1795)

Die Auseinandersetzung GOETHES blieb allegorisch-symbolisch. Er nutzte zwar auch satirische und novellistische Stilmittel, vermittelte jedoch alles in allem ein klassisch geprägtes *Gegenbild zur Revolution.* Seine ablehnende Haltung der Revolution gegenüber blieb auf die Verurteilung von Gewalt beschränkt.

Uraufgeführt wurde das Werk am 17.03.1804 in Weimar.

SCHILLER schrieb außer dem Drama „Wilhelm Tell“ (1804) keine Revolutionsdichtungen. Im Jahr der Uraufführung, 1804, war dieses Drama ein grandioser Erfolg.

> GOETHE über die Arbeitsweise SCHILLERS am „Tell“: „Schiller fing damit an, alle Wände seines Zimmers mit so viel Spezialkarten der Schweiz zu bekleben, als er auftreiben konnte. Nun las er Schweizer Reisebeschreibungen, bis er mit Weg und Stegen des Schauplatzes des Schweizer Aufstandes auf das Genauste bekannt war. Nachdem er alles Material zusammen gebracht hatte, setzte er sich über die Arbeit, und buchstäblich genommen, stand er nicht eher vom Platze auf, bis der ‚Tell‘ fertig war. Überfiel ihn die Müdigkeit, so legte er den Kopf auf den Arm und schlief. Sobald er erwachte, ließ er sich nicht, wie fälschlich nachgesagt worden ist, Champagner, sondern starken schwarzen Kaffee bringen, um sich munter zu halten. So wurde der ‚Tell‘ in sechs Wochen fertig; er ist aber auch wie aus einem Guss.“
>
> (Burschell, Friedrich: Friedrich Schiller in Selbstzeugnissen und Bilddokumenten. Hamburg: Rowohlt, 1958, S. 155.)

„Wilhelm Tell“ hatte am 15.09.2001 an der Landesbühne Hannover Premiere. Im Spielplan 2000/2001 war das Stück am Berliner Maxim-Gorki-Theater.

„Wilhelm Tell“ ist ein Drama um den schweizerischen Unabhängigkeitskampf.

> Der Reichsvogt Hermann Geßler unterdrückt die drei Kantone Schwyz, Uri und Unterwalden. Als jemand den Burgvogt erschlägt, hilft Wilhelm Tell dem flüchtigen Mörder. Er ist nicht gewillt, sich vor einem an einer Stange befestigten Hut zu verneigen, wie Geßler befahl. Als Feind des Kaisers wird er in Haft genommen. Als Geßler ihn auffordert, mit der Armbrust auf den Apfel auf seines Sohnes Kopf zu schießen, trifft er den Apfel genau in der Mitte. Tell sinnt nach Rache, in der hohlen Gasse durchbohrt ein Pfeil Tells die Brust des Reichsvogts. Diese Tat ermutigt zur Befreiung des Landes.

SCHILLER beschäftigte sich ästhetisch mit der Französischen Revolution. Seiner Auffassung nach könnten politische Probleme nicht mehr „durch das blinde Recht des Stärkeren“ gelöst werden, sondern müssten vor dem „Richterstuhl reiner Vernunft“ verhandelt werden. In den „Horen“ veröffentlichte SCHILLER 1795 „Über die ästhetische Erziehung des Menschen, in einer Reihe von Briefen“. Hierin begründete er, dass eine ästhetische Erziehung den Weg zum Vernunftstaat bereiten sollte: „Der

Weg zum Kopf" müsse „durch das Herz geöffnet werden". Ästhetik ist nach seiner Auffassung *Vermittlung von Vernunft und Sinnlichkeit*. Nicht durch einen gewaltsamen Umsturz gelange man zum Vernunftstaat, sondern durch evolutionäre Fortentwicklung der Gesellschaft. Deshalb genügt nicht die Reform des Staates. Ziel ist seine allmähliche Auflösung.

Evolution: lat. evolvere = sich aus etwas heraus entwickeln, meint die langsame Höherentwicklung der Gesellschaft

SCHILLERS Vorstellungen von einer ästhetischen Erziehung des Menschen

Die ästhetische Erziehung des Menschen vermittelt zwischen

Vernunft (Einheit)	⟷	Natur (Vielfältigkeit)
Mensch als Gattung	⟷	Mensch als Individuum
Citoyen	⟷	Bourgeois
Allgemein-Menschlichem	⟷	Individuell-Menschlichem

- Vorbild des Staatswesens: die griechische Polis
- Ziel ästhetischer Erziehung: Schaffung eines „ästhetischen Staates"
- Ideales Gemeinwesen der Freiheit und Menschenrechte

Citoyen = Staatsbürger, Bourgeois = Bürger als Persönlichkeit

Die prinzipiell *antirevolutionäre Einstellung* beider ermöglichte erst die Freundschaft GOETHES und SCHILLERS. Sie trafen sich in der
- Ablehnung der revolutionären Gewalt,
- Hinwendung zur klassischen Antike,
- Ästhetisierung des klassischen Ideals.

Über die französische Revolution schrieb SCHILLER u. a.: „Der Moment war der günstigste, aber er fand eine verderbte Generation, die ihn nicht ... zu benutzen wußte." Er spielte damit auf den jakobinischen Terror nach 1794 an, dem zahlreiche Menschen (u. a. DANTON und MARAT) zum Opfer fielen.

Wieland, Herder und Hölderlin

„Papa Wieland", wie ihn Herzogin ANNA AMALIA nannte, war bis zur Ankunft GOETHES die bedeutendste Person in Weimar. WIELAND übersetzte 22 Dramen SHAKESPEARES sowie Werke von HORAZ, LUKIAN, EURIPIDES, XENOPHON und CICERO ins Deutsche. Er gilt als *Begründer des modernen deutschen Bildungsromans.* WIELAND gründete die einflussreichen literarischen Zeitschriften „Der Teutsche Merkur" (1773–1789, als „Neuer Teutscher Merkur" bis 1810) und „Das attische Museum" (1796–1803) und fungierte ebenfalls als Herausgeber. In die Weimarer Zeit fallen die Veröffentlichungen von „Der goldene Spiegel" (1772), „Die Geschichte der Abderiten. Eine sehr wahrscheinliche Geschichte" (1774) und „Oberon" (1780).

Der humorvoll-satirische Roman „Die Geschichte der Abderiten" erschien 1774 zunächst im „Teutschen Merkur" in Fortsetzungen. WIELAND lässt diesen „Beitrag zur Geschichte des menschlichen Verstandes" in der Stadt „Abdera in Thracien" spielen, meint jedoch das kleinbürgerliche Spießertum der deutschen Kleinstadt, vornehmlich Biberachs, der Stadt,

Das griechische Abdera galt in der Antike als hinterwäldlerisch.

Im „Vorbericht" zu den „Abderiten" vermerkt WIELAND, die erzählten Geschichten seien „wahr", aus „der Natur selbst" entnommen. Indem er die menschlichen Konflikte bis ins Groteske überhöht, deckt WIELAND zugleich die Oberflächlichkeit des menschlichen Miteinanders auf und hofft, dass durch Bildung des Bürgers zivile Verhältnisse eintreten können.

1804 krönte sich NAPOLEON BONAPARTE selbst zum Kaiser aller Franzosen. Damit war das 1. Kaiserreich gegründet. Bereits 1799 hatte er das Direktorium (Regierung) gestürzt und das Amt des ersten Konsuls übernommen.

in der er geboren wurde. In „Der Prozeß um des Esels Schatten", dem vierten Buch im zweiten Teil des Romans, geht es um einen wahrhaft schildbürgerlichen Streit:

Ein Abderit mietet sich einen Esel samt Treiber, um ins nächste Dorf zu reiten. Es ist heiß an jenem Tag, so setzt er sich in den Schatten des Esels. Dessen Besitzer jedoch möchte, dass der andere für den Schatten des Esels bezahle: „Ich vermiete Euch den Esel, aber des Schattens wurde mit keinem Worte dabei gedacht." So kommt es zum Prozess. Das Ganze weitet sich zu einem Streit unter allen Bewohnern Abderas aus. Die Stadt spaltet sich in zwei Parteien: Schatten und Esel. Das Volk will das Rathaus stürmen. Die Klage kommt von einer Instanz in die nächste. Das gesamte Staatsgebäude Abderas scheint gefährdet. Schließlich soll es zur Urteilsverkündung kommen, der Esel wird vorgeführt, und plötzlich „stürzt sich die ganze Menge auf das arme Tier" und zerreißt es. Da der Anlass des Streites durch das Volk gerichtet ist, beruhigt sich alles, stiftet man ein Denkmal, komponiert ein Lied und dichtet eine Komödie zu Ehren des Esels. Die Ruhe kehrt wieder ein in die Stadt.

In seinem Spätwerk „Aristipp und einige seiner Zeitgenossen" (1800 bis 1801) wird die *Utopie eines harmonischen Menschentums* beschrieben, hier näherte sich WIELAND den Positionen der Weimarer Klassik an. Nachdem er bis 1800 die Vorgänge um die Französische Revolution interessiert verfolgt hatte, stand er bald der aristokratisch-demokratischen Staatsform ablehnend gegenüber. In „Aristipp" forderte er eine kulturelle Erneuerung der Gesellschaft. WIELAND war der Meinung, dass die Masse des Volkes unfähig zu vernünftigem Handeln sei. Die Erziehung des Menschen müsse vor der Einführung einer neuen Staatsform geschehen. In diesem Sinne hatte sich der Autor vor allem den Ideen SCHILLERS angenähert.

HERDER war Hofprediger und Generalsuperintendent in Weimar. Er arbeitete an WIELANDS „Teutschem Merkur", später an SCHILLERS „Horen" mit und gilt als *Anreger und Vordenker* sowohl des Sturm und Drang als auch der deutschen Klassik.

Sprache betrachtete HERDER im Einverständnis mit LEIBNIZ als „den Spiegel des menschlichen Verstandes" und „unentbehrliches Werkzeug seiner Vernunft": „Mittelst der Sprache lernten wir denken, durch sie sondern wir Begriffe ab und knüpfen sie, oft haufenweise, ineinander." (HERDER)

HERDER hatte sich in seinen ersten Weimarer Jahren vor allem mit theologischen und theologisch-ästhetischen Studien beschäftigt. In seinen Schriften versuchte er, eine Einheit von Christentum und Humanitätsidee herzustellen. (GOETHE trachtete hingegen nach einer Aufhebung des Christentums in der Humanität).

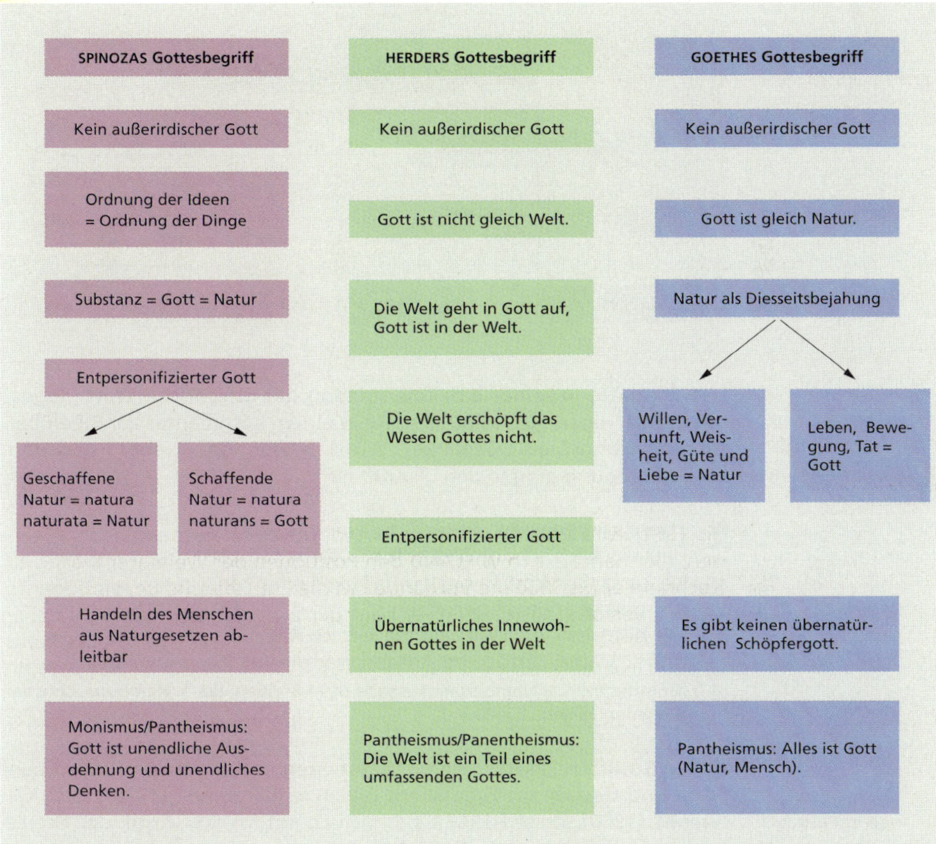

HERDER formulierte den *Humanitätsbegriff* der Weimarer Klassik. In den „Briefen zur Beförderung der Humanität" (1793–1797) legte er am klarsten seine Humanitätsauffassung dar und untersuchte die Wechselwirkung von Patriotismus und „Weltbürgertum".

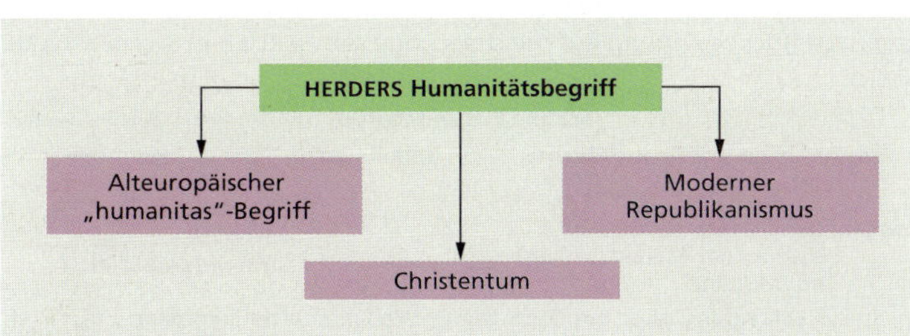

HERDER gilt als bedeutender Anreger GOETHES. Nach 1782 näherten sich die beiden Weimarer Größen einander wieder an. GOETHE steckte in einer tiefen Sinnkrise, als deren Folge er die italienische Reise unternahm.

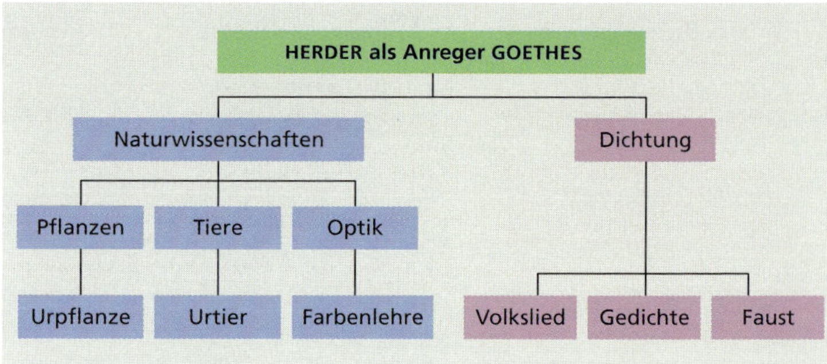

LUTHER hatte in seiner Bibelübersetzung das griechische Wort „logos" mit „Wort" übersetzt. HERDER hatte in einem Kommentar zur Bibelübersetzung „logos" als „Gedanke!, Wort!, Wille!, Tat!, Liebe!" gedeutet. Diese Anregung ging in den „Faust" ein:

Zu GOETHES Faust ↗vgl. S. 286 ff.

„Geschrieben steht: ‚Im Anfang war das Wort!'
Hier stock ich schon! Wer hilft mir weiter fort?
Ich kann das Wort so hoch unmöglich schätzen,
Ich muß es anders übersetzen [...]
Mir hilft der Geist! Auf einmal seh ich Rat
Und schreibe getrost: Im Anfang war die Tat!"
(Goethes Werke. Hamburger Ausgabe in 14 Bänden. Bd. 3. Hamburg: Christian Wegener, 1948 ff., S. 44.)

Angeregt durch HERDER gaben ARNIM und BRENTANO „Des Knaben Wunderhorn" heraus. ↗S. 291 f.

In den Schriften „Plastik. Einige Wahrheiten und Wahrnehmungen über Form und Gestalt aus Pygmalions bildendem Traume" (1778) und „Kalligone" (1800) setzte HERDER sich kritisch mit KANTS „Kritik der Urteilskraft" auseinander. Dem Gefühl räumte er in seiner Ästhetik einen bedeutenden Platz ein. Mit seiner Hinwendung zur Volkspoesie beeinflusste er nicht nur GOETHE, sondern auch Romantiker wie ARNIM und BRENTANO. Seiner Meinung nach gab es eine ursprüngliche Einheit von Sprache, Dichtung und Volk, die wiederhergestellt werden müsse. Eine Rückbesinnung auf den Ursprung der Poesie sah er deshalb für dringlich an, weil moderne Dichtung den Geschmack des Volkes verdürbe. Ein Vorbild im Streben nach Rückbesinnung auf die Ursprünge sah HERDER in SHAKESPEARE.

Schöne Wissenschaften

sind: Sprachen, Poesie, Geschichte, Rhetorik.

sollen: den „sensus communis" (Gefühl der Menschlichkeit) entwickeln.

appelieren an: „die sogenannten untern Seelenkräfte", sinnliche Neigungen, Affekte, Einbildungskraft.

Erziehung muss mit den schönen Wissenschaften beginnen.

HERDER war fasziniert von den Ideen der *Französischen Revolution* und ergriff leidenschaftlich für sie Partei. Er zeigte sich hier als glühender Republikaner, den auch Gräueltaten der Revolutionäre nicht abschreckten.

Zweck der Geschichte = Humanität

HERDER:	Fortschritt ist keine lineare Höherentwicklung, sondern ein dialektischer Prozess. Revolution = treibende Kraft des Fortschritts
GOETHE:	Entwicklung ist allmähliche Evolution.

↗S. 273 die Haltung GOETHES und SCHILLERS zur Revolution

In diesem Punkt unterschied er sich wesentlich von GOETHE. Das ist der Hauptgrund, warum ihre Freundschaft in den Neunzigerjahren stark abkühlte.

FRIEDRICH HÖLDERLIN (1770–1843) gilt als der Dichter Griechenlands. Er stammte wie SCHILLER aus dem Schwäbischen. Mit ihm verband ihn auch eine Geistesverwandtschaft hinsichtlich der Rolle der Französischen Revolution (bis zum jakobinischen Terror) und seiner Auffassung von der griechischen Antike. Die *antike Harmonie zwischen Göttern – Menschen – Natur* deutete HÖLDERLIN als Ära, in der der *Mensch von der Natur noch nicht entfremdet* war. Um diese Einheit von Natur und Mensch über den Weg der Poesie wiederherzustellen, schien ihm eine *Revolution als Mittel* geeignet. (Ähnliche Auffassungen vertrat auch SCHILLER bis 1793).

Das Antikenbild HÖLDERLINS

Antike	Antike
• Gegenbild zur Gegenwart • Teilnahme der Götter am Leben • Einheit mit der Natur	• Modell einer freien Zukunft ↓ • Einheit von Natur, Geschichte, Kunst, Individuum, Gemeinschaft über die Poesie

Ziel ist, Ideale der Antike zu erreichen; Mittel = Revolution
Göttliche Idealität der Gesellschaft

SCHILLER lehnte die Revolution ab, weil sie neue Gewalt (des Bürgers gegen den Bürger) hervorrief. Für HÖLDERLIN war die Revolution erst zu Ende, wenn sie die „göttliche Idealität der Gesellschaft" hervorgebracht hatte.

In seiner „Hymne an die Menschheit" formulierte HÖLDERLIN das Ziel: die Selbstbestimmung des Menschen. „Die ernste Stunde hat geschlagen", beginnt er sein Gedicht. Um der Menschheit zur „Vollendung" zu verhelfen, bedarf es des „Opfers" („Ich opfre dir; bei deiner Väter Ehre! / Beim nahen Heil! das Opfer ist gerecht"). Über die „Schönheit" („Schon wölbt zu reinerem Genusse / Dem Auge sich der Schönheit Heiligtum") gelangt der Kämpfer zur „Liebe", die Voraussetzung für den Freiheitswillen ist:

„Schon fühlen an der Freiheit Fahnen
Sich Jünglinge, wie Götter, gut und groß,
Und, ha! die stolzen Wüstlinge zu mahnen,
Bricht jede Kraft von Bann und Kette los;
Schon schwingt er kühn und zürnend das Gefieder,
Der Warheit unbesiegter Genius,
Schon trägt der Aar des Rächers Blize nieder,
Und donnert laut, und kündet Siegsgenuß."
(Hölderlin, Friedrich: Sämtliche Werke. Kleine Stuttgarter Ausgabe, 6 Bände, Band 1, Stuttgart: Cotta, 1946, S. 151.)

Aar = Adler

Ziel ist „Vollkommenheit": („Was unsre Lieb' und Siegeskraft begonnen,/Gedeih't zu üppiger Vollkommenheit;") Nur durch „Brüderlichkeit" („Zum Bruder hat er dich erkoren,/Geheiliget von deiner Lippe Kuß/Unwandelbare Liebe dir geschworen,/Der Warheit unbesiegter Genius!") gelingt die Freiheit:

Hier wird SCHILLERS „An die Freude" paraphrasiert: „Alle Menschen werden Brüder ..."

„So jubelt, Siegsbegeisterungen!
Die keine Lipp' in keiner Wonne sang;
Wir ahndeten und endlich ist gelungen,
Was in Aeonen keiner Kraft gelang
Vom Grab' ersteh'n der alten Väter Heere,
Der königlichen Enkel sich zu freu'n;
Die Himmel kündigen des Staubes Ehre,
Und zur Vollendung geht die Menschheit ein." (Ebenda, S. 153.)

Äonen = Zeitalter, Epochen

Einflüsse auf HÖLDERLINS Werk:

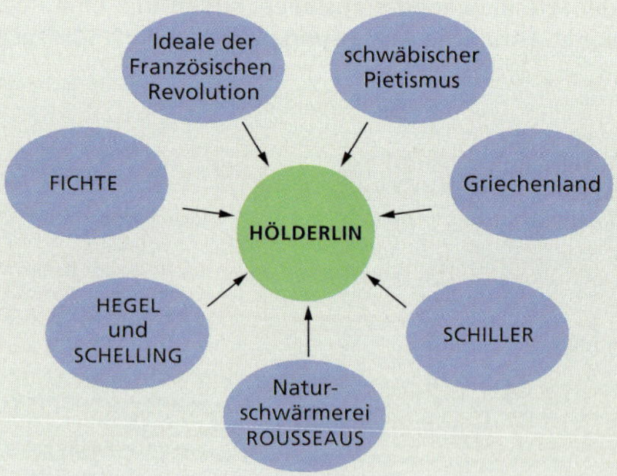

Zum Pietismus ↗ vgl. S. 236

Schauplatz von „Hyperion oder der Eremit in Griechenland" (1797–1799) ist das türkisch besetzte Griechenland des ausgehenden 18. Jahrhunderts. Hyperion schildert in einer Reihe von Briefen an Bellarmin, seinen deutschen Freund, die Geschichte seines Lebens. Er berichtet von seinen Hoffnungen und Enttäuschungen. Zwei Themen beschäftigen ihn besonders: die Befreiung Griechenlands von den Türken und die Liebe zu Diotima.

Griechenland war bis 1830 Teil des Osmanischen Reiches. Am 04. 03. 1821 begann der griechische Unabhängigkeitskampf, an dem u. a. auch der englische Romantiker LORD BYRON (↗ S. 296) teilnahm.

Sein weiser Lehrer Adamas formt ihn zum Menschen, nun begegnet Hyperion dem ebenso begeisterungsfähigen Alabanda, dessen Ideale von einer mündigen Zukunft Hyperion teilt. Während aber Hyperion das Ziel der neuen Gesellschaft evolutionär erreichen möchte, ist Alabanda allerdings davon überzeugt, dass dies nur mit einer Volkserhebung möglich ist. Alabanda weiht Hyperion in den Verschwörer-„Bund der Nemesi" ein. Aber das sind nicht Hyperions Vorstellungen, so kommt es zum Zerwürfnis zwischen beiden. Der Held kehrt nach Tina, seiner Heimatinsel, zurück. Durch die ideale Liebe zu Diotima erfährt er hier seine seelische Erlösung; die göttliche Natur wird für ihn nun Grundlage des „neuen" Menschen in einer neuen Gemeinschaft. Hyperion möchte Erzieher werden. Nun beteiligt er sich mit Alabanda am Freiheitskampf der Griechen. Aber er scheitert angesichts der Plünderungen seiner Soldaten. Alabanda und Diotima sterben. Das besiegelt sein Scheitern auf der politischen und privaten Ebene. Hyperion verlässt Griechenland und irrt durch die Welt. Auf der Insel Salamis führt er das Leben eines zurückgezogenen Einsiedlers.

„Hyperion" ist der Form nach ein Briefroman. Inhaltlich ist er jedoch ein *Erziehungsroman*. HÖLDERLIN lässt seinen Helden reifen, von kindlicher Unschuld hin zur Ausgeglichenheit der Seele.

Stufen der Menschbildung Hyperions zwischen unschuldiger, naturhafter Kindheit und der höchsten Reife des Erwachsenen:

Der Erzieher Adamas bildet das Kind und entlässt es aus seiner Kindlichkeit.	Alabanda zeigt ihm Lebensziele auf und gibt dem Vereinsamten Begeisterung zurück.	Durch das harmonische, ausgeglichene Wesen Diotimas erfährt er seelisches Gleichgewicht.

Zu Lebzeiten wurde HÖLDERLINS Werk kaum beachtet, lediglich SCHILLER veröffentlichte 1794 in seiner Zeitschrift „Thalia" das „Fragment von Hyperion" und einige Elegien. Erst im 20. Jahrhundert wurde er von den Impressionisten (RILKE, GEORGE) und Expressionisten (HEYM) erneut wahrgenommen. Heute gilt sein Werk als ein Höhepunkt deutschsprachiger Dichtung.

Goethes italienische Reise

GOETHES erste italienische Reise (1786–1788) führte ihn von Karlsbad nach Rom. Das Motiv seiner Reise war, wie er beschrieb, sich „von den physischen-moralischen Übeln zu heilen".

JOHANN HEINRICH TISCHBEIN, „Goethe in der römischen Campagna" (1786/1787) (Ausschnitt)

Er reiste inkognito als „Maler Möller" und kam zum ersten Mal mit der Antike in Berührung. Über Verona, Vicenza, Padua, Venedig, Bologna reiste er nach Rom. Dort lernte er die Maler HEINRICH WILHELM TISCHBEIN (1751–1829) und ANGELICA KAUFFMANN (1741–1807) kennen. Er bereiste Neapel, Paestum, Sizilien und Florenz. In Palermo glaubte er, die Urpflanze entdeckt zu haben, von der seiner Meinung nach alle Pflanzen abstammten. Dort schrieb er die jambische Neufassung von „Iphigenie auf Tauris". In „Iphigenie" stellte GOETHE seine Vorstellungen vom klassischen Humanitätsideal dar.

Die Uraufführung der „Iphigenie" war 1779 in Weimar. CORONA SCHRÖTER spielte die Iphigenie und GOETHE selbst den Orest.

Der klassische Dramenaufbau in „Iphigenie auf Tauris"

Thoas und Arkas (Archaik)

Orest und Pylades (Klassik)

Iphigenie (Moderne)

1. Akt = Exposition: Iphigenies Schicksal
2. Akt: das erregende Moment: Ankunft Orest und Pylades
3. Akt: Anagnoresis: Erkennen der Geschwister
4. Akt: retardierende Momente: Intrige des Pylades
5. Akt: (Katastrophe): Auflösung des Konflikts

Mit seinem symmetrischen Dramenaufbau gilt die „Iphigenie" als das klassische Drama schlechthin.

Die römische Göttin Diana entspricht der griechischen Artemis. Diese ist die Schwester Apollos.

Iphigenie ist die Tochter Agamemnons. Sie wird von der Göttin Diana dem Opfertod entrissen und nach Tauris gebracht. Dort ist sie seitdem Dianas oberste Priesterin, sehnt sich aber nach ihrer griechischen Heimat zurück. Doch Thoas, der König der Taurier, wirbt um sie und will sie nicht ziehen lassen. Um ihretwillen hat er sogar die blutigen Menschenopfer der Skythen eingestellt. Widerwillig verspricht Thoas, sie gehen zu lassen, wenn es dafür eine Gelegenheit gebe. Die zwei Fremden, die an Tauris´ Strand erscheinen, lässt Thoas gefangen nehmen. Sie sollen geopfert werden. Iphigenie erkennt in einem der Gefangenen ihren Bruder Orest wieder. Um seinen Vater Agamemnon zu rächen, war er zum Mörder seiner eigenen Mutter geworden und ist seitdem, gehetzt von Rachegöttinnen, dem Wahnsinn nah. Zur Entsühnung soll er die Schwester heimholen. Orest glaubte, für Apoll das Standbild Dianas rauben zu sollen, doch nun findet er hier seine tot geglaubte Schwester. Gemeinsam mit Pylades bereitet er die Flucht vor. Das Schiff ist in einer Bucht verborgen. Iphigenie soll den Skythenkönig hinhalten, der auf das Opfer drängt.

Doch Iphigenie, das Ideal der schönen Seele, kann den König nicht belügen. Sie gesteht den Fluchtplan und macht ihm zugleich deutlich, dass er kein Recht habe, sie und die anderen festzuhalten. Er hatte ihr sein Wort gegeben, jetzt sei die Zeit, sie ziehen zu lassen. Thoas gewährt es, doch nicht im Groll will Iphigenie von dem Mann scheiden, den sie wie einen zweiten Vater verehrt. Sie bezwingt das harte Herz des rohen Skythen und in wahrhafter Freundschaft dürfen die Gefährten von Tauris scheiden.

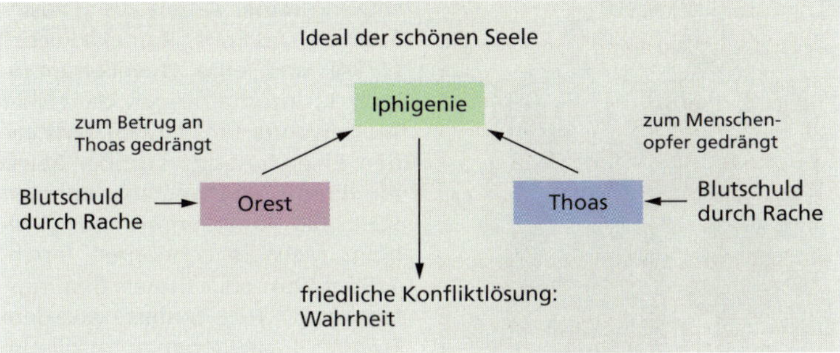

Das Stück „Torquato Tasso" (1790) brachte GOETHE unfertig aus Italien mit, um es in Weimar zu vollenden. Er hatte das antike Versmaß des Hexameters studiert, was sich auf seine nachfolgenden Werke auswirkte.

„Torquato Tasso" wurde am 16.02.1807 in Weimar uraufgeführt. Das Stück ist in Blankversen geschrieben.

Der Dichterbund zwischen Goethe und Schiller

GOETHE und SCHILLER kannten sich bereits relativ lange. So war GOETHE seinem jüngeren Kollegen bereits auf der Karlsschule und auch im Hause der VON LENGEFELDS in Rudolstadt begegnet, was für beide jedoch ohne Folgen geblieben war. GOETHE sah in SCHILLER immer noch den stürmenden und drängenden Dichter, er selbst hatte sich durch die italienische Reise und seine Beschäftigung mit der Antike bereits stark von seinem Frühwerk entfernt.
Am 23. Juni 1794 lud SCHILLER den von ihm verehrten GOETHE brieflich ein, an seiner neuen Zeitschrift, dem „Musenalmanach", mitzuarbeiten. Dieser willigte zwar ein, zur Zusammenarbeit kam es jedoch nicht. Am 20. Juli 1794 verließen GOETHE und SCHILLER gleichzeitig eine Sitzung der „Naturforschenden Gesellschaft" in Jena und kamen ins Gespräch. Dies löste einen regen Briefwechsel aus und auch eine Zusammenarbeit beider wurde nun möglich.

Auf der Karlsschule hatte SCHILLER Medizin studiert. Hier hatte er sein Stück „Die Räuber" verfasst. Herzog CARL EUGEN verbot SCHILLER das Dichten, daraufhin floh er von der Militärakademie. CHARLOTTE VON LENGEFELD heiratete SCHILLER 1790.

> GOETHE über SCHILLER in den „Tag- und Jahresheften": „In diesem Drange des Widerstreits übertraf alle meine Wünsche und Hoffnungen das auf einmal sich entwickelnde Verhältnis zu SCHILLER; von der ersten Annäherung an war es ein unaufhaltsames Fortschreiten philosophischer Ausbildung und ästhetischer Tätigkeit. Zum Behuf seiner ‚Horen' mußte ihm sehr angelegen sein, was ich im Stillen gearbeitet, angefangen, unternommen, sämtlich zu kennen, neu anzu-

> regen und zu nutzen; für mich war es ein neuer Frühling, in welchem alles froh nebeneinander keimte und aus aufgeschlossenen Samen und Zweigen hervorging."
> (Goethe, Johann Wolfgang von: Berliner Ausgabe. Bd. 16, Berlin: Aufbau, Verlag 1960ff., S. 33.).

Das GOETHE-SCHILLER-Denkmal vor dem Nationaltheater Weimar.

Die Freundschaft zu SCHILLER regte GOETHE zum Abschluss seines Bildungsromans „Wilhelm Meisters Lehrjahre" (1795) und zur Fortsetzung seiner Arbeit am „Faust"-Stoff an. Das Epos „Reineke Fuchs" (1794) und eine Novellensammlung („Unterhaltungen deutscher Ausgewanderten", 1795) entstanden. Einen besonders großen Raum in ihrem Briefwechsel nahmen SCHILLERS Kommentare zu „Wilhelm Meisters Lehrjahre" (ersch. 1795–1796) ein. Dieser Bildungsroman GOETHES basierte auf dem Fragment gebliebenen „Wilhelm Meisters theatralische Sendung" (entstanden 1777–1785). Ihre Zusammenarbeit beim Entstehen der „Lehrjahre" war sehr vielfältig. Trotz bzw. wegen ihrer unterschiedlichen philosophischen Grundhaltungen zum Thema des Romans (Metaphysik versus Realismus) erwog GOETHE, SCHILLER mittelbarer am philosophischen Inhalt zu beteiligen. Die „Lehrjahre" hatten einen sehr großen Einfluss auf zahlreiche deutschsprachige Romane, z. B. auf GOTTFRIED KELLER mit „Der grüne Heinrich" (1855/80) und ADALBERT STIFTER mit „Der Nachsommer" (1857).

Xenien: griech. = Gastgeschenke, geistreich, pointierter Zweizeiler

1796 dichteten SCHILLER und GOETHE die „Xenien", die im „Musenalmanach 1797" erschienen. SCHILLER begann seine Arbeit am „Wallenstein" und wurde dabei von GOETHE unterstützt und beraten. 1797 ging als **Balladenjahr** in die Literaturgeschichte ein. GOETHE und SCHILLER regten sich zum Schreiben von Balladen an. Sie hatten ihre Gedanken über Inhalt und Form, besonders über das Wesen des Epischen und Dramatischen ausgetauscht. Da die Ballade dramatische, epische und lyrische Elemente enthält, konnten die beiden Dichter ihre theoretischen Überlegungen an der Praxis beweisen.

Die Ballade gilt als Mischform zwischen den literarischen Gattungen. Eine Handlung repräsentiert das Epische, ein Konflikt das Dramatische und die Strophenform wie der Reim das Lyrische.

1797 – Das Balladenjahr –
Die Theorien setzten GOETHE und SCHILLER in die Praxis um:

GOETHE:
- „Der Zauberlehrling"
- „Die Braut von Korinth"
- „Der Gott und die Bajadere"
- „Der Schatzgräber"
- „Legende"

SCHILLER:
- „Die Kraniche des Ibykus"
- „Der Taucher"
- „Der Ring des Polykrates"
- „Der Handschuh"
- „Ritter Toggenburg"
- „Der Gang nach dem Eisenhammer"

1798 konnte GOETHE sein erfolgreichstes Versepos „Hermann und Dorothea" fertigstellen, das sich an HOMERS Epen anlehnt. Es ist in neun Gesänge (nach den neun Musen) angelegt, die jeweils mit der Anrufung einer Muse eröffnet werden.

Musen sind die Töchter des Zeus und der Titanin Mnemosyne. Sie waren in der griechischen Antike die Schutzgöttinnen der schönen Künste und der Wissenschaft.

1791 war das Hoftheater (seit 1919 Deutsches Nationaltheater), dem GOETHE bis 1817 vorstand, gegründet worden. Am 12. Oktober 1798 wurde das umgebaute Haus mit der Uraufführung von „Wallensteins Lager" von SCHILLER wiedereröffnet. Der „Wallenstein" war ein Ergebnis der Beschäftigung mit dem Dreißigjährigen Krieg (1618–1648). SCHILLER hatte für GÖSCHENS „Historischen Kalender für Damen" seine „Geschichte des Dreißigjährigen Krieges" (1790–1792) geschrieben.
„Wallensteins Lager" spielt vor den Toren der Stadt Pilsen in Böhmen. Innerhalb der „Wallenstein"-Trilogie (1800) bildet das Schauspiel quasi das „Vorspiel". Wallenstein selbst tritt nicht auf, gezeigt wird er im Spiegel seines zusammengewürfelten Söldnerhaufens. Die Soldaten saufen, prassen, betrügen einander. Sie sind die eigentlich Freien in einer Welt der Angst, die die Bevölkerung ausrauben und selbst als Glücksritter leben. Auch der Feldherr wird bewundert ob seines Glückes. Einen Zustandsbericht zur Lage Deutschlands bringt schließlich die „Kapuzinerpredigt" in einer Häufung von **Paronomasien:**

Zu den Stilmitteln der Lyrik ↗S. 139 ff., zur Paronomasie ↗S. 144

„Die Arche der Kirche schwimmt in Blute,
Und das römische Reich -- daß Gott erbarm!
Sollte jetzt heißen römisch Arm,
Der Rheinstrom ist worden zu einem Peinstrom,
Die Klöster sind ausgenommene Nester,
Die Bistümer sind verwandelt in Wüsttümer,
Die Abteien und die Stifter
Sind nun Raubteien und Diebesklüfter,
Und alle die gesegneten deutschen Länder
Sind verkehrt worden in Elender --
Woher kommt das? das will ich euch verkünden:
Das schreibt sich her von euern Lastern und Sünden,
Von dem Greuel und Heidenleben,
Dem sich Offizier und Soldaten ergeben.
Denn die Sünd' ist der Magnetenstein,
Der das Eisen ziehet ins Land herein."
(Schiller: Sämtliche Werke. A. a. O., S. 292.)

SCHILLER orientierte sich hier am Realismus GOETHES, wollte die „Welt und das Allgemeine" zeigen. Insofern ist der erste Teil seiner Trilogie rein episch angelegt. Dem zweiten Teil der Trilogie, „Die Piccolomini", kommt die Aufgabe zu, das Wesen Wallensteins an den kriegführenden Parteien offenzulegen. In diesem Sinne hat das Drama, wie THOMAS MANN später feststellte, eine „europäische Optik". Aber auch den Offizieren und Generälen geht es nur um ihre eigenen Freiheiten. Als diese gefährdet sind, schmiedet man Mordpläne. Selbst der Feldherr ist vom Machtkalkül besessen. Weil er siegen will, glaubt Wallenstein den Sternen. Und je mehr er den Sternen glaubt, desto näher gelangt er dem Tode. Die vermeintliche Glückskonstellation führt direkt in den Mord. In „Wallensteins Tod" (1799) wird das Schicksal des Einzelnen zum Schicksal der Gemeinschaft: Wallensteins Tod symbolisiert den Untergang der „alten Welt“. Damit reflektierte SCHILLER noch einmal auf die Französische Revolution und die ihr nachfolgenden Napoleonischen Kriege. Auch der Tod Max Piccolominis wirkt symbolisch: Er stirbt unter den Hufen eines Pferdes. Die Apokalypse ist nicht aufzuhalten.

Die vier apokalyptischen Reiter stehen für Krieg, Hunger, Pest und Tod. Die Apokalypse: griech. = Enthüllung, wird im Neuen Testament (Offenbarung des Johannes) als Weltuntergang beschrieben.

1799 übersiedelte SCHILLER von Jena nach Weimar. SCHILLERS letzte Werke greifen historische Stoffe auf: „Maria Stuart. Ein Trauerspiel in fünf Akten“ (1801) variiert das Schicksal der schottischen Königin, „Die Jungfrau von Orleans. Eine romantische Tragödie in fünf Aufzügen“ (1803) behandelt *Episoden aus dem Hundertjährigen Krieg,* „Die Braut von Messina oder Die feindlichen Brüder. Ein Trauerspiel mit Chören“ beschäftigt sich mit dem *antiken Schicksalsbegriff.* „Wilhelm Tell“ (1804) wurde SCHILLERS letztes vollendetes Stück. Am 9. Mai 1805 starb er.

Faust I und II

Zur Figur des Faust vgl. ↗S. 214, S. 266

Die Etappen der Beschäftigung GOETHES mit dem Fauststoff lassen sich in seinen Arbeiten „Urfaust“ (1772–1775), „Faust. Ein Fragment“ (1790), „Faust. Der Tragödie Erster Teil“ (1808) und „Faust. Der Tragödie Zweiter Teil“ (beendet 1830, veröffentlicht 1833) nachvollziehen.

GOETHES „Faust“ gilt allgemein als der Höhepunkt klassischer deutscher Dichtung.

Werkgeschichte

Mit dem Fauststoff kam GOETHE bereits in seinen Kindertagen in Frankfurt in Berührung. Auf den Jahrmärkten lernte er das „Puppenspiel vom Doktor Faust“ kennen. Es gilt zudem als sicher, dass er auch das Faustbuch des CHRISTLICH MEYNENDEN gekannt hat. In seiner Leipziger Zeit (1765–1768) hat sich GOETHE vermutlich erstmals ernsthaft mit dem dramatischen Stoff auseinandergesetzt. Die Szene „Auerbachs Keller“ ist auf Erlebnisse GOETHES zurückzuführen. Er hatte als Student diesen Weinkeller häufig besucht. 1625 waren die Wandbilder über Fausts Zaubereien entstanden, von hier dürfte er einige Anregungen für seinen Stoff empfangen haben. 1769 wurde Faust zum ersten Mal in GOETHES Lustspiel „Die Mitschuldigen“ erwähnt.

CHRISTLICH MEYNENDER nannte sich ein anonymer Verfasser. Einige Forscher vermuten, er sei identisch mit dem Verleger CONRAD MONATH.

Zwischen 1772 und 1775 entstand ein erster Entwurf des „Faust“. Die „Urfaust“ genannte einzig existierende Abschrift stammt vom Hoffräulein LUISE VON GÖCHHAUSEN. GOETHES Arbeitsprozess am „Urfaust“ ist jedoch nicht mehr rekonstruierbar. 1790 wurde die überarbeitete Fassung „Faust. Ein Fragment“ in GOETHES „Schriften“ bei GEORG JOACHIM GÖSCHEN (1752–1828) verlegt. Auf seiner italienischen Reise war es dem Autor gelungen, einige Schlüsselszenen, wie die „Hexenküche“ (in der Villa Borghese in Rom), fertigzustellen. Das Werk blieb jedoch Fragment. Erst die Zusammenarbeit mit SCHILLER nach 1793 machte es möglich, „Faust. Der Tragödie Erster Teil“ zu vollenden. Die „Fürbitte wegen Faust“ in Briefen des Württembergers an den Hessen ließ letzteren sogar „etwas von Faust“ für die „Horen“ in Aussicht stellen. 1797 arbeitete er

Die Abschrift des „Urfaust“ LUISE VON GÖCHHAUSENS (1747–1807) wurde erst 1887 entdeckt. Eine Nichte LUISES fand sie und gab sie in den Druck.

u. a. an der „Zueignung“ und an „Vorspiel auf dem Theater“. Zwar hatte SCHILLER seinen Freund gedrängt, die Arbeit am „Faust“ zu beenden, das Werk kam jedoch erst 1808 heraus, drei Jahre nach SCHILLERS Tod.
GOETHE hatte mit seinem Mitarbeiter FRIEDRICH WILHELM RIEMER (1774 bis 1845) bereits 1808 über eine Fortsetzung des „Faust“ gesprochen, zunächst wurden aber andere Projekte vollendet:

Werke GOETHES zwischen „Faust. Der Tragödie Erster Teil“ und „Faust. Der Tragödie Zweiter Teil“

- „Wahlverwandtschaften“ (1809)
- „Farbenlehre“ (1810)
- „Dichtung und Wahrheit“ (seit 1811)
- „West-östlicher Divan“ (seit 1814–1815)
- „Wilhelm Meisters Wanderjahre oder Die Entsagenden“ (1821, erweiterte Fassung 1829)
- „Zahme Xenien“ (1827)
- „Die italienische Reise“ (1830)

Das Werk „Zahme Xenien“ von 1827 knüpft an die gemeinsam mit SCHILLER verfertigten „Xenien“ von 1796 an.

Erst 1825 wird der „Faust“ nach langer Zeit wieder in GOETHES Tagebuch erwähnt. Diese Arbeit beendete er 1830. Das Manuskript wurde versiegelt mit dem Hinweis: „Erst nach meinem Tode zu öffnen“.

GOETHES Schema zur Dichtung des „Faust“

Lebensgenuss	Tatengenuss	Schöpfungsgenuss
der Person von außen gesucht: in der Dumpfheit Leidenschaft:	der Person nach außen und Genuss mit Bewusstsein:	der Person von innen:
Erster Teil	Zweiter Teil	Epilog im Chaos auf dem Weg zur Hölle

GOETHE über die Anfänge des „Faust“: „Der ‚Faust‘ entstand mit meinem ‚Werther‘; ich brachte ihn im Jahre 1775 mit nach Weimar. Ich hatte ihn auf Postpapier geschrieben und nichts daran gestrichen, denn ich hütete mich, eine Zeile niederzuschreiben, die nicht gut war und die nicht bestehen konnte.“ (1829 zu ECKERMANN)

Geschlossenes und offenes Drama im Faust:

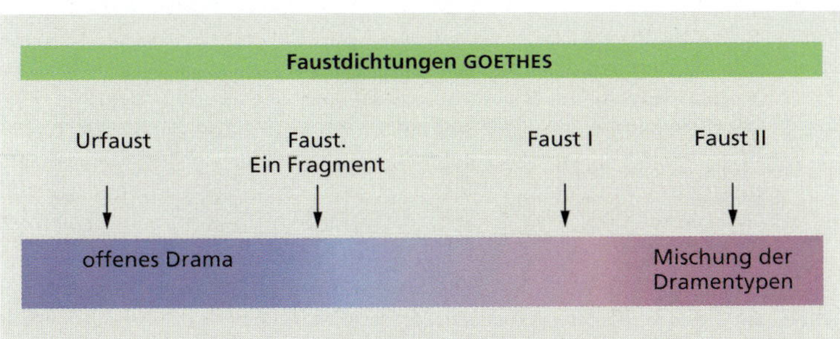

Faust I ist zwar als ein Stück konzipiert, das für sich allein steht, im Zusammenhang mit Faust II ergibt es jedoch den notwendigen Zusammenhang, der ohne Kenntnis des Faust I den Faust II nicht verstehen lässt. Gretchens Tod im Faust I könnte als ein Ende des Konflikts gedeutet werden, der Pakt Fausts mit dem Teufel bedarf jedoch noch einer endgültigen Klärung, die erst im Faust II geliefert wird.

GOETHE hat also über sechzig Jahre am „Faust" gearbeitet. Aufklärung, Sturm und Drang sowie die Klassik hinterließen ihre Spuren im Drama.

Handlungsschema des Faust

Rahmenhandlung:	Prolog im Himmel
Binnenhandlung:	Einführung (bis zur Wette zwischen Faust und Mephisto)
Binnenhandlung:	„kleine Welt" (bis Ende Faust I)
Binnenhandlung:	„große Welt" (Faust II bis Szene „Tiefe Nacht")
Binnenhandlung:	Abschluss (großer Vorhof des Palastes: Fausts Tod)
Rahmenhandlung:	Grablegung, Bergschluchten (Fausts Erlösung)

Faust. Der Tragödie Erster Teil

Zur Stanze ↗S. 133

Als das „Faust"-Fragment 1790 erschien, äußerten die Brüder FRIEDRICH (1772–1829) und AUGUST WILHELM SCHLEGEL (1767–1845), das Werk gehöre „zu dem Größten ... , was die Kraft des Menschen je gedichtet hat". Während „Urfaust" und „Faust. Ein Fragment" mit der Szene „Studierzimmer" beginnen, lässt GOETHE „Faust. Der Tragödie Erster Teil" *mit dreifachem Zugang* beginnen: Die „Zueignung" ist ein Gedicht aus vier **Stanzen,** das dem Zuschauer die Situation des Dichters nahebringen soll. Das „Vorspiel auf dem Theater" ist ein Gespräch zwischen dem Theaterdirektor, dem Dichter und einem Schauspieler. Es macht die verschiedenen Perspektiven des Dramas deutlich: Der Direktor will Profit, d.h., ein volles Theater sichert ihm eine volle Kasse. Dem Dichter geht es um seinen Ruf als Künstler. Der Schauspieler denkt an die Unterhaltung des Publikums.

Funktionen des „Vorspiels auf dem Theater"

Zeigt den Dichter in seinem gesellschaftlichen Umfeld zwischen Publikum und Theater.	Das Stück wird als Spiel, also als Kunstprodukt erklärt.	Selbstironie des Dichters: Eine Erwartungshaltung wird aufgebaut, die der Dichter nicht einhalten kann. Die Tragödie wird als Komödie erklärt.

Der „Prolog im Himmel" bereitet auf das Stück vor.
Es lassen sich drei Teile des Prologs unterscheiden:
- der Gesang der Erzengel,
- das Gespräch zwischen dem Herrn und Mephisto und
- der Monolog Mephistos auf der leeren Bühne.

Die Erzengel Raphael, Gabriel und Michael preisen die Werke des Herrn:

> „Und alle deine hohen Werke
> Sind herrlich wie am ersten Tag."
> (Hamburger Ausgabe. A. a. O., S. 16.)

Im Gespräch zwischen Gott und Mephisto nimmt GOETHE Bezug auf das Buch Hiob (1, 6–12) des Alten Testaments:

> „Es begab sich aber eines Tages, da die Gottessöhne kamen und vor den HERRN traten, kam auch der Satan unter ihnen. Der HERR aber sprach zu dem Satan: Wo kommst du her? Der Satan antwortete dem HERRN und sprach: Ich habe die Erde hin und her durchzogen. Der HERR sprach zum Satan: Hast du achtgehabt auf meinen Knecht Hiob?"

Das „Alte Testament" ist der ältere Teil der Bibel. Seine fünf Bücher Mose bilden als Thora das Gesetzbuch des Judentums. Das Buch Ijob (Hiob) ist Teil der Ketubim (Schriften).

Bei GOETHE heißt es:

> „Der HERR: Kennst du den Faust?
> Mephistopheles: Den Doktor?
> Der HERR: Meinen Knecht!" (Ebenda, S. 17.)

Zentraler Punkt des Gespräches ist die Wette zwischen Gott und Mephisto. Beide sind sich nicht einig in der Bewertung des Menschen:

> „Mephisto:
> ... Ich sehe nur, wie sich die Menschen plagen.
> Der kleine Gott der Welt bleibt stets von gleichem Schlag,
> Und ist so wunderlich als wie am ersten Tag." (Ebenda, S. 17.)

Mephisto ist skeptisch gegenüber der Vernunft, mit der der Mensch sich herumplagt, um „tierischer als jedes Tier zu sein". Er vermittelt ein negatives Menschenbild. Gott hingegen erkennt die Möglichkeiten des Verstandes:

> „Es irrt der Mensch so lang er strebt." (Ebenda, S. 18.)

GOETHE spricht auf eine Theorie der Pädagogik an: try and error, dt.: = Versuch und Irrtum. Man korrigiert seinen Irrtum durch neue Versuche. So lernt der Mensch.

Dieses Irren ist die Voraussetzung für Erkenntnis. Gott vermittelt ein *positives Menschenbild.*
Der dritte Teil des Prologs ist knapp. Mephisto spricht nur einige Zeilen allein auf der Bühne:

> „Von Zeit zu Zeit seh ich den Alten gern,
> Und hüte mich, mit ihm zu brechen.
> Es ist gar hübsch von einem großen Herrn,
> So menschlich mit dem Teufel selbst zu sprechen." (Ebenda, S. 19.)

Mephisto agiert als Schalk. Wie bereits im „Vorspiel auf dem Theater" angekündigt, soll die Tragödie durchaus komödiantisch sein: Ein Spiel, das, wie die Wirklichkeit, komische und tragische Passagen hat. Auch der Herr sieht Mephisto in der Rolle des Schalks:

Durch Negation der Negation (Verneinung der Verneinung) ist ebenfalls Erkenntnisgewinn möglich.

„Von allen Geistern, die verneinen,
ist mir der Schalk am wenigsten zur Last." (Ebenda, S. 18.)

Im „Faust I" sind zwei Tragödien enthalten. Sie klingen bereits im „Prolog im Himmel" an. „Vom Himmel fordert er die schönsten Sterne / Und von der Erde jede höchste Lust ..." (ebenda, S. 17) sagt Mephistopheles von Faust. Das deutet auf Welterkenntnis (Gelehrtentragödie) und auf Lebenslust (Gretchentragödie).

Die zwei Tragödien in Faust I

Die „Gelehrtentragödie":

- umfassend gebildeter Gelehrter
- empfindet tiefste Verzweiflung darüber, dass er die Grenzen des menschlichen Wissens nicht überschreiten kann
- Scheitern an Magie als Welterkennungsmethode
- Wette mit Mephistopheles als Mittel der Erfüllung seines unstillbaren Erkenntnisstrebens

Die „Gretchentragödie":

- Versuchungen Fausts (Walpurgisnacht, Gretchen)
- Liebe zwischen Faust und Gretchen trotz ihres Standes- und Bildungsunterschiedes
- Mephisto als Tragödienstifter
- Gretchen vergiftet die Mutter
- Faust tötet Gretchens Bruder Valentin
- Kindsmord (Gretchen)
- Versuch Fausts, Gretchen zu retten
- Gretchen rettet ihr Seelenheil durch Anerkennung ihrer Schuld

Die *Gelehrtentragödie* lässt sich in fünf Abschnitte einteilen:

Die Zahlen in den Klammern weisen auf die Zeilennummern in der Tragödie hin.

1. Faust allein (354–481)
2. Faust und Erdgeist (482–513)
3. Gespräch zwischen Faust und Wagner (514–601)
4. Faust allein (602–736)
5. Faust und die Osterchöre (737–807).

Die *Gretchentragödie* umfasst die Verse 2605–4612.

- Zusammenführung von Faust und Gretchen (2605–3216)
- Reaktionen auf das Liebesgeschehen (3217–3373)
- Beginn und Ausführung der Katastrophe (3544–4398)
- Höhepunkt und Rettung (4612)

Faust wird in der Gelehrten- und in der Gretchentragödie schuldig. Sowohl sein Entschluss zum Freitod als auch das Schuldigwerden am Schicksal Gretchens lässt Faust *Konflikte mit der kleinen Welt* durchleben.

Faust und Wagner als Verkörperung zweier Epochen

Faust:	**Wagner:**
Geist	Buchstaben
Forschung mit Gefühl und Verstand	Forschung als Nachahmung, empirische Aneignung
Verlangen nach „göttlichem" Wissen und irdischer Liebeslust, Suche nach ewiger Wahrheit	schrittweise Aneignung von Wissen
Welt mit dem Herzen erfühlen	rationale Welterkenntnis
stets neue Aneignung des überkommenen Wissens	einfache Reproduktion des überkommenen Wissens
Streben nach unbegrenzter Erkenntnis: Allwissenheit, Erkenntnispessimismus	Streben nach begrenzter Erkenntnis: Wissen der Bücher, Geschichtsoptimismus
Überwindung der Aufklärung	Aufklärung

Faust repräsentiert den modernen Menschen. Er ist sich bewusst, dass Vernunft nicht einzige Triebkraft des Lebens sein kann. Er bewertet emotionale und rationale Welterkenntnis als gleichberechtigt.

Die „kleine Welt" ist die der „einfachen" bürgerlichen Menschen und es sind die Beziehungen, die der Mensch in ihnen eingeht. Die „große Welt" ist nicht nur die Welt der Mächtigen, Regierenden, sondern ebenso die Welt der Tat, die Welt des schaffenden Bürgers, die über Ländergrenzen hinweg besteht.

Mephistopheles´ Plan, Fausts Seele zu gewinnen:

irdische Liebe und Leidenschaft	wirtschaftlicher Erfolg
scheitert:	gelingt:
Gretchen wird hingerichtet	Faust wird erfolgreicher Unternehmer
Faust. Der Tragödie Erster Teil	Faust. Der Tragödie Zweiter Teil
„kleine Welt"	„große Welt"

Gretchen erwartet in ihrer Zelle zwar die Hinrichtung, sie ist jedoch von einer höheren Instanz (Gott) als gerettet erklärt worden. Das historische Vorbild Gretchens ist SUSANNA MARGARETHA BRANDT, die am 14. Januar 1772 in Frankfurt am Main wegen Kindsmordes hingerichtet wurde. Mit einiger Wahrscheinlichkeit hat GOETHE, der sich zu jener Zeit in Frankfurt aufhielt, der Hinrichtung beigewohnt. Mit Sicherheit hatte er jedoch in einem anderen Fall über Leben und Tod zu entscheiden.

↗ S. 55, S. 239 ff.

4

JOHANNA HÖHN war 1783 in Jena des Kindsmordes angeklagt. Das Mitglied des dreiköpfigen Consiliums GOETHE nahm sich zehn Tage Zeit für das Akten- und Literaturstudium und schrieb, es sei richtig, den Urteilen der beiden anderen Consiliumsmitglieder „in allen Stücken beyzutreten, und zu erklären, daß auch nach meiner Meinung räthlicher seyn möge die Todesstrafe beyzubehalten".

Faust. Der Tragödie Zweiter Teil

„Große Welt" ist als Gegenbild zur „kleinen Welt" zu verstehen, die der Bürger der (Vor-)GOETHE-Zeit selten oder gar nicht verließ. Im „Faust" ist die „große Welt" Ortswechsel, Besichtigung exotischer bzw. historischer Schauplätze. Hierdurch gelangt der Reisende zu einer neuen Perspektive, zu neuen Einsichten.

Fausts Entwicklung zur harmonischen Persönlichkeit ist noch nicht beendet. Seine (Lebens-)Reise führt ihn nun durch die „große Welt". („Wir sehn die kleine, dann die große Welt", sagt Mephisto in Vers 2052.)
Der zweite Teil des Faust setzt mit einem Heilschlaf des Vergessens von Faust in freier Natur ein. Dem Menschen ist das Absolute nur hinter dem Schleier des Vergänglichen zugänglich.
Am Kaiserhof erfindet der als Hofnarr verkleidete Mephistopheles das Papiergeld und hilft dem Kaiser so aus seinen Geldnöten. Faust beschwört in einem allegorischen Maskenzug Paris und Helena herbei, die Urbilder der menschlichen Schönheit. Im Maskenzug umgeben mythologische und allegorische Figuren die Szenerie. Faust steckt in der Maske Plutus.
Der zweite Akt führt zurück zu Fausts altem Studierzimmer, wo der inzwischen berühmte Professor Wagner gerade den künstlichen Menschen „Homunculus" schafft. Faust, den ein Schlag zu Boden gestreckt hatte, ruht ohnmächtig auf seinem Lager und träumt das Geheimnis der Menschwerdung. Mephistopheles begegnet dem Schüler aus dem ersten Teil, mit dem er sich in einen Disput einlässt. Homunculus führt Faust und Mephistopheles in die „klassische Walpurgisnacht" auf den pharsalischen Feldern, von Gestalten der griechischen Mythologie, antiken Philosophen, den Kranichen des Ibykus umgeben.
Faust erbittet von Persephone Helenas Wiederkehr aus der Unterwelt. Die leuchtende Phiole des Homunculus zerschellt am Triumphwagen der Liebesgöttin Galatee.
Die Bitte Fausts um Wiederkehr Helenas ist erhört worden, denn plötzlich betritt Helena zu Beginn des dritten Akts griechischen Boden. (Sie bleibt jedoch Teil der Traumwelt Fausts.) Helena eilt nach Sparta, wird dort von Mephisto empfangen, der sich als Phorkyas ausgibt und ihr mitteilt, dass Menelaos vorhabe, sie zu opfern. Helena flieht aus Sparta und begibt sich mithilfe Mephistos ins nördliche Gebirgstal auf die mittelalterliche Burg Fausts. Hier begnadigt sie den unaufmerksamen Turmwächter Lynkeus. Faust und Helena entdecken die Poesie, die Reimkunst für sich und kommen einander näher. Die Szene verändert sich, aus dem mittelalterlichen Gemäuer wird ein antiker Hain.

Aureole = farbiger, leuchtender Nebel, Hades = Unterwelt

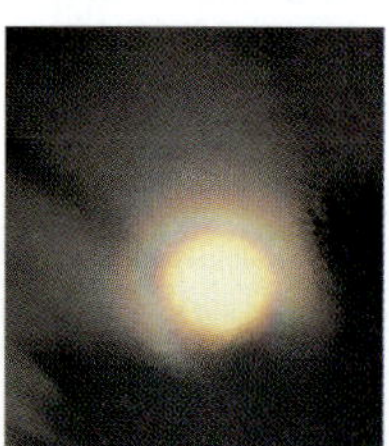

Das Bild zeigt eine Mondaureole.

Faust und Helena haben Euphorion gezeugt, einen ungestümen Knaben, der die Freiheit so sehr liebt, dass er glaubt, fliegen zu können, sich jedoch zu Tode stürzt. Als Aureole steigt er gen Himmel. „Lass mich im düstern Reich / Mutter, mich nicht allein!", worauf Helena ihrem Kind in den Hades folgt. Kleid und Schleier bleiben zurück, bis auch sie sich in einer Wolke auflösen.
Der vierte und fünfte Akt führen zurück ins wirkliche Geschehen. Faust hilft, dem Kaiser einen Krieg zu gewinnen, und erhält einen kahlen Küs-

tenstreifen zum Lehen als Dank. Beim Deichbau gewinnt er neues Land, lädt aber neue Schuld auf sich: Bei der Landgewinnung kommen Menschen ums Leben. Die ärmliche Hütte von Philemon und Baucis, die sich weigern, ihren Besitz zugunsten eines Aussichtsturmes aufzugeben, geht in Flammen auf und die beiden Alten kommen darin um.
Faust, inzwischen hundert Jahre alt und erblindet, hört, wie Lemuren sein Grab schaufeln, glaubt jedoch daran, dass an seinem Werk weitergearbeitet wird: „Zum Augenblicke dürft' ich sagen: Verweile doch, du bist so schön! Es kann die Spur von meinen Erdentagen nicht in Äonen untergehn." Er stirbt. Mephisto darf sich seiner Seele sicher wähnen, doch himmlische Heerscharen entreißen durch das Streuen von Rosen Fausts Unsterbliches seinem Zugriff, denn:

Lemuren = antike Totengeister, auch Halbaffenart

„Wer immer strebend sich bemüht,
Den können wir erlösen.
Und hat an ihm die Liebe gar
Von oben teilgenommen,
Begegnet ihm die selige Schar
Mit herzlichem Willkommen." (Ebenda, S. 359.)

Diese Textpassage verweist auf das schöpferische Ideal des entwickelten Bürgertums: das „tätige Leben", die Arbeit.

Fausts Erlösung erscheint als der Entwurf eines Glaubens an die unbedingte Liebe Gottes zu den Menschen.

Fausts Vision vom Sinn des Lebens

GOETHE plädiert für die Überwindung einer absolutistischen Feudalgesellschaft hin zu einer Gemeinschaft freier Bürger. Die Wege dahin werden im Faust II aufgezeigt:
- das Papiergeld (Kapitalismus),
- das neue Eigentumsrecht (Eigentum als „dominium", als Verpflichtung),
- der Einsatz der Technik als Götze.

Das Scheitern von Philemon und Baucis ist i. d. S. das Scheitern der überlieferten feudalen Wirtschaftsformen, der Aufschwung Fausts bedeutet den Aufschwung des freien Unternehmertums kapitalistischer Prägung.
GOETHE, in Weimar auch für Wirtschaftsfragen zuständig, erahnte jedoch auch die *Folgen des industriellen Zeitalters*. Faust hatte sich der Technik und der Menschen bedient, um sein Werk zu errichten, war über Leichen gegangen, um sein Ziel zu erreichen, sein bürgerliches Zeitalter war also mit Opfern verbunden. Auch der Krieg mit dem Gegenkaiser, den Faust mithilfe Mephistos und neuer Kriegsführungsmethoden gewinnt, wird im Interesse der Durchsetzung neuer Wirtschaftsformen geführt, die darauf hinauslaufen, den Menschen einerseits zwar „frei" zu machen, ihn andererseits auf neue, bisher unbekannte Art wieder abhängig zu machen, diesmal von der Geldwirtschaft. Einer der Verluste, die GOETHE beklagt, ist die *Entfremdung von der Natur*, ein anderer die *Entfernung vom menschlichen Maß*. Das Scheitern des Triumphes der Technik über die Natur ist absehbar.

Der erstrebte Kapitalismus ist jedoch vordergründig nicht eine genusssüchtige Gesellschaft, denn in ihr ist der Tatmensch gefragt. „Kannst du

Eine Variation des Themas findet man auch in „Wilhelm Meisters Lehrjahre“ und „Wilhelm Meisters Wanderjahre“.

mich mit Genuss betrügen/Das sei für mich der letzte Tag ...“, heißt es im „Faust I“. Mephisto ist hier einem Denkfehler erlegen. Er glaubt, der Mensch sei mit Genuss zu verführen. Damit meint er materiellen Reichtum und seelische Befriedigung (Liebe). Faust benutzt seinen (Mephistos) Reichtum jedoch, um seine Schöpfungsvision zu vollenden: den Umbau der Gesellschaft.
Beim visionären Monolog Fausts handelt es sich um einen Schöpfungsgenuss von innen, dieser ist durch Mephisto nicht angreifbar. Auf Fausts Tod folgt deshalb seine Verklärung durch die himmlischen Mächte. Mephisto hat seine Wette mit Gott verloren.

Fausts Vision ist eine soziale Utopie. Der Konjunktiv am Schluss weist darauf hin. In diesem Sinne bietet GOETHE keine Lösung für gesellschaftliche Konflikte an. Fausts Ideal der Unterordnung des Einzelnen unter das Gemeinwohl der Gesellschaft birgt das Moment der Freiheit und der Unfreiheit gleichermaßen in sich. Es negiert die luxemburgische „Freiheit des Andersdenkenden“ zugunsten der Freiheit der Diktatur bzw. des Kapitals. Die persönliche Freiheit des Einzelnen ist der Spielraum, den ihm die Macht des Staates überlässt.

„Ein Sumpf zieht am Gebirge hin,
Verpestet alles schon Errungene;
Den faulen Pfuhl auch abzuziehn,
Das Letzte wär' das Höchsterrungene.
Eröffn' ich Räume vielen Millionen,
Nicht sicher zwar, doch tätig-frei zu wohnen.
Grün das Gefilde, fruchtbar; Mensch und Herde
Sogleich behaglich auf der neusten Erde,
Gleich angesiedelt an des Hügels Kraft,
Den aufgewälzt kühn-emsige Völkerschaft.
Im Innern hier ein paradiesisch Land,
Da rase draußen Flut bis auf zum Rand,
Und wie sie nascht, gewaltsam einzuschießen,
Gemeindrang eilt, die Lücke zu verschließen.
Ja! diesem Sinne bin ich ganz ergeben,
Das ist der Weisheit letzter Schluß:
Nur der verdient sich Freiheit wie das Leben,
Der täglich sie erobern muß.
Und so verbringt, umrungen von Gefahr,
Hier Kindheit, Mann und Greis sein tüchtig Jahr.
Solch ein Gewimmel möcht' ich sehn,
Auf freiem Grund mit freiem Volke stehn.
Zum Augenblicke dürft' ich sagen:
Verweile doch, du bist so schön!
Es kann die Spur von meinen Erdetagen
Nicht in Äonen untergehn. –
Im Vorgefühl von solchem hohen Glück
Genieß' ich jetzt den höchsten Augenblick.“ (Ebenda, S. 348.)

Goethes Änderungen am Vers 11580
Auf eigenem Grund und Boden stehn.
Auf wahrhaft eignem Grund und Boden stehn.
Auf wahrhaft freiem Grund und Boden stehn.
Auf freiem Grund mit freiem Volke stehn.

In der DDR avancierte GOETHES „Faust“ zum Nationalepos. Man glaubte sich am Ziel der faustschen Vision vom freien Volk auf freiem Grund. Ostdeutschland sollte die Inkarnation alles Wahren, Schönen und Guten sein.

WALTER ULBRICHT sagte dazu: „Eigentlich fehlt ... noch ein dritter Teil des ‚Faust'. Goethe hat ihn nicht schreiben können, weil die Zeit dafür noch nicht reif war. ... Erst weit über hundert Jahre, nachdem Goethe die Feder für immer aus der Hand legen mußte, haben ... alle Werktätigen der Deutschen Demokratischen Republik begonnen, diesen dritten Teil des ‚Faust' mit ihrer Arbeit, mit ihrem Kampf für Frieden und Sozialismus zu schreiben. Der Sieg des Sozialismus in der DDR und die Vereinigung des ganzen deutschen Volkes in einem einheitlichen, friedliebenden, demokratischen und sozialistischen Staat wird diesen dritten Teil des ‚Faust' abschließen."

(Zur Geschichte der deutschen Arbeiterbewegung. Bd. 7. Berlin: Dietz, S. 523.)

Man bemühte sich, der DDR-Bevölkerung das Gefühl zu vermitteln, sie lebe auf der „Gewinnerseite" der Geschichte. Zugleich belegt das Zitat die klassischen Traditionen, auf denen die DDR-Literatur fußen sollte. Der sozialistische Realismus der DDR schuf jedoch mit dem „positiven Helden" auch oft triviale Varianten des klassischen Ideals (↗ vgl. Trivialliteratur).

Nachwirkungen der Klassik

Die deutsche Klassik wirkte wie keine andere Periode der Literaturgeschichte bis ins 20. Jahrhundert nach. Bereits die Dichter der Romantik bezogen sich (positiv und negativ) auf das Wirken GOETHES und SCHILLERS. Das deutsche Bildungsideal wurde aus ihren Werken gespeist. Das Bildungsbürgertum war der Träger dieses Bildungsideals. „Wo käm die schönste Bildung her/wenn sie nicht vom Bürger wär", schrieb GOETHE in einer seiner „Zahmen Xenien".

Kultur wurde als allmählicher *Weg zu Freiheit und Selbstbestimmung* verstanden. Man grenzte sich ab vom mittellosen Arbeiter und Tagelöhner und auch von der Geburtsaristokratie. Einzig der *Bildungsstand* entschied über Bewunderung oder Ablehnung eines Menschen. In diesem Geiste wurde auch die deutsche Literatur betrachtet. Aus den Deutschen wurde das „Volk der Dichter und Denker", obwohl nur eine Elite, das Bildungsbürgertum, die Werke der großen deutschen Dichter wahrnahm bzw. wahrnehmen konnte. „Wissen ist Macht" hieß es bald, Sentenzen GOETHES und SCHILLERS mutierten zu Sprichwörtern: „Die Axt im Haus erspart den Zimmermann", „Durch diese hohle Gasse muss er kommen" (SCHILLER: „Wilhelm Tell"), „Spät kommt ihr, doch ihr kommt" (SCHILLER: Piccolomini), „Ihr naht euch wieder, schwankende Gestalten", „Zwei Seelen wohnen, ach, in meiner Brust!" (GOETHE: „Faust I"), „Du sprichst ein großes Wort gelassen aus" (GOETHE: „Iphigenie auf Tauris"). Sie wurden in der Öffentlichkeit zum *Nachweis eines gebildeten Bürgers.* Das Schlagwort von der „Bildung für alle" taucht erstmals mit der Sozialdemokratie auf und birgt ein utopisches Element in sich: Man glaubte nicht ernsthaft an die Bildungsfähigkeit aller. Das Volksschulwesen seit Mitte des 19. Jahrhunderts brachte zwar den Armen und Ärmsten Bildung, jedoch grenzte sich die „Elite" von der Masse durch eigene Schulen ab. Die bis jetzt anhaltende „Bildungskatastrophe bzw. -misere" ist u. a. Ausdruck ökonomischer Defizite. Auch nimmt die *Wertschätzung von Bildung* ab.

Die Identitätsfindung der Deutschen als Nation wurde über das Schlagwort „Volk der Dichter und Denker" versucht. Deutschland als Staatsnation existierte faktisch erst ab 1871. Der Einheitsgedanke „deutsche Nation" definierte sich über den Begriff der „Kulturnation".

Auch die derzeit sehr beliebten Quizshows fußen auf diesem Bildungsnachweis.

4.6.4 Die Rolle der Trivialliteratur

Trivialliteratur: von lat. trivialis = allgemein bekannt, gewöhnlich. Andere Bezeichnungen für die Trivialliteratur sind: „Kolportageliteratur", „Schemaliteratur". Der Begriff „Unterhaltungsliteratur" bezeichnet das Phänomen sehr unpräzise.

Als **Trivialliteratur** wird eine besondere Spielart der Literatur bezeichnet, die von den Normen der „hohen" bzw. „gehobenen" Literatur abweicht. Sie will auf leichte, lockere Weise unterhalten.

Merkmale der Trivialliteratur sind:
- einfache sprachliche Strukturen,
- einfache inhaltliche Strukturen,
- ausschließlich auf Unterhaltung orientiert,
- Ansprechen der Gefühle des Lesers,
- bildhafte Sprache, die zuweilen klischeehaft wirkt,
- Handlungsfiguren entsprechen ein- und demselben Raster,
- Handlung ist nach vorgefertigten Mustern gefügt,
- wenige Themen: Liebe, Abenteuer, Kriminalfall, Schauergeschichte.

Trivialliteratur entstand zeitgleich mit der massenhaften Verbreitung schöngeistiger Literatur.

Entstehung der Trivialliteratur

Humanismus	Aufklärung
Gelehrte tauschen Gedanken aus in Wort und Schrift.	Bürger tauschen Gedanken aus in Wort und Schrift.
Geistliche und weltliche Themen	Weltliche Themen
Buchherstellung teuer	Buchherstellung billig
Kleine Öffentlichkeit (braucht nur den eingeweihten Leser)	Große Öffentlichkeit (braucht viele Leser)
Eliteschule	Volksschule

Lateinisch geschriebene Literatur hatte im Humanismus weltweite Absatzchancen. In der jeweiligen Nationalliteratur geschriebene Bücher haben jedoch nur Absatzchancen in den Gebieten der Erde, in denen die jeweilige Nationalsprache auch gesprochen wird. Deutsch geschriebene bzw. ins Deutsche übersetzte Bücher sind also konkurrenzlos verbreitbar.

Voraussetzung für das Entstehen von Trivialliteratur ist
- die Existenz eines merkantilistischen Prinzipien folgenden Buchmarktes,
- das Vorhandensein eines Lesepublikums,
- drucktechnische Veränderung der Produktion von Literatur,
- Entstehung von Leihbüchereien,
- Rezeption bzw. öffentliche Kritik.

Die Trivialliteratur setzte etwa zeitgleich mit der Aufklärung ein. Seit 1750 wuchs das Schrifttum in Deutschland enorm an: Ein Buchmarkt entstand, auf dem deutsche Titel vorherrschten. Buchhändler liehen erstmals Bücher aus, sodass sie von mehreren Kunden gelesen werden konnten. Auch Taschenbücher sind bereits für das 18. Jahrhundert nachweisbar.

Und seit den Vierzigerjahren des 19. Jahrhunderts gab es kleinformatige, broschierte und preiswerte Buchausgaben. Es existierten sogar Buchreihen.

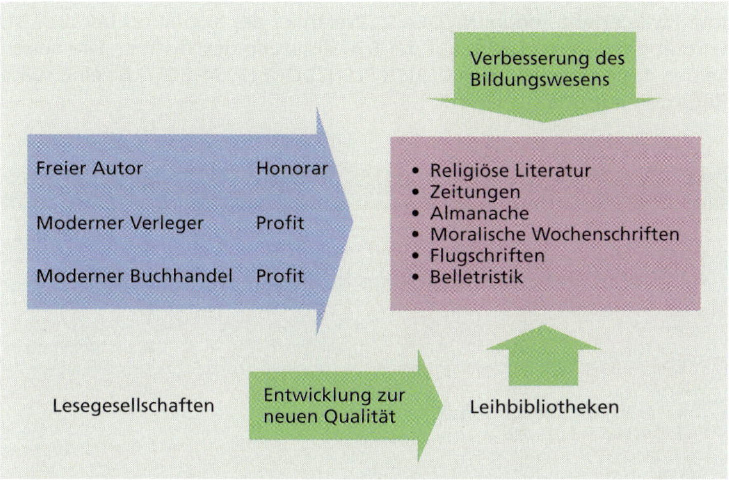

Zwar veränderte sich die Rolle des Schriftstellers in jener Zeit, er wurde jedoch für seine Arbeit sehr dürftig bezahlt (pro Bogen bekam er nur 5 bis 7 Taler, ein Maßanzug kostete jedoch 20 Taler). Auch war seine Arbeit nicht geschützt. Jeder Verleger konnte seine Texte veröffentlichen.
Erst am 11. Juni 1837 wurde mit dem „Gesetz zum Schutze des Eigenthums an Werken der Wissenschaft und Kunst in Nachdruck und Nachbildung" in einem deutschen Staat ein modernes Urheberrecht in Kraft gesetzt. Damit wurden sogenannte Raubdrucke verboten und der Autor bekam ein gerechtes Honorar für seine Arbeit.
Der expandierende Buchmarkt folgte dem Unterhaltungsbedürfnis seines Publikums. Dieser Trend ist vor allem seit der Periode der Empfindsamkeit zu beobachten. „Empfindsam" bedeutete in dieser Phase, auch besonders „tugendhaft" bzw. „sittsam" zu sein. Deshalb nahm man sich eben solcher Sujets an. Die einfache Struktur dieser Literatur war gekennzeichnet durch den tugendhaften (guten) positiven Helden und seinen lasterhaften (bösen) negativen Gegenspieler. Erfolgsbüchern wie STERNES „Yoricks empfindsame Reise" und anderen folgten oft rasch geschriebene Parodien und Nachahmungen, die darauf abzielten, den Leser intellektuell zu entlasten. Trivialliteratur war also „schnell produzierte Literatur", deren Helden Stereotypen darstellten. Erfolgreich getestete literarische Muster wurden unter den Bedingungen des wirtschaftlichen Gewinns kopiert. So gab es nach GOETHES Briefroman „Die Leiden des jungen Werthers" (Leipzig 1774) ein regelrechtes „Wertherfieber": Die triviale Variante des „Werther", „Siegwart" (1776) von JOHANN MARTIN MILLER (1750–1814), wurde erfolgreich nachgeahmt. So erschien anonym „Siegwart und Mariana" (1781) und die Parodie „Siegwart, oder der auf dem Grabe seiner Geliebten jämmerlich verfrohrene Kapuciner" (1777) von FRIEDRICH BERNRITTER. „Siegwart der Zweyte. Eine rührende Geschichte" (1780) sollte allerdings moraldidaktisch wirken.

↗Vgl. S. 251

↗Vgl. S. 264

Eine ausgesprochene Parodie ist „Die Freuden des jungen Werthers" von FRIEDRICH NICOLAI (1733–1811). Hier wird der „Werther" so umgeschrieben, dass der Held Lotte heiratet, mit ihr acht Kinder zeugt und die absolute Idylle erlebt. Indem NICOLAIS „Werther" des Konfliktes beraubt ist, wird er eine bissige Satire auf die Trivialisierung des Stoffes. „Die neuen Leiden des jungen W." von ULRICH PLENZDORF (1934–2007) ist eine späte Reflexion auf GOETHES Werk.

Grundtypen der Trivialliteratur				
empfindsam/ sentimental	heroisierend-pathetisch	erotisch	komisch	schauerlich
• JOHANN MARTIN MILLER: „Siegwart" • AUGUST GOTTLIEB MEISSNER: „Der Hund des Melai" • CHRISTIAN AUGUST VULPIUS: „Rinaldo Rinaldini"	• LEONHARD WÄCHTER: „Sagen der Vorzeit" • JOHANN HEINRICH DANIEL ZSCHOKKE: „Abaellino, der große Bandit"	• GUSTAV SCHILLING: „Der Mann wie er ist" • CHRISTIAN AUGUST FISCHER (ALTHING): „Der Hahn mit den neun Hühnern"	• CARL GOTTLOB CRAMER: „Die Reise zur Hochzeit"	• CAJETAN TSCHINK: „Die Geschichte eines Geistersehers"

Titelblatt des Romans „Rinaldo Rinaldini, der Räuberhauptmann" in der Ausgabe von FRIEDRICH HENNE, Stuttgart 1845

Ausgesprochen triviale Literatur wie CHRISTIAN AUGUST VULPIUS' (1762 bis 1827) überaus erfolgreicher Räuberroman „Rinaldo Rinaldini, der Räuberhauptmann" (1799), in dem Motive aus SCHILLERS „Räubern" und GOETHES „Goetz von Berlichingen" trivialisiert wurden, fand ebenfalls triviale Nachahmer, u. a. „Antonia della Roccini, die Seeräuber-Königin" von ERNST DANIEL BORNSCHEIN (1774–1838), quasi ein Gegenstück zum „Rinaldini", und „Marino Marinelli, der kühne Seeräuber" (1890) von GEORG F. BORN. Aber auch VULPIUS selbst, Schwager GOETHES und stets in Geldnöten, versuchte, an den Erfolg seines „Rinaldo Rinaldini" anzuknüpfen. „Ferrando Ferrandino" und „Orlando Orlandini" wurden jedoch nicht mehr solche Verkaufshits.

Verbreitung fand die Trivialliteratur neben der Buchform in Kalenderblättern und als Fortsetzungsroman in Unterhaltungs- und Familienzeitungen („Die Gartenlaube"), in Almanachen und Taschenbüchern. Im 19. Jahrhundert bekamen die nun entstehenden Zeitungen und Zeitschriften eine neue Funktion als Sprachrohre für einzelne Berufsgruppen bzw. politische Gruppierungen. Nun wurde die Trivialliteratur auch mittels der *Kolportage* verbreitet.

Die *Kolportage* ist eine traditionelle Form des Buchmarktes. Dabei preist der Buchverkäufer in Wirtshäusern, auf öffentlichen Plätzen bzw. in den Wohnungen potenzieller Leser seine Bücher an.

Um auch die nicht vermögenden Leser als Kunden zu gewinnen, entschloss man sich, die Kolportageromane in Lieferungen mit einem Heftumfang von 24, 48 oder 64 Seiten aufzuteilen, die von Kolporteuren vertrieben wurden. Eine Lieferung kostete nach ihrem Umfang etwa 10, 20 oder 30 Pfennige.

Einer der ersten Produzenten der Kolportageliteratur war JOHANN JOSEPH BREYER, der 1851–1852 den Roman „Adelmar von Perlstein ..." von GUIDO WALDNER in acht Lieferungen veröffentlichte.

Ein weiteres Merkmal der Trivialliteratur ist, dass es sich um Massenliteratur in dreierlei Hinsicht handelt:
1. Sie wird massenhaft gedruckt.
2. Sie wird massenhaft vertrieben.
3. Sie wird massenhaft gelesen.

AUGUST FRIEDRICH VON KOTZEBUE (1761–1819) und AUGUST WILHELM IFFLAND (1759–1814) sind die bis heute bekanntesten Autoren von Trivialliteratur der Aufklärung. Manche ihrer Stücke wurden häufiger gespielt als die GOETHES, SCHILLERS oder SHAKESPEARES. GOETHE selbst ließ als Theaterdirektor 90 von ca. 230 Dramen von Kotzebue aufführen.
Die erste Hälfte des 19. Jahrhunderts erlebte einen *Boom des historischen Romans*. Etwa ein Drittel der belletristischen Buchproduktion widmete sich allein im Jahre 1825 dem historischen Sujet. Von diesen ahmte ein Großteil bereits erfolgreiche Themenkreise nach.
Im 19. Jahrhundert galt das Werk KARL MAYS (1842–1912) als trivial. Bereits die *Erzählschlüsse* einiger seiner Werke weisen MAY als Trivialautoren aus. Hier wird abgehoben auf die edle Gesinnung, reduziert auf das bloße Abenteuer, orientiert lediglich auf das Gefühl des Lesers:

„Dann nahmen wir die Gefangenen zwischen uns und brachen auf, um der Stadt Palmar und neuen Ereignissen entgegenzureiten."
(KARL MAY: „Am Rio de la Plata")
„Wirst du den Feind erjagen? Wann sehe ich dich wieder, du lieber, lieber Winnetou?"
(KARL MAY: „Winnetou II")
„So waren sie, die uns erst nach dem Leben trachteten, durch innere Wandlung zu unsern Beschützern geworden und für uns in den Tod gegangen!"
(KARL MAY: „Winnetou IV")
„Dieser durfte unmöglich das großmütige Anerbieten ablehnen, und so flogen wir denn, beide gleich gut beritten und zunächst eine südliche Route einschlagend, in den frischen Morgen hinein ..."
(KARL MAY: „Satan und Ischariot I")

Auch EUGENIE MARLITT (1825–1887) und EMMY VON RODEN (1829–1885) waren gerade beim Frauenpublikum beliebte Autorinnen. JOHANNA SPYRI (1827–1901) ist mit ihren „Heidi"-Geschichten die bekannteste Trivialautorin der Schweiz. Die Bände „Heidis Lehr- und Wanderjahre" (1880) und „Heidi kann brauchen, was es gelernt hat" (1881) wurden ungefähr 50 Millionen Mal verkauft und in 50 Sprachen übersetzt. SPYRIS Werk umfasst etwa 40 Titel, mit ihrem Namen verbindet man jedoch zumeist die „Heidi"-Figur. Außerdem ist der Stoff sowohl als Trick- als auch als Realfilm über zehnmal verfilmt worden. Die bekannteste Trivialautorin des 20. Jahrhunderts war HEDWIG COURTHS-MAHLER (1867–1950).

Mit über 200 Romanen und weit über 80 Millionen Gesamtauflage gehört sie zu den erfolgreichsten Autorinnen aller Zeiten.
Konservativ-nationalistische Literatur wirkt oft über weite Strecken trivial, da sie Klischees verwendet, die religiöses Pathos bewirken sollen. Der Krieg wird wie eine Religion ästhetisiert und die Bereitschaft zum Krieg wirkt wie eine Selbstopferung an einen kriegerischen Gott.

„Trotz und Demut, die Anmut des Jünglings, lagen wie ein Glanz über der Haltung des straffen Körpers, dem schlanken Kraftwuchs der Glieder, dem stolzen Nacken und der eigenwilligen Schönheit von Mund und Kinn. ... Mit einmal legte er mir den Arm um die Schulter und rückte das helle Schwert vor meine Augen: „Das ist schön, mein Freund! Ja?" Etwas wie Ungeduld und Hunger riss an den Worten, und ich fühlte, wie sein heißes Herz den großen Kämpfen entgegenhoffte."
(Flex, Walter: Der Wanderer zwischen beiden Welten, 1917. In: Gesammelte Werke, Band 1, München: Beck, [o. J.], S. 191.)

HEINZ G. KONSALIK (1921–1999), Verfasser von historischen und Kriegsromanen, ist einer der meistgelesenen deutschsprachigen Autoren nach dem Zweiten Weltkrieg. 155 seiner Romane wurden in 42 Sprachen übersetzt.
Auch in der ehemaligen DDR gab es zahlreiche trivialliterarische Veröffentlichungen. Gerade die für diese Art Literatur typische „Schwarz-Weiß-Zeichnung" der Figuren machte das *triviale Element* interessant für eine *pauschale Gut-Böse-Ausrichtung* der Figuren. Das in der DDR sehr bekannte Motto: „Wer nicht für uns ist, ist gegen uns" barg eine Trivialisierung gesellschaftlicher Phänomene bereits in sich. Trivial wird Literatur, wenn beispielsweise ein *schönes Äußeres* auch auf die *innere Schönheit* der Figur schließen lässt, für edle Gesinnung das edle Antlitz steht. Die Forderung nach „einer einfachen Sprache, die auch der Arbeiter versteht", und die nach dem positiven Helden in der Geschichte machte vor allem die historische Belletristik anfällig für triviale Elemente. Die *Vereinfachung* und *Vergröberung des Geschichtsablaufes* zugunsten einer „im Sinne der Arbeiterklasse" *positiven Umwertung geschichtlicher Prozesse* führte dazu, dass der positive Held plebejischer bzw. proletarischer Abstammung war, der negative Gegenspieler jedoch dem Junkertum bzw. der Bourgeoisie anzugehören hatte. Beispiele für diese Geschichtssicht sind FRANK MANNS „Verrat am Roten Berg", GERHARD HARKENTHALS „Hochgericht in Toulouse" oder auch KÄTHE MIETHES „Bark Magdalene". Oft wird der Leser in das „Morgenrot" entlassen, das die neue *Zeit der Freiheit von Ausbeutung und Unterdrückung* symbolisieren soll. Zuweilen wirkt der Erzählschluss formelhaft:

„Fossaloux sah sie an. Das Blut tropfte ihm von der Schläfe, sein Haar hing wirr ins Gesicht. Noch nie war er ihr so erschienen, so gequält, und doch voll trotzigen Mutes. Deshalb glaubte sie auch, ihn zu verstehen, als er jetzt sagte: ‚Den Sturm haben andere entfesselt. Und der Tag wird kommen, da er sie hinwegfegt!'"
(Harkenthal, Gerhard: Hochgericht in Toulouse. Halle: Mitteldeutscher Verlag, 1964, S. 309.)

Um die Jahrhundertwende vom 19. zum 20. Jahrhundert entstand das *Groschenheft*. 1905 wurde Buffalo Bill, der Held des Wilden Westens, erstmals in Deutschland gedruckt. Jerry Cotton, John Sinclair und Perry Rhodan heißen die Helden heutiger Groschenromane. Sie stehen für Kriminalroman, Geisterjäger- und Science-Fiction-Literatur, „Chefarzt Dr. Holl", „Der Bergdoktor" sind Heftreihen aus dem „Arztmilieu", „Rebecca" ist eine Frauenromanserie.

In der DDR kursierten Heftreihen, wie „Das Neue Abenteuer", „Blaulicht", „Roman-Zeitung" usw. In ihnen kämpfte jedoch kein einzelner Held wie etwa Jerry Cotton gegen das Böse, sondern es wurden in sich abgeschlossene Erzählungen präsentiert. Eine Ausnahme bildete das Comicheft „Mosaik", hier agierten zunächst die Digedags und später die Abrafaxe.

Trivialliteratur zeigt sich gerade in der Serie an der Autorenschaft. Da jede Woche eine Ausgabe fertig sein muss, werden *mehrere Autoren* am Schreibprozess mitwirken müssen. So sind derzeit 12 Autoren an dem Groschenheftprojekt „Perry Rhodan" beteiligt. Ähnliches lässt sich auch für die sogenannten „soap operas" des Fernsehens beobachten.

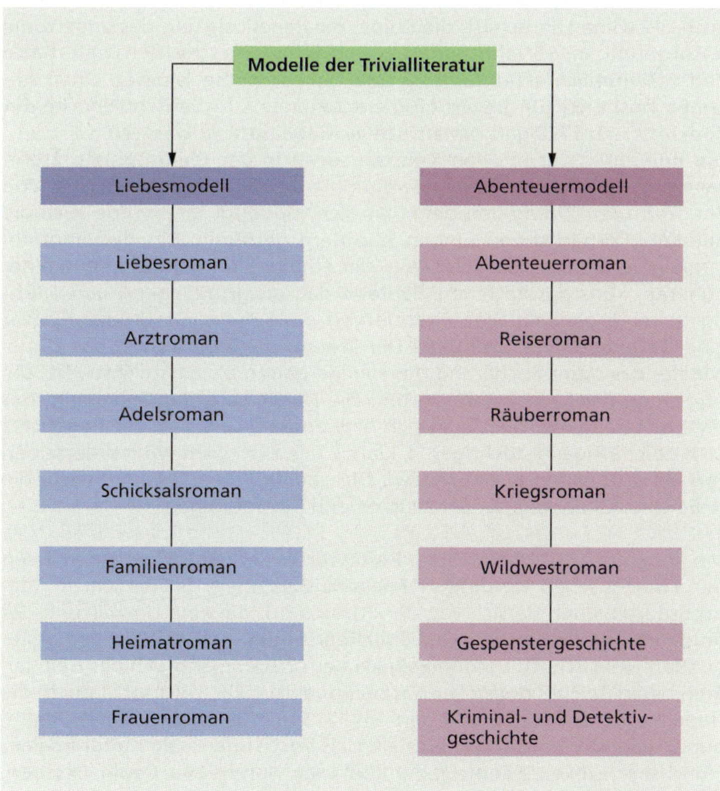

Triviale „soap operas" sind „Verbotene Liebe", „Gute Zeiten – schlechte Zeiten" u. a. „Die Lindenstraße" ist die wohl älteste und erfolgreichste deutsche triviale Fernsehserie.

4.6.5 Romantik

Unter **Romantik** ist eine gesamteuropäische geistes- und kunstgeschichtliche Epoche zu verstehen, die Ende des 18. Jahrhunderts begann und bis in die 1830er-Jahre andauerte. Deutschland bildete das Zentrum der Romantik.

Romantik: abgeleitet von lat. lingua romana = Volkssprache

„Die Klosterruine Eldena", von CASPAR DAVID FRIEDRICH.

Der Begriff der „Romantik" ist älter als die Epoche. Er entstand im 17. Jahrhundert zur Beschreibung der Eigenart romanhaften Erzählens im Roman und der Romanze. Gemeint waren damit abenteuerliche, fantastische, unwirkliche, erfundene Geschichten. Diese Geschichten wurden in den Volkssprachen verfasst, waren keine lateinischen Gelehrtendichtungen. Zum anderen bedeutete „romanz" (afrz.) Unwirkliches, Überspanntes, Schwärmerisches. Aber es symbolisierte auch die wilde Landschaft, die Ruine, die Regellosigkeit, das ungestüme Naturgefühl. Im 18. Jahrhundert waren Schauergeschichten, naturhafte und *volkstümlich erzählte Prosa* sehr beliebt. Diese bildeten einen Anknüpfungspunkt für die um 1790 entstehende künstlerische Epoche der Romantik. Ab 1770 galt *romantisch als Gegensatz zu klassisch.*

Bis ins 18. Jahrhundert war Latein die Sprache der wissenschaftlichen Literatur. Auch im schöngeistigen Bereich war sie lange Zeit maßgebend.

Die Romantik war in allen Künsten sowie in der Philosophie präsent. Sie war zugleich eine Gegenbewegung zu Aufklärung und Klassik. Wie der *Sturm und Drang,* mit dem man sich verwandt sah, wurde auch die Romantik zunächst von jungen Künstlern getragen. Mit der *Empfindsamkeit* verband sie das Aufgehen der empirischen Wirklichkeit in einer höheren, kunstgeschaffenen. Fantasie galt als grundlegend und mächtig für eine *ganzheitliche Poetisierung des Lebens.* Die Romantik war eine *Gegenwelt zur Vernunft:* Der Traum, die Sehnsüchte, das Unbewusste, das Dämonische und das Heilige galten als darstellenswert. Die Abgründe der Seele interessierten. Die Nacht barg das Geheimnis, das Mythisch-Religiöse, dem man sich hinwendete, und war der Gegensatz zum geschäftigen („tüchtigen"), klaren Tag. Die Nacht symbolisierte den Tod als *Aufhebung aller Grenzen.* Die „blaue Blume" symbolisierte die reale Unerfüllbarkeit der Sehnsüchte und Bestrebungen.

Die Romantiker waren zunächst Befürworter der republikanischen Ideen der Französischen Revolution Freiheit, Gleichheit, Brüderlichkeit (darin unterschieden sie sich von den Klassikern), die eine Umwälzung der feudalen Gesellschaftsstruktur einleiten sollten, und Kritiker der bestehenden Gesellschaft. Besonders nach dem Zusammenbruch des *Heiligen Römischen Reiches deutscher Nation* im Jahre 1806, verursacht durch die Napoleonischen Kriege und den am 12. Juni 1806 gegründeten Rheinbund, idealisierten sie das Mittelalter als letzte universale Kultur in einer „Reichsherrlichkeit". Zentren der Romantik waren Jena, Berlin, Dresden, Tübingen und Heidelberg.

1806 legte Kaiser FRANZ II. (1768–1835) die deutsche Krone ab. Als FRANZ I. wurde er Kaiser von Österreich.

Zu unterscheiden sind:
- Frühromantik (Jenaer Romantik),
- mittlere bzw. Hochromantik (Heidelberger Romantik und Berliner Romantik),
- Spätromantik (Schwäbische Romantik).

Das literarische *Biedermeier* (1815–1845) trug ebenfalls stark romantische Züge mit einem Hang zum Realismus. Es wird deshalb häufig auch als eine *spätromantische Strömung der Literatur* bezeichnet.

Die Poesie sollte der Bewusstseinserweiterung dienen, alle Grenzen überwinden und Mensch und Natur versöhnen. FRIEDRICH SCHLEGEL (1772–1829) und NOVALIS gebrauchten als Erste das Wort „Romantik" für die Literatur. Für F. SCHLEGEL war Romantik gleichzusetzen mit Poesie.

Seit 1815 FRIEDRICH VON SCHLEGEL

FRIEDRICH VON SCHLEGEL im 116. Athenäum-Fragment: „Die romantische Poesie ist eine progressive Universalpoesie. Ihre Bestimmung ist nicht bloß, alle getrennten Gattungen der Poesie zu vereinigen und die Poesie mit der Philosophie und Rhetorik in Berührung zu setzen. Sie will und soll auch Poesie und Prosa, Genialität und Kritik, Kunstpoesie und Naturpoesie bald mischen, bald verschmelzen, die Poesie lebendig und gesellig und das Leben und die Gesellschaft poetisch machen, den Witz poetisieren und die Formen der Kunst mit gediegenem Bildungsstoff jeder Art anfüllen und sättigen und durch die Schwingungen des Humors beseelen. Sie umfaßt alles, was nur poetisch ist, vom größten, wieder mehrere Systeme in sich enthaltenden Systeme der Kunst bis zu dem Seufzer, dem Kuß, den das dichtende Kind aushaucht in kunstlosem Gesang."

(Kritische Friedrich-Schlegel-Ausgabe. Band 2, München, Paderborn, Wien: Schöningh; Zürich: Thomas, 1967, S. 182.)

Athenäum = Zeitschrift der Frühromantiker ↗ S. 308

Themen der Romantik waren:
- Rückbesinnung auf die Vergangenheit (Mittelalter)
- Naturhuldigung und -verklärung
- Irrationales
- Mythos
- Volkspoesie

Auch GOETHES „Faust II" trägt romantische Züge.

Einflüsse auf die deutschen Romantiker hatten:

JOHANN WOLFGANG VON GOETHES „Wilhelm Meister",
WILLIAM SHAKESPEARES Werke,
MIGUEL DE CERVANTES SAAVEDRA „Don Quichotte",
JOHANN GOTTLIEB FICHTES (1762-1814) Wissenschaftslehre,
die Französische Revolution.

Die Romantiker verherrlichten das Gefühl anstelle eines Intellektes. Während der Romantik wurde die sogenannte Salonkultur gepflegt. Die berühmten *Berliner Salons* der RAHEL VARNHAGEN VON ENSE (1771–1833), der HENRIETTE HERZ (1764–1847) und DOROTHEA VEITS (später SCHLEGEL, 1763–1839), einer Tochter MOSES MENDELSSOHNS, pflegten das künstlerische und literarische Gebiet. Die literarischen Salons waren häusliche Gegenstücke zu den wissenschaftlichen und literarischen Zirkeln jener Zeit. Sie gestalteten sich zu Begegnungsstätten zwischen Adel, Großbürgertum, Intellektuellen und vor allem auch jüdischen Bürgern.

4.7 Literatur des 19. Jahrhunderts

NAPOLEONS Herrschaft über Europa erreichte 1810–1811 ihren Höhepunkt.

Die Französische Revolution und die *Napoleonischen Kriege* haben in Europa zu folgenschweren Gesellschaftskrisen geführt. Am 1. Koalitionskrieg (1792–1797) gegen Frankreich waren Österreich, Preußen (1795 ausgeschieden), England, Holland, Spanien und Sardinien beteiligt. Den 2. Koalitionskrieg (1799–1802) bestritten Österreich, Russland, England, Neapel, Portugal, der Kirchenstaat und das Osmanische Reich. Der 3. Koalitionskrieg (1805) wurde durch den Frieden von Preßburg beendet. In der vierten Koalition kämpften Preußen und Sachsen gegen Frankreich und verloren in der *Schlacht bei Jena und Auerstedt* (1806) die entscheidende Schlacht.

1806 wurde der Rheinbund gegründet. Das Heilige Römische Reich hörte auf zu existieren.

Während der *Befreiungskriege* 1813–1815 wurden die französischen Truppen in der *Völkerschlacht bei Leipzig* (1813) besiegt. NAPOLEON BONAPARTE (1769–1821) war von den alliierten Kräften zwar 1814 zur Abdankung gezwungen und nach Elba verbannt worden, konnte 1815 jedoch zurückkehren und neue Truppen um sich versammeln. Am 18. Juni 1815 mit der *Schlacht bei Waterloo* endeten die Napoleonischen Kriege. Im Ergebnis der Kriege wurde auf dem *Wiener Kongress* der *Deutsche Bund* gegründet, ein lockerer Zusammenschluss von 34 deutschen Einzelstaaten. In Frankreich konnte sich das Königreich unter dem Bourbonen LUDWIG XVIII. wieder etablieren.

Vor allem die Befreiungskriege hatten höchst motivierend auf die junge Intelligenz in Deutschland gewirkt. Die restaurative Politik der deutschen Landesherren nach der Niederlage NAPOLEONS ab 1815 führte zu einer großen Enttäuschung.

Stadien der Romantik

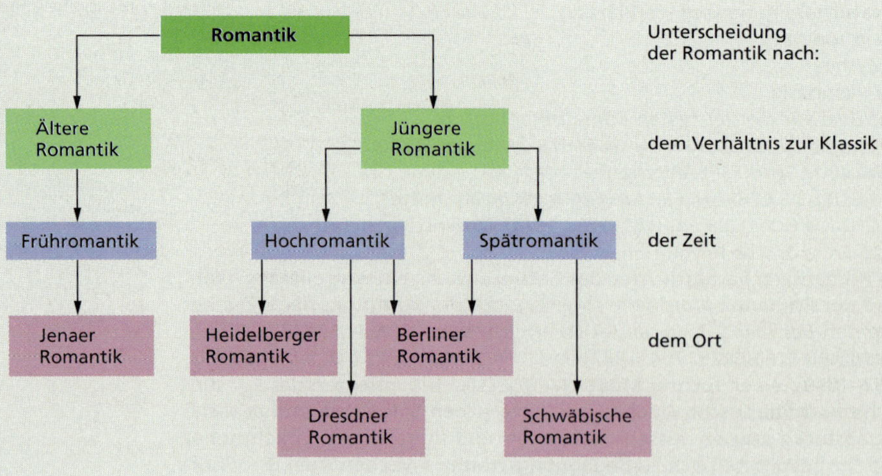

4.7.1 Frühromantik

Ihren Ursprung hatte die Frühromantik in Jena, weshalb sie auch *Jenaer Romantik* genannt wird. Jena war um 1800 eine wichtige Stadt des deutschen Geisteslebens. Hier trafen Ende des 18. Jahrhunderts die Dichter und Philosophen FRIEDRICH VON SCHELLING (1775–1854), die Brüder AUGUST WILHELM und FRIEDRICH SCHLEGEL, CLEMENS BRENTANO (1778 bis 1842), NOVALIS (eigentl. GEORG FRIEDRICH PHILIPP FREIHERR VON HARDENBERG, 1772–1801) und LUDWIG TIECK (1773–1853) zusammen. Sie begeisterten sich anfangs für GOETHES klassische weltbürgerliche Ideen in „Wilhelm Meisters Lehrjahren" (Vorbild des romantischen Romans) und die Einheit von Leben und Dichtung in dessen Schaffen. In weiten Teilen war ihnen die klassische Dichtung jedoch nicht volkstümlich genug. Um ihre theoretischen Grundlagen zu untermauern, gründeten die Brüder SCHLEGEL eine eigene Zeitschrift: „Athenäum" (↗ S. 308).
Die Frühromantik dauerte zwar nur von 1795 bis 1804, als programmatische Bewegung wirkte sie jedoch bis in das Biedermeier fort. Hier wurden die *theoretischen Grundlagen der Romantik* formuliert.
Die Romantiker gehörten zur ersten Avantgarde Europas. Sie bildeten *neue Formprinzipien,* die sich auf die Literatur späterer Epochen auswirkten.
FRIEDRICH VON SCHLEGEL war Wortführer und wichtigster Theoretiker. Er ist der *Begründer der wissenschaftlichen Literaturgeschichte* und gab die ersten Anstöße zur vergleichenden Sprachforschung. Als wichtiger Anreger der Romantik gilt auch JOHANN GOTTLIEB FICHTES (1762–1814) Wissenschaftslehre, anknüpfend an die „Kritische Philosophie" KANTS. FICHTE sah das Ich als Mittelpunkt allen Seins an, das aber aufgrund der begrenzten Wirklichkeit nicht zur vollen Entfaltung seines Wesens gelangen könne.

Das Romantikerhaus in Jena im ehemaligen Wohnhaus FICHTES

Die Periodisierung der Jenaer Romantik ist in der Literatur uneinheitlich. Einige Wissenschaftler datieren auch von 1798–1802 oder lassen sie bereits 1794 bzw. 1790 beginnen.

Philosophische Grundlagen der frühen Romantik

SCHELLING	**FICHTE**	**Brüder SCHLEGEL**	**SCHLEIERMACHER**
Ich = Nicht-Ich	Nicht-Ich ist Ich untergeordnet.	Universalpoesie	Endliches (Ich) vom Unendlichen (Gott) abhängig, Religion = Dialog, Gott – Mensch = Anschauung und Gefühl des Universums
In jedem Teil der Natur sind seelische Elemente vorhanden.	Ich = Subjekt, Nicht-Ich = Außenwelt	Musik, Malerei, Literatur = Poesie	
		Anknüpfung an Sturm und Drang	
Feen, Geister, Gnome	Verabsolutierung des Ichs	Poet = Genie	Poesie = Tätigkeit der Sprache
Zauber der Kunst	Neue gesellschaftliche Rolle der Frau	Roman	Gefühl = unmittelbares Selbstbewusstsein
Märchen, Sagen, Spukgeschichten		Athenäum	
↓	↓	↓	↓
TIECK, WACKENRODER	**HENRIETTE HERZ, DOROTHEA SCHLEGEL, KAROLINE V. GÜNDERRODE, BETTINA V. ARNIM**	**NOVALIS**	**HENRIETTE HERZ, FRIEDRICH SCHLEGEL**

Kennzeichnend für die *Literatur der Frühromantik* sind:
- stark fragmentarisches Schreiben,
- progressive Universalpoesie (F. V. SCHLEGEL) = Mischung der Gattungen und Erweiterung der Ausdrucksformen,
- Leser ist der Vollender eines literarischen Werkes.

Literarische Gattungen der Frühromantik

	Prosa		Dramatik	Lyrik
Theorie/Aufsatz	Roman	Märchen		
A. W. SCHLEGELS Berliner Vorlesungen „Über die schöne Kunst und Literatur" (1802–1805), F. SCHLEGEL „Brief über den Roman" (1798), Athenäum (Zs. 1798–1800), NOVALIS „Die Christenheit oder Europa" (1799)	WACKENRODER „Herzensergießungen eines kunstliebenden Klosterbruders" (1797), TIECK „Franz Sternbalds Wanderungen" (1798), „Geschichten des Herrn William Lovell" (1795 bis 1796), NOVALIS „Heinrich von Ofterdingen" (1802), „Die Lehrlinge zu Saïs" (1798–1799), F. SCHLEGEL „Lucinde" (1799), BRENTANO „Godwi" (1801)	TIECK „Der blonde Eckbert" (1797), „Volksmärchen" (1797)	A. W. SCHLEGEL „Ion" (1802), F. SCHLEGEL „Alarcos" (1802), TIECK „Leben und Tod der heiligen Genoveva" (1800), „Kaiser Oktavian" (1804), BRENTANO „Ponce de Leon" (1804)	NOVALIS „Geistliche Lieder" (1799), „Hymnen an die Nacht" (1800), TIECK „Romantische Dichtungen" (1800)
		TIECK „Der gestiefelte Kater" (1797), „Ritter Blaubart" (1797)		

FRIEDRICH SCHLEGEL über Poesie und Wissenschaft:
„Alle Kunst soll Wissenschaft, und alle Wissenschaft soll Kunst werden; Poesie und Philosophie sollen vereinigt sein" (Lyceums-Fragment 115, S. 161). „Die Poesie ist eine republikanische Rede, eine Rede, die ihr eignes Gesetz und ihr eigner Zweck ist, wo alle Teile freie Bürger sind und mitstimmen dürfen"(Lyceums-Fragment 62, S. 154).
(Kritische Friedrich-Schlegel-Ausgabe. Erste Abteilung: Kritische Neuausgabe, Band 2, München et. al: Thomas, 1967.)

Die neue, romantische Poetik lehnte jegliche **Regelpoetik** ab. NOVALIS' Romanfragment „Heinrich von Ofterdingen" ist ein „Schlüsselwerk" der Frühromantik. In Form eines sogenannten *Entwicklungs- bzw. Bildungsromans* beschreibt der Autor die Reifung des mittelalterlichen Helden Ofterdingen zum Dichter. I. d. S. ist das Werk zugleich ein *romantischer Künstlerroman*. Er besteht aus zwei Teilen: „Die Erwartung" und „Die Erfüllung", wobei nur der erste Teil beendet wurde. Der Roman ist als Antithese zu GOETHES „Wilhelm Meisters Lehrjahre" konzipiert und sollte das Wesen und Wirken von Poesie sinnlich vorführen und fassbar machen.

Der Held, Heinrich von Ofterdingen, fühlt sich zum Dichter berufen. Er sieht in einem Traum die „blaue Blume". Auf einer Reise von Eise nach Augsburg, dem Herkunftsort seiner Mutter, erfährt er in abenteuerlichen, zum Teil ans Märchenhafte grenzenden Begegnungen und Erlebnissen das menschliche Leben in seinen gegensätzlichen Möglichkeiten und Gestalten. Das alles verdichtet sich in seiner empfindsamen Seele und sucht nach einem Ausdruck im Gedicht und im Lied.
Seine Reise wird zunehmend eine Reise nach Innen, eine Reise zur Dichtkunst. „Heinrich war von Natur zum Dichter geboren", heißt es im 6. Kapitel. „Mannigfaltige Zufälle schienen sich zu seiner Bildung zu vereinigen ... Alles, was er sah und hörte, schien nur neue Riegel in ihm wegzuschieben und neue Fenster ihm zu öffnen. Er sah die Weite der Welt in ihren großen und abwechselnden Verhältnissen vor sich liegen." Die Begegnung mit Klingsohr und dessen Tochter Mathilde, der er verlobt wird, sowie das Märchen von Eros und Fabel schließen die Reifung des Helden zum Dichter ab. Im zweiten Teil sollte die Vollendung des Dichters gezeigt werden, das Fragment bricht jedoch mitten in einem Gespräch mit dem Gärtner Sylvester ab. Am Ende soll Heinrich die blaue Blume finden und sie erlösen. Denn die Blume ist niemand anderes als Mathilde.

Heinrich lebt in Einheit mit der Natur, ihn treibt eine unbestimmte Sehnsucht. Das Symbol für die ewige Unerfülltheit und Prozessualität des menschlichen Lebens wird die „blaue Blume", die zugleich ein Symbol des Findens des eigenen, persönlichen Glücks und Lebenssinnes ist. Die blaue Blume wird zur Chiffre für die Liebe. Sie trägt in sich das Antlitz der von Ofterdingen geliebten Tochter Klingsohrs.
Die Poesie wird bei NOVALIS zum Projektionsraum innerer Empfindungen:

Antithese, hier = Gegenentwurf, Gegenbild

> „Die Welt muß romantisiert werden. So findet man den ursprünglichen Sinn wieder. ... Indem ich dem Gemeinen einen hohen Sinn, dem Gewöhnlichen ein geheimnisvolles Ansehen, dem Bekannten die Würde des Unbekannten, dem Endlichen einen unendlichen Schein gebe, so romantisiere ich es."
> (Novalis: Fragmente über Poesie. In: Theorie der Romantik, Hrg. Herbert Uerlings. Stuttgart 2000, S. 51.)

Der Fragment gebliebene Roman NOVALIS' birgt in einer Rahmenhandlung eine Fülle von Gesprächen, Gedichten und Märchen, die der Bildung und Reifung des Helden dienen sollen. Zum Helden wählte NOVALIS einen mittelalterlichen Minnesänger. HEINRICH VON OFTERDINGEN ist eine Sagengestalt im Umkreis des Sängerkriegs auf der Wartburg und historisch nicht verbürgt. WALTHER VON DER VOGELWEIDE, WOLFRAM VON ESCHENBACH und REINMAR DER ALTE preisen in einem Wettstreit HERMANN VON THÜRINGEN als den besten Fürsten. HEINRICH VON OFTERDINGEN verteidigt Herzog LEOPOLD VII. von Österreich und verliert. Er soll unter dem Henkerbeil sterben, wird aber durch die Güte und Milde der Fürstin vor dem Tod bewahrt.

NOVALIS' Romanfragment „Heinrich von Ofterdingen" wurde posthum 1802 in den „Schriften" Bd. 1 von FRIEDRICH SCHLEGEL und LUDWIG TIECK herausgegeben.

Athenäum

> Athenaion = ursprünglich Heiligtum der Göttin Athene

Athenäum bezeichnete in der römischen Antike unter Kaiser HADRIAN eine Akademie zur Pflege von Dichtkunst und Rhetorik. Später nannte man höhere Unterrichtsanstalten Athenäum. Als die Brüder SCHLEGEL 1798 als Gegenpublikation zu SCHILLERS „Horen" ihre ästhetisch-kritische Zeitschrift „Athenäum" gründeten, hatten sie die *Pflege von Dichtkunst* im Sinn. Erstmals wurde in dieser *programmatischen Zeitschrift der deutschen Romantik* die moderne, romantische Poesie genauer definiert und als etwas Lebendiges, Ewig-Werdendes vorgestellt, das die äußere Wirklichkeit „romantisieren" sollte.

FRIEDRICH SCHLEGEL und AUGUST WILHELM SCHLEGEL nutzten die Zeitschrift als Plattform für die Erläuterungen ihrer Kunstauffassungen. So plädierte F. SCHLEGEL gegen die klassische Formel vom „Guten, Wahren, Schönen" und schrieb im „Athenäum", wenn die Kunst die „absolute Anschauung" vermittle, dann könne ihr Feld nicht nur die Schönheit sein, denn das Absolute schließe auch den Gegenentwurf ein, das Böse, das Schlechte, das Unvollkommene, Torsohafte, Ruinöse, mit einem Wort: das Hässliche. Er trat für eine „Ästhetik der Ehrlichkeit" ein. Die „Interessantheit" und die „interessant machende" Hässlichkeit wurden so zu wichtigen ästhetischen Leitideen neben der Fantasie. In diesem Sinne kann man die Frühromantik avantgardistisch nennen und ihre Ästhetik als modern bezeichnen.

> Diese Anschauungen begründen die gothic novels und wirkten bis in den Surrealismus (↗ S. 365) und Symbolismus (↗ S. 352) weiter. Als direkte Erben dieser Theorien gelten u. a. MARY SHELLEY, BAUDELAIRE, POE.

Auch die anderen Mitglieder des Jenaer Dichterkreises publizierten in der Zeitschrift der Brüder SCHLEGEL. So veröffentlichte NOVALIS dort seine „Blüthenstaub"-Fragmente, den 1799 geschriebenen Aufsatz „Die Christenheit oder Europa" und die 1799 in Versen verfassten und 1800 in Prosa umgeschriebenen „Hymnen an die Nacht". SCHLEIERMACHERS Beiträge erschienen anonym. Nach zwei Jahren musste die Zeitschrift ihr Erscheinen einstellen.

4.7.2 Hochromantik

Zentren der Hoch- und Spätromantik

Heidelberg	**Dresden**	**Berlin**	**Schwaben**
ARNIM, BRENTANO, EICHENDORFF, GRIMM, GÖRRES, E. T. A. HOFFMANN GÜNDERRODE	E. T. A. HOFFMANN, NOVALIS C. D. FRIEDRICH, A. L. RICHTER, C. G. CARUS	MOTTE-FOUQUÉ, FICHTE, KLEIST, BRENTANO, B. und A. ARNIM, RAHEL VARNHAGEN VON ENSE, TIECK, SCHLEIERMACHER, Brüder SCHLEGEL	UHLAND, KERNER, SCHWAB, HAUFF
Germanistik, Geschichte	Malerei	Literarische Salons	Musik

JOSEPH GÖRRES (1776–1848), anfangs begeistert von der Französischen Revolution, wandte sich nach 1800 in Heidelberg gegen französische Einflüsse und verstärkt der deutschen Vergangenheit zu. Im Mittelalter sah er ein Vorbild für „Ebenmaß und Ruhe“. Er trat für die Stärkung nationaler Kräfte und für die innere Erneuerung Deutschlands ein. Deshalb bezeichnet man die Hochromantik auch als *Nationalromantik*. GÖRRES wurde zu ihrer Leitfigur. Die Heidelberger verzichteten auf philosophische Spekulationen und theoretische Überlegungen. Von den Jenensern übernahmen sie die Liebe zu Märchen, Sagen und Volksbüchern. Politisch engagierten sie sich für einen Patriotismus gegen die napoleonische Fremdherrschaft. Die Heidelberger Romantik umfasst u. a. die Autoren E. T. A. HOFFMANN (1776–1822), CLEMENS BRENTANO (1778–1842), ACHIM VON ARNIM (1781–1831), ADALBERT VON CHAMISSO (1781–1838), JOSEPH VON EICHENDORFF (1788–1857), JAKOB (1785–1863) und WILHELM GRIMM (1786–1859). Die noch für die Frühromantik geltende Bindung zur Klassik ist nicht mehr existent. Vorbilder sind GOETHES „West-östlicher Divan“ und der englische Romantiker LORD BYRON (1788–1824).

GÖRRES´ „Die Teutschen Volksbücher“ (1807) enthalten Texte des späten Mittelalters, die für ein aristokratisches Publikum bestimmt waren. Insofern erlag GÖRRES einem Irrtum, als er glaubte, sie seien authentische Werke des Volkes.

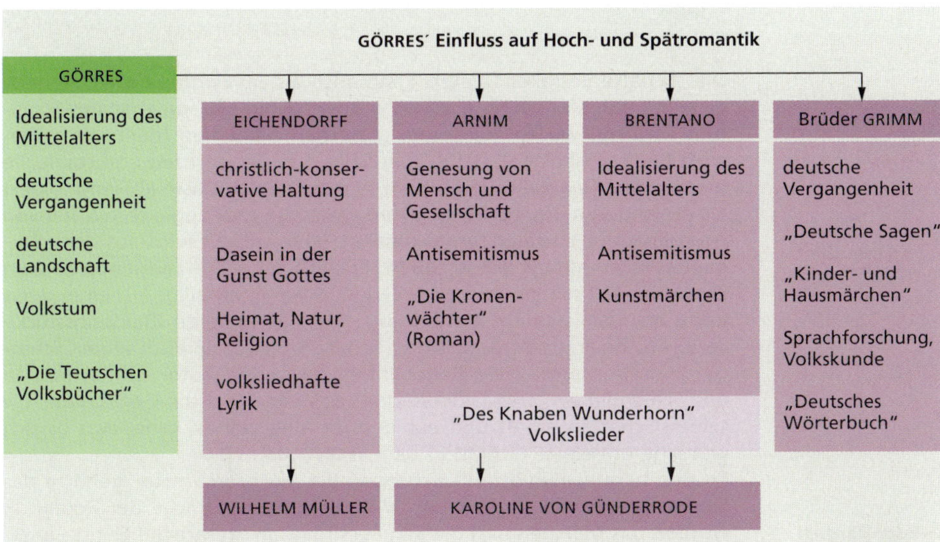

Nach 1801 wurde Berlin Mittelpunkt romantischer Gruppierungen. Die sogenannte **Berliner Romantik** umfasste die Brüder SCHLEGEL, ADALBERT VON CHAMISSO, FRIEDRICH DE LA MOTTE FOUQUÉ (1777–1843), ZACHARIAS WERNER (1768–1823) sowie ab 1814 E. T. A. HOFFMANN. Um 1810 bis 1811 kehrten BETTINA und ACHIM VON ARNIM nach Berlin zurück und mit ihnen BRENTANO; auch befand sich HEINRICH VON KLEIST (1777–1811) in der Stadt. In den Zentren geistiger Kommunikation, den berühmten Salons der RAHEL VARNHAGEN VON ENSE und der HENRIETTE HERZ, trafen sich die Romantiker. Männer und Frauen, Adlige und Bürger, Christen und Juden, In- und Ausländer nahmen gleichermaßen am geistigen Austausch teil.

ACHIM VON ARNIM (1781–1831)

Weltberühmt wurde ADALBERT VON CHAMISSO mit der in Briefform verfassten „phantastischen Novelle" (TH. MANN) „Peter Schlemihls wundersame Geschichte" (1813).

Das Wort „Schlemihl" ist der Gaunersprache zugehörig und bedeutet „Gottlieb", hebr. Theophil, und ist die Bezeichnung für einen Menschen, dem nichts genügt.

Der Titelheld verkauft einem mysteriösen Fremden seinen Schatten. Er ist von der Nützlichkeit seines Schattens nicht überzeugt. Und bald begegnet man ihm deswegen auch mit Misstrauen und Angst. Mithilfe seines Dieners gelingt es ihm, dass der Verlust seines Schattens in der Gesellschaft kaum bemerkt wird. Er will die Förstertochter Minna heiraten, jedoch kurz vor der Hochzeit wird seine Schattenlosigkeit durch Verrat offenbar. Nach einem Jahr erscheint der mysteriöse Fremde wieder bei Schlemihl, dieser will seinen Schatten zurückkaufen, doch der Preis ist hoch: Der Teufel, um nichts anderes handelt es sich beim Fremden, will nun Schlemihls Seele. Dieser wehrt dies jedoch erschrocken ab. Er kauft sich ein Paar Wanderschuhe, die sich als Siebenmeilenstiefel erweisen, und bereist so die Welt. Als Naturforscher verbringt er zufrieden den Rest seines Lebens.

Die „Schattenlosigkeit" Peters kann auch als ein Symbol für die Andersartigkeit von Menschen gesehen werden. Schlemihl, da er seines Schattens verlustig wurde, wird zum gläsernen Menschen (denn auch Glas wirft keinen Schatten), die Körperlichkeit ist angegriffen und somit die menschliche Ganzheit. Damit hebt er sich von der Masse ab, wird anders als die anderen um ihn herum. Anderssein ist aber zugleich ein Teil von Ausgrenzung. Und genau das passiert Schlemihl: Er wird aus der „Normalität" des Alltags ausgestoßen. Er wird für seine Zeitgenossen zum Phantom. Auf seinen **Stoff** stieß CHAMISSO eher zufällig. Auf einer Reise hatte er neben seinem Mantel auch fast alle anderen Kleidungsstücke verloren. Ein Freund fragte ihn im Scherz, ob er denn auch seinen Schatten verloren hätte. Diese Begebenheit regte den Autor zum Schreiben des Schlemihl an. Das Glückssäckel, das der Held als Gegengabe für seinen Schatten erhält und aus dem er alles ziehen kann, was er sich wünscht, entlehnte CHAMISSO bei LAFONTAINE.

Zu den herausragendsten Leistungen der Hochromantiker gehörte das Sammeln von Volksliedern und Märchen. In der Epoche der Romantik wurden das **Märchen** und die **Sage** erstmals als literarische Genres anerkannt. Auch das Volkslied erhielt einen neuen Stellenwert. Diese „volkstümliche" Literatur konnte den nationalen Charakter der Volksdichtungen herausheben und eine Identifikation als Nation erleichtern. Denn jedes Volk hat, so meinten die Nationalromantiker, ihre spezifischen Märchen und Sagen, die z.T. auf ihre eigene Geschichte zurückgreifen. Zudem war diese Dichtung nicht von einem einzigen Autor gefertigt worden, sondern in einem historischen Prozess gewachsen und mündlich tradiert. Schöpfer war also ein kollektives Ich: das Volk.

Zum Märchen ↗S. 92; zur Sage ↗S. 93

Die Brüder GRIMM begannen 1806 mit der Aufzeichnung. Der Bd. I enthielt 86 Märchen, der Bd. II 70 Märchen.

ARNIMS und BRENTANOS „Des Knaben Wunderhorn" (1805), die „Kinder- und Hausmärchen" (1812–1815) der Brüder GRIMM sowie die „Deutschen Volksbücher" (3 Bände, 1836–1837) und die „Schönsten Sagen des klassischen Altertums" (3 Bände, 1838–1840) von GUSTAV SCHWAB (1792 bis 1850) entstanden unter Anregung von HERDERS Volksliedsammlung.

Neben den Märchen, die man im Volk gesammelt hatte, entstanden nun die ersten „wirklichen" von einzelnen Autoren stammenden Märchen, sogenannte Kunstmärchen. Zwar hatte WIELAND das erste Kunstmärchen geschrieben und GOETHE in den „Unterhaltungen deutscher Ausgewanderten" ein Märchen verfasst. Aber erst die Romantiker waren die eigentlichen Begründer des Kunstmärchens. FRIEDRICH DE LA MOTTE FOUQUÉS (1777–1843) „Undine" (1811) ist ein Kunstmärchen. Das „Liber de nymphis, sylphis, pygmaeis et salamandris et de caeteris spiritibus" (1581) von PARACELSUS war die Hauptquelle für FOUQUÉS Prosamärchen. PARACELSUS spricht darin von den „Undenen", die im Wasser hausen.

Die Nixe Undine möchte ein Mensch werden. Das kann sie aber nur durch die Liebe zu einem Mann. Ritter Huldbrand begegnet der Nixe, verliebt sich in sie und Undine erhält eine Seele. Der Versuch des Ritters, die Nixe in die Welt der Menschen einzuführen, misslingt angesichts der Vorurteile und Schranken der Gesellschaft. Das fremdartige Naturwesen wird von den Menschen als Bedrohung empfunden und verstoßen. So nimmt sie leidvoll Abschied von ihrem Ritter und kehrt ins Wasser zurück. Als der Ritter eine andere heiraten will, kommt Undine noch einmal an Land, um in einem leidenschaftlichen Kuss das Schicksal des Ritters zu vollenden: Er stirbt.

▸ „Undine" wurde erstmals in der von FOUQUÉ herausgegebenen Zeitschrift „Die Jahreszeiten" veröffentlicht.

Nach dem Libretto von FOUQUÉ komponierte E. T. A. HOFFMANN eine Undinenoper. Die Uraufführung war am 3. August 1816 im Berliner Schauspielhaus am Gendarmenmarkt. ALBERT LORTZING (1801–1851) regte das Märchen zur Schaffung seiner Oper „Undine" (1845) an, INGEBORG BACHMANN schrieb „Undine geht" (1961).
Die literarische *Zeitschrift der Heidelberger Romantiker* war die „Zeitschrift für Einsiedler" von ARNIM und BRENTANO. Sie erschien 1808 bis 1809. In ihr publizierten u. a. JOSEPH GÖRRES, LUDWIG TIECK und JAKOB GRIMM. In Dresden gab KLEIST mit ADAM MÜLLER (1779–1829) von 1808 bis 1809 die Kunstzeitschrift „Phöbus" sowie in Berlin von 1810 bis 1811 die „Berliner Abendblätter" heraus.

▸ Eine der bedeutendsten Autorinnen der Romantik war KAROLINE VON GÜNDERRODE (1780–1806), die 1799/1801 mit den ARNIMS und BRENTANO bekannt wurde. Ihre Dichtung lässt sich keiner der literarischen Zentren eindeutig zuordnen. GÜNDERRODES Lyrik umkreist vornehmlich die Themen Liebe und Tod. Bekannt wurde die Autorin durch BETTINA VON ARNIMS „Die Günderrode" (1840).

Die Literatur der Befreiungskriege

Als **Literatur der Befreiungskriege** bezeichnet man die vor allem zwischen 1812 und 1815 entstandene patriotisch-bekenntnishafte Lyrik.

Deutschland um 1806 war dreigeteilt: Der Rheinbund stand unter französischem Einfluss, der Norden unter Preußens, der Süden unter Österreichs Kontrolle. Die Forderung nach einer *Erneuerung des Nationalbewusstseins* führte zum Verfassen von Befreiungskriegsliedern durch ERNST MORITZ ARNDT (1769–1860), der auch ein Sammler von Sagen und Märchen seiner pommerschen Heimat war, THEODOR KÖRNER (1791 bis 1813; „Leier und Schwert", 1814), MAX VON SCHENKENDORF (1783–1817, „Soldaten-Morgenlied", „Freiheit, die ich meine") und FRIEDRICH RÜCKERT

(1788–1866; „Geharnischte Sonette“, 1814). Auch FICHTES „Reden an die deutsche Nation“ (1807–1808) und FRIEDRICH LUDWIG JAHNS (1778 bis 1852) nationale Turnerbewegung gehören in diesen Zusammenhang.
Die Literatur der Befreiungskriege sollte Freiwillige für den Befreiungskampf gegen die französische Fremdherrschaft mobilisieren. Sie ist deshalb zunächst *agitatorische Literatur:*

„Erhebt euch von der Erde,
ihr Schläfer aus der Ruh!
Schon wiehern uns die Pferde
den guten Morgen zu.“
(Schenkendorf, Max von: Soldaten-Morgenlied. In ders.: Gedichte, Leipzig: Reclam, o. J., S. 99.)

Sie verfolgt klare *politische Ziele:*

THEODOR KÖRNER (1791–1813)

„Ins Feld! ins Feld! Die Rachegeister mahnen.
Auf, deutsches Volk, zum Krieg!
Ins Feld, ins Feld! Hoch flattern unsre Fahnen;
Sie führen uns zum Sieg.“
(Körner, Theodor: Lied der schwarzen Jäger. In: ders.: Werke. Bd. 1. Leipzig und Wien: Bibliographisches Institut, 1893, S. 93.)

Um die *Freiwilligkeit des Kampfes* zu erreichen, mussten die Autoren eine Umwertung der Werte vornehmen. Der weitgehend vom absolutistischen Staatswesen abhängige unmündige Mensch wird zum freien Bürger erklärt, der gleichberechtigt mit den militärischen Führern in den Kampf zieht:

„Der Gott, der Eisen wachsen ließ,
Der wollte keine Knechte,
Drum gab er Säbel, Schwert und Spieß
Dem Mann in seine Rechte.“
(Arndt, Ernst Moritz: Vaterlandslied. In: Werke. Teil 1: Gedichte. Berlin u. a.: Bong & Co., 1912, S. 100.)

Die stein-hardenbergschen Reformen wurden 1807 erlassen.

Um die *Gleichberechtigung des Bürgers gegenüber dem Adel* zu erreichen, hatte man in Preußen die *stein-hardenbergschen Reformen* erlassen, die nun auch Nichtadligen eine Offizierslaufbahn ermöglichten.
„Das Volk steht auf, der Sturm bricht los.“ (KÖRNER)
NAPOLEON als singuläres Feindbild reichte nicht aus, um den Widerstand zu organisieren. Man dehnte den Feind aufs ganze französische Volk aus.

„Wir wollen heute Mann für Mann
Mit Blut das Eisen röten,
Mit Henkerblut, Franzosenblut
O süßer Tag der Rache!“
(Ebenda, S. 100.)

„Das Hurra jauchzt und die Büchse knallt;/Es fallen die fränkischen Schergen“ (KÖRNER). Das kleinstaatliche, zersplitterte, ungeeinte Deutschland wurde zum besonderen Land erhoben: „O Deutschland, heilges Vaterland! O deutsche Lieb und Treue!" (ARNDT). Man suggerierte Einheit und Nationalstaatlichkeit. Arndt betonte deshalb das Ziel seiner Bemühungen: „Das ganze Deutschland soll es sein!"

Diese *nationalstaatlichen Bemühungen* entgleisten zum *Nationalismus*. Der frühe deutsche Nationalismus der Befreiungskriege äußerte sich nicht nur im Hass auf Frankreich. FRIEDRICH LUDWIG JAHNS Schrift „Deutsches Volkstum" (1809) begründete die Turnbewegung. „Hass alles Fremden ist des Deutschen Pflicht", äußerte er und: „Franzosen, Polen, Pfaffen, Junker und Juden sind Deutschlands Unglück!" Antisemitismus gab es auch bei ERNST MORITZ ARNDT. Wer sich wie jüdische Mitbürger „mit Frankreich verbündet und Frankreich um Hilfe anschreit, der meint Tückisches und Verräterisches gegen Deutschland, der ist wie das Schaf, das dem Wolf die Hürde öffnet". ACHIM VON ARNIMS „Christlich-deutsche Tischgesellschaft" legte in einem „Arierparagrafen" fest, dass die Mitgliedschaft von Juden ausgeschlossen sei. Der Antisemitismus und Nationalismus nahm nach den Befreiungskriegen weiter zu, die Pogrome des Jahres 1819 waren beispielsweise durch den Ruf begleitet: „Hepp-hepp-Jud-verreck!" Der Fanatismus nahm wahnsinnige Züge an. Der Jenenser Burschenschaftler KARL LUDWIG SAND (1795–1819) ermordete 1819 AUGUST VON KOTZEBUE (1761–1819), einen Schriftsteller und Staatsrat in russischen Diensten. Dadurch wurde die „Demagogenverfolgung" eingeleitet, zu deren Opfern auch JAHN gehörte. In der Nacht vom 13. zum 14. Juni 1819 wurde er verhaftet und in Spandau, Küstrin und Kolberg in Festungshaft genommen und erst 1825 auf freien Fuß gesetzt. Auch später gab es kaum Unterschiede in den Positionen national-konservativer und liberaler Kräfte hinsichtlich der Bewertung des Judentums. WILHELM BUSCH dichtete:

In der DDR der 1950er-Jahre wurde die Einheit Deutschlands mit eben diesem Ausspruch ARNDTS beschworen.

> „Und der Jud' mit krummer Ferse,
> krummer Nas' und krummer Hos'
> schlängelt sich zur hohen Börse
> tiefverderbt und seelenlos."
>
> (Busch, Wilhelm: Werke. Historisch-kritische Gesamtausgabe, Bd. 2. Hamburg: Standard-Verlag, 1959, S. 204.)

4.7.3 Romantik außerhalb Deutschlands

England: Lord Byron/Keats/Shelley

Die englische Romantik hatte auch einigen Einfluss auf die deutsche Literatur. WILLIAM WORDSWORTHS (1770–1850) gemeinsam mit SAMUEL TAYLOR COLERIDGE (1772–1834) veröffentlichte Gedichtsammlung „Lyrical Ballads" (1798), mit COLERIDGES berühmter Ballade „The Rime of the Ancient Mariner" (dt. „Ballade vom alten Seemann") leitete die englische Romantik ein. Als Lake Poets gingen die Autoren in die englische Literaturgeschichte ein. **Lake Poets** bezeichnet eine Gruppe englischer romantischer Autoren, die sich im Lake District in England niederließen. Ihnen werden ROBERT SOUTHEY (1774–1843), SAMUEL TAYLOR COLERIDGE, WILLIAM WORDSWORTH und THOMAS DE QUINCEY (1785–1859) zugerechnet.

Mit den Übersetzungen schillerscher Gedichte wurde COLERIDGE zum einflussreichsten Mittler der deutschen Literatur in England.

GEORGE GORDON NOËL BYRON (1788–1824) veröffentlichte 1806 seinen ersten Gedichtband, der ihn zumindest ins Gespräch brachte. Auf einer Europareise begann er an „Childe Herold's Pilgrimage" (dt.; „Junker Harolds Pilgerreise") zu arbeiten. Nach dem Erscheinen von „Junker Harolds" 1812 wurde er auf einen Schlag berühmt: An einem einzigen Tag wurden 18 000 Exemplare des Buches verkauft. Romantische Verserzählungen folgten, unter anderem „Der Korsar" (1814) und „Die Belagerung von Korinth" (1816). LORD BYRON hat eine nachhaltige Wirkung auf die europäische Literatur hinterlassen. Französische, russische und deutsche Dichter, Komponisten und Philosophen (GOETHE, GAUTIER, SCHUMANN, BERLIOZ, TSCHAIKOWSKY, VERDI, DELACROIX, ENGELS) fühlten sich von ihm inspiriert. EMILY BRONTË schuf gar in dem Roman „Wuthering Heights" („Sturmhöhe") mit der Figur des Heathcliff eine BYRON nachempfundene Figur. Auf einer weiteren Reise lernte BYRON PERCEY BYSSHE SHELLEY (1792–1822) und MARY WOLLSTONECRAFT GODWIN (1797–1851, später SHELLEY) kennen. Sie ließen sich gemeinsam in der Nähe von Genf nieder. Hier entstanden die ersten **Gothic Novels,** die Schauerromane: MARY SHELLEYS „Frankenstein or The Modern Prometheus" (1818, dt. „Frankenstein oder der neue Prometheus", 1912), JOHN WILLIAM POLIDORIS (1795–1821) „Vampyr" und BYRONS dramatisches Gedicht „Manfred". Letzterer ist eine „Faust"-Adaption.

„Frankenstein" hat sowohl den Schauerroman als auch Werke der frühen Science-Fiction beeinflusst.

LORD BYRON schloss sich 1823 dem griechischen Freiheitskampf gegen die Türken an und starb am 19.04.1824 an rheumatischem Fieber in Mesolongion.

Das Motiv „Wuthering Heights" griff KATE BUSH 1978 auf ihrer Platte „The Kick inside" auf.

„Frankenstein" ist rund 250-mal übersetzt, unzählige Male bearbeitet, verfilmt und parodiert worden, zuletzt von KENNETH BRENNAGH.

> Der schweizer Wissenschaftler Victor Frankenstein ist besessen von der Idee, Leben zu erschaffen. Aus Leichenteilen erschafft er schließlich einen künstlichen Menschen, ein Monster, das so grässlich ist, dass sein Schöpfer es verstößt. Das Monster erlebt unter den Menschen ein grausames Schicksal. Gegen seine Einsamkeit soll ihm eine Gefährtin helfen, die Frankenstein erschaffen soll. Dieser lehnt jedoch ab, so rächt sich die Kreatur an ihm und tötet Freunde und Familie seines Schöpfers. Frankenstein verfolgt seine Kreatur bis in die Arktis, wo ihn der Schiffskapitän Captain Walton, ein englischer Forscher, findet.

JOHN KEATS (1795–1821) ist am ehesten mit deutschen Stürmern und Drängern, aber auch mit NOVALIS vergleichbar. Er schrieb Sonette und Oden. „Verse, Fame, and Beauty are intense indeed, / But Death intenser" (Poesie, Ruhm und Schönheit sind wahrlich groß, / aber der Tod ist größer), heißt es in einem seiner Gedichte. 1820 äußerte er, seine Seele sei „die unzufriedenste und unruhigste, die jemals in einen Körper gelegt wurde, der ihr zu klein ist". KEATS wurde 1816 mit P. SHELLEY bekannt und gehört seitdem zu den bedeutendsten englischen Poeten nach W. SHAKESPEARE und JOHN MILTON (1608–1674). Und das, obwohl ihm nur fünf Jahre Schaffenszeit blieben, bevor er an einer Tuberkulose starb. In der englischen romantischen Malerei trat die „Pre-Raphaelite-Brotherhood", die Gruppe der Präraffaeliten, hervor, die sich auf RAFFAEL und die Malerei der italienischen Renaissance stützten.

„Beata Beatrix" von DANTE GABRIEL ROSSETTI

Frankreich: Staël/Gautier/Hugo

FRANÇOIS RENÉ VISCOMTE DE CHATEAUBRIAND (1768–1848) gilt als Begründer der Romantik in Frankreich und als Führer der französischen Literatur des 19. Jahrhunderts. Er führte neue Schauplätze in die Literatur ein: Viele seiner Werke spielen unter Indianern Nordamerikas.
Von den „Leiden des jungen Werthers" inspiriert ist seine Erzählung „René", eine Geschichte um die Liebe zweier Indianerkinder. Der junge, bei den Natchez-Indianern aufgewachsene Franzose René erzählt seinen nächsten Vertrauten, wie er versucht habe, dem Gefühl seines ständigen inneren Abgrunds durch Reisen, gesellschaftliche Zerstreuung, religiöse Meditation und Einsiedlerleben zu entfliehen. Diese Versuche führen nur zu einem vorübergehenden und trügerischen Erfolg. Seine Schwester Amélie bewahrt ihn vor dem Selbstmord, entbrennt aber in Leidenschaft zu ihm. Durch Eintritt in ein Kloster entzieht sie sich ihm und stürzt ihn dadurch in noch tiefere Verzweiflung. Bald darauf kommt René bei einem Massaker der Franzosen gegen die Natchez um.

Das Massaker an den Natchez-Indianern ist historisch verbürgt. Es fand 1729 statt. Das Volk der Natchez wurde dabei fast vollständig ausgerottet.

CHATEAUBRIANDS Auseinandersetzung mit der christlichen Religion „Le génie du christianisme" (1802; „Der Geist des Christentums") wirkte auf Vertreter der Spätromantik wie VICTOR HUGO und ALFRED DE MUSSET (1810–1857) nach. MADAME DE STAËL (1766–1817) bereiste 1803–1804 und 1807 Deutschland, wo sie mit GOETHE, SCHILLER, WIELAND, FICHTE, RAHEL LEVIN und den SCHLEGELS bekannt wurde und worauf hin sie ihr Hauptwerk, die Abhandlung „De l'Allemagne" (1810, dt. 1814 „Über Deutschland"), schrieb, das die Aufnahme der deutschen Romantik in Frankreich vorbereitete.
Um 1827–1828 entstand unter Leitung von VICTOR HUGO (1802–1885) mit ALFRED DE MUSSET, THÉOPHILE GAUTIER (1811–1872), PROSPER MÉRIMÉE (1803 bis 1870), GÉRARD DE NERVAL (1808–1855), ALFRED DE VIGNY (1797–1863), EUGÈNE DELACROIX (1798–1863) und CHARLES AUGUSTIN SAINT-BEUVE (1804 bis 1869) die (zweite) Künstlergruppe „Cénacle". Diese leitete die eigentliche Romantik in Frankreich ein und hatte eine ähnliche Bedeutung wie die deutschen Gruppierungen, da nun die Regelpoetik der Klassik deutlich abgelehnt wurde. „Romantik ist nichts anderes als Liberalismus in der Literatur", äußerte HUGO. SHAKESPEARE wurde zum Vorbild erhoben. Mit der Aneignung E. T. A. HOFFMANNS und EDGAR ALLEN POES wurden bestimmte Tendenzen des Symbolismus und des Surrealismus vorweggenommen. So reflektierte man stärker das Traumhaft-Unbewusste und das Düstere wie in „La comédie et la mort" von THÉOPHILE GAUTIER (1838).

↗S. 371 ff. bzw. S. 382 ff.

Zu den auch auf andere Länder zurückstrahlenden Leistungen der französischen Romantik gehört die Weiterentwicklung des historischen Romans. Zu ihnen gehören HUGOS „Notre-Dame de Paris" (1874, „Der Glöckner von Notre Dame"), ALEXANDRE DUMAS' DES ÄLTEREN „Les trois mousquetaires" (1844, dt. „Die drei Musketiere") oder „Le comte de Monte-Cristo" (1845–1846, dt. „Der Graf von Monte Christo").

Russland: Puschkin/Lermontow

Die klassischen Autoren Russlands hatten sich an französischen und deutschen Autoren des Barock orientiert. Erst mit LOMONOSSOW etablierte sich

MICHAIL W. LOMONOSSOW (1711–1765) studierte in Marburg als Schüler CHRISTIAN WOLFFS Physik und Logik. Als Erster schrieb er seine Werke in Russisch und nicht, wie damals üblich, in Kirchen-Slawisch bzw. in Latein. LOMONOSSOW wirkte nicht nur als Naturwissenschaftler, sondern verfasste u. a. Oden sowie die erste Geschichte Russlands. Nach ihm wurde die Moskauer Universität benannt.

eine Trennung weltlicher von geistlicher Literatur. ALEXANDER PUSCHKIN (1799–1837) gilt als Schöpfer der russischen Literatursprache. Seine Literatur zeichnet sich durch eine schlicht-schöne, ausdrucksstarke und klare Sprache aus. Er begann mit klassischem Formenspiel. Beeinflusst durch LORD BYRON und andere europäische Romantiker schrieb er u.a. das Versepos „Ruslan und Ludmilla“ (1820). Am Ende seines Lebens stand realistische Prosa wie die Novelle „Die Hauptmannstochter“ (1833). PUSCHKINS Hauptwerk, der Roman in Versen „Evgenij Onegin“ (1825–1832, dt. „Eugen Onegin“), ist genre- und gattungsüberschreitend, hebt die Grenzen von Poesie und Prosa auf. Bedeutsam für die Literaturgeschichte sind die Tragödie „Boris Godunov“ (1825) und die Erzählung „Pikovaja dama“ (1833–1834, dt. „Pique Dame“).

PUSCHKINS Werk ist auch von romantischen Musikern adaptiert worden: PETER TSCHAIKOWSKY schuf „Pique Dame“ und „Eugen Onegin“, MODEST MUSSORGSKY komponierte „Boris Godunov“, MICHAIL GLINKA die Zauberoper „Ruslan und Ludmilla“. PUSCHKINS Spätwerk wirkte auf die russischen Realisten des 19. Jahrhunderts. MICHAIL LERMONTOWS (1814 bis 1841) „Geroy nashewo vremeni“ (1840, dt. „Ein Held unserer Zeit“) adaptiert den puschkinschen, echt russischen Typen des „Überflüssigen“.

USA: Poe/Cooper/Irving/Melville/Hawthorne

Der einflussreichste Romantiker der amerikanischen Literatur war EDGAR ALLAN POE (1809–1849). Sein Werk strahlte stark auf die französischen und später auf die deutschen Symbolisten und Surrealisten aus. POE wiederum war durch die deutsche, französische und englische Romantik zu seinem Werk inspiriert worden. Er adaptierte u.a. die englische **Gothic Novel** in „The Fall of the House of Usher“ (dt. „Der Untergang des Hauses Usher“), in der Lady Usher in Leichentücher gehüllt aus dem Scheintod erwacht.

Die frühe amerikanische Romantik mit ihrem herausragenden Vertreter JAMES FENIMORE COOPER (1789–1851) inspirierte POE nur marginal.
WASHINGTON IRVING (1783–1859) war wahrscheinlich der europäischste Autor der amerikanischen Romantik und in diesem Sinne eher Inspirator für POE. Seine Kurzgeschichten sind oft inspiriert von deutschen Sagen, vor allem in „Gottfried Crayons Skizzenbuch“ (1819–1820), das als IRVINGS gelungenstes Werk angesehen wird. Auf Reisen nach Deutschland, Österreich, Frankreich, Großbritannien und Spanien hatte er sehr gründlich Europa kennengelernt. Seine „Tales of a Traveller“ schrieb er vorwiegend in Dresden. Die Erzählungen aus dem „Sketch Book“ „Rip Van Winkle“ und „Die Sage vom schläfrigen Tal“ gelten als Vorläufer der modernen **Short Story.** Die „Legend of Sleepy Hollow“ (dt. „Die Sage vom schläfrigen Tal“) wurde von TIM BURTON mit JOHNNY DEPP in der Hauptrolle neu verfilmt.
NATHANIEL HAWTHORNE (1804–1864) gilt vor allem mit „The Marble Faun“ (1860, „Der Marmorfaun“) als Begründer des modernen amerikanischen Romans. HERMAN MELVILLE (1819–1891), ein Freund HAWTHORNES, ist vor allem mit seinem Roman „Moby-Dick“ (1851, dt. 1927) als Autor internationalen Ranges anerkannt worden.

Zur Short Story (dt. Kurzgeschichte) ↗S. 98 f.

HAWTHORNE und MELVILLE werden aufgrund des realistischen Gehalts ihrer Literatur auch als „symbolische Realisten“ bezeichnet.

4.7.4 Spätromantik und Biedermeier

In der Spätromantik ist eine *Hinwendung zur Mystik und zum Unheimlichen* zu beobachten. Die patriotischen Gefühle der Romantiker wandelten sich hin zu konservativen und restaurativen Bestrebungen.
E. T. A. HOFFMANN war der bekannteste Dichter dieser Zeit und beeinflusste u. a. die deutsche, französische, russische und amerikanische Literatur und Musik. Bekannt sind JACQUES OFFENBACHS „Les Contes d'Hoffmann (1880, dt. „Hoffmanns Erzählungen"). LÉO DELIBES schuf nach Motiven der hoffmannschen Erzählung „Der Sandmann" die Musik für das Ballett „Coppélia" (1900). Der Roman „Lebens-Ansichten des Katers Murr, nebst einer fragmentarischen Biographie des Kapellmeisters Kreisler in zufälligen Makulaturblättern" (1821) regte ROBERT SCHUMANN zu seinem Zyklus „Kreisleriana" an. PAUL HINDEMITH schuf 1926 die Oper „Cardillac" nach der Erzählung von E. T. A. Hoffmann „Das Fräulein von Scuderi".

ERNST THEODOR WILHELM HOFFMANN (1776–1822) war auch ein begabter Musiker und Zeichner. Aus Bewunderung für MOZART änderte er seinen dritten Vornamen in „AMADEUS".

„Das Fräulein von Scuderi" spielt im Paris des Jahres 1680. In der Stadt ermordet ein Unbekannter wohlhabende Bürger. Eines Nachts kommt ein junger Mann zum Haus des Fräulein von Scuderi, um ihr ein Kästchen zu überbringen. Darin befindet sich kostbarer Schmuck, der nur von Cardillac, dem Goldschmied, stammen konnte. Die Scuderi glaubt, gestohlenes Gut in den Händen zu halten, und will dem Goldschmied sein Eigentum zurückgeben, dieser jedoch schenkt ihn ihr, da er sie schon immer verehrte. Einige Zeit danach erhält die Frau die Aufforderung, die Geschmeide zu Cardillac zu bringen, doch als sie beim Goldschmied eintrifft, ist jener tot. Sein Geselle Oliver wird verdächtigt, den Meister ermordet zu haben. Oliver und seine Geliebte, Cardillacs Tochter, beteuern seine Unschuld. In einem Gespräch mit der Scuderi erklärt der Geselle, dass Cardillac der Mörder ist, der die ganze Stadt in Angst und Schrecken versetzt. Oliver selbst hat die Morde seines Meisters beobachtet. Cardillac liebte Gold, das wurde sein Verhängnis: Beim Raubmordversuch stirbt Cardillac durch die Hand des Beraubten.
Das Fräulein erbittet die Freilassung des Gesellen. Der König kann sich den Beweisen für die Unschuld Olivers nicht verschließen, jedoch muss das Brautpaar Paris verlassen.

Wegen ihrer Wendung zum Katholizismus und zur **Gothic Novel** wird die Spätromantik auch *Schwarze Romantik* genannt. Zentren der Spätromantik waren die Schwäbische Romantik mit dem *Schwäbischen Dichterbund,* Dresden, München und Wien. JOSEPH VON EICHENDORFF mit seinem Roman „Ahnung und Gegenwart" (1815) und seiner späten Lyrik (z. B. „Mondnacht", 1835) gehört zur Spätromantik.

Gothic Novel = Schauerroman

Joseph von Eichendorff
„Mondnacht

Es war, als hätt´ der Himmel
Die Erde still geküsst,
Dass sie im Blüten-Schimmer
Von ihm nun träumen müsst´.

Die Luft ging durch die Felder,
Die Ähren wogten sacht,

Es rauschten leis die Wälder,
So sternklar war die Nacht.

Und meine Seele spannte
Weit ihre Flügel aus,
Flog durch die stillen Lande,
Als flöge sie nach Haus."
(Eichendorff, Joseph von: Werke. Bd. 1. München: Winkler, 1970, S. 285.)

„Mondnacht" von EICHENDORFF findet sich in fast jeder epochenübergreifenden Lyrikanthologie von Geltung wieder. Es ist in dreihebigen Jamben (◡ – ◡ – ◡ –) verfasst und endet wechselweise mit weiblicher und männlicher Kadenz.

Seit 1831 lebte EICHENDORFF in Berlin.

EICHENDORFF beschreibt hier eine *absolute Idylle.* Es ist die *Versöhnung der Natur mit sich selbst,* die er im heimatlichen Lubowitz (Oberschlesien) beobachtet hatte. Nun, 1836, lebt der Autor in der „weiten Welt", der „geschäftigen Welt", aber das Sehnen nach der Welt der Harmonie ist geblieben. Bewusst wird die Großstadt aus der Betrachtung ausgeklammert, denn der Autor will in seinem Innern das Bild bewahren von der Vertrautheit mit der Natur. „Mondnacht" ist aber nicht nur eine reine Naturidylle. Gleichsam heilig mutet hier alles an, so sanft ist der Ton des Gedichts. Hier passiert etwas Religiöses: *die Vereinigung des Subjekts mit der er umgebenden Natur.* Deshalb ist diese letzte Zeile, „als flöge sie nach Haus", nicht eine bloße Anspielung auf das Gut in Schlesien, das der Dichter 1810 aufgeben musste, sondern ein religiöser Akt der *Befriedung der Seele,* des Einsseins mit Gott. Konservatismus und tiefe Religiosität sind kennzeichnend für EICHENDORFFS späte Lyrik sowie für die Lyrik der Spätromantik an sich.
Auch HEINRICH HEINES (1797–1856) Frühwerk wird zur Spätromantik gezählt. Allerdings gibt es in seiner Lyrik andere konzeptionelle Ansätze. Hier ist von den seelischen Verletzungen durch unerwiderte Liebe die Rede, wie auch in seinem wohl berühmtesten Gedicht der Frühphase: „Die Loreley". Die Schöne auf dem Felsen tötet jeden, der sich ihr nähert. „Junge Leiden 1817–1821" heißt deshalb auch der 1. Teil des „Buches der Lieder", in dessen Kontext „Die Loreley" gehört. Die romantische Ironie wandelt sich in HEINES Spätwerk in beißende Satire und scharfen Spott. Die Spätromantik geht ab 1815 in das **Biedermeier** über.

„Die Loreley" war das einzige Gedicht HEINES, das die Nazis 1933 nicht verboten. Allerdings war bei ihnen der „Verfasser unbekannt".

Die Epoche des *Biedermeier* umreißt in etwa die Zeit vom Ende der Romantik (1815/1820) bis zur deutschen bürgerlichen Revolution von 1848. Sie wird auch **Restaurationszeit** genannt. Der Begriff ist als Abgrenzung von liberal-revolutionären Tendenzen innerhalb der deutschen Literatur jener Zeit zu verstehen, die man als Junges Deutschland bzw. Vormärz bezeichnet. Das literarische Biedermeier vereinte hingegen die konservativ-restaurativen Kräfte.

↗ S. 323 ff.

Die bedeutendsten Biedermeierautoren waren ADALBERT STIFTER (1805 bis 1868), EDUARD MÖRIKE (1804–1875), JEREMIAS GOTTHELF (1797 bis 1854), ANNETTE VON DROSTE-HÜLSHOFF (1797–1848), KARL IMMERMANN (1796–1840), FERDINAND RAIMUND (1790–1836), FRANZ GRILLPARZER (1791–1872) und AUGUST VON PLATEN (1796–1835). Auch der Schwäbische Dichterbund mit LUDWIG UHLAND (1787–1862), JUSTINUS KERNER (1786–1862) und WILHELM HAUFF (1802–1827) gehört zum literarischen Biedermeier.

Epische Kleinformen: Gotthelf, Stifter, Droste

Obwohl das Biedermeier auch Romane hervorgebracht hat, gilt doch die kürzere Erzählprosa wie Märchen und Novelle sowie Versepos, Lyrik und Idyllendichtung als eigentliche literarische Leistung der Autoren. Das Theater brachte das romantische Zaubermärchen bzw. -spiel (RAIMUND) hervor. Eine der beeindruckendsten Biedermeiergestalten ist WILHELM HAUFF. Als er 1827, erst 24-jährig, verstarb, hinterließ er eine umfangreiche Märchensammlung, die in den Märchenalmanachen der Jahre 1826–1828 erschienen. Es sind vor allem düster-romantische Schauermärchen, die bis heute ihren Charme nicht verloren haben. „Das Wirtshaus im Spessart", „Der Zwerg Nase" und „Das kalte Herz" greifen Sujets der süddeutschen Heimat Hauffs auf, während „Die Geschichte vom Kalif Storch" und „Die Geschichte von dem kleinen Muck" als Handlungsorte den arabischen Raum ausweisen.
JEREMIAS GOTTHELF spiegelte in seinen Erzählungen die Düsternisse und Geheimnisse seiner Schweizer Heimat wider. In der Erzählung „Die schwarze Spinne" erzählt ein Bauer nach einer Kindstaufe am Himmelfahrtstage eine parabelhafte Schauergeschichte:

Ein grüner Jäger will einem Bauerndorf um den Preis eines ungetauften Kindes gegen die Fronlasten des Feudalherren helfen. Die Bauern wollen nicht auf den Handel eingehen, nur Christine schließt diesen Pakt: Der Kuss des Jägers auf die Wange der Frau brennt wie Feuer. Die Aufgabe des Feudalherrn wird nun mit magischer Hilfe vollendet.
Als das erste Kind im Dorf geboren wird, tauft es der Pfarrer. So ist es für den Jäger verloren. Ein stechender Fleck auf Christines Wange wird zu einer schwarzen Spinne, der Schmerz wird unerträglich. Das zweite Kind wird geboren und getauft. Nun gebärt die Spinne viele kleine Spinnen, die das Vieh töten. Die Bauern sind ratlos und wollen dem Jäger ein ungetauftes Kind übergeben. Christine entreißt einer Mutter ihr Neugeborenes in einer Gewitternacht und bringt es dem Teufel. Der Pfarrer eilt zum Ort der Übergabe. Pfarrer und Teufel kämpfen miteinander, dabei schrumpft Christine zur Spinne zusammen. Der Teufel aber flieht vor dem Weihwasser, das Kind wird getauft. Kind und Pfarrer sterben. Die Spinne sucht das Dorf, schließlich die Burg heim, die Menschen sterben. Und nur eine gottgläubige Mutter bringt die Fähigkeit auf, die Spinne zu fassen und einzusperren.

Auch in ANNETTE VON DROSTE-HÜLSHOFFS „Judenbuche" geht es unheimlich zu.

Zur Novelle ↗ S. 100

Friedrich Mergels Vater, ein Säufer, wird tot aufgefunden. Seitdem haftet dem Neunjährigen etwas Unheimliches an. Sein Onkel Simon adoptiert ihn. Seines Rufs im Dorf wegen wird er bewundert und gefürchtet. Als Förster Brandis erschlagen wird, gilt Friedrich als Hauptverdächtiger. Doch man kann ihm nichts beweisen. Vier Jahre später ereignet sich wieder ein Mord im Dorf. Der Jude Aaron ist getötet worden. Der Verdacht fällt auf Friedrich. Den Baum, neben dem der tote Jude Aaron gefunden worden ist, nennt man die Judenbuche. Friedrich und sein Freund Johannes Niemand, „sein verkümmertes Spiegelbild", bleiben unauffindbar, bis Johannes nach 28 Jahren ins Dorf zurückkehrt. Er kommt aus türkischer Sklaverei und hat Friedrich seit der gemeinsamen Flucht aus den Augen verloren. Eines Tages verschwindet Johannes und wird vom ganzen Dorf gesucht. 14 Tage später findet der Sohn des Försters Brandis einen Erhängten unter der Judenbuche. Es ist Friedrich Mergel.

Diese *Kriminalgeschichte mit novellistischer Struktur* ist zugleich die Milieustudie eines Mörders. Sie beschreibt den Weg der Selbstzerstörung bis hin zur Selbstrichtung. DROSTE-HÜLSHOFF hatte für ihre Novelle Gerichtsakten ihres Onkels AUGUST VON HAXTHAUSEN verwendet, um die Mutationen menschlichen Geistes zu beschreiben. Das Unveränderliche in der Geschichte ist die Natur, die als „Gedächtnis" der Bluttaten fungiert.

Der Erstdruck der Novelle erfolgte am 22. 04. 1842 im „Morgenblatt für gebildete Leser".

„Die Judenbuche" ist zugleich eine Studie über den moralischen Verfall der damaligen Gesellschaft: Die Gerechtigkeit kommt nicht aus der Gemeinschaft, sondern aus der mahnenden Natur und dem Gewissen des Mörders. Schicksal und Schuld verweben miteinander: Zum einen kann Friedrich aufgrund seiner Herkunft seinem Schicksal nicht entgehen, zum anderen muss er seine Schuld selbst rächen. „Wenn du dich diesem Orte nahest, so wird es dir ergehen, wie du mir getan hast", steht auf einem Schild an der Judenbuche.
DROSTE-HÜLSHOFF nennt ihre Novelle selbst „Ein Sittengemälde aus dem gebirgichten Westfalen".

LEVIN SCHÜCKING (1814–1883) war ein enger Freund der DROSTE, die seine literarischen Arbeiten sehr förderte. Aber auch SCHÜCKING wirkte nachhaltig auf DROSTES literarisches Schaffen zurück.

Biedermeierlyrik: Mörike, Droste-Hülshoff

ANNETTE VON DROSTE-HÜLSHOFF ist unumstritten die bedeutendste Lyrikerin der deutschen Literatur neben ELSE LASKER-SCHÜLER. Ihre Lyrik ist vielschichtig wie kaum eine andere. Sie umfasst Idyllen, Balladen, Naturgedichte, Bekenntnislyrik, allegorische und stark symbolhafte Gedichte und auch Gelegenheitsdichtungen. Immer wieder wird die Natur zur zentralen Metapher für die Unterordnung des Menschen unter seine belebte und unbelebte Umwelt. Der Mensch als Teil der Natur vergeht in ihr.
Der Band ihrer späten Gedichte von 1844 gliedert in „Zeitbilder", „die Haidebilder", in „Fels, Wald und See" usw. Das Gedicht „Im Moose" (1841) gehört zu dem Komplex von zehn Gedichten des Abschnitts „Fels, Wald und See" und zeigt die Verwobenheit des Menschen mit der Natur auf sehr eindringliche Weise:

„Als jüngst die Nacht dem sonnenmüden Land
Der Dämmrung leise Boten hat gesandt,
Da lag ich einsam noch in Waldes Moose.
Die dunklen Zweige nickten so vertraut,
An meiner Wange flüsterte das Kraut,
Unsichtbar duftete die Heiderose."

(Droste-Hülshoff, Annette von: Sämtliche Werke in zwei Bänden. Bd. 1. München: Winkler, 1973, S. 71.)

„Im Moose" ist ein Gedicht aus fünfhebigen Jamben (◡ – ◡ – ◡ – ◡ – ◡ –), das im dritten und sechsten Vers weiblich, in den anderen Versen männlich endet.

Hier wird eine friedliche, beschauliche Idylle berichtet. Es ist eine belebte Idylle, die Nacht hat ihren Boten, die Dämmerung gesandt, das Gras flüstert. Das lyrische Ich spürt die Beseeltheit des Ortes und es ist ein freudiger Blick auf die Welt. Auffallend ist die Detailgenauigkeit, mit der das Umfeld geschildert wird.
Das Gedicht ist in Meersburg entstanden. Die DROSTE war dorthin mit LEVIN SCHÜCKING gezogen und so offenbart „Im Grase" auch die friedliche Ausgewogenheit ihres Innenlebens.

„Ringsum so still, daß ich vernahm im Laub
Der Raupe Nagen, und wie grüner Staub
Mich leise wirbelnd Blätterflöckchen trafen.
Ich lag und dachte, ach, so Manchem nach,
Ich hörte meines eignen Herzens Schlag,
Fast war es mir, als sei ich schon entschlafen." (Ebenda)

Nichts erschüttert den lyrischen Sprecher, er hört intensiv auf sich, fast schon jenseitig scheint der Blick. Das Vertrauen in Gott scheint grenzenlos. Dieses Sichhingeben an das Erleben hört selbst die Geräusche einer Raupe. Diese Hingabe ist zugleich eine Hingabe an Gott.

„Da lag ich betend, mit gebrochnen Knieen,
Und horch, die Wachtel schlug! Kühl strich der Hauch
Und noch zuletzt sah ich, gleich einem Rauch,
Mich leise in der Erde Poren ziehen." (Ebenda)

So genau betrachtet der lyrische Sprecher seine Umwelt, dass er sich aufzulösen scheint in der Natur. Etwa zur selben Zeit wie DROSTES „Im Moose" entsteht EDUARD MÖRIKES humoristische „Waldplage".

„Im Walde deucht mir alles miteinander schön,
Und nichts Mißliebiges darin, so vielerlei
Er hegen mag; es krieche zwischen Gras und Moos
Am Boden, oder jage reißend durchs Gebüsch,
Es singe oder kreische von den Gipfeln hoch,
Und hacke mit dem Schnabel in der Fichte Stamm,
Daß lieblich sie ertönet durch den ganzen Saal."
(Mörike, Eduard: Sämtliche Werke in zwei Bänden. Bd. 1. München: Winkler Verlag, 1967, S. 813.)

„Waldplage" ist in sechshebigen Jamben verfasst. Die Versausgänge sind fast alle männlich. MÖRIKE unterstreicht das Prosaische des Beschriebenen, indem er keinen Reim verwendet.

Hier wird zwar eine Naturverbundenheit festgestellt, jedoch hat sich der Blick verändert. Da kreischt und hackt das Getier. Sind das liebliche Geräusche? Hier blickt ein lyrischer Sprecher aus dem Abstand des Beseelten auf das Unbeseelte. Und weil er das weiß, beobachtet er aus der Distanz. Der Blick auf die Natur ist ganz diesseitig.

„... Ein einzig Übel aber hat der Wald für mich,
Ein grausames und unausweichliches beinah.
Sogleich beschreib ich dieses Scheusal, daß ihrs kennt; [...]
Und wie es anfliegt, augenblicklich lässet es
Den langen Rüssel senkrecht in die zarte Haut;
Erschrocken schlagt ihr schnell darnach, jedoch umsonst,
Denn, graziöser Wendung, schon entschwebet es.
Und alsobald, entzündet von dem raschen Gift ..." (Ebenda, S. 814.)

Der lyrische Sprecher wehrt sich gegen die Natur. Nur das, was ihm angenehm scheint, ist eines Blickes würdig. Der humoristische Ton erweist sich als Ironisierung aller Poesie. Hier wird nicht Einswerden mit der Natur zelebriert. Die Idylle wird zwar beschworen, aber das lyrische Ich weiß um die Ausweglosigkeit seines Tuns:

„So unter meiner Lieblingsfichte saß ich jüngst –
Zur Lehne wie gedrechselt für den Rücken, steigt
Zwiestämmig, nah dem Boden, sie als Gabel auf –
Den Dichter lesend, den ich jahrelang vergaß …" (Ebenda, S. 815.)

Doch die Natur ist schonungslos. Der Realismus siegt über den Idealismus. Der Alltag, die prosaische Wirklichkeit des Lebens, siegt über die Romantik.

„Nun aber hatte geigend schon ein kleiner Trupp
Mich ausgewittert, den geruhig Sitzenden;
Mir um die Schläfe tanzet er in Lüsternheit.
Ein Stich! der erste! er empört die Galle schon …" (Ebenda, S. 815.)

Die Natur kennt keine Gnade. Sein Streben nach Eingliederung in eine ursprüngliche Harmonie muss scheitern, da er sich der Natur entfremdet hat. Das lyrische Ich beschreibt das Morden der Natur:

„Patsch! Hab ich dich, Canaille, oder hab ich nicht?
Und hastig – denn schon hatte meine Mordbegier
Zum stillen Wahnsinn sich verirrt, zum kleinlichen –
Begierig blättr' ich: ja, da liegst du plattgedrückt,
Bevor du stachst, nun aber stichst du nimmermehr …" (Ebenda, S. 815.)

Zuletzt wird der ironische Grundton unüberhörbar, der Versuch des Romantisierens der Natur scheitert:

„[...] So mag es kommen, daß ein künftger Leser wohl
Einmal in Klopstocks Oden, nicht ohn einiges
Verwundern, auch etwelcher Schnaken sich erfreut." (Ebenda, S. 815.)

Eine völlig andere, sehnsuchtsvolle, freudige Haltung nimmt dagegen das lyrische Ich in folgendem Gedicht ein:

„Er ist´s" ist in Trochäen verfasst. Vers 1–4 sind vierhebig und haben das Versschema abba (umschlingender Reim). Vers 5, 6,8 und 9 sind dreihebig, Vers 7 ist fünfhebig. Vers 5, 6, 7 und 9 bilden einen Kreuzreim (cdcd). Vers 8 ist eine Waise.

„Er ist's

1 Frühling läßt sein blaues Band a
2 Wieder flattern durch die Lüfte b
3 Süße, wohlbekannte Düfte b
4 Streifen ahnungsvoll das Land a
5 Veilchen träumen schon, c
6 Wollen balde kommen d

7 Horch, von fern ein leiser Harfenton! c
8 Frühling, ja du bist's!
9 Dich hab ich vernommen!" d (Ebenda, S. 684.)

Hier reimt sich die Überschrift mit der 8. Zeile.

In diesem Gedicht zeigt sich MÖRIKES vom Volkslied kommendes lyrisches Verständnis. Helle, fröhliche Metaphern wetteifern miteinander, das lyrische Ich vernimmt den Frühling mit allen Sinnen. Hier wird MÖRIKE dem lyrischen Verständnis der DROSTE vergleichbar. HUGO WOLFF (1860–1903) und ROBERT SCHUMANN (1810–1856) vertonten dieses sehr romantisch anmutende Gedicht MÖRIKES.

4.7.5 Vormärz, Junges Deutschland

Der **Vormärz** bezeichnet jene Epoche, die literarisch zur deutschen bürgerlichen Revolution von 1848 hinführt und damit ihr Ende findet. Der Beginn des Vormärz wird in der Literaturgeschichtsschreibung unterschiedlich aufgefasst (1815, 1819, 1830 bzw. 1840). Zur Literatur des Vormärz werden die Schriften GEORG BÜCHNERS sowie die des **Jungen Deutschlands** gezählt. Das Junge Deutschland war eine Autorengruppe, die sich an bürgerlich-liberalen Ideen orientierte.

Das **Junge Deutschland** orientierte sich an der von GIUSEPPE MAZZINI gegründeten Bewegung „La Giovine Italia" (Junges Italien). Nach diesem Vorbild entstanden die Bewegungen des „Jungen Europa".

Vormärz meint also die Zeit *vor* der *März*revolution 1848. HEINRICH LAUBE (1806–1884) prägte als Erster den Begriff „jungdeutsch". Zum Kreis der Jungdeutschen werden außerdem oft KARL GUTZKOW (1811–1878), LUDOLF WIENBARG (1802–1872), LUDWIG BÖRNE (1786–1837), FERDINAND FREILIGRATH (1810–1876), GEORG WEERTH (1822–1856), GEORG HERWEGH (1817–1875), AUGUST HEINRICH HOFFMANN VON FALLERSLEBEN (1798–1874), THEODOR MUNDT (1808–1861), FERDINAND GUSTAV KÜHNE (1806–1888) und ERNST WILLKOMM (1810–1886) gezählt.
Die Dichter des Vormärz waren radikaler in ihren Ansichten. Ab 1840 nahm die Politisierung des öffentlichen Lebens zu, worauf die Dichter des Vormärz vor allem mit kämpferischer Lyrik reagierten. Zu diesen Dichtern zählt man GEORG HERWEGH, FRANZ DINGELSTEDT (1814–1881), HEINRICH HEINE (1797–1856), FERDINAND FREILIGRATH, ERNST DRONKE (1822–1891), GEORG WEERTH und ERNST WILLKOMM.

1840 bestieg FRIEDRICH WILHELM IV. den preußischen Thron. Die Hoffnungen auf Veränderung der Verhältnisse erfüllten sich jedoch nicht.

Geschichtlicher Hintergrund

In Deutschland hatte es nach den Befreiungskriegen keine erhoffte Veränderung der gesellschaftlichen Verhältnisse gegeben. Nach dem Wiener Kongress 1815 erstarkten die restaurativen Kräfte erneut. Das metternichsche System hatte lediglich einen *lockeren Staatenbund* geschaffen, der die Souveränität der Einzelstaaten garantierte. Die Herausbildung eines deutschen Nationalstaates mit *gleichen Bürgerrechten für alle* wurde somit wiederum verhindert. Die „Heilige Allianz" zwischen Russland, Österreich und Preußen duldete keine revolutionären und nationalen Regungen in ihren Staaten. Die *„Karlsbader Beschlüsse"* von 1819 lösten die berüchtigten *„Demagogen"-Verfolgungen* aus. Seit der *Julirevolution in Frankreich* 1830, dem Hambacher Fest 1832 sowie dem *Frankfurter Wachensturm* 1833 wurden Werke der liberalen Opposition zudem zensiert. Aufgrund eines Bundestagsbeschlusses von 1835 wurden die Schriften von KARL GUTZKOW, HEINRICH LAUBE, LUDOLF WIENBARG, THEODOR MUNDT und HEINRICH HEINE strengsten *Zensurmaßnahmen* unterzogen. Innerhalb der Künste prägten sich zwei Lager aus. Zum einen diejenigen, die kein Interesse an der Veränderung der

Restauration: spätlat. = Wiedererrichtung der alten politisch-sozialen Ordnung, Rückschrittlichkeit

Lat. censura = Prüfung, Zensur; durch Kirche oder Staat institutionalisierte Kontrollmechanismen zur Steuerung oder Verhinderung gesellschaftlicher Kommunikation

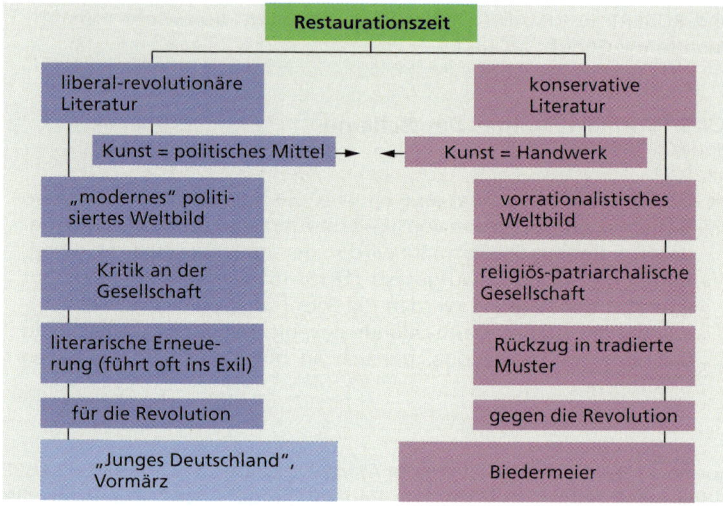

politischen Ordnung zeigten (Biedermeierautoren), und zum anderen die, die sich nach den Befreiungskriegen eine Verbesserung der Lebensumstände erhofft hatten (Autoren des *Jungen Deutschland* und des *Vormärz).* Die Autoren des Vormärz und des Jungen Deutschland waren sich der *Rückständigkeit des deutschen politischen Lebens* sehr bewusst. Sie knüpften in ihren politischen Auffassungen nicht an die überkommenen Traditionen an. Vielmehr gaben sie der Hoffnung auf die Veränderbarkeit der gesellschaftlichen Verhältnisse hin zu mehr *bürgerlichen Freiheiten* literarischen Ausdruck. Das politische Bewusstsein des Volkes sollte wachgerüttelt, die Rechtlosigkeit und *Verelendung der Massen* beseitigt werden. Vor allem die Forderung nach Gedankenfreiheit spielte eine große Rolle, wurden doch alle Druckerzeugnisse über 20 Bogen der Zensur unterzogen. Auch der *Kampf um einen einheitlichen deutschen Nationalstaat* stand auf dem Programm der Autoren des Vormärz. Ihre Kritik richtete sich gegen das immer noch bestehende *Ständeprinzip des Feudalismus,* insbesondere gegen Adel und Klerus. Als in Frankreich die Julirevolution (1830) mit dem „Bürgerkönig" LOUIS PHILIPPE wieder bürgerliche Kräfte an die Macht brachte, hatte das auf weite Teile Europas nachhaltige Auswirkungen. PHILIP JAKOB SIEBENPFEIFFER (1781–1845) und JOHANN GEORG AUGUST WIRTH (1798–1848) organisierten 1832 in Deutschland das *Hambacher Fest,* auf dem die *Forderung nach einem Einheitsstaat* laut wurde. Mehr als 25000 Menschen demonstrierten für Freiheitsrechte, Volkssouveränität und ein *geeintes Vaterland.* Die *sozialen Probleme der Massen* verschärften sich im Zuge der *Industrialisierung* immer mehr. 1844 kam es zum verzweifelten *Aufstand der schlesischen Weber,* der vom Militär blutig niedergeschlagen wurde. HEINRICH HEINE dichtete:

> Mit LUIS PHILIPPE hatte lediglich das Großbürgertum eine Lobby gefunden.

„Das Schiffchen fliegt, der Webstuhl kracht,
Wir weben emsig Tag und Nacht –
Altdeutschland, wir weben dein Leichentuch,

> Wir weben, wir weben!"
> (Heine, Heinrich: Werke und Briefe in zehn Bänden. Band 2, Berlin und Weimar: Aufbau Verlag, 1972, S, 344.)

Die Dichter begaben sich auch ästhetisch in eine *Gegenhaltung zur deutschen Klassik*. LUDWIG BÖRNE (1786–1837) sagte dazu: „Seitdem ich fühle, habe ich Goethe gehasst, seit ich denke, weiß ich warum." Es ist nicht die künstlerische Leistung, die er an GOETHE kritisiert, sondern seine Haltung gegenüber den sozial Unterprivilegierten:

In sein Tagebuch schrieb BÖRNE: „Dir (d. i. GOETHE) ward ein hoher Geist, hast du je die Niedrigkeit beschämt? Der Himmel gab dir eine Feuerzunge, hast du je das Recht verteidigt? Du hattest ein gutes Schwert, aber du warst immer nur dein eigener Wächter."
(Börne, Ludwig: Sämtliche Schriften. Bd. 2. Düsseldorf: Melzer-Verlag, 1964, S. 821.)

Die Dichter wollten sich aus den überlieferten ästhetischen Formen befreien. Für BÖRNE war die Form gleichzusetzen mit Schönheit. Also musste die Form gesprengt werden. LORD BYRON war der ideale Künstlermensch. Sich selbst aufgebend hatte dieser im griechischen Befreiungskampf gegen die Türken mitgewirkt und galt so als Heros für das Junge Deutschland in dem Bestreben, Kunst und Leben für die Freiheit zu geben. GEORG BÜCHNER (1813–1837) distanzierte sich ausdrücklich vom Jungen Deutschland. In seiner Flugschrift „Der hessische Landbote" rief er zum Sturz der alten Ordnung auf: „Friede den Hütten, Krieg den Palästen!".

Ein wichtiges literarisches Genre wurde der Brief (BÖRNE, HEINE, BETTINA VON ARNIM), der subjektiv, spontan und fragmentarisch auf die Wirklichkeit reagierte.

Lyrik und Politik: Freiligrath, Herwegh, Fallersleben

In LUDOLF WIENBARGS „Ästhetische Feldzüge" (1834) heißt es: „Dem jungen Deutschland, nicht dem alten widme ich dieses Buch."
Dem Jungen Deutschland und dem Vormärz war der programmatische Inhalt (Tendenz) wichtiger als die künstlerische Form (Ästhetik). Man fasste die politische Lyrik als wirkungsvolles Medium der politischen Agitation auf. FREILIGRATH äußerte: „Ich will ein Trompeter der Revolution sein." Sein Gedichtband „Ça ira!" (dt. „Es wird schon gehen!") erregte 1846 großes Aufsehen. Hier wurde deutlich wie nie vorher in der deutschen Literatur die Forderung nach einer Revolution laut: „Ein Schlag von mir zu dieser Frist, / und siehe, das Gebäude stürzt, von welchem Du die Spitze bist!" („Von unten auf!"), „... Hier die Kugeln! Hier die Büchsen! Rasch hinab! – Da sind wir schon! / Und die erste Salve prasselt! – Das ist Revolution!" („Freie Presse"), „Umstürzt der Thron, die Krone fällt, in seinen Angeln ächzt das Reich! / Aus Brand und Blut erhebt das Volk sieghaft sein lang zertreten Haupt ..." („Wie man's macht"). Mit seinen Revolutionsgedichten gilt FREILIGRATH als *Begründer der sozialistischen Literatur.* HOFFMANN VON FALLERSLEBENS Einsatz für die nationale Einheit Deutschlands manifestiert sich in den „Unpolitischen Liedern" von 1840 und in den „Deutschen Liedern aus der Schweiz" (ab 1841). Es waren singbare politische Kampflieder. Über den ästhetischen Ansatz dichtete er:

„… Du sollst das alte lassen,
Den alten verbrauchten Leiertand,
Du sollst die Zeit erfassen!
Denn anders geworden ist die Welt,
Es leben andere Leute …"
(Hoffmann von Fallersleben, Heinrich: Deutsche Lieder aus der Schweiz. Hildesheim et al.: Olms, 1975, S. 25.)

HEINRICH HEINE lehnte die „Unpolitischen Lieder" als Tendenzpoesie ab: „Hinter oder vielmehr mit Hoffmann von Fallersleben hat die Poesie ein Ende!" Sie waren nach seiner Meinung nicht Kunst, sondern lediglich politische Aussage. In seinem Zeitgedicht „Unsere Marine" gab er den Marineschiffen die Namen seiner Dichterkollegen und spottete:

„… Wir hatten uns`ren Fregatten schon
Die stolzesten Namen gegeben;
Prutz hieß die Eine, die Andre hieß
Hoffmann von Fallersleben
Da schwamm der Kutter Freiligrath,
Darauf als Puppe die Büste
Des Mohrenkönigs, der wie ein Mond,
(Versteht sich, ein schwarzer!) grüßte."
(Heine: Unsere Marine. A. a. O., S. 344 f.)

ROBERT PRUTZ (1816–1872) war ein liberaler oppositioneller Lyriker und Romancier.

„Das Lied der Deutschen" schrieb FALLERSLEBEN im Jahre 1841 auf der Insel Helgoland zur Melodie der Hymne JOSEPH HAYDNS (1732–1809) aus dem Jahre 1797 auf Kaiser FRANZ II. von Österreich (1768–1835, „Gott erhalte Franz, den Kaiser").
HEINE nannte den Vertreter ausgesprochen politischer Dichtung GEORG HERWEGH (1817–1875) nicht unkritisch die „eiserne Lerche":

Reichspräsident FRIEDRICH EBERT erklärte das „Lied der Deutschen" am 11. 08. 1922 zur deutschen Nationalhymne.

„Herwegh, du eiserne Lerche,
Mit klirrendem Jubel steigst du empor
Zum heilgen Sonnenlichte!
Ward wirklich der Winter zu nichte?
Steht wirklich Deutschland im Frühlingsflor?

Herwegh, du eiserne Lerche,
Weil du so himmelhoch dich schwingst,
Hast du die Erde aus dem Gesichte
Verloren – Nur in deinem Gedichte
Lebt jener Lenz den du besingst."
(Heine: An Georg Herwegh. A. a. O., S. 336.)

FALLERSLEBEN schrieb außerdem Kinder-, Liebes- und Trinklieder, u. a.: „Kuckuck", „Winter ade", „Alle Vögel sind schon da".

Lyrik war für HERWEGH die „Vorläuferin der Tat". Er stellte den Kampf um demokratische Freiheit und soziale Gerechtigkeit in den Mittelpunkt seiner Dichtung. 1841 veröffentlichte er die patriotischen „Gedichte eines Lebendigen", die sofort verboten wurden. Trotzdem wurden sie ein großer Erfolg. HERWEGH bereiste Deutschland und wurde ausgiebig gefeiert. KARL GUTZKOW nannte ihn den „Matador des Jahres 1842". Im Gedicht „Aufruf" heißt es:

„Reißt die Kreuze aus der Erden!
Alle sollen Schwerter werden,
Gott im Himmel wird's verzeihn.
Gen Tyrannen und Philister!
Auch das Schwert hat seine Priester,
Und wir wollen Priester sein!"
(Herweghs Werke in drei Teilen. Bd. 1. Berlin et al.: Bong & Co., 1909, S. 38.)

Roman und Novelle: Willkomm, Weerth

In der Prosa dominierten journalistische Formen wie Feuilleton und Berichterstattung. Der moderne Journalismus findet hier seinen Anfang. Zu einer einzigartigen Blüte gelangte der *historische Roman* zwischen 1815 und 1849. Etwa 990 Romane dieser Art erschienen. Das historische Sujet ergriff sogar das Drama. FRIEDRICH HEBBELS „Agnes Bernauer" (1852) spielt zwischen 1420 und 1430 im Herzogtum München-Bayern und FRANZ GRILLPARZERS „König Ottokars Glück und Ende" (1825) beginnt im Jahre 1261 und behandelt das Schicksal des Böhmenkönig PRZEMYSL OTTOKAR II. GRILLPARZER war auf den historischen Stoff ausgewichen, um der Zensur zu entgehen. Eigentlich hatte er ein Drama über NAPOLEON geplant. Mehr Mut bewiesen zwei andere Autoren seiner Zeit: CHRISTIAN DIETRICH GRABBES „Napoleon oder Die hundert Tage" (1831) und GEORG BÜCHNERS „Dantons Tod" (1835) griffen die brisanten Stoffe auf.

Auch der Brief und der Reisebericht waren beliebte Genres des **Jungen Deutschland**.

BÜCHNERS „Dantons Tod" wurde 2002 u. a. am Saarländischen Staatstheater und am Theater Lüneburg gezeigt. 2010 wurde es u. a. am Theater an der Ruhr in Mühlheim gespielt.

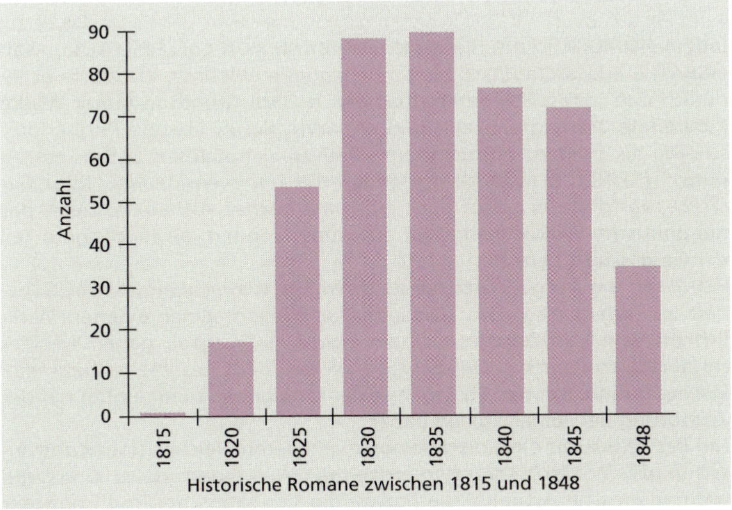

Diagramm nach KURT HABITZEL, GÜNTHER MÜHLBERGER

Beliebt in jener Zeit waren außerdem Frauen-, Dorf-, Abenteuer- und Künstlerromane. Zu einem wichtigen Genre des Jungen Deutschland wurde der **Zeitroman.** ERNST WILLKOMMS Roman „Die Europamüden" (1838) und mehr noch „Weiße Sklaven oder die Leiden des Volkes" (1845) beschäftigten sich erstmals intensiver mit dem Schicksal der Unterprivilegierten in Deutschland.

Die Romane des Jungen Deutschland sind heute fast vergessen.

WOLFGANG MENZEL (1798–1873) löste 1835 mit einer Rezension von KARL GUTZKOWS Roman „Wally, die Zweiflerin" das Verbot der Jungdeutschen durch den Bundestag aus. In dem Text warf er dem Werk Unmoral vor.

Der österreichische Politiker Graf MÜNCH-BELLINGHAUSEN äußerte: „Die schlechte Literatur, die hier gemeint ist, lässt sich wesentlich als antichristlich, gotteslästerlich und alle Sitte, Scham und Ehrbarkeit absichtlich mit Füßen tretend bezeichnen."

HEINRICH LAUBES dreiteiliger Roman „Das Junge Europa" (1833–1837) verweist auf eine europäische Geisteshaltung und Bewegung, der sich das Junge Deutschland zugehörig fühlte.
Die Gräfin IDA VON HAHN-HAHN (1835–1880, „Gräfin Faustine", 1841) und FANNY LEWALD (1811–1889), die „deutsche George Sand", beschäftigten sich mit der gesellschaftlichen Rolle der Frau. Bereits in ihrem Frühwerk, dem Roman „Jenny" (1843), setzte sich FANNY LEWALD mit der Situation der Juden und der Frauen in ihrer Zeit auseinander. Berühmt wurde ihr Briefwechsel mit KARL ALEXANDER VON SACHSEN-WEIMAR (1818–1901), einem Enkel KARL AUGUSTS.
Jungdeutsche Verleger jener Zeit waren HEINRICH HOFF, CARL LÖWENTHAL mit seiner Verlagsbuchhandlung, COTTA sowie HOFFMANN & CAMPE.

GEORGE SAND (eigentlich AMANDINE LUCIE AURORE DUPIN, verheiratete Baronin DUDEVANT, 1804–1876) schrieb romantische idealistische Romane aus bäuerlichem Milieu, in denen sie für die Emanzipation der Frau eintrat.

Die Sonderrolle Heinrich Heines

Indem HEINRICH HEINE die Lyrik HOFFMANN VON FALLERSLEBENS, FREILIGRATHS oder HERWEGHS als Tendenzpoesie ablehnte, kritisierte er lediglich den „prosaisch-bombastischen" (HEINE) Grundton dieser Werke („gereimte Zeitungsartikel") und entlarvte sie als liberale Phrasendrescherei, als „vagen, unfruchtbaren Pathos, ... nutzlosen Enthusiasmusdunst" (HEINE). Er wandte sich gegen die *Eindimensionalität* ihrer Gedichte, verfolgte er selbst doch ein *romantisches Ästhetikkonzept,* das die politische Wirklichkeit nicht ausschloss, sondern als (wichtigen) Teil der Gesellschaft begriff.
HEINE sah die Aufgabe der Poesie darin, die *Wirklichkeit in ihrer Ganzheit* zu reflektieren. Das schmerzhafte Erleben seiner eigenen Wirklichkeit, sein französisches Exil, die eigene Hilflosigkeit gegenüber der *restaurativen Politik in Deutschland,* all das fließt in seine Ästhetik ein. Die desillusionierenden Passagen seiner Lyrik gehen somit einher mit der Zerstörung der romantischen Bilder.
Mit der *Sehnsucht nach der Harmonie* und deren gleichzeitiger *Konfrontation mit der zerrissenen Wirklichkeit* der Welt schafft HEINE eine quasi antiromantische Ästhetik, die notwendig sich satirischer und ironischer Elemente bedienen muss. HEINE selbst schaffte in seinen Gedichten oft eine spöttische Distanz dem eigenen Werk gegenüber. Er benutzte die zum Klischee erstarrten romantischen Bilder, um sie letztendlich als bloßen Schein zu entlarven. So wird seine Lyrik zugleich Vollendung und Überwindung der romantischen Poesie.
HEINES politische Lyrik ist von CLAUDE-HENRI COMTE DE SAINT-SIMON (1760–1825) beeinflusst, der die Gegensätze zwischen den gesellschaft-

HEINRICH HEINE (1797–1836)

lich produktiven und den unproduktiven Klassen untersucht hatte und Positionen eines *utopischen Sozialismus* vertrat.
„Ideen. Das Buch Le Grand" (1826) ist bereits voll bitteren Humors über das Leben in Deutschland. Es sammelt Erinnerungen aus Kindheit und Jugend, jedoch wird auch die kommende Revolution gefeiert. HEINE lässt NAPOLEON als eine Art Messias in Düsseldorf einziehen.
Unter den Eindrücken seiner ersten Rückreise aus dem französischen Exil 1843 schrieb HEINE die Verssatire „Deutschland. Ein Wintermärchen", eine seiner schärfsten Stellungnahmen zu den deutschen Missständen. Er verspottete die deutsche Kleinstaaterei, kleinbürgerliches Obrigkeitsdenken, Franzosenhass, militantes Nationalgefühl, preußischen Militarismus. Die Trauer in seinem Gedicht „Nachtgedanken" ist nicht Phrase, sondern entspringt HEINES Grundeinstellung: „Denk ich an Deutschland in der Nacht/ dann bin ich um den Schlaf gebracht/ Ich kann nicht mehr die Augen schließen,/ und meine heißen Tränen fließen", schrieb er („Neue Gedichte", 1844). Zu einer wesentlich ironischeren Haltung gelangte HEINE in Caput I des „Wintermärchens":

HEINES Grab auf dem Friedhof Montmartre in Paris

„Im traurigen Monat November war's,
Die Tage wurden trüber,
Der Wind riß von den Bäumen das Laub,
Da reist' ich nach Deutschland hinüber. [...].
Ein kleines Harfenmädchen sang.
Sie sang mit wahrem Gefühle
Und falscher Stimme, doch ward ich sehr
Gerühret von ihrem Spiele. [...].
Sie sang das alte Entsagungslied,
Das Eiapopeia vom Himmel,
Womit man einlullt, wenn es greint,
Das Volk, den großen Lümmel. [...]" (Heine, A. a. O., S. 435.)

Den Plan, die „Nachtgedanken" seinem Gedicht „Deutschland. Ein Wintermärchen" voranzustellen, gab HEINE auf.

Auch im „Wintermärchen" finden sich saint-simonistische Positionen wieder, wenn es heißt:

„Ein neues Lied, ein besseres Lied,
O Freunde, will ich euch dichten!
Wir wollen hier auf Erden schon
Das Himmelreich errichten.

Wir wollen auf Erden glücklich sein
Und wollen nicht mehr darben;
Verschlemmen soll nicht der faule Bauch,
Was fleißige Hände erwarben.

Es wächst hienieden Brot genug
Für alle Menschenkinder,
Auch Rosen und Myrten, Schönheit und Lust,
Und Zuckererbsen nicht minder. [...]" (Ebenda, S. 437.)

U. a. aufgrund nebenstehender Textpassage wurde HEINE von der DDR in den Kontext sozialistischer Literatur gestellt, auf den man sich, sozialistische Traditionen suchend, immer wieder berief.

„Deutschland. Ein Wintermärchen" stellt den Höhepunkt der politischen Versdichtung HEINES dar. Dabei umkreiste der Autor die Frage, ob und

inwieweit Deutschland für einen gesellschaftlichen Wandel bereit war. Wirklichkeit, Traum, Imagination und Mythos werden bemüht, um die inneren deutschen Zustände zu beleuchten. So lässt HEINE Kaiser BARBAROSSA, das Harfenmädchen, preußische Zollpolizei, KARL DEN GROSSEN, die „Heil'gen Drei Kön'ge aus Morgenland", „Vater Rhein", HERMANN DEN CHERUSKER auftreten.
Auch die Dichterkollegen und andere Zeitgenossen werden nicht verschont: FREILIGRATH, FOUQUÉ, UHLAND, TIECK, SCHELLING, die Dunkelmänner, Vater JAHN werden teils liebevoll, teils satirisch in das Figurenensemble eingereiht:

„In Reimen dichtet Freiligrath,
Ist kein Horaz geworden.[...]
Der grobe Bettler, Vater Jahn,
Der hieße jetzt Grobianus. [...]
Auch unsre schöne Poesie
Erlischt, sie ist schon ein wenig
Erloschen; mit andern Königen stirbt
Auch Freiligraths Mohrenkönig." (Ebenda, S. 462, 461, 499.)

Auch sich selbst nimmt Heine nicht unkritisch wahr.

Lat. liktor = Amtsdiener hoher Behörden, Amtmann

„Ich bin dein Liktor, und ich geh
Beständig mit dem blanken
Richtbeile hinter dir – ich bin
Die Tat von deinem Gedanken." (Ebenda, S. 451.)

HEINE war bereits zu Lebzeiten ein umstrittener Dichter. Die einen sahen in ihm einen „Dichter ganz und gar" (EDUARD MÖRIKE), hörten in seiner Lyrik „den Pulsschlag eines deutschen Herzens, welches ewig in den Liedern vernommen wird" (HANS CHRISTIAN ANDERSEN), für die Nationalisten und Antisemiten war HEINE „ein Pfahl in unserm Fleische" (FRANZ SANDVOSS). Nach HEINRICH VON TREITSCHKE (1834–1896) besaß HEINE, „was die Juden mit den Franzosen gemein haben, die Anmuth des Lasters, die auch das Niederträchtige und Ekelhafte auf einen Augenblick verlockend erscheinen läßt". Ganz im Tone des Antisemitismus hetzte später auch der völkisch-nationalistische Literaturhistoriker ADOLF BARTELS (1862–1945). Der Heinehass gipfelte unter den Nationalsozialisten im Verbrennen seiner Werke. HEINES berühmtestes Lied, die „Loreley", erhielt den Vermerk „Verfasser unbekannt". Gleichwohl überdauerten die Stimmen der Heine-Enthusiasten die Zeit. NIETZSCHE lobte:

„Den höchsten Begriff vom Lyriker hat mir Heinrich Heine gegeben. Ich suche umsonst in allen Reichen der Jahrtausende nach einer gleich süßen und leidenschaftlichen Musik ... Und wie er das Deutsche handhabt! Man wird einmal sagen, daß Heine und ich bei weitem die ersten Artisten der deutschen Sprache gewesen sind – in einer unausrechenbaren Entfernung von allem, was bloße Deutsche mit ihr gemacht haben."
(Nietzsche, Friedrich: Werke in drei Bänden. München: Hanser Verlag, 1954, S. 1088.)

Der sozialistische Historiker, Literaturwissenschaftler und Publizist FRANZ MEHRING (1846–1919) schrieb:

> „Wer [...]den Revolutionär Heine verleugnet, der hat kein Recht, mit dem Dichter Heine zu prahlen ... Der Gesangverein ‚Halbe Lunge' singt die ‚Loreley' wunderschön und die höhere Tochter paukt auf dem Klavierzimbel nicht minder wunderschön die Blume, so hold und schön und rein oder das Königskind mit den nassen Wangen, und wenn's hoch kommt, würzt man das lederne Geschwätz im Kasino mit ein paar guten Witzen aus den ‚Reisebildern'. Das ist nicht einmal der halbe, geschweige denn der ganze Heine ... Auch ‚Die beiden Grenadiere' stehen auf dem Repertoire der Gesangvereine, und man verzeiht dem Dichter großmütig die ‚Schwäche' seines Napoleon-Kultus. Und doch enthielt dieser Kultus eine Weltanschauung: das leidenschaftliche Bekenntnis zu der bürgerlichen Kultur, welche die französischen Bajonette den Rheinlanden gebracht hatten, und die ihnen nunmehr wieder entrissen werden sollte durch die feudale Unkultur der ostelbischen Schnapsbrenner."
> (Mehring, Franz: Gesammelte Schriften. Berlin: Dietz Verlag,1961. Bd.10, S.482.)

Sehr unterschiedlich wurde HEINE nach 1945 in der BRD und der DDR gesehen. An der Universität Düsseldorf begann 1965 ein Namensstreit um ihre Benennung, der erst 1988 beendet wurde. Seitdem heißt die Universität nach HEINRICH HEINE. Allerdings wurde in all diesen Jahren kaum ein Grund angegeben, warum man gegen HEINE war.
In der DDR wurde der Dichter zu einem Vorkämpfer der sozialistischen Revolution hochstilisiert. Der damalige Kulturminister KLAUS GYSI (1912 bis 1999) äußerte 1972, anlässlich des 175. Geburtstages HEINES:

> „Unsere Liebe und Treue gilt so dem wirklichen Heinrich Heine und all jenem Großen im Denken und Fühlen, das sein Leben und Dichten formte. Er ist einer der Unsrigen und er ist bei uns zu Hause."

HEINE selbst stand dem Kommunismus eher skeptisch gegenüber. In der Vorrede zu „Lutetia" formulierte er seine Angst: „In der Tat, nur mit Grauen und Schrecken denke ich an die Zeit, wo jene dunklen Ikonoklasten zur Herrschaft gelangen werden: mit ihren rohen Fäusten zerschlagen sie alsdann alle Marmorbilder meiner geliebten Kunstwelt, [...] mein ‚Buch der Lieder' wird der Krautkrämer zu Tüten verwenden, um Kaffee oder Schnupftabak darin zu schütten für die alten Weiber der Zukunft!" Allerdings, räumte er in derselben Schrift ein: „ [...] kann ich der Prämisse nicht widersprechen: ‚dass alle Menschen das Recht haben, zu essen', so muß ich mich auch allen Folgerungen fügen." (Heine, Heinrich: Sämtliche Schriften. 6 Bände, Bd.5, München: Hanser, 1974, S.232.)

Die Sammlung „Lutetia. Berichte über Politik, Kunst und Volksleben" erschien 1854 und enthielt Artikel, die HEINE seit 1840 für die Augsburger „Allgemeine Zeitung" geschrieben hatte.

4.7.6 Poetischer Realismus

Der poetische Realismus war zunächst gekennzeichnet durch Desillusionierung nach dem Scheitern der bürgerlichen Revolution in Deutschland.

Man begann, genauer auf die gesellschaftlichen Zustände in den deutschen Ländern zu schauen. Andererseits sollte die Wirklichkeit „poetisiert" werden.

Geschichtlicher Hintergrund

Nachdem die *Nationalversammlung* in Frankfurt nach 1848 die Gründung des Nationalstaates nicht hatte erreichen können, wurde die preußische Dominanz immer stärker akzeptiert. Die Idee des Nationalismus, dass alle politischen, wirtschaftlichen und kulturellen Fragen, jeder Fortschritt, nur noch *im Rahmen eines Nationalstaates* organisiert werden könnten, war eine *europäische Erscheinung.*
Deshalb entwickelten viele Zeitgenossen – auch unterschiedlicher politischer Ausrichtung – eine „vaterländische Gesinnung", die sich aus der Geschichte legitimierte und in der demokratische, liberale Ideen zweitrangig waren. SCHILLER, der als der Klassiker mit patriotischer Gesinnung galt, war für viele der Kronzeuge ihrer Überzeugung.
Nach 1848 besannen sich die Bürger und damit auch die Schriftsteller auf bürgerliche Tugenden und die private Welt. Auch wenn sie sich nicht immer von politischen Großzielen verabschiedeten, so ließen sie doch die *Politisierung des Alltags* hinter sich, eine politische Gedankenwelt, die bis in den privaten Bereich das Denken und Fühlen des Einzelnen bestimmt hatte. Als Privatmänner gaben sie die Ausführung des politischen Willens an Repräsentanten ab. Nach den unruhigen Zeiten der Revolution verspürten sie wieder Lust auf Ruhe, Reflexion, suchten Räume für Fantasie, Poesie und eine *gewaltfreie Sprache.* Angst vor dem Chaos und der politischen Sprache der Straße verstärkten den Wunsch nach Harmonie und Ordnung.

Die Zeit von 1871 bis 1873 wird deshalb auch die „Gründerzeit" oder die „Gründerjahre" genannt.

1850 arbeiteten bei Krupp 241 Arbeitskräfte, 1870 ca. 12 800.

Die *Sozialstruktur* begann sich erst in den 1850er-und 1860er-Jahren grundsätzlich zu ändern, als die deutsche Wirtschaft in die entscheidende *Phase der Industrialisierung* eintrat. Deutschland wurde ein Industrieland. Diese Entwicklung hatte 1834 mit der Zollunion begonnen, die eine allmähliche Entwicklung des Warenverkehrs und damit auch der industriemäßigen Produktion förderte. 1871–1873 lösten die Kriegszahlungen Frankreichs einen Boom in der Gründung neuer Firmen aus. (Diese Veränderungen beeinflussten auch die Autoren des Realismus wie FONTANE, STORM oder KELLER.) Bestehende Firmen wie KRUPP erweiterten ihre Produktion erheblich und beschäftigten viele neue Arbeiter. In den 1890er-Jahren erfolgte erneut ein großer Aufschwung. Es entstanden Massenquartiere in den Städten sowie die Schicht der Angestellten. Neben der Revolution von 1848–1849 stellte die *Reichseinigung* 1871 die entscheidendste politische Zäsur seit 1830 dar. Die vier süddeutschen Staaten schlossen sich nach dem Deutsch-Französischen Krieg (1870 bis 1871) dem Norddeutschen Bund an. Eine föderale Verfassung ließ ihnen eine eng begrenzte Selbstständigkeit. Die Reichseinigung und die Industrialisierung führten zu einem *extremen Bevölkerungswachstum* in den Städten und zu enormen *sozialen Krisensituationen.*

1834: In Deutschland fahren die ersten Eisenbahnen.

Das 19. Jahrhundert nach GOETHES Tod im Jahr 1832 ist das *Jahrhundert der nationalen Ideen* und ihrer späten Verwirklichung sowie der Industrialisierung Deutschlands. Zwischen den revolutionären Unruhen in Europa (1830–1848) entwickelte vor allem der junge GEORG BÜCHNER

(1813–1837) einen *Realismus mit radikal materialistischer Ausprägung.* An diese Frühphase des Realismus knüpfte die junge literarische Generation um 1880 mit ihrem programmatischen Naturalismus wieder an. Auch die Kritiker knüpften an ihre Einwände an. Während sich in Deutschland in der nachrevolutionären Zeit ab 1848 Varianten ausbildeten, die unter dem Namen des **poetischen Realismus** in die Literaturgeschichte eingegangen sind, dominierten in Ländern schneller Industrialisierung wie Frankreich und England die radikaleren Spielarten.

Natur-, Geisteswissenschaften und Philosophie

Die Biologie spielt in diesem Jahrhundert eine entscheidende Rolle. Sie gab neue Antworten auf eine alte Frage: Inwiefern hängt die Mündigkeit eines Menschen nicht nur von seinem Willen, sondern auch von natürlichen Voraussetzungen ab: Was macht den Menschen zu dem, was er tut? Wofür ist er verantwortlich? Welche Rolle spielen seine physiologischen, psychologischen und sozialen Voraussetzungen?

Die Biologie, der Evolutionsgedanke und die Entwicklungstheorie CHARLES DARWINS und ERNST HAECKELS (1834–1919) fundierten und bestätigten zentrale Begriffe im Zeitbewusstsein des 19. Jahrhunderts: Entwicklung und Fortschritt. In der Tradition von FRANCIS BACON (1561–1626) bestimmte eine Fortschrittsidee das Denken, die an das beständig wachsende Wissen der Naturwissenschaften gebunden war. In dieser Entwicklung gab es einen Anfang und einen verlässlichen Aufstieg zu immer Besserem und Neuem, wenn der Mensch tüchtig ist und sich bemüht. Auf diesem Weg beginnt der Mensch, immer mehr die Natur und damit auch sich selbst zu beherrschen. Menschheitsgeschichte bedeutete Höherentwicklung des Menschen, vor allem durch Bildung und Erziehung. Abstieg, Krankheit, Müßiggang sind in diesem Kontext Zeichen für den Niedergang der Menschheit.

CHARLES DARWIN: „Über die Entstehung der Arten durch Mutation und Selektion";
ERNST HAECKEL: Entwicklung ist Höherentwicklung der Materie. „Fortschritt ist ein Naturgesetz ... Und nur durch eine fortschreitende Bewegung ist Leben und Entwicklung möglich. Schon der bloße Stillstand ist Rückschritt, und jeder Rückschritt trägt den Keim des Todes in sich selbst." (HAECKEL über die neue Lehre DARWINS, 1863)

Kritik an der christlichen Lehre und Religion, Beiträge zur Anthropologie, Religionskritik und materialistische Ideengeschichte formulierte LUDWIG FEUERBACH (1804–1872: Gott ist eine Vorstellung des Menschen – Der Mensch ist kein Wunder der christlichen Schöpfungsidee, er ist Teil und Glied der Natur und ihrer Entwicklung). Materialismus und realistische Kunstauffassung praktizierte GEORG BÜCHNER (das Individuum unterliegt der Steuerungsfunktion des menschlichen Hirns). GEORG BÜCHNER wurde zum wichtigsten Autor der frühen Phase des Realismus, auch als Frührealismus beschrieben. Frührealismus umfasste sowohl die radikalmaterialistische Variante BÜCHNERS als auch Formen des poetischen Realismus. Es erschienen Dorfgeschichten, Novellen, Zeitromane, publizistische Texte von KARL IMMERMANN (1796–1840), CHARLES SEALSFIELD (d. i. CARL MAGNUS POSTL, 1783–1864), FRIEDRICH GERSTÄCKER (1816 bis 1872) u. a.

LUDWIG FEUERBACH (1804–1872)

HEGEL formulierte auf idealistischer Grundlage, d.h. eine höhere Idee außerhalb des Menschen annehmend, die Phänomenologie des Geistes und seine Dialektik der Entwicklung.

▸ NIETZSCHE: „Unzeitgemäße Betrachtungen“, „Also sprach Zarathustra“, „Menschliches, Allzumenschliches“

MARX: „Das Kapital“ und „Das Kommunistische Manifest“

Zwei konträre Geschichtsphilosophen, die im Denken des 20. Jahrhunderts eine extreme Wirkung hatten, sind FRIEDRICH NIETZSCHE und KARL MARX (1818–1883). NIETZSCHE war als Kunstphilosoph gegen Gleichheitslehren und verlogene Harmonisierungen. MARX, als ökonomischer Philosoph, trat gegen die Macht des kapitalistischen Warenverkehrs an, der mit der Gleichheit aller neue Ungleichheit produziert. Er entwickelte Materialismus und Wirtschaftsgeschichte zu einer materialistischen Geschichtsphilosophie und politischen Ökonomie.

FRIEDRICH NIETZSCHE (1844–1900)

1778 Dampfmaschine
1822 Mechanischer Webstuhl
1834 Eisenbahn Nürnberg – Fürth

Maschinelle Produktion

Industrielle Revolution ↓ Bourgeoisie Proletarier; Soziale Frage

FRANCIS BACON

CHARLES DARWIN
ERNST HAECKEL

Höherentwicklung der Materie

Evolution ↓ Fortschrittsglaube

KANT
HEGEL
FICHTE
FEUERBACH

LASSALLE → Sozialdemokratische Arbeiterpartei Deutschlands

MARX – ENGELS → Kommunistisches Manifest

Materialismus ↓ Sozialdemokratie

Realismus

Die Frage „Wer ist zur Herrschaft bestimmt?“ beantworten beide Philosophen gegensätzlich: Adressat ist das starke Individuum und der einzelne Lebenstüchtige bei NIETZSCHE bzw. die zu Bewusstsein gekommenen Massen (als Klasse des Proletariats) bei MARX. Zugleich enthalten ihre Anschauungen radikale Uminterpretationen und Aufrufe zur Tat. MARX weist auf Geschichte als „Geschichte von Klassenkämpfen“ hin und fordert die proletarische Revolution ein.

▸ Manifest der Kommunistischen Partei, 1848

MARX: „Die Philosophen haben die Welt nur verschieden interpretiert, es kömmt darauf an, sie zu verändern.“
(Marx, Karl; Engels, Friedrich: Werke. Berlin: Dietz Verlag, 1958, Band 3, S. 5.)

NIETZSCHE: „Ich lehre euch den Übermenschen. Der Mensch ist Etwas, das überwunden werden soll. ... Der Übermensch ist der Sinn der Erde. ... (Streben des Übermenschen ist es) nicht mehr den Kopf in den Sand der himmlischen Dinge zu stecken, sondern frei ihn zu tragen, einen Erden-Kopf, der der Erde Sinn schafft!“
(Nietzsche, Friedrich: Werke in drei Bänden. Bd. 2, München: Hanser, 1954, S. 279.)

Ziel der nietzscheschen Philosophie ist der Mensch: „der zerbricht (die) Tafeln der Werthe, (um) neue Werthe auf neue Tafeln (zu) schreiben". ARTHUR SCHOPENHAUERS (1788–1860) Werk „Die Welt als Wille und Vorstellung", 1819 erschienen, wurde nach der Revolution intensiv, fast modisch, gelesen und angenommen. Grundidee seiner Anschauungen ist der Pessimismus. SCHOPENHAUER entwickelt ein Gedankengebäude, das das Böse erklärt und „hilft", „schwere" Schicksale zu akzeptieren, da der Mensch von Natur aus egoistisch oder gehässig und damit zum ewigen Schmerz verurteilt sei. Damit könne er nicht erwarten, je glücklich zu werden. Auch Liebe ist nur Leidenschaft und müsse immer im Leid enden. Als Gegenkraft stehe ihm nur Mitleid zur Verfügung. Da der Charakter eines Menschen angeboren sei, könne der Einzelne auch nicht schuldig werden.
HEBBEL, BUSCH, RAABE und NIETZSCHE waren Anhänger dieser Ideen. Auch RICHARD WAGNER, der zunächst unter dem Einfluss von FEUERBACH stand, gehörte zu ihnen.

Beide Philosophen entwickelten antireligiöse Anschauungen.

Begriff des Realismus

Biedermeier – Frührealismus – poetischer Realismus – Naturalismus

1815–1850	Biedermeier
um 1830–1848	Frührealismus
(1840) 1848–1890	poetischer Realismus
um 1880 bis Ende des 19. Jh.	Naturalismus

Realismus als Begriff beschreibt das Verhältnis des Menschen zum realen Leben, als Philosophie oder Kunstauffassung ein immer wiederkehrendes und im 20. Jahrhundert heftig umstrittenes Phänomen, hier als Bezeichnung für eine Epoche bzw. einen Zeitabschnitt in der Kunstgeschichte.

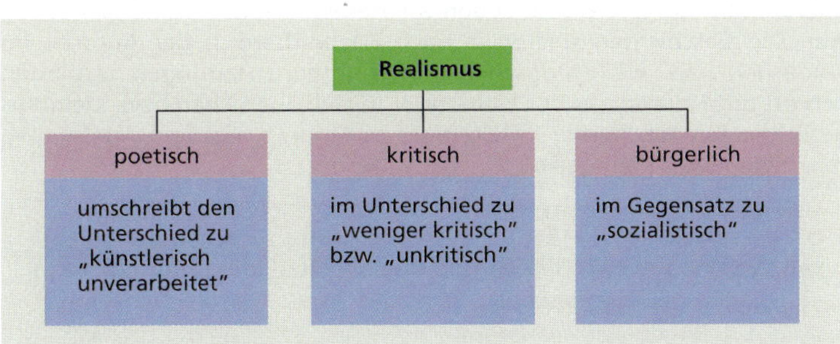

Real = vorhanden, realistisch = an der Wirklichkeit orientiert

Das Attribut *poetisch* haben sich die Zeitgenossen selbst gegeben. Sie wollten darauf aufmerksam machen, dass ihre Texte trotz Realitätsnähe von Menschen geschaffene Kunstprodukte sind. Der Zusatz wurde auch

4

Neorealismus ist eine in den 1950er-Jahren entstandene Strömung, die vor allem im italienischen und französischen Film vorherrschte und durch besonders genaue Wiedergabe der Wirklichkeit (vor allem der „kleinen Leute“) gekennzeichnet war.

als Unterscheidungsmerkmal gegenüber anderen realistischen Kunstströmungen, vor allem des 20. Jahrhunderts (magischer Realismus, Neorealismus u. a.) beibehalten. Der Begriff **bürgerlicher Realismus** trifft hier auch insofern zu, als die meisten Autoren aus bürgerlichen Verhältnissen stammen. Andere Benutzer beschreiben damit eine politische Tendenz oder Richtung der Texte, wodurch Texte der realistischen Literatur den Beinamen „Tendenzliteratur“ erhielten.
Kritisch beschreibt eine besondere Qualität, meist in Polemik, wenn dem Benutzer soziales Engagement der Kunst wichtig ist. Dieses Attribut steht für Sozialkritik, Auseinandersetzung mit neuen Entwicklungen, Vermeiden von Harmonisierungen im analytischen Gesellschaftsroman, der im 19. Jahrhundert zuerst in Frankreich und England zu beobachten ist. In Deutschland verbindet man mit dieser Bezeichnung Werke von THOMAS und HEINRICH MANN. Ihre Kritik galt den bürgerlichen Emporkömmlingen der neuen Zeit im Gegensatz zu denen, die in der Tradition humanistischen Denkens standen. Jene waren jedoch nicht nur in der Minderheit, sondern wie ihre Gegenspieler Zeichen eines nicht wiederkehrenden alten, scheinbar harmonischen und ruhigen Zeitalters, das das 19. Jahrhundert bei allen Problemen für die Zeitgenossen noch darstellte.

Nach dem Wirklichkeitsbezug kann man den Realismus auch als „magischen“, „symbolischen“ oder „Fotorealismus“ bezeichnen.

Programm des poetischen Realismus: das Wahre, nicht nur das Wirkliche

Ab 1849–1850 wurde der poetische Realismus in Deutschland zur dominanten Richtung; einige Werke weisen bereits auf den **Naturalismus** (DROSTE, GOTTHELF) hin. *Desillusionierung und Umorientierung* nach der Revolution, die Reichseinigung als allgegenwärtiger Wunsch prägten das zeitgenössische Bewusstsein. Im Kreis der poetischen Realisten findet man *verschiedene politische Standpunkte.* In der Regel haben die Autoren und Autorinnen das Alter von 30 Jahren und mehr überschritten; fast alle sind zwischen 1810 und 1820 geboren. Sie pflegten kaum Kontakt miteinander und hatten spät mit dem Schreiben von Erzählprosa begonnen. Wichtige Werke des poetischen Realismus gehören zum Alterswerk der Autoren.
Sie erzählen von den Möglichkeiten der Persönlichkeit in einem *begrenzten Lebensbereich,* meist im *Privatleben,* nachdem in der nachrevolutionären Zeit das öffentliche Leben uninteressant oder fremd geworden war. Die Geschichten spielen je nach Erlebnisbereich der Autoren im *ländlichen bzw. kleinstädtischen Milieu.* Integre Haltungen verbinden sich oft mit Figuren aus der klein- oder mittelbäuerlichen bzw. kleinbürgerlichen Schicht, häufig im Kontrast zu Figuren aus dem Adelsmilieu bzw. tatenlosen Kleingeistern.

> OTTO LUDWIG (1818–1865): Ziel sei die „Mitte zwischen der objektiven Wahrheit in den Dingen und dem Gesetze, das unser Geist hineinzulegen gedrungen ist“.

Nicht selten spielte eine volkserzieherische Absicht beim Schreiben eine Rolle. *Volk und Nation* waren die Basis des neuen Realismus. Die größten literarischen Leistungen entstanden als Erzählprosa, in Form des Romans und der Novelle. In der Lyrik gab es trotz großer Kunstfertigkeit kaum

Neues. Auch im Drama schien es vielen Autoren unmöglich, die *soziale Vielschichtigkeit* und die unterschiedlichen politischen Strömungen der Zeit darzustellen. Für die Ausbildung des deutschen Romans sowie des Nachdenkens darüber spielte die Vermittlung der englischen Realisten wie CHARLES DICKENS (1811–1870), WILLIAM MAKEPEACE THACKERAY (1811–1863) und vor allem SIR WALTER SCOTT (1771–1832) eine große Rolle. Einer der wichtigsten Propagandisten war der Herausgeber des „Grenzboten": JULIAN SCHMIDT (1818–1886), der gleichzeitig seine Aufgabe darin sah, vor dem Realismus BÜCHNERS, DICKENS oder HUGOS zu warnen, da diese die sittliche Bildung und die Geschmacksentwicklung des Lesers negativ beeinflussen könnten.

JULIAN SCHMIDT (1818–1886)

JULIAN SCHMIDT: „Der neuste englische Roman und das Princip des Realismus". „Unter den neusten Stichwörtern ist eins der beliebtesten das Princip des Realismus. Seit den großen Erfolgen der Dorfgeschichten spricht man auch in Deutschland von einer realistischen Schule; in Frankreich existiert sie schon seit Victor Hugo, und in England führt sie in diesem Augenblick ganz unumschränkt die Herrschaft über alle Gattungen der schönen Kunst. ... Und hier ist noch eine bestimmte Seite hervorzuheben, ... nämlich die satirische Richtung der neusten Poesie (DICKENS „Nickelby" oder „Oliver Twist" [die Red.]). Der eigentliche Realist in seiner reinsten Erscheinung wird nur selten satirisch, das heißt, er geht nur selten von der Absicht aus, durch seine Darstellung auf bestimmte Schäden der Gesellschaft aufmerksam zu machen und zur Abhilfe derselben beizutragen, weil in diesem Vorhaben wieder etwas Dogmatisches, wieder eine Auflehnung gegen das Recht der Natur liegen würde."

(In: „Die Grenzboten" 15/4, Leipzig: Herbig, 1856, S. 467.)

Nicht selten unterstellten zeitgenössische Kritiker diesen Autoren reine Sensationslust. SCHMIDTS Ideal war die Erziehung des Lesers zum Schönen und Erhabenen. In der Analyse der Romane von SCOTT bildete sich der Terminus *„mittlerer Held"* heraus, ein Individuum, das die einzelnen Handlungsstränge verbindet, was die Harmonie der Gesamtkomposition garantieren und damit dem Ganzen den Schein eingefangener Totalität verleihen sollte. Auch FONTANE teilte diesen Standpunkt.

THEODOR FONTANE: „Vor allem verstehen wir nicht [unter dem Programm] das nackte Wiedergeben alltäglichen Lebens, am wenigsten seines Elends und seiner Schattenseiten. ... es ist noch nicht lange her, daß man (namentlich in der Malerei) Misere mit Realismus verwechselte und bei Darstellung eines sterbenden Proletariers, den hungernde Kinder umstehen, oder gar bei Produktionen jener sogenannten Tendenzbilder (schlesische Weber ... u. dgl. m.) sich einbildete, der Kunst eine glänzende Richtung vorgezeigt zu haben. Diese Richtung verhält sich zum echten Realismus wie das rohe Erz zum Metall: die Läuterung fehlt."

(Unsere lyrische und epische Poesie seit 1848. In: Deutsche Annalen zur Kenntniß der Gegenwart und Erinnerung an die Vergangenheit. Bd. 1, 1853, S. 357.)

Ein „mittlerer Held" wird weder als besonders „gut" noch „böse" dargestellt. Er wird dem Leser oder Zuschauer als „Partner" zur Seite gestellt, indem er ihm ähnelt. Somit wird er für den Rezipienten zur Identifikationsfigur. In der Tragödie ist der mittlere Held oft der tragische Held.

Poetisch *und* realistisch sollten die Geschichten sein. Sie sollten Gegenwartsnähe und poetische Darstellung der Zeitverhältnisse vereinen, soll-

ten die zeitgenössische Wirklichkeit darstellen und sie gleichzeitig in der Darstellung des als wesentlich Empfundenen, Typischen, immer Gültigen interpretieren. Um der Produktion den Rang des Künstlerischen geben zu können, musste die Geschichte von Nebensächlichem, Banalem gereinigt und mit einem gewissen Pathos versehen werden; nicht die „nackten" Tatsachen oder die Genauigkeit einer Fotografie interessierten.
Als unkünstlerisch galt die Darstellung von Sexualität und Krankheit sowie des Lebens der Unterschichten und als asozial geltenden Gruppen. Durch eine *gehobene, gewählte Sprache* suchten die Autoren einen Weg zwischen den Extremen.

Georg Büchner

GEORG BÜCHNER studierte u. a. Medizin, Geschichte und Philosophie, gründete 1834 „Die Gesellschaft für Menschenrechte". Er starb 1837 in Zürich an Typhus.

Das wichtigste Werk des deutschen Frührealismus ist GEORG BÜCHNERS Novelle „Lenz" (1835). In ihr werden naturalistische, auch expressionistische Tendenzen vorweggenommen. BÜCHNER orientierte sich nicht an den klassischen Idealen des „Guten, Wahren, Schönen". Von den Romantikern übernahm er die Ästhetisierung des Hässlichen. Das heißt, Leben war für ihn Ganzheit. Das Leben, wie es ist, schließt auch den Wahnsinn des Helden ein. Damit begab sich Büchner in eine Gegenposition zu den zeitgenössischen Kritikern.

JULIAN SCHMIDT über GEORG BÜCHNERS „Lenz"
„[...] Ich halte den Versuch, den Wahnsinn darzustellen, wenn er etwas mehr sein soll, als das deutlich anerkannte Resultat eines tragischen Schicksals [...], für den Einfall einer krankhaften Natur. Die Darstellung des Wahnsinns ist eine unkünstlerische Aufgabe, denn der Wahnsinn, als die Negation des Geistes, folgt keinem geistigen Gesetz; die Willkür hat einen unermeßlichen Spielraum. [...] Der Wahnsinn als solcher gehört in das Gebiet der Pathologie, und hat ebenso wenig das Recht, poetisch behandelt zu werden, als das Lazareth und die Folter. [...] Am schlimmsten ist es, wenn sich der Dichter so in die zerrissene Seele eines Gegenstandes versetzt, daß sich ihm selbst die Welt im Fiebertraum dreht. [...] [Die Dichtung] soll erheben, erschüttern, ergötzen; das kann sie nur durch Ideale. [...] Das bloße Wirkliche ist zu elend, um die Seele dauernd zu erregen." (In: Die Grenzboten 10/1, 1851, S. 122.)

GEORG BÜCHNER (1813–1837)

BÜCHNER selbst war der Gegensatz von Idealismus und Realismus sehr bewusst. Seinen Lenz lässt er sagen:
„Ich verlange in allem Leben, Möglichkeit des Daseins, und dann ist's gut; wir haben dann nicht zu fragen, ob es schön, ob es häßlich ist, das Gefühl, daß was geschaffen sei, Leben habe, stehe über diesen beiden, und sei das einzige Kriterium in Kunstsachen."
BÜCHNERS literarische Haltung entsprang seinem Lebensmotto: Leben als Selbstzweck. Das bedeutet, Leben um des Lebens willen. Deswegen schuf BÜCHNER keine Kunstfiguren als Verkörperung von Idealen, sondern Menschen aus Fleisch und Blut. Eine Verklärung seiner Figuren verbietet sich von selbst. Diese Haltung findet sich ebenso in seinem fast naturalistischen Drama „Woyzeck". Der einfältige, aber gutmütige Soldat Woyzeck wird von seinem Vorgesetzten ausgenutzt und geschunden. Als jemand ihm noch seine Geliebte fortnehmen will, wird er zum Mörder. Sprachlich nähert sich das Drama, das nur als Fragment vorliegt, dem Naturalismus an: Die Figuren sprechen größtenteils Darmstädter Dialekt.

Realismus in Frankreich

Der programmatische Realismusbegriff wurde durch die Kunst- und Kulturkritik Frankreichs zwischen 1850 und 1860 zunächst zur Beschreibung der Gemälde COURBETS benutzt, woran sich eine Kunstdebatte anschloss, die dem Begriff zur Wirkung verhalf. Der Realismus entwickelte sich zuerst als Schule in der Malerei, auch wenn man den Begriff bereits in den 1820er-Jahren zur Beschreibung von literarischen Texten und Tendenzen verwendet hat.

> Um 1850 bedeutete **Realismus** Nähe zum Historiker, Detailtreue, Lokalkolorit. Später verstand man darunter die wahrheitsgetreue Darstellung der Gegenwart, die objektive Abbildung.

GUSTAVE COURBET (1819–1877) war ein französischer autodidaktischer Maler und bekannt für eine wirklichkeitsgetreue Darstellung. Die Ausstellung seiner Werke anlässlich der Weltausstellung 1855 in Paris nannte er „Le Réalisme".

Konzentration auf materielle Gegebenheiten fördert die Rolle der Erfahrung, des Empirischen. Man glaubte an den Fakt. Der Autor als Subjekt tritt zurück, wird zur unpersönlichen Instanz, die Fakten sammelt und zusammenstellt, weniger interpretiert (Positivismus). Der wissenschaftliche Anspruch des Romanschriftstellers dominiert. Die Neutralität des Gegenstandes hebt Stilkonventionen und damit die tradierte Hierarchie von würdigen, großen und von weniger würdigen, niedrigen Themen auf.

tradiert = überliefert

Damit war es möglich, dass auch das *Leben der sozialen Unterschichten* zu einem würdigen und ernst zu nehmenden Thema wurde. Es fielen theoretisch viele Tabus. Der konsequente, programmatische Realismus hatte jedoch viele Kritiker.

Viele Künstler beharrten auf der *poetischen Verwandlung und Idealisierung* der realen Welt. Dies spielte vor allem für die deutschen Realisten eine Rolle, weniger für die französischen, deren wichtigste Vertreter bewusst das radikal Neue und Experimentelle ihrer Texte hervorhoben und sich den Verfahren der Naturwissenschaft stärker verbunden fühlten. Die weltanschauliche, politische und ästhetische Radikalität der Franzosen fand unter den deutschen Zeitgenossen der Fünfzigerjahre kaum Sympathisanten. Ihre Kritik artikulierten die Deutschen, indem sie den französischen Realismus mit dem abwertenden Begriff des *Naturalismus* gleichsetzten.

SCHILLER: Der Romanschreiber sei nur ein „Halbbruder" des Dichters.

HEGEL: Der Roman stehe zwischen der „Poesie des Herzens" und der „ihr entgegenstehenden Prosa der Verhältnisse", zwischen den „Individuen mit ihren subjektiven Zwecken und der bestehenden Ordnung"

Erst in den Achtziger- und Neunzigerjahren des 19. Jahrhunderts wurden wieder verstärkt französische Realisten ins Deutsche übersetzt und Maler mit Interesse wahrgenommen. Allein auf der Bühne hatten deutsche Zuschauer ohne größere Unterbrechung die Möglichkeit, französische Werke dieser Phase zu sehen und zu beurteilen. Erst die junge Generation nach der großen Garde der alten Männer und Realisten knüpft gezielt an den Radikalismus der französischen Kollegen unter dem Stichwort des *deutschen* **Naturalismus** an.

Der realistische Roman

Der Roman setzte sich, als Genre umstritten, gegenüber dem hochgeschätzten **Epos** in diesem Jahrhundert durch und wurde zur modernen Großform des Erzählens im beginnenden Zeitalter der Soziologie.

OTTO LUDWIG, über den Roman des poetischen Realismus: „Er vereinigt das Wahre des aristokratischen und des Volksromans, denn er führt uns in die mittleren Schichten der Gesellschaft, welche mit dem Schatze der tüchtigen Volksnatur die Güter der Humanität, mit der Wahrheit des Lebens den schönen Schein, das vertiefte und bereicherte Seelenleben der Bildung zusammenfaßt. Der Herd der Familie ist der wahre Mittelpunkt des Weltbildes im Roman, und er gewinnt seine Bedeutung erst, wo Gemüter sich um ihn vereinigen, welche die harte Wahrheit des Lebens mit zarteren Saiten einer er weiterten Welt wiedertönen. In diesen Kreisen erst wird wahrhaft erlebt und entfaltet sich das wahre, von den Extremen ferne Bild der Sitte."

(Ludwig, Otto: Der poetische Realismus aus den Jahren 1858–1860, Halle: Genesius. 1911. S. 196 f.)

Der Roman dieser Zeit steht zwischen den Polen der Sinngebung durch die Autorenpersönlichkeit und einer analytisch-sozialen Perspektive.
In England und Frankreich entwickelte sich ein *starker analytischer Ansatz* **(Gesellschaftsroman),** in Deutschland ein Typ, der die Bewusstseins- und Persönlichkeitsbildung des Einzelnen verfolgt **(Bildungs- und Entwicklungsroman).** Charakteristisch für beide Formen ist eine stärkere *Psychologisierung der Darstellung,* eine interessantere und ausführlichere *Beschreibung der Psyche* einzelner Figuren. Dies gilt jedoch weniger für die Varianten im Bereich der Unterhaltungsliteratur.
„Früher und konsequenter als die deutschen hatten sich französische und englische Dichter dem Realismus zugewandt; ihre Zeitromane gewannen gegen die Jahrhundertmitte Einfluss auf die deutsche Literatur." (RINSUM)

Formen realistischer Erzählprosa

Dorfgeschichte	Kriminalerzählung, Kriminalroman, Detektivgeschichte, Sammlung von authentischen Kriminalfällen (Pitaval)	Sozialkritische Publizistik und sozialer Roman/ Gesellschaftsroman	Historischer Roman/ Geschichtsroman/ biografischer Roman

Zentren des realistischen Romans

Frankreich	England	Russland	Skandinavien	USA	Deutschland Schweiz
BALZAC FLAUBERT VERNE ZOLA	DICKENS SCOTT	DOSTOJEWSKI TOLSTOI TURGENIEW	IBSEN STRINDBERG	MELVILLE TWAIN	FONTANE RAABE FREYTAG KELLER
das Schöne und das Hässliche zeigen	Alltagsleben der Kleinbürger und Zeuge früher, schneller Industrialisierung	zwischen lyrischer Prosa und der Macht der Erlösung	die Frauenfrage und die Verlogenheit bürgerlicher Institutionen	Zeitsatire und Sozialkritik	zwischen Dorfleben und Kleinstadt

Dorfgeschichte

Die **Dorfgeschichte** entstand in den Vierzigerjahren, u.a. im Widerspruch zum lebensfernen und mit Bildung überladenen Salonroman. Es sind Geschichten, die im dörflichen Leben angesiedelt waren. Der Bauer wird zu einer akzeptierten literarischen Figur. Die Dörfer werden oft als *Zentrum des Lebens* verstanden, sind im Unterschied zu den entstehenden Städten *Orte lebendiger Traditionen* und stabiler menschlicher Beziehungen mit einer Nähe zur Natur, nicht selten mit der Tendenz zur Idylle und modischen Form. Später sind sie auch Ort der Beschwörung des *Mythos vom Bauerntum* und seiner Bindung an den Boden. Bedeutende Vertreter waren KARL IMMERMANN, LUDWIG AUERBACH, OTTO LUDWIG und JEREMIAS GOTTHELF. MARIE VON EBNER-ESCHENBACH (1830–1914) schrieb Geschichten über das Leben des mährischen Landproletariats.

JULES VERNE (1828–1905), Jurastudium und in den 50er-Jahren naturwissenschaftliches Studium, bekannt durch seine wissenschaftlich-utopischen Romane (gelesen als Abenteuerromane) „Die Reise um die Erde in 80 Tagen" (1872, dt. 1891)

Kriminalerzählung, Kriminalroman, Detektivgeschichte, Sammlung von authentischen Kriminalfällen (Pitaval)

Das Interesse an Verbrechen, deren Ursachen und individuellen Formen als Spiegel der sozialen Konflikte sowie der sich verändernden und neuen Verhältnisse begann seit der Aufklärung auffallend groß zu werden. Selbst SCHILLER schrieb mit „Der Verbrecher aus verlorener Ehre" (anonym erschienen 1786) einen Krimi. Mit EDGAR ALLAN POES „Der Doppelmord in der Rue Morgue" (1841) begann die Geschichte der modernen Kriminalliteratur. In Deutschland gaben JULIUS EDUARD HITZIG (1780 bis 1849) und WILLIBALD ALEXIS (1798–1871) gemeinsam ab 1842 mit großem Erfolg eine Sammlung von Kriminalfällen heraus: „Der Neue Pitaval. Eine Sammlung der interessantesten Criminalgeschichten aller Länder aus älterer und neuerer Zeit". Auch ANNETTE VON DROSTE-HÜLSHOFF schilderte in ihrer Novelle „Die Judenbuche" einen tatsächlich geschehenen Kriminalfall. WILHELM RAABE bediente sich des Kriminalfalles in „Stopfkuchen. Eine See- und Mordgeschichte" (1891). Die „große Zeit" des Detektivromans begann allerdings erst mit „Sherlock Holmes" („The Adventures of Sherlock Holmes",1892) von ARTHUR CONAN DOYLE (1859–1930).

↗S. 319

Sozialkritische Publizistik und sozialer Roman/Gesellschaftsroman

Schwerpunkte sozialkritischer Dichtung des poetischen Realismus waren die Darstellung:
- des Stadtlebens,
- des Industriealltags und
- der Massenverelendung (vor allem in den Vierzigerjahren des 19. Jahrhunderts),
- der Arbeit der bürgerlichen Schicht im Unterschied zum Leben der aristokratischen, adligen Schicht,

– der scheiternden Liebes- und Eheverbindungen vor allem aus der Perspektive der Frau zwischen Partnern aus unterschiedlichen sozialen Schichten.

„Geheimnisse von Paris" schrieb SUE (1842–1843) als Fortsetzungsroman für die Zeitung. „Er war ein Großstadt-, Spannungs- und Abenteuerroman mit sozialem Pathos und utopisch-karitativer Tendenz" (KURT BÖTTCHER).

Die frühe sozialkritische Publizistik sowie auch der soziale Roman standen unter starkem Einfluss von EUGÈNE SUES (1804–1857) Roman „Geheimnisse von Paris" und GUSTAV FREYTAGS „Soll und Haben" (1855). FRIEDRICH ENGELS schrieb über das Echo auf SUES Roman 1844 in „Bewegungen auf dem Kontinent": „Der wohlbekannte Roman von EUGÈNE SUE, die ‚Geheimnisse von Paris', hat auf die öffentliche Meinung, ganz besonders in Deutschland, tiefen Eindruck gemacht; die eindringliche Art, in der dieses Buch das Elend und die Demoralisierung darstellt, die in großen Städten das Los der ‚unteren Stände' sind, musste notwendig die Aufmerksamkeit der Öffentlichkeit auf die Lage der Armen im allgemeinen lenken." Ähnlich hat auch FREYTAGS Roman gewirkt.

WILHELM RAABE erzählt in seinem Erstlingswerk „Die Chronik der Sperlingsgasse" (1857; hrsg. u. d. Pseudonym JACOB CORVINUS) die Geschichte von Johannes Wacholder, der seit dreißig Jahren in der Berliner Sperlingsgasse lebt. Seine fiktiven Tagebuchaufzeichnungen beginnt Wacholder am 15.11.1854. Ein halbes Jahr arbeitet er an seiner Chronik, sein Leben reflektierend und das seiner Freunde, die schon gestorben oder längst aus der Gegend weggezogen sind. So erscheint sein Leben „zu einer Bühne des dem ewigen Wandel unterworfenen Lebens geworden, das sich mit allen seinen Gegensätzlichkeiten in den vielfältigen Schicksalen ihrer Bewohner widerspiegelt".
Die Berliner Spreegasse, in der RAABE seit 1854 wohnte und wo er „Die Chronik der Sperlingsgasse" geschrieben hatte, wurde 1931, zu Ehren des Autors, in „Sperlingsgasse" umbenannt.

WILHELM RAABE (1831–1910)

RAABES zweites großes Romanwerk, „Der Hungerpastor", unter dem Einfluss von SCHOPENHAUER geschrieben, ist ein Bildungsroman der unterschiedlichen Lebenswege der Söhne eines Schusters und eines Trödlers. Der positive Held Johannes Unwirrsch ist „hungrig" nach Wahrheit und Erkenntnis. Sein „Freund" und Gegenpart Moses Freudenstein entwickelt sich zum machthungrigen Aufsteiger und Verführer. Er macht als Kritiker in Berlin Karriere, während Hans Unwirrsch sich unbeirrt auf die Suche nach Wahrheit, Freiheit und Liebe begibt und schließlich Pfarrer in einem kleinen Ort an der Ostsee wird.
„Der Hungerpastor" ist 1863 im Vorabdruck als erste Ausgabe der „Deutschen Roman-Zeitung" erschienen.

Bedeutsame Gesellschaftsromane schrieb THEODOR FONTANE mit „Effi Briest", „Irrungen, Wirrungen" und „Frau Jenny Treibel".

Deutsche
Roman-Zeitung.

Historischer Roman/Geschichtsroman/biografischer Roman

Nach den großen politischen Ereignissen in Europa und den wirtschaftlichen sowie sozialen Veränderungen (wie z.B. der Französischen Revolution von 1789) wuchs das *allgemeine Interesse für Geschichte* und damit auch die Akzeptanz der Geschichtswissenschaft. In jene Zeit fällt die Gründung von Historikergesellschaften und das Aufblühen der Geschichtswissenschaft. Es gab ein starkes Interesse auch für die Geschichte der Sprache und Literatur. Im 19. Jahrhundert erschienen Geschichtswerke und Literaturgeschichten, die bis in das 20. Jahrhundert zu den Standardwerken gehörten. Der Geschichtsroman gehörte zu einer beliebten Form für den Leser ohne Vorkenntnisse. Bekannte Beispiele für den Geschichtsroman stammen von FELIX DAHN (1834–1912) („Ein Kampf um Rom", 1876–1878: germanisch-deutsche Vergangenheit als Thema im Kontext der nationalstaatlichen Einigungsbemühungen) und GEORG MORITZ EBERS („Eine ägyptische Königstochter", 1864), der selbst Ägyptologe war. Zeitgenossen nannten diese Romane auch „Professorenromane".

Professorenromane nannte man diese Literatur, weil sie
- von Professoren geschrieben war und
- oft eine Unzahl wissenschaftlichen Materials enthielt.

Zu dieser Gruppe gehören auch **Abenteuergeschichten** und Romane über fremde Welten und deren Geschichte von ausgewanderten Deutschen. In dieser Phase wanderten ca. 2,5 Mio. Deutsche nach Amerika aus (u.a. der Österreicher KARL POSTL, d.i. CHARLES SEALSFIELD). In dieser Tradition schrieb im 20. Jahrhundert u.a. B. TRAVEN. KARL MAY (1842–1912) schrieb Roman- und Geschichtsserien mit Welterfolg. Seine Werke hatten eine Gesamtauflage von ca. 50 Mio. Exemplaren. In seinen Abenteuern beweist der Einzelheld Mut, Gerechtigkeitssinn, Treue, Mitgefühl, Verantwortungsgefühl, Nächstenliebe (einfache, kindliche christliche Moral und Werte). Charakteristisch sind Heroisierung, Humor, die Fähigkeit, spannend zu erzählen, das Angebot zu Traumidentifikationen mit Einzelhelden, Bilder von fremden, exotischen Welten und klare Figurentypen.

Wallers Flucht.

Dominanz der erzählenden Literatur

Novelle: ital. novella = Neuigkeit

International dominierte der Roman, in Deutschland herrschte neben dem Roman die Novelle vor. In diesen Formen schien es am ehesten möglich, Werte zu bewahren und gerade die zeitlosen zu propagieren. Dargestellt wurden *durchschnittliche Charaktere* und Lebenslagen von Menschen mit bürgerlichen Berufen. Charakteristisch ist der Versuch, volkstümliche Sprechweisen und eine ruhige, ausgewogene Stimmungslage zu bieten sowie Extreme zu vermeiden. Die Darstellungen haben die Tendenz, Panoramabilder zu sein, die mithilfe einer *dominanten Handlung,* dem Weg oder Schicksal einer Figur – oft als Entwicklung verstanden – verknüpft sind. Die *Familie* oder *unmittelbare Heimat* werden dabei zu den wichtigsten Handlungsfeldern, in denen die Geschichten spielen. Der Leser soll sich mit der Hauptfigur identifizieren können.

Diese Form ist in der deutschsprachigen Erzählprosa dieser Zeit zu besonderer Blüte gelangt. Sie wurde auch im Ausland anerkannt und besaß eine starke Neigung zu Novellenzyklen (KELLER).
Geschildert wird ein Einzelfall, der durch ein unerwartet eintretendes Ereignis oder Verhalten die Aufmerksamkeit auf sich zieht und in seinen psychologischen Feinheiten gezeigt wird. Nicht selten offenbaren sich durch das *unerwartete Ereignis* oder Verhalten im Normalfall verborgene Eigenschaften der Figuren oder Zusammenhänge ihres Lebens. Damit wird der Einzelfall zum Symbol.

„Leitmotiv" bezeichnet ein immer wiederkehrendes Grundthema, das in Bezug zu im Werk vorkommenden Personen, Situationen oder Gegenständen steht. Ein Leitmotiv hat in der Regel einen hohen Symbolwert.

Auch der Text enthält oft ein **Leitmotiv** bzw. ein *zentrales* **Symbol,** wodurch die Bauart des Ganzen noch stärker aus einem Guss zu sein scheint und der Autor auf ausführliche Erklärungen verzichten kann. Die meisten Novellen des Realismus besitzen eine oder mehrere *Rahmenerzählungen* (oft zur Objektivierung oder Historisierung) sowie eine *Binnenhandlung.* Rahmen- und Binnenhandlung gibt es u. a. in den „Geschichten aus 1000 und einer Nacht".
„Der Rahmen gilt als eigentliches Spezifikum der Novelle des Realismus." (RINSUM)
Die großen Erzähler sind die Schweizer GOTTHELF, KELLER und MEYER sowie die aus dem norddeutschen Raum stammenden FREYTAG, STORM, RAABE und FONTANE.

Gustav Freytag: der Bestsellerautor und Publikumsliebling

GUSTAV FREYTAG (1816–1895)

GUSTAV FREYTAG (1816–1895) war Hochschulgermanist in Breslau und Verfasser von Literaturgeschichten, Journalist und Redakteur der Zeitschrift „Die Grenzboten", Reichstagsabgeordneter der Nationalliberalen. Ein „pragmatischer Kopf des Nationalliberalismus", der die „stille, entsagungsvolle" (G. FREYTAG) Arbeit stilisierte. (BÖTTCHER)
Sein kulturhistorischer Kaufmannsroman „Soll und Haben" (1855) war einer der erfolgreichsten Romane dieser Zeit, der den Romanen des poetischen Realismus zum Durchbruch verholfen hat. „Soll und Haben" wurde zu einem großen Erfolg und die Leute lasen ihn bis Mitte des 20. Jahrhunderts als Zeitroman. In der Zeit des Dritten Reiches gehörte das Buch auch zu den Titeln, die von den Mächtigen besonders propagiert wurden.

Erzählt wird vom Aufstieg eines redlich arbeitenden Lehrlings aus kleinbürgerlichem Haus zum angesehenen Kaufmann und Teilhaber eines großen Handelshauses in Breslau, während der hochmütige und geschäftsunkundige Adlige Opfer eines Betruges wird und der unredliche, jüdische Kreditgeber ein böses Ende findet.

Die Beschreibung des Lebens in den verschiedenen *gesellschaftlichen Gruppen* ist durch eine einheitliche Handlung miteinander verbunden, sodass das Lesevergnügen nicht durch Unübersichtlichkeit gestört wird. Der Roman gibt dem Bürger das Selbstvertrauen und Selbstbild, die neue, moralisch tugendhafte Kraft der Gesellschaft zu sein. Zeitgenössische Kritiker fanden, dass der Arbeitsbereich des Helden nicht würdig sei, in der Kunst beschrieben zu werden.

Für Leser des 21. Jahrhunderts ist vor allem die detaillierte Darstellung des geschäftlichen und privaten Alltages interessant.

Theodor Storm: von der Novellenlyrik zur Novelle als „Schwester des Dramas"

THEODOR STORM (1817–1888) war ein aus Husum stammender Schleswiger, er absolvierte ein Jurastudium in Kiel und Berlin, begann als Rechtsanwalt, seine literarischen Anfänge waren lyrische Stimmungsbilder. Diese Schreibart prägte auch seine frühen Novellen (z. B. „Immensee", 1850). Man bezeichnet diese Art seiner Texte auch als **Novellenlyrik.**
Er dichtete Märchen in der Tradition romantischer Kunstmärchen („Der kleine Häwelmann", „Die Regentrude").

THEODOR STORM (1817–1888)

STORM studierte die Theorien FEUERBACHS und DARWINS: Der Mensch ist von seinen *natürlichen und sozialen Bedingungen* abhängig. Er lebt in *konkreten Bindungen*. In diesen muss er sich bewähren. Das „allgemein Menschliche" ist für jeden Einzelnen konkret. STORMS Werk ist gekennzeichnet durch die Kritik an Adelsprivilegien. Seine Figuren stellen integre kleinbürgerliche Menschen dar. Mit zunehmendem Alter werden in seiner Literatur die darwinschen Ideen verstärkt verarbeitet. Alle Kreaturen sind *grausamen Gesetzen* unterworfen. Seine Novellen, häufig mit einer Rahmenerzählung, nähern sich den Formen des Dramas an und enthalten meist ein tragisches Element. STORM erzählt von dem *Leben in der Dorfgemeinschaft* und deutschen Kleinstadt, wo Biederkeit zur Fassade gehört und die neuen Einflüsse *familiäre Bindungen* und *moralische Grundwerte* zerstören. Er erzählt, um die Geschichten und *Erlebnisse als Erinnerung* zu bewahren gegen quälende Gefühle der Vergänglichkeit, des Vergessenwerdens und der Einsamkeit (z. B. „Pole Poppenspäler", 1874; „Der Schimmelreiter", 1888).
„Der Schimmelreiter" ist seine letzte Novelle. Sie ist mit *starker Handlungsdramatik,* dichten *Stimmungsbildern* und Elementen *traditioneller Sagen- und Mythenvorstellungen* ausgestattet. Die doppelte Rahmenhandlung soll den Eindruck vermitteln, es handle sich um eine Legende oder Sage, um eine weit zurückliegende Geschichte. Manche nennen diese Form „Chroniknovelle".

„Der Schimmelreiter"

Der Dichter erzählt, er habe als Kind eine Geschichte gelesen. Diese Geschichte sei jedoch nicht mehr auffindbar, sodass er für die Wahrheit des Erzählten nicht bürgen könne. Laut Erinnerung erzählte ein Schulmeister die Geschichte von Hauke Haien, der vom Kleinknecht zum Deichgrafen aufgestiegen war. Er wäre besessen gewesen von der Idee, die Deiche technisch zu verbessern und sicherer zu machen. Die Dorfbewohner hätten ihm misstraut und seine Vorhaben geneidet, auch wenn Haiens Projekte ihnen Vorteile gebracht hatten. Beim Neubau eines Deiches wäre Hauke in offene Konfrontation zu seinem Feind, einem Großknecht, geraten, der den Aberglauben der Deicharbeiter ausnutzte: Haien hätte sich wider besseres Wissen auf einen Kompromiss bei den Reparaturarbeiten an jener gefährdeten Stelle eingelassen, wo der alte und der neue Deich aneinanderstießen. Bei einer Sturmflut wäre der alte Deich gebrochen; wären Frau und Kind ertrunken und Haien hätte sich auf seinem Schimmel hinterhergestürzt. Als Zeichen der Warnung erschiene von da an bei Gefahr das Bild des Schimmelreiters, erzählte der Schulmeister.

4

Fritz Reuter: Klassiker der norddeutschen Erzählliteratur mit großem Humor

Von seiner Festungshaft erzählt REUTER in „Ut mine Festungstid" (1862).

Der Mecklenburger FRITZ REUTER (1810–1874) wollte Kunstmaler werden, sein Vater zwang ihn zum Jurastudium, das er verbummelte. Er begann als fast vierzigjähriger Mann, Romane zu schreiben, nachdem er in anderen Berufen wenig Erfolg gehabt, dafür aber bereits ein aufregendes Leben hinter sich gebracht hatte: Es war ein vom Alkohol bestimmtes Leben im Kreis der *studentischen Burschenschaften,* später kam er in Festungshaft und danach verdiente er sein Brot mit verschiedenen Arbeiten auf dem Dorf und in der Kleinstadt.
Seine Romane zeigen Erzähltalent, Gespür für die plattdeutsche Sprache und seine *Lust an Sprachspiel und Nonsens.* Dabei erzählt er ernste Geschichten von Verschwendungssucht, Geldgier und anderem Unglück. Seine Figuren leben jedoch von Witz und Überzeichnung, einem Verfahren, wie es die Karikaturisten verwenden.

Wilhelm Raabe: Geschichten aus der kleinen Welt der Philister

Philister = urspr. Volk aus der Bibel, Erzfeind Israels, wurde zum Symbol und zur Bezeichnung für Verhasstes, vor allem benutzt von Studenten, die in den Staatspolizisten ihre Erzfeinde sahen, dann zur Bezeichnung eines allgemein wenig geschätzten Zeitgenossen verwendet, bezeichnet den Prototypen des Spießers; braver, langweiliger, lebensfremder Kleingeist.

WILHELM RAABE (1821–1910) schilderte bereits 36-jährig erfolgreich mit Liebe und Humor das Milieu und die skurrilen Menschen einer Gasse („Chronik der Sperlingsgasse", 1857).
RAABE erzählt von der *moralischen Verkommenheit der Verhältnisse* in den deutschen Kleinstaaten, in denen *Intrige, Verrat und Geldgier* herrschen. Dieses Prinzip prägt auch die privaten Beziehungen in allen sozialen Schichten. In seinen Romanen kultivierte der Autor das *auktoriale Erzählen,* das Erzählen von einer welterfahrenen und allwissenden Position aus. In einigen Fällen erreichte er dabei das andere Extrem, indem er seinen Figuren die Macht verlieh, Wahrheiten zu verschweigen oder auszusprechen (vgl. „Abu Telfan oder Die Heimkehr vom Mondgebirge",1868). Bewusst spielt der Autor mit den Assoziationen der Leser, indem er mit den Titeln seiner Werke falsche Erwartungen weckt. In späteren Geschichten war RAABE *Chronist der Gründerjahre* und der *kolonialen Expansion* des jungen deutschen Kaiserreiches. Ihm selbst war die große Politik immer fremd geblieben.

Theodor Fontane: der vorurteilsfreie, gelassene Plauderer

THEODOR FONTANE (1819–1898)

THEODOR FONTANE (1819–1898) stammt aus einer Berliner Hugenottenkolonie, war zunächst Apotheker, der Balladen dichtete, dann Journalist, Auslandskorrespondent in England, Kriegsberichterstatter in Frankreich. Er war ein bekannter Theaterkritiker und Förderer der jungen Naturalisten in Berlin, *Verfasser von Reisebeschreibungen,* begann mit etwa 59 Jahren Romane über die zeitgenössische Gesellschaft Berlins und die Nachfahren des märkischen Adels zu schreiben. Er hatte ein *positives Verhältnis zu Preußen* und interessierte sich vor allem für die Geschichten, in die *Figuren aus alten Adelsfamilien* verwickelt waren. FONTANE erzählt vorurteilsfrei und geduldig von den Problemen seiner Figuren, ihrem Bedürfnis nach gesellschaftlicher Anerkennung und dem *Verzicht auf Glück und Liebe,* da sie den Skandal oder die gesellschaftliche Isolierung fürchten. Auffallend sind die stille Noblesse des Verzichts, des

Leidens und letztendlich Vergebens, vor allem der Frauenfiguren. Wer dauernd gegen die moralischen Gesetze verstößt, gehe daran zugrunde, lässt FONTANE seine Figuren in „Irrungen, Wirrungen“ (1887) sagen.

Sein größter Verkaufserfolg war „Effi Briest“ (1895), eine Geschichte, die auf einen *Ehebruchskandal in Berlin* zurückgeht und über den die Zeitungen ausführlich berichtet hatten. FONTANE ist ein Chronist der Schwierigkeiten, denen Liebesbeziehungen und Ehen seiner Zeit ausgesetzt waren, sowie ein philosophischer Plauderer.

Wer den Zeitgeist dieses Romans verstehen möchte: *Lesetipp* MARGA BERCK „Sommer in Lesmona“, eine Sammlung authentischer Briefe, geschrieben 1893 bis 1896 von der siebzehnjährigen Matti an ihre Freundin Bertha, bis 2010 in 38 Auflagen erschienen.

Nach einer unbeschwerten Kindheit auf dem Gut der Eltern heiratet die kindliche Effi auf Wunsch der Eltern hin den einundzwanzig Jahre älteren Baron Geert von Instetten, der ein früherer Verehrer der Mutter war. Sie zieht mit ihm ins hinterpommersche Kessin und freut sich auf ein Leben in der Gesellschaft. Dort lebt sie in dem Landratshaus, das ihr unheimlich ist, weil ihm eine alte Spukgeschichte anhaftet, ein ereignisloses Leben. Da tritt Major Crampas in ihr Leben ein. Diese Begegnung beeinflusst ihr Leben und das Instettens nachhaltig. Crampas ist zu dieser Zeit einundvierzig Jahre alt, er hat sehr laxe Moralauffassungen, vor denen Effi gewarnt wird. Sie wehrt sich gegen ihre Gefühle, dennoch kommt es zu einer Liebesbeziehung zwischen beiden. Als Instetten zum Ministerialrat ernannt wird und ein Umzug nach Berlin notwendig wird, trennen sich Effi und Crampas. Sieben Jahre später findet Instetten Liebesbriefe seines Freundes Crampas an Effi, als diese zur Kur in Bad Ems weilt. Es kommt zum Duell zwischen den beiden alten Freunden, wobei Crampas getötet wird. Die Ehe mit Effi wird geschieden, Effi lebt allein in einer Berliner Wohnung. Ihr Kind darf sie nicht sehen. Inzwischen unheilbar erkrankt, darf Effi zu ihren Eltern aufs Landgut zurück und stirbt.

„Effi Briest“ wurde mehrfach verfilmt, u. a. 1938 unter der Regie von GUSTAV GRÜNDGENS mit MARIANNE HOPPE in der Rolle der Effi, 1968 von der DEFA unter der Regie WOLFGANG LUDERERS mit ANGELIKA DOMRÖSE, 1974 von RAINER WERNER FASSBINDER mit HANNA SCHYGULLA, sowie 2009 von HERMINE HUNTGEBURTH mit JULIA JENTSCH als Effi.

Nach Meinungen der Literaturhistoriker war FONTANE „der einzige wirkliche Realist, den es jemals gab, und (der) die Kunst völlig in die Realität verlegen, die geheimen Ordnungen des Lebens selbst belauschen und sichtbar machen ... (konnte)“ (PAUL FECHTER). FONTANE ist „ein außergewöhnlicher Fall der Literaturgeschichte“ (RINSUM).

Die Schweizer

JEREMIAS GOTTHELF (d. i. ALBERT BITZIUS, 1797–1854) war Pfarrer in der Schweiz, Kanton Bern. GOTTHELF war eines der größten Naturtalente des 19. Jahrhunderts, er begann erst vierzigjährig zu schreiben und war einer der Autoren, die die *Dorfgeschichte* populär machten und als *Typus* kreierten. GOTTHELF schrieb Romane und Geschichten über die Emmentaler Bauern und Texte für den Kalender. Dabei ergibt sich eine reizvolle Mischung von Berner Mundart und bildreichem, „kernigem“ Schriftdeutsch. Er versuchte, damit die Bauern zu erreichen. Gelesen wurde er jedoch vor allem im Bildungsbürgertum. Die mittelständische Bauernschicht war für ihn *Basis für ein moralisches Leben*. Er erzählte von *dörflichen Konflikten* und von *Verletzungen moralischer Normen*, zog *gegen den religiö-*

sen Verfall des 19. Jahrhunderts zu Felde. Seine Werke sind von *starkem Wirklichkeitsbezug* geprägt. Das Volk war für ihn keine ideale Größe, er beschreibt es ohne Sentimentalität. Er engagierte sich sozial als Pfarrer und Schulkommissär seines Bezirkes, war Anhänger PESTALOZZIS (1746 bis 1827, ebenfalls Schweizer, Volkserzieher in der Tradition von ROUSSEAU und HERDER, der auch Erziehungsromane geschrieben hatte).
Seine Prosa sei altmodisch, grobkörnig, „derb und ‚unkultiviert', ihr fehle Schliff, Musikalität und grammatische Regelsicherheit, ja sie ignoriere zweifellos das, was die Goethezeit der deutschen Literatur an Gewinn gebracht habe" (KURT BATT). Auch wenn es so scheint – diese Beschreibung ist nicht negativ gemeint …
Sein wohl bis heute am nachhaltigsten wirkendes Werk ist „Die schwarze Spinne" (1842). Hier geschieht die Verflechtung von Zeitlichem mit Überzeitlichem, die Ausweitung des Geschichtlichen ins Mythische. GOTTHELF schafft Sinnbilder für die *Verantwortung des Einzelnen gegenüber der Gemeinschaft* in einer dörflich geprägten Rahmenerzählung.
GOTTHELF wird in den Literaturgeschichten oft mit KELLER verglichen, der von seinem Kollegen sagte, dass er „das größte epische Talent (sei) …, welches seit langer Zeit und vielleicht für lange Zeit lebte" (KELLER: „Jeremias Gotthelf"). GOTTHELF gilt oft als der ungeduldigere, direktere, gröbere, poetische Pädagoge, KELLER als der pädagogisch indirekt agierende Künstler, wodurch er jedoch aus der Sicht des 21. Jahrhunderts weitaus lehrhafter wirkt als GOTTHELF.
GOTTFRIED KELLER (1819–1890) wollte eigentlich Maler werden wie ADALBERT STIFTER. Die Lektüre FEUERBACHS ließ *starke atheistische Gedanken* entstehen. Seine Geschichten sind *im städtischen Milieu* angesiedelt, der einzige Sinn des Lebens besteht für ihn in der Ordnung.

GOTTFRIED KELLER (1819–1890)

„Der grüne Heinrich" (autobiografischer Roman, Urfassung 1854–1855 und Zweitfassung 1879–1880; zwischen den Fassungen gibt es große Unterschiede) beschreibt seine *Entwicklung zum Künstler* (Maler), Bürger und Mann. Jedoch steht am Ende seines Weges nicht die ideale Person. Der Weg des grünen Heinrichs ist nicht gerade und er erlebt nicht das glückliche Gefühl, an einem guten Ende angekommen zu sein. Die Literaturkritiker sind sich einig in der künstlerischen Qualität des Romans. Sie loben die „psychologisch überzeugenden Figuren", die „schlichte klassische Sprache" und den Episodenreichtum. (ROTHMAN)
Als besonders lebendig beschreiben die Literaturgeschichten die erste Fassung, in der KELLER für die zeitgenössischen Leser unerwartet offen von der Kindheit und Jugend erzählt. Der jugendliche Held ist eine Figur *mit positiven und negativen Charaktereigenschaften*. Welches das „wirkliche" Kunstwerk ist, die erste oder die zweite Fassung, darüber streiten die Literaturhistoriker.
KELLER war vor allem ein Meister der Novelle, der „Stiefschwester des Dramas" (FECHTER), deren Gestaltungsmöglichkeiten ihn reizten. Auf überschaubarem Raum konnte der Erzähler die Aufmerksamkeit des Lesers auf einen Punkt konzentrieren, während ihm der Roman wie ein nicht enden wollender „Strickstrumpf" vorkam, an den der Autor über längere Zeit immer neue Teile „anstrickte", ohne ein wirkliches Ende vor Augen zu haben. In den Novellen spielt KELLER vergnüglich mit den Mitteln der Ironie, Komik und der Parodie (u. a. der Märchenparodie).

KELLERS berühmte Novellenzyklen sind „Die Leute von Seldwyla" (1. Teil 1856, 2. Teil 1873–1874), die „Züricher Novellen" (1878) und „Das Sinngedicht" (1881).
CONRAD FERDINAND MEYER (1825–1898) begann mit 45 Jahren, historische Erzählungen und Novellen zu schreiben, wichtiger jedoch bis heute ist seine Lyrik.

Poetisch-realistische Lyrik

STORM schrieb Landschafts-, Liebes- und Erinnerungsgedichte, FONTANE Balladen und MEYER formvollendete metaphernreiche, allegorische und symbolische Erlebnis- sowie Dinggedichte, von denen es häufig mehrere Fassungen gibt.
PAUL HEYSE (auch Dramen, Novellen, Romane) wurde gefördert von EMANUEL GEIBEL. Beide waren, wie auch FRIEDRICH BODENSTEDT, Lieblings- und Modeautoren des Bildungsbürgertums mit der Botschaft: Wir stehen in einer ungebrochenen Tradition der „Dichter und Denker" des deutschen Volkes. Die Harmonie des „Ewig-Menschlichen" fand HEYSE in der Natur und dem Naturmenschen, seiner Sinnlichkeit und Schönheit. Nicht wenige Leser sahen darin eine Kritik an verlogenen und verknöcherten Zeitgenossen. Literatur war für sie Gegen- und Traumwelt zum alltäglichen Leben, das mit der Industrialisierung vielen neuen Unsicherheiten ausgesetzt war.
EMANUEL GEIBEL (1815–1884) war der talentierteste und erfolgreichste Nachahmer des überkommenen barocken, klassischen, romantischen und volkstümlich-liedhaften Formenarsenals, der sich zu seinen Vorbildern auch jeweils ohne Scheu bekannte. Er baute mit PAUL HEYSE eine vom König von Bayern, MAXIMILIAN II., unterstützte Dichterschule in München auf, in der die Poeten die Formen perfekt beherrschen lernen sollten, wobei der Formenkanon stark am Publikumsgeschmack orientiert war. Diese Schule unterstützte damit weniger die Entwicklung der Autoren oder Künste als die Massenproduktion von formal perfekten Gedichten. Seine Botschaft: Verlassen wir uns auf das Bestehende, Vorhandene; es bleibt alles so, wie es ist. Und das ist gut so!

EMANUEL GEIBEL (1815–1884) und PAUL HEYSE (1830–1914) wurden von Zeitgenossen als Epigonen bezeichnet, weil sie einem klassizistischen Schönheitsideal huldigten und verfassungskonform dachten.

Für STORM war die Lyrik als Massenproduktion undenkbar. Für ihn war die lyrische Produktion Zeugnis einer konkreten Lebenssituation und der damit verbundenen Gefühle, die es ihm wert schienen, in einem Gedicht bewahrt zu werden.
WILHELM BUSCH (1832–1908) ist der Vater der modernen Bildergeschichten. Er steht in der Tradition der volkstümlichen Bilderbogen, kreierte komische und *satirische Verserzählungen,* war *Meister der Sprachkomik,* der Satire, des Humors, der Groteske, der nicht daran glaubte, dass der Mensch erziehbar sei. Jeder Mensch folge seinen eigenen egoistischen Zielen. Seine Bildergeschichten empfand er eher als Nebenprodukt, strebte er doch danach, ein Dichter und Maler zu sein. Doch gerade seine „Nebenprodukte" machten ihn bekannt, umstritten und berühmt.

Die dramatische Dichtung und das Musikdrama waren die Domäne RICHARD WAGNERS. Er griff *Stoffe der germanischen Mythologie und Sage* auf. HEBBELS Dramen stellen das Ende einer Entwicklung seit LESSING dar. (Nach: RINSUM)

Naturalismus – besondere Ausprägung des poetischen Realismus oder künstlerische Revolte einer jungen literarischen Generation?

↗ Ausführlich zum Naturalismus S. 351 ff.

Sollen Literaturhistoriker den poetischen Realismus mit dem Naturalismus wertend vergleichen, so kommen sie zu verschiedenen Ergebnissen. Der *Naturalismus* beginnt um 1880 und wird vor allem von einer neuen Generation ernst genommen. Er endet wie der Realismus um die Jahrhundertwende. Der Naturalismus blieb auf einige Zentren wie Berlin und München konzentriert und erlebte seinen Durchbruch mit GERHART HAUPTMANNS „Vor Sonnenaufgang" (1889). War die Kunst des Naturalismus eine besondere, konsequente Ausprägung des Realismus? Einige Literaturhistoriker beantworten diese Frage mit einem „Ja". Der Naturalismus sei realistisch gewesen, er habe eine krasse, ungeschminkte und ungeschönte Wahrheit gezeigt, das Alltägliche, Gemeine, Unschöne, Triebhafte als der Kunst würdig behandelt; jedoch sei das Meiste in Vergessenheit geraten. (Vgl. RINSUM)

Die jungen Realisten/Naturalisten der letzten zwei Jahrzehnte des 19. Jahrhunderts gehörten einer neuen Generation an. Sie waren *radikal in ihrem Anspruch,* den Weg konsequent zu Ende zu gehen. Sie suchten die *Öffentlichkeit* und damit vor allem die öffentlichste Form aller Künste, das Theater. Sie gründeten, um von der Zensur unabhängig zu sein, einen geschlossenen Verein, eine eigene Bühne, *Dichtervereine* und *literarische Gesellschaften,* die auch mittellosen Künstlern die Möglichkeit gaben, zu essen und zu schlafen. Die Naturalisten unterschieden sich somit von den Autoren des poetischen Realismus, die solche Verbindungen und gemeinsamen Treffpunkte, Kontakte usw. so gut wie gar nicht pflegten. Neben diesen grundsätzlich *anderen Formen des literarischen Lebens* sehen einige Literaturhistoriker Neues in der Theaterproduktion, auf das Regisseure und Autoren des 20. Jahrhunderts zurückgegriffen haben. (BÖTTCHER)

Zur literarischen Moderne der Jahrhundertwende zählen die Historiker den Naturalismus nicht.

Übergänge in das neue, das 20. Jahrhundert

Berlin hatte 1871 etwa 932 000 Einwohner, bis 1900 wuchs die Bevölkerung mit den Vororten auf 2,7 Millionen an.

Nachdem das 19. Jahrhundert in Europa und Nordamerika das Zeitalter der Maschine und der Industrialisierung eröffnet hatte, nahm in der zweiten Hälfte des 19. Jahrhunderts die Bevölkerungszahl sehr schnell zu. Es entwickelten sich *Großstädte* sowie *soziale und politische Massenbewegungen.* Der Mensch im Kollektiv sowie das Verhältnis von Masse und Führer werden jedoch erst nach 1900 in der Großstadtliteratur zu literarischen Themen. Die Jahrhundertwende bezeichnen Historiker als den *Beginn des modernen Zeitalters,* so wie es im 20. und 21. Jahrhundert verstanden wird. Als charakteristisch dafür beschreiben Wissenschaftler die *Beschleunigung der Lebensabläufe* und das *Wahrnehmen simultaner Vorgänge,* die auch gegensätzlich sein können. Physik, Philosophie und Kunst beschreiben die „Relativität" der Zeit, die je nach Standort anders erlebt wird.

Am Ende des Jahrhunderts stand eine Zeitenwende, eine Wende hinsichtlich dessen, was Zeit in den Wissenschaften und Künsten, im öffentlichen und privaten Leben sowie für jedes Individuum bedeutete.

4.7.7 Naturalismus

Die Autoren des *Naturalismus* gingen davon aus, dass der Mensch durch *die* Natur und durch *seine* Natur, durch biologische Vererbung und von seiner sozialen Umwelt geprägt ist. Sie interessierten sich für die psychischen und psychopathologischen Zustände des Menschen als einer Form seiner psychosozialen Natur.
Der Naturalismus war eine programmatische Strömung und hatte damit auch ein deklamiertes und reflektiertes Ende. Programmatische Strömung heißt in diesem Zusammenhang, dass die literarischen Theorien, die sich aus der Reflexion über die Welt des sich vollendenden 19. Jahrhunderts ergeben haben, konsequent in der Literatur umgesetzt wurden.

CHARLES DARWIN (1809–1882): Evolutionstheorie

Geschichtlicher Hintergrund

„Die mit ‚einer fast unheimlichen Schnelle und Folgerichtigkeit' seit Goethes Tod erfolgten ‚Entdeckungen und ihre Neuverwertungen' haben zu einer völlig veränderten Wirklichkeitserfahrung im Zeichen der naturwissenschaftlichen Welterfassung geführt. [...] Die Wirkung moderner Erfahrungswissenschaften auf den naturalistischen Schriftsteller ist tiefgreifend. Ihr Weltbild wird durch die biologischen, physikalischen und geologischen Erkenntnisse des 19. Jahrhunderts geformt." (Wolfgang Kirchbach, 1857–1906)

Es ist die Zeit der Firmengründungen. Siemens, AEG, Bosch und damit Stahl (der Ofen) und Elektrizität (die Glühbirne) sind Symbole der Zeit. Die Industrie in den Städten braucht viele neue Arbeitskräfte. Die arbeitende Bevölkerung wächst schnell. Das Proletariat wohnt in den industriellen Ballungszentren wie dem Ruhrgebiet, in denen sich Großstädte zu entwickeln beginnen.
Mit der Gründung der SPD entwickelt sich eine neue politische Kraft, die gerade in der Zeit ihres Verbots (Sozialistengesetz 1878–1890) besonders schnell wächst, Sympathisanten findet und sich durch ein umfassendes Vereins- und Organisationswesen im Alltag der arbeitenden Schicht fest etabliert. Die sich entwickelnde **sozialistische Literatur** thematisiert besonders die Arbeits- und Lebensbedingungen der unteren sozialen Schicht als *soziale Frage.* Unter diesem Aspekt knüpft sie an den poetischen Realismus an und hat Berührungspunkte mit dem Naturalismus. Neu an dieser Literatur ist, dass Arbeiter über eigenes Leben zu schreiben beginnen.
Die meisten Schriftsteller des Naturalismus sympathisierten mit der gemäßigten Richtung der Sozialdemokratie. Seit 1871 ist Deutschland ein durch Kriege geeinigtes Land mit einer konstitutionellen Monarchie. Unter dem Kanzler der Einigung, OTTO VON BISMARCK (1815–1898), findet eine *Militarisierung fast des gesamten öffentlichen Lebens* statt, was u. a. eine Vernachlässigung und Herabsetzung von Kunst und Kultur vonseiten des Staates im öffentlichen Leben zur Folge hat. Weitverbreitet in dem neu entstandenen Reich sind die nationale Staatsidee, ein nationalkonservatives Denken und ein starker politischer Katholizismus:

Das „Gesetz gegen die gemeingefährlichen Bestrebungen der Sozialdemokratie" wurde am 21.10.1878 erlassen. Die Sozialdemokraten hatten einen Anspruch auf Internationalität formuliert, was in den Augen BISMARCKS die Hoheit des Staates in Frage stellte. 1878 verbot BISMARCK deshalb alle Organisationen der Sozialdemokratie. Bis 1890 spricht man von der Sozialistenverfolgung. Aus der Zeit des Verbots gingen die Sozialisten gestärkt hervor.

MICHAEL GEORG CONRAD: „Treue Wiedergabe des Lebens unter strengem Ausschluß des romantischen, die Wahrscheinlichkeit der Erscheinung beeinträchtigenden Elementes; die Komposition hat ihren Schwerpunkt nicht mehr in der Erfindung und Führung einer mehr oder weniger spannenden, den blöden Leser in Atem haltenden Intrigue (Fabel), sondern in der Auswahl und logischen Folge der dem wirklichen Leben entnommenen Szenen ..."
(Conrad, Michael Georg: Zola und Daudet. In: Die Gesellschaft 1 [1885] Nr. 40. S. 746 f.)

BISMARCK-Denkmal in Hamburg

Weltbild: Okzident vs. Orient, der das Abendland des Christentums bedroht, Verwurzelung in Heimat- und Volksideen, aristokratische Haltung gegen drohendes Chaos und die Auflösung aller Wertesysteme

Deszendenztheorie: Abstammungslehre, nach der die höheren Lebewesen aus niederen hervorgegangen sind

Kritik eines Zeitgenossen: „Der dümmste Soldat ist mehr wert als der beste Lyriker." (M. G. CONRAD)
Die „soziale Frage" ist wie bereits zur Zeit des poetischen Realismus einer der wichtigsten Streitpunkte. Thematisiert wird auch die soziale Lage freier Autoren, der Schriftsteller bzw. Journalisten. Der „Journalist" wird in der zweiten Hälfte des 19. Jahrhunderts ein selbstständiger und akzeptierter Beruf.

Die Natur als allgemeines Organisationsprinzip, auch der künstlerischen Formen

Die Naturwissenschaften begannen die Philosophie als die Wissenschaft, die die Welt erklärt, zu verdrängen. Vor allem durch Ergebnisse der neuen biologischen Anthropologie als einer neuen Lehre von der Abstammung des Menschen bekam die biologistische Deutung des Menschen einen großen Zulauf (siehe: BÜCHNER).
ERNST HAECKEL (1843–1919) entwarf eine sehr populäre Entwicklungstheorie, war ein bedeutender Fortführer der darwinschen Abstammungslehre in Deutschland, entwickelte in einer generellen Morphologie das „biogenetische Grundgesetz". Seine These lautete: Der Mensch wiederholt in seiner Entwicklung von der Eizelle bis zur ausgebildeten Form noch einmal die gesamte Stammesentwicklung. Der Mensch ist das produktive Endglied einer langen biologischen Entwicklungskette.
Dies galt als Bestätigung der Deszendenztheorie und als Kritik am christlichen Schöpfungsgedanken zugunsten einer naturphilosophischen Evolutionstheorie. HAECKEL verkündete auf der Grundlage naturwissenschaftlicher Erkenntnisse eine durch Materialismus, Monismus und Atheismus bestimmte Weltanschauung. Weitere Popularisierung erfuhren diese Ideen durch WILHELM BÖLSCHE (1861–1939) vor allem in den 1890er-Jahren.

WILHELM BÖLSCHE: „Der Dichter [...] ist in seiner Weise ein Experimentator, wie der Chemiker, der allerlei Stoffe mischt, in gewisse Temperaturgrade bringt und den Erfolg beobachtet. Natürlich: der Dichter hat Menschen vor sich, keine Chemikalien. Aber ... auch diese Menschen fallen ins Gebiet der Naturwissenschaften. Ihre Leidenschaften, ihr Reagieren gegen äußere Umstände, das ganze Spiel ihrer Gedanken folgen gewissen Gesetzen, die der For scher ergründet hat und die der Dichter bei dem freien Experimente so gut zu beachten hat, wie der Chemiker, wenn er etwas Vernünftiges und keinen wertlosen Mischmasch herstellen will, die Kräfte und Wirkungen vorher berechnen muß, ehe er ans Werk geht und Stoffe kombiniert."
(Bölsche, Wilhelm: Die naturwissenschaftlichen Grundlagen der Poesie. Prolegomena einer realistischen Aesthetik, Leipzig: Carl Reissner, 1887, S. 7.)

Begriff des Naturalismus

> Als **Naturalismus** bezeichnet man eine Strömung in der Literatur und Kunst etwa ab den Siebzigerjahren bis Mitte der Neunzigerjahre des 19. Jahrhunderts, die an den späten (poetischen) Realismus anschloss und deren programmatische Grundüberzeugungen zu z. T. kontroversen künstlerischen Praxen führte.

HENRIK IBSEN (1828–1906)

Der Naturalismus entwickelte sich in Deutschland im *Dialog mit der realistischen Literatur aus Frankreich* (ÉMILE ZOLA), Skandinavien (HENRIK IBSEN „Der Ankläger"; AUGUST STRINDBERG, 1849–1912) und Russland (LEO TOLSTOI, FJODOR DOSTOJEWSKI – vor allem „Schuld und Sühne", MAXIM GORKI). Ein Vertreter des englischen Naturalismus ist ARTHUR CONAN DOYLE (1859–1930). *Vererbung und Milieu* sind zentrale Begriffe, mit denen der Zustand der Menschen und ihrer Realität erklärt wird. Milieuprägung *und* Vererbung waren die beiden Faktoren, die aus dem Menschen das machen, was er ist. Bildung, Konvention und Moral galten als „Masken". Die *Natur war allgemeines Organisationsprinzip,* auch der künstlerischen Formen. Seinen antiklassizistischen und antiromantischen Reflex bezog der deutsche Naturalismus aus den Vorbildern **Sturm und Drang** und **Junges Deutschland.** Seine literarischen Hauptformen waren das Drama und der Roman. Der Naturalismus bildete eine wichtige Tradition der **Neuen Sachlichkeit.**

Milieu = soziales Umfeld und Umgebung

naturalistische Gesellschaftskritik

- → gegen Wilhelminismus und Obrigkeitsstaat
- → gegen die deutschnationale Haltung des Bürgertums
- → gegen Nutzung von Technik und Wirtschaft als reine Profitquelle
- → gegen Verelendung der Massen
- → gegen Verelendung der Kultur

Die Zeit von 1880 bis 1890 nennt man das eigentliche naturalistische Jahrzehnt. ÉMILE ZOLA (1840–1902) gilt als Biograf, Pionier und Repräsentant des europäischen Naturalismus. Unter dem Einfluss von HIPPOLYTE TAINE (1828–1893) und CLAUDE BERNARD (1813–1878) konzipierte ZOLA seine Auffassung von der Determiniertheit (Prägung und Festgelegtsein) des Menschen durch *Milieu und Vererbung.* Wenn ein Mensch in dieser Weise bestimmt ist, trägt er auch keine Verantwortung für das, was er tut. Das war das Ende der Idee, es gäbe eine Moral im Leben der Natur und in der Kunst. Sein Werk zeigt den engen *Zusammenhang von Dichtung und Wissenschaft.* Für ZOLA bedeutete die positivistische Theorie in der Arbeit eines Schriftstellers, dass Beobachtung, Analyse und Experiment Voraussetzungen der Arbeit sind. Es ist eine Form der empirischen Ästhetik, d. h., das auf Erfahrungen Beruhende und Nachprüfbare wird zum *Gegenstand der Kunst.* In mehreren Romanzyklen, in denen er Formen des biografischen Porträts und der Reportage benutzte, erzählte ZOLA vom Leben der besitzlosen Klasse und sozialer Randgruppen.

„Germinal" wurde auch verfilmt, u. a. mit GERARD DEPARDIEU (1992).

EDOUARD MANET: „Porträt des ÉMILE ZOLA", 1868

ZOLAS bekanntestes Werk ist sein Romanzyklus „Les Rougon Macquart" (20 Bände). Daraus besonders bekannt sind „Nana" (das biografische Porträt einer Dirne) und „Germinal" (ein Report über die sozialen Verhältnisse im nordfranzösischen Kohlerevier).
Im Unterschied zum französischen Naturalismus, der im positivistischen Sinne stärker der Exaktheit verpflichtet war, war der deutsche Naturalismus stärker durch *vagen Fortschrittsoptimismus* und *volkspädagogischen Utopismus* geprägt.

Unter dieser Voraussetzung entwickelten sich zur Erfassung, Beschreibung und Prognostizierung von Gesellschaften und deren Gruppen erste Formen der modernen Statistik.

Die positivistische Theorie ist eine philosophische Strömung des 19. und 20. Jahrhunderts. Sie bezeichnet eine erkenntnistheoretische und methodologische Grundhaltung, die davon ausgeht, dass die Quelle aller Erkenntnisse allein das Gegebene ist, d. h. die durch Beobachtung gewonnenen (wahrnehmbaren) „positiven" Tatsachen. Die Beschreibung der Welt, weniger die Suche nach Ursachen, waren das Ziel. Dieser Weg zur Erkenntnis ist der wissenschaftliche.

COMTE vertrat einen soziologischen Positivismus, er begründete die ersten modernen Statistiken, mit denen die Eigenschaften einer Gesellschaft erfasst werden können: „Die Liebe als Prinzip, die Ordnung als Grundlage, der Fortschritt als Zweck".

Die Positivisten waren der Meinung, für jede natürliche Erscheinung gebe es eine Beziehung von Ursache und Wirkung. Begründer des Positivismus war der Franzose AUGUSTE COMTE (1798–1857). Sein Werk „Discours sur l'esprit positif" (1844) gilt als Programm- und Hauptschrift des „klassischen Positivismus". JOHN STUART MILL (1806–1873) und HERBERT SPENCER (1820–1903) sind die Hauptvertreter des englischen Positivismus. In seinem Werk „Utilitarism" (1864) trat MILL für die freie Entfaltung der Persönlichkeit als Voraussetzung für das wahre, nicht exakt aufrechenbare Glück des Menschen ein.

Konventionelle Empfindungsästhetik versus naturwissenschaftlicher Modernität

Charakteristisch für den deutschen Naturalismus ist die Gleichzeitigkeit von szientistischer Wirklichkeitserfassung (Nachahmung durch naturwissenschaftliche Erkenntnis = Mimesis) und stimmungslyrischem Sentiment (schöpferische Initialkraft des poetischen Bewusstseins = Produktivität). Darin besteht seine Stärke und Eigenart, aber auch sein Problem.
Naturalismus bedeutet nicht einfach kausalmechanische Nachahmung der Natur. Das Zurückgreifen und der häufig wiederholte Hinweis auf die in der Natur verwurzelten Empfindungen als „Quellpunkt der Dichtung" zeigt, dass die Natur für den Naturalismus nicht nur der pragmatische Gegenstand der Naturwissenschaften, sondern zugleich *poetisches* **Zentralmotiv** ist, in dem eine stimmungsreiche Natur erscheint (Stimmungslyrik).

Die Künstler selbst haben reflektiert, dass es nicht nur um kausalmechanisches *Nachahmen der Wirklichkeit* geht, sondern um produktive Gestaltung durch poetisches Bewusstsein, dem sie eine Initialkraft zuschrieben. Zwischen diesen beiden Polen bewegen sich die kunstästhetischen Überlegungen. Je nach Akzentsetzung erscheinen die Positionen stärker der Tradition verpflichtet bzw. radikaler in der Bejahung von Neuem.

Programmatiken

WILHELM BÖLSCHE beschreibt in „Die naturwissenschaftlichen Grundlagen der Poesie. Prolegomena einer realistischen Ästhetik", dass der Dichter in seiner Weise ein *Experimentator* ist, wie der Chemiker, wobei der Autor Ausdruck des „poetischen Genius" ist. (Anmerkung: Hier wirkt der klassisch-romantische Geniebegriff in der naturalistischen Doktrin weiter.) Dichtung ist für ihn die Einheit von „Experiment" und „Phantasiewerk" als ein Versuch im poetischen Denken, Tradition und moderne Erkenntnisse miteinander zu verbinden. Dichtung verbindet sich mit dem Versuch, einen *Entwurf der besseren Welt* zu wagen.
KARL BLEIBTREU (1859–1928) schreibt in „Revolution der Literatur" (1886) „daß die naturalistische Wahrheit der trockenen und ausdruckslosen Photographie sich mit der künstlerischen Lebendigkeit idealer Komposition verbindet".
CONRAD ALBERTI (1862–1918) konstatierte im Zeichen der modernen Erfahrungswelt, eines neuen Realismus und einer praxisbezogenen Denkweise die Ablösung der klassisch-idealistischen Kunstphilosophie durch eine moderne, realistische Kunstphilosophie. In seiner Aufsatzsammlung „Natur und Kunst. Beiträge zur Untersuchung ihres gegenseitigen Verhältnisses" (1890) äußerte er: „Sie (die alte Ästhetik) ging von Begriffen aus statt von den Dingen, sie war deduktiv statt induktiv, statt praktisch, empirisch, historisch, vergleichend zu sein." Die Kunst habe eine empirische, historische Qualität. Sie sei damit nicht mehr klassisch-zeitlos, sondern historisch-modern.
In der Sekundärliteratur gelten die Schriften ALBERTIS als die klarsten und fundiertesten Darstellungen.

WILHELM BÖLSCHE (1861–1939) war Romancier und Autor populärwissenschaftlicher Literatur.

Mimesis: griech. = Begriff aus der Poetik des **ARISTOTELES**, in dem es um das Verhältnis von Nachahmung der Wirklichkeit und deren erneute Erfindung in der Kunst nach Regeln der Kunst geht.

ARNO HOLZ („Es ist ein Gesetz, dass jedes Ding ein Gesetz hat"), der Formexperimentator und Anhänger eines naturwissenschaftlichen Denkens, war mit seiner „Wortkunsttheorie" und seinem „Phantasusopus" einer der wichtigsten, wenn nicht der *wichtigste Theoretiker* des deutschen Naturalismus.
Für seine *Sprachexperimente* interessierten sich nicht nur „naturalistische" Autoren, sondern auch Künstler des **Expressionismus** und der *konkreten Poesie* des 20. Jahrhunderts. HOLZ versuchte, eine echte Revolutionierung der Sprache zu erreichen, um neue Bewusstseinshorizonte zu erschließen und kommunizierbar zu machen.

Zum **Phantasus** ↗Lyrik S. 121 f.

Zum **Expressionismus** ↗S. 374 ff.

Zur **konkreten Poesie** ↗S. 422

„Lassen wir also alle sogenannte ‚Intuition' und ‚Inspiration' und wie dergleichen grossbrockiges Zeug sich sonst noch betiteln mag […] beiseite […] und halten wir uns lieber ‚hausbacken' an die Tatsachen."
(Holz, Arno: Die Kunst. Ihr Wesen und ihre Gesetze. Berlin: Wilhelm Issleib (Gustav Schuhr), 1891, S. 6.)

ARNO HOLZ ist unter den Lyrikern Ausnahme und Außenseiter. Im Allgemeinen offenbarte die naturalistische Lyrik den Widerspruch zwischen Erneuerungsanspruch und der Praxis, konventionell, schablonenhaft, epigonal zu schreiben, am deutlichsten und beschränkte sich vor allem auf *stoffliche Neuerungen.* In der Regel versuchten die Autoren, romantische Natur- und Stimmungsmotive mit neuen, modernen Zeitsujets zu verbinden. In den Texten stehen *romantische Naturverbundenheit* und neue *zivilisatorische Großstadterfahrungen* nebeneinander, sodass Klischees und falsches, unangemessenes Pathos nicht selten sind.

Programmatische Gegenströmungen

Zu den antinaturalistischen Strömungen ↗S. 367 ff.

1. Die Welt sei nur ästhetisch zu retten.
   - Neoklassik und Neoromantik (Verehrung der geistigen Werte der Vergangenheit)
   - Symbolismus, Jugendstil (Drang zur Stilisierung und zum Symbol)
   - Impressionismus (Betonung der Gefühlsintensität)

Zur sozialistischen und Arbeiterliteratur ↗S. 387

2. Die Welt sei nur durch politisches Engagement zu retten.
   - Sozialistische Literatur (Naturalismus sei unparteiisch. Kunst müsse auch politisch Positionen beziehen.)

Zur selben Zeit gibt es *traditionsbetonte Literatur,* die in verschiedenen Lesergemeinden (ländliche, städtische, Mundartengruppen, konfessionell gebundene wie katholische und protestantische) verankert ist.

Literarische Zentren

Zu Beginn der 1880er-Jahre bildeten sich die zwei wichtigsten Zentren *Berlin und München* mit vielen kleinen literarischen Gruppen heraus. Viele waren begeisterte Propagandisten der Werke ZOLAS.

Der Personenzettel wird kostenlos verabfolgt.
Volksbühne
Theater am Bülowplatz
Mittwoch, den 17. Dezember, abends 7 Uhr
Götz von Berlichingen
mit der eisernen Hand

Programmzettel der Volksbühne Berlin vom 17. Dezember 1919

Berlin	München
Kreis um die Brüder HART Friedrichshagener Dichterkreis (seit 1890) – BÖLSCHE und BRUNO WILLE Gründung der Freien Volksbühne	Kreis um MICHAEL GEORG CONRAD
Literarischer Verein Freie Bühne (1889)	„Gesellschaft für modernes Leben" (1890)
Zeitschrift „Kritische Waffengänge"	Zeitschrift „Die Gesellschaft"

Die Brüder HEINRICH (1855–1906) und JULIUS HART (1859–1930) waren Bahnbrecher des Naturalismus als Herausgeber von Manifesten, Flugschriften, verschiedenen Zeitschriften und Monatsblättern – z. B. „Kritische Waffengänge" (1882–1884) und „Allgemeiner deutscher Literaturkalender" (1879–1882).

Aus den „Kritischen Waffengängen": „Wir rufen den Kritikern zu: Helft uns kämpfen gegen die Modedichterlinge und Poesiefabrikanten [...] Laßt uns einig sein, laßt uns jeden Keim, der zu einem Schößling echt moderner und tief nationaler Dichtung auszuwachsen verspricht, hegen und pflegen."

Die „Kritischen Waffengänge" waren das wichtigste Organ des deutschen Frühnaturalismus

Am 8. August 1890 wurde in Berlin die „Freie Volksbühne" gegründet. Ihre Mitbegründer waren BRUNO WILLE (1860–1928), WILHELM BÖLSCHE, OTTO ERICH HARTLEBEN (1864–1905), JULIUS HART, OTTILIE BAADER (1847 bis 1925) und OTTO BRAHM (1856–1912). Als erstes Stück wurde am 19.10.1890 HENRIK IBSENS „Stützen der Gesellschaft" (1877) aufgeführt.
MICHAEL GEORG CONRAD attackierte in München die Großstadt als einen „Ameisenhaufen in wahnsinnigem Aufruhr, ein wüstes Hin und Her". Naturalistisches Zentralorgan war „Die Gesellschaft" (seit 1885 hrsg. v. CONRAD). Es spiegelte die Kulturkampfatmosphäre der Siebziger- und Achtzigerjahre. CONRAD zeigte die für den Naturalismus typische Verschränkung von romantisch-konservativem Nationaldenken und aufklärerischem Kosmopolitismus.

Im zweiten Drittel des 19. Jahrhunderts nannte man den Streit zwischen dem Deutschen Reich und der katholischen Kirche Kulturkampf. – Das Deutsche Reich (protestantisches Königreich Preußen) im Streit mit dem Papst: Wer hat die Kulturhoheit? Wer ist die oberste Instanz in den Fragen der Pflichten des Einzelnen, der Schulaufsicht, der Fragen der Ehe und der Besetzung der Würdenämter? Zweite Streitfrage war die Sozialistenfrage (Sozialistengesetz).

Themenkreise des Naturalismus

- Was macht den Menschen zu dem, was er ist, tut und denkt?
- Die politisch-soziale Wirklichkeit des Industriezeitalters (Stellung des Menschen innerhalb der Technik)
- Die naturwissenschaftlich-technische Realität
- Konzeption einer neuen Dichtung
- Auseinandersetzung mit
  kultureller Scheinblüte,
  wirtschaftlichem Pragmatismus,
  deutschnationaler Hochstimmung des wilhelminischen Bürgertums,
  autoritärem Obrigkeitsstaat und Untertanenverhalten,
  mangelnder Freiheit des Geistes
- Soziale Missstände, Notlage der arbeitenden Masse
- Darstellung der zerstörenden Kraft des Alkohols, von Siechtum und Tod

BISMARCKS Arbeitergesetzgebung 1881 bis 1889 regelte nur das Notwendigste wie grundlegende Formen der Versicherung bei Arbeitsunfällen, die in großer Zahl passierten.

In diesen Werken gibt es *keine Helden* mehr. Szenenreihen amoralischen Verhaltens, schrankenloser Verwirrung und abseitiger Empfindungen sollten die Wahrheit über den Menschen aufdecken.
Die Welt der Industrie, der Maschine und der Technik hält Einzug in die Literatur, sowohl in ihrer Bejahung als auch in der Ablehnung und skeptischen Haltung. Eine Welt, in der auch die *Gegenwelten* und *romantische Innerlichkeit* neu an Bedeutung gewinnen. In den Werken des Naturalismus findet sich selten eine rein sachliche Darstellung der technischen

Welt, wie das etwa bei der Neuen Sachlichkeit der Fall sein wird. Autoren haben weniger Interesse an den Details der modernen Technik als an dem generellen Problem, wie eine *neue Sachlichkeit* in der Literatur gefunden werden kann. Man proklamierte den „Geist der absoluten Objektivität". Ziel ist die Entfaltung einer realistischen Ästhetik, die auf dem naturwissenschaftlichen Empirismus basiert.

ARNO HOLZ (1825–1898)

„Experimentelles"/„Technisches"

„Arno Holz ist die vielleicht stärkste Potenz, in der sich empfindungslyrische Stimmung, kosmisches Naturgefühl und naturwissenschaftliches Präzisionsdenken vereinigen." (MEYER). Er formulierte wahrscheinlich die stärkste, klarste und prägnanteste, geschlossenste Ästhetik des Naturalismus.

JOHANNES SCHLAF (1862–1941) und ARNO HOLZ (1863–1929) erprobten in Studien und Skizzen, wie man stilistisch und technisch eine fotografisch präzise Darstellung kleinster auch beiläufiger Vorgänge und Handlungen geben kann. Ihnen gelang eine *protokollarische Erfassung* im sogenannten **Sekundenstil.** Wie erzähle ich Langeweile, die Reinigung von Fingernägeln, das nicht enden wollende Sterben, bei dem jede Minute kein Ende nehmen will usw., z. B. im Skizzenbuch „Papa Hamlet" (1889). Schlaf versuchte den Sekundenstil auch in der Lyrik zu entwickeln (↗ Expressionismus). Wie HOLZ in der Lyrik trennten sich HERMANN SUDERMANN (1857–1928) und GERHART HAUPTMANN (1862–1946) von dem reinen „naturalistischen Schema" und verbanden ihn mit anderen Motiven und künstlerischen Elementen.

Der Sekundenstil strebte eine völlige Deckungsgleichheit von Erzählzeit und erzählter Zeit (↗ S. 81) an. Der Nouveau Roman griff Aspekte des Sekundenstils in den Fünfzigerjahren des 20. Jh. wieder auf.

Das naturalistische Drama

Viele Dramen spielen in den Elendsquartieren, Bordellen, Kneipen, Hinterhöfen und Kellerwelten der *Mietskasernen* in den Städten. Es sind Orte, an denen – ohne Schleier – die *menschliche Psyche und Natur* sichtbar werden. Dargestellt wird das Nackte, Kranke, Hässliche, Animalische, Anarchische.

Handwerker kämpfen vergebens gegen die neue *Maschinenwelt.* Ihr Leben und ihre Arbeit verlieren ihren Sinn. Die unausweichliche Folge ist Verarmung. Nicht selten werden die Hand-Arbeiter dadurch zu *Maschinenstürmern,* deren Zorn sich gegen die Maschinen als Zeichen der neuen Welt richtet.

„Nachtasyl" befand sich 2000/2001 auf dem Spielplan des Schlosstheaters Moers sowie im saarländischen Staatstheater Saarbrücken. 1999 wurde es im Neuen Theater Halle und am Zürcher Schauspielhaus gespielt.

MAXIM GORKIS (1868–1936) „Nachtasyl" (1902, dt.1903) hatte als Erfolgsstück einen hohen Bekanntheitsgrad. Es ist eines der wichtigsten Dramen des europäischen Naturalismus und gilt als ein „klassischer Text der Medienmoderne" (KARL PRÜMM). Das Stück spielt deshalb auch in nachfolgenden Kunstexperimenten, vor allem in der **Neuen Sachlichkeit,** eine große Rolle als Grundmodell (u. a. Inszenierung von ERWIN PISCATOR 1926 sowie 1930, 1936 und 1957 internationale Verfilmungen).

Das Grundmodell ist tragisch und radikal; es beruht auf der absoluten Dominanz des Raumes, im Nachtasyl finden jene eine Unterkunft, die nie eine hatten oder keine mehr haben und auch nie wieder eine haben werden. Das Asyl ist Zufluchtsort, Herberge und Gefängnis zugleich.

Es zeigt seinen Bewohnern die Hoffnungslosigkeit und den Zwang, mit den anderen den Raum teilen zu müssen. Wartend erleben sie melancholische Rückblicke und überschwängliches Träumen von der Zukunft. Gewaltausbrüche, Hass, Demütigung und Zerstörung, Tod, Totschlag und Selbstmord bestimmen den Raum. Die allerletzte Station der Ausgestoßenen ist eine „fensterlose Höhle in der ‚Tiefe', ganz unten in der sozialen und urbanen Topographie im Russland der Jahrhundertwende. Hier versammeln sich die Gescheiterten und Gestrandeten, die keine Chance haben, dem Elend zu entkommen. ... Es ist ein Zerrspiegel des Außen. .... Alles ist öffentlich und die verletzenden Eingriffe in die Intimität sind an der Tagesordnung, im Asyl herrscht Asyllosigkeit." (PRÜMM)

GERHART HAUPTMANN (1862–1946)

GERHART HAUPTMANN stammt aus dem ländlichen Schlesien. Er wurde bekannt durch sein erstes Drama „Vor Sonnenaufgang" (Uraufführung 1889). Dieses Stück machte ihn zum umstrittensten, gefeierten und erfolgreichsten Autor des deutschen Naturalismus. Angeregt wurde HAUPTMANN durch L. TOLSTOIS „Macht der Finsternis" (1890 in Berlin auf der „Freien Bühne", der Bühne der Naturalisten, erfolgreich und mit großer Resonanz aufgeführt). „Vor Sonnenaufgang" gilt als das *erste naturalistische Drama,* als das Drama, das die Vorstellung von einem naturalistischen Drama durchgesetzt und geprägt hat.
HAUPTMANN schuf eine neue, plastische Form des *sozialen Milieudramas,* vor allem in „Die Weber" (1892), ist aber mit seinem langen Schaffen nicht allein dieser Richtung bzw. dieser Strömung zuzuordnen. Er nimmt in dieser Phase wichtige Anregungen der naturalistischen Programmatik auf; sie verbinden sich in den Dramen, Komödien und Prosatexten („Bahnwärter Thiel") mit seinen Vorstellungen von der *Schicksalhaftigkeit des Lebens* und dem Wirken innerer Mächte, die den Menschen mitleiden lassen und zur Suche nach Erlösung treiben: Den Gesetzen der naturgegebenen Welt stehe der Einzelne ohnmächtig gegenüber. Was ihm bleibe, sei die Welt seiner Fantasie, seine „Seele".
Seine Werke zeigen die Lebendigkeit der Tradition des Barock und der Mystiker (↗JAKOB BÖHME). Literaturhistoriker sprechen auch von einer geistigen Verwandtschaft mit dem realistischen Skeptizismus von GEORG BÜCHNER.

Auch die Zuordnung der späten Werke aus den 1830er- und 1840er-Jahren zu einer literarischen Strömung oder Richtung ist schwierig. HAUPTMANN löste sich in seinem Spätwerk von der naturalistischen Wirklichkeitsdarstellung und konzentrierte sich stärker auf symbolische Formen, historische Motive. In dieser Phase zeugen seine Texte auch von dem Interesse an griechischer Mythologie und der Tradition der attischen Tragödie.
In „Die Weber" (1893), als unretuschierte Mundartfassung „De Wabert" (1892), verbinden sich naturalistischer Reportagestil mit der Gewissheit der zentralen Figuren, das Heil zu finden. Sie ereilt jedoch ein tragisches Schicksal.
Andere Dramen HAUPTMANNS sind das Bauernkriegsdrama „Florian Geyer" (1896) sowie die Berliner Tragikomödie „Die Ratten" (1911). Die in Berliner Mundart geschriebene Diebeskomödie „Biberpelz" (1893) greift den Kampf gegen die Macht der Verwahrlosung auf, den Versuch,

mit List, Zähigkeit und Vitalität sozial aufzusteigen. Mutter Wollfen, die ehrbare Diebin, ist eine Volksgestalt voller Mutterwitz und Energie. Eine Fortsetzung erfuhr der „Biberpelz" mit der Tragikomödie „Der rote Hahn" (1901). Die Novelle „Bahnwärter Thiel" ist 1887 in Erkner bei Berlin entstanden.

Uraufführung der Komödie „Biberpelz" war am 21. September 1893 am Deutschen Theater in Berlin.

Ein introvertierter Bahnwärter im märkischen Wald, innerlich noch immer seiner ersten Frau verbunden, verfällt der sinnlichen Ausstrahlung seiner zweiten Frau und fühlt sich deshalb schuldig. Sprachlos lässt er selbst die Züchtigungen seines Sohnes Tobias durch seine zweite Frau geschehen. Er tötet seine zweite Frau und das gemeinsame Kind im Wahnsinn, nachdem diese aufgrund von Fahrlässigkeit den Tod seines Kindes aus erster Ehe verschuldet hat. Sein Sohn Tobias wurde von einem Schnellzug überfahren.

Die Erstveröffentlichung von „Bahnwärter Thiel" erfolgte in der Zeitschrift der Münchner Naturalisten, in der „Gesellschaft".

In dieser Novelle treffen aufregende Reize, die das Leben in Unordnung bringen, und die Reinheit der Gefühle aufeinander. Der streng geregelte, ruhige Fluss des Lebens wird – symbolisch – von einem Schnellzug erfasst. Das Milieu ist bestimmend, das Geschehen ist Schicksal. Die Figuren erleben es als Strafe für ihr sündhaftes Leben. Die Geschichte des Bahnwärters Thiel endet in der Irrenanstalt der Charité.
In der Sekundärliteratur beschreibt man diesen Text auch als „psychopathologische Studie eines von Triebkräften und unklaren Bewusstseinszuständen bestimmten Menschen".

Literarische Verhältnisse und Leseverhalten am Ende des 19. Jahrhunderts

Im 18. Jahrhundert war die *deutsche Nationalliteratur* entstanden. Die Verlage konkurrierten um neue Leser kleinbürgerlicher und bürgerlicher Herkunft. Der freiberufliche Schriftsteller und der Journalist wurden zu anerkannten Berufen. Seitdem hatte die Produktion der Verlage stark zugenommen und auch der Buchhandel hatte sich stark verändert. Das Verhältnis zwischen Verlag und Buchhandel musste neu geregelt werden. Nicht alles, was die Verlage produzierten, traf den Geschmack und das Interesse der Leser, sodass der Buchhandel sein Angebot (Sortiment) selbst bestimmte und eigene Strategien entwickelte, wie das Interesse einzelner Lesergruppen bedient und geweckt werden könnte und vor allem, wie man den Lesern preiswerte Angebote machen konnte. Der Kauf von Büchern für eine Privatbibliothek kam nur für eine sehr kleine Lesergruppe infrage. Um die eigenen Interessen besser vertreten zu können, gründeten die Buchhändler 1825 den „Börsenverein des Deutschen Buchhandels".
Fachleute gehen davon aus, dass sich der *Buchhandel* zwischen 1848 und 1880 in einer *schweren Absatzkrise* befand. Offensichtlich lasen viele die in immer größerer Zahl erscheinenden Zeitungen und Zeitschriften, um sich zunächst über politische Ereignisse zu informieren, und kehrten dann nicht wieder zu alten Gewohnheiten zurück, zumal auch Zeitungen und Zeitschriften nun verstärkt literarische Texte anboten. Erst um 1879 erreichte die Buchproduktion wieder den Stand von 1843.

Den Boom vor 1848 verdankten Verlage und Buchhandel vor allem der Entstehung einer neuen gebildeten Schicht, dem sogenannten *Bildungsbürgertum,* nachdem 1830 das Abitur, die Gymnasialausbildung, eingeführt worden war. Belesenheit, Textkenntnis und Zitatwissen begann etwas zu gelten. Ergänzt wurde diese Gruppe bald durch die schnell entstehende Schicht der Techniker und Büroberufe im Zuge der rasanten Industrialisierung. Es entstand eine relativ große Schicht der Gebildeten. Gebildet zu sein gehörte zum guten Ton. Vor allem SCHILLER erfreute sich in dieser Zeit großer Beliebtheit.

In Österreich und in der Schweiz heißt der vergleichbare Schulabschluss Matura.

Nach 1880 wuchs die *Buchproduktion* bis zur Jahrhundertwende schnell um fast 60 %. 1868–1869 zeigte die *Einführung der Gewerbefreiheit* ihre Wirkung. Nun konnte theoretisch jeder in Preußen ein entsprechendes Gewerbe in diesem Bereich anmelden, was zu einem sprunghaften Anstieg der Buch- und Zeitschriftenproduktion führte. Neue belletristische Großverlage wurden gegründet. Wichtig für die Verlagsgeschichte war die Herausgabe der ersten *Taschenbuchreihe,* der Reclams Universalbibliothek. In der Titelliste orientierte sich der Verlag an dem Konzept „Bildung für alle“ und hatte deshalb kaum oder keine Gegenwartsliteratur in diesem Programm, sondern Werke, die man zum *klassischen Erbe* rechnete. Unter der Nummer 1 erschien 1867 GOETHES „Faust“, der als das wichtigste Werk der deutschen Nationaldichtung galt. Seit der klaren 30-Jahre-Regelung war es möglich geworden, große Auflagen von sehr preiswerten Klassikernachdrucken anzubieten. 1912 gab es die ersten Reclam-Automaten, an denen man für 20 Pfennig Literatur „ziehen“ konnte.

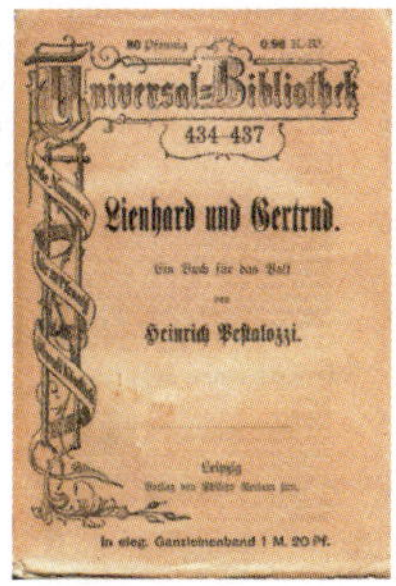

Ausgabe von PESTALOZZIS „Lienhard und Gertrud“ (o. J.) in Reclams Universal-Bibliothek um 1900. Um das Buch preiswert liefern zu können, wurde es lediglich gebunden. Der Leser musste die Seiten selbst auftrennen.

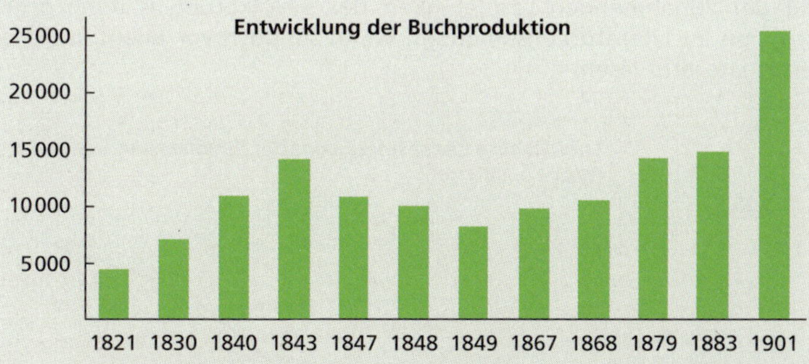

Die Belletristiktitel liegen etwa konstant bei 1000 Neuerscheinungen im Jahr. Zum Vergleich: in der BRD 1971: 42957 Neuerscheinungen, davon 8165 Belletristik

Heute beträgt der Urheberschutz 70 Jahre nach dem Tod des Autors.

Die große Produktion ließ auch schnell wechselnde Moden in einem bis dahin nicht gekannten Umfang entstehen (Dorfgeschichte, Kriminalliteratur, soziale Sensationsromane, romantisch-epigonale Träumereien, lokal-, kultur- und nationalgeschichtliche Belletristik).

Typisch für den nachrevolutionären Zeitschriftenmarkt sind Zeitschriften für die bürgerliche Familie (Titel: „Unterhaltungen am häuslichen Herd“

ab 1852; „Für Palast und Hütte" ab 1862; „Daheim" ab 1864; „Familienfreund" ab 1868). Jeweils etwa ein Drittel war für literarische Texte reserviert. Damit hatten diese Zeitschriften entscheidenden *Einfluss auf die Geschmacksbildung* ihrer Leser, die wiederum das umfangreiche Angebot an einfacher, unterhaltender Literatur mit konstanter bzw. steigender Nachfrage belohnten.

Die Verlage und Buchhändler entwickelten spezielle Abonnementreihen wie die „Bibliothek deutscher Originalromane" oder die „Deutsche Romanzeitung", die ab 1863 wöchentlich zwei Romane nebeneinander vorstellte. Die Initiativen richteten sich auf die vielen, die noch nicht lasen oder das Lesen erlernt hatten.

Die „Deutsche Romanzeitung" eröffnete mit WILHELM RAABES „Der Hungerpastor".

Besonders seit 1848 waren viele Neuleser hinzugekommen, da sich die Anzahl der Menschen, die lesen konnten, durch *Verbesserungen im Volksschulwesen* ständig erhöht hatte. Auf der Basis des Volksschulsystems sank die Zahl der Nichtleser zwischen 1840 und 1890 von 50 % auf 10 %. Eine Folge der Kommerzialisierung und fast 100%igen *Technisierung der Buchproduktion* waren besondere Aktivitäten im Bereich der Kinder- und Jugendliteratur, im Kampf um die Neu- bzw. Erstleser und um die Vielleser zu beobachten. Gerade die jungen Leser versuchte man früh an einen bestimmten Typ der Verteilung und der Geschichten zu binden.

Am Titel von LION FEUCHTWANGERS „Die häßliche Herzogin" sind die Wege, die das Buch durch die Leihbibliotheken seit 1923 nahm, deutlich ablesbar.
Es ging durch drei Bibliotheken. Oben rechts wurde irgendwann eine Ecke herausgerissen. Sie wurde repariert und der Titel handschriftlich ergänzt.

Aus und neben den Abonnementreihen entwickelten sich bald Buchgemeinschaften, Buchclubs und Leseringe, die sowohl Verlage als auch Buchhandelsgemeinschaften organisierten. Attraktiv gemacht wurde neben der *Leihbibliothek* der private Besitz von Büchern, indem man Mitgliedern z. T. speziell eingerichtete Ausgaben zu besonders günstigen Konditionen anbot.

Mit der zunehmenden Lesefähigkeit der Bevölkerung wurden große Gruppen zu Literaturkonsumenten, wenn sie auch vor allem unterhaltende Literatur lasen.

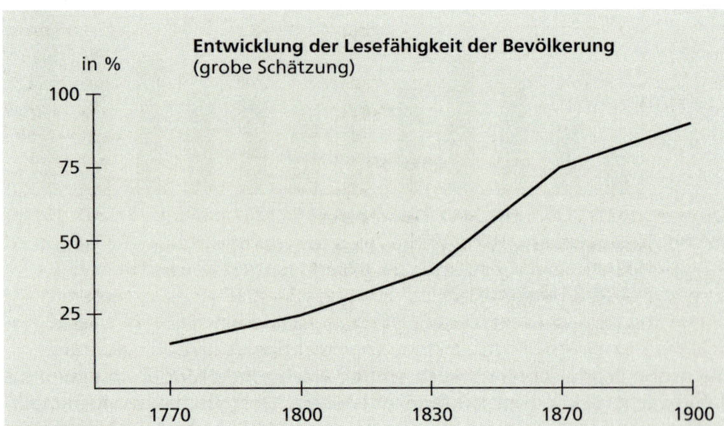

Zunehmende Sesshaftigkeit und eine *gesicherte soziale Existenz* ermöglichten die Ausbildung von *kulturellen Gewohnheiten*. Zu diesen Gewohnheiten gehörte die Nutzung des breiten Netzes von Leihbibliotheken, das sich neben Wanderbüchereien bis Ende des Jahrhunderts entwickelt hatte. Die Bedeutung dieser Einrichtungen für das literarische Leben des 19. Jahrhunderts war immens hoch: Fast 90 % des literarischen Publikums versorgten sich gegen Leihgebühren dort mit Lesestoff. Neben allgemeinen Leihbibliotheken gab es spezielle Büchereien religiöser Gesellschaften oder Bildungsvereine. Das heißt, dass der Einzelne als Privatperson wenige und selten Bücher kaufte. Die Hauptabnehmer der Verlage waren die Büchereien. Diese wiederum garantierten den Verlagen einen kalkulierbaren und relativ stabilen Absatz von mehreren Exemplaren eines Titels. Nahm eine Bücherei einen Titel in den Bestand auf, garantierte das dem Autor einen sprunghaften Anstieg der Auflage und damit seit 1886, seitdem der Urheberschutz verbessert worden war, mehr Geld.

Festlegung juristischer Schutzmaßnahmen für Verlage und Autoren

1867	„Das Klassikerjahr": alle Werke der vor dem 9.11.1837 verstorbenen Autoren wurden frei von urheberrechtlicher oder verlagsrechtlicher Bindung. Damit war das Erbe der Klassik faktisch frei und ohne Kosten verfügbar.
1868	Gewerbefreiheit in Preußen
1873	Konstituierung der ersten deutschen Buchgemeinschaft (Sachsen)
1874	Reichspressegesetz

Die meisten Autoren dieser Zeit sind von ihren Büchern jedoch nicht reich geworden. Eine Ausnahme war FRITZ REUTER, der seine Bücher in Plattdeutsch schrieb und in Norddeutschland fast konkurrenzlos ein großes Lesepublikum hatte. Weitere Publikumslieblinge waren GUSTAV FREYTAG, FELIX DAHN und PAUL HEYSE, die durch Vorabdrucke in den Zeitschriften (wie die „Gartenlaube", dem bekanntesten Familienblatt) bekannt geworden sind. Das anspruchsvollere Lesepublikum las die „Deutsche Rundschau", 1874 gegründet. Dort veröffentlichten Autoren wie STORM, KELLER, MEYER und FONTANE. Die Zeitschriftenveröffentlichungen begünstigten, dass die Novelle zur beliebtesten Textform wurde, spannend und so kurz, dass sie sich zum Vorlesen und Abdruck in Teilen eignete. Später erschienen Vorabdrucke auch verstärkt im Feuilletonteil von Zeitungen. Durch diese Publikationsform entstand der Typ des Zeitungsromans, des Romans, der direkt in Fortsetzungen geschrieben wurde. Jeder Teil musste einen schnell erkennbaren Zusammenhang zu den anderen Teilen haben und zugleich in sich relativ selbstständig sein, d.h. einen eigenen Spannungsbogen besitzen. Ab den 70er-Jahren brachte die schnell wachsende Presse jährlich ca. 20000 Fortsetzungsromane. Erfolgreiche Autor/-innen waren u.a. EUGENIE MARLITT (1825–1887) und FRIEDRICH WILHELM HACKLÄNDER (1816–1877). Es entstand ein großes Angebot an Trivial- und Unterhaltungsliteratur. Unter den Autoren waren viele Frauen.

CONRAD FERDINAND MEYER (1825–1898)

Viele neue Erscheinungs- und Verteilungsformen entwickelten sich: illus-trierte Zeitschriften, Lieferungs- und Fortsetzungsromane, eigens für Leihbibliotheken hergestellte Romane, Bilderbögen und -bücher, Kalender, Groschenhefte, Traum- und Beschwörungsbücher, Abenteuerromane, medizinische Ratgeber, Reiseliteratur, Krimis, Schriften zur sexuellen Aufklärung, Pornografie (meist als Privatdrucke vertrieben). Das Angebot wurde von einer großen Gruppe von Verteilern, sog. Kolporteuren, in die Häuser, direkt zu den Lesern gebracht. Andere Produzenten gingen andere Wege.
Das wachsende Industrieproletariat gehörte zunächst weniger zu den potenziellen Lesern, erst Ende des Jahrhunderts mit der Verkürzung der Arbeitszeit entstanden eigene kulturelle Formen wie die regelmäßige Benutzung von speziell eingerichteten Arbeiterbibliotheken, Verlage und Verteilerorganisationen sowie Abendkurse. „Wissen ist Macht" wurde zu einem Schlagwort. Eine bessere Lebensperspektive wurde mit einer besseren Bildung verbunden.

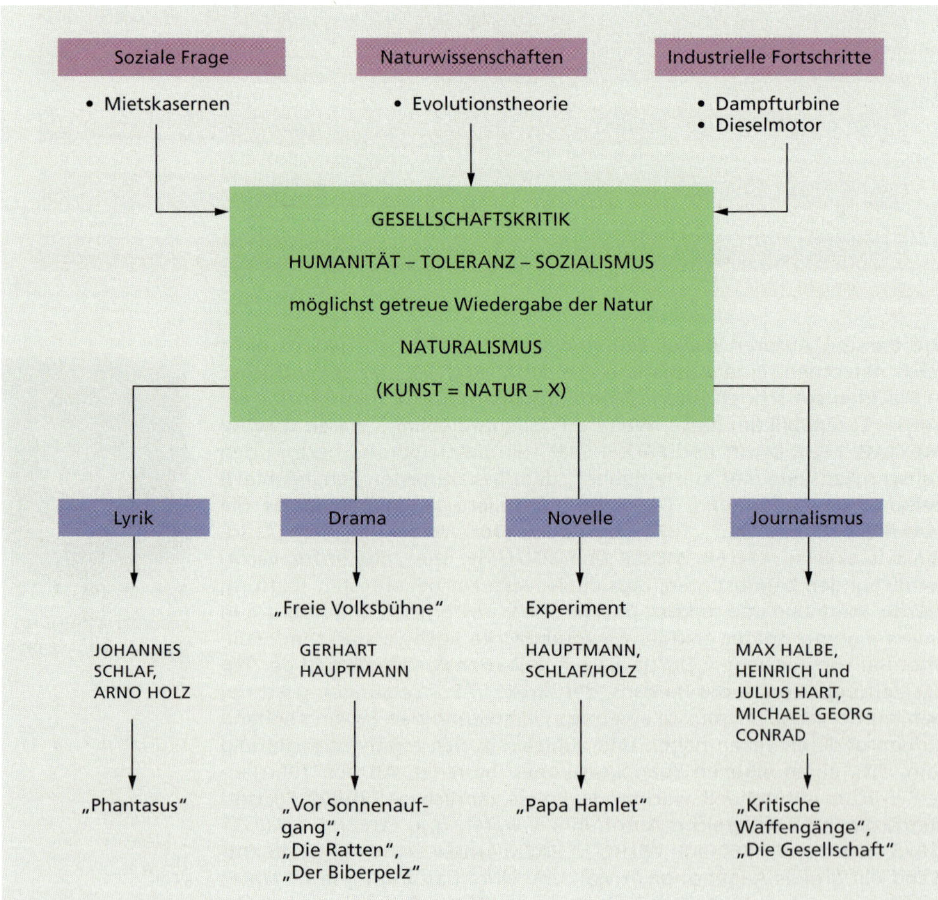

4.8 Literatur von 1900 bis 1945

4.8.1 Jahrhundertwende – eine Zeit im Wandel

Die im Ergebnis des Deutsch-Französischen Krieges 1870–1871 und der Proklamierung des Deutschen Kaiserreichs zu beobachtende Liberalisierung dauerte nicht lange. Die Ära BISMARCK sollte mit dem „Gründerkrach" 1873 und dem erneuten Konservatismus, der sich u.a. im *Sozialistengesetz* von 1878 und der Einführung von Schutzzöllen 1879 manifestierte, ihr langsames Ende finden. 1879 konnte zwar noch der geheime Zweibund zwischen Deutschland und Österreich-Ungarn abgeschlossen werden, der mit dem Beitritt Italiens zum Dreibund erweitert wurde, BISMARCKS Bündnispolitik war jedoch gescheitert. Nach dem Regierungsantritt WILHELMS II. erfolgte die Entlassung des Eisernen Kanzlers. Mit der Berufung LEO VON CAPRIVIS zum Reichskanzler 1890 setzte innen- und außenpolitisch ein „neuer Kurs" ein, der mit der Aufhebung des Sozialistengesetzes 1890 sein sichtbarstes Zeichen fand. Eine *Eindämmung der Sozialdemokratie* gelang jedoch auch WILHELM II. nicht. Die Parlamentarisierung und die Demokratisierung des Deutschen Reiches stagnierten. Außenpolitisch erneuerte VON CAPRIVI den Rückversicherungsvertrag mit Russland nicht mehr, was zu einem Bündniswechsel Russlands führte. Mit der Eroberung außereuropäischer Gebiete versuchte Deutschland, den Anschluss an die Kolonialmächte England und Frankreich zu schaffen („Platz an der Sonne"). Das *Wettrüsten* begann u.a. mit dem Aufbau einer starken Kriegsflotte. Mit der Militarisierung einher ging auch das Erstarken nationalistischer und rassistischer Kreise des deutschen Bürgertums.

Die Proklamierung des Deutschen Kaiserreichs unter Ausschluss Österreichs fand am 18. Januar 1871 im Spiegelsaal von Versailles statt.

Nach dem Zweiten Kaiserreich unter NAPOLEON III. und dem Deutsch-Französischen Krieg etablierte sich am 4. September die *Dritte Republik* (1870–1944). Mit deutscher Hilfe gelang es zwar 1871, die *Pariser Kommune* niederzuschlagen, aber Frankreich blieb außenpolitisch isoliert. Der Beitritt Frankreichs in die *Entente cordiale* mit England 1904 führte zu einer Polarisierung der Mächte in Europa: auf der einen Seite der Dreibund Deutschland, Italien, Österreich, auf der anderen Seite die Triple-Entente aus Frankreich, Großbritannien und Russland. Die *Schüsse von Sarajevo* auf den österreichisch-ungarischen Kronprinzen FRANZ FERDINAND führten schließlich am 1. August 1914 zum Ausbruch des *Ersten Weltkrieges.*

Naturwissenschaftlich ist die Jahrhundertwende geprägt durch die Entdeckung der Radioaktivität und des Tuberkelbazillus, technisch durch die Erfindung der Fotografie und die rasche Entwicklung der Eisenbahn.

Wirtschaftlich prägte die *industrielle Revolution* mehr und mehr das Zeitalter. Neue Fabriken und Industrien entstanden. Mit der Industrialisierung stieg die *Bevölkerungszahl in den Großstädten* massiv an. Das trug stark zur Vergrößerung der Kluft zwischen den Bevölkerungsschichten bei. Die Lebenslage der Arbeiter hatte sich zwar gegenüber der 1. Hälfte des 19. Jahrhunderts verbessert. Jedoch war es nicht leicht, die Entwicklung der Umwelt zu verarbeiten. In *vierhöfigen Mietskasernen* in Berlin bewohnten Familien oft nur ein Zimmer ohne genügend Licht. Probleme wie *Isolation, Alkohol- und Drogensucht* traten auf. Hatten die Literaten des *Naturalismus,* die die objektive und naturgetreue Wiedergabe der Wirklichkeit forderten, noch versucht, das Elend der Arbeiterschaft zu beschreiben (G. HAUPTMANN: „Die Weber", 1892), begannen

1851 hatte Wien 431 000 Einwohner, im Jahr 1900 waren es bereits 1 702 000 Einwohner. 1896 begann der Bau der Berliner U-Bahn.

FREUD führte Bewusstseinsstörungen vor allem auf „aktuelle sexuelle Konflikte oder Nachwirkungen früherer sexueller Erlebnisse" zurück. Damit ging er gegen „Verlogenheit und Geheimtuerei" sowohl der Gesellschaft als auch des Einzelnen an. Diese Methode wirkte auf die Literaten zurück.

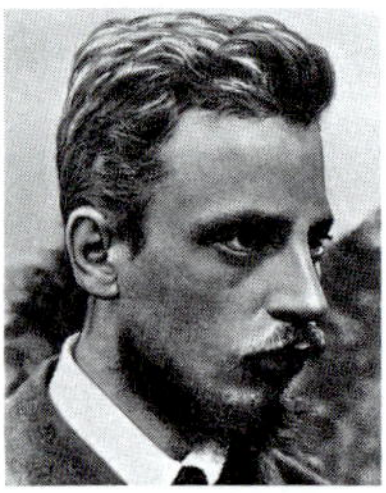

RAINER MARIA RILKE (1875–1926)

viele Künstler nun, in neuromantischer Manier die vergangene Welt zu beschwören. Die Erfahrung der *sozialen Entfremdung und Isolierung* erwies sich als gesamteuropäisches Problem. In der Philosophie thematisierte FRIEDRICH NIETZSCHE („Also sprach Zarathustra") diese Veränderungen, innerhalb der Psychologie entwickelte SIGMUND FREUD die *Psychoanalyse*. Seine „Traumdeutung" (1900) trug zu einem modernen Verständnis der menschlichen Natur bei. Besonders die durch das Unterbewusste verdrängten Erfahrungen und Vorstellungen, die im Traum materialisierten Instinkte und Triebe des Menschen und ihre Steuerung durch das „Über-Ich" regten bildende Künstler und Literaten zur Reflexion an. FREUDS und NIETZSCHES Einfluss auf die moderne Kunst wirken vom **Symbolismus** über **Surrealismus** und **Pop-Art** bis in die Gegenwart nach.

Auch MAX PLANCKS (1858–1947) *Quantenphysik* und ALBERT EINSTEINS *Relativitätstheorie* veränderten das Weltbild der Jahrhundertwende entscheidend.

Angesichts der steigenden Bevölkerungszahlen entwickelten sich Wien, München und Berlin zu Kulturzentren. Ausdruck dafür sind die **Wiener Moderne** (das 1890 gegründete „Junge Wien" um HUGO VON HOFMANNSTHAL, ARTHUR SCHNITZLER, RICHARD BEER-HOFMANN, HERRMANN BAHR und LEOPOLD ANDRIAN), die **Berliner Moderne (Berliner Secession)** und die sogenannte *Kaffeehausliteratur* (PETER ALTENBERG). Aber auch die österreichisch-ungarische Metropole Prag brachte mit RAINER MARIA RILKE, FRANZ WERFEL (1890–1945), MAX BROD (1884–1968) und FRANZ KAFKA (1883– 1924) bedeutende Literaten hervor.

Nietzsches Kulturpessimismus

Bedeutendster Impulsgeber der deutschen *Literatur der Jahrhundertwende* war der Altphilologe FRIEDRICH NIETZSCHE (1844–1900). Dessen *kulturpessimistische Philosophie* („Also sprach Zarathustra") forderte den „Übermenschen" („Der Mensch ist Etwas, das überwunden werden muss") und kritisierte damit das *bürgerliche Mittelmaß,* das die bürgerliche Moral ausmacht. Das „Hausthier, das Heerdenthier, das kranke Thier Mensch, – der Christ ..." ist nach NIETZSCHE ein *Produkt christlicher Moralvorstellungen.*

Das Christentum war für ihn nihilistisch, deshalb muss es mit dem Nihilismus überwunden werden. Der Ruf „Gott ist tot!" steht symbolisch für diese Haltung. Erst durch den Tod Gottes ist auch die Moral, die sich direkt aus Gott ableitet, nicht mehr haltbar, kann sich der Mensch schöpferisch weiterentwickeln, kann er sich emanzipieren von jedweder Religion und Gläubigkeit. Nur so ist er in der Lage, in unmittelbarster Verantwortung der Macht der Entscheidung die *„Umwertung aller Werte"* zu vollziehen und in einem „Akt höchster Selbstbesinnung der Menschheit" den „Übermenschen" zu gebären. „Nicht eure Sünde – eure Genügsamkeit schreit gen Himmel ...", meint NIETZSCHE und kritisiert damit den *Verzicht auf die Besonderheit des Einzelnen* in der Gesellschaft. Sein Egoismus, mit sich selbst Freund zu sein, betont genau diese Besonderheit des Einzelnen und fragt nach den *Beschaffenheiten der Seele,* ihren Tiefen, ihren Schönheiten. Nächstenliebe kann nicht beständig sein, wenn sie in Selbstliebe endet: „Nur die Liebe soll richten – die schaffende Liebe, die sich selber über ihren Werken vergißt." NIETZSCHE greift den Gedanken SCHOPENHAUERS auf, nach dem Erkenntnis nur über den Weg der Verneinung möglich ist.

Nihilismus ist eine philosophische Theorie der Verneinung aller Werte. Der *theoretische Nihilismus* verneint die Möglichkeit einer Erkenntnis der Wahrheit, der *ethische Nihilismus* die Werte und die Normen des Handelns, der *politische Nihilismus* jede irgendwie geartete Gesellschaftsordnung.

Nihilismus: von lat. = „nihil" (nicht), „nihilum" (nichts)

Der „Glaube" des Christentums auf „Erlösung" und „Ewigkeit" muss zugunsten eines einzigartigen *Lebens im Diesseits* negiert werden. Das allein schafft „Wahrheit". „Was ein Theologe als wahr empfindet, das muß falsch sein: man hat daran beinahe ein Kriterium der Wahrheit."
NIETZSCHES Moralkritik, sein Streben nach *Überwindung des Christentums* und sein *antibürgerlicher Ästhetizismus* haben nicht nur THOMAS und HEINRICH MANN beeinflusst. Ganze Generationen von Autoren fühlten sich an der Wende vom 19. zum 20. Jahrhundert von ihm verstanden. NIETZSCHE prägte über den **Symbolismus** und **Impressionismus** hinaus die Autoren des **Expressionismus** und **Surrealismus.**

4.8.2 Antinaturalistische Strömungen

Fin de Siècle (1870–1910) ist eine Sammelbezeichnung für die gegen den **Naturalismus** gerichteten Strömungen der Literatur, wie Dekadenzliteratur, **Jugendstil,** Jahrhundertwendeliteratur, *Symbolismus, Impressionismus* oder Literatur um 1900. Diese Begriffe umschreiben die gleichen Autoren unter jeweils verschiedenen Betonungen oft gleich beschriebener Phänomene.

Frz. Fin de Siècle = Ende des Jahrhunderts

Die vielfältigen Strömungen der Jahrhundertwende können durch die damaligen Stimmungen erklärt werden. Der Beginn einer neuen Zeit schloss auch das *Nachdenken über die Gegenwart* ein. Die einen betrachteten sie als *Zeit des Verfalls und des Unterganges.* Die anderen sahen den Beginn einer besseren Zeit anbrechen. Somit beschrieben die einen das Morbide, die anderen das anbrechende Neue. Resignation und Aktion lagen dicht beieinander.

„Es kann sein, daß wir am Ende sind, am Tode der erschöpften Menschheit, und das sind nur die letzten Krämpfe. Es kann sein, daß wir am Anfange sind, an der Geburt einer neuen Menschheit, und das sind nur die Lawinen des Frühlings. Wir steigen ins Göttliche oder wir stürzen, stürzen in Nacht und Vernichtung, aber Bleiben ist keines."
(Bahr, Hermann: Die Moderne. in: Moderne Dichtung. Monatsschrift für Literatur und Kritik. Jg. 1, 1890, Bd. 1, Heft 1, Nr. 1, 1. Januar, S. 1315.)

Wollten die Autoren des Naturalismus die sie umgebende Welt möglichst genau abbilden, versuchten zeitgleich andere eine *Innenschau*.

Décadenceliteratur

Frz. **décadence** = Niedergang, Verfall

> Die **Décadence**literatur verbindet die Vorliebe für das künstlich Verfeinerte mit dem Hang zum Morbiden unter Verwendung von Verfalls- und Untergangsmotiven.

Die Dichter der *Décadence* flüchteten in eine subjektiv *übersteigerte Grundhaltung.* Angesichts des kulturellen Verfalls, den NIETZSCHE in seinen Werken beschrieb, richteten sie ihr Augenmerk auf das Traumhafte, das Innen, und negierten das „Gewöhnliche" ihrer Umwelt. Mit OSWALD SPENGLERS „Der Untergang des Abendlandes" (1918) fanden die Dichter der **Décadence** einen weiteren Fürsprecher für ihre Haltung. Jedoch zeichnete sich mit dem verlorenen Krieg (1914–1918) und der Etablierung expressionistischen Denkens in der Kunst das Ende der *Décadence* ab. Als philosophische Grundhaltung lebte sie jedoch in späteren Kunstströmungen weiter. So sprach SPENGLER noch in den 1920er- und 1930er-Jahren von der *Kulturdekadenz,* GEORG SIMMEL von der *Tragödie der Kultur,* THEODOR LESSING von der *verfluchten Kultur* und EDUARD SPRANGER von der *Krise der Kultur*. Und auch die Realismusdebatte von 1938, unter deutschen Exilautoren in der Moskauer Zeitschrift „Internationale Literatur" geführt, sowie die Formalismusdebatte ab 1948 und die *Kafka-Konferenz* von 1963 in der DDR zeigen, wie sehr die Angst vor einem kulturellen Verfall die damaligen Kulturverantwortlichen ergriffen hatte. Die bevorzugte Gattung der *Décadence* war die Lyrik. Generell ist eine Trennung der Décadenceliteratur von anderen **Fin-de-Siècle**-Strömungen jedoch nicht möglich. Die Autoren der Jahrhundertwende können lediglich über ihre Werke den Richtungen zugeordnet werden.

Symbolismus und Impressionismus

Symbolismus: von griech. symbolon = Merkmal, Wahrzeichen

> Der **Symbolismus** war eine von Frankreich ausgehende literarische Strömung zum Ende des 19. Jahrhunderts in Europa, die sich gegen den Geist des Materialismus und Rationalismus richtete.

Symbolistische Tendenzen in der Kunst hat es schon vor dem Symbolismus gegeben (Literatur und Kunst des Barock u.a.). Der *Symbolismus* wandte sich gegen den *Naturalismus,* der nur die sichtbare Welt wiedergeben wollte. Der Begriff selbst stammt von JEAN MORÉAS „Symbolistischem Manifest", das er 1886 im „Figaro" veröffentlichte, und meint die Darstellung einer *künstlerisch autonomen Welt der Schönheit*. Die Kunst wurde als Gegennatur begriffen und war reine Wortkunst:
- Lautmalereien
- Farb- und Lautsymbolik
- Musikalität der Sprache

Kennzeichnend für den *Symbolismus* sind **Motive** *der Visionen,* mit *religiöser Mystik* bereichert. Der **Symbolismus** hatte seine Wurzeln u.a. in der *deutschen* **Romantik,** die mit den Symbolisten verspätet über Frankreich nach Deutschland zurückkehrte. Mit „Les Fleurs du Mal" (1857, dt.: „Die Blumen des Bösen") leitete CHARLES BAUDELAIRE (1821–1867) den Symbolismus ein. BAUDELAIRE hatte die Lyrik EDGAR ALLAN POES (1809–1849), die ihn stark zu eigenen Werken anregte, ins Französische übersetzt und machte ihn so zugleich in Europa bekannt. STÉPHANE MALLARMÉ (1842–1895) mit „Après-midi d'un faune" (1876, „Der Nachmittag eines Fauns"), ARTHUR RIMBAUD (1854–1891) mit „Le Bateau ivre" (1871, „Das trunkene Schiff") und den „poèmes en prose" „Une Saison en enfer" (1873, „Eine Zeit in der Hölle") sowie PAUL VERLAINE (1844–1896) mit „Romances sans paroles" (1874, „Lieder ohne Worte"), dem literaturkritischen Essay „Les Poètes maudits" (1884, „Die verfemten Dichter" – u.a. über RIMBAUD und MALLARMÉ) und in der Lyriksammlung „Jadis et naguère" (1884) waren die herausragendsten symbolistischen Dichter.

GUSTAVE COURBET: „Porträt BAUDELAIRES" (1848–1849)

Mit ihrer Fähigkeit, Stimmungen eindringlich zu vergegenwärtigen, gilt ANNETTE VON DROSTE-HÜLSHOFF als frühe Vorläuferin des deutschen Symbolismus. Sein Wegbereiter ist jedoch STEFAN GEORGE. Bezeichnend für das lyrische Werk GEORGES ist der Wille zur Form. Philosophische Wurzeln hat sein Werk in SØREN KIERKEGAARD (1813–1855) und NIETZSCHE, literarische in HUYSMANS und BAHR.

Die Entwurzelung, Sinnentleertheit und der Rückbezug auf das Ich des Künstlers im ausgehenden 19. Jahrhundert wird gerade im frühen Werk Georges sichtbar. Der Wirklichkeit stellt er eine Gegenwelt der Kunst entgegen, in ihr zählen lediglich Stilideal und Dekorativität. GEORGES Ästhetizismus ist sowohl Lebens- als auch Kunsthaltung.

Stilistisch sind seine frühen Gedichte durch **Neologismen** charakterisiert. In seinem Werk „Das Jahr der Seele" (1897) ist Literatur für GEORGE noch Fluchtort vor der Wirklichkeit, jedoch das Ende seiner *l'art-pour-l'art-Phase* kündigt sich bereits an. Immer stärker entwickelte er einen Hang zum Kultischen, gründete die „Blätter für die Kunst" (1892), aus dem der **George-Kreis** hervorging. Zu ihm gehörten zeitweilig RUDOLF BORCHARDT, MAX DAUTHENDEY, PAUL CASSIRER, WILHELM DILTHEY, HUGO VON HOFMANNSTHAL, THEODOR LESSING, LEOPOLD VON ANDRIAN-WERBURG und der nach dem Attentat auf HITLER vom 20. Juli 1944 hingerichtete CLAUS SCHENK GRAF VON STAUFFENBERG.

Neologismus: von griech. néos = neu, lógos = Wort

STEFAN GEORGE huldigte man als „Meister" innerhalb des George-Kreises. Obwohl anfänglich alle Autoren des Kreises etwa gleichaltrig waren, ordneten sie sich vorbehaltlos ihrem „Führer" unter. GEORGE wurde „Kult".

HUGO VON HOFMANNSTHAL und RAINER MARIA RILKE mit ihren Frühwerken sowie RICHARD VON SCHAUKAL (1874–1942) waren die deutschen Nachahmer der französischen Symbolisten. Die Schönheit wurde eigentliches Ziel und Ideal der Kunst („l'art pour l'art"). Das Symbol des „Elfenbeinturms" beschreibt dieses Ideal recht genau: Die Welt der Kunst lebt für sich, ist autonom. Die Poesie sollte von Bindung an Zweck, Belehrung, Moral und Realität frei sein. Diese Kunstauffassung prägte vor allem die

HUGO VON HOFMANNSTHAL (1874–1929)

Lyrik. **Rhythmus, Reim** und eine kunstvoll gesetzte Sprache wurden zu entscheidenden Kriterien für symbolistische Lyrik. Als ein großer Lyriker gilt jedoch auch NIETZSCHE. Seine „Dionysos-Dithyramben" und die „Idyllen aus Messina" gehören zu den bedeutendsten Werken des deutschen *Symbolismus.* Als ein markantes Beispiel für symbolistische Prosa mag HUGO VON HOFMANNSTHALS „Brief des Lord Chandos" (1900) gelten. Dieser *fiktive Brief* des Lord Chandos an den Philosophen und Naturwissenschaftler Francis Bacon verbalisiert die *Krise des Denkens und der Welthaltung* insgesamt, deren sichtbarer Ausdruck die Krise der Sprache ist. Die Sprache als *ästhetisches und soziales Problem* geht einher mit der Abkehr von der Realität. Lord Chandos findet immer weniger Zugang zum Kommunikationsprozess, zum *sprachlichen Austausch zwischen Menschen,* vielmehr fühlt er sich zu Außersprachlichem, zum *Unterbewusstsein der Dinge* hingezogen. „Sehr tief gefaßte Symbole sind Realitäten", meinte HOFMANNSTHAL. HOFMANNSTHAL drückt im „Brief des Lord Chandos" zum ersten Mal die für die *moderne* **Literatur** charakteristische *Sprachskepsis* aus – ein Thema, das auch seine späteren Werke bestimmt.

▶ Sprachskepsis wurde im 20. Jh. vor allem nach dem Zweiten Weltkrieg festgestellt. Das führte zu einer Literatur, die bewusst dunkel, chiffreartig, rätselhaft bleiben sollte (hermetische Literatur).

Um 1910 war RAINER MARIA RILKE Privatsekretär des französischen Bildhauers AUGUSTE RODIN. Während dieses Aufenthaltes in Paris entsteht als Ausdruck einer seelischen Krise „Die Aufzeichnungen des Malte Laurids Brigge" (1910), sein einziger Roman. Er hat keine durchgängige Handlung, sondern besteht aus weitgehend unabhängigen Episoden und Gedankengängen. Es sind die fiktiven Tagebuchaufzeichnungen eines in Paris lebenden Dänen. Brigge ist ein junger, sensibler, jedoch nur mäßig erfolgreicher Dichter. Beschrieben werden in einer Art Dreiteilung das Leben des jungen Malte auf dem Landsitz seines Großvaters, Szenen der Großstadt als Ort des Schreckens sowie die Inhalte von Büchern, die Malte gelesen hat. Während die Kindheitsbeschreibung Harmonie und Einklang mit der Natur symbolisiert, wirkt zum anderen die *Entfremdung in der Anonymität der Großstadt* selbstzerstörerisch. Der Tod steht über allem als Übergang vom Leben in einen höheren Zustand. In diesem Sinne ist er das verbindende Element der drei Romanebenen.

Die biblische Parabel vom verlorenen Sohn als „Legende dessen, der nicht geliebt werden wollte", fügt sich als letztes Kapitel in das Romanwerk ein. Es ist die *stete Suche* nach Gott und, wie der Roman selbst, nach einer neuen, ungesagten Sprache. Diese Ästhetik des „neuen Sehens" ist auch im „Stundenbuch" RILKES und in HOFMANNSTHALS „Brief an Lord Chandos" existent.

„Die Aufzeichnungen des Malte Laurids Brigge" gelten als Durchbruch des modernen deutschsprachigen Romans.

Ebenso beeinflussten RICHARD WAGNER und RICHARD STRAUSS mit ihrer Musik den Symbolismus. Symbolistische Tendenzen gab es jedoch auch in anderen Gattungen. **MAURICE MAETERLINCK** ist mit „La Princesse Maleine" (1889, „Prinzessin Maleine") und „Pelléas et Mélisande" (1892, „Pelleas und Melisande") der Hauptvertreter der symbolistischen *Dramatik*.

Charakteristiken des Symbolismus:
Nicht die äußere Wirklichkeit ist betrachtenswert, sondern die innere Welt der Dichter, die Ideen und Träume. Darstellenswert sind Motive der Visionen, mit religiöser Mystik bereichert. Die *innere Wirklichkeit* kann nur durch die *Symbolkraft der künstlerischen Sprache* ausgedrückt werden. Das Symbol ist das rational Unzugängliche. Der Gehalt dieser Dichtung ist die Schönheit allein. Sie hat nichts mit der äußeren Welt zu tun. *Schlüsselbegriffe* sind: „Geheimnis", „Schönheit" und „Seele".
Irlands Hauptvertreter des *Symbolismus* ist WILLIAM BUTLER YEATS (1865 bis 1939). VALERIJ BRJUSSOV (1873–1924) ist der Begründer des russischen Symbolismus, der um 1910 seinen Höhepunkt erreichte. Wichtige russische Symbolisten waren auch VJACESLAV IVANOV (1866–1949) und ANDREJ BELYJ (1880–1934).

Der **Impressionismus** ist eine in Frankreich entstandene Stilrichtung der Literatur und Kunst, der seinen Höhepunkt etwa in der Zeit von 1890 bis 1920 hatte. Er ist gekennzeichnet durch Abwendung vom *Naturalismus* und Wiedergabe von Stimmungen.

Impressionismus: frz. impression = Eindruck

Der um 1870 entstandene **Impressionismus** wurde benannt nach CLAUDE MONETS Gemälde „Impression, soleil levant" („Eindruck bei Sonnenaufgang", Bild), das 1874 bei einer Ausstellung von achtzehn jungen Malern in Paris gezeigt wurde (MONET, RENOIR, DEGAS u.a.). Ihre Malerei war durch Optimismus und helle, zarte Farben gekennzeichnet. Der Begriff war von den Kritikern zuerst als Schimpfwort gedacht, setzte sich aber bald als Bezeichnung für die Stilrichtung durch.

Bevorzugte Darstellungsmittel des **Impressionismus** sind **erlebte Rede, freie Rhythmen, Lautmalerei, Parataxe, Synästhesie. Innerer Monolog, Sekundenstil** und **Bewusstseinsstrom** werden für die Literatur entdeckt.

Als „Ästhetizismus" bezeichnet man das vorrangig ästhetische Erleben der Welt, das oft mit Weltflucht und dem alleinigen Wahrnehmen des schönen Scheins und der Harmonie verbunden ist.

Vorläufer sind u.a. CHARLES BAUDELAIRE, PAUL VERLAINE, ARTHUR RIMBAUD und die Brüder GONCOURT. Der **Ästhetizismus** OSCAR WILDES (1854–1900) mit „The Picture of Dorian Gray" („Das Bildnis des Dorian Gray", 1891) hinterließ bei den deutschen Autoren nachhaltigen Eindruck.

Der Rückzug auf Subjektivismus und Individualismus ist mit einer Abkehr von allem Politischen verbunden. Stattdessen gewinnt der *einmalige Augenblick* das Interesse der Autoren.

Die eindringliche *Schilderung der Natur* wird zum Gegenstand impressionistischen Gestaltens: Landschaften, Sonnenuntergänge und andere Naturereignisse werden in Bildern und Eindrücken aneinandergereiht. Wichtig ist die *ästhetische Gestaltung von Natur und Leben,* nicht ihr realistischer Gehalt. Bevorzugte Gattungen und Genres des Impressionismus sind **Skizze** (ALTENBERG, HILLE), **Novelle** (HOFMANNSTHAL, LILIENCRON), *Einakter* (WEDEKIND, SCHNITZLER) und besonders die **Lyrik** (RILKE, GEORGE).

Vertreter des Impressionismus waren in Frankreich ANATOLE FRANCE (1844–1924), MARCEL BARRÈS (1862–1923) und MARCEL PROUST (1871 bis 1922); in Belgien JORIS-KARL HUYSMANS und MAURICE MAETERLINCK (1862–1949); in Italien GABRIELE D'ANNUNZIO (1863–1938); in Großbritannien RUDYARD KIPLING (1865–1936) mit „Das Dschungelbuch", JOSEPH CONRAD (1857–1924) und VIRGINIA WOOLF (1882–1941); in Dänemark JENS PETER JACOBSEN und HERMANN BANG (1857–1912); in Norwegen KNUT HAMSUN (1859–1952); in Russland ANTON PAWLOWITSCH TSCHECHOW (1860–1904) mit „Cajka" („Die Möwe", 1890), „Wanka" („Wanka", 1886) und „Tri sestry" („Drei Schwestern", 1902), in Deutschland und Österreich DETLEV VON LILIENCRON (1844–1909), MAX DAUTHENDEY (1867–1918), RICHARD DEHMEL (1863–1920), HUGO VON HOFMANNSTHAL (1874–1929; „Brief des Lord Chandos", 1900), ARTHUR SCHNITZLER (1862 bis 1931), RICHARD BEER-HOFMANN (1866–1945), LEONHARD FRANK (1882 bis 1961; „Die Räuberbande", 1914), PETER ALTENBERG (1859–1919), FRANK WEDEKIND (1864–1918; „Frühlings Erwachen", 1891; „Der Erdgeist" 1895; neu: „Lulu", 1903; „Die Büchse der Pandora",1904) sowie HEINRICH (1871–1950) und THOMAS MANN (1875–1955).

MARCEL PROUST (1871–1922)

MARCEL PROUSTS Lebenswerk „À la recherche du temps perdu" (1913 bis 1927, dt.: „Auf der Suche nach der verlorenen Zeit") ist eine auf sieben Bände („In Swanns Welt", „Im Schatten junger Mädchenblüte", „Die Welt der Guermantes", „Sodom und Gomorra", „Die Gefangene", „Die Entflohene", „Die wiedergefundene Zeit") angelegte Beschreibung der mondänen französischen Gesellschaft in ihrer ganzen Vielfalt.

PROUST leistete mit der Aufhebung des chronologischen Ablaufs des Geschehens, der Gleichzeitigkeit von Vergangenheit und Gegenwart einen entscheidenden Beitrag zur Entwicklung des modernen Romans.

PROUSTS „Recherche" wurde dem deutschen Publikum in Teilen bereits in den 1920er-Jahren über mehrere Übersetzungen durch WALTER BENJAMIN und RUDOLF SCHOTTLÄNDER bekannt. Allerdings erst in den 1950er-Jahren übersetzte EVA RECHEL-MERTENS alle sieben Bände für eine Gesamtausgabe. Der Film „Eine Liebe von Swann"(1984) in der Regie von VOLKER SCHLÖNDORFF dramatisierte ein Kapitel aus dem ersten Buch der „Recherche" und erzählt die Liebe des Charles Swann, gespielt von JEREMY IRONS, zur Lebedame Odette de Crécy (ORNELLA MUTI).

Jugendstil und Neuromantik

Jugendstil bezeichnet, aus der Malerei und Architektur kommend, eine literarische Strömung in Europa, die vor allem in der Lyrik und in epischen Kleinformen präsent war und romantische Anklänge aufwies. Worte werden in der Literatur des Jugendstils Rankenwerk und Ornament, die das Eigentliche aussparen.

Jugendstil, benannt nach der 1896 in München gegründeten Kunstzeitschrift „Die Jugend". In Frankreich nennt man diese Bewegung *Nouveau Art,* in England *Modern Style* und in Österreich *Secessionsstil*.

Der literarische *Jugendstil* wird deshalb auch vielerorts als Neuromantik bezeichnet. Der Jugendstil ebnete den Weg in die **Moderne.**

Neuromantik kennzeichnet literarische Strömungen, die sich von der Gegenwart abwandten und der Geschichte, der Sage, dem Mythos zuwandten. Das Geheimnisvoll-Magische tritt ins Zentrum des Textes.

Wichtigste Vertreterin ist RICARDA HUCH (1864–1947). Auch HERMANN HESSE (1877–1962) mit den Gedichten „Romantische Lieder" (1899) und seinen ersten autobiografisch gefärbten Romanen „Peter Camenzind" (1904) und „Unterm Rad" (1906) sind zu den Neuromantikern zu zählen. Sie spiegeln die Naturinnigkeit der Neuromantik und die psychologische Einfühlung des **Impressionismus** wider.

HERMANN HESSE (1877–1962)

Der 1903 sehr erfolgreiche Schülerroman „Freund Hein" von EMIL STRAUSS (1866–1960) regte HESSE zu „Unterm Rad" an. Hier schildert der Autor die verheerenden Wirkungen eines strengen Schulregiments. Der Held Hans Giebenrath besucht das Tübinger Seminar, um später als Lehrer oder Pfarrer zu arbeiten. Er schließt Freundschaft mit Hermann Heilner, der wegen einer versuchten Flucht zu Karzer verurteilt worden ist. Hans wird mit dessen Weltbild konfrontiert, das Kloster sei Gefängnis und wirklichkeitsfremd. Hans erkennt mehr und mehr die Sinnlosigkeit dieses Schulsystems. Seine Schulergebnisse werden derart schlecht, dass man ihm den Umgang mit Hermann verbietet. Unmotiviert verliert sich Hans in Träumen, muss das Seminar verlassen. Er beginnt eine Mechanikerlehre in seinem Heimatort, zerbricht fast an einer unerwiderten Liebe und wird schließlich tot in einem Bach aufgefunden. Die Helden Hans Giebenrath und Hermann Heilner verkörpern die gegensätzlichen Komponenten einer Persönlichkeit. Wie Hermann und Hans hatte auch HESSE ein Seminar besucht, war dem Seminar entlaufen und wurde schließlich beurlaubt. Und so nimmt es nicht wunder, dass er Hans sterben lässt (er selbst hatte einen Selbstmordversuch unternommen), während Hermann sein Glück in der Kunst findet. Der Konflikt eines Heranreifenden mit seiner Umwelt, insbesondere mit der Schule und der Familie, ist ein um die Jahrhundertwende häufig auftretendes Motiv in der Literatur. Zu diesem Kreis gehören Bücher wie FRIEDRICH HUCHS (1873–1913) „Mao" (1907), ROBERT MUSILS „Die Verwirrungen des Zöglings Törleß" (1906), LOU ANDREAS-SALOMÉS (1861–1937) „Im Zwischenland" (1900), FRIEDRICH TORBERGS (1908 bis 1979) „Der Schüler Gerber hat absolviert" (1930) ebenso wie „Frühlings Erwachen" (1891) von FRANK WEDEKIND, „Der Vorzugsschüler" (1901) von MARIE VON EBNER-ESCHENBACH, „Die Buddenbrooks" (1901) von THOMAS MANN, „Jakob von Gunten" (1909) von ROBERT WALSER.

Das Stundenbuch hat RILKE unter dem Eindruck seiner Russlandreise 1899 geschrieben.

STEFAN GEORGES und RAINER MARIA RILKES („Das Buch der Bilder", 1902, „Das Stundenbuch", 1899–1903) Lyrik werden oft dem Jugendstil zugerechnet. RILKES „Stundenbuch" beschreibt die Gottsuche eines russischen Mönches und beinhaltet „Das Buch vom mönchischen Leben" (1899, 67 Gedichte), „Das Buch von der Pilgerschaft" (1901, 34 Gedichte) und „Das Buch von der Armut und vom Tode" (1903, 33 Gedichte). Die Gedichte sind von christlicher Mystik und nietzscheanischem Glauben durchzogen. ARTHUR SCHNITZLER hat mit seinen Stücken „Liebelei" (1895), „Reigen" (1896/1897) und „Der grüne Kakadu" (1899) ausgesprochenes Jugendstiltheater gemacht.

Expressionismus

Expressionismus: von lat. expressio = Ausdruck. Der Begriff wurde 1911 von KURT HILLER geprägt.

Expressionismus bezeichnet Literaturströmungen zwischen 1910 und 1925 und ist eine Gegenbewegung zu **Naturalismus, Realismus** und **Impressionismus.** Er strebte die Erneuerung des Menschen an und befreite die Literatur von der herkömmlichen Ästhetik.

Der Begriff „Expressionismus" stammt ursprünglich aus der Kunst. Künstler der „Brücke" (1905) und des „Blauen Reiter" (1911) suchten die irreale, fantastische Welt des Unterbewussten, der Träume und des Alogischen hinter den Phänomenen zu ergründen und darzustellen. Zu ihnen gehörten Maler wie OSKAR KOKOSCHKA, EMIL NOLDE und PAULA MODERSOHN-BECKER. Der literarische Expressionismus ging auch erstmals eine *Symbiose mit anderen Künsten* ein. So wirkte ERNST BARLACH als Bildhauer, Grafiker und Dichter, der Maler OSKAR KOKOSCHKA war auch Lyriker. Nicht zuletzt deshalb ist der literarische Expressionismus durch *besondere Vielfalt und Verschiedenartigkeit* gekennzeichnet. Die Grenzen zwischen dem *Frühexpressionismus* und dem *Impressionismus* sind fließend. Die bevorzugte Gattung war zunächst die *Lyrik*. ELSE LASKER-SCHÜLER (1869–1945) begann so ihr Frühwerk („Styx", 1902). Die Gesellschafts- und Bürgerkritik der skandinavischen *Naturalisten* AUGUST STRINDBERG (1849–1912), HENRIK IBSEN und KNUT HAMSUN (1859–1952) wirkte auf die Expressionisten nach. Zivilisationskritik übernahm man auch vom Impressionismus. Die psychologische Erzählweise FJODOR MICHAJLOWITSCH DOSTOJEWSKIS (1821–1881) hinterließ einen nachhaltigen Eindruck. Von den gesellschaftlichen Veränderungen um die Jahrhundertwende beeinflusst, wurden die Texte stark rhythmisch. Wichtige *Sujets* waren:

- das Tempo der Großstadt (GEORG HEYM: „Berlin", „Der Gott der Stadt"; PAUL BOLDT: „Berlin"),
- das Morbide (GOTTFRIED BENN: „Mann und Frau gehn durch die Krebsbaracke"),
- der Tod (GEORG HEYM: „Die Tote im Wasser", „Ophelia"; GEORG TRAKL: „An den Knaben Elis"; GOTTFRIED BENN: „Kleine Aster", „Morgue", 1912),
- der Weltuntergang als Voraussetzung für die Schaffung eines neuen Menschen (JACOB VAN HODDIS: „Weltende"; ELSE LASKER-SCHÜLER: „Weltende"; PAUL BOLDT: „Novemberabend"),
- Rückbesinnung auf den Vanitasgedanken des Barock während des *Ersten Weltkrieges* führte zur Thematisierung der Nichtigkeit des Daseins angesichts des Todes (PAUL BOLDT: „Der Leib"; GOTTFRIED BENN: „Schöne Jugend"; GEORG TRAKl: „Ruh und Schweigen").

Morbid = krankhaft

Man konstruierte die Gedichte von nun an weniger architektonisch, sondern stärker zugunsten der *Ausdrucksstärke*. Es ging nicht mehr um die innere Schönheit, sondern um das innere Erleben der Außenwelt. Der *Expressionismus* sprengte deshalb die herkömmliche Grammatik, um *Visionen, Träume, Mystik, Ekstase* literarisch darstellen zu können (AUGUST STRAMM). Worthäufungen, gewagte **Neologismen** und *groteske Satzgestaltung* kennzeichneten die expressionistische Literatur. Dieses Hinwegsetzen über die formalen Kriterien der Reim- und Gedichtformen hatte man an den späten Gedichten RIMBAUDS beobachtet.

AUGUST STRAMM
„Trieb

Schrecken Sträuben
Wehren Ringen
Ächzen Schluchzen
Stürzen
Du!
Grellen Gehren
Winden Klammern
Hitzen Schwächen
Ich und Du!

Lösen Gleiten
Stöhnen Wellen
Schwinden Finden
Ich
Dich
Du!"

(Stramm, August: Das Werk. Wiesbaden: Limes, 1963, S. 34.)

STRAMMS Gedicht reiht lediglich Wörter aneinander. Durch die Art ihrer Gruppierung und durch den Rhythmus (Trochäus) werden Assoziationen beim Leser ausgelöst. Das „Ich" und das „Du" leiten eine neue Qualität der Beziehung zweier Menschen zueinander ein.

Auch den *Hang zum Morbiden* (BENN, G. HEYM) übernahmen die Expressionisten vom symbolistischen Vorbild RIMBAUD. Ebenso verzichtet die *Zeilenkomposition* auf verbindende Elemente zwischen den einzel-

Zu „Chiffre" ↗S. 140

nen Versen. Der übergeordnete Sinn ergibt sich oft nur noch aus dem Gedichttitel bzw. aus der *inhaltlichen Gesamtaussage.* Oft ist auch der Gebrauch von Chiffren zu beobachten, wobei das Gedicht im Ganzen allegorisch wirkt. Der **Reihungsstil** des Expressionismus reiht in Zeilen oder Strophen jeweils eigene, abgeschlossene Bilder aneinander. Der Zusammenhang ist nur noch aus dem Titel erkennbar.

Jede Zeile von „Die Zeichen" eröffnet mit einem bestimmten Artikel. Der unruhige Rhythmus des Gedichts will Unheilbringendes verdeutlichen. Der Reim (Kreuzreim) steht beziehungslos zum Text, beunruhigt, statt zu harmonisieren.

ALFRED LICHTENSTEIN
„Die Zeichen

Die Stunde rückt vor.
Der Maulwurf zieht um.
Der Mond tritt wütend hervor.
Das Meer stürzt um.
Das Kind wird Greis.
Die Tiere beten und flehen.
Den Bäumen ist der Boden unter den Füßen zu heiß.
Der Verstand bleibt stehen.

Die Straße stirbt ab.
Die stinkende Sonne sticht.
Die Luft wird knapp.
Das Herz zerbricht.

Der Hund hält erschrocken den Mund.
Der Himmel liegt auf der falschen Seite.
Den Sternen wird das Treiben zu bunt.
Die Droschken suchen das Weite."

(Lichtenstein, Alfred: Gesammelte Gedichte. Zürich: Arche, 1962, S. 72.)

RIMBAUDS „Une Saison en Enfer" wurde im Jahre 1873 veröffentlicht. Der deutsche Titel lautet „Eine Zeit in der Hölle".

Selbst die Motivik wurde bei RIMBAUD entlehnt. So entwarfen G. HEYM, BENN, PAUL ZECH und TRAKL eigene „Ophelia"-Gedichte. RIMBAUDS Zyklus „Une saison en enfer" variiert das Todesmotiv des Mittelalters. Bei TRAKL taucht es in „Verfall" und „Untergang", bei HEYM in „Die Toten auf dem Berge", bei BENN in „Mann und Frau gehen durch die Krebsbaracke" wieder auf. Und die Expressionisten erweiterten das Todesmotiv um das Motiv vom „Weltende".

Das Hinwegsetzen über traditionelle Formen, das Entwerfen neuer Formen und das ganz bewusste Verwenden besonders strenger Formen wie des **Sonetts,** um diese mit neuen Inhalten „aufzubrechen", wurde besonders in der Lyrik praktiziert (ERNST STADLER, FRANZ WERFEL). Man wollte sich auch hier von den Fesseln der Konvention befreien.

„Form ist Wollust" ist ein regelmäßig gebautes Gedicht. Es ist in Trochäen geschrieben (– ∪ – ∪ – ∪ – ∪ –). Fünfheber und Sechsheber wechseln.

ERNST STADLER
„Form ist Wollust

Form und Riegel mussten erst zerspringen,
Welt durch aufgeschlossne Röhren dringen:
Form ist Wollust, Friede, himmlisches Genügen,
Doch mich reißt es, Ackerschollen umzupflügen.

Form will mich verschnüren und verengen,
Doch ich will mein Sein in alle Weiten drängen –
Form ist klare Härte ohn' Erbarmen,
Doch mich treibt es zu den Dumpfen, zu den Armen,
Und in grenzenlosen Michverschenken
Will mich Leben mit Erfüllung tränken."

(Stadler, Ernst: Dichtungen, Band 1, Hamburg: Ellermann, o. J. [1954], S. 126.)

STADLER benutzt den Reim hier nicht mehr wie die Impressionisten als ästhetisches Mittel, sondern, um die *Dynamik des Prozesses* zum Ausdruck zu bringen und um den *Rhythmus des Verses* zu unterstützen. Das Pathos, von den Impressionisten strikt abgelehnt, wurde zum Ausdruck dichterischer Stärke. Man verwendete *Interjektionen, Ausrufe, Laute und Satzzeichen* als wichtige Stilmittel: „Oh, Mensch!". Diese Haltung visualisierte EDVARD MUNCHS Bildnis „Der Schrei". Die Expressionisten veröffentlichten zunächst in Zeitschriften wie „Der Sturm" (1910), „Die Aktion" (1910) oder „Die Revolution" (1913). Es folgten Anthologien wie „Der Kondor" (1912) von KURT HILLER. Der Ausbruch des Ersten Weltkrieges wurde von vielen Autoren als Erlösung empfunden (ERNST TOLLER). Die Desillusionierung des Krieges führte zu *pazifistischen, anarchistischen bzw. sozialistischen Auffassungen.*

Nach dem Kriegsausbruch gingen täglich etwa 50 000 Kriegsgedichte bei Zeitschriften und Zeitungen ein (nach JULIUS BAB, 1880–1955).

JOHANNES R. BECHER (1891–1958) wandte sich dem Spartakusbund und dann der neu gegründeten KPD zu, LUDWIG RUBINER gründete den „Bund für proletarische Kultur", ERNST TOLLER (1893–1939) neigte zu anarchistischen Auffassungen und engagierte sich in der *Münchener Räterepublik*. JOHANNES R. BECHER veröffentlichte 1911 seinen ersten Gedichtband „Verfall und Triumph" (1914). Von 1913–1915, als Mitarbeiter an den Zeitschriften „Die Aktion" und „Die neue Kunst", gehörte er zu den Wortführern des Expressionismus.

Nach dem Ersten Weltkrieg erschienen die Anthologien „Kameraden der Menschheit" (1919) von LUDWIG RUBINER (1881–1920), schließlich „Menschheitsdämmerung" (1920) von KURT PINTHUS (1886–1975) und „Verkündigung" (1921) von RUDOLPH KAISER. Neben der Lyrik wurde die Dramatik seit 1910 wichtig. Die frühexpressionistischen Dramen sind oft naturalistisch gefärbt. ELSE LASKER-SCHÜLERS „Die Wupper" (1909) z. B. wurde von Zeitgenossen mit GERHART HAUPTMANNS „Die Weber" verglichen.

Nach 1914 ist eine starke Politisierung der Literatur zu beobachten. GEORG KAISERS „Die Bürger von Calais" (1914) behandelt eine Episode aus dem *Hundertjährigen Krieg*, in „Gas I" (1918) und „Gas II" (1920) wird der Giftgaskrieg thematisiert. BERTOLT BRECHTS „Baal" (1920) nimmt den syrischen Erdgott zum Titel, um die Geschichte des Joseph K. zu erzählen, eines Wüstlings und Vagabunden, dessen reale Vorlage sich auf FRANÇOIS VILLON und ARTHUR RIMBAUD bezog.

GEORG KAISERS „Die Bürger von Calais" wurde angeregt durch die gleichnamige Plastik von AUGUSTE RODIN.

Im „Dickicht der Städte" führt uns BRECHT in die von Gangstern, Huren und Monstern geprägte, abgründige Welt Chicagos. Hier entspinnt sich ein Kampf zwischen zwei Männern, von denen der eine sein Leben noch vor sich, der andere schon alles hinter sich gelassen hat. Der Holzhändler

Unter Regie von ERICH ENGEL und mit dem Bühnenbild von CASPAR NEHER wurde „Im Dickicht der Städte" am 29. Oktober 1924 am Deutschen Theater in Berlin uraufgeführt.

Der Vater-Sohn-Konflikt war bereits im Sturm und Drang sehr beliebt.

Shlink sucht den Kampf, George Garga, Angestellter in einer Leihbibliothek, übernimmt, „ohne nach dem Grund zu fragen", die Rolle des Gegners. Beide verlieren: Shlinks Holzgeschäft wird vernichtet, Gargas Schwester Marie und dessen Freundin Jane werden Prostituierte, Shlink kann seinen Holzhandel wieder aufbauen, gesteht Garga seine Liebe, wird von diesem zurückgewiesen, sodass er sich vergiftet. Garga brennt am Ende das Holzgeschäft nieder und geht nach New York. „Die pure Lust am Kampf" entpuppt sich „als pures Schattenboxen" (BRECHT).
ARNOLD ZWEIG sagte über FRITZ KORTNER als Shlink in der Uraufführung des „Dickicht": „War das noch Schauspielkunst? Es war Schauspielsein. Die letzte, leiseste, höchste Ausstrahlung dessen, was Künstlern auf der Bühne möglich ist." WALTER HASENCLEVERS „Der Sohn" (1914), FRITZ VON UNRUHS „Geschlecht", ein pathetisches Antikriegsbekenntnis, ERNST BARLACHS „Der tote Tag" und ARNOLT BRONNENS „Vatermord" (1920) thematisieren den für den Expressionismus typischen *Vater-Sohn-Konflikt.*
CARL STERNHEIMS „Die Hose" (1911) wird im Untertitel „bürgerliches Lustspiel" genannt und gehört zur Tetralogie „Aus dem bürgerlichen Heldenleben". Die Fortsetzung findet die Tetralogie mit „Der Snob" (1914), „1913" (erschienen 1915) und „Das Fossil" (1923). STERNHEIMS „Bürger Schippel" (1913) beschreibt den Aufstieg eines Proletariers in das Bürgertum. In ERNST TOLLERS „Masse Mensch" (1921) geht es um die Schuld einer dem Bürgertum entstammenden Sozialistin nach der Anwendung von Gewalt durch die Massen.
KASIMIR EDSCHMID (1890–1966) war Verfasser bedeutender Prosatexte. Seine erste Novellensammlung „Die sechs Mündungen" (1915) brachte ihm große Beachtung bei den Expressionisten ein. Auch der Erzählband „Nicht der Mörder, der Ermordete ist schuldig" FRANZ WERFELS zählt zur expressionistischen Prosa. FRITZ VON UNRUH (1885–1970) und LEONHARD FRANK konzentrierten sich in ihrer Prosa auf die Auswirkungen des Krieges. MAX BROD (1884–1968) schrieb 1916 einen Roman über den Astronomen RUDOLFS II., TYCHO BRAHE. Allerdings blieb die Prosa innerhalb des Expressionismus nur eine marginale Erscheinung.

Das Werk FRANZ KAFKAS entzieht sich in seiner Gänze einer literaturhistorisch-epochalen Einordnung. Es weist durchaus *expressionistische Züge* auf, geht jedoch über den Rahmen dieser Literatur weit hinaus. Ebenso lassen sich spätimpressionistische, naturalistische, surrealistische und neusachliche Tendenzen beobachten (↗ S. 351 ff.).

Der Erste Weltkrieg und die Nachkriegsordnung

Als am 1. August 1914 der Erste Weltkrieg begann, hegten noch viele Intellektuelle die *Hoffnung auf radikale gesellschaftliche Veränderungen.* Die einen sehnten eine gefestigte und beherrschende Stellung des Deutschen Reiches herbei, die anderen hofften auf eine *soziale Emanzipation der Massen*. Es war der erste Krieg überhaupt, der mit der modernsten Technik geführt wurde: zu Boden, zu Wasser und in der Luft. Der Stellungs- und Giftgaskrieg im Westen sowie der Krieg an der Ostfront gegen Russland desillusionierte bald. Es gab an den Fronten Millionen Tote. Zwar wurde der Erste Weltkrieg außerhalb des deutschen Staatsgebietes

ausgetragen, jedoch starben unter der Zivilbevölkerung zwischen 1914 und 1918 über 750 000 Menschen an *Hunger und Unterernährung.* 1917 kam es beispielsweise zu Hungerrevolten in mecklenburgischen Städten. Nach Beginn des U-Boot-Krieges traten die USA 1917 in den Krieg ein. Im Jahre 1917 wurde Russland durch zwei Revolutionen erschüttert. Der Führer der SDAPR(B) WLADIMIR ILJITSCH LENIN drängte auf ein rasches Kriegsende. Unruhen in Kiel 1917 und schließlich der Aufstand der Kieler Matrosen am 03./04.11.1918 hatten bereits die Kriegsmüdigkeit der deutschen Soldaten gezeigt. Auch der amerikanische Präsident WOODROW WILSON (1856–1924) forderte am 8. Januar 1918 in einer 14-Punkte-Rede die Beendigung des Ersten Weltkrieges. Es gelang jedoch erst im Oktober, Deutschland und die Mittelmächte zu einer Beendigung des Krieges zu bewegen. Im *Versailler Vertrag* von 1919 wurden Deutschland und Österreich als *alleinige Kriegsverlierer* betrachtet. Das 14-Punkte-Programm Wilsons wurde ignoriert, Russland zu den Friedensverhandlungen gar nicht erst eingeladen.
Die *Novemberrevolution* 1918 hatte zwar zur *Abdankung des Kaisers* und zur Bildung der *Weimarer Republik* geführt. Ihr politisches System erwies sich jedoch als äußerst instabil. Während auf der einen Seite restaurative Kräfte erfolglos versuchten, die alte Ordnung wieder herzustellen (Kapp-Putsch), sollten mit der *Münchener Räterepublik* und der Etablierung von Arbeiter- und Soldatenräten auf der anderen Seite linksrevolutionäre Ziele erreicht werden. Die Reparationszahlungen erwiesen sich zudem als eine enorme Belastung für die deutsche Volkswirtschaft. Es herrschte eine generelle Krisenstimmung, die sich nach dem Ersten Weltkrieg verbreitete. Die wirtschaftliche Stabilisierungsphase von 1924 bis 1929 (die „Goldenen Zwanzigerjahre") dauerte nur kurz.

Neue Erkenntnisse, neue Medien und neue Literatur

Die Zeit nach dem Ersten Weltkrieg brachte eine neue Blütezeit der Wissenschaften. Mit der Gründung des *Instituts für Sozialforschung* 1924 etablierte sich die **Frankfurter Schule** unter MAX HORKHEIMER (1895–1973) und THEODOR WIESENGRUND ADORNO (1903–1969, Bild) als eine der bedeutendsten soziologisch-philosophischen Strömungen des 20. Jahrhunderts. Die „Kritische Theorie" stellt den Versuch dar, den Marxismus mithilfe der Sozialwissenschaften weiter zu entwickeln. Sie wies der Literatur demzufolge eine spezifisch gesellschaftskritische Funktion zu und unterstrich die politische Bedeutung von Literatur. Die *Frankfurter Schule* sowie der erst nach 1945 im deutschen Sprachraum größeren Einfluss gewinnende **Existenzialismus** (JEAN-PAUL SARTRE) veränderten die abendländische Philosophie grund-

Allein der Kampf um Verdun dauerte sechs Monate und kostete 300 000 Franzosen und 28 000 Deutsche das Leben.

SDAPR(B) = Sozialdemokratische Arbeiter-Partei Russlands (Bolschewiki). LENIN hieß mit bürgerlichem Namen ULJANOW.
Er starb 1924. Danach erlangte JOSEPH WISSARIONOWITSCH DSHUGASCHWILI, genannt STALIN, die Macht in Russland.

Existenzialismus bezeichnet eine philosophische Strömung, die explizit Existenzfragen der Menschheit in den Mittelpunkt der Betrachtung rückte. Man untersuchte die Seinsformen menschlicher Existenz und kam u. a. zu der Anschauung, dass der Mensch eine Wahl des Handelns habe. Er ist „zur Freiheit verdammt" (SARTRE) und damit hat er eine Verantwortung für sein Leben und muss zwangsläufig eigenverantwortlich handeln. Damit wird der Mensch jedoch auch mit seiner Angst als seiner Grunderfahrung konfrontiert: dem „Sein zum Tod" (HEIDEGGER) als Konfrontation des Individuums mit dem Nichts („Ekel", SARTRE).

legend. Auch die Psychologie wirkte weit ins 20. Jahrhundert hinein auf die Entwicklung der Kultur und Kunst. C. G. JUNG (1875–1961), ein Schüler SIGMUND FREUDS, begründete die auf der Psychoanalyse aufbauende *Analytische Psychologie*. Zentralbegriff JUNGS ist die *Individuation*.

„Individuation bedeutet: Zum Einzelwesen werden und [...] zum eigenen Selbst werden. Man könnte ‚Individuation' darum auch als ‚Verstopfung' oder ‚Selbstverwirklichung' übersetzen."
(C. G. Jung: Die Beziehungen zwischen dem Ich und dem Unbewußten. Zürich: Rascher, 1933, S. 65.)

Die Individualpsychologie ALFRED ADLERS ist die dritte der tiefenpsychologischen Schulen jener Zeit. MAGNUS HIRSCHFELD (1868–1935), der „Einstein des Sex", gewann wissenschaftliche Erkenntnisse zur Sexualität. Er gründete 1919 das „Institut für Sexualwissenschaft" in Berlin. Innerhalb der europäischen Kunst etablierten sich der aus dem Expressionismus hervorgegangene *Dadaismus* und daraus wiederum der **Surrealismus.**
Mit dem Rundfunk, dem Film und den Anfängen des Fernsehens begann auch die Entwicklung neuer Medien, die sich auf die Literatur niederschlugen. Das Hörspiel, die Reportage, der Hörbericht wurden ab der Mitte der Zwanzigerjahre sehr populär.
In den Zwanzigerjahren entstanden die **Neue Sachlichkeit** als Rückbezug auf realistische Tendenzen der Kunst des 19. Jahrhunderts bzw. der *magische Realismus,* der auch zeitgenössische Strömungen innerhalb der europäischen Kunst (Surrealismus) aufnahm.
Zeitgleich mit der modernen Literatur entwickelte sich, teilweise unter dem Einfluss des **Werkbundes,** die Arbeiter- bzw. proletarisch-revolutionäre Literatur.

Dadaismus

Dada = kindliche Bezeichnung für Holzpferdchen

Der **Dadaismus** ist eine internationale Kunst- und Literaturrichtung, die 1916 in Zürich unter dem Eindruck des Ersten Weltkriegs entstanden ist. Sie stellt eine Synthese aus kubistischen, futuristischen und expressionistischen Tendenzen dar. Zentren des *Dadaismus* waren Zürich, Paris, New York, Köln, Berlin und Hannover.

Die Dadaisten lehnten die *bürgerliche Kultur* ab und suchten stattdessen in der Kunst nach neuen Ausdrucksformen. So strebten sie die *Rückkehr zur kindlichen Naivität* an und waren der Meinung, jeder Mensch sei ein Künstler. Die Basis des Dadaismus waren der *Zufall und die Beliebigkeit der Materialien.* Die Dadaisten stellten den Vortrag in Form des **Lautgedichts** mit musikalischer Untermalung (in Form von Geräuschkulissen) in den Mittelpunkt ihrer Performances. Ihre künstlerischen Mittel waren Montagen und Collagen, auch in der Wortkunst. Sie verbanden zuweilen bildende Kunst, Musik und Literatur.
Surrealismus, Neorealismus und **konkrete Poesie** wurden durch die Dadaisten angeregt.

JOHANNES THEODOR BAARGELD
„Bimmelresonanz II

Bergamotten flotten im Petroleumhimmel
Schwademasten asten Schwanenkerzen
Teleplastisch starrt das Cherimbien Gewimmel
In die überöffneten Portierenherzen
Inhastiert die Himmelbimmel

Feldpostbrief recochettiert aus Krisenhimmel
Blinder Schläger sternbepitzt sein Queerverlangen
Juste Berling rückt noch jrad die Mutterzangen
Fummelmond und ferngefimmel
Barchenthose flaggt die Kaktusstangen

Lämmergeiger zieht die Wäscheleine
Wäschelenden losen hupf und falten
Zigarrinden sudeln auf den Alten
Wettermännchen kratzt an ihrem Beine
Bis alle Bimmeln angehalten"

(In: „die schammade". Hrsg. Max Ernst und Johannes Theodor Baargeld. Köln: Schloemilch Verlag, 1920.)

„Bimmelresonanz II" weist ein regelmäßiges Versmaß auf. BAARGELD verwendet den Trochäus, nur im letzten Vers wird der Jambus benutzt. So wird das Gedicht singbar gemacht (2/4-Takt). Die strenge Form kontrastiert mit der Inhaltsleere des Gedichts. Spielerisch geht BAARGELD mit Binnenreim (Bergamotten flotten) und Stabreim (Fummelmond und ferngefimmel) um.

Die dadaistischen Zentren

HUGO BALL eröffnete 1916 in Zürich das *Cabaret Voltaire.* Gemeinsam mit seiner Frau EMMY HENNINGS und HANS ARP (1887–1966), TRISTAN TZARA (1896–1963) sowie RICHARD HUELSENBECK (1892–1974) u. a. wurden Leseabende veranstaltet. Im selben Jahr entstand auch die Dada-Bewegung in New York (MAN RAY, MARCEL DUCHAMP, FRANCIS PICABIA). Nach dem Krieg konnte sich Dada auch in Berlin niederlassen. Am 21.02.1918 wurde dort der Club Dada gegründet. Mitglieder waren RAOUL HAUSMANN (1886–1971), RICHARD HUELSENBECK, JOHANNES BAADER (1875–1955), GEORGE GROSZ (1893–1959), JOHN HEARTFIELD (1891–1968), WALTER MEHRING (1896–1981) und JEFIM GOLYSCHEFF (1897–1970). 1918 wurde ein gemeinsames dadaistisches Manifest der Zürcher und Berliner herausgegeben („Was ist der Dadaismus und was will er in Deutschland?"). Es enthält Forderungen nach *grundlegenden Veränderungen in der Gesellschaft.*
Der Hannoveraner KURT SCHWITTERS (1887–1948) erfand 1919 die Bezeichnung „MERZ", das Wortfragment hatte der Künstler dem Schriftzug „Kommerz- und Privatbank" entnommen und in einer Collage eingefügt. Er veranstaltete „MERZabende" mit Vorträgen seiner Gedichte, Prosatexte und der „Ursonate", 1923 begann er mit dem „MERZbau", einer mehrere Räume umfassenden begehbaren Installation aus Holz und Gips. Ab 1927 nannte sich SCHWITTERS selbst MERZ. Die „Ursonate" (1932) ist eines der Schlüsselwerke der akustischen Kunst. JOHANNES THEODOR BAARGELD (1892–1927), MAX ERNST (1891–1976) und HANS ARP waren die Gründer der Kölner Dada-Gruppe. BAARGELD und ERNST gaben hier gemeinsam die Dada-Zeitschrift „die schammade" heraus.

Surrealismus

Die Bezeichnung *Surrealismus* geht auf GUILLAUME APOLLINAIRE (1880 bis 1918) zurück, der sein Drama „Les mamelles de Tirésias" („Die Brüste des Tiresias", 1903/1918) als „surrealistisch" bezeichnet hatte.
Der *Surrealismus* ist direkt aus der Dada-Bewegung entstanden und wie diese *Ausdruck des Protestes* gegen alle Spielarten westlicher Kultur. Hatte der Dadaismus das Unbewusste lediglich als kreativen Anstoß für die Kunst gesehen, bezog der Surrealismus nun auch das *psychisch Unbewusste* in die Kunstproduktion ein. Besonderen Einfluss hatte die „Traumdeutung" SIGMUND FREUDS auf die Surrealisten. Über diesen „Umweg" wurden auch romantische und symbolistische Elemente spürbar.

Surrealismus: frz.: surréalisme, von lat. super = oben, darüber, über Realismus hinaus.

Der **Surrealismus** ist eine avantgardistische Strömung in der Litera-tur und Kunst, die nach dem Ende des Ersten Weltkrieges in Frankreich entstanden ist. Sie versucht, in die Bereiche des Traums und des Tiefenbewusstseins vorzudringen, das Sinngefüge der Erfahrungswelt wird dabei aufgehoben und Wirkliches mit Fantastischem vermischt.

Am häufigsten findet sich in der surrealistischen Dichtung das **Traummotiv** als *Gegenwelt zur Wirklichkeit.* Der Traum ist handlungsauslösend und erhellt die seelische Verfassung der Personen. Utopien und Idealschilderungen können durch ihn transportiert werden. Das irrationale Unbewusste wird jedoch auch durch *wahnhafte Visionen* und *spontane Assoziationen* ausgelöst. Durch *Drogenkonsum* ebenso wie durch *Hypnose* konnten neue *Bewusstseinszustände* erreicht werden. Die Vernunft spielt in der Kunstproduktion keine Rolle mehr, die innere Logik eines Textes interessiert nicht, er ist syntaxlos und stark bildhaft. Vielmehr wird der *Automatismus* zum Schreibimpuls.

FREUD bevorzugte anfänglich die Hypnose, um Neurosen zu heilen.

Automatische Dichtkunst: frz. écriture automatique, von griech. autómatos = sich selbst bewegend

Automatische Dichtkunst (Automatismus) beruht auf Zufallsniederschrift und ist seit dem Dadaismus gebräuchlich. Dabei werden Assoziationen und spontane Eingebungen zu Texten strukturiert.

Die eigentliche Wahrheit und Kunst entsteht im spontanen Prozess des Schreibens. Dabei erfährt die wahrnehmbare Welt eine *Verfremdung,* das *Absurde* wird mystifiziert.
PHILIPPE SOUPAULT (1897–1990), LOUIS ARAGON (1897–1982) und ANDRÉ BRETON (1896–1966) sind die Begründer des Surrealismus und Autoren des ersten (automatischen) surrealistischen Textes „Les champs magnetiques". Sie gründeten 1919 die Zeitschrift „Littérature". 1924, mit der Veröffentlichung des „Manifeste du Surréalisme" (Manifest des Surrealismus), findet die literarische Strömung ihre theoretische Untermauerung durch BRETON.
Surrealismus und **Dadaismus** waren, anders als andere literarische Bewegungen jener Zeit, von vornherein international und interkulturell. Bildende Kunst und Literatur sind die Wurzeln für MAX ERNST und HANS

ARP. ERNST, der studierte Philosoph, Philologe, Kunstgeschichtler und Psychologe, wurde mit Frottagen und Bühnendekorationen bekannt, ARP, der Bildhauer und Maler, mit Holzreliefs.
ALFRED DÖBLIN verwendete in „Berlin Alexanderplatz" surrealistische Elemente, indem er die Techniken des *Stream of Consciousness* und der **Collage** nutzte.

Stream of Consciousness, engl. = Bewusstseinsstrom

Der **Stream of Consciousness** ist eine Erzähltechnik des modernen Romans, die Gedanken und Bewusstseinsvorgänge in spontan-assoziativer und in ungeordneter Form wiedergibt. Die Inhalte des *Stream of Consciousness* müssen nicht notwendig einen Bezug zur eigentlichen Handlung der Prosa haben.

Der *Stream of Consciousness* wurde aus dem **inneren Monolog** entwickelt und stellt eine Erzähltechnik nicht allein des *Surrealismus* dar. Vielmehr wurde er bereits um die Jahrhundertwende zum 20. Jahrhundert in England entwickelt. Er eignet sich jedoch aufgrund seiner Spezifik sehr gut, Träume und unbewusste Vorgänge im Individuum zu beschreiben. Benutzt wurde er in den 20er-Jahren des 20. Jh. auf aufsehenerregende Weise durch JAMES JOYCE im Romanende von „Ulysses" (1918/22): Auf rund 70 Seiten wird der Bewusstseinsstrom in „Molly's Monologue" ohne jegliche Satzzeichen wiedergegeben. Hier und in seinem Werk „Finnegans Wake" (1939) kommt JOYCE durch Nutzung des **automatischen Schreibens** den Techniken des *Surrealismus* sehr nahe. Allerdings kann er nicht eigentlich zu den Surrealisten gezählt werden, vielmehr griff er Stilmerkmale des **Realismus, Naturalismus,** *Dadaismus* und *Symbolismus* auf und damit in vielem auch Merkmale des *Surrealismus*.
Der Surrealismus hat viele Autoren des *magischen Realismus* und der lateinamerikanischen Literatur beeinflusst, u.a. ALEJO CARPENTIER (1904 bis 1980), JULIO CORTÁZAR, GABRIEL GARCÍA MÁRQUEZ.

Als inneren Monolog bezeichnet man eine Erzähltechnik, die versucht, den Bewusstseinszustand einer Person zu verdeutlichen. Um Wahrnehmungen, Empfindungen und Gedanken wirklichkeitsnah wiederzugeben, wird der Satzbau aufgebrochen, werden Wortsplitter, Wortgruppen, Satzteile ordnend aneinandergereiht. Die Erzählzeit ist oft länger als die erzählte Zeit.

4.8.3 Neue Sachlichkeit

Vorgeschichte

Die *Neue Sachlichkeit* ist wie die meisten Richtungen entstanden, weil sich Künstler von Vorangegangenem, in diesem Fall von expressionistischer Kunst, abheben wollten. Wenn dieser Wille auf neue Lebensstile, -gefühle und Realitäten trifft, entstehen für die jeweilige Zeit neue Formen, sich künstlerisch, philosophisch und politisch zu äußern, die die Zeitgenossen und Historiker als „Strömung" oder neue Richtung wahrnehmen und der sie einen Namen geben. Künstlerisch im Stile der Neuen Sachlichkeit zu arbeiten, war für viele Künstler zwar eine relativ kurze Phase ihres Schaffens, jedoch nicht selten eine sehr prägende, sei es in dieser Tradition oder in ihrer Negation.

Kennzeichen sachlichen Bauens: Schnörkellosigkeit, Entfernung aller Schmuckelemente

Als Geburtsort des Begriffs **Neue Sachlichkeit** gilt eine 1925 in Mannheim veranstaltete Ausstellung zeitgenössischer Malerei, die unter diesem Motto stattfand. Geprägt wurde der Begriff durch GUSTAV FRIEDRICH HARTLAUB.

Was ist Neue Sachlichkeit?

Neue Sachlichkeit bezeichnet eine in allen Bereichen der Kultur auftretende Strömung und damit auch eine Kunst- und Literaturrichtung in der Zeit der Weimarer Republik (1918–1933).

Andere Bezeichnungen: **„Neue Gegenständlichkeit"**, **„Materialästhetik"**, frz. „la nouvelle objektivité"

Sie ist ein Teil der *Moderne*-Bewegung des 20. Jahrhunderts und definierte sich selbst als eine der Publizistik angenäherte Gebrauchsliteratur. Eine zentrale Kategorie war die der Beobachtung. Die wichtigsten Formen der neusachlichen Literatur waren die Publizistik und der Roman.

Motto der Bauhausarchitektur (seit 1919 in Weimar, 1925 Umsiedlung nach Dessau): Schönheit ist Zweckmäßigkeit oder: Das wahrhaft Schöne ist zugleich das wahrhaft Zweckmäßige.

Neusachliche Literatur nahm in der Konstituierungsphase auf den **Naturalismus** Bezug und entfaltete sich in der Auseinandersetzung mit den Prozessen der Industrialisierung und Urbanisierung. Der Begriff der „Neuen Sachlichkeit" basierte vor allem auf dem *Lebensgefühl in den großen Städten,* die sich seit Anfang des Jahrhunderts entwickelt hatten. Eine neue *Wirklichkeit der Technik, Wirtschaft und Gesellschaft* prägte das künstlerische Bewusstsein dieser Zeit. Die Neue Sachlichkeit war keine interne Kunstangelegenheit!
Der Begriff der „Neuen Sachlichkeit" hat wie auch die Begriffe **Impressionismus** und **Expressionismus** seinen Ursprung in der Beschreibung von Werken der **bildenden Kunst.** Durchgesetzt hat er sich durch die *Architektur,* eine Kunst, die nicht mit Farbe, sondern mit dem Raum arbeitet. Für diese Richtung in der Architektur steht vor allem der Name „Bauhaus".
Neusachliche Literatur hat jedoch auch ihre eigenen Traditionen. Im Unterschied zur neusachlichen Malerei hat sie konsequent auf die Entwicklung einer *Gebrauchskunst* für viele hingearbeitet. Sie umfasste nicht nur neue Schreibtechniken. Es ging um eine den gesellschaftspolitischen Verhältnissen gemäße Literatur und Kunst, weshalb sich für nicht wenige Autoren mit der Ästhetik auch ein Gesellschaftsmodell verband, mit dem sie – häufig in aufklärerischer Absicht – auf die bis dahin einzigartige *Politisierung* und zugleich *Radikalisierung* sowie auf die Entstehung einer *modernen Massenzivilisation* reagierten. Dass die neusachliche Poetik eine urbane und großstädtische war, wurde stillschweigend vorausgesetzt. Ihr Bezugspunkt waren umfassende gesellschaftliche Modernisierungsprozesse. Die „Kälte" der Neuen Sachlichkeit war nicht nur ein Zeichen der „kalten Welt", um die es ging, sondern es war auch eine ästhetische Eigenschaft infolge der Schreibpraxis (wie bei der **Berichtform,** die Abwesenheit des subjektiven Erzählers und Kommentators).
Der Begriff der „Neuen Sachlichkeit" vereint in heutiger Wahrnehmung unterschiedliche, z. T. gegensätzliche Ausdrucksformen und dient damit als Sammelbegriff für verschiedene künstlerische und angewandte Formen. Im Unterschied zu anderen literarischen Strömungen ist die Neue Sachlichkeit nicht mit *literarischen Gruppen* verbunden, was die Zuordnung von Autoren neben unklaren Stilkriterien schwierig macht.

Mit der Einführung der Rentenmark am 15.11.1923 begann sich auch in Deutschland die Literatur vom **Expressionismus** abzuheben, da von nun an neue Fragestellungen auf der Tagesordnung standen. Die Geschehnisse in der Weimarer Republik zwangen zur Beobachtung der sich wieder etablierenden Wirtschaftsordnung und neuer politischer Bewegungen. So wurde auch die Frage nach dem „neuen Menschen" des Expressionismus neu gestellt. Die Literatur äußerte sich in weiten Teilen stark politisch.

Sachlichkeit bedeutete:
- sachliches, realitätsbezogenes Schreiben,
- nüchternes und emotionsloses Erzählen,

- Verzicht auf Pathos bis zur Befreiung von allem Pathos,
- Verzicht auf Dekoratives und Ornamentales,
- Präzision,
- faktenorientierte Darstellung, Konzentration auf „Tatbestände",
- Akzeptanz der Macht der Dinge, Sachen und Situationen,
- das Postulat der wahrheitsgemäßen Darstellung,
- Objektivität durch Beobachtung,
- Abkehr vom Psychologisieren, von Gefühlen der Melancholie, Trauer usw.,
- Ablehnung von „falschem" Poetisieren,
- die Sache ganz aus sich heraus verstehen und bis zur letzten Konsequenz darstellen wollen.

Sinnbilder der neuen Technik wurden der moderne Ozeandampfer, das Flugzeug, das Flugschiff. Neue Berufs-, Käufer- und Konsumentengruppen entstanden. Die Produzenten entwickelten die Werbung in großem Stil. Frauen trugen Bubikopf und zogen Hosen an.

Literatur der *Neuen Sachlichkeit* zeichnet sich durch „Tatsachenpoetik mit Gebrauchswert" aus. Die Beobachtung (Vivisektion) wird wichtiger als die Dichtung. Dazu gehörten Nüchternheit und Dokumentarismus.

ERIK REGER:
„Der Roman muß die Bedeutung einer Zeugenaussage vor Gericht, das Drama die einer vollständigen Beweisaufnahme haben."
(in: General-Anzeiger für Dortmund, 31.03.1931.)

Das neue Lebensgefühl

Szene aus „Metropolis" von FRITZ LANG

Nie zuvor gab es eine vergleichbare *Politisierung der Öffentlichkeit.* Leben in der Großstadt bedeutete viele Menschen auf einem Raum. Sie bewegten sich durch den Arbeitsrhythmus zu bestimmten Zeiten in Strömen durch die Stadt. Arbeiten im *Takt des Fließbandes* wurde für viele Alltag. Technik und Wirtschaft gingen ihren Weg, ohne sich um die individuellen Erlebnisse und Stimmungen zu kümmern. Es ist die Zeit der *Massenmedien*. Zeitungen mit großer Auflage, viele neue Zeitschriften, das Radio, die Schallplatte, das Kino für alle und der Tonfilm entwickelten sich. Das nach der Zeit von Krieg und Krise aufgestaute Lebens- und *Unterhaltungsbedürfnis* brach sich überall massenhaft Bahn. Das Kino machte dem Theater Konkurrenz: „Heute kommen auf ein Theaterhaus ungefähr 100 Lichtspielhäuser und auf 100 Lichtspielhäuser tausend Radioapparate. Und was ist eine Premiere im Vergleich zu einem Boxkampf zwischen dem italienischen Europameister und unserm Schmeling. Die Konkurrenzen des Theaters sind gewachsen." (Nach LEOPOLD JESSNER: „Das Theater") Der Kulturmarkt wurde international und kommerziell. Es war die Zeit des Charleston, Foxtrott und Jazz. Hollywood wurde auch in Europa ein Begriff. Sportwettkämpfe wie das 6-Tage-Rennen

1921 wurde die AVUS (Automobil- und-Verkehrs-Uebungs-Straße) in Berlin eingeweiht, 1927 der Nürburgring eröffnet. 1929 gab es in Berlin 82 000 Autos (1914: 7 000).

Am 15. Juli 1920 entstand Groß-Berlin als Verwaltungseinheit. Orte wie Rudow und Lichtenberg wurden eingemeindet und gehörten nun zu Berlin.

oder Boxveranstaltungen waren riesige Spektakel vor großem Publikum. Die Helden und Stars dieser Zeit waren Luftschiffkonstrukteure, Polentdecker, Autorennfahrer, 6-Tage-Champions, Boxsportler, Künstler wie CHARLIE CHAPLIN und GRETA GARBO, Hochstapler und Ganoven. Durch die Elektrifizierung und Mechanisierung der Großstadt veränderte sich das *Zeitgefühl* seiner Bewohner erheblich. Dies ging einher mit einer bisher nicht gekannten *Wahrnehmung des Alltags.* Mit dem neuen Lebensgefühl veränderte sich auch die Sprache im Alltag. Die neusachliche Literatur beobachtete das *Verhalten des Einzelnen in der Masse* und die Zwänge, denen er ausgesetzt war und in denen er sich bewegen musste. Sie machte Verhaltensgebote.

ÖDÖN VON HORVATH:
„ […] es bildet sich [in der Stadt] ein neues gesellschaftliches Bewußtsein, es ist alles im Werden begriffen, auch die bisher bekannten Typen der Menschen bilden sich um, es entstehen gewissermaßen ganz neue Mischungen – – […] und das können Sie heute auf dem Lande weder fühlen noch sehen, das Land läßt der Stadt den Vortritt, und für mich als jungen Dichter ist dies natürlich kolossal wichtig, die persönlichen Eindrücke von diesem Wandel des Bewußtseins."
(Horvath, Ödön von: Sportmärchen, andere Prosa und Verse. Frankfurt/Main: Suhrkamp, 1988.)

Mit dem Ende der Weimarer Republik endete auch die **Neue Sachlichkeit** als dominante kulturelle und literarische Strömung. Wie auch immer das Fazit der Zeitgenossen ausfiel, letztlich gingen von der Neuen Sachlichkeit wichtige Impulse für das gesamte kulturelle Leben aus. Sie wurde *Ausdruck eines Lebensgefühls* bestimmter *städtischer Bevölkerungsgruppen* und sie hatte entscheidend dazu beigetragen, Kunst und Kultur ihrer geheimnisvollen Aura zu berauben und für ein Massenpublikum zu öffnen. Die Künste hatten in der Auseinandersetzung mit den neuen Medien ihrer Zeit neue Formen entwickelt und deren Wirkungen erprobt, die schnell zum Standard wurden.
Das Ende der 1920er- und der Beginn der 1930er-Jahre ist jedoch auch eine den hohen Arbeitslosenzahlen geschuldete von *Klassenkämpfen und Straßenschlachten* aufgewühlte Zeit. Auch diese Beobachtungen fließen in die Literatur der *Neuen Sachlichkeit* ein. So entstehen neue Spielarten von **Arbeiterliteratur,** die an naturalistische Traditionen anschließen oder aber vom **Proletkult** bzw. vom **Surrealismus** gespeist werden.

Lasst Tatsachen sprechen!

Unter diesem Motto schrieben Künstler ganz unterschiedlicher, ja zum Teil gegensätzlicher – nicht selten zur Radikalität tendierender – politischer Auffassungen und Weltsichten. Dies ist ein Grund dafür, dass diese Strömung sehr umstritten war und ist. „In Analogie zur gesamtliterarischen Situation stellt sich der neusachliche Diskurs als eine Auseinandersetzung zwischen linksbürgerlichen, kommunistischen, gemäßigt konservativen und völkisch-nationalen Gruppierungen dar, eine Konstellation, die sich in den beteiligten Publikationsorganen wiederholt." (BECKER)

Kritik kam vor allem vonseiten der konservativen Literaturkritik, gegen „großstädtische Zivilisationskunst“ und „urbane Asphaltliteratur“, gegen den „Geist von Berlin“ (WILHELM STAPEL).
Diskussionen um die Funktionalität und Ideologiefreiheit von sachlichen Formen, die eine Gleichstellung unterschiedlichster Erfahrungen wie Schlachtfeld und Sommerwiese durch die Verwendung gleicher oder verwandter Stilebenen zu erlauben schienen, gehören zur Geschichte dieses Phänomens.

Die zeitgenössischen gegensätzlichen Beschreibungen und Bewertungen von neusachlichen Kunstwerken		**Figurentypen** (nach LETHEN)
• kalt • unsinnlich • reduziert • abstrakt • grelles Licht • unengagiert • unmoralisch	• eine neue Klarheit • der unverstellte, sachlich-funktionale, ungeschönte, nicht moralisierende Blick auf die Wirklichkeit	• das „graue Heer“ der Masse • die „kalte persona“ • der „Radar-Typ“ • die „Kreatur“

Das Für und Wider zeitgenössischer Beurteilungen der Neuen Sachlichkeit

Neusachliche Epik

Neue Sachlichkeit

Lyrik	Epik	Dramatik
KURT TUCHOLSKY JOACHIM RINGELNATZ ERICH WEINERT PAUL ZECH ERICH KÄSTNER	ANNA SEGHERS ALFRED DÖBLIN EGON ERWIN KISCH LION FEUCHTWANGER ERICH KÄSTNER HANNS HENNY JAHNN	ÖDÖN VON HORVÁTH CARL ZUCKMAYER BERTOLT BRECHT FRIEDRICH WOLF ARNOLT BRONNEN MARIELUISE FLEISSER

Zeitschriften der **Neuen Sachlichkeit** waren: „Der Scheinwerfer“, Essener Theaterzeitschrift (1927–1933, Hrsg. HANNES KÜPPER, Dramaturg an den Essener Bühnen), „Querschnitt“, „Literarische Welt“.

Die Literatur der Neuen Sachlichkeit durchzog alle literarischen Gattungen, war aber besonders erfolgreich in den epischen Genres. ANNA SEGHERS (1900–1983) begann mit Sagen und Novellen („Die Toten auf der Insel Djal“, 1924; „Grubetsch“, 1927). SEGHERS interessiert seit ihren frühen Geschichten die utopische und zugleich „menschliche“ Haltung ihrer Protagonisten. Es sind zumeist die Schicksale von Bauern, Fischern, Arbeitern und Handwerkern, existenzielle Ausnahmesituationen, die sie legendenhaft verarbeitet („Der Aufstand der Fischer von St. Barbara“, 1928). Die Erzählweise bleibt dabei schlicht und nahe am Erzählten, auch wenn die Autorin damals typische Erzähltechniken verwendet wie etwa die vom Film kommende *Schnitttechnik* und die *Montage*.

ANNA SEGHERS: „Es gab dabei zwei Linien: Erzählen, was mich heute erregt, und die Farbigkeit von Märchen. Das hätte ich am liebsten vereint und wußte nicht wie." (1960er-Jahre)

Auch in ihrer, im Jahre 2000 posthum veröffentlichten Erzählung „Jans muss sterben" (1925), in dem ein todkrankes Kind den Mittelpunkt des Erzählten bildet, interessiert sie sich für die existenziellen Lagen der Menschen und die Macht des Schicksals: Hat der Mensch eine Chance, der Isolation und Angst, seinem vorherbestimmten Schicksal zu entkommen und seine Würde zu behaupten? Diese existenzphilosophische Frage beschäftigte sie ihr ganzes Leben. In den frühen 1920er-Jahren las sie SØREN KIERKEGAARDS (1813–1855) „Die Krankheit zum Tode" und studierte bei dem Existenzphilosophen KARL JASPERS (1883–1969).
Im Laufe ihres Lebens beantwortete sie diese Frage auf unterschiedliche Weise und verband sie mit konkreten politischen Aussagen. Ihr großes Thema dabei blieb immer die Utopie, dass es eine menschenfreundliche Gesellschaft geben müsse. Für sie hatte diese Utopie den Namen „Sozialismus".

Aus dem Klappentext: „All ihre Hoffnungen knüpfen sie an Jans, ihr Kind ... Eher, glauben sie, würde die Erde bersten, als ihrem schönen, glänzenden Kind etwas zustoßen. Und dann geschieht das Unglück: der kleine braune Körper zerfällt in einer unerklärlichen Krankheit."

Der Kummer verbindet die beiden Eheleute Martin und Marie jedoch nicht, er trennt sie noch mehr. Sie haben und finden keine gemeinsame Sprache, keine tröstenden Gesten. Erst ein zweites Kind bringt sie wieder einander näher, wenn auch nicht mehr mit überschwänglichem Gefühl. Jans muss sterben, obwohl er wieder gesund zu werden scheint und am Ende seine Umwelt in Staunen versetzt, um ihre Aufmerksamkeit kämpft, als er eine unter Jungen seines Alters bekannte Mutprobe wagt.

Das Manuskript zu **„Jans muß sterben"** hatte ANNA SEGHERS 1940 bei ihrer Flucht vor der deutschen Wehrmacht aus Paris dort zurücklassen müssen. Ihr Sohn PIERRE RADVANY fand es in den Neunzigerjahren zwischen anderen in Paris gebliebenen Texten. Zum 100. Geburtstag der Autorin wurde es veröffentlicht.

Das Frühwerk der SEGHERS ist insbesondere der Neuen Sachlichkeit zuzurechnen, da es der Prämisse „beobachten und nicht dichten" verpflichtet ist. Die Erzählung spielt in den Hinterhöfen der einfachen und armen Leute, in deren engem und kargem Alltag es emotionale Wärme und Liebe schwer haben. Im Unterschied zu späteren Geschichten über die Kraft und Verzweiflung der Armen und Schwachen ist Armut in dieser Erzählung einfach Bedingung, für die Handlung nicht wichtig. Die beiden Hauptfiguren sprechen wenig, Jans spricht nichts laut. Umso beeindruckender ist, wie die noch junge Autorin von Gesten, der Atmosphäre im Raum, von Leere und Sprachlosigkeit auf eine faszinierende Weise erzählt (vgl. auch FRANZ KAFKAS „Die Verwandlung"). Und so fasziniert in „Jans muß sterben" der Detailreichtum des Erzählten.
Beeindruckend sind die Schilderungen, wie die äußere Welt allmählich mit dem Innenleben der Figuren eins wird. Je näher Jans dem Tode kommt, umso düsterer und enger wird die Umgebung und umgekehrt. Und auch die Suche des Vaters nach Spuren, die Jans in ihm hinterlassen hat, werden zur Verzweiflungstat eines Leidenden. Selbst das Tageslicht scheint Trauer anzunehmen, als Jans an seiner Mutprobe stirbt.

Dominanz des Romans und der Reportage

Im Unterschied zum *Naturalismus* dominierte vor allem der *Roman*.

Natur- und Geisteswissenschaften dieser Zeit waren: Physik (besonders die Quantenphysik ALBERT EINSTEINS), Lebensphilosophie, philosophische Anthropologie, Theorien der Verhaltenspsychologie und Verhaltenslehren (HELMUTH PLESSNER, 1892 bis 1985), Psychoanalyse (SIGMUND FREUD, CARL GUSTAV JUNG, 1875–1961), Soziologie (MAX WEBER, 1864–1920), Medizin, Reformpädagogik (MARIA MONTESSORI, 1870 –1952; RUDOLF STEINER, 1861–1925).

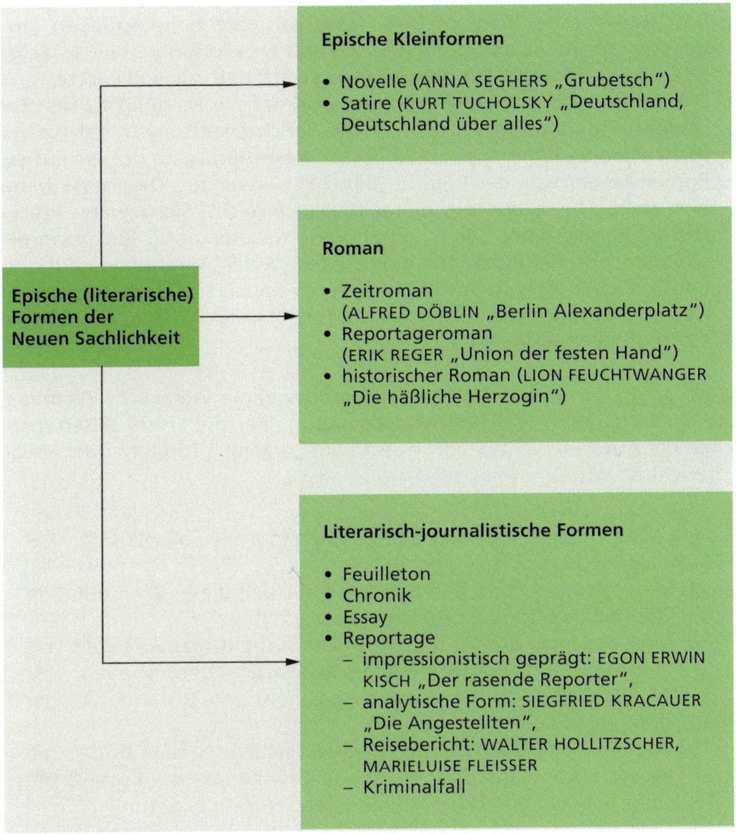

Die neusachliche deutsche Literatur hat viele Anregungen von englischsprachigen, vor allem amerikanischen, sowie französischen Autoren erhalten (JOHN GALSWORTHY, HENRI BARBUSSE, UPTON SINCLAIR).

Die Neue Sachlichkeit korrespondierte mit der russischen und italienischen Kunst des *Futurismus* sowie Vertretern von materialästhetischen Kunstpraxen, vor allem in der Filmkunst.

GABRIELE D'ANNUNZIO (1863–1938) und FILIPPO T. MARINETTI (1876–1944) werden zum italienischen, WELEMIR CHLEBNIKOW (1885–1922) und WLADIMIR MAJAKOWSKI (1893–1930) zum russischen Futurismus gerechnet.

Der **Futurismus** war eine von Italien ausgehende avantgardistische Richtung in der Literatur, Musik und Malerei, die den totalen Bruch mit traditionellen künstlerischen Formen und philosophischen Anschauungen forderte. Der Futurismus gilt als die radikalste Spielform des Expressionismus. Bedeutendste Vertreter waren D'ANNUNZIO, MARINETTI, W. CHLEBNIKOW und MAJAKOWSKI.

4

Gründe für die Dominanz des Romans

Manche nennen diese Zeit auch die „Goldenen Zwanziger" oder die Zeit der Stabilisierung und Normalisierung nach dem Krieg, nach der Revolution und nach den Jahren der Inflation (bis etwa 1922/23). Jede Zeit hat ihre Vorstellungen von dem, was modern ist.

- Der Roman profitierte von der „episierenden Ausstrahlung des Films". Der Roman stand dem Film nahe und damit dem sich damals massenhaft entfaltenden Medium. Diese Nähe versprach hohe Auflagen, wobei das Epische in der Dramatik, wie die Entwicklung BRECHTS zeigt (↗ **Episches Theater**), für diese Gattung auch befruchtend wirkte.
- Die zweite, wirkungsvolle Zeitkraft, von der die Neigung zu den Erzählgattungen gefördert wird, ist die Berichterstattung in der Presse. Nicht ohne Bedacht wurde deshalb zur Kennzeichnung der sachlichen Romane mehrmals der Begriff „Bericht" verwendet. Die Presse habe eine neue Ebene und ein neues Niveau erreicht. Sie gewann literarischen Rang, sodass Sammlungen von Pressetexten in Buchform erschienen. Von der Publizistik gingen *stilbildende Anregungen* auf den neusachlichen Roman aus. Viele Autoren haben sich auch auf beiden Gebieten betätigt wie LUDWIG RENN, ERICH MARIA REMARQUE (1898 bis 1970) und ERICH KÄSTNER.

Auch wenn der Roman (neben der Reportage) die *literarische Form der Neuen Sachlichkeit* war, hieß er doch häufig „Bericht"; nicht selten sprachen die Autoren nicht davon, dass etwas „erzählt", sondern dass etwas „berichtet" wird.

ERIK REGER: Union der festen Hand. Roman einer Entwicklung. Vorwort. Berlin: Rowohlt Verlag, 1931:

„1. Man lasse sich nicht dadurch täuschen, daß dieses Buch auf dem Titelblatt als Roman bezeichnet wird.
2. Man beachte, daß in diesem Buche nicht die Wirklichkeit von Personen oder Begebenheiten wiedergegeben, sondern die Wirklichkeit einer Sache oder eines geistigen Zustandes dargestellt wird.
3. Wenn man in den Reden einzelner Personen Stellen findet, die besonders unwahrscheinlich klingen, so hat man es mit tatsächlichen Äußerungen führender Geister der Nation zu tun."

Zeitroman – Gegenwartsroman

HANS FALLADA (1893–1947)

Im **Zeitroman** – einem im 19. Jahrhundert entwickelten Romantypus – wird ein möglichst umfassendes und anschauliches Bild von der jeweiligen Gegenwart entworfen, das auch Zeitkritik und utopische Entwürfe einschließen kann.

Zu den Autoren der Neuen Sachlichkeit gehörten zeitweise IRMGARD KEUN (1905–1982, „Gilgi – eine von uns", 1932), HANS FALLADA, („Kleiner Mann, was nun?", 1932), LION FEUCHTWANGER (1884–1958), ERICH KÄSTNER (1899–1974, „Fabian. Die Geschichte eines Moralisten", 1931), SIEGFRIED KRACAUER (1889–1966), VICKY BAUM (1888–1960) u.a.

ERICH KÄSTNER war ein erfolgreicher Journalist, Rezensent, Kabarett- und Drehbuchautor. Weltbekannt wurde er durch seine Kinderbücher. Bereits mit seinem Debüt „Emil und die Detektive" (1929) hatte er großen Erfolg. Sein Roman für Erwachsene „Fabian" ist lapidar und distanziert erzählt.

„Fabian, Jakob, 32 Jahre alt, Beruf wechselnd, zur Zeit Reklamefachmann, Schaperstraße 17, herzkrank, Haarfarbe braun", beschreibt er sich selbst. Das Leben im Berlin der 1920er-Jahre ist bestimmt durch Sex, Lügen und Verblendung. Mit zeitkritischem Auge begleitet der Leser die Hauptfigur durch Bars und Bordelle, in denen er nicht Liebe, sondern Verlogenheit findet, durch die Redaktionen von Zeitungen, in denen Nachrichten gefälscht werden („Wenn man eine Notiz braucht und keine hat, erfindet man sie"). Fabian weiß, „daß sich Vernunft und Macht (niemals) ... heiraten werden", hält angesichts des aufkommenden Faschismus eine Einheitsfront zwischen linksbürgerlichen und kommunistischen Gruppierungen für nicht errichtbar, und auch sein eigenes Scheitern beginnt typisch: mit seiner Arbeitslosigkeit. Der moralisch integre Fabian stürzt in eine Sinnkrise, als sich seine Freundin um eines Engagements willen prostituiert und sein Freund Selbstmord wegen einer Lappalie begeht. Sein Versuch, einen Ertrinkenden retten zu wollen, scheitert, denn: „Er konnte leider nicht schwimmen."

In den Kinderbüchern wie auch seinen Romanen für Erwachsene porträtierte KÄSTNER die eigene Zeit kritisch in einer leicht verständlichen und unterhaltsamen, sarkastisch bis komischen Sprache. Er gehört damit zu den Autoren, die – auf sehr unterschiedliche Weise – das Genre des Zeitromans bereicherten.

Wie unterschiedlich die Techniken sein können, die aus der Absicht entstanden, der Macht und Faszination des Konkreten zu folgen, zeigt das Werk HANS FALLADAS (d. i. RUDOLF DITZEN, 1893–1947).

HANS FALLADA blieb nach 1933 in Deutschland. Mit seinem Roman „Wolf unter Wölfen" (1937) könnte man ihn den „letzten Vertreter der **Neuen Sachlichkeit**" nennen. (KLAUS HERMSDORF)

Weltbekannt wurde er mit seinem vierten Roman „Kleiner Mann, was nun?" (1932). Kritiker nannten den Roman ein „Gegenbuch" (PRÜMM) zu SIEGFRIED KRACAUERS analytisch-essayistischer Reportage „Die Angestellten" (1930).

Erzählt wird die Geschichte des Verkäufers und kleinen Angestellten Pinneberg und seiner Frau Lämmchen. Am Ende wird Pinneberg entlassen und weiß nicht mehr weiter. Seine Entlassung ist für ihn eine Katastrophe, weil sie den sozialen Abstieg in die Einsamkeit der großen Städte bedeutet. Dagegen ist auch das kleine, private Glück machtlos.

Während BRECHT die Objekte der Welt durch *provozierende Distanz* vorführt, perfektioniert FALLADA einen *Stil der völligen Distanzlosigkeit,* mit der der Erzähler jeder kleinsten Bewegung und Regung seiner Figuren folgt. Der Romanautor ist mit seinen Figuren nahezu identisch, im Einverständnis mit ihnen. Dieser Roman sei in dieser Technik nicht zu überbieten (PRÜMM). Jedes Detail hat sein Recht und seine Bedeutung im Alltag des Angestellten, der sich in den Dingen und Verhaltensformen vom proletarischen Milieu bewusst abgrenzen möchte und zugleich im Herrschaftssystem eines Warenhauses, seinem Arbeitsort, bedingungslos eingebunden ist. FALLADA verbindet diesen nüchternen Blick mit der Tradition guter **Unterhaltungsliteratur,** in der das Gefühl, das Streben nach dem Guten und das Spiel mit dem Wunsch, alles möge ein gutes Ende nehmen, seine Berechtigung hat.

FALLADAS Roman zeigt, wie das Alltägliche in seinen konkreten Gegenständen, Handlungen, Gesten und Symbolen faszinieren kann. Seine Darstellungstechnik korrespondiert mit den Techniken der Kameraführung im Film sowie der zeitgenössischen Fotografie.

Einen anderen Weg ging der Schriftsteller, Arzt und Wissenschaftler ALFRED DÖBLIN (1878 bis 1957). Er orientierte sich am Wissenschaftsstil.
DÖBLIN war ein aktiver Vermittler des italienischen Futurismus. Bereits vor dem Ersten Weltkrieg war er einer der entschiedensten Verfechter der Sachlichkeit. Von ihm kamen wichtige Anregungen für die Ästhetik der Neuen Sachlichkeit. WALTER BENJAMIN (1892 bis 1940) nannte ihn 1935 in einem Essay den wichtigsten Vertreter dieser Richtung. Zu DÖBLINS Verdiensten gehört, die Sachlichkeitsdebatten der Architekten um 1900 in die literarische Diskussion übertragen und vermittelt zu haben.

ALFRED DÖBLIN
(1878–1957)

„Berlin Alexanderplatz" wurde mehrfach verfilmt. Inszenierungen gab es u. a. am Deutschen Theater in Berlin sowie zuletzt 2000 am Maxim-Gorki-Theater mit BEN BECKER in der Rolle des Franz Biberkopf.

1912 beschrieb er in seinem „Berliner Programm" sein Sachlichkeitskonzept mit den Begriffen der „entseelten Realität", „Tatsachenphantasie" und „Romanpsychologie". Sein von Sachlichkeit gesättigter „steinerner Stil" steht für die *Entpsychologisierung der Literatur und Konzentration auf die empirische Realität.* Er postulierte die Neutralität des Autors. Dieser dürfe seine Figuren nicht dafür benutzen, um seine „Ansichten zu besten (sic) zu geben" und nur der Leser solle „urteilen, nicht der Autor" (DÖBLIN: „Über Roman und Prosa", 1917). 1920 in seinem „Bekenntnis zum Naturalismus" betonte er, der Autor solle „nichts von außen heranbringen an die Dinge", er solle dem „Ding nichts ankleben", wohl wissend, dass ein restlos *entsubjektiviertes Schreiben* nicht möglich sei.

Der Roman „Berlin Alexanderplatz" „berichtet" die Geschichte des ehemaligen Zement- und Transportarbeiters Franz Biberkopf, seiner Odyssee durch das Berlin von 1928.
DÖBLIN greift mit der „ ... Geschichte vom Franz Biberkopf" (Untertitel) exemplarisch eine Figur aus der *Menschenmasse der Großstadt* heraus, führt die Hauptfigur als typisches Beispiel seiner Zeit vor, um sie dann in die Masse wieder einzugliedern. Die Großstadt in ihrer Dynamik und Ruhelosigkeit wird samt ihren Bewohnern zu einem einzigen Korpus, in dem Franz Biberkopfs Leben bereits im Erleben Vergangenheit ist.
Franz Biberkopf, eben aus dem Zuchthaus entlassen, beschließt, „anständig" zu werden. Er findet falsche Freunde, die ihn in Verbrechen hineinziehen, verliert dabei einen Arm und muss erkennen, dass es sich nicht lohnt, anständig zu sein.

Die Widerspiegelung des Krieges in neusachlicher Literatur

Neben der Großstadt im Zeichen der politischen Radikalisierung und Polarisierung war der Erste Weltkrieg wichtigster Stoff der literarischen Neuen Sachlichkeit (ERICH MARIA REMARQUE „Im Westen nichts Neues", 1928). Mit zwei Ausnahmen, „Ginster" (1928) von SIEGFRIED KRACAUER und „Der Streit um den Sergeanten Grischa" (1927) von ARNOLD ZWEIG (1887–1968), sind es Texte von Augenzeugen.
„Im Westen nichts Neues" ist das Buch einer Generation, die „vom Kriege zerstört wurde – auch wenn sie seinen Granaten entkam" (REMARQUE). Es thematisiert die Erlebnisse des jungen Soldaten Paul Bäumer und seiner einstigen Klassenkameraden während des Ersten Weltkrieges.

ERICH MARIA REMARQUE (eigtl. ERICH PAUL REMARK, 1898–1970)

Die amerikanische Verfilmung von „Im Westen nichts Neues" (1929/30) kam unter dem Titel „All quiet on the western front" in die deutschen Kinos. Regie führte LEWIS MILESTONE. Produktion: PETER LAEMMLE. Am 11. Dezember 1930 verbot die Film-Oberprüfstelle Berlin alle weiteren Aufführungen.

An die Westfront kommandiert, erlebt der Ich-Erzähler Paul die Grausamkeiten des Krieges und ist unfähig, sie bei einem Heimaturlaub zu schildern. Der Tod der halben Kompanie wird zu einem Glücksfall, weil die Übriggebliebenen die doppelte Essens- und Tabakration erhalten. Den Soldaten ist das Sterben Alltag, vertraut, wenn sich im Körper der Tod ausbreitet und selbst die „Stimme klingt wie Asche". An die Front zurückgekehrt, muss er mitansehen, wie seine Klassenkameraden einer nach dem anderen durch Gas- und Granatenangriffe sterben, bis auch er als Letzter tödlich getroffen wird, „an einem Tag, der so ruhig und so still war, daß der Heeresbericht sich auf den Satz beschränkte, im Westen sei nichts Neues zu melden".

„Im Westen nichts Neues" wurde 1928 als Vorabdruck in der „Vossischen Zeitung" als „authentischer", und „wahrer" dokumentarischer Bericht eines Dabeigewesenen veröffentlicht. Der Erfolg war grandios: Bis zum Juni 1930 wurde 1 Million gebundener Exemplare ausgeliefert.

Auch ERNST JÜNGER (1895–1996) beschäftigte sich in seinem Weltkriegstagebuch „In Stahlgewittern" (1920) mit authentischen Kriegserlebnissen. Er ging als Jugendlicher in die Fremdenlegion, im Ersten Weltkrieg war er ein mit Vorliebe für gefährliche Situationen hochdekorierter Reichswehroffizier an der Westfront. Im Zweiten Weltkrieg war er Offizier in Frankreich. Seine Beobachtungen als Besatzungsoffizier von Paris hielt er in einem Tagebuch fest.
Er gehörte zu den militanten Konservativen. Für seine Zeitgenossen war er ein schillernder, eigenwilliger Autor und politischer Aktivist zugleich. Er hatte ein starkes naturwissenschaftliches Interesse und war Anhänger des Technikkults.

Mit „Der Tod als Partner, als Zeuge der Wirklichkeit" oder „Die Ästhetik des Schreckens" (K.-H. BOHRER) beschrieben Kritiker die Eigenart seiner Prosa. Die nicht zu leugnende und faszinierende Seite des Abenteuers, der Gefahr und des Todes führte bei JÜNGER zu einer Kultivierung des Mannes, der diesen Gefahren nicht ausweicht, zur Faszination für den starken Einzelkämpfer, der aus jedem Kampf gestärkt hervorgeht. Dies zeigt vor allem sein erstes Weltkriegstagebuch „In Stahlgewittern" (1920). Ein exakter Stil sowie Strenge im Detail zeichnen seine Texte aus, in denen er auch versucht, die Grenze zwischen Traum und Wirklichkeit zu überschreiten (↗französischer Surrealismus). Auch hier ist die Aufladung von selbst scheinbar nebensächlichen Details ein Charakteristikum: Hier ist es der Tod, der jede Situation zu einer besonderen macht. Umstritten war und ist besonders die Frage, ob seine Darstellungen den Wert eines Menschenlebens missachten und den Krieg verherrlichen.

Durchschaubarkeit der Welt: Bertolt Brecht

BERTOLT BRECHT (1898–1956)

BERTOLT BRECHTS erklärte Intention, die Welt durchschaubar und ihren Kausalnexus sichtbar zu machen, ist Kern seines Sachlichkeitskonzepts, das in einer linksbürgerlichen bis radikal kommunistischen Weltsicht verankert war. Seine Ästhetik zielte auf die Aktivität des Zuschauers und Lesers, die sich durch das Vorzeigen von Verhaltensmustern seiner Figuren provoziert fühlen sollten.

BRECHT prägte den Begriff „Gebrauchslyrik" (1927). Lyrik müsse, so sagte er anlässlich eines Welt-Lyrik-Wettbewerbes, „... etwas sein, das man ohne weiteres auf seinen Gebrauchswert untersuchen können muß". Im „Lesebuch für Städtebewohner" (1930, Gedichte) wird Haltung (wie auch in Texten dieser Zeit z.B. von ERNST JÜNGER) zu einem zentralen Begriff. Die Stadt erscheint wie nach einem Erdbeben, in der Nomaden leben. Stimmen raten: „... suche Distanz, betrachte Unterkünfte als Provisorien, trenne dich von der Kohorte, zerschneide die Familienbande, meide übertriebene Individualisierung, ziehe den Hut tief in die Stirn, und entferne dich von allen Wärmequellen ..." BRECHT „schickt sein Subjekt durch den Raum, in dem ihm demonstriert wird, daß die totale Mobilmachung letzten Endes die Auslöschung des Namens fordert" (HELMUT LETHEN). Aus den Stimmen spricht die „kalte" Wirklichkeit selbst, deren Rolle der Autor übernommen hat. Er simuliert rhetorisch Vorgänge der Entfremdung und deren Logik, die Selbstauslöschung heißt. „Von diesen Städten wird bleiben: der durch sie hindurchging, der Wind!/Fröhlich machet das Haus den Esser: er leert es./Wir wissen, daß wir Vorläufige sind [...]" (In: Werke. Band 11. Frankfurt/Main: Suhrkamp Verlag, 1988, S. 119.)

Episches Theater und Lehrstücke

1929 arbeitete BRECHT mit dem Typ des Lehrstücks. „Der Jasager" entstand nach einer japanischen Vorlage. Nach Diskussionen entstand „Der Jasager und Der Neinsager". Mithilfe der Dialektik sollten diese Stücke zu einem Ort des Trainings für politisches Denken werden.

> Das **Lehrstück** ist eine dramatische Form der Parabel, die einen Grundkonflikt in der Reduktion auf das Wesentliche zeigt.

Auf Typen reduzierte Akteure spielen verschiedene Handlungs- und Haltungsoptionen durch. Der Zuschauer soll sich nicht in den Akteur einfühlen, sondern erkennen, warum er wie handelt. Er soll zu einem Urteil und zur Analyse von gesellschaftlichen Prozessen herausgefordert werden, um sein Schicksal selbst in die Hand nehmen zu können. Der Stücketypus war ein Versuch, das Publikum zur Reaktion zu zwingen und zu polarisieren. BRECHTS Ziel war es, eine neue Kunst des Zuschauens und damit ein neues Verhältnis zwischen Spieler und Zuschauer zu entwickeln.
In seinem dramatischen Frühwerk demonstrierte BRECHT seine antibürgerliche Haltung mit Sympathie für alle Formen des Existenziellen. Brecht „huldigte einem Vitalismus, der auch das Asoziale in einer asozialen Welt nicht ausschloss (‚Baal'); er demonstrierte das egoistische Glücksgefühl am Beispiel des Kriegsheimkehrers (‚Trommeln in der Nacht'); den Existenzkampf im ‚Dschungel der Großstadt' beschrieb er als einen Kampf an sich (‚Im Dickicht der Städte'), und er polemisierte gegen das ‚große Individuum', indem er die Auswechselbarkeit des Individuums vorführte (‚Mann ist Mann')" (WERNER MITTENZWEI).

Uraufführung von „Trommeln in der Nacht" war am 29.09.1922 in München, des „Baal" am 08.12.1923 in Leipzig, Uraufführung der 1. Fassung von „Im Dickicht der Städte" am 09.05.1923 in München, von „Mann ist Mann" am 25.09.1926 in Darmstadt.

Auch für BRECHT war die Erfahrung des Ersten Weltkrieges mit seinen Massenschlachten neuen Typs prägend: Das Individuum hatte seine zentrale Position verloren. Nach BRECHT konnte es nur noch als Repräsentant von vielen Bedeutung und Wirkung gewinnen. Er zeigte die großen ökonomischen Grundkonflikte und Krisen der Zeit und wollte die soziale Frage in der Welt für die Zuschauer durchschaubar machen.
BRECHT experimentierte mit der Form der Oper – auch in ihrer unterhaltenden Potenz, dem Lehrstück/der Parabel, mit Formen der Agit-Prop-Kunst und in seinen Arbeiten für das neue Medium Radio. Seine Idee des **epischen Theaters** war offen für verschiedenste Techniken und Kunstmittel. Dabei war seine Methode der *Verfremdung* eine der umstrittensten zu seinen Lebzeiten, weil in einer Zeit großer politischer Lager von jedem Parteinahme gefordert wurde, die diese Methode jedoch nicht plakativ zur Schau stellte. In den Zwanziger- und Dreißigerjahren arbeitete BRECHT mit Kulturorganisationen der Arbeiterbewegung, vor allem der KPD, zusammen. Vom bürgerlichen Kunstbetrieb wurde er nach 1945 lange als „kommunistischer Autor" boykottiert, im Osten versuchte man, sein eigensinniges Konzept zu marginalisieren.

Verfremdung nennt man eine künstlerische Technik, bei der Gewohntes bzw. Bekanntes aus einer neuen, den Sehgewohnheiten fremden, Perspektive gezeigt wird. Verfremdung basiert auf den Gefühlen der Überraschung, Ablehnung, des Staunens usw.

BRECHT gilt als einer der bedeutendsten Regisseure des 20. Jahrhunderts, von 1949 bis 1956 inszenierte er am Berliner Ensemble in Berlin (DDR). „Schüler" waren u.a. MANFRED WEKWERTH (geb. 1929), BENNO BESSON (1923–2006), HEINER MÜLLER (1929–1995), HEINZ KAHLAU (geb. 1931) und ADOLF DRESEN (1935–2001).

Neusachliche Lyrik

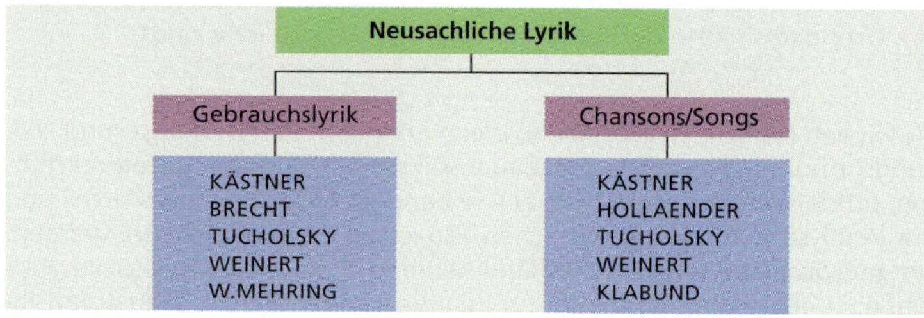

KURT TUCHOLSKY (1890–1935)

1. *Distanziert* den *Rhythmus der Großstadt* beschreibend wie in TUCHOLSKYS „Augen in der Großstadt":

„... Millionen Gesichter:
Zwei fremde Augen, ein kurzer Blick,
die Braue, Pupillen, die Lider –
Was war das? Vielleicht dein Lebensglück ...
vorbei, verweht, nie wieder. [...]"
(Tucholsky, Kurt: Gesammelte Werke in zehn Bänden. Bd. 8. Reinbek: Rowohlt, 1975, S. 70.)

2. *Satirisch* wie in TUCHOLSKYS „Joebbels":

„Mit dein Klumpfuß – seh mal, bein andern
da sacht ick nischt; det kann ja jeda ham.
Du wißt als Recke durch de Jejend wandern
un paßt in keen Schützenjrahm?
In Sportpalast sowie in deine Presse,
Riskierst du wat? – De Schnauze vornean.
Josef, du bist'n kleener Mann."
(Ebenda, Bd. 9, S. 138.)

3. *Politisch* wie in TUCHOLSKYS „Deutsche Richter von 1940":

„Wie lange, Männer und Frauen,
seht ihr euch das mit an – ?
Wenn sie sich heut selber verhauen:
Euch fallen sie morgen an!
Ihr seid das Volk und die Masse
von der Etsch bis an den Rhein:
soll das die herrschende Klasse,
sollen das unsere Führer sein – ? [...]"
(Ebenda, Bd. 7, S. 295.)

Die Individualität des Menschen in der modernen Gesellschaft der Weimarer Republik wurde zum einen reduziert, zum anderen jedoch potenziert. Das Aufgehen des Einzelnen in die „Masse Mensch" (TOLLER) geschah weitgehend über das Phänomen der Arbeit und über die Anonymität in der „Großstadt". Die Individualität gewann aber zugleich an Qualität *durch mehr Freizeit, wachsenden Wohlstand, Anonymität in der „Großstadt"* und *politische Mitbestimmung*. Diese Extreme ließen sich in Bahnen lenken: In der politischen Lyrik der Zwanzigerjahre spielten das „Wir", die „Gemeinschaft", das „Überinteresse der Partei" eine gewichtige Rolle. Andererseits gemahnten Verse, wie die TUCHOLSKYS, an die *Verantwortung des Einzelnen* für die Geschichte aller.
Das **politische Chanson** wurde vor allem in den Kabaretts gepflegt. MAX HERRMANN-NEISSE, WALTER MEHRING, ERNST TOLLER, ERICH WEINERT, ALEXANDER RODA RODA, HANS SAHL und KLABUND schrieben für die Kleinkunststars der Zwanzigerjahre ihre Texte. Man bediente sich oft des *Couplets,* eines zumeist in Mundart vorgetragenen satirischen Liedes. Eine der bekanntesten Couplet-Sängerinnen war CLAIRE WALDOFF. Ihr Chanson „Hermann heeßt er" wurde von den Nazis als Angriff auf HERMANN GÖRING verstanden. Aber auch die Autoren selbst wurden zu Vortragenden ihrer Werke (KÄSTNER, RINGELNATZ, WEINERT). ERICH KÄSTNER kritisierte wie in seiner Prosa auch im Gedicht den *allgemeinen Werteverfall* der Weimarer Gesellschaft:

„Moral
Es gibt nichts Gutes
außer: Man tut es."
(Kästner, Erich: Gedichte. Stuttgart: Reclam, 1987, S. 129.)

Seine Gedichte sind oft schon an den Überschriften als „sachlich" zu erkennen: „Sachliche Romanze", „Er weiß nicht, ob er sie liebt", „Repetition des Gefühls", „Weihnachtslied, chemisch gereinigt". Die „Sachliche Romanze" ist der leidenschaftslose „Bericht" über eine zerrüttete zwischenmenschliche Beziehung:

„Als sie einander acht Jahre kannten
(und man darf sagen: sie kannten sich gut),
kam ihre Liebe plötzlich abhanden.
Wie andern Leuten ein Stock oder Hut. [...]"
(In: Hartung, Harald (Hg.): Jahrhundertgedächtnis. Deutsche Lyrik im 20. Jahrhundert. Stuttgart: Reclam, 1998, S. 139.)

Die Liebenden wissen nicht, wie ihnen geschieht. Ein paar Tränen werden geweint, Alltag läuft an ihnen vorbei, man erinnert sich der Zeit („Er sagte, es wäre schon Viertel nach Vier"), aber selbst die Erinnerung des täglichen Rituals bringt die Sprache nicht wieder: in der letzten Strophe sitzt man in einem kleinen Café, um Nähe zu demonstrieren, bleibt jedoch sprachlos vor den eigenen Empfindungen. Auch in der Form bleibt Kästner sachlich: Der **daktylische Vers** suggeriert Alltagssprache. Der unbesetzte Takt in der 1. Zeile lenkt die Aufmerksamkeit auf die Dauer der Beziehung: acht Jahre – der unbesetzte Takt in der 3. Zeile betont das Unerhörte der erloschenen Liebe, in der letzten Zeile wird die Alltäglichkeit des Vorfalls betont: „Wie andern Leuten ein Stock oder Hut". Der reine Daktylus wirkt belanglos, weil durch das Zusammenziehen von *anderen* zu *andern* die *Betonung* nun auf dem „Wie" liegt. Um das „andern" zu betonen, muss der Vortragende den **Rhythmus der Zeile** ändern. Die Beunruhigung kommt aus dem Verfahren. KÄSTNER vermag es in diesem Gedicht, den Inhalt mit der Form so zu verbinden, dass die Aussage verstärkt wird.

Die ästhetische Frage der Neuen Sachlichkeit: ihr Kunstcharakter

MAX BROD 1929 über die *Neue Sachlichkeit:*
„[...] Die neueste Literatur bekommt mehr und mehr einen harten und männlichen Zug. [...] Von Liebe darf weder geredet noch gesungen werden. Das verträgt sich nicht mit der ‚Sachlichkeit'."
(In: Friedrich M. Huebner: Die Frau von Morgen wie wir sie wünschen. Leipzig: Seemann Verlag, 1929, S. 40.)

BROD bezeichnete in diesem Aufsatz („Die Frau und die neue Sachlichkeit") Sachlichkeit als „oberstes Postulat der Zeit", also als oberste Forderung. Und er erklärte, dass es („letzten Endes sogar") eine Gutheißung des vergangenen Krieges bedeute, wenn mit Sachlichkeit „Amerikanisierung, Ausschaltung des Herzens, des Problems, der Liebe gemeint" sei (vgl. ebenda). „Ist das eigentlich Dichtung?" – lautete eine der zentralen Streitfragen. Inwieweit „kann sich dichterisches Sprechen als Ausdruck neuer Sachlichkeit in seiner umformenden Eigenfunktion behaupten [...] Ist es nicht vielmehr ... eben Berichterstattung, bestenfalls sprachlich starke Berichterstattung? Hat Dichtung nicht gerade die Sachlichkeiten in eine eigengesetzliche ästhetische Wirklichkeit zu verwandeln? Und errichtet nicht die neue Sachlichkeit eine unübersteigliche Mauer gegen alle selbstgenugsame (sic) Schönheit?" (HERMANN PONGS).

JOSEPH ROTH: Schluß mit der „Neuen Sachlichkeit!"
„Der berechtigte Ruf nach dem Dokumentarischen [...] war ein Wink an die Schreibenden, sich in ihrer Gegenwart umzusehen. [...] Und in der Verwirrung [...] beginnt die Verwechslung der anständigen Gesinnung mit der Flachheit. [...] Ja, selbst der Dilettant ohne Gesinnung beginnt, eine vorzutäuschen, und noch die erlogene Anständigkeit ist mächtig genug, ihn zu schützen. [...] Die ‚Sachlichkeit' beginnt, die ‚Zweckmäßigkeit' zu ersetzen und zu verdrängen. [...]
Sagte man noch vor zehn Jahren etwa: Häßlich ist, was zwecklos ist; so sagt man heute: Häßlich ist, was unsachlich ist. Indem man statt des präzisen ‚zwecklos' ein vages ‚unsachlich' setzte, verwandelte man Sinn in Unsinn. [...] Hören wir auf! Brechen wir ab! Seit einer halben Stunde liest man uns mit dem bittersten aller Vorwürfe: wir seien ‚unsachlich' geworden! ..."
(Roth, Joseph: „Schluß mit der Neuen Sachlichkeit!", In: Die Literarische Welt, 6 (1930), Nr. 3, S. 3 ff.)

Auch wenn 1928 eine kritische Revision neusachlicher Forderungen einsetzte, folgten nur wenige Autoren der Forderung JOSEPH ROTHS (1894 bis 1939). Die einsetzende Revision war weniger Absage als Weiterentwicklung. In ihrer Tradition stehen u. a. Werke des magischen Realismus und des Neorealismus in den Vierziger- und Fünfzigerjahren des 20. Jahrhunderts.

Franz Kafka (1883–1924) – ein Autor der Neuen Sachlichkeit?

FRANZ KAFKA (1883–1924), studierte Germanistik und Jura, promovierte zum Dr. jur.

KAFKA ist einer der wichtigsten Autoren aus dem Kreis der deutschsprachigen Prager Literatur, zu dem auch KARL KRAUS, EGON ERWIN KISCH, MAX BROD, FRANZ WERFEL gehörten. In dieser Literatur verschmolzen tschechische, deutsche, österreichische und z. T. jüdische Traditionen.
Zeitgenössische Literaturhistoriker und -kritiker ordneten KAFKA sowohl dem **Expressionismus** als auch der **Neuen Sachlichkeit** zu. Seine Zuordnung ist umstritten. Unumstritten ist, dass er einen neuen, *modernen Erzählstil* fand, der die *Machtverhältnisse der neuen Zeit* sowie die *Zwänge des Einzelnen* offenbart. Das Besondere dabei ist, dass dem verständlichen Wunsch des Menschen, der letzten Hoffnung auf ein „gutes Ende" eine Chance zu geben, jeder Zugang zu den Geschichten verweigert wird. Sie folgen alle einer, z. T. bitteren, eigenen Logik, auch noch in den Fantasien und Träumen der Figuren. Die Figuren haben keine Macht über ihre Erlebnisse und Erfahrungen. Insofern steht KAFKA den verschiedenen Verfahren der Neuen Sachlichkeit sehr nahe. Viele Leser empfanden seine Texte als Fantasien eines Fiebernden: „rätselhaft" und „dunkel". Auseinandergesetzt hat er sich nicht nur mit dem „privaten" Konflikt mit dem als übermächtig erlebten Vater, sondern auch mit Beobachtungen in seiner täglichen Arbeit, in der die zu versichernde Person nur als *statistische Größe und genormte Handlung* (die zu einem Versicherungsfall führt oder auch nicht) von Interesse war. KAFKA, der aus einem jüdischen Elternhaus kam und als Versicherungsangestellter arbeitete, thematisierte eigene *Erfahrungen der Isolation* und des Fremdseins, den Kampf mit als anonym erlebten Zwängen und Mächten, gegen die väterliche Autorität, Tagträume der Verwandlung in tierische Existenzformen. Der am meisten interpretierten Veröffentlichung KAFKAS „Die Verwandlung" folgen weitere parabelhafte Geschichten, in denen KAFKA mit der Tiermetapher arbeitet, z. B.: „Bericht an die Akademie", „Forschungen eines Hundes" (1922).
„Die Verwandlung" (1916; im Brockhaus 1915), eine der bekanntesten Arbeiten KAFKAS, zählt wahrscheinlich zu den Texten, die im letzten Jahrhundert so konträr wie kein anderer interpretiert worden sind, obgleich sich die Geschichte zunächst recht einfach darstellt:

Eines Morgens erwacht der Sohn, der als Handlungsreisender die Familie ernährt und damit die Rolle des Oberhauptes übernommen hat. Er findet sich in ein „ungeheures Ungeziefer" verwandelt, unfähig, sich mit den anderen Familienmitgliedern zu verständigen. Er ist ihren Reaktionen, von Mitleid bis Abscheu, ausgesetzt. Der Vater gewinnt an Autorität zurück, während der Sohn allmählich mit seiner Mistkäfergestalt eins wird. Er beginnt zu ahnen, dass es für ihn nur ein Ende gibt: zu verschwinden. Er hört auf zu essen und zu trinken; eine Putzfrau findet ihn und wirft seine Überreste in den Müll.

Der Text hat vielfältige Interpretationen gefunden: mythologische, psychoanalytische, religiöse und philosophische. Besonders umstritten waren die unterschiedlichen gesellschaftspolitischen Lesarten in den 1950er- und 1960er-Jahren des 20. Jahrhunderts, in denen sich die Ost-West-Konfrontation Europas spiegelte.

HERMANN HESSE äußerte über Kafka 1925: „Ätherisch wie ein Traum und exakt wie ein Logarithmus ... ein heimlicher Meister und König der deutschen Sprache."

KAFKAS Romane wurden von seinem Freund MAX BROD (1884–1968) herausgegeben. Posthum erschienen sind „Der Prozess" (1925), „Das Schloss" (1926), „Der Verschollene/Amerika" (1927, unvollendet). Berühmt geworden ist sein „Brief an den Vater". Außerdem wurden seine Tagebücher und juristischen Fachartikel zu Fragen der Versicherung veröffentlicht.

Zwischen Neoromantik und Neuer Sachlichkeit: Hermann Hesse

HERMANN HESSE (1877–1962) gehört wie KAFKA zu den meistverlegten deutschen Autoren. Hesse antwortete wie KAFKA auf eine Welt, die ihm fremd und feindlich erschien.

HESSE, der aus einem pietistischen Elternhaus mit schwäbisch-indischem Großvater kommt, suchte eine Welt der Menschlichkeit und Ruhe, in der der Mensch zu seiner Natur zurückfinden könnte. Seine Lyrik und Prosa ist u. a. auch eine Reaktion auf den Nihilismus NIETZSCHES. Geprägt wurde HESSES Weltbild einerseits durch die deutsche Kultur (**Neoromantik,** Pietismus), andererseits durch fernöstliche Weisheit (indischer Großvater, Buddhismus). Die west-östliche Wiedergeburt geistig-kultureller Werte war für ihn der Ausweg aus dem Dilemma seiner Zeit. Einen Gegenentwurf zu NIETZSCHES „Also sprach Zaratustra" stellt HESSES Roman „Siddharta. Eine indische Dichtung" (1922) dar. Er beschreibt die *Suche nach dem Göttlichen im Menschen,* das Finden des „ [...] Urquells im eigenen Ich". Dieser Urquell ist nicht in der Gefolgschaft einer Ideologie („Wir" bzw. „Masse Mensch") zu finden, sondern im steten Befragen des eigenen Innern nach den *Triebkräften des Handelns und Wirkens*. Das „Ich" kann von keinem Führer und keinem Lehrer gelehrt werden. Dieses „mein Ich, dies Rätsel, daß ich lebe" bedeutet für HESSE das *Streben nach Erkenntnis und Weisheit.* Wahrheiten allein sind einseitig, die Welt aber in ihrer Gänze ist komplex und vielseitig. Dieser Vielseitigkeit sich anzunähern, macht HESSES Werk gerade für junge Leser interessant:

> „Wissen kann man mitteilen, Weisheit aber nicht. Man kann sie finden, man kann sie leben, man kann von ihr getragen werden, man kann mit ihr Wunder tun, aber sagen und lehren kann man sie nicht."

▸ **HERMANN HESSE** erhielt 1946 für sein Werk und sein pazifistisches Engagement den Nobelpreis für Literatur. Seine Bücher erscheinen regelmäßig in hohen Auflagen und sind bis heute Bestseller. Junge Leser entdecken ihn immer wieder neu. In den 1960er-Jahren sprach man sogar von einer sogenannten „HESSE-Mode".

In seinem Roman von 1927 „Der Steppenwolf" ließ der Autor seine Figur, den einsam durch die Welt streifenden Harry Haller, die „Krankheit der Zeit" diagnostizieren, der sich in Musik, körperliche Liebe, fernöstliche Philosophie und Drogenrausch flüchtet. Mit der Figur des vereinsamten

„Wolfes“ verbinden sich für HESSE Positionen des *Kulturpessimismus,* der *Flucht aus der Großstadt* und der *Technikfeindlichkeit.*

Thomas und Heinrich Mann und der Realismus in der Literatur der Zwanzigerjahre

Als **Realismus** in der Literatur wird die wirklichkeitsgetreue Darstellung der Welt in ihren sozialen, wirtschaftlichen, politischen und ideologischen Gegebenheiten bezeichnet. Der **kritische Realismus** des 20. Jahrhunderts bezog auch sozialkritische Sichtweisen mit in die Betrachtung der Wirklichkeit ein.

HEINRICH und THOMAS MANN

THOMAS MANN (1875–1955) fällt insofern aus dem Rahmen der **Neuen Sachlichkeit,** als er sich eher als konservativer Autor verstand. Er nahm sogar eine ablehnende Haltung gegenüber der jungen **Moderne** ein. Der Autor identifizierte sich einerseits mit seiner patrizischen, bürgerlichen Herkunft, sah sich als Künstler andererseits jedoch als dessen absoluten Gegenpunkt. Als Letzterer nahm er dankbar die Lehren NIETZSCHES an und verinnerlichte sie. Der Ästhet, Verfechter absoluter Schönheit und Genussselige fühlte sich dem **Nihilismus** NIETZSCHES verwandt. Im *Dualismus* von Künstler und Bürger, von Ästhetizist und Moralist lag sein Schreibmotiv, immer auf der Suche nach dem Ausgleich von Leben und Geist bis hin zur Selbstverleugnung. So lebte er seine Homosexualität nicht aus, sondern versuchte, sie literarisch zu bewältigen („Der Tod in Venedig“, 1912).
Wenn THOMAS MANN schon die „Umwertung aller Werte“ im nietzscheschen Sinn nicht mittragen konnte, wurde er doch zum Chronisten des *„Zerfalls aller (bürgerlichen) Werte“.* Er betrieb dabei keine Gesellschaftskritik als *Systemkritik,* sondern suchte nach einem neuen Zeitverständnis der veränderten Realität: MANN hatte zunächst den Ersten Weltkrieg euphorisch begrüßt und sich dann emphatisch von ihm distanziert. („Bekenntnisse eines Unpolitischen“, 1918; „Deutsche Ansprache. Ein Appell an die Vernunft“, 1930) Diese Kritik schlug sich in seinen Werken der Zwanzigerjahre nieder.
Bereits in seinem Frühwerk nimmt die Biografie MANNS und seiner Familie einen dominierenden Platz ein. Mit dem Roman „Buddenbrooks. Verfall einer Familie“ (1901) gelang THOMAS MANN der Durchbruch zum etablierten Schriftsteller.

Das Leben der Familie MANN wurde 2001 von HEINRICH BRELOER in einem aufsehenerregenden Dokumentarspiel verfilmt („Die Manns“).

THOMAS MANN erhielt für „Buddenbrooks“ 1929 den Literaturnobelpreis.

1912 verbrachte THOMAS MANNS Frau KATIA mehrere Monate in einem Lungensanatorium in Davos.

An vier Generationen einer Lübecker Kaufmannsfamilie (1835–1877) wird dieses „vom Verfallsgedanken überschattete ... Kulturgemälde" (TH. MANN) exemplifiziert. Der Untergang der Patrizier läutet zugleich den Aufstieg des „modernen Bourgeois" ein. Seit 1912 arbeitete der Autor an einem Stoff, der die Befindlichkeiten physisch und psychisch kranker Menschen in einer quasi autarken Umgebung mit nur einem Ausweg, dem Tod, zum Inhalt nahm: „Der Zauberberg" (1924). Mit ihm entwarf MANN einen philosophisch-zeitkritischen Roman.

„Der Zauberberg" wurde 1981 von HANS-WERNER GEISSENDÖRFER verfilmt. In den Hauptrollen spielten CHRISTOPH EICHHORN, HANS CHRISTIAN BLECH, MARIE-FRANCE PISIER und ROD STEIGER. ROBERT GROSSMANN komponierte auf das Libretto von ROLF GERLACH eine Oper nach MANNS Roman.

Der Hamburger Patriziersohn Hans Castorp besucht im Jahre 1907 seinen an Tuberkulose erkrankten Vetter in einem Davoser Lungensanatorium (dem „Zauberberg") und erliegt dem morbiden Charme dieser Heilstätte. Bei einer Routineuntersuchung stellt der Arzt bei Castorp eine „feuchte Stelle" fest, so wird der Besucher zum Patienten. Einer weitverbreiteten Auffassung jener Zeit folgend, wonach die Schwindsucht bzw. Tuberkulose eine „vornehme", „edle" und „vergeistigende" Krankheit sei, die sich eben auch in der „vornehmen" Blässe der Haut widerspiegele, nutzt er alle sich ihm bietenden Möglichkeiten, seinen seelischen Erfahrungsreichtum zu vermehren. Der italienische Schriftsteller Settembrini, die faszinierende Clawdia Chauchat, der Jesuit Leo Naphta versuchen, pädagogisch auf den jungen Mann einzuwirken, ihm ihre Weltanschauungsmodelle zu vererben. Das geschieht in langen Dialogen des ansonsten handlungsarmen Romans. Settembrini vertritt die Traditionen des deutschen Humanismus bis hin zur Klassik Goethes und Schillers, während der Jesuit sich als Befürworter staatlich repressiver Maßnahmen outet. Castorp schwankt zwischen den Anschauungen der beiden Herren hin und her, eine „Idee der Mitte" gelingt ihm jedoch nicht. Chlawdia wird zur Idealperson der Liebe, jedoch auch sie ist nicht greifbar: Sie verlässt das Sanatorium in dem Augenblick, in dem sich die Fronten so sehr verhärten, dass Dialoge in Duellen enden. Der Kampf seiner „Lehrer" endet tragisch: Settembrini schießt im Duell in die Luft, Naphta tötet sich wütend selbst. Den auf drei Wochen angelegten Besuch dehnt der Held Castorp insgesamt auf sieben Jahre aus. Als der Erste Weltkrieg beginnt, findet der Leser ihn als Soldaten wieder und verliert ihn bei einem Sturmangriff aus den Augen. „Lebewohl Hans Castorp", heißt es dann auch, „Deine Geschichte ist aus. Zu Ende haben wir sie erzählt; sie war weder kurzweilig noch heilig, es war eine hermetische Geschichte. Wir haben sie erzählt um ihretwillen, nicht deinethalben, denn du warst simpel." (Thomas Mann, Der Zauberberg. Stuttgart, et al.: Deutscher Bücherbund, o.J., S.889.)

1930 erschien die aus einem Urlaubserlebnis des Jahres 1926 gespeiste Erzählung „Mario und der Zauberer", in dem sich MANN mit den freudschen Theorien des Unbewussten und mit dem Verhältnis Führer und Gefolgschaft auseinandersetzte. Im Gegensatz zu seinem eher nationalkonservativ eingestellten Bruder THOMAS war HEINRICH MANN gegen den Ersten Weltkrieg und von Beginn seines Schreibens an ein *Kritiker des Bürgertums*. Viel leichter fiel es ihm auch, sich von modernistischen Schreibweisen inspirieren zu lassen. Waren seine ersten Werke noch vom

Ästhetizismus des **Symbolismus/Impressionismus** beeinflusst, fand er bereits mit „Professor Unrat oder Das Ende eines Tyrannen" (1905) zu einer ironisch-distanzierten Kritik bürgerlicher Doppelmoral.

Der Gymnasialprofessor Raat, von seinen Schülern spöttisch Unrat genannt, terrorisiert seine Schüler und hat ein eisernes, preußisch-wilhelminisches Weltbild. Auf der Suche nach seinen fehlgeleiteten Schützlingen in den Bars und Spelunken der Kleinstadt (Lübeck) verliebt er sich im „Blauen Engel" in die „Künstlerin und Barfußtänzerin" Rosa Fröhlich. Er beginnt einen zweifelhaften Lebenswandel in einer ihm völlig fremden Welt, löst sich aus seinen Verdrängungen und unbewussten Ängsten, macht sich zugleich lächerlich vor der ganzen Stadt. Mit der Heirat scheitert er mit seiner Lebensalternative: Er wird vom Gymnasium relegiert. Glücksspiele und nächtliche Vergnügungen sollen nun die Bürger der Stadt in den Bann ziehen. Was sie zuvor an Unrat dämonisierten, sind sie nun selbst. Jedoch die „Entsittlichung einer Stadt" als anarchistische Revolte Raats gegen die bürgerliche Umwelt misslingt. Das Ende des Romans findet den einstigen Professor wegen eines Brieftaschendiebstahls in Haft, während in der Kleinstadt die bürgerliche Anständigkeit wieder hergestellt werden kann.

In „Professor Unrat" benutzte HEINRICH MANN stilistische Mittel des Expressionismus. In den Zwanzigerjahren wandte er sich den deutsch-französischen Beziehungen zu und erstrebte eine Aussöhnung beider Völker. Dazu veröffentlichte er die **Essay**sammlungen „Macht und Mensch" (1920), „Geist und Tat" (1931) und „Bekenntnis zum Übernationalen" (1932) u.a. Die in jener Zeit entstandenen Romane „Mutter Marie" (1927), „Eugénie oder Die Bürgerzeit" (1928) und „Die große Sache" (1930) blieben jedoch in ihrer Meisterschaft weit hinter seinen Satiren „Der Untertan" (1916) und „Professor Unrat" zurück. Vielmehr setzte sich MANN Ende der Zwanzigerjahre für ein Zusammengehen von SPD und KPD gegen den aufkommenden Nationalsozialismus ein. Dieses Engagement zwang ihn 1933 ins Exil.

4.8.4 Arbeiterliteratur

Als **Arbeiterliteratur** bezeichnet man diejenige Literatur, die im proletarischen Milieu spielt und deren Protagonisten Arbeiter sind.

Mitte des 19. Jahrhunderts, mit der *industriellen Revolution,* wurde das Arbeitermilieu (sowohl die Berufswelt als auch das Alltagsleben) in realistisch-naturalistischer Darstellung für die Literatur entdeckt. In den Industrieländern Europas und den USA beschrieben Autoren wie ÉMILE ZOLA, CHARLES DICKENS, VICTOR HUGO, HEINRICH HEINE, GEORG HERWEGH u.a. die sozialen Missstände und riefen zu *sozialer Gerechtigkeit* auf. Erstmals lässt sich jedoch Ende des 19. Jahrhunderts auch eine Dichtung im Gefolge der Arbeiterbewegung konstatieren, die *von den Arbeitern selbst verfasst* wurde. Letztere bediente sich vorwiegend kürzerer literarischer Formen: der Lyrik von der Arbeiterhymne über das satirische Gedicht bis zur Erzählung, daneben erschienen proletarische Romane und nach 1890 auch Arbeiterbiografien.

Parallel gab es das Phänomen der *„Gegendécadence"*. Dieser Strömung innerhalb der Arbeiterliteratur ging es lediglich um die kulturelle Förderung der Arbeiter. Sie lehnte *avantgardistische Schreibweisen* ebenso ab wie *pessimistische Sichtweisen.* Stattdessen „feierten .. (sie) .. die Arbeitsfreude, den Stolz auf die unerhörte Gewalt, den Triumph des Werktätigen" (WINCKLER). Zu dieser Strömung gehörte der 1912 von JOSEF WINCKLER (1881–1966), WILHELM VERSHOFEN (1878–1960) und JAKOB KNEIP (1881–1958) gegründete Bund der „Werkleute auf Haus Nyland", dem später auch HEINRICH LERSCH (1889–1936), MAX BARTHEL (1893 bis 1975) und GERRIT ENGELKE (1890–1918) angehörten. Pathos, Technikbejahung und Verklärung kennzeichneten die Sprache der „Werkleute".

Ehrenmitglieder der Werkleute waren u. a. **RICHARD DEHMEL** und WALTER RATHENAU.

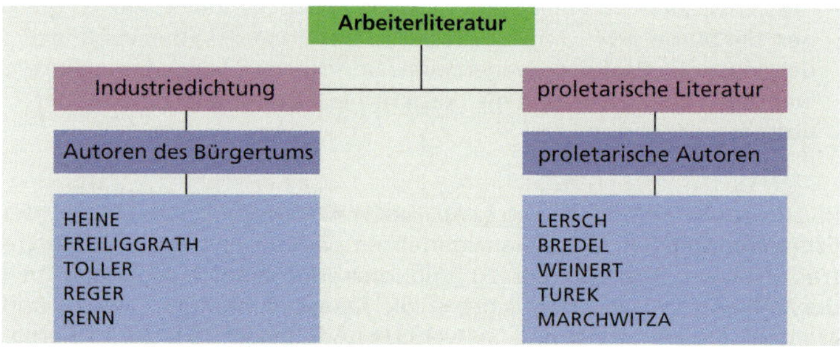

Literarische Gruppen der Arbeiterliteratur und politische Strömungen

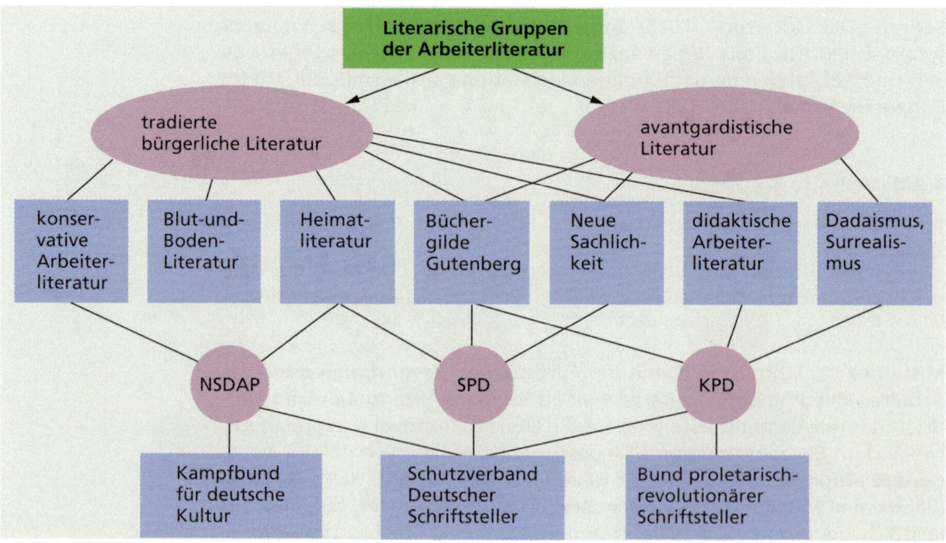

Einen besonderen Einfluss auf das **Sujet** *des Arbeitermilieus* hatten der Erste Weltkrieg und seine Folgen. Viele bürgerliche Intellektuelle sahen nun ein *Ende der bürgerlichen Kultur* für gekommen. Sie schlossen sich sozialrevolutionären, anarchistischen und kommunistischen Gruppierungen an und vollzogen einen totalen Bruch mit der überlieferten bürgerlichen Literatur. In diesem Geiste entstanden der **Dadaismus** und der **Surrealismus.** Einige Autoren schlossen sich der KPD an (JOHANNES R. BECHER, LUDWIG RENN), andere nahmen aktiv an der Münchener Räterepublik teil (ERNST TOLLER).

1924 wurde die *Büchergilde Gutenberg* als Buchgemeinschaft der Gewerkschaften gegründet. Die Büchergilde verlegte Werke von MARTIN ANDERSEN NEXÖ, MAX BARTHEL, VICENTE BLASCO IBAÑEZ, JACK LONDON, ERNST PRECZANG, ARNOLD ZWEIG u. a. Bücher OSKAR MARIA GRAFS (1894–1967) und B. TRAVENS kamen in Originalausgaben heraus.

Die Büchergilde Gutenberg hatte 1932 80 000 Mitglieder.

Der „Rote Eine-Mark-Roman" der KPD war der Versuch, mit der Massen- und Trivialliteratur zu konkurrieren. In dieser Reihe erschienen u. a. HANS MARCHWITZAS „Sturm auf Essen" und LUDWIG TUREKS „Ein Prolet erzählt". WIELAND HERZFELDE gründete den Malik-Verlag, in dem dadaistische und andere avantgardistische Literatur verlegt wurde.

Das **Theater** *für Arbeiter* wurde bereits durch die SPD am Ende des 19. Jahrhunderts angeregt. So entstand die **Volksbühnenbewegung.** Anfang der Zwanzigerjahre entstanden die **Agitpropgruppen** der KPD „Das Rote Sprachrohr", „Die Roten Blusen", „Kolonne links" u. a. ERWIN PISCATOR (1893–1966) gründete 1920 das „Proletarische Theater, Bühne der revolutionären Arbeiter Groß-Berlins". Zwar scheiterte das Projekt ein Jahr später (Verbot), doch bereitete es die legendäre Piscatorbühne vor. Seit 1924 als Regisseur an der Berliner Volksbühne brachte er die beiden Revuen „Revue Roter Rummel" und „Trotz alledem" auf die Bühne (1924/27). Mit WALTER MEHRINGS (1896–1985) „Der Kaufmann von Berlin" wurde 1927 die Piscatorbühne eröffnet. 1931 übersiedelte PISCATOR in die Sowjetunion, wo er SEGHERS' „Aufstand der Fischer von Sankt Barbara" verfilmte. Nach einer Interimszeit von 1936 bis 1939 in Paris übersiedelte er in die USA.

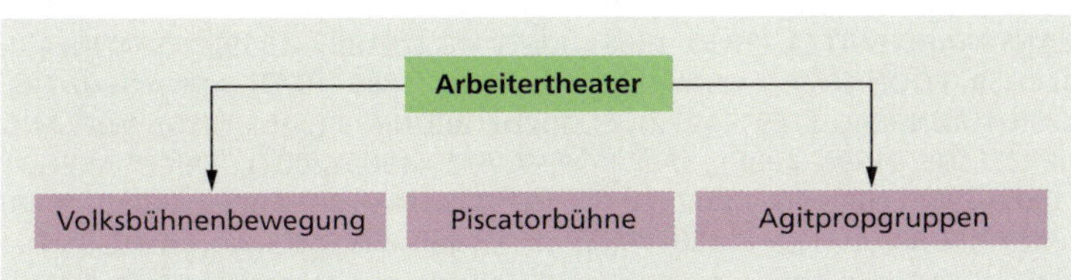

Einige Autoren wandten sich bald enttäuscht von der KPD ab. Zu ihnen gehörte der anfangs expressionistische Autor MAX BARTHEL, der sich wie sein Freund HEINRICH LERSCH vom „Nyland-Bund" später in die nationalsozialistische Literaturmaschinerie einspannen ließ. Aber auch nicht mit der KPD sympathisierende Arbeiterautoren, Vertreter der sogenannten Heimatkunstbewegung, wurden während der Zeit des Nationalsozialismus zu Repräsentanten der „Blut-und-Boden-Literatur". Andererseits wandten sich Autoren von der NSDAP ab und traten der KPD bei, z. B. BODO UHSE (1904–1963). ARNOLT BRONNEN (1895–1959), der Anfang

ALEXANDER BOGDANOW (1873–1928) war ein Philosoph und Soziologe, der auch als Verfasser utopischer Romane („Der rote Planet") bekannt wurde. Nach 1905 vertrat er die Ultralinken innerhalb der russischen Sozialdemokratie und geriet so in Konfrontation ZU LENIN.

der Zwanzigerjahre mit BRECHT gemeinsam expressionistische Stücke geschrieben hatte, unterzeichnete 1933 mit 88 weiteren Schriftstellern ein „Gelöbnis treuester Gefolgschaft" für HITLER und arbeitete für den Reichsrundfunk und die Ufa als Dramaturg, bevor er sich am aktiven Widerstand gegen die Nationalsozialisten beteiligte. Mitte der 1950er-Jahre übersiedelte er in die DDR und trat der SED bei.

Bis etwa 1928/1930 arbeiteten KPD- bzw. der Partei nahestehende Autoren mit politisch Andersdenkenden zusammen. So verfassten ERNST TOLLER (Anarchist) und ERWIN PISCATOR (Kommunist) gemeinsam das Revuestück „Hoppla, wir leben! Ein Vorspiel und fünf Akte" (1927) für die Piscatorbühne. Der Sozialdemokrat KURT TUCHOLSKY (Text) gab gemeinsam mit dem Kommunisten JOHN HEARTFIELD (Collagen) „Deutschland, Deutschland über alles. Ein Bilderbuch" (1929) heraus.
Auch BERTOLT BRECHT, sich als parteiloser Kommunist verstehend und zunächst Dramaturg am Deutschen Theater in Berlin, arbeitete u. a. mit LION FEUCHTWANGER, CARL ZUCKMAYER, PISCATOR und KURT WEILL zusammen. Seine Bearbeitung der „Beggar's Opera" von JOHN GAY, „Die Dreigroschenoper", ist das erste Stück des **epischen Theaters.** Auch die Surrealisten arbeiteten unabhängig von ihren Parteimitgliedschaften bis 1928/1931 an gemeinsamen Projekten (PAUL ELUARD und LOUIS ARAGON mit ANDRÉ BRETON, HERMANN KASACK mit BRECHT).

Literarische Gruppen der Arbeiterliteratur und politische Strömungen

Bund proletarisch-revolutionärer Schriftsteller und Parteiliteratur

Zunehmend ordnete die KPD ab 1920 die Literatur dem Klassenkampfgedanken unter. Je mehr nach LENINS Tod (1924) STALINS Kommunismusauffassungen auch in Deutschland griffen, spätestens seit dem Vorsitz ERNST THÄLMANNS (1925), desto stärker wurde dessen Pragmatismus innerhalb der KPD umgesetzt.

1930 hatte der BPRS etwa 350 und 1932 rund 500 Mitglieder

1924 gründeten KPD-Mitglieder die „Organisation der Arbeiterkorrespondenten", die 1928 in dem „Bund proletarisch-revolutionärer Schriftsteller" (BPRS) aufging. Ihm gehörten u. a. WILLI BREDEL (1901–1965), HANS MARCHWITZA (1890–1965), KURT HELD (1897–1959), JOHANNES R. BECHER, EGON ERWIN KISCH, LUDWIG RENN (1889–1979), ANNA SEGHERS, KARL GRÜNBERG (1891–1972), ELFRIEDE BRÜNING (geb. 1910), WIELAND HERZFELDE (1896–1988), JAN KOPLOWITZ (1909–2001), ERICH ARENDT (1903–1984), BRUNO APITZ (1900–1979), ADAM SCHARRER (1889–1948) und FRIEDRICH WOLF (1888–1953) an. Organ des BPRS wurde 1929 „Die Linkskurve", die eher eine politische Zeitung mit literarischen Texten als eine rein literarische Zeitschrift war. Ende 1932 stellte sie ihr Erscheinen ein. Einige der BPRS-Gründer hatten bereits Funktionen innerhalb der KPD inne. ALEXANDER ABUSCH und WILLI MÜNZENBERG waren ZK-Mitglieder der KPD. WILLI BREDEL war Chefredakteur einer KPD-Zeitung.

Die bedeutendsten Schriftsteller des Bundes kamen jedoch nicht aus dem Proletariat, sondern aus dem Bürgertum. LUDWIG RENN (eigentlich ARNOLD FRIEDRICH VIETH VON GOLSSENAU) entstammte sogar dem Adel. ANNA SEGHERS stammte aus einem begüterten Hause. Ihre frühen Erzählungen „Grubetsch" (1927) und „Die Ziegler" (1927) schildern bereits die Not des Proletariats vor dem Hintergrund der Wirtschaftskrise.1928 erschien ihr erstes Buch, „Aufstand der Fischer von St. Barbara“, wofür ihr (mit „Grubetsch“) der **Kleist-Preis** verliehen wurde.

Bezeichnend für die Haltung der Autoren des BPRS ist die Rede FRIEDRICH WOLFS „Kunst ist Waffe“, in der er Literatur auch als Mittel der politischen Auseinandersetzung auffasste. Nach dem VI. Weltkongress der Kommunistischen Internationale (KOMINTERN), der Juli/August 1928 stattfand, war eine Zusammenarbeit mit linksbürgerlichen und sozialdemokratischen Autoren nicht mehr möglich. Stattdessen wurde der proletarische Schriftsteller zum Parteiarbeiter. In der „Linkskurve“ heißt es dazu: der „einzig mögliche Platz für den Schriftsteller ... (ist) die Kommunistische Partei. Steuert er nicht zu ihr, dann wandert er ins Vergangene, ins Abgestorbene, ins Zerfallene“. Zwar ging der Gedanke der „Parteiliteratur“ ursprünglich auf LENIN zurück, jedoch bewirkte die zunehmende Stalinisierung der KPD, dass der Führungsanspruch der Partei zum Götzen erhoben wurde („Die Partei hat immer recht“).

Die KOMINTERN war ein Bündnis der kommunistischen Parteien auf Weltebene unter der Führung der Kommunistischen Partei der Sowjetunion (KPR bzw. KPdSU).

Auch die *Sozialfaschismustheorie* (Sozialdemokraten als Steigbügelhalter des Faschismus) bzw. ihr sozialdemokratisches Pendant (KPD als Kollaborateur des Nationalsozialismus) erschwerten ein Zusammengehen zwischen kommunistischen und sozialdemokratischen Autoren.

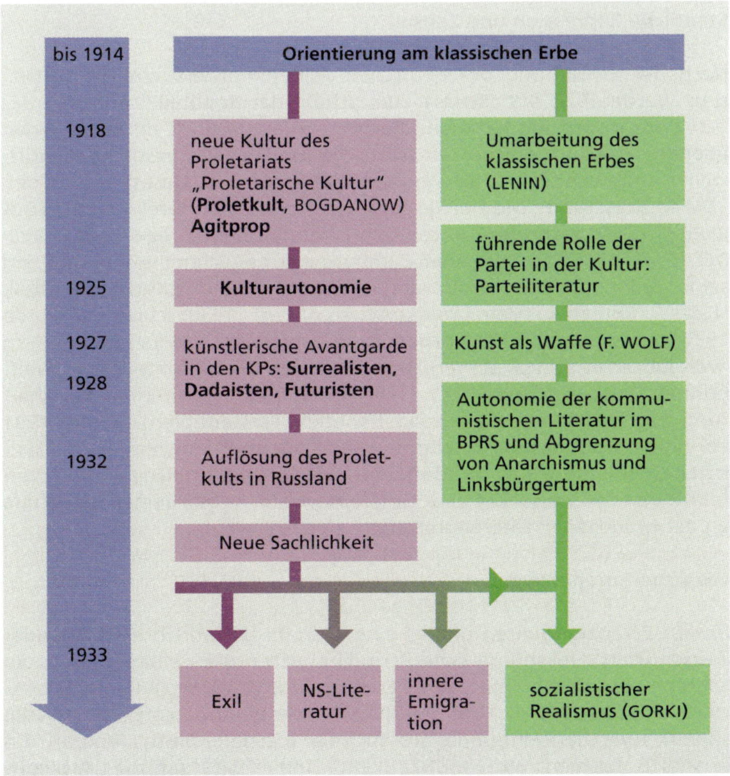

ERICH WEINERT (1890–1953)

ERICH WEINERT, aus dem Bürgertum stammend, absolvierte eine Schlosser- und Dreherlehre und war in den Zwanzigerjahren Mitarbeiter u. a. an der „Weltbühne", beim „Simplizissimus" und beim „Eulenspiegel"; er widmete sich vor allem satirischer Lyrik. Von ihm stammt das „Lied vom roten Wedding", aber auch die Satire „Die Behörde". WEINERT arbeitete zunächst im Leipziger Kabarett „Retorte" (1922), 1923 im Berliner Kabarett „KüKa" (Künstler-Kabarett) sowie mit seinem Verleger LEON HIRSCH am Kabarett „Die Wespen", dort u. a. mit ERICH KÄSTNER zusammen. Vor Tausenden von Zuschauern trat er im Sportpalast auf. Sein Einfluss erschien den Richtern der Weimarer Republik so mächtig, dass er Redeverbot erhielt. Neben satirischen Gedichten verfasste WEINERT agitatorische Lyrik („An einen deutschen Arbeiterjungen").

Staatliche Repression und Zensur

Nach der Ermordung des deutschen Außenministers WALTER RATHENAU wurde 1922 das „Gesetz zum Schutz der Republik" erlassen, das sich zwar gegen die nationale Rechte richtete, jedoch de facto gegen liberale, linksbürgerliche, sozialistische und kommunistische Schriftsteller angewendet wurde. Angewendet wurde das Gesetz u. a. gegen „Die Mutter" und „Die Heilige Johanna der Schlachthöfe" von BERTOLT BRECHT, aber auch die Autoren selbst wurden gemaßregelt. WILLI BREDEL (1901–1965), der aus einer Hamburger Arbeiterfamilie stammte und seine Teilnahme am Hamburger Aufstand 1923 in „Maschinenfabrik N. & K. – Roman aus dem proletarischen Alltag" (1930) schilderte, wurde 1930 wegen angeblicher Vorbereitung von Hoch- und Landesverrat zu zwei Jahren Festungshaft verurteilt. Auch den Chefredakteur der „Weltbühne" CARL VON OSSIETZKY (1889–1938) ereilte nach einer Verschärfung der Pressegesetze in der sogenannten „Pressenotverordnung" 1931 ein ähnliches Schicksal. Er wurde wegen angeblichen „Verrats militärischer Geheimnisse" zu 18 Monaten Haft verurteilt. ERNST TOLLER verbüßte von 1919 bis 1924 eine Gefängnisstrafe wegen seiner Teilnahme an der Münchener Räterepublik.

▶ Der Schauplatz von **BREDELS** „Maschinenfabrik N.& K." ist die Hamburger Kampnagelfabrik, heute ein internationales Zentrum für zeitgenössische darstellende Künste.

Die Arbeiterreportage

In den Zwanzigerjahren gab es eine Vielzahl periodisch erscheinender Zeitschriften. Linksbürgerliche Periodika waren die „Schaubühne", die spätere „Die Weltbühne" von SIEGFRIED JACOBSOHN (1881–1926) bzw. CARL VON OSSIETZKY. KURT TUCHOLSKY schrieb u. a. als PETER PANTER sowohl für „Die Weltbühne" als auch für das neue Blatt „Tempo", das seit 1928 erschien. WILLI MÜNZENBERG (1889–1940) gab die „Arbeiter-

Illustrierte-Zeitung" (AIZ) heraus. In wenigen Jahren gründete er relativ unabhängig von der kommunistischen Parteipresse mehrere Tages- und Wochenzeitungen, u.a. „Berlin am Morgen". ERICH MÜHSAM, KURT HILLER, ALFONS GOLDSCHMIDT, ERNST TOLLER, F(RANZ) C(ARL) WEISKOPF (1900–1955) und JOHANNES R. BECHER schrieben für das Blatt Beiträge. Die genannten Autoren hatten bereits als Schriftsteller für Aufmerksamkeit gesorgt und versuchten sich nun im Bereich des Journalismus. Gerade bei der Mitarbeit am „Berlin am Morgen" ging es um *Vermittlung zwischen Arbeiterbewegung und linksbürgerlichen Intellektuellen.*

Das Organ der KPD war „Die Rote Fahne". Der „Bund proletarisch-revolutionärer Schriftsteller" nannte seine Zeitung „Die Linkskurve". Das Genre der Reportage diente innerhalb der KPD vor allem dem *Aufdecken von Missständen* und der *Dokumentation von politischen Geschehnissen*. Der Sohn eines Tuchhändlers EGON ERWIN KISCH (1885–1948) wurde wie RILKE und KAFKA in Prag geboren. Er gilt als Schöpfer und Meister der literarischen Reportage. Seine Reisen führten ihn nach Afrika, China, Australien, in die USA und die Sowjetunion. Der Buchtitel „Der rasende Reporter" wurde zum Synonym für ihn selbst. Anfänglich der Überzeugung, Reportagen müssten sich als *neutrale Tatsachenberichte* verstehen, entwickelte KISCH mehr und mehr eine Reportage als *revolutionäres Kampfmittel*. Anfänglich schrieb er erfolgreich für die „Arbeiter-Illustrierte-Zeitung". In seinem Band „Zaren, Popen, Bolschewiken" (1927) berichtete er über seine Erlebnisse in der Sowjetunion und in „Paradies Amerika" (1929) über seinen illegalen Aufenthalt in den USA. „Prager Pitaval" (1931) und „Geschichten aus sieben Ghettos" (1934) widmeten sich seiner Heimatstadt Prag. „China geheim" (1933) berichtet über den ebenfalls illegalen Aufenthalt in China.

Als Journalisten versuchten sich auch andere Mitglieder des BPRS, so WILLI BREDEL als Redakteur bei der „Hamburger Volkszeitung". ELFRIEDE BRÜNING schrieb kleine Artikel und Reportagen für Berliner Tageszeitungen. KARL GRÜNBERG und HANS MARCHWITZA kamen aus der Arbeiterkorrespondentenbewegung der KPD („Rote Fahne"). Welch einen Stellenwert die *Arbeiterreportage* hatte, wird im folgenden Zitat aus der „Linkskurve" deutlich: „Ein ungelenker Bericht über einen Streik für die Betriebszeitung kann für den Klassenkampf nützlicher sein als ein Meisterwerk der proletarischen Literatur." (N. KRAUS, d.i. JOSEF LENZ)

1977 wurde der Egon-Erwin-Kisch-Preis von HENRI NANNEN gestiftet.

Die *Tradition der Arbeiterliteratur* wurde in der DDR mit der durch OTTO GOTSCHE (1904–1985) angeregten „Bitterfelder Konferenz" und dem sich daraus entwickelnden „Bitterfelder Weg" und in der BRD mit der „Gruppe 61" (MAX VON DER GRÜN) sowie dem daraus hervorgegangenen „Werkkreis Literatur der Arbeitswelt" (GÜNTER WALLRAFF) fortgesetzt.

4.8.5 Literatur des Exils und innere Emigration

Möglichkeiten der Reaktion auf den Machtantritt der Nazis

Exil	Innere Emigration	Mitläufertum	Illegalität
Flucht wegen Verfolgung – Gründe: • *politisch* BERTOLT BRECHT, WILLI BREDEL, ERICH WEINERT • *religiös* ANNA SEGHERS, ELSE-LASKER-SCHÜLER Flucht als Protest: HEINRICH MANN, THOMAS MANN, KLAUS MANN	Beharren auf den Traditionen: RICARDA HUCH, JOCHEN KLEPPER, ERNST WIECHERT, WERNER BERGENGRUEN Bleiben aus Hilflosigkeit: HANS FALLADA Schreibverbot: ERICH KÄSTNER	offene oder versteckte Sympathie für die NS-Machthaber: HANS GRIMM, ERNST JÜNGER, GOTTFRIED BENN, HANNS JOHST	Kampf gegen Nationalsozialismus: JAN PETERSEN („Unsere Straße"), ELFRIEDE BRÜNING

Mit dem Machtantritt der Nationalsozialisten am 30. Januar 1933 wurde die deutsche Kultur um ihre Vielfalt gebracht. Musiker, Maler, Schriftsteller, Philosophen erklärten ihre Gegnerschaft zum Naziregime.

Autoren des Exils

Exilliteratur
zu lat. exilium = Verbannung. Bereits OVID schrieb einen Teil seines Werkes in der Verbannung. HEINRICH HEINE schrieb im Pariser Exil u. a. **„Deutschland, ein Wintermärchen"**. AUGUST VON PLATEN ging ins selbst gewählte Exil nach Italien. Auch nach der Oktoberrevolution in Russland (1917) und nach der faschistischen Machtübernahme in Italien (1922) verließen Schriftsteller ihre Heimatländer.

Unter **Exilliteratur** versteht man die Literatur jener Autoren, die ihr Heimatland aus politischen oder religiösen Gründen verlassen müssen bzw. freiwillig verlassen. Die Thematik dieser Literatur kreist zudem meist um die Umstände, die zum Exil führten, und um die jeweilige Exilsituation des Autors. Zu den bedeutenden Exilautoren gehören HEINRICH HEINE, LUDWIG BÖRNE, VLADIMIR NABOKOV. I. e. S. wird der Begriff auf jene Autoren angewendet, die 1933 aus dem nationalsozialistischen Deutschland fliehen mussten.

Erste Massenverhaftungen linker Intellektueller fanden bereits im Februar und März statt (ANNA SEGHERS, CARL V. OSSIETZKY, WILLI BREDEL, ERICH MÜHSAM, LUDWIG RENN, BRUNO APITZ, KURT HELD u. a.). Aufgrund dieser Repressionen sahen sich viele rassisch oder politisch verfolgte deutsche Schriftsteller gefährdet und mussten ins Exil gehen. Mehr als zweitausend Autoren verließen Deutschland innerhalb nur weniger Monate (ALFRED DÖBLIN, ELSE LASKER-SCHÜLER, ERNST TOLLER). Unter ihnen waren auch zahlreiche österreichische Schriftsteller, die in Berlin gelebt hatten (FRANZ BLEI, JOSEPH ROTH). In Österreich begann der Exodus 1934 nach den Februarunruhen (STEFAN ZWEIG). Eine zweite Emigrantenwelle begann 1938 nach dem Einmarsch deutscher Truppen und dem „Anschluss Österreichs" (ELIAS CANETTI, FRANZ WERFEL, ROBERT MUSIL, HERMANN BROCH).

Brechts Wege im Exil

Außerdem flohen die dort exilierten Autoren aus dem Land. Nach dem Einmarsch deutscher Truppen in die Tschechoslowakei mussten auch die hier beheimateten Autoren ins Exil gehen (MAX BROD).

Wege deutscher Autoren ins Exil

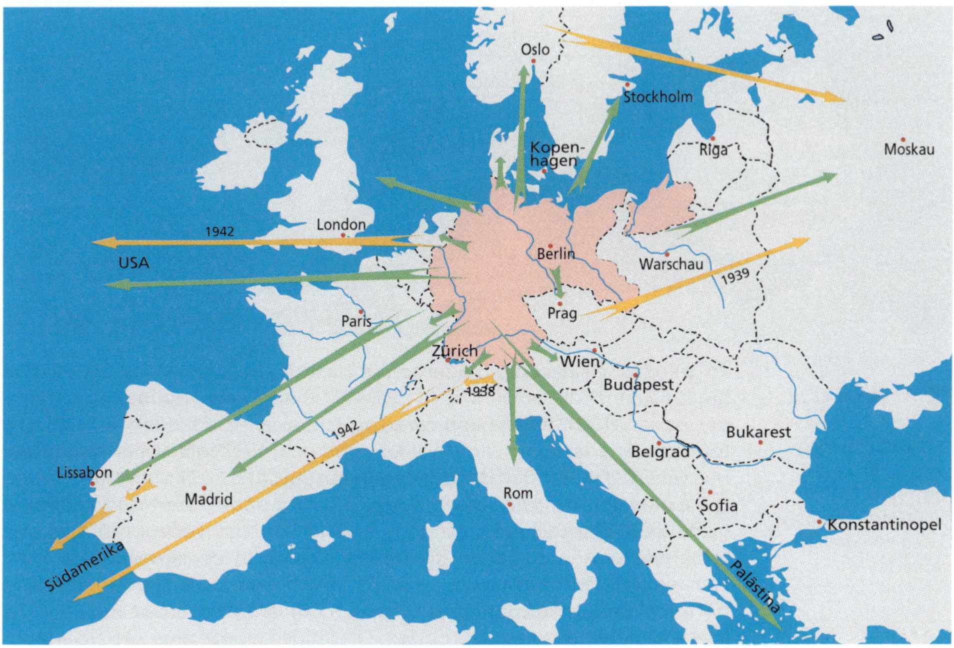

Mit dem Beginn des Zweiten Weltkrieges internationalisierte sich das Exil, mussten die Autoren ihre europäischen Exilländer verlassen. Nicht nur Deutsche waren jetzt auf der Flucht vor den Nazischergen, sondern Holländer, Dänen, Franzosen, Polen, Ungarn, Tschechen ... Es fand eine weitere Welle der Emigration statt. Sie führte diesmal vorwiegend nach Amerika. Lediglich die in die Sowjetunion emigrierten Autoren fanden dort zum Großteil Asyl bis zum Kriegsende. Allerdings waren sie hier dem stalinistischen Terror ausgeliefert, der vielen von ihnen den Tod brachte.

Exil in der Nähe der Heimat

Die Autoren, die nach 1933 aus Deutschland fliehen mussten, suchten zunächst in den Nachbarländern Deutschlands ein Exil. Großenteils glaubten sie, HITLERS Herrschaft würde nicht lange dauern.

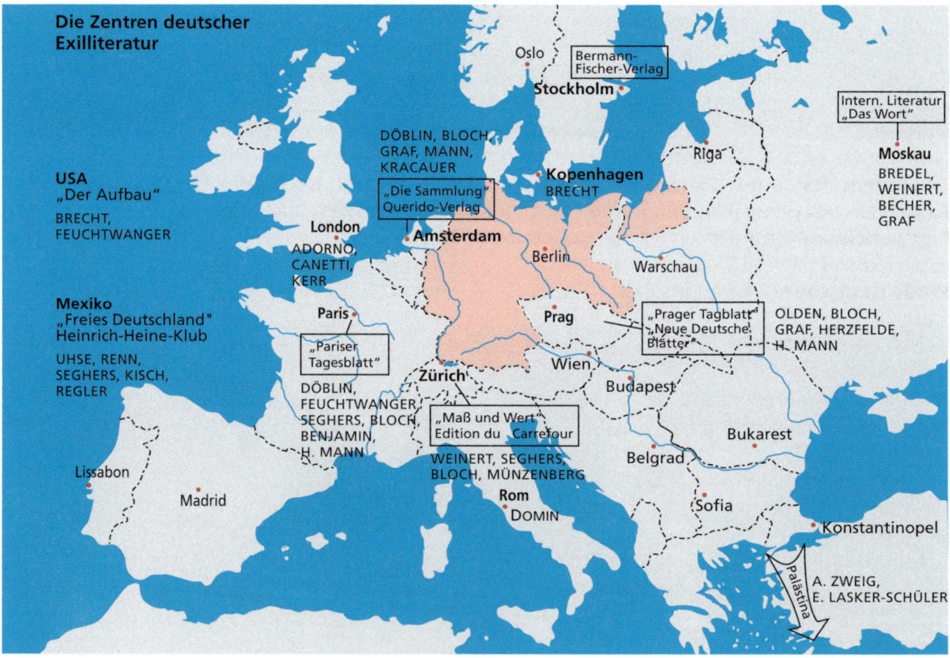

THEODOR BALK wurde mit MANÈS SPERBER u. a. während einer Razzia am 15. 03. 1933 in der Künstlerkolonie Berlin von der SA verhaftet.

Im französisch besetzten Saargebiet hielten sich GUSTAV REGLER (1898 bis 1963) und THEODOR BALK (1900–1974) auf, bevor sie in andere Länder emigrierten. Nur knapp zwanzig Autoren entschieden sich für Österreich als „Asylland wider Willen", obwohl der Vorteil der deutschen Muttersprache auf der Hand gelegen hätte (CARL ZUCKMAYER).
Die exilierten Autoren waren *finanziell nicht abgesichert* und zudem in nicht deutschsprachigen Ländern *isoliert von der vertrauten Sprache.* Schwierig wurde zuweilen die Verständigung in der Sprache des Exils. Nur wenige Autoren (etwa THOMAS MANN und LION FEUCHTWANGER) hatten ein relativ sorgenfreies Leben im Exil. *Materielle Not* zwang viele, in artfremden Berufen zu arbeiten. Oft jedoch wurde eine Arbeitserlaub-

nis verweigert. Hilfsorganisationen wie die „American Guild for German Cultural Freedom" (ab 1935) unterstützten diese Autoren finanziell.
Bevorzugte Stadt in der Tschechoslowakei wurde Prag. Die Hauptstadt der Tschechoslowakei hatte einen bedeutenden Vorteil für die deutschen Exilanten: Durch ihre ehemalige Zugehörigkeit zum österreichisch-ungarischen Kaiserreich gab es dort ansässige Deutsche und Deutsch sprechende Juden und Tschechen. Man hatte also ein *potenzielles Publikum,* denn vom heimatlichen waren die Exilanten abgeschnitten.

Zwischen 1933 bis 1938 gab es rund 10 000 registrierte Flüchtlinge aus Deutschland in Prag.

WIELAND HERZFELDE führte in Prag seinen Malik-Verlag weiter und gab mit ANNA SEGHERS und OSKAR MARIA GRAF die antifaschistisch orientierten „Neuen Deutschen Blätter" heraus.
THOMAS MANN (1875–1955) gab in der Schweiz die Zeitschrift „Maß und Wert. Zweimonatsschrift für freie deutsche Kultur" heraus. In Amsterdam erschien „Die Sammlung". Herausgeber war KLAUS MANN (1906–1949). In Paris wurde die „Deutsche Freiheitsbibliothek" von ALFRED KANTOROWICZ (1899–1979) gegründet. Dort etablierten sich auch die „Éditions du Carrefour", ein von WILLI MÜNZENBERG gegründeter Verlag, der ausschließlich in deutscher Sprache veröffentlichte. Bis 1937 erschienen rund 56 Bücher oder Broschüren, darunter englische und französische Übersetzungen, z. B. Aragons „Glocken von Basel" oder Malraux' „Die Zeit der Verachtung". Die kleine Stadt Sanary-sur-Mer an der französischen Mittelmeerküste war bis 1939 ein Zufluchtsort vieler deutscher Exilschriftsteller. Dort hielten sich zeitweise auf: BERTOLT BRECHT, LION FEUCHTWANGER, FRANZ WERFEL und die Familie von THOMAS MANN.
WOLFGANG LANGHOFFS (1901–1966) „Die Moorsoldaten" erschien 1935 im Schweizer Spiegel Verlag. Der „unpolitische Tatsachenbericht" erzählt von LANGHOFFS *Aufenthalt im KZ Börgermoor* im Emsland. Hier schrieb er auch gemeinsam mit JOHANN ESSER die Lagerhymne:

> „Wohin auch das Auge blicket.
> Moor und Heide nur ringsum.
> Vogelsang uns nicht erquicket,
> Eichen stehn kahl und krumm.
> Wir sind die Moorsoldaten
> und ziehen mit dem Spaten
> ins Moor!"
>
> (Lammel, Inge; Günter Hofmeyer (Hrsg.): Lieder aus den faschistischen Konzentrationslagern. Leipzig: Friedrich Hofmeister, 1962, S. 14.)

1936 wurde LANGHOFF, der seit 1934 als Schauspieler am Zürcher Schauspielhaus engagiert war, aufgrund seines Buches von den NS-Behörden die deutsche Staatsbürgerschaft aberkannt. LANGHOFF war einer der Letzten, die in der Schweiz Unterschlupf fanden. Die Schweiz erklärte 1942 „das Boot" für voll und verfügte einen *rigorosen Einwanderungsstopp.* WILLI BREDEL war 1936–1939 zusammen mit FEUCHTWANGER und BRECHT Mitherausgeber der Moskauer Zeitschrift „Das Wort".

Erst 1944 lockerte die Schweiz ihre Asylpraxis wieder. 1945 nahm das Land schließlich alle gefährdeten Personen auf.

Nach dem Überfall auf Polen am 1. September 1939, der den Beginn des Zweiten Weltkrieges markiert, konnten nur wenige Autoren in Europa bleiben. PETER WEISS (1916–1982) blieb im neutralen Schweden, ELIAS CANETTI (1905–1994) in Großbritannien und ROBERT MUSIL (1880–1942) in der Schweiz.

Autoren wie KLAUS MANN, STEFAN ZWEIG, KURT TUCHOLSKY und CARL EINSTEIN (1885–1940) gingen an ihrer Exilsituation zugrunde und wählten den Freitod.

Exil in Amerika

Wichtigstes *Zentrum der KPD-Emigration* im westlichen Exil der Kriegsjahre wurde *Mexiko*. Die Schriftsteller ANNA SEGHERS, EGON ERWIN KISCH, LUDWIG RENN, BODO UHSE sowie Parteifunktionäre wie PAUL MERKER (1894–1969), OTTO KATZ (1893–1952, hingerichtet), ALEXANDER ABUSCH (1902–1982) und zahlreiche weitere ließen sich dort nieder. Mit GUSTAV REGLER kam auch ein ehemaliges KP-Mitglied, das allerdings Anfeindungen vonseiten der KP-Mitglieder ausgesetzt war. Auch der österreichische Journalist BRUNO FREI (1897–1988) gelangte nach der Besetzung seiner Heimat durch die Nationalsozialisten ins Exilland Mexiko. Bereits in den 1920er-Jahren war RET MARUT nach Mexiko gekommen. Er veröffentlichte unter dem Pseudonym B. TRAVEN. Als wichtigster Exilrusse in diesem mittelamerikanischen Land darf wohl LEO TROTZKI, eigentlich BRONSTEIN (1879–1940), gelten. HEINRICH GUTMANN gründete im Frühjahr 1938 die Liga Pro-Cultura Alemana.

TROTZKI überlebte den letzten Mordanschlag durch russische NKWD-Leute (Geheimdienst) 1940 nicht.

EGON ERWIN KISCH, ANNA SEGHERS, BRUNO FREI u. a. gründeten im November 1941 die Zeitschrift „Freies Deutschland". Sie erschien bis Mitte 1946 in einer Auflagenhöhe von 4000 Exemplaren. HEINRICH MANN, LION FEUCHTWANGER, OSKAR MARIA GRAF, FERDINAND BRUCKNER, ERNST BLOCH und andere veröffentlichten Beiträge in dieser Zeitschrift.

Im November 1941 wurde der Heinrich-Heine-Klub gegründet, dem ANNA SEGHERS als Präsidentin vorstand. Hier veranstaltete man literarische Abende, Theateraufführungen, Filmveranstaltungen, Konzerte und wissenschaftliche Vorträge.

Die Gründung des Exilverlages „El Libro Libre" (Das freie Buch) gab den Autoren die Möglichkeit, ihre Werke auf Deutsch zu veröffentlichen. Hier erschien ANNA SEGHERS' Roman „Das siebte Kreuz", EGON ERWIN KISCHS „Marktplatz der Sensationen" (1942) und die „Entdeckungen in Mexiko" (1945), LION FEUCHTWANGERS „Unholdes Frankreich" (1942) sowie THEODOR PLIEVIERS Roman „Stalingrad" (1946). BODO UHSE beschäftigte sich bereits im Exil mit Mexiko. Seine literarischen Bearbeitungen mexikanischer Stoffe, die später als Sammelband „Mexikanische Erzählungen" (1957) erschienen, wurden bereits in der Exilpresse veröffentlicht. Auch GUSTAV REGLERS Beschäftigung mit dem Land seines Exils schlug sich in dem Band „Vulkanisches Land" (1947) nieder.

In Mexiko entstand SEGHERS' Novelle „Der Ausflug der toten Mädchen" (1943) und der Roman „Transit", in dem sie die Erfahrungen des Exils in Frankreich und die Bemühungen um eine Überfahrt nach Mexiko wiedergegeben hat. Ihre Mexiko-Erfahrungen verarbeitete SEGHERS jedoch erst nach dem Exil, u. a. in „Das wirkliche Blau". „Der Ausflug der toten Mädchen" beschreibt aus der zeitlichen Entfernung den Schulausflug einer Mädchenklasse in der Zeit vor dem Ersten Weltkrieg und welches Schicksal die Herangewachsenen durch die Zeit des Nationalsozialismus nehmen. Netty (der richtige Name der Erzählerin ANNA SEGHERS war NETTY REILING) überlebt als Einzige durch ihre Flucht ins Exil. Ihre Klassenkameradinnen sterben durch Denunziation, Bomben, Selbstmord ...

SEGHERS stellt nicht vordergründig die Schuldfrage. Ihr geht es darum, zu analysieren, welchen Anteil der Einzelne am Zustandekommen und *Funktionieren des nationalsozialistischen Systems* hat und welche Auswege es gibt, sich dem Terror zu verweigern.
Dies wird auch in ihrem Roman „Das siebte Kreuz" deutlich. Bei einem Ausbruch aus dem Konzentrationslager gelingt nur einem der sieben Häftlinge die Flucht. Das siebte Kreuz im Lager, bestimmt für Georg Heisler, bleibt leer. Aber es bleibt nur deshalb leer, weil die Menschen, die Heisler unterwegs begegnen, sich entscheiden müssen, ob sie ihm helfen wollen oder nicht. Und er findet Helfer durch alle Bevölkerungsschichten hinweg. Dass ausgerechnet der Selbstzweifler Heisler in die Freiheit entweichen und sich diese dauerhaft sichern kann, deutet auf die große Chance hin, die die *Kraft der Solidarität* besitzt.
Diese Sicht wird im „Ausflug der toten Mädchen" relativiert, die Hauptfigur Netty kann sich nur durch Flucht ins Ausland retten. Alle anderen sind dem Tode geweiht, weil sie auf die eine oder andere Art mitmachen, stillhalten oder aber aktiv in das System involviert sind.

„Das siebte Kreuz" wurde von *Metro Goldwyn Mayer* 1944 mit SPENCER TRACY in der Hauptrolle verfilmt.

Zwischen 1933 und 1945 emigrierten fast 300 000 Menschen in die USA. Davon kamen 53,1 % (ca. 150 000) aus Deutschland und Österreich.

LION FEUCHTWANGER (1884–1958)

Wichtig für die Exilanten wurden auch die USA. *Zentren des US-Exils* waren *New York* an der Ostküste und *Los Angeles/Santa Monica* an der Westkünste. BERTOLT BRECHT, LION FEUCHTWANGER, die Brüder THOMAS und HEINRICH MANN fanden hier Zuflucht. Allerdings sah der „Immigration Act" von 1924 für Deutschland und Österreich lediglich eine jährliche Zuwanderung von 27 230 Personen vor. Nach Kriegsausbruch wurde die Limitierung nicht verändert, sodass vorwiegend wegen ihres Glaubens Geflüchtete Asyl in den USA erhielten und nur 5 % politische Verfolgte.

Der „Aufbau", seit 1934 in New York, wurde zur wichtigsten literarischen Zeitschrift des US-Exils. Allerdings erst 1945 wurde dort mit dem „Aurora-Verlag" ein deutschsprachiger Verlag gegründet. Seit 1942 erschien die Avantgardezeitschrift „Decision", herausgegeben vom seit 1938 in den USA lebenden KLAUS MANN.
1936 wurde in New York die „Deutsche Akademie der Künste und Wissenschaften im Exil" unter ihren Präsidenten THOMAS MANN und SIGMUND FREUD gegründet. Mitglieder waren HEINRICH MANN, STEFAN ZWEIG, FRITZ VON UNRUH, FRANZ WERFEL, ALFRED DÖBLIN, JOSEPH ROTH, ROBERT MUSIL, BERTOLT BRECHT, ERWIN PISCATOR u. a. In Südamerika gab es mit Argentinien (BALDER OLDEN, PAUL ZECH), Brasilien (STEFAN ZWEIG), Uruguay, Bolivien, Kolumbien und Chile wichtige Exilländer. In Santiago de Chile erschienen ab 1943 die konservativ orientierten „Deutschen Blätter".

Der „Aufbau" wird bis heute als „America's only german-jewish publication" in New York verlegt und widmet sich jetzt vor allem dem jüdischen Leben in Europa und Amerika. Im Internet: **www.aufbauonline.com**

Exil in der Sowjetunion

GULAG: russ. gawnoje Uprawlenie Lagerej = Hauptverwaltung der Lager, Bezeichnung für ein ganz Russland überziehendes System von Straflagern, in denen vor allem politische, aber auch kriminelle und der stalinschen Willkür unterworfene Häftlinge schwerste körperliche Arbeit verrichten mussten. Hunderttausende überlebten die Lager nicht.

Das sowjetische Exil war das wichtigste europäische Exilland und wurde vor allem von linksbürgerlichen und kommunistischen Autoren genutzt. Allerdings war es auch das problematischste Exil. Schon in den Zwanzigerjahren hatte eine gewisse Anzahl Deutscher als Experten in der Sowjetunion gearbeitet. Nach dem Machtantritt der Nationalsozialisten gab es kaum einen Rückweg nach Deutschland. Gemeinsam mit den nach 1933 emigrierten Anhängern oder Mitgliedern der KPD waren sie seit 1937/1938 einem *beispiellosen Terror* ausgesetzt. Die paranoide Suche des russischen Geheimdienstes NKWD nach Volksfeinden führte zu *Selbstbezichtigungen, Denunziationen,* schier *endlosen Verhaftungswellen* und *Deportationen* in die GULAGs, zu *Erschießungen* sowohl einfacher Arbeiter wie auch von Funktionären. Selbst Auslieferungen an Nazideutschland kamen vor. Schätzungsweise 70 % der deutschen Emigranten kosteten die stalinschen Säuberungen das Leben.
Der Mord an SERGEJ KIROW, dem „Liebling der Partei“, diente als Vorwand, sich missliebiger Funktionäre zu „entledigen“. LEW KAMENEW und GRIGORIJ SINOWJEW wurden im Zuge der ersten *Schauprozesse* 1936 erschossen, NIKOLAI BUCHARIN (1888–1938) im dritten großen Schauprozess verurteilt und 1938 hingerichtet. Nun traf es Arbeiter und Intellektuelle: Der russisch-jüdische Autor ISAAK BABEL (1894–1941) wurde 1935 mit Publikationsverbot belegt, 1941 verhaftet und zum Tode verurteilt. Der Theaterregisseur WSEWOLOD MEYERHOLD (1874–1940) wurde 1940 hingerichtet. Der Terror machte vor Ausländern nicht halt: Der Jugendstilmaler HEINRICH VOGELER (1872–1942) war bereits 1931 in die Sowjetunion übergesiedelt. Er wurde jedoch nach dem Überfall auf die Sowjetunion nach Kasachstan deportiert und starb dort unter elenden Bedingungen.

Im Gulag schrieb CAROLA NEHER 1942 ihrem damals siebenjährigen Sohn GEORG ins Kinderheim. Der Brief erreichte seinen Empfänger erst 1967, 25 Jahre nach dem Tod der Mutter.

Die Schauspielerin CAROLA NEHER (Bild), einst Ehefrau von KLABUND (1890–1928), starb nach Verhaftung und Verurteilung zu zehn Jahren Arbeitslager im Sommer 1942 an Typhus. Ihr Mann ANATOL BECKER wurde erschossen. Auch ERWIN PISCATOR war schon 1931 in die Sowjetunion übergesiedelt, um dort den Film „Der Aufstand der Fischer von St. Barbara“ zu drehen. 1936, während eines Aufenthaltes in Paris, erfuhr er durch WILHELM PIECK von seiner drohenden Verhaftung in der Sowjetunion. Er entschloss sich, im westlichen Exil zu bleiben.

FRIEDRICH WOLF emigrierte über Österreich, die Schweiz und Frankreich nach Moskau. Zwischen 1933 und 1945 lebte er dort. Wie fast alle in die UdSSR emigrierten Autoren nahm er am Spanischen Bürgerkrieg teil und wurde nach Ausbruch des Zweiten Weltkrieges in Frankreich zeit-

weise interniert. Sein Stück „Professor Mamlock (1933) wurde 1934 in Zürich uraufgeführt. Die deutsche Botschaft versuchte, das Stück absetzen zu lassen. JOHANNES R. BECHER emigrierte ebenfalls über Österreich, Tschechoslowakei, die Schweiz und Frankreich in die UdSSR und lebte zwischen 1935 und 1945 in Moskau, er betreute als Chefredakteur die Zeitschrift „Internationale Literatur".
HEDDA ZINNER (1905–1994) emigrierte mit ihrem Mann FRITZ ERPENBECK (1897–1975) 1933 in die UdSSR und lebte in Ufa in der Baschkirischen ASSR.
Auch WILLI BREDEL kam über die Tschechoslowakei in die Sowjetunion und engagierte sich während des Zweiten Weltkrieges im „Nationalkomitee Freies Deutschland". Aber auch Autoren anderer Nationalitäten fanden in der UdSSR Asyl: Der französische Autor JEAN-RICHARD BLOCH (1884–1947) emigrierte 1940 in die UdSSR.

In der UdSSR starben u. a. HANS GÜNTHER (1899–1938), WALTER HAEMSCH (1906–1938), ALBERT HOTOPP (1886–1942), MARIA OSTEN (1908–1942), ERNST OTTWALT (1901–1943), KARL SCHMÜCKLE (1898–1938), HERWARTH WALDEN (1878–1941).

Themen der Exilliteratur

Eine besondere Bedeutung für die Exilliteratur hatte der historische Roman. HEINRICH MANN schrieb seine „Henri Quatre"-Romane, LION FEUCHTWANGER „Der falsche Nero", BERTOLT BRECHT „Die Geschäfte des Herrn Julius Cäsar", WILLI BREDEL „Die Vitalienbrüder", HERMANN KESTEN „Ferdinand und Isabella" (1936) und THOMAS MANN die „Joseph"-Tetralogie (1933–1943). Auch STEFAN ZWEIG (1881–1942) mit seinen historischen Biografien „Marie Antoinette" (1932), „Erasmus von Rotterdam" (1935) und „Maria Stuart" (1935) gehört in diesen Themenkreis. ALEX WEDDING (1905–1966) hat den historischen Roman für die Kinder- und Jugendliteratur entdeckt („Die Fahne des Pfeiferhänsleins", „Söldner ohne Sold").

HEINRICH MANNS „Henri Quatre" wurde 2010 von JO BAIER verfilmt.

Österreichische Autoren beschäftigten sich mit dem Untergang der Donaumonarchie: JOSEPH ROTH (1894–1939), ROBERT MUSIL, ERNST WEISS (1882–1940), HERMANN BROCH „Tod des Vergil" (1945) oder STEFAN ZWEIG. Antifaschistische Gesellschafts- und Zeitromane verfassten ANNA SEGHERS mit „Das siebte Kreuz" und „Transit" , LION FEUCHTWANGER mit „Exil", OSKAR MARIA GRAF mit „Der Abgrund. Ein Zeitroman" (1936), ERNST WEISS mit „Der Augenzeuge", IRMGARD KEUN (1905–1982) mit „Nach Mitternacht" (1937). Mit dem Alltag in Nazideutschland beschäftigten sich auch die Kinderbücher „Jan auf der Zille!" von AUGUSTE LAZAR (1887–1970) und „Elisabeth, ein Hitlermädchen" von MARIA LEITNER (1892–1941). MAX ZIMMERING (1909–1973) benutzte das Genre der Kriminalgeschichte in „Die Jagd nach dem Stiefel": Kinder decken einen politischen Mord auf.
Einen weiteren Schwerpunkt bildet der Krieg. Der *Spanische Bürgerkrieg* von 1936–1938 wurde international reflektiert. Schriftsteller vieler Länder nahmen in den *internationalen Brigaden* an den Kämpfen teil. Ihre Eindrücke schilderten ANDRÉ MALRAUX (1901–1976) in „L'Espoir" (1938, „Die Hoffnung"), LOUIS ARAGON (1897–1982) in der Zeitung „Çe soir", ERNEST HEMINGWAY (1899–1961) in „For Whom The Bell Tolls" (1940, „Wem die Stunde schlägt"), BODO UHSE in „Leutnant Bertram" (1944), WILLI BREDEL in „Begegnung am Ebro" (1939). Innerhalb der **Kinder- und Jugendliteratur** spiegelte sich der Spanische Bürgerkrieg in „Vier spanische Jungen" (1938) von RUTH REWALD und in FRIEDRICH WOLFS Hunde-

geschichte „Kiki". ALFRED DÖBLINS Spätwerk „Hamlet oder die lange Nacht nimmt ein Ende" (1956 veröffentlicht) berichtet die Geschichte des schwer verletzt heimgekehrten Soldaten Edward, der in psychotherapeutischen Sitzungen, Geschichten erzählend, zur Heilung gelangen soll. DÖBLIN versuchte hier, mythologische Gestalten mit bekannten Stoffen zu verbinden und somit geschichtliche Dimensionen neu zu konstruieren. „Ein neues Leben begann", endet der Roman.
„Das Hebräerland" (1937) von ELSE LASKER-SCHÜLER und „An den Wassern Babylons" (1940) von ROBERT NEUMANN (1897–1975) beschäftigten sich mit der Geschichte des jüdischen Volkes.
In der Lyrik des Exils wurde der *Alltag im Nationalsozialismus,* die *Exilsituation* thematisiert (J. R. BECHER: „Der Glücksucher und die sieben Lasten", 1938). Bei LASKER-SCHÜLER findet sich gehäuft das literarische **Motiv** *Jerusalem* wieder. Die Heimatlosigkeit der Exilanten bedeutete Sprechen ohne Publikum und Verlust der Sprache, Hilflosigkeit. BERTOLT BRECHT beschrieb dies in seiner „Elegie 1939" („An die Nachgeborenen"):

BRECHT schrieb im Exil auch Dramen mit historischen Themen: „Mutter Courage und ihre Kinder" (1941), **„Der gute Mensch von Sezuan"** (1943), „Galileo Galilei" (1943) und die Erzählung „Das Verhör des Lukullus" (1939, 1940 als Hörspiel, 1951 als Oper)

> „Wirklich, ich lebe in finsteren Zeiten. [...] Was sind das für Zeiten, wo ein Gespräch über Bäume fast ein Verbrechen ist, weil es Schweigen über so viel Untat einschließt."
>
> (Brecht, Bertolt: Werke. Gedichte 2. Berlin: Aufbau-Verlag, 1988, S. 85.)

Schreiben bedeutete für die Schriftsteller jedoch auch *ästhetische Selbstbehauptung*. BRECHT attestierte dem Exil eine „schlechte Zeit für die Lyrik", schuf jedoch selbst einige der bedeutendsten Gedichte des 20. Jahrhunderts.

Die Problematik der Exilliteratur aus zeitgenössischer Sicht

Umfang acht Seiten
Einzelbezug 20 Pfennig
DER STURM
WOCHENSCHRIFT FÜR KULTUR UND DIE KÜNSTE
Redaktion und Verlag Berlin W 9 / Potsdamer Straße 18
HERWARTH WALDEN
Ausstellungsräume Berlin W / Königin Augustastr. 51
DRITTER JAHRGANG BERLIN OKTOBER 1912 NUMMER 129
W. Kandinsky: Originalholzschnitt / 1910
Ueber Kunstverstehen

Die *Expressionismusdebatte,* geführt 1937/1938 in der Exilzeitschrift „Das Wort" in Moskau, warf die Frage auf, mit welchen Strategien die Literatur auf die Diktatur in Deutschland antworten sollte. An ihr beteiligten sich kommunistische und linksbürgerliche Autoren, u. a. KLAUS MANN, GEORG LUKÁCS, ERNST BLOCH, BERTOLT BRECHT und ANNA SEGHERS. Zunächst ging es um die *Form des Erzählens.* Sollten modernistische Erzählweisen weiter genutzt werden? Der Expressionismus war in den Ruf geraten, den Faschismus literarisch mit vorbereitet zu haben. LUKÁCS benutzte den „Dekadenzbegriff" zur Diskreditierung und Ausgrenzung der Avantgardekünstler. In der Debatte wurde um eine *Literatur der Volksfront* gerungen, aber eigentlich wollte man mit der *Denunziation des Expressionismus* eine „Gleichschaltung" der linken Autoren unter den sozialistischen Realis-

Der Herausgeber der Zeitschrift „Der Sturm", HERWARTH WALDEN, wurde wegen seiner Verteidigung des Expressionismus in der UdSSR verhaftet und starb 1941 im Gulag Saratow.

mus stalinscher Prägung erreichen. Deshalb orientierte man auf *traditionelle Erzählweisen.* Alles Moderne, auch Antibürgerliche wich von den Normen ab und war dem Literaturtheoretiker GEORG LUKÁCS suspekt.

Auch der **historische Roman** galt nicht als strategiefähig, eine gewisse *Flucht vor der Wirklichkeit* in die Vergangenheit wurde ihm bescheinigt. GEORG LUKÁCS entwickelte in seinem Werk „Der historische Roman" (erste Ausgabe 1937, bearbeitete Ausgabe 1954) seine marxistische Theorie über die Nützlichkeit des Genres für die Erkenntnisgewinnung der Leser über Nationalsozialismus und Rassismus. Dabei ist für ihn nicht das wolfsche „Kunst ist Waffe" von besonderer Bedeutung. LUKÁCS forderte für den historischen Roman nichts weniger und nichts mehr als „das dichterische Erwecken jener Menschen, die in diesen Ereignissen figuriert haben" (Georg Lukács: Der historische Roman. Berlin: Aufbau,1955, S. 37). Dafür sind die historischen Romane des Schotten WALTHER SCOTT vorbildhaft, nicht jedoch die Versuche der Exilautoren, aktuelle Ereignisse in ein historisches Gewand zu kleiden.

GEORG LUKÁCS (1885–1971) war ein ungarischer Philosoph und Literaturkritiker.

In der Expressionismusdebatte und den darauffolgenden Diskussionen ging man von dem Gedanken aus, dass der historische Roman sehr leicht auch missverstanden werden konnte und bereits in den 1920er-Jahren zu einem zweifelhaften Ruf gekommen war, indem faschistische und konservative Autoren Geschichte durch *Verfälschung historischer Sachverhalte* für sich reklamiert hatten. Diese Praxis war in Deutschland gerade in der Mitte der 1930er-Jahre zu beobachten, als mittelalterliche Helden zu direkten Vorfahren der SS und SA erhoben wurden. Historische Romane konnten nur verschwommen ihre Funktion wahrnehmen, aufzuklären über derzeitige Zustände in Deutschland. Auch befürchtete man, der Autor könne seine politischen Positionen im historischen Sujet nicht deutlich genug darstellen. Darauf aber kam es den KPD-nahen Literaturtheoretikern an.

LUDWIG MARCUSE (1894–1971) sprach sich zunächst gegen Exilliteratur als Übermittler deutscher politischer Verhältnisse aus. Er äußerte, dass die Sicht auf Deutschland durch die Brille des Exils verschleiert, das Bild von Deutschland also verfälscht werde. Er verwies auf die Kontinuität eines jeden Landes, die durch keinen radikalen Umbruch völlig gebrochen werden könne. Das Volk sei nicht nach vier Jahren Hitlerdiktatur ein anderes Volk geworden. Seiner Meinung nach müsse Exilliteratur das *Alltagsleben in Deutschland* erzählen, das weiter bestehe, unabhängig von der politischen Veränderung. Allerdings konnte auch MARCUSE nicht einschätzen, wie sehr die NS-Ideologie Einfluss auf das Geschehen in Deutschland genommen hatte, wie tief der NS-Staat selbst in den familiären Alltag eingriff und wie verheerend sich diese Manipulation der Massen im Zweiten Weltkrieg auswirken würde.

„Einmal Emigrant, immer Emigrant", so charakterisierte LUDWIG MARCUSE die Haltung Nachkriegsdeutschlands gegenüber den Exilierten.

Innere Emigration

GOTTFRIED BENN (1886–1956)

Am 10. Mai 1933 fand die erste große *Bücherverbrennung* auf dem Berliner Opernplatz (heute August-Bebel-Platz) statt. Überall im Land erstellte man nun schwarze Listen „verbrennungswürdiger" Bücher.
Schon kurz nach der Machtergreifung wurden missliebige Parteien verboten, die Gewerkschaften aufgelöst, die Antifaschisten verfolgt, viele Zeitungen mussten ihr Erscheinen einstellen.
Bereits 1929 hatte ALFRED ROSENBERG einen „Kampfbund für deutsche Kultur" ins Leben gerufen. Eine ganze Reihe „völkisch" gesinnter Schriftsteller identifizierte sich mit dem Naziregime und ließ sich von ihm in der 1933 gegründeten *Reichsschrifttumskammer* protestlos „gleichschalten". Zu ihnen gehörten u. a. HANNS JOHST, ERNST JÜNGER und GOTTFRIED BENN. Mit der Gründung der Reichsschrifttumskammer im Oktober 1938 begann eine neue Verbotspolitik in Deutschland. Wer zukünftig seine Werke veröffentlichen wollte, musste Mitglied dieser Vereinigung sein. Aber auch Verleger, Redakteure und Buchhändler gehörten ihr an.

Erster Präsident des „Kampfbundes für deutsche Kultur" war HANNS JOHST.

Innere Emigration benennt Autoren innerhalb der **deutschen Literatur,** die 1933 zwar in politischer Opposition zum Nationalsozialismus standen, jedoch nicht ins Exil gingen, sondern mit literarischen Mitteln Widerstand leisteten. Jene Autoren, die sich zwar vom Nationalsozialismus distanzierten, jedoch für sich den Weg des zurückgezogenen Schreibens in Deutschland selbst wählten, zählen zur sogenannten *inneren Emigration.*

Die Autoren entwickelten, waren sie nicht mit einem Schreibverbot belegt, eigene Formen des „Zwischen-den-Zeilen"-Schreibens („Sklavensprache", „verdeckte Schreibweise"), sie beriefen sich auf die an der Klassik und der Antike geschulten *humanistischen Grundwerte* bzw. auf den abendländisch-christlichen Glaubenskanon und dessen moralische Konsequenzen.
ERIK REGER (1893–1954), vor 1933 ein erklärter Gegner der Nationalsozialisten, schrieb in der inneren Emigration unpolitische Kindheitserinnerungen, Liebes- und Landschaftsromane. WERNER BERGENGRUEN (1892 bis 1964) wurde wegen seines Romans „Der Großtyrann und das Gericht" (1935) aus der Reichsschrifttumskammer ausgeschlossen, was einem Berufsverbot gleichkam. RICARDA HUCH (1864–1947) trat 1933 aus der Preußischen Akademie der Künste aus. ERNST WIECHERTS (1887–1950)

„Der Totenwald" (1939, erschienen 1945) beschreibt Erlebnisse nach der Internierung des Autors ins Konzentrationslager Buchenwald. Er stand seit 1938 unter Aufsicht der Gestapo. JOCHEN KLEPPER (1903–1942), mit einer jüdischen Frau verheiratet, wurde 1937 aus der Reichsschrifttumskammer ausgeschlossen und wählte den Freitod, als die Deportation von Frau und Kind kurz bevorstand. ERNST BARLACH (1870–1938), von den Nationalsozialisten als „entarteter" Künstler diffamiert, widmete sich in seinem Güstrower „Exil" nur der Bildhauerkunst.
HANS CAROSSA (1878–1956) lehnte die Berufung in die Preußische Akademie der Dichtung ab, durfte aber weiter schreiben und veröffentlichen. Er gehörte für ADOLF HITLER zu den sechs wichtigsten lebenden Schriftstellern Deutschlands. Neben ihm wurden in diese „Gottbegnadetenliste" von 1944 noch GERHART HAUPTMANN (1862–1946), HANNS JOHST (1890–1978), ERWIN GUIDO KOLBENHEYER (1878–1962), AGNES MIEGEL (1879–1964) und INA SEIDEL (1885–1974) aufgenommen.

Konzentrationslager Buchenwald: Denkmalgruppe, Detail

HANS FALLADA zog sich nach Mecklenburg zurück und schrieb mehrere Romane, die auch veröffentlicht wurden: „Wer einmal aus dem Blechnapf frißt" (1934), „Wolf unter Wölfen" (2 Bde., 1937) und „Der eiserne Gustav" (1938). Er schrieb unverfängliche Kinderbücher und Märchen („Hoppelpoppel – wo bist du?", 1936; „Geschichten aus der Murkelei"). FALLADA flüchtete in Alkohol und Drogen. MARIELUISE FLEISSER (1901–1974) erhielt 1935 Schreibverbot. MARIE LUISE KASCHNITZ (1901–1974) schrieb in dieser Zeit die Liebesromane „Liebe beginnt" (1933) und „Elissa" (1937). Der Gedichtband „Totentanz und Gedichte zur Zeit", unter dem Eindruck des Krieges geschrieben, konnte erst 1947 erscheinen. WOLFGANG KOEPPEN (1906–1996) begab sich zwar 1934 ins Exil nach Holland, kehrte aber 1938 nach Berlin zurück. Um nicht zum Kriegsdienst eingezogen zu werden, versteckte er sich nach Kriegsausbruch bei Starnberg („Jakob Littners Aufzeichnungen aus einem Erdloch", 1992). Zwischen 1933 und 1945 begannen auch PETER HUCHEL (1903–1981), JOHANNES BOBROWSKI (1917–1965) und PAUL CELAN (1920–1970) zu schreiben. Das literarische Leben BRUNO APITZ' begann im Konzentrationslager Buchenwald.

„Jakob Littners Aufzeichnungen aus einem Erdloch" erschienen erstmals 1948 anonym. KOEPPEN schrieb den Roman nach Schilderungen LITTNERS.

EHM WELK (1884–1966) wurde 1934 wegen seines Artikels „Herr Reichsminister, ein Wort, bitte" kurzfristig in das KZ Sachsenhausen überstellt. Zwischen 1935 und 1942 schrieb er allerdings die sehr erfolgreichen und *im bäuerlichen Milieu* spielenden Kinderbücher „Die Heiden von Kummerow" und „Die Gerechten von Kummerow" sowie „Die Lebensuhr des Gottlieb Grambauer". Sie durften in Deutschland erscheinen, weil sie zumindest thematisch in den Bereich **Heimatroman** „passten".

BERNHARD KELLERMANN (1879–1951), dessen Roman „Der 9. November" (1920) auf dem Scheiterhaufen des 10. Mai 1933 landete, überdauerte die Zeit des Nationalsozialismus in seinem selbst gewählten Exil in Werder (Havel). Der Philosoph EDMUND HUSSERL (1859–1938) blieb ebenso in Deutschland wie sein Schüler MARTIN HEIDEGGER (1889–1976), der mit dem Nationalsozialismus sympathisierte.

Nationalsozialistisch konforme Literatur

Die „nationalsozialistische Weltanschauung" war dem Worte nach zwar antikapitalistisch und sozialistisch ausgerichtet, in Wahrheit verherrlichte sie das „Führerprinzip" und stellte die Basis einer *autoritären Herrschaftsform* dar. Statt der parlamentarischen Demokratie der Weimarer Republik wurde die Unterordnung unter eine rassistisch und antisemitisch orientierte „Volksgemeinschaft" etabliert. Wichtige Medien zur Verbreitung ihrer Ideologie sahen die Nationalsozialisten im Rundfunk und im Film. Gerade der Film war geeignet, die *menschenverachtenden Ideen* der Nazis unterschwellig zu vermitteln. In scheinbar harmlosen Geschichten wurde ein Weltbild vermittelt, in welchem jüdisches Leben und jüdische Kultur überhaupt nicht vorkamen oder aber diskreditiert wurden („Jud Süss", „Der Ewige Jude", 1939), die Moralvorstellungen sich eng an die der NS-Ideologie hielten und Vorbild- bzw. Leitfiguren das „völkische" Verhalten und Denken „vorlebten". Auch die NS-Literatur und die ihr nahestehende *völkisch-konservative Literatur* nahmen einen hohen Stellenwert bei der Beeinflussung der Menschen ein.

Blut-und-Boden-Dichtung ist eine vom Nationalsozialismus besonders geförderte Richtung innerhalb der deutschen Literatur, die Abstammung (Blut) und Sesshaftigkeit (Boden) in den Mittelpunkt der Dichtung rückte.

Die Stoffe der *Blut-und-Boden-Dichtung* kreisten i.d.R. um die *Verherrlichung von Heimat* („Bodenständigkeit"), *Bauerntum* (Verteidigung der „Scholle"), *Rasse* (Verherrlichung des Germanentums) und *Volk* (Glorifizierung). De facto ist die „BluBo"-Dichtung eine spezielle, *rassistische Form der Heimatdichtung* und Bauernliteratur. HANS BAUMANN (1914 bis 1988) stattet seine Gedichte mit pompösem, falschem Pathos aus und stört sich nicht an schiefen Bildern:

„[…] Eh daß der Bauer untreu wird,
Eh muß er selbst verderben.
Doch Bauerntreu und Bauerntrotz
Sind stärker als das Sterben […]"
(Zitiert nach: http://ingeb.org/Lieder/ehdassde.html, Zugriff am 01.03.2011.)

Heldentum bedeutete den NS-Autoren „Zug nach Osten" und „Germanisierung des Bodens". Dazu bediente man sich expressiv klingender Symbolik, wie „Sterne", „Feuer", „Morgenrot", „Erde", „Blut", „Mutter" – stets wird der Sieg in einem bevorstehenden Kampf besungen. Kein Zweifel darf aufkommen, ein Krieg könne verloren gehen:

„[...] Und stemmen sich gegen uns Welten,
wir werden doch Sieger sein [...]"
(Zitiert nach: http://ingeb.org/Lieder/eszitter.html, Zugriff am 01.03.2011.)

Der Marsch wird glorifiziert („... Wir werden weiter marschieren ...") als (schöpferischer) Akt des Vorwärtsdrängenden, Dynamischen. Und wenn auch das *Ziel des Marsches die Zerstörung* ist („... wenn alles in Scherben fällt –..."), wird auf den hinterlassenen Trümmerhaufen alles „wieder auf"gebaut. *Kulturelle Zerstörung* bleibt unwichtig: Weltherrschaft wird angestrebt, unverhohlen, zynisch, *menschenverachtend*. Der Einzelne zählt in diesem Bestreben nicht, nur in der Masse kann man Weltherrschaft verwirklichen. Deshalb wird in dieser „Lyrik" das „Wir" betont, das „Ich" geleugnet.

ERNST JÜNGER (1895–1998)

Heimatschriftsteller wie KARL HEINRICH WAGGERL (1897–1973), der mit seinem stark idealistisch gefärbten Roman „Schweres Blut" (1932) bekannt wurde, ließen sich ebenso auf die Ästhetik des Nationalsozialismus einschwören wie die nationalistisch tönende Literatur im patriotisch-idealistischen Mantel von WALTER FLEX (1887–1917). Auch das Werk ERNST JÜNGERS (1895–1998) „In Stahlgewittern" (1920) konnte als kriegsverherrlichend sehr gut vereinnahmt werden. Eine Kandidatur bei den Reichstagswahlen für die NSDAP lehnte er zwar ab, schrieb jedoch bereits 1927 Artikel für den „Völkischen Beobachter". Seine Erzählung „Auf den Marmorklippen" (1939) galt als *allegorische Verurteilung des Nationalsozialismus* und wurde verboten. Am Zweiten Weltkrieg nahm er als Offizier teil. Dann wandte er sich vom Nationalsozialismus ab und wurde als „wehrunwürdig" aus der Armee entlassen. Gern wird JÜNGERS „Marmorklippen" zum *inneren Widerstand* bzw. einem Werk der **inneren Emigration** gezählt, der Autor selbst bezeichnete es als „Phantasiestück".

Aus „dem männlichen, zielbewußten und zweckmäßigen Handeln des Krieges" (Jünger, Ernst: In Stahlgewittern. Berlin: Mittler & Sohn, 1922) im Ersten Weltkrieg wird in den „Marmorklippen" ein typisch jüngerscher Nihilismus. Der Ich-Erzähler stellt gegen Ende fest:

„Nichts als das Unglück war zurückgeblieben, und die Kämpfer hatten Fahnen und Zeichen abgelegt."
(Jünger, Ernst: Auf den Marmorklippen. Hamburg: Hanseatische Verlagsanstalt, [o.J.] S. 152.)

Verrohung und Verstörung durch den Krieg wird konstatiert, wenn JÜNGER seinen Erzähler berichten lässt, Biedenhorn, der Anführer einer Söldnertruppe, habe „die Erstbesten [Plünderer] ergreifen lassen und in die Ulmen am Walle aufgehängt." (Ebenda, S. 152.)

Thing („Th" gesprochen wie im englischen „Thank you") waren die Versammlungen der Männer einer germanischen Sippe.

Zeitgenössische Literatur des Nationalsozialismus bestand aus Marschliedern (HANS BAUMANN), Historienspielen, „Thingspielen", „Weltanschauungs"-Romanen, in denen es darum ging, wie man sich langsam die nationalsozialistischen Ideen aneignete, aber auch aus historischen Romanen, die eine aus der Geschichte kommende Legitimität der NS-Ideologie belegen sollten. Ein großer Führer beweist sich darin in den Kämpfen der Geschichte gegen die Bedrohung von außen.

Die Debatte um innere und äußere Emigration

Die Debatte wurde 1946 unter dem Titel „Ein Streitgespräch über die äußere und innere Emigration" vom Dortmunder Druckschriften Vertriebsdienst veröffentlicht.

WALTER VON MOLO hatte THOMAS MANN 1945 um Rückkehr gebeten. Als dieser nicht gleich euphorisiert nach Deutschland reiste, sondern MOLO seine Bedenken mitteilte, löste das einen *Sturm der Entrüstung* aus. Gewiss hatte sich MANN keine Freunde geschaffen, als er gestand: „In meinen Augen sind Bücher, die von 1933 bis 1945 in Deutschland überhaupt gedruckt werden konnten, weniger als wertlos und nicht in die Hand zu nehmen. Ein Geruch von Blut und Schande haftet ihnen an. Sie sollten eingestampft werden." „Wollt ihr Thomas Mann wiederhaben?", war dann auch eine Meinungsumfrage in Bayern übertitelt.
Den inneren Emigranten bescheinigte FRANK THIESS (1896–1977) in der darauffolgenden Debatte ein höheres Maß an Verständnis für die Befindlichkeiten der Deutschen: „Ich glaube, es war schwerer, sich hier seine Persönlichkeit zu bewahren, als von drüben Botschaften an das deutsche Volk zu senden ..." Meinungen wie „Eine Kritik über sein Heimatland üben kann nur der, der in der schlimmsten Zeit dort gelebt hat" waren nicht selten.
ALFRED POLGAR (1873–1955) äußerte: „Die Fremde ist nicht Heimat geworden. Aber die Heimat Fremde", und ALFRED DÖBLIN schrieb in „Abschied und Wiederkehr" (1946): „Und als ich wiederkam, da – kam ich nicht mehr wieder." „Heimkehr in die Fremde", „Unter Vorbehalt", „Besuch in der Heimat" lauteten stichwortartig damals die Haltungen vieler Remigrierter.

Remigrierte Autoren = in ihre Heimat zurückgekehrte Autoren

THOMAS MANN entschloss sich, im Exil zu bleiben, da ihm „Deutschland doch recht fremd geworden" war. Mit ihm blieben GEORG GLASER (1910 bis 1995), GÜNTHER ANDERS (1902–1992), WALTER MEHRING, NELLY SACHS (1891–1970) u. a. in den Exilländern.

Eine gewisse *Versöhnung von Geist und Macht* strebten sicher viele der in die sowjetische Besatzungszone remigrierten Autoren an. Jedoch ließ sich angesichts der lediglich postulierten „führenden Rolle der Arbeiterklasse" und den beständigen Eingriffen der Parteiführung in die Kunstproduktion ein Bündnis zwischen Geist und Macht nicht verwirklichen.
Schriftsteller, die ins Exil gegangen waren, fielen zu einem gewissen Teil dem Vergessen anheim. HANS SAHL (1902–1993), der mit DÖBLIN, ROTH, MEHRING und KLAUS MANN den „Bund Freie Presse und Literatur" in New York gegründet hatte, ist heute fast unbekannt.

Andererseits gab es auch neue Talente, die für einen Moment oder für Jahrzehnte das literarische Leben in Deutschland mitbestimmten, wie JOHANNES BOBROWSKI und WOLFGANG BORCHERT, die aus dem Krieg heimgekehrt waren, oder PAUL CELAN, der sein wesentliches Werk erst nach dem Holocaust schreiben konnte. Erst 1954 kehrte HILDE DOMIN (d.i. HILDE PALM, geb. 1912) aus ihrem Exil in der Dominikanischen Republik nach Deutschland „... als Bot(i)n der Versöhnung ins Sprachzuhause zurück". Weiterer fünf Jahre bedurfte es, bis sie ihren ersten Gedichtband („Nur eine Rose als Stütze", 1959) veröffentlichen konnte.

HILDE DOMIN benannte sich nach ihrem Exilland, der Dominikanischen Republik.

„Gewöhn dich nicht.
Du darfst dich nicht gewöhnen.
Eine Rose ist eine Rose.
Aber ein Heim ist kein Heim."
(Domin, Hilde: Rückkehr der Schiffe. Gedichte. Frankfurt/Main: S. Fischer, 1962.)

So heißt es in ihrem Gedicht „Mit leichtem Gepäck". Ihre Gedichte seien als „Erfahrung als Jüdin und als Antwort auf die Emigration und den Holocaust" geschrieben, äußerte die Autorin mehrfach.

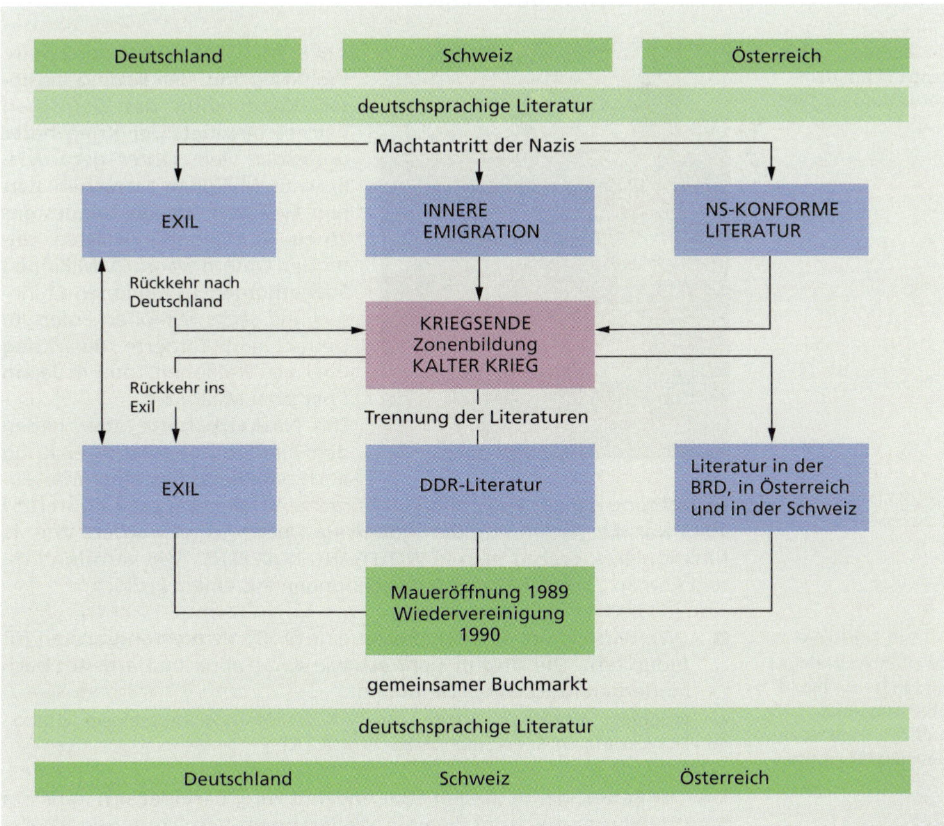

4.9 Literatur von 1945 bis zur Gegenwart

Drei Zäsuren kennzeichnen die deutsche Geschichte – und damit auch die deutsche Literatur – nach dem Zweiten Weltkrieg. Das sind zum Ersten der 8. Mai 1945 – das *Ende des Krieges* –, zum Zweiten die *Schließung der Westgrenzen* durch die DDR am 13. August 1961 und zum Dritten der 9. November 1989 – *die Öffnung der Mauer* – bzw. der 3. Oktober 1990 – die *Wiedervereinigung der beiden deutschen Staaten*. Mehr noch als die Wiedervereinigung hat die Zweistaatlichkeit Deutschlands auf die Literatur gewirkt. Die **Trennung des Buchmarktes** in einen ostdeutschen und einen, der die Bundesrepublik, Österreich und die Schweiz umfasste – offensichtlich etwa seit dem Mauerbau, also dem Beginn der 1960er-Jahre –, bewirkte die Herausbildung einer spezifischen DDR-Literatur. Diese hinterlässt ihre Spuren bis in das 21. Jahrhundert. Es gab jedoch trotz trennender Tendenzen innerhalb der deutschsprachigen Literatur auch sich gegenseitig befruchtende, inspirierende Momente.

4.9.1 Das Ende des Krieges

Das Berliner Stadtzentrum mit dem Roten Rathaus 1945

Am 8. Mai 1945 wurde der Zweite Weltkrieg mit der bedingungslosen Kapitulation des Deutschen Reiches beendet. Der Krieg hatte *unfassbar viele Opfer* gefordert. Etwa 60 Millionen Menschen starben weltweit, davon mindestens 20 bis 30 Millionen Zivilisten. Unter den Opfern waren 20 Millionen Sowjetbürger, 15 Millionen Chinesen und sechs Millionen Polen. In Deutschland forderte der Krieg über vier Millionen Tote, in Japan über zwei Millionen.

Das Nazireich hatte aber neben dem bis dato verheerendsten Krieg auch das Phänomen einer *Massenvernichtung ganzer Völker* hervorgebracht. Auf der Wannsee-Konferenz 1942 war die „Endlösung der Judenfrage" beschlossen worden. Wie sie funktionierte, erahnt man in WOLFGANG KOEPPENS 1948 veröffentlichtem Roman „Jakob Littners Aufzeichnungen aus einem Erdloch":

> „Wir wissen nun, daß es in Belzec eine große Vernichtungsanstalt für Juden gibt. Die Anstalt sieht aus wie eine Fabrik und arbeitet nach modernen rationellen Methoden."
>
> (Koeppen, Wolfgang: Jakob Littners Aufzeichnungen aus einem Erdloch. Frankfurt/Main: Suhrkamp Verlag, 1994, S. 78.)

Seit Ende des Zweiten Weltkrieges sind in Deutschland über 1 000-mal jüdische Friedhöfe geschändet worden.

Der Ort Belzec, der in diesem Zitat erwähnt wird, befindet sich nahe der Stadt Lublin und war im Zweiten Weltkrieg ein Vernichtungslager, das die Deutschen 1942 errichteten. Innerhalb nur eines halben Jahres wurden in ihm über 400 000 Menschen ermordet. Es wurde im Dezember 1942 aufgelöst. Neben Belzec wurden zahlreiche andere Vernichtungslager errichtet, so in Sobibor, Treblinka und Auschwitz. Etwa sechs Millionen Juden wurden Opfer dieses *Holocaust*.

Holocaust: von griech. holókaustos = völlig verbrannt (neuhebrä. = shoa), Massenvernichtungskrieg, eigtl. Brandopfer

Auf der *Konferenz von Jalta* (Februar 1945) war entschieden worden, Deutschland in Besatzungszonen aufzuteilen. Die Alliierten USA, Großbritannien, Frankreich und die UdSSR verwalteten und befehligten ihre Zonen unabhängig voneinander. Zur Koordinierung schufen sie den Alliierten Kontrollrat (Allied Control Commission, ACC). Die Deutschen mussten zunächst in den von den Besatzungsmächten geschaffenen Zonen verbleiben, ein Wechsel der Zone war nur mit Ausnahmegenehmigung möglich.
Die Alliierten kontrollierten den Rundfunk, vergaben Lizenzen für die Herausgabe von Zeitungen und organisierten den Alltag in den Ruinen des Landes.

Man hatte verschiedene Probleme zu lösen: Rund 11 Millionen Soldaten befanden sich in *Gefangenschaft* und standen dem Wiederaufbau in Deutschland nicht zur Verfügung. Mehr als die *Hälfte des Wohnraums* war dem Bombenkrieg zum Opfer gefallen und *Millionen von Flüchtlingen* aus den Gebieten östlich von Oder und Neiße waren in die west-

Allein in Hamburg waren bei sechs Bombenangriffen Ende März 1943 rund 580 Industrie- und Rüstungsbetriebe, 2632 gewerbliche Betriebe, 379 Kontorhäuser, 24 Krankenhäuser, 277 Schulen und 257 Staats- und Parteidienststellen zerstört worden. 34000 bis 35000 Menschen verloren bei diesen Angriffen ihr Leben.

lichen Teile des Landes gekommen. Es gab eine *akute Wohnungsnot, Ernährungsprobleme* und kaum eine *Energieversorgung*. Der politische, gesellschaftliche und wirtschaftliche Wiederaufbau des Landes musste rasch beginnen. Die *Entnazifizierung* („re-education" bzw. „re-orientation") und der *Aufbau des politischen Systems* (Zulassung von Parteien, Gewerkschaften usw.) galten als vordringlichste Aufgaben.
Der Nationalsozialismus wurde in Ost wie West jedoch sehr unterschiedlich aufgearbeitet. Der erste Bundeskanzler KONRAD ADENAUER (1876 bis 1967) sagte in seiner Antrittsrede 1949 vor dem Bundestag, dass „mit der Denazifizierung viel Unglück und Unheil" angerichtet worden sei. Nach diesem Geschichtsverständnis handelte die Bundesregierung im nächsten Jahrzehnt. Noch 1949 gab es *Straffreiheit für alle NS-Täter* mit Freiheitsstrafen unter einem Jahr. 1951 wurden die NS-Beamten und Berufssoldaten wiedereingegliedert. Nach 1958 fanden noch vereinzelt Kriegsverbrecherprozesse statt, so 1963 im Belzec-Prozess. Von den acht SS-Offizieren wurde nur einer verurteilt. Im Sobibor-Prozess 1966 wurden zwölf Offiziere angeklagt, von denen einer zu lebenslänglicher Haft und vier weitere Angeklagte zu Freiheitsstrafen zwischen drei und acht Jahren verurteilt wurden.

Die KPD wurde 1946 mit Teilen der SPD zwangsvereinigt und nannte sich seitdem Sozialistische Einheitspartei Deutschlands.

In der sowjetischen Besatzungszone (SBZ) und der späteren DDR ging die KPD (später SED) von der *Mitschuld des gesamten Volkes* am Zweiten Weltkrieg aus. Allerdings verstand sich der Staat mehr und mehr als grundsätzlich antifaschistisch. Dieser *„verordnete Antifaschismus"* wurde Teil des gesellschaftlichen Selbstverständnisses. Die Wiederaufnahme des Kulturbetriebs (von der Tageszeitung über das Radio bis zum Sport) sowie die *literarische und künstlerische Betätigung* begannen bereits einige Monate nach Unterzeichnung der Kapitulationsurkunde. In der SBZ wurde bereits am 15. Mai 1945 die „Tägliche Rundschau" herausgegeben. Am 27. September 1945 erschien der „Tagesspiegel" erstmals im amerikanischen Sektor von Berlin, am 5. Oktober 1945 wurde die „Süddeutsche Zeitung" in München lizenziert. Die „Frankfurter Rundschau" begann am 1. August 1945 zu erscheinen. *Literarische Zeitschriften* waren die von KARL JASPERS, WERNER KRAUS und ALFRED WEBER in Heidelberg herausgegebene und von DOLF STERNBERGER (1907–1989) edierte „Die Wandlung" (1945–1949) und der von HANS WERNER RICHTER und ALFRED ANDERSCH gegründete „Der Ruf" (1946–1947).

> „Das Kennzeichen unserer Zeit ist die Ruine [...] Sie ist unsere Wirklichkeit. In ihren ausgebrannten Fassaden blüht nicht die blaue Blume der Romantik, sondern der dämonische Geist der Zerstörung, des Verfalls und der Apokalypse. Sie ist das äußere Wahrzeichen der inneren Unsicherheit des Menschen unserer Zeit. Die Ruine lebt in uns wie wir in ihr [...] Um diese Menschen zu erfassen, bedarf es neuer Methoden der Gestaltung, neuer Stilmittel, ja neuer Literatur."
>
> (Richter, Hans Werner: Literatur im Interregnum. In: Der Ruf, Nr. 15, 1947, S. 10f.)

Am 15. August 1945 nahm die Universität Heidelberg ihren *Studienbetrieb* wieder auf, Göttingen folgte am 17. September 1945, am 5. März

1946 wurde die Universität Erlangen wieder eröffnet. Erst 1946 durfte an der Humboldt-Universität in Berlin wieder gelehrt werden. Das Deutsche Theater begann im September 1945 zu spielen.

Mit LESSINGS **„Nathan der Weise“** wurde am 07.09.1945 das Deutsche Theater in Berlin offiziell wieder eröffnet. Regie führte FRITZ WISTEN (1890–1962).

4.9.2 Die Nachkriegsliteratur

Diejenige Literatur, die unmittelbar nach dem Zweiten Weltkrieg geschrieben worden ist, wird als **Nachkriegsliteratur** bezeichnet.

THEODOR W. ADORNO (1903–1969) sprach von der Unmöglichkeit der Literatur nach Auschwitz:

„[...] nach Auschwitz ein Gedicht zu schreiben, ist barbarisch, und das frißt auch die Erkenntnis an, die ausspricht, warum es möglich ward, heute Gedichte zu schreiben.“
(Adorno, Theodor W.: Kulturkritik und Gesellschaft I. Gesammelte Schriften. Band 10.1. Darmstadt: Wissenschaftliche Buchgesellschaft 1998, S. 30.)

Das KZ Auschwitz mit seinem Vernichtungslager Auschwitz-Birkenau war das größte Vernichtungslager, das die Nazis errichtet hatten.

Auch wenn er diesen krassen Standpunkt nach der Lektüre der „Todesfuge“ von PAUL CELAN zurücknahm, zeigt ADORNO die Hilflosigkeit der Intellektuellen gegenüber den unvorstellbaren Grausamkeiten, die im Namen des deutschen Volkes geschehen waren:

„Das perennierende Leiden hat soviel Recht auf Ausdruck wie der Gemarterte zu brüllen; darum mag falsch gewesen sein, nach Auschwitz ließe sich kein Gedicht mehr schreiben.“
(Adorno, Theodor W.: Gesammelte Schriften. Bd. 6. Frankfurt/Main: Suhrkamp Verlag, 1973. S. 355.)

Lat. perennis = ausdauernd

Rückkehr aus dem Exil

In Ost und West siedelten sich jeweils *verschiedene Autorengruppen* an, die die Literatur bis Mitte der 1950er-Jahre bestimmten. *Im Osten* waren es vor allem aus dem Exil zurückgekehrte und der *sozialistischen Idee* und der Kommunistischen Partei nahestehende Autoren, die sich einem moralischen Erziehungskonzept verpflichtet fühlten. Im Westen Deutschlands waren es vor allem Schriftsteller, die das *Land nicht verlassen* hatten.

Rote Armee = Armee der Sowjetunion

Exilautoren der Sowjetunion kamen nach Kriegsende rasch, meist im Gefolge der Roten Armee, nach Deutschland zurück. Sie übernahmen sofort kulturpolitische Aufgaben sowie Aufgaben in Staat und Partei. JOHANNES R. BECHER wurde Präsident des „Kulturbundes zur demokratischen Erneuerung Deutschlands“ (Kulturbund), WILLI BREDEL wurde Vorsitzender der Landesleitung Mecklenburg des Kulturbundes und 1947 Chefredakteur der Zeitschrift „Heute und Morgen“. Auch FRIEDRICH WOLF engagierte sich im Kulturbund. ERICH WEINERT übernahm die Vizepräsidentschaft der Zentralverwaltung für Volksbildung. ADAM SCHARRER

Der Kulturbund war ein Verband von Künstlern, Wissenschaftlern und Menschen, die verschiedenen Hobbys nachgingen.

(1889–1948) ging als Redakteur zur „Schweriner Volkszeitung". OTTO GOTSCHE (1904–1985) war zunächst 1. Vizepräsident des Regierungsbezirks Merseburg, leitete dort die Bodenreform und wurde 1946 Bezirkspräsident, später Ministerialdirektor im Ministerium des Innern des Landes Sachsen-Anhalt. Ab 1949 leitete GOTSCHE das Büro WALTER ULBRICHTS. Auch Autoren der inneren Emigration übernahmen nach Kriegsende in der SBZ Funktionen. So wurde HANS FALLADA kurzfristig Bürgermeister von Feldberg und arbeitete dann bei der „Täglichen Rundschau". Westemigranten ließen sich mit der Rückkehr nach Deutschland Zeit. Zum Teil trug die „Debatte um innere und äußere Emigration" um FRANK THIESS und THOMAS MANN dazu bei, die Rückkehr hinauszuzögern. ANNA SEGHERS kam 1947 in ein Land, das ihr „ganz beklemmend und ganz unwahrscheinlich frostig" vorkam. Ihre Gründe für die Rückkehr nannte sie der „Täglichen Rundschau": „Ich will durch die Bücher, die hier entstehen werden, verhindern helfen, daß die Fehler der Vergangenheit jemals wiederholt werden." SEGHERS wurde Präsidentin des Schriftstellerverbandes der DDR (1952–1978).

WALTER ULBRICHT (1893–1973) war damals 1. Sekretär des ZK der SED.

BERTOLT BRECHT kam 1949 aus der Schweiz nach Ostberlin, weil ihm dort ein Theater versprochen war: das Berliner Ensemble. WIELAND HERZFELDE (1896–1988) erhielt nach seiner Rückkehr aus dem Exil eine Professur für Literatur an der Universität Leipzig. BODO UHSE leitete von 1949 bis 1958 die Monatszeitschrift „Der Aufbau", LUDWIG RENN das Kulturwissenschaftliche Institut in Dresden.

In den Westzonen arbeiteten STEFAN HEYM (1913–2001) und HANS HABE (1911–1977) bei der amerikanischen „Neue Zeitung", ALFRED DÖBLIN gab zwischen 1946 und 1951 die Literaturzeitschrift „Das goldene Tor" heraus, WOLFGANG HILDESHEIMER (1916–1991) war Simultandolmetscher bei den Nürnberger Prozessen.

Als Westemigranten galten in der SBZ/DDR alle diejenigen, die nicht in die UdSSR emigriert waren.

Deutschsprachige Schriftsteller des Exils und der inneren Emigration (Auswahl)

Wohnort in der SBZ	Wohnort in den Westzonen	Tod im Exil
HANS FALLADA	THEODOR ADORNO (1949)	BALDER OLDEN (1949)
BERNHARD KELLERMANN	GOTTFRIED BENN	RENÉ SCHICKELE (1940)
JOHANNES TRALOW	ERNST JÜNGER	KURT TUCHOLSKY (1935)
ANNA SEGHERS (1947)	WERNER BERGENGRUEN	ERNST TOLLER (1939)
BERTHOLT BRECHT (1949)	HANS CAROSSA	KURT SCHWITTERS (1948)
WILLI BREDEL (1945)	KASIMIR EDSCHMID	PAUL ZECH (1946)
ERICH ARENDT (1950)	MARIELUISE FLEISSER	STEFAN ZWEIG (1942)
JOHANNES R. BECHER (1945)	MARIE LUISE KASCHNITZ	FRANZ WERFEL (1945)
WIELAND HERZFELDE (1948)	ERICH KÄSTNER	PETER WEISS (1982)
PETER HUCHEL	ALFRED DÖBLIN (1954)	NELLY SACHS (1970)
HANS MARCHWITZA (1946)	HILDE DOMIN (1954)	JOSEPH ROTH (1939)
LUDWIG RENN (1947)	LEONHARD FRANK (1950)	ALEXANDER RODA RODA (1945)
BODO UHSE (1948)	HANS HABE (1945)	ERICH MARIA REMARQUE (1970)
RUDOLF LEONHARDT (1950)	WOLFGANG HILDESHEIMER (1946)	KLAUS MANN (1949)
EHM WELK	HANS HENNY JAHNN (1945)	THOMAS MANN (1955)
STEFAN HEYM (1952)	ERWIN PISCATOR (1951)	HEINRICH MANN (1950)
ARNOLD ZWEIG (1948)	ERNST WIECHERT	GEORG KAISER (1945)
		ÖDÖN VON HORVÁTH (1938)

(Die Ziffern in Klammern bezeichnen das Jahr der Rückkehr aus dem Exil.)

(Die Ziffern in Klammern bezeichnen das Jahr des Todes im Exil.)

In der SBZ wurde relativ schnell mit der *Publizierung von Exilliteratur* und während des Nationalsozialismus *verbotener Literatur* begonnen: THEODOR PLIVIER (1892–1955) hatte 1943 im sowjetischen Exil die Möglichkeit, mit Überlebenden der *Schlacht von Stalingrad* zu reden und Tagebücher und Briefe von Soldaten auszuwerten. Sein Roman „Stalingrad" erschien 1945 im gerade gegründeten „Aufbau-Verlag". ANNA SEGHERS' Roman „Transit" erschien 1948. BODO UHSES Erzählband „Die heilige Kunigunde im Schnee" wurde 1949 herausgegeben.

Auch die im Lande gebliebenen Autoren HANS FALLADA mit „Jeder stirbt für sich allein" (1947) und BERNHARD KELLERMANN (1879–1951) mit „Totentanz" (1948) durften wieder veröffentlichen. Während KELLERMANN im „Totentanz" das Verhältnis von Großbürgertum, Intellektuellen und Beamtenschaft zum deutschen Faschismus aufgriff, wandte sich FALLADA in „Jeder stirbt für sich allein" den „kleinen Leuten" zu wie auch schon in seinen früheren Geschichten. Dem Roman liegt eine wahre Begebenheit zugrunde, die einer im Gestapoarchiv aufgefundenen Akte entnommen wurde: JOHANNES R. BECHER hatte FALLADA die Unterlagen verschafft.

BODO UHSES „Die heilige Kunigunde im Schnee" in einer Reclam-Ausgabe von 1952

Das alte Ehepaar Quangel, bisher durchaus NS-konform, erfährt, dass ihr Sohn 1940 im Frankreichfeldzug gefallen ist. Von nun an wehren sie sich anhand von Postkarten mit „staatsfeindlichen" Aufrufen, die sie in Briefkästen von Privat- und Geschäftsleuten werfen. Sie werden jedoch von der Gestapo gefasst und zum Tode verurteilt.

„Jeder stirbt für sich allein" wurde 1975 verfilmt. Die Hauptrollen spielten HILDEGARD KNEF und CARL RADDATZ.

In Österreich wurde am 27. April 1945 die *Zweite Republik Österreich* ausgerufen. Dort betrachtete man sich als erstes Opfer Nazideutschlands, obwohl ein Gutteil der Österreicher den Einmarsch HITLERS in Wien im März 1938 begrüßt hatte. In der Nachkriegsgesellschaft begann ein *Verdrängungsvorgang,* der sich auch in der Literatur niederschlug. Nur die Opfer redeten.

ILSE AICHINGER (geb. 1921) überlebte den Krieg mit ihrer jüdischen Mutter in einem Zimmer, das neben dem Gestapohauptquartier in Wien lag.

Gestapo = Geheime Staatspolizei; die politische Polizei in Nazideutschland war verantwortlich für den organisierten Terror in den besetzten Gebieten.

Ihr autobiografisch gefärbter Roman „Die größere Hoffnung" (1948) erzählt das Schicksal eines halb jüdischen Mädchens im „ans Reich angeschlossenen" Österreich. Doch anders als die Autorin überlebt die Heldin Ellen Verfolgung und Krieg nicht. Von Demütigungen gepeitscht, von Ängsten zerrissen (sie erhält keinen Pass, der sie zur Ausreise berechtigt hätte), gelingt es ihr zwar, 1945 in den bereits befreiten Teil Österreichs zu entkommen, jedoch findet sie dort ihren Frieden nicht. Der Soldat an ihrer Seite, in dem sie die große Liebe entdeckt, stirbt im Kugelhagel, als sie versucht, mit ihm ins umkämpfte Wien zurückzukehren. Sie selbst wird von einer Granate zerrissen.

Hatte AICHINGER aus der Sicht der Opfer gesprochen, betrachtete INGEBORG BACHMANN (1926–1973) über ein Jahrzehnt später in „Unter Mördern und Irren" (1961) ihre schuldig gewordenen Landsleute: „Denn was für die anderen einfach ein Kriegsschauplatz war, das war für mich ein Mordschauplatz." Und ERNST JANDL (1926–2000), der selbst Kriegsteilnehmer war, stellte 1966 die Frage von Schuld und Unschuld seinem Vater:

> „vater komm erzähl vom krieg
> vater komm erzähl wiest eingerückt bist
> vater komm erzähl wiest geschossen hast
> vater komm erzähl wiest verwundt wordn bist
> vater komm erzähl wiest gfallen bist
> vater komm erzähl vom krieg"
> (Jandl, Ernst: Gesammelte Werke. Bd. 1. Darmstadt et al.: Luchterhand Verlag, 1985, S. 716.)

Trümmer- oder Kahlschlagliteratur

Trümmerliteratur (1945–1950) produzierte vor allem die junge Autorengeneration in den Westzonen, die sich nach dem Kriegsende zu Wort meldete und ihre Erfahrungen mit Nationalsozialismus, Krieg und dem Leben in den Trümmern der zerstörten Städte mitteilte. Besonders setzten sich die Autoren für eine „Reinigung der Sprache" **(„Kahlschlag")** von der NS-Ideologie ein.

Das Hörspiel „Draußen vor der Tür" wurde am 13. Februar 1947 erstmals vom Nordwestdeutschen Rundfunk gesendet. WOLFGANG LIEBENEINER inszenierte das Bühnenstück 1947 in den Hamburger Kammerspielen. Premiere war am 21.11.1947. Eine Verfilmung folgte unter dem Titel „Liebe 47".

In den Westzonen entstand Literatur, die sich mit dem „rein Menschlichen" beschäftigte. Die sogenannte Trümmer- oder *Kahlschlagliteratur* beschrieb das unmittelbare Erleben des Krieges und Nachkrieges aus der Sicht der „kleinen Leute", meist unter Nutzung (neo)realistischer Techniken. WOLFGANG BORCHERT (1921–1947) kam mit Erfrierungen und „einer Art Gelbsucht" aus dem Krieg an der Ostfront 1945 in das völlig zerstörte Hamburg, seine Heimatstadt, zurück.

> „Wir sind die Generation ohne Bindung und Tiefe. Unsere Tiefe ist der Abgrund. Wir sind eine Generation ohne Abschied, aber wir wissen, dass alle Ankunft uns gehört." (Inschrift auf dem Wolfgang-Borchert-Denkmal beim Schwanenwik in Hamburg)

Sein **Hörspiel** „Draußen vor der Tür" (1947), das auch zum Theaterstück umgearbeitet worden war, gilt als prominentestes Beispiel der Trümmerliteratur.

Der Soldat Beckmann kommt mit kaputtem Bein und furchtbaren Erinnerungen und Erfahrungen belastet aus dem Krieg zurück und sieht für sich keinen Neuanfang, denn er ist einer von denen, die „doch nicht nach Hause kommen, weil für sie kein Zuhause mehr da ist". Er will in St. Pauli von den Landungsbrücken ins Wasser springen, doch die Elbe spuckt ihn wieder aus: „Lebe erst mal. Laß dich treten. Tritt wieder!" Beckmann aber will nicht mehr Beckmann sein, er sucht nach der Wahrheit und fragt nach seiner persönlichen Schuld, nach der Schuld der anderen Überlebenden des Krieges. Als seine Schuld sieht er es, elf seiner Kameraden in den Tod geschickt zu haben. Darum besucht er den Oberst, um

diesem die Verantwortung dafür zurückzugeben. Beckmanns Vater stellt sich als Denunziant heraus, der jüdische Mitbürger an die Nazis verraten hat und nach dem Krieg Selbstmord beging. Beckmann sieht sich als „ein Gespenst. Eins von gestern, das heute keiner mehr sehen will. Ein Gespenst aus dem Krieg, für den Frieden provisorisch repariert". Niemand will Schuld sein an diesen zwölf Jahren Barbarei, allein ruft er:
„Gibt denn keiner, keiner Antwort???" Niemand hört.

In „Requiem für einen Freund" und anderen Erzählungen greift BORCHERT immer wieder die Bedrohlichkeit und Unsinnigkeit von Krieg und Sterben auf. Auch in „Nachts schlafen die Ratten doch", in dem ein Junge den toten Bruder unterm Schutt eines Hauses vor den Ratten bewahren will, beschäftigt er sich mit der Gegenwärtigkeit der Katastrophe.
„Die drei dunklen Könige" greift die Geschichte der Geburt Jesu Christi auf: Das Kind ist gerade geboren, es ist kalt, der Vater hat aus den Trümmern Holz geholt, es „roch mürbe und süß", und macht Feuer. Drei Soldaten erscheinen, vom Licht angelockt, „einer hatte einen Pappkarton, einer einen Sack. Und der dritte hatte keine Hände". Es ist Weihnachten. Einer hat Tabak für den Vater, einer hat Bonbons für die Mutter, einer hat einen hölzernen Esel für das Kind, an dem er sieben Monate geschnitzt hat. Sie finden kaum Worte, alle suchen nur Wärme. Die drei verschwinden wieder.
HEINRICH BÖLLS erste Erzählung, „Aus der ‚Vorzeit'", erschien am 3. Mai 1947 im „Rheinischen Merkur", von der Redaktion von achtzehn Manuskriptseiten auf eineinhalb gekürzt. 1949 veröffentlichte er den Roman „Der Zug war pünktlich", der ebenso wie „Wo warst du, Adam?" (1951) das Erlebnis des Krieges behandelte.
Weitere Vertreter der Trümmerliteratur waren HANS ERICH NOSSACK (1901–1977), ERNST SCHNABEL (1913–1986), WOLFDIETRICH SCHNURRE (1920–1989), WOLFGANG WEYRAUCH (1904–1980) und ALFRED ANDERSCH (1914–1980, „Das Gras und der alte Mann. Über Wolfgang Borchert", 1948) sowie GÜNTER EICH (1907–1972; „Inventur", in: „Abgelegene Gehöfte", 1948, Gedichte):

> „Dies ist meine Mütze,
> dies ist mein Mantel,
> hier mein Rasierzeug
> im Beutel aus Leinen.
> Konservenbüchse:
> Mein Teller, mein Becher,
> ich hab in das Weißblech
> den Namen geritzt."
> (Eich, Günter: Gesammelte Werke. Die Gedichte. Frankfurt/M.: Suhrkamp Verlag, 1991, S. 35.)

Die Knappheit der Form ist charakteristisch für die Trümmerliteratur. Viele der Trümmerliteraten fanden sich in der im Jahre 1947 gegründeten „Gruppe 47" zusammen.
Der Begriff „Trümmerliteratur" wurde nur für Literatur, die in den Westzonen erschien, gebraucht.

BORCHERTS Geschichtensammlungen „Hundeblume" (1947) und „An diesem Dienstag" (1947) gelten als typisch für die Trümmerliteratur.

WOLFGANG WEYRAUCH prägte den Begriff **Kahlschlag**. Er sagte: „Die Schönheit ist ein gutes Ding. Aber Schönheit ohne Wahrheit ist böse. Wahrheit ohne Schönheit ist besser." WEYRAUCH war Herausgeber von Anthologien, u. a. „Die Pflugschar" (1947) und „Tausend Gramm" (1949).

Kennzeichnend für die Trümmerliteratur ist ihr neuer Realismus, die Beschreibung dessen, „was ist", ihr Motto: „Wahrheit statt Schönheit".
Die Trümmerliteraten distanzierten sich von Ideologien und politischen Programmen, sondern orientierten sich am eigenen Erlebnis, am eigenen „Jetzt".

Die Gruppe 47

Die **Gruppe 47** war ein 1947 am Bannwaldsee bei Füssen (Bayern) gegründeter Zusammenschluss von Autoren der Nachkriegszeit auf lockerer Basis.

Anregen ließen sich die Gründer von der spanischen **Gruppe 98,** die nach dem verlorenen Spanisch-Amerikanischen Krieg (1898) eine Erneuerung der Literatur und Gesellschaft in Spanien erreichen wollte.

HANS WERNER RICHTER (1908–1993) gründete 1947 nach dem Verbot seiner „Unabhängigen Blätter für die junge Generation" („Der Ruf") mit ALFRED ANDERSCH, GÜNTER EICH, WALTER KOLBENHOFF (1908–1993) u.a. die **Gruppe 47,** die einflussreichste literarische Gruppe in Westdeutschland und der BRD bis in die 1960er-Jahre. Bis 1967 gab es Begegnungen auf insgesamt 29 Tagungen. Anfangs traf man sich zweimal, später (ab 1956) nur noch einmal im Jahr. Man lud einen Schriftsteller zu einer Lesung ein, um dann das Gehörte einer umfassenden Kritik zu unterziehen. Dazu wurden auch Literaturkritiker (u.a. MARCEL REICH-RANICKI) eingeladen. Das Ziel war neben der Wiederbelebung einer jungen deutschen Literatur, der Manifestation politisch-zeitkritischer Einstellung und einer Geistesverwandtschaft der Autoren auch die Verleihung des Literaturpreises der Gruppe 47. Auf den Treffen lasen u.a. ILSE AICHINGER, HEINRICH BÖLL, INGEBORG BACHMANN, WOLFGANG HILDESHEIMER, UWE JOHNSON, WOLFDIETRICH SCHNURRE, HELMUT HEISSENBÜTTEL, PETER WEISS, PAUL CELAN, MARTIN WALSER, GÜNTER GRASS und JOHANNES BOBROWSKI.

Den Literaturpreis der Gruppe 47 erhielten u.a. GÜNTER EICH (1950), HEINRICH BÖLL (1951), ILSE AICHINGER (1952), GÜNTER GRASS (1958) und JOHANNES BOBROWSKI (1962).

Unter den Zeitgenossen war die Gruppe 47 nicht unumstritten. Sie galt als produktiv und elitär, als ermutigend und unbarmherzig, als freundschaftlich und ausgrenzend zugleich. HANS MAGNUS ENZENSBERGER bezeichnete die Gruppe 47 als „Zentralcafé einer Literatur ohne Hauptstadt". Böser war die Äußerung des damaligen CDU-Politikers JOSEF HERMANN DUFHUES, als er die Gruppe als „geheime Reichsschrifttumskammer" bezeichnete. Auch ELFRIEDE JELINEK hatte ihre Probleme mit der Gruppe. Sie äußerte: „Die Gruppe 47 ist eine Sadistenvereinigung, an der ich nicht einmal unter Todesandrohung teilgenommen hätte."
Ebenso wie die Emigranten ignorierte die Gruppe 47 jedoch auch die Autoren der **inneren Emigration.**

Die Gruppe 47 spielte in den 1960er-Jahren eine wichtige Rolle in den deutsch-deutschen Literaturgesprächen und -kontakten.

Die Gruppe 47 existierte bis 1967 (1977). Zum endgültigen Bruch innerhalb der Gruppe kam es 1967 in der Gaststätte Pulvermühle in Waischenfeld im Bayreuther Land. Anlass waren die Zeitumstände: Die Bundesrepublik wurde erstmals in einer Koalition von CDU/CSU und SPD unter Kanzler KURT-GEORG KIESINGER regiert. *Der Vietnamkrieg* forderte zu Stellungnahmen heraus, in Berlin demonstrierten Studenten gegen die geplanten *Notstandsgesetze* und für eine *Hochschulreform.* Sie forderten von den Intellektuellen *Stellungnahmen zu den gesellschaftlichen Verhältnissen.* Die Gruppe 47 verstand sich zu sehr als lockerer literarischer Kreis mit zum Teil freundschaftlichen Beziehungen, um sich auf politische Aussagen festlegen zu lassen. So gab es lediglich Äußerungen von einzelnen Mitgliedern. HANS WERNER RICHTER sprach später von den „ideologischen Fronten, die außerhalb der Gruppe 47 entstanden sind, an den Universitäten, in den Republikanischen Clubs, auf der Straße."

Die große Koalition hatte 1968 die Einführung einer Notstandsverfassung beschlossen, die den Staatsorganen Maßnahmen zur Abwehr innerer und äußerer Notlagen zur Verfügung stellte.

GÜNTER GRASS (1927–2015) war prominentes Mitglied der Gruppe. Er stellte hier seinen Roman „Die Blechtrommel" vor, für den er 1999 den Literaturnobelpreis erhielt. GRASS verarbeitete in seiner Erzählung „Das Treffen in Telgte", der Beschreibung einer Dichtertagung im Jahre 1647, das Treffen der „Gruppe 47" literarisch.
Im Mittelpunkt der beiden Romane HEINRICH BÖLLS – „Und sagte kein einziges Wort" (1953) und „Haus ohne Hüter" (1954) – stand die noch vom Krieg überschattete Nachkriegszeit. Latentes Wohnungselend, sanktionierter Katholizismus und psychische Haltlosigkeit des Ehepaars Käte und Fred bilden die Kulisse für „Und sagte kein einziges Wort".

„Haus ohne Hüter" ist die Geschichte des elfjährigen Martin Bach und seines Schulfreundes Heinrich Brielach, deren Väter im Krieg geblieben sind und die nun von Mutter und Großmutter großgezogen werden. Das Weiterwirken nationalsozialistischen Denkens und Handelns wird an einzelnen Figuren dargestellt und dabei die Frage nach Schuld und Verwicklung des Einzelnen in der Geschichte aufgeworfen. So ist Gäseler, jetzt Redakteur einer Zeitschrift, für den Tod von Martins Vater verantwortlich. Schurbigel war ein Kopftäter, der zum Thema „Der Führer in der modernen Lyrik" promoviert hatte und nun Vorträge über die „Reize der Religion" hält. Auch die Lehrer in der Schule behaupten, die Nazis seien gar nicht so schlimm gewesen. Dagegen steht die Biografie Albert Muchows, der Martin an die Stelle führt, wo er gefangen gehalten, verhört und gequält wurde.

Nach 1967 gab es keine nennenswerten Treffen mehr. Jedoch traf man sich privat 1972 noch einmal in Berlin. Die *endgültige Auflösung* fand 1977 in Saalgau bei Ulm statt.

Der I. Schriftstellerkongress 1947

Der I. Deutsche Schriftstellerkongress fand in den Kammerspielen des Deutschen Theaters in Berlin statt.

Zwar übernahmen die Schriftsteller nach 1945 sofort *kulturpolitische Aufgaben,* jedoch ihr Einfluss auf die politischen und wirtschaftlichen Zonengrenzen war beschränkt. Der *I. Schriftstellerkongress,* einberufen mit ausdrücklicher Billigung der Sowjetischen Militäradministration (SMAD), berief HEINRICH MANN zum Ehrenpräsidenten und RICARDA HUCH zur Alterspräsidentin. Der Kongress fand vom 4. bis 7. Oktober 1947 in Berlin statt und blieb bis 1989 der letzte gesamtdeutsche. Bereits während und nach der Potsdamer Tagung und mit dem Abschluss des *Potsdamer Abkommens* waren zwischen den Besatzungsmächten ideologische Differenzen aufgetreten, die schließlich in den sogenannten *Kalten Krieg* führten. Und so nimmt es nicht wunder, wenn auf dem Schriftstellerkongress unterschiedliche Standpunkte zur weiteren Perspektive Deutschlands vertreten wurden. Es begannen die *Auseinandersetzungen zwischen Ost und West.*

Das Potsdamer Abkommen (1945) regelte die Nachkriegsordnung in Europa.

Auch unter den Autoren war die *auseinanderstrebende Entwicklung* der literarischen wie politischen Konzepte immer offensichtlicher. Die Initiatoren verfolgten deshalb das Ziel, der *offensichtlichen Frontenbildung zu begegnen* und den politisch motivierten Meinungsverschiedenheiten ein überparteiliches *„Parlament des Geistes"* entgegenzusetzen. Autoren, die vor 1945 das Land verlassen hatten, und jene, die im Land geblieben waren, sollten zusammengeführt werden: „Schriftsteller [...] die, sei es in der Heimat, sei es in der Emigration, die Reinheit und Würde der deutschen Literatur gewahrt haben", lautete die kompromisshafte Formel. *Über 300 Autoren* aus allen Besatzungszonen waren dem Ruf der Initiatoren nach Berlin gefolgt. Die Resonanz war also sehr groß.

„Schriftsteller unter der Hitlerdiktatur" und „Schriftsteller in der Emigration" lauteten die beiden Hauptthemen des Kongresses. Einig waren sich die Anwesenden in der *Ablehnung des Nazismus,* uneinig darin, mit welchen literarischen Mitteln dies geschehen sollte. Hier wurden die Unterschiede zwischen politisch engagierten Autoren aus dem Umfeld des Kulturbundes und der kommunistischen Bewegung auf der einen und demokratisch-humanistisch gesinnten, aber sich selbst als unpolitisch verstehenden Autoren auf der anderen Seite offenbar.

Titelblatt für ein nicht stattgefundenes Kunstprojekt des Kulturbundes der DDR „Spuren Suche Entdeckungen", das für 1991 geplant war.

1946 hatte WINSTON CHURCHILL, Premierminister Großbritanniens, bereits einen „Eisernen Vorhang" vorhergesagt.

Die zentrale Rede hielt JOHANNES R. BECHER. Er appellierte noch an die Einheit Deutschlands. ANNA SEGHERS hob hervor, dass die „geistige Freiheit [...] vielleicht das Teuerste für den Schriftsteller" sei. HANS MAYER (1907–2001) betonte, dass der Schriftsteller nicht mehr wie früher seine „schrankenlose Freiheit" in der Entscheidung zwischen beliebigen Weltanschauungen habe. Für ihn bestehe die Wahl zwischen einem katholischen Standpunkt, einem sozialistischen Humanismus, dem Erbe eines bürgerlichen Humanismus, Resten eines neoliberalen Standpunktes und dem Existenzialismus. Eine Entscheidung dafür oder dagegen müsse der Schriftsteller davon abhängig machen, inwieweit der jeweilige Standort dazu beitrage, „die geistige Spaltung" der Gesellschaft zu überwinden. Der sowjetische Autor WSEWOLOD WISCHNEWSKI (1900–1952) hatte den Engländern und Amerikanern vorgeworfen, einen „Eisernen Vorhang schaffen" zu wollen.
Zum Eklat kam es, als MELVIN J. LASKY (1920–2004), amerikanischer Autor und Journalist, über das Los kritischer sowjetischer Autoren berichtete und ausführte: „Ich möchte sagen, daß wir uns solidarisch fühlen mit den Schriftstellern und Künstlern Sowjetrußlands. Auch sie kennen den Druck und die Zensur. Auch sie stehen im Kampf um kulturelle Freiheit." VALENTIN KATAJEW (1897–1986) wies dies als Lüge zurück und bezeichnete LASKY als „lebendigen Kriegsbrandstifter". EVA-MARIA BRAILSFORD fragte nach verhafteten Studenten der Humboldt-Universität. HENRY NOEL BRAILSFORD (1873–1958) sagte: „Meine Frau hat nicht um Gnade gebeten für die Berliner Studenten, die spurlos aus der Universität verschwanden. Sie hat die Schriftsteller aufgerufen, ihre Stimme zu erheben und eine öffentliche Untersuchung zu fordern." Die deutschen Teilnehmer enthielten sich der Diskussion unter den „alliierten" Teilnehmern.

Die *deutschen Autoren* konnten die *politische und wirtschaftliche Entwicklung Nachkriegsdeutschlands nicht beeinflussen.* Der Schriftstellerkongress machte jedoch deutlich: Ein Auseinanderdriften der beiden Lager und damit eine Teilung Deutschlands war kaum aufhaltbar.
(Vgl. hierzu: Erster Deutscher Schriftstellerkongreß 4.–8. Oktober 1947. Protokoll und Dokumente von Ursula Reinhold, Dieter Schlenstedt und Horst Tanneberger.)

4.9.3 Die Teilung Deutschlands und die Literatur

1948 kam es zu einer *Währungsreform in den Westzonen*. Die Ostzone behielt die alte Reichsmark bei. Westberlin wurde in der Folge von den Westzonen abgeschnitten, am 24. Juni 1948 begann eine *Blockade*, der die Alliierten mit Hilfsflügen sogenannter „Rosinenbomber" zu begegnen suchten.
Mit der *Gründung der Bundesrepublik Deutschland* am 28. September 1949 in den Westzonen und der *Gründung der Deutschen Demokratischen Republik* am 7. Oktober 1949 in der SBZ gingen die beiden Teile Deutschlands getrennte staatliche Wege.

Bundeskanzler KONRAD ADENAUER bevorzugte den Anschluss der Bundesrepublik an die „westliche Kulturnation" und den Prozess der europäischen Integration. Die scharfe Ablehnung der Entwicklung im Osten wirkte nicht nur auf ostdeutsche Intellektuelle abstoßend. Die von der SED proklamierten Feindbilder waren keineswegs maßvoller, sie erschienen jedoch insofern anziehender, weil sie weiter an die Vorstellungen von einer staatlichen Einheit anknüpften. In dem Maße, wie man im Osten an dem Gedanken eines einheitlichen Deutschlands festhielt, konnte die These von der westdeutschen Alleinvertretung nicht akzeptiert werden. Den durch **freie Wahlen** im Westen Deutschlands legitimierten Anspruch auf Alleinvertretung hatte ADENAUER bereits 1949 als Ziel der bundesdeutschen Politik formuliert: „Die Bundesrepublik war und ist allein befugt, für das deutsche Volk zu sprechen." Kulturelle Kontakte zum anderen deutschen Staat waren der Durchsetzung dieses Zieles nicht förderlich, Kontakte zum anderen deutschen Staat insgesamt unerwünscht, sie standen unter dem Verdacht der Spionagetätigkeit und Fernsteuerung. Organisationen wie das seit 1953 sogenannte „Deutsche P.E.N.-Zentrum Ost und West" (das spätere „P.E.N.-Zentrum der DDR", seit 1953 existierte parallel das vom Internationalen P.E.N.-Kongress anerkannte „Deutsche P.E.N-Zentrum – Bundesrepublik") wurden der Öffentlichkeit als Tarnorganisationen vorgestellt.

Der **P.E.N.** ist eine 1921 durch die englische Schriftstellerin AMY DAWSON SCOTT in London gegründete internationale Schriftstellervereinigung. Er steht Autoren aller Nationalitäten und Religionen offen. Die P.E.N.-Charta, die von jedem Mitglied anerkannt werden muss, dient der Verbreitung von Literatur, der Pressefreiheit und der intellektuellen Toleranz. Erster Vorsitzender des P.E.N. war JOHN GALSWORTHY.

Die Teilung war zuerst eine politische und dann eine organisatorische. Am 01.01.1947 war durch Zusammenlegung der Zonen Großbritanniens und der USA die Bi-Zone geschaffen worden. Am 01.06.1948 trat Frankreich dieser Zone bei. In dieser Tri-Zone wurde die Währungsunion beschlossen. Mit der Währungsreform wurde das „Wirtschaftswunder" eingeläutet. In Ost und West entwickelten sich getrennte Verteilungssysteme, Verlage und Organisationen der Autoren.

Den Anspruch auf Alleinvertretung gab die BRD erst mit Bundeskanzler BRANDT auf.

JOHN GALSWORTHY
SCHWANENGESANG
ROMAN
Autorisierte Übersetzung
aus dem Englischen von
LEON SCHALIT
1928
PAUL ZSOLNAY VERLAG
BERLIN / WIEN / LEIPZIG

Titel des Romans „Schwanengesang" von JOHN GALSWORTHY (1867–1933) in der deutschen Erstausgabe von 1928

Am 4. Dezember 1951 wurde in Düsseldorf der West-P.E.N gegründet. Seinen Sitz nahm er in Darmstadt.

Veranstaltungen zwischen Kulturschaffenden in Ost- und Westdeutschland wurden kritisch bewertet und auch unterbunden. Die ständigen Argumentationen gegen den Osten blieben nicht ohne Wirkung. Westdeutsche Autoren reagierten zunehmend zurückhaltender auf Einladungen zu *gesamtdeutschen Treffen* oder resignierten, da sie die „Boykotthetze" nicht mehr aushielten. FRANZ FÜHMANN (1922–1984) notierte den Eindruck, dass alle den „stillen Terror gegen alle Schriftsteller in Westdeutschland (bestätigen), die sich zur Einheit der deutschen Literatur bekennen".

Die politischen Abgrenzungstendenzen waren in den 1950er-Jahren in Ost wie West sehr stark, auch wenn es vonseiten der DDR immer wieder Versuche gab, die Kontakte nicht abbrechen zu lassen.

Diese Klassifizierung nahm KUBA auf dem III. Schriftstellerkongress der DDR 1952 vor.

Klassifizierung der Schriftsteller Deutschlands durch KUBA (d.i. KURT BARTHEL) 1952 (stark vereinfacht):

1. die Schrifsteller der Arbeiterbewegung oder des fortschrittlichen Bürgertums der DDR (SEGHERS, BECHER, MARCHWITZA usw.)
2. die großen noch im Exil lebenden Autoren (TH. MANN u.a.)
3. die jungen Autoren der DDR
4. die proletarischen und linksbürgerlichen Autoren der BRD
5. die Dichter der Moderne in der BRD (Gruppe 47)
6. Dichter der inneren Emigration, konservative Autoren in der BRD

Viele DDR-Autoren identifizierten sich mit der Politik im Lande. Sie begrüßten die vom Staat verkündete Friedenspolitik und sahen ihre Arbeit als *Teil der gesellschaftlichen Bewegung* zum Sozialismus. Solche politische Funktionssetzung von Literatur stieß unter westdeutschen Kritikern auf erhebliche Skepsis. Autoren aus der DDR galten als „Zyniker, Resignierte, gutbelohnte Kreaturen". Man formulierte die *Totalitarismusdoktrin:* „Totalitäre Systeme verlangen auch von der Kunst Eingliederung, Einordnung, Uniformierung."
In diesem Sinne wurde der DDR vorgeworfen, sie sei ihrem Charakter nach ein faschistischer oder profaschistischer Staat und ihre *Literatur sei doktrinär* und affirmativ. Die Vorwürfe waren gegenseitig, auch wenn sie jeweils etwas anders begründet waren.
Die DDR begründete ihre Anwürfe damit, dass Arbeiten von Autoren wie ERWIN GUIDO KOLBENHEYER (1878–1962), HANS CAROSSA (1878–1956), AGNES MIEGEL (1879–1964) verlegt würden, die auch vor 1945 hohe Auflagen hatten. Vor allem aber die Publikation von Memoiren hoher Wehrmachtsgenerale sowie die Tatsache, dass in der neuen Bundesrepublik Leute in hohen Ämtern saßen, die bereits vor 1945 höhere Ämter bekleidet hatten, kritisierten Vertreter der DDR. Den Autoren und Kritikern wurde vorgeworfen, gegen diese Tendenzen nicht genügend unternommen, sie nicht verhindert zu haben. Die Meinungsverschiedenheiten waren gravierend.

In den Jahren von 1950 bis 1952 fand eine Reihe von Aktivitäten statt, die eine Annäherung der Autoren Ost und West zum Ziel hatte. Sie gingen zunächst von einzelnen Autoren aus, liefen schließlich über den P.E.N., die Deutsche Akademie der Künste sowie den Deutschen Schriftstellerverband (DSV, Vereinigung ostdeutscher Autoren).
Der DSV versuchte, persönliche Kontakte zwischen den Autoren Ost und West auszubauen, jedoch stellte man fest, dass dies nur begrenzte Wirkungen zeigte. Der DSV ging deshalb zu einer gesamtdeutschen Arbeit auf institutioneller Ebene über:
- von der Zentralleitung des DSV kontrollierter Briefwechsel mit westdeutschen Autoren,
- offizielle Kontakte zu Schriftstellerorganisationen im Westen (in denen es um die Wahrung berufsständiger Interessen – unter Ausschluss aller weltanschaulichen, politischen und religiösen Fragen – ging),
- Planung einer „gesamtdeutschen Literaturzeitschrift".

Affirmativ = bejahend, zustimmend

Aktivitäten waren u. a.:
BRECHT: „Offener Brief an die deutschen Künstler und Schriftsteller" (1951),
WEYRAUCH: „Dreizehn Fragen an Bertolt Brecht"(November 1952).
Auf dem III. Schriftstellerkongress 1952 in der DDR spielte die gesamtdeutsche Arbeit eine herausragende Rolle. Wichtige Reden beschäftigten sich mit den Unterschieden in Ost und West. Die Redner nahmen für die DDR in Anspruch, die wichtigsten Traditionen der deutschen Nationalliteratur zu beerben und fortzuführen. „Nur hier, bei uns" bestünden „in Wirklichkeit" in „breite Schichten des Volkes reichende Beziehungen zu unserem Erbe": Das künstlerische Schaffen der ostdeutschen Autoren wurde zunehmend in den Dienst des Sozialismus gestellt.

Die Aufforderung zur Mitarbeit an einer Literaturzeitschrift sollte von BECHER, BRECHT und SEGHERS ausgehen und sich an HESSE, DÖBLIN, FEUCHTWANGER, TH. MANN, PENZOLDT, JAHNN UND R. A. SCHRÖDER richten.
Dieses Projekt wurde nie realisiert.

Die literarischen Themen der 1950er-Jahre

WEST	OST
– Reflexion von NS-Zeit und Krieg – Sichtung der Nachkriegszeit – Vertriebenenproblematik – Naturlyrik – Christliche Orientierung – Unkritischer Zeitroman – Politisches Manifest – Historische Themen	– Reflexion von NS-Zeit und Krieg – Sichtung der Nachkriegszeit – Umsiedlerproblematik – Aufbau der sozialistischen Industrie – Bodenreform – Sozialistische Entwicklung auf dem Land – Historische Themen
Absurdes Theater Neorealismus Magischer Realismus	Kritischer Realismus Sozialistischer Realismus

NS-Zeit, Krieg und Nachkrieg wurden in Ost und West unterschiedlich dargestellt. Während im Osten die NS-Zeit vorwiegend als Verhältnis kommunistischer Widerständler zum NS-Regime beschrieben wurde, gab es im Westen eine eher kritische Reflexion der Verhältnisse und das Nachwirken der Nazi-Ideologien in den Köpfen der Menschen. Im Westen gab es innerhalb der „Gruppe 47" eine ungebrochene Beschäftigung mit Krieg und Nachkrieg gleichermaßen.

In Westdeutschland

NS-Zeit und Krieg

BÖLL:	„Der Zug war pünktlich" (1949), „Wo warst du, Adam?" (1951)
GRASS:	„Die Blechtrommel" (1959)
ANDERSCH:	„Sansibar oder Der letzte Grund" (1957)
RICHTER:	„Die Geschlagenen" (1949)
GAISER:	„Die sterbende Jagd" (1953)

Nachkrieg

KOEPPEN:	„Tauben im Gras"(1951), „Das Treibhaus" (1953)
WALSER:	„Die Ehen in Philippsburg" (1957)
BÖLL:	„Und sagte kein einziges Wort" (1953), „Haus ohne Hüter" (1954)
SCHALLÜCK:	„Engelbert Reineke" (1959)

▸ „Die Blechtrommel" wurde 1979 von VOLKER SCHLÖNDORFF verfilmt. Die Rolle des Oskar spielte DAVID BENNENT.

GÜNTER GRASS' „Die Blechtrommel" (1959) erzählt die Geschichte des Oskar Mazerath aus Danzig. Aus der Sicht des Dreißigjährigen, der in einer Heil- und Pflegeanstalt lebt, wird seine und die Geschichte seiner Familie erzählt: Von der kaschubischen Großmutter im Jahr 1899, wie Oskars Großvater Josef Koljaiczek Zuflucht vor den Feldgendarmen unter den Röcken der Großmutter findet und wo Oskars Mutter gezeugt wird, von Oskars Kindheit, als der mit drei Jahren beschließt, nicht mehr zu wachsen. Er will Trommler sein, und wenn er sich wehrt, tut er das mit seiner Stimme, die Glas zerbrechen lässt. Mit seiner Trommel bringt er die Marschmusik der Danziger Nazis aus dem Takt, mit seiner Stimme lässt er gläserne Theaterfassaden zerspringen. Oskar, der Anarchist, wehrt sich mit der Naivität eines Dreijährigen gegen die Umwelt, immer die Sehnsucht im Blick, in den Mutterschoß zurückkehren zu können.

▸ ANDERSCHS Buch wurde 1961 unter der Regie von RAINER WOLFFHARDT und 1988 unter der Regie von BERNHARD WICKI verfilmt.

ALFRED ANDERSCHS Roman „Sansibar oder Der letzte Grund" (1957) ist die Geschichte einer Flucht aus Nazideutschland. Die Handlung umfasst 27 Stunden, die Geschichte wird aus unterschiedlichen Perspektiven erzählt.

Der junge Kommunist Gregor hilft einem Pfarrer, eine Skulptur, den „Lesenden Klosterschüler", den die Nazis für entartete Kunst halten und vernichten wollen, aus Deutschland herauszuschmuggeln. Dabei trifft er auf Judith, die versuchen will, über die Ostsee ins neutrale Schweden zu flüchten. So hilft der Parteiarbeiter Gregor entgegen seinem Parteiauftrag dem Pfarrer Helander und dem jüdischen Mädchen.

Neben den Autoren der „Gruppe 47", die sich vor allem einem **magischen** bzw. **Neo-Realismus** verpflichtet fühlten und sich an Werken ERNEST HEMINGWAYS (1899–1961), JOHN STEINBECKS (1902–1968) und WILLIAM FAULKNERS (1897–1962) orientierten, entwickelten EUGEN GOMRINGER (geb. 1925) sowie die Dichter der **Wiener Gruppe** H(ANS) C(ARL) ARTMANN (1921–2000), GERHARD RÜHM (geb. 1930), KONRAD BAYER (1932 bis 1964) u. a. Theorien einer *konkreten Literatur.*

Konkrete Literatur bezeichnet eine Literatur, die Worte, Buchstaben, Satzzeichen aus dem Zusammenhang der Sprache löst und sie dem Leser direkt gegenüberstellt. Die phonetischen, visuellen und akustischen Dimensionen des Textes werden durch Montage, Variation, Isolation, Reihung, Wiederholung, durch ihre ungewöhnliche grafische Anordnung oder durch lautes Lesen materialisiert.

Konkrete Literatur: auch konkrete Poesie, visuelle Dichtung. Den Begriff übernahm man von THEO VAN DOESBURG, der 1930 den Begriff „konkrete Kunst" eingeführt hatte.

Die konkrete Literatur ist wie auch der magische Realismus eine internationale Erscheinung. Ihre Vertreter waren u.a. in Bolivien, Brasilien, Schweden zu hause. Sie greift sowohl die **Emblematik** des Barock auf, um diese zu variieren, als auch Elemente des Dadaismus und des **Surrealismus.** Der Schwede ÖYVIND FAHLSTRÖM (1928–1976), Verfasser des „Manifestes für Konkrete Poesie" (1953), die brasilianischen Dichter der Gruppe „Noigandres" (gegr. 1952, „plano pilôto para poesia concreta"), die Brüder AUGUSTO (geb. 1931) und HAROLDO DE CAMPOS (1929–2003) sowie DÉCIO PIGNATARI (geb. 1927), die Österreicher ERNST JANDL (1925 bis 2000), KONRAD BAYER (1932–1964) und FRIEDRICH ACHLEITNER (geb. 1930) sowie HELMUT HEISSENBÜTTEL (1921–1996) in Deutschland sind weitere wichtige Vertreter der **konkreten Poesie.**

Nicht die *Darstellung von Sujets* wird den konkreten Literaten wichtig, sondern das sprachliche Material. Heissenbüttel arbeitete schon seit Anfang der Fünfzigerjahre mit **Zitatcollagen.** Er nannte seine Texte „formelhafte Destillate der Erfahrung und des Gedankens, Bruchstücke am Rande des Verstummens" und an anderer Stelle „Halluzinationen". Sein Verfahren, die einzelnen Wörter aus ihrem Satzzusammenhang zu lösen, um ihre eigentliche Bedeutung zu erfassen, gipfelt in der *Zerstörung des Satzes.*

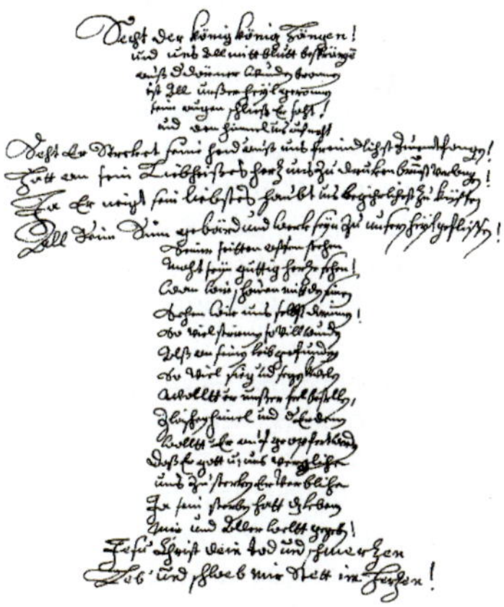

CATHARINA REGINA VON GREIFFENBERGS „Kreuzgedicht" ist ein frühes Beispiel für die **visuelle Poesie.**

Stattdessen gehen die Wörter eine *Verbindung über ihren Klang* ein. Die Regeln der deutschen Grammatik werden dabei aufgelöst. So wird eine Trennung heißenbüttelscher Texte in Lyrik und Prosa außerordentlich schwierig. Das „ausschließlich Subjektive des Gedichts" wird genährt aus *erinnerter Erfahrung.* „Die Landschaft der Wörter zeigt Kombinationen/ die der Erfindung entzogen sind." (HEISSENBÜTTEL)

In der Tradition HEINES und BRECHTS stand die politische Lyrik HANS MAGNUS ENZENSBERGERS seit „verteidigung der wölfe" (1957), seinem ersten Gedichtband. Damit wurde er sofort bekannt. Als „rabiater Randalierer" und „Bürgerschreck" (HANS EGON HOLTHUSEN) betitelte man ihn und als „zornigen jungen Mann der deutschen Literatur". ENZENSBERGER schreibt über „utopia", „misogynie", „jemands lied", „geburtsanzeige", „anweisung an sisyphos" und „ins lesebuch für die oberstufe".

Sein Titelgedicht lautet „verteidigung der wölfe gegen die lämmer". Diese zeitkritische Lyrik benutzt irritierende Stilmittel (Verfremdung des Wortmaterials, parodistischer Gebrauch von Zitaten). Zugleich klagt sie an: „wer hängt sich stolz das blechkreuz/vor den knurrenden nabel?", fragt der Autor, anspielend auf das Eiserne Kreuz.

> „[...] wer
> nimmt das trinkgeld, den silberling,
> den schweigepfennig? es gibt
> viel bestohlene, wenig diebe; wer
> applaudiert ihnen denn, wer
> lechzt denn nach lüge?"
>
> (Enzensberger, Hans Magnus: Verteidigung der Wölfe. Frankfurt/Main: Suhrkamp Verlag, 1963, S. 90.)

Absolution meint „Lossprechung" von der Schuld.

Es ist die *Frage nach der Schuld der Unschuldigen,* die auch ENZENSBERGERS Literatur prägt. Die Frage, inwieweit die Deutschen den Völkermord stillschweigend billigten, klang schon bei GRASS an. Hier jedoch beschreibt ein Autor das *stumm gewordene Leben.* Es wird keine Absolution erteilt. Schonungslos hält ENZENSBERGER den Unschuldig-Schuldigen den Spiegel vor, damit sie ihren Untertanengeist erkennen: „seht in den spiegel: feig,/scheuend die mühsal der wahrheit, /dem lernen abgeneigt, das denken/überantwortend den wölfen,/der nasenring euer teuerster schmuck" (ebenda S. 91). Die Enjambements in diesem Gedicht lassen keinen Zweifel: Jeder Blick in den Spiegel erinnert an die Feigheit der Hineinblickenden vor der Wahrheit. Sie haben sich schon schuldig gemacht, als sie den Parolen folgten, die das Land in den Ruin stürzten. „[...] keine täuschung zu dumm, kein trost /zu billig, jede erpressung/ist für euch noch zu milde" (ebenda S. 91), heißt es in den Schlussversen.

Diese Sprache gibt es verständlicherweise in ihrer Deutlichkeit in der Lyrik der frühen DDR nicht und wenn ja, wurde sie nicht veröffentlicht. Nach anfänglicher Thematisierung von Schuld und Unschuld an Nazireich und Krieg und der Entlastung der „Kleinen" wurde dem DDR-Bürger die *Befreiung von der Schuld* in Aussicht gestellt, wenn man sich beim Aufbau des Neuen engagierte. Das „sozialistische Menschenbild" geriet so zum Hoffnungsträger für die *Vergangenheitsbewältigung.*

In Ostdeutschland

NS-Zeit und Krieg	
APITZ:	„Nackt unter Wölfen" (1958)
HERMLIN:	„Die Zeit der Gemeinsamkeit" (1950)
MATUSCHE:	„Die Dorfstraße" (1955)
NOLL:	„Die Abenteuer des Werner Holt" (1960)
BREZAN:	„Semester der verlorenen Zeit" (1960)
GÜNTHER:	„Flandrisches Finale" (1955)
FÜHMANN:	„Kameraden" (1955)
OTTO:	„Die Lüge" (1956)

Nachkrieg	
STRITTMATTER:	„Tinko" (1953), „Katzgraben" (1954)
SEGHERS:	„Die Entscheidung" (1959)
WELK:	„Der Hammer will gehandhabt sein" (1958)
CLAUDIUS:	„Menschen an unserer Seite" (1951)
MARCHWITZA:	Kumiak-Trilogie
LOEST:	„Jungen, die übrigblieben" (1950)
STERNBERG:	„Einzug der Gladiatoren" (1958)

Der Roman „Nackt unter Wölfen" von BRUNO APITZ (1900–1979), erschienen 1958, beschreibt die letzten Wochen im Konzentrationslager Buchenwald bis zur Selbstbefreiung der Häftlinge. APITZ selbst war in diesem Lager interniert gewesen und so schildert er sehr einfühlsam und zugleich realistisch, wie das Auftauchen eines dreijährigen Jungen den vorbereiteten bewaffneten Aufstand der Lagerinsassen gefährden knnte und wie doch letztendlich sowohl das Kind vor der SS gerettet werden als auch der Aufstand gelingen konnte. Das Werk wurde in über 30 Sprachen übersetzt.

APITZ verarbeitete für „Nackt unter Wölfen" eine wirkliche Geschichte, nämlich die des STEFAN JERZY ZWEIG (geb. 1941), der als Dreijähriger zwischen 1944 und der Befreiung des Lagers dort gefangen war. Allerdings kannte APITZ die Geschichte des Buchenwaldkindes selbst nur vom Hörensagen, wich deshalb von der historischen Wahrheit ab und räumte insgesamt den Kommunisten im Lager einen größeren Platz ein, als sie tatsächlich innehatten. So kam der Junge nicht, wie im Roman geschildert, mit einem sowjetischen kriegsgefangenen Offizier im Lager an, sondern mit seinem Vater. Dieser wurde auch nicht, wie im Buch erzählt, ins Vernichtungslager deportiert, sondern half beim Verstecken des Kindes mit.

▸ Bodenreform = Reform innerhalb der Landwirtschaft Ostdeutschlands. Großgrundbesitz wurde enteignet und Landarbeitern und armen Bauern übereignet.

In „Tinko" (1954) verarbeitete ERWIN STRITTMATTER (1912–1994) Episoden aus dem Leben seines Bruders, der beim Großvater aufwuchs. „Tinko" thematisiert die gesellschaftlichen Umwälzungen auf dem Lande nach der Bodenreform in der östlichen Besatzungszone. Es wurde zu einem der beliebtesten Kinderbücher in der DDR. Der Autor wurde für das Buch 1955 mit dem Nationalpreis ausgezeichnet. Die Abbildung zeigt die bekannteste Ausgabe des Kinderbuchverlages Berlin von STRITTMATTERS „Tinko" mit einer Einbandgestaltung von CARL VON APPEN.

▸ Die DEFA drehte 1957 unter der Regie von HERBERT BALLMANN den Film „Tinko" nach dem Buch von ERWIN STRITTMATTER.

Tinkos Mutter ist gestorben und der Vater noch in Gefangenschaft. So lebt er bei den Großeltern, die nun ein eigenes Stück Land besitzen. Nach des Großvaters Willen soll Tinko den Hof einmal übernehmen. Aber eines Tages kehrt der Vater heim, träumt von einer neuen Zeit und engagiert sich für die gegenseitige Bauernhilfe. Tinko betrachtet den fremden Mann mit tiefem Misstrauen. Der starrsinnige Großvater wehrt sich gegen die „neue Zeit" und vertreibt Tinkos Vater vom Hof. Tinko weiß nicht, woran er sich orientieren soll: an den modernen Ideen des Vaters oder an den traditionellen Vorstellungen des Großvaters. Schließlich lässt der Großvater ihn nicht mehr zum Schulunterricht. Er soll auf dem Feld helfen, die Ernte einzubringen. Da der Großvater nicht auf die „Kommunistenmaschinen" zurückgreifen mag, mäht er sein Getreide die halbe Nacht durch, bis sein altes Pferd zusammenbricht und stirbt. Nun schwinden auch dem Großvater auf seinem Stück Land die Kräfte.

Erstaunlich ist das massenhafte Auftreten von Literatur mit historischer Thematik in den 1950er-Jahren in der DDR. Darin versuchte man, die deutsche Geschichte für sich zu reklamieren und auf die vielfältigen Bemühungen in Deutschland aufmerksam zu machen, das ganze Land unter einer Regierung zu vereinigen.

Während für 1949 ein Anteil von 1,5 % an Belletristik mit historischer Thematik ausgewiesen wird, sind es 1955 bereits 20 % und 1957 sogar 25 %.

WILHELM PIECK hatte auf dem III. Parteitag der SED auf die Unterschätzung des Studiums revolutionärer Bewegungen aufmerksam gemacht. Nach 1952 erschienen deshalb vorwiegend Werke, in denen das Volk gegen seine Unterdrücker kämpft: Stofffelder waren der Bauernkrieg und die Reformation, die Revolution von 1848 und die Befreiungskriege von 1813–1815.

4.9.4 Die Literatur der 1960er-Jahre

Die Kulturen und Literaturen beider deutscher Staaten wurden sich *zunehmend fremd.* In der Bundesrepublik erschienene Literaturbilanzen der frühen 1960er-Jahre nannten nicht einen Autor aus der DDR. Die Ignoranz vonseiten der Literaturkritiker und einiger Autoren bedeutete nicht schlechthin Ausgrenzung, sondern *Abgrenzung und Abwertung.* Nur insofern macht diese Haltung die Existenz von zwei als verschieden wahrgenommenen Literaturen ex negativo deutlich.

Ex negativo, hier = aus der Nichtbeachtung

Funktion der Intellektuellen in Ost und West

In der *unterschiedlichen Wahrnehmung der Verhältnisse in Ost und West* spielte die Frage nach der Verantwortung und Stellung der Intellektuellen eine wesentliche Rolle. Repräsentant der Nation beziehungsweise Parteiintellektueller oder oppositioneller Gesellschaftskritiker lauteten die Alternativen. Intellektuelle in Ost und West waren auf der Suche nach einem Funktionsverständnis, das mehr als eine Rolle am Rande vorsah und in der einen und anderen Weise von einem aktiven Engagement ausging. Wesentlichen Anteil an der *Wahrnehmung getrennter literarischer Entwicklungen* hatte der *Kalte Krieg*. Über einen längeren Prozess führte er dazu, dass die Unterschiede in den Erfahrungen wichtig wurden und die Gemeinsamkeiten wenig zählten. So nahm WOLFDIETRICH SCHNURRE (1920–1989) den *ausbleibenden Protest gegen den Mauerbau* 1961 zum Anlass, um festzustellen: „Wer (...) noch immer der unhaltbaren These anhängt, was sich heute in Leipzig Literatur nenne, sei auch in Frankfurt Literatur, der muß den Vorwurf hinnehmen, das Wesen echter Literatur nicht erkannt zu haben." Da auch das „Deutsche P.E.N.-Zentrum – Bundesrepublik" nicht auf den Mauerbau reagierte, trat er 1962 aus Protest aus der Schriftstellerorganisation aus.

Kalter Krieg: Der Krieg zwischen den beiden Mächtegruppierungen NATO und Warschauer Pakt, der zwischen 1945 und 1989 nicht mittels direkter Konfrontation der Armeen und deren Waffeneinsatz, sondern durch Wettrüsten, gegenseitige verbale Bedrohung und Abschottung geführt wurde. Auch ein „ideologischer Krieg der Ideen" fand statt.

Streitpunkte deutsch-deutscher Gespräche
1. Wie modern sind die Literaturen und Gesellschaften?
2. Kann die Literatur in einer Diktatur modern sein?
3. Was ist das Wesen „echter" Literatur?

Die polemische Situation wurde in den Streitgesprächen der ersten Hälfte der 1960er-Jahre deutlich. Auftakt einer längeren Reihe von Begegnungen war ein Gespräch zwischen P.E.N.-Mitgliedern und deutschen Schriftstellern aus Ost und West im April 1961. Es war in der Bundesrepublik das erste öffentliche Ost-West-Gespräch seit etwa einem Jahrzehnt. Die Dokumentation des Hamburger Streitgesprächs brachte es auf die Formulierung: „Schriftsteller: Ja-Sager oder Nein-Sager?" (JOSEF MÜLLER-MAREIN, Sommer 1961). Man traf sich auf Initiative der „ZEIT" in Hamburg, nachdem die Einladung durch den Präsidenten des P.E.N.-Zentrums Ost und West durch polizeiliches Veto verhindert worden war. Das erste Gespräch stand unter dem Motto: „Tolstoi – die Krise in der Kunst und wir". Die Wahl war nicht zufällig auf LEO TOLSTOI (1828–1910) gefallen, hatte er doch an einem bestimmten Punkt seines Schaffens die Krisenhaftigkeit seiner Existenz als Künstler reflektiert.

P.E.N: von engl. pen = Schreibfeder

Die unterschiedlichen Autorenpositionen zur Rolle des Künstlers in der Gesellschaft im Ost-West-Gespräch deutscher Autoren

WIELAND HERZFELDE	SIEGFRIED LENZ
gegen die Ignoranz der Idee von einer sozial gerechten Welt für viele und damit einer Kunst für viele	gegen die Abhängigkeit der Kunst von der Politik und von den Käufern, „dem Markt"
Künstler als Revolutionär	Künstler als Kritiker der Gesellschaft
Kunst für die Massen	Freiheit der Kunst

Auch im zweiten Gespräch zum Thema „Der Schriftsteller in Ost und West" ging es um die *universelle Geltung des Gegensatzes von Geist* und Macht. In dieser Debatte spitzte sich die Auseinandersetzung zu, als MARCEL REICH-RANICKI bezweifelte, ob die Literatur wirklich „eine in allen Nationen gemeinsame Währung" behalten werde. „Ich zweifle, daß dies in der Deutschen Demokratischen Republik der Fall ist. Ich glaube, daß die Weltliteratur des 20. Jahrhunderts praktisch in der DDR unterdrückt, ignoriert, teilweise bekämpft, teilweise totgeschwiegen wird."

MARCEL REICH-RANICKI war 1958 von Polen in die Bundesrepublik übergesiedelt. REICH-RANICKI bildete die Zentralfigur des „Literarischen Quartetts".

Der damals noch in der DDR lebende HANS MAYER (1907–2001) reagierte aus der Position eines Intellektuellen, der sich in die Auseinandersetzungen einbezogen sah. Vertreter anderer „oppositioneller" Auffassungen sah er in der DDR vor allem im akademischen Betrieb verankert und durch Fachkenntnis autorisiert, andere Positionen zu äußern. Auch in der Literatur sah er „Pluralität, die Möglichkeit vieler ästhetischer Standpunkte und ihrer freien Entwicklung" durchaus gegeben.
HANS MAYER, HANS MAGNUS ENZENSBERGER und MARTIN WALSER betonten, dass es *weniger um die unterschiedliche Akzeptanz* von bestimmten Autoren oder um den Vergleich von Verlagslisten ginge als um ein *Verständnis unterschiedlicher historischer Modelle* und deren Berechtigung. Dies löste beim Hamburger Publikum erhebliches Befremden aus. Auch im Westen gäbe es Defizite in den Verlagsprogrammen und *Eingriffe vonseiten der Regierung,* wenn sie etwas als nicht repräsen-

tativ beurteile. Die Attacke von REICH-RANICKI wurde zwar auf dieser Veranstaltung zurückgewiesen, trotzdem hatte sie auf einen wichtigen Tatbestand aufmerksam gemacht:
Im Laufe der 1950er-Jahre hatten sich *scharf abgegrenzte Fronten* gebildet, wodurch sich die einen auf der Seite der Traditionalisten wiederfanden und die anderen zu Verfechtern der modernen Kunst und Literatur avancierten. Es geriet weitgehend die Vielfalt moderner Schreibweisen aus dem Blickfeld. Es wurden fast ausschließlich Tendenzen modernistischer Schreibweisen des Westens wahrgenommen. Aus dem Blick geriet auch, dass die unterschiedlichen Positionen der Moderne (wie etwa der *Nouveau Roman*) nicht unumstritten waren. Das *Verhältnis zur modernen Kunst wurde zum Maßstab* für die Ernsthaftigkeit der Absichten, sich von stalinistischen Traditionen im Sinne einer Rehabilitierung Verfemter zu verabschieden.

Nouveau Roman: Romanform seit den 1950er-Jahren, in der eine individualistische Charakteristik der Figuren, Subjektivität und Chronologie des Erzählens fehlen.
Von den Autoren wurde möglichste Objektivität des Erzählens angestrebt.

Auch oder wiederum gerade nach dem Bau der Mauer pflegten deutsche Intellektuelle und Autoren weiterhin verschiedene Formen des Gespräches. Auf Initiative des Kulturbundes fanden seit 1962 Treffen im Rahmen der von GÜNTER GRASS angeregten Weimarer Akademie statt.
1964 diskutierten Autoren aus Ost und West im Rundfunk die Frage: „Haben wir noch Gemeinsamkeiten?" Man traf sich in der Westberliner Akademie der Künste und auf Tagungen der **Gruppe 47.** Lesungen hat es regelmäßig gegeben, in Klubs, in Buchhandlungen, auf Treffen literarischer Gesellschaften und in Stiftungen.
Diskussionen wurden zum Teil sehr kontrovers und provokativ geführt, wie ein Treffen der Weimarer Akademie 1964 zeigt. Der Einladung gefolgt waren u. a. GÜNTER GRASS, HANS MAGNUS ENZENSBERGER, DIETER WELLERSHOFF und ARNFRIED ASTEL. GRASS fragte, ob es in der DDR Bücher UWE JOHNSONS gäbe, und kam zu dem Schluss, in der DDR gebe es keine gute Literatur und alle bedeutenden Autoren seien in den Westen geflüchtet.

LPG = Landwirtschaftliche Produktionsgenossenschaft, Form gesellschaftlichen Eigentums im Ergebnis der Durchsetzung des Sozialismus auf dem Lande in der DDR

Die literarischen Themen der 1960er-Jahre

WEST	OST
– Leben im NS-Reich – Zweiter Weltkrieg, Holocaust – Menschen in Isolation, Krisensituation, Vereinsamung – Kritischer bzw. satirischer Blick auf die Wirklichkeit – Persönliche Schuld des Einzelnen – Beziehungsprobleme – Historische Themen – Deutsche Teilung – Heimat als Verlust	– Reflexion von NS-Zeit, Krieg und Gefangenschaft – Sichtung der Nachkriegszeit – Aufbau der sozialist. Industrie – Leben auf dem Lande, Gründung von LPGs – Konflikte im Sozialismus – Beziehungsprobleme – Historische Themen – Deutsche Teilung – Heimat und Umsiedlung
Groteske, konkrete Poesie, Naturlyrik, absurdes Theater, Pikareske	Naturlyrik, Satire, pikareske Literatur
Neorealismus, Existenzalismus, magischer Realismus, Surrealismus	„Ankunftsliteratur", sozialistischer Realismus

Literatur von Arbeitern für Arbeiter

Die **Gruppe 61** im Westen und die Bewegung des „Bitterfelder Weges" im Osten Deutschlands ähnelten sich von ihrem Schreibanlass her – der Beschreibung von Problemen innerhalb der Arbeitswelt –, ihre Ergebnisse waren jedoch grundverschieden. 1955 hatten Arbeiter des Nachterstedter Braunkohlewerks in einem offenen Brief an die Schriftsteller der DDR gefordert:

> „Wir möchten mehr Bücher über den gewaltigen Aufbau, der sich auf allen Gebieten der Deutschen Demokratischen Republik vollzieht, über das Schaffen und Leben der Werktätigen. Schreiben Sie und gestalten Sie [...] den Enthusiasmus, unsere Leidenschaft und das große Verantwortungsbewußtsein, das die Arbeiter im Kampf um das Neue beseelt."
> (Vgl.: Der Nachterstedter Brief. Verlag Tribüne, [o. J.], 96 S.)

Mit diesem Appell sollten die Schriftsteller sich dem Alltag der Produktionsarbeit öffnen und alles Elitäre ablegen. Die Autoren beharrten auf den Besonderheiten ihres Berufs, die neuen Erfahrungen empfanden viele jedoch als wichtig.

So absolvierte CHRISTA WOLF im VEB Waggonbau Halle ein Betriebspraktikum und wirkte in einem Zirkel schreibender Arbeiter mit. Jedoch ist die Strategie ihrer Texte eine andere als die des „Bitterfelder Wegs".

CHRISTA WOLF baute ihre Erfahrungen mit der Arbeitswelt in „Der geteilte Himmel" ein. (↗S. 453 ff.)

BRD: Gruppe 61 (1961–1972)	Werkkreis Literatur der Arbeitswelt (seit 1969)	DDR: „Bitterfelder Weg" (1959–1973)
		„Greif zur Feder, Kumpel"
Ziel: Überwindung der Grenzen zwischen Autor und Leser		Ziel: Überwindung der Entfremdung zwischen Künstler und Volk
Werkstatt schreibender Arbeiter		Zirkel schreibender Arbeiter
• Prinzip der Kooperation • Prinzip der Kollektivität • Prinzip der Solidarität		• Zusammenarbeit von Autoren und Brigaden • Förderung von Naturtalenten
Auseinandersetzung mit der Arbeitswelt (fiktionale Texte, operative Texte, Reportagen, Betriebsroman)		Gegenwartsprobleme der Arbeitswelt (z. B. neue Produktionsmethoden – alte Moral) (Drama, Roman, Reportagen, Fernsehdramen)
PETER SCHÜTT, GÜNTER WALLRAFF, ERIKA RUNGE, ANGELIKA MECHTEL, ERASMUS SCHÖFER		HEINER MÜLLER, PETER HACKS, VOLKER BRAUN, CHRISTA WOLF, ERIK NEUTSCH, WERNER BRÄUNIG

Der **Bitterfelder Weg** wurde auf den beiden Bitterfelder Konferenzen 1959 und 1964 formuliert. 1955 nahmen ca.155 Berufsschriftsteller und 300 schreibende Arbeiter und Politiker an der Konferenz teil.

1979 hatte der **Werkkreis Literatur der Arbeitswelt** rund 200 Mitglieder.

Hatte die Gruppe 61 noch zum Ziel gehabt, eine „geistige Auseinandersetzung mit dem technischen Zeitalter" anzuregen, ging es in den Werkstätten des **Werkkreises Literatur der Arbeitswelt** um die „Darstellung der Situation abhängig Arbeitender". Dazu taten sich schreibende Arbeiter und Schriftsteller zusammen, um gemeinsam Texte zu verfassen.

Von 28 Autoren der **Gruppe 61** waren 20 Lohnarbeiter.

Alltag und Geschichte in Ost und West

> Ab Mitte der 1960er-Jahre begann man in der DDR von der Existenz **zweier deutscher Nationalliteraturen** zu sprechen.

Zur selben Zeit meldete sich eine neue Autorengeneration zu Wort. Man spricht von **Ankunftsliteratur** (1961–1970) nach BRIGITTE REIMANNS (1933–1973) Roman „Ankunft im Alltag" (1961). (REIMANN 1973: „[...] später wurde von den Germanisten die ganze Literaturströmung jener Jahre danach benannt, und so geistere ich wenigstens als Vortruppler der ‚Ankunftsliteratur' durch die Lexika [...]") Die Ankunftsliteratur folgte dem Muster des traditionellen *Bildungs- und Erziehungsromans.* Der positive Held findet seinen Weg in die sozialistische Gesellschaft. Das sollte suggerieren, die Bürger der DDR seien in ihrem Staat angekommen, hätten die (nach BRECHT) „Mühen der Gebirge" hinter sich gebracht und vor ihnen lägen die „Mühen der Ebene".

Zur Ankunftsliteratur gehört u. a. KARLHEINZ JAKOBS (geb. 1929) „Beschreibung eines Sommers" (1961). Das Buch wurde 1963 mit CHRISTEL BODENSTEIN und MANFRED KRUG in den Hauptrollen von der DEFA verfilmt.

Ab Mitte der 1960er-Jahre wurden aus den Fragen nach der Ankunft auch Fragen der eigenen Identität. Hier trafen sich die Autoren aus Ost und West wieder. Das Thema der *Isolation und der Identitätsproblematik* als Ausdruck gesamtgesellschaftlicher Krisenerfahrung wurde von MAX FRISCH (1911 bis 1991) in „Mein Name sei Gantenbein" (1964) aufgegriffen. Der Ich-Erzähler lebt in einer Innenwelt, die keine eigentliche Identität aufweist. So wechselt er ständig seine Rollen. Auf diese Weise gelangt er zu immer neuen Erfahrungen. Einmal ist er Ehemann, ein anderes Mal Geliebter. Die vielen möglichen Begebenheiten vermitteln ihm keine persönliche Geschichte. Schließlich entscheidet er sich, die Identität Gantenbeins anzunehmen. In der Rolle eines Blinden, in die er dann schlüpft, kann er – ohne in die Außenwelt tätig einzugreifen – diese mit Blindenbrille und Stock beobachtend wahrnehmen. „Leute wie Gantenbein, die nie sagen, was sie sehen" brauche die Welt, resümiert der Erzähler.

FRISCH setzte mit dem „Gantenbein" seine Auseinandersetzung mit der Philosophie KIERKEGAARDS aus den Fünfzigerjahren („Stiller", 1954) fort. „Ich bin nicht Stiller", lautete programmatisch der erste Satz in „Stiller", der die Unfähigkeit einschließt, „mit sich selbst identisch" zu sein. Dazu bedarf es der *Wahrhaftigkeit des Lebens.* Nur wer mit sich eins ist, wer mit sich selbst aufrichtig umgeht, ist mit sich selbst identisch. Jede Lüge, Selbstlüge und Selbstverleugnung tötet. Mit seinen Werken leistete FRISCH erhebliche Erinnerungsarbeit nach dem Weltkrieg.

In diesem Sinne ist „Stiller“ als Auseinandersetzung mit den gesellschaftlichen Verhältnissen im Nachkriegseuropa zu verstehen.

Mit der Identitätsproblematik beschäftigten sich auch INGEBORG BACHMANN in Österreich sowie in der DDR INGE MÜLLER (1925–1966) mit ihren Gedichten und CHRISTA WOLF in „Nachdenken über Christa T“.
BACHMANN bekennt in „Wie soll ich mich nennen?“: „Ich habe vergessen,/woher ich komme und wohin ich geh“. Auch sie fragt nach der Schuld: „Wann begann die Schuld ihren Reigen ...“ Anders als bei FRISCH „... singt noch ein Beginnen“ im lyrischen Sprecher mit und zugleich Resignation: „Wie soll ich mich nennen,/ohne in anderer Sprache zu sein.“ BACHMANN zeigt so auf die Sprache der Täter, die auch ihre Sprache ist und derer sie sich in ihrem schriftstellerischen Werk bedient.
INGE MÜLLERS Lyrik umkreist die Persönlichkeitssuche, die Ängste, in denen sich die Autorin seit der Zeit befand, als sie drei Tage lang unter den Trümmern eines Hauses verschüttet lag: „Ich weigre mich Masken zu tragen/Mich suche ich/Ich will nicht daß ihr mich nachäfft/Ich suche unser Gesicht/Nackt und veränderlich./Nicht Tränen nicht alle Wetter/Waschen die Larven uns ab/Kein Feuer kein Gott wir selber/Legen uns ins Grab.“

Mit seinen Erzählbänden „Boehlendorff und Mäusefest“ (1965) und „Der Mahner“ (posthum 1967) legte JOHANNES BOBROWSKI (1917–1965) eine eigenwillige Kurzprosa vor, die zumeist die Orte seiner Kindheit und Jugend in Ostpreußen umkreist. Es sind unspektakuläre Kabinettstückchen, sie handeln von Balten, Polen, Juden und Deutschen, von der Schuld und der Unschuld.

„Mäusefest“ (1962) erzählt von dem alten Juden Moise Trumpeter, der in seinem kleinen Laden sitzt, gemeinsam mit dem Mond ein paar Mäuse beobachtet, die an einer Brotrinde nagen. Es ist eine friedliche Szenerie. Nun kommt ein deutscher Soldat herein. Die Mäuse haben ihn zuerst bemerkt und sind fortgelaufen. Moise bietet dem jungen Deutschen seinen einzigen Stuhl an. Gemeinsam schauen sie den Mäusen zu, die wieder aus ihrem Versteck hervorkommen. „Der Krieg ist schon ein paar Tage alt. Das Land heißt Polen“, erfährt der Leser. Dem Mond wird es unheimlich: „... ich muß noch ein bißchen weiter“, sagt er. Aber nun steht der junge deutsche Soldat auf und geht. Die Mäuse verschwinden. „Mäuse können das“, endet die Geschichte.

Die Brisanz der Geschichte ist nur verständlich, wenn man den historischen Hintergrund mitdenkt. Die Geschichte spielt im Zweiten Weltkrieg und man weiß, dass kurze Zeit später die ersten Deportationen von Juden in die Konzentrationslager folgen werden. Mäuse können sich verstecken, aber Moise Trumpeter, der alte polnische Jude, wird es nicht können. Die Friedlichkeit der Szenerie erweist sich als Trug. Die Deutschen sind gerade dabei, das Land, das Polen heißt, zu verheeren und seine Bewohner für sich Sklavendienste machen zu lassen. Das Unspektakuläre in BOBROWSKIS Prosa erhält eine weite geschichtliche Dimension.

Zum historischen Roman ↗ S. 125

Das **historische Sujet** wurde auch in den 1960er-Jahren in der DDR gepflegt. ROSEMARIE SCHUDER (geb. 1928) verfasste Werke in der Tradition LION FEUCHTWANGERS. „Der Gefesselte" (1962) und „Die zerschlagene Madonna" (1964) beschäftigen sich mit dem Bildhauer und Maler MICHELANGELO BUONAROTTI. „Die Erleuchteten oder Das Bild des armen Lazarus zu Münster in Westfalen – von wenig Furchtsamen auch der Terror der Liebe genannt" (1968) erzählt die Errichtung, Verteidigung und grausame Niederschlagung der Wiedertäuferbewegung im westfälischen Münster zwischen 1534 und 1535.

„Lewins Mühle" erhält vor dem Hintergrund der Gräueltaten der Deutschen im Zweiten Weltkrieg eine besondere Brisanz. Der Roman legt die Ursachen von Fremdenhass und Antisemitismus frei.

Einige der bedeutendsten literarischen Kunstwerke schuf JOHANNES BOBROWSKI mit „Lewins Mühle" (1964) und „Litauische Claviere" (1966). BOBROWSKIS Werke wurden auch in Westdeutschland stark beachtet. 1962 las er vor der **Gruppe 47** und wurde ihr Preisträger für jenes Jahr. „Lewins Mühle. 34 Sätze über meinen Großvater" wurde innerhalb kürzester Zeit in 14 Sprachen übersetzt. Er spielt etwa 1874. Lewin, dessen Mühle zur ungewollten Konkurrenz für einen deutschen Mühlenbesitzer wird, gibt vor Gericht gegen seinen Widersacher auf, nachdem der Deutsche ihm zuerst mit Stauwasser die Mühle wegschwemmt, ihm dann das Haus anzündet, in dem Lewin wohnt, und zuletzt die deutschen Dorfbewohner gegen den jüdischen Mühlenbesitzer einnimmt.

Auch in der **Kinder- und Jugendliteratur** der DDR wurde das historische Sujet stark beachtet. Von WILLI MEINCK (geb. 1914, „Die seltsamen Abenteuer des Marco Polo", 1955), der bereits in den Fünfzigerjahren historische Romane veröffentlicht hatte, und KURT DAVID (geb. 1924, „Der schwarze Wolf", 1966, ein Roman um DSHINGIS KHAN) entstanden Jugendbücher, die in der Tradition der abenteuerlichen Geschichtserzählung stehen. Daneben wurden Romane und Erzählungen um *Persönlichkeiten der Arbeiterbewegung* veröffentlicht, u. a. VILMOS und ILSE KORNS „Mohr und die Raben von London", eine Geschichte um KARL MARX.

„Damals war es Friedrich" (1961) von HANS PETER RICHTER (geb. 1925) erzählt die Geschichte zweier Jungen, die im selben Haus aufwachsen, Freunde werden. Doch der eine, Friedrich Schneider, ist jüdischer Abstammung und nach dem Machtantritt der Nazis den *Diskriminierungen durch die Gesellschaft* ausgesetzt. Dies beginnt mit Beschimpfungen und endet mit der *totalen Entrechtung* der Juden. Friedrich darf die Schule nicht weiter besuchen. Der Vater seines Freundes tritt in die NSDAP ein und ist selbst den Zwängen des NS-Staates unterworfen. Als 17-Jähriger, während eines Bombardements auf die ungenannte Stadt im Jahre 1942, wird Friedrich von einem Bombensplitter tödlich getroffen. Er stirbt, weil man ihn, da er Jude ist, aus dem Luftschutzbunker vertrieben hat.

SIEGFRIED LENZ' Roman „Deutschstunde" (1968) behandelt einen nicht alltäglichen Vater-Sohn-Konflikt. Es ist eine Parabel um die Schuld der Väter, ein hochbrisantes Thema in der BRD der späten 1960er-Jahre. Aber es geht auch um die Widersprüche menschlicher Existenz, um Einzelschicksale und Wehr gegen Ideologien. Siggi Jepsen handelt gegen seinen Vater, den Polizeiposten in Rugbüll, der das Berufsverbot gegen den „entarteten Maler" Max Ludwig Nansen durchsetzen will. Für den Jungen ist die „Pflicht" des Vaters nicht verständlich. Er entschließt sich für die Freundschaft, als er einige Bilder des Malers verborgen hält, und für die (Geschwister-)Liebe, als er seinen Bruder Klaas versteckt, der aus einem Gefangenenkrankenhaus ausgebrochen ist. Pflicht wird hier der bedingungslosen Menschlichkeit entgegengestellt. Vater und Sohn wollen auch nach dem Krieg nicht von ihren Überzeugungen lassen. Der Vater verfolgt zwanghaft den Maler und dessen Bilder, während der Sohn versucht, den Maler zu schützen. In einer Rettungsaktion will Siggi die Gemälde des Freundes aus einer Ausstellung entfernen, bevor sein Vater sie zerstören kann, und wird dafür zu einer Jugendstrafe verurteilt.

LENZ' Erzählungen „So zärtlich war Suleyken" (1955) beschäftigten sich ebenso mit der Region Ostpreußen wie BOBROWSKIS Werk. LENZ nannte seine Geschichten „kleine Erkundungen der masurischen Seele". Es sind z. T. skurrile, immer hurmorvoll geschilderte Begebenheiten im Tone des ostpreußischen Dialekts.

Dem Thema des Antifaschismus, des Nationalsozialismus und des Holocaust widmeten sich GISELA KARAUS (geb. 1932) „Der gute Stern des Janusz K.", WALTER PÜSCHELS „Kaddisch für Liebermann" und BODO SCHULENBURGS „Markus und der Golem".

JUREK BECKERS (1937–1997) „Jakob der Lügner" (1968) spielt im jüdischen Ghetto von Lodz 1944. Jakob Heym erfährt zufällig auf einer Polizeiwache im Radio, dass die russische Armee mit der deutschen Wehrmacht etwa 400 Kilometer östlich des Ghettos in Kämpfe verwickelt ist. Als er die Nachricht weitergibt, entsteht das Gerücht, er habe ein Radio. Jakob muss weiter lügen und erfindet neue Erfolgsmeldungen der Alliierten. Damit gibt er den Ghettobewohnern Hoffnung und Mut zum Durchhalten. Doch die Deutschen erfahren von dem „geheimen Radio" und beginnen, danach zu suchen. Der Erzähler bietet dem Leser zwei Erzählschlüsse an. Zunächst endet der Roman mit dem Abtransport aller Ghettobewohner, jedoch erscheint dem Erzähler dieser Schluss würdelos und so erzählt er zusätzlich von der Befreiung des Ghettos durch die Rote Armee.

„Jakob der Lügner" wurde 1974 von der DEFA unter der Regie von FRANK BEYER mit VLASTIMIL BRODSKY als Jakob verfilmt. 1999, in der Neuverfilmung von PETER KASSOVITZ, spielte ROBIN WILLIAMS den Jakob.

MAX FRISCH thematisiert in seinem Theaterstück „Andorra" (1961) das Thema des *Antisemitismus*. Das Stück spielt im fiktiven Andorra, dem „Land der Weißen". Ein junger Mann wird von seinem Vater als Jude ausgegeben, den der Vater aus dem Land der Schwarzen gerettet habe, wo ihm der Tod sicher gewesen wäre. Tatsächlich halten ihn die Andorraner bald für einen typischen Juden. Er sieht sich Schikanen durch die Bevölkerung ausgesetzt. Als ihm sein Vater, den er für seinen Pflegevater hält, die Heirat mit seiner Tochter verweigert, glaubt auch er selbst diese Legende. Seine Mutter, die zu Besuch weilt und aus dem „Land der Schwarzen" stammt, wird mit einem Steinwurf erschlagen. Das nehmen die Schwarzen zum Anlass und rücken in Andorra ein. Der junge Mann wird für den Mörder gehalten und hingerichtet. Kein Andorraner fühlt sich schuldig am Tod des Jungen.

„Andorra" wurde 1961 im Zürcher Schauspielhaus uraufgeführt.

Mit „Katz und Maus" (1961) und „Hundejahre" (1963) beendete GÜNTER GRASS die sogenannte „Danziger Trilogie", zu der auch der 1959 veröffentlichte Roman „Die Blechtrommel" gehört. In der Novelle „Katz und Maus" berichtet der Ich-Erzähler Pilenz über den Abschied von einer Kindheit im Danzig des Zweiten Weltkrieges. Pilenz ist fasziniert vom großen Adamsapfel des Schulfreundes Joachim Mahlke. Dieser stiehlt einem Ritterkreuzträger sein Ritterkreuz, um es heimlich anzulegen. Als er es öffentlich zurückgibt, fliegt er von der Schule, wird zum Arbeitsdienst

„Katz und Maus" wurde 1966 in der Regie von HANS JÜRGEN POHLAND mit den Söhnen des Altbundeskanzlers WILLY BRANDT, LARS und PETER BRANDT, sowie mit WOLFGANG NEUSS verfilmt.

einberufen, und als Unteroffizier einer Panzertruppe erhält er schließlich selbst ein Ritterkreuz. Mit diesem kehrt er an die Schule zurück und hat dort einen großen Auftritt. Er beschließt, nicht mehr an die Front zurückzukehren, und will sich auf dem Wrack eines Minensuchbootes in der Ostsee verstecken. Von dort kehrt er nicht wieder zurück.
In „Hundejahre" wird die Beziehung zweier Männer beschrieben, die von 1925 bis in die Fünfzigerjahre in der Bundesrepublik reicht. Es geht um Freundschaft, Verrat, Rache und Versöhnung. Auch hier ist von der *persönlichen Schuld des Einzelnen* die Rede. GRASS bietet jedoch auch Angebote für Vergebung von Schuld an.

GRASS´ Schauspiel ist das erste Werk eines westdeutschen Autors, das sich mit ostdeutschen Vorgängen beschäftigt. Am 15.01.1966 wurde „Die Plebejer proben den Aufstand" im Berliner Schiller-Theater uraufgeführt.

In „Die Plebejer proben den Aufstand. Ein deutsches Trauerspiel" (1966), das 1966 auch als Hörspiel des Süddeutschen Rundfunks gesendet wurde, nimmt GRASS sich des *Aufstandes vom 17. Juni 1953* in der DDR an und wirft die Frage nach dem Verhalten BRECHTS während des Aufstandes auf. Dazu nutzt GRASS einen fiktiven Vorgang: BRECHT inszeniert gerade den „Coriolanus" nach SHAKESPEARE, als die Revolte auch ins Theater dringt. Das Stück ist weniger eine Kritik an BRECHT, sondern reflektiert vielmehr das „Verhältnis von Intellektuellen und Macht" (GRASS).

In FRIEDRICH DÜRRENMATTS „Die Physiker" geht es um die Verantwortung des Wissenschaftlers vor seiner Erfindung. Der Physiker Möbius begibt sich freiwillig in die Irrenanstalt, um sein „System aller möglichen Erfindungen" nicht in die falschen Hände geraten zu lassen und um so den Weltuntergang zu verhindern. Um an seine Formel zu gelangen, lassen sich zwei konkurrierende Physiker (die eigentlich Agenten des Ost- bzw. West-Geheimdienstes sind) ebenfalls in die Anstalt einweisen. Doch die Formel ist bereits vernichtet. Sie war zuvor jedoch von einer machthungrigen Ärztin gesichert worden. Nun benutzt sie die Formel für sich selbst, um die Weltherrschaft zu erringen. Die Physiker geraten in die Gefahr, wirklich irre zu werden. „Verrückt, aber weise. Gefangen, aber frei. Physiker, aber unschuldig", hatten sie zuvor ein Bündnis geschlossen. Jedoch sind sie nicht wirklich unschuldig: Jeder der drei hat einen Mord begangen an den Krankenschwestern, die sie persönlich betreuten.

Mit „Die Aula" (1965) legte HERMANN KANT einen Roman vor, der in den 1950er-Jahren an einer Arbeiter-und-Bauern-Fakultät in der DDR spielt. KANT wurde damit auf einen Schlag in Ost wie West bekannt. Die Hauptfigur Robert Iswall erhält zehn Jahre nach seinem Abschluss die Nachricht, dass die ABF geschlossen wird. Er soll die Rede halten. Das ist für ihn Anlass, über seine Zeit an der Arbeiter-und-Bauern-Fakultät zu reflektieren und auch über seine persönliche Schuld. Er hat Verrat an seinem besten Freund Gerd Trullesand begangen. Aber auch die deutsch-deutsche Teilung, die Flucht des Freundes „Quast" in den Westen wird thematisiert.

„Mutmaßungen über Jakob" und „Der geteilte Himmel"

Ein Autor, der nicht nur als einer der Ersten die deutsche Teilung thematisiert hat, sondern auch wie kein anderer als deutsch-deutscher Autor galt, ist UWE JOHNSON (1934–1984). Seinen Romanerstling „Ingrid Babendererde" legte er in der DDR vier Verlagen vor. Änderungswünschen wollte er nicht nachkommen, sodass er das Manuskript dem Frankfurter Verleger PETER SUHRKAMP anbot. Es erschien in der Bundesrepublik 1985 posthum. Als sein zweites Manuskript „Mutmaßungen über Jakob" (1959) bei Suhrkamp erschien, verließ JOHNSON die DDR.

„Mutmaßungen über Jakob" erzählt die Geschichte des Eisenbahners Jakob Abs, der sich mit der republikflüchtigen Tochter Gesine seines Vermieters Cresspahl trifft. Mit ihr verbinden ihn Liebe und eine innige Gemeinsamkeit vergangener Zeiten, in denen sie zusammenlebten wie Bruder und Schwester. Am Morgen nach seiner Rückkehr in die DDR verunglückt er auf dem Weg ins Stellwerk, seinem Arbeitsplatz. In der Absicht, einer entgegenkommenden Lokomotive auszuweichen, wird er auf dem Nebengleis von einer anderen erfasst. Seine Geschichte wird vom Ende her erzählt, sie wird rekonstruiert. Vier Stimmen bieten ihre Vermutungen darüber an, warum Abs verunglückte, der doch die Welt der Gleise kannte wie kein anderer, und warum er nach dem Besuch bei Gesine zurückgekehrt war. „Aber Jakob ist immer quer über die Gleise gegangen", beginnt der Roman.

Dieser Roman war und ist ein wichtiges literarisches Ereignis, weil er nicht unmittelbar gegen die offiziellen Stimmen in Ost und West geschrieben ist. Er erzählt von der Teilung Deutschlands als einem für die Menschen fremden Zustand, der vor allem durch militärische Mächtegruppierungen bestimmt ist. Für Jakob ist Westdeutschland eine fremde Welt, für Gesine die DDR. Zugleich identifizieren sich beide nicht mit dem Staat, in dem sie leben. Sie finden keine Verhältnisse, in denen ein gemeinsames Leben möglich scheint. Bewusst entzieht der Erzähler dem Leser jede Möglichkeit eindeutiger Vergewisserung. Die Motive von Abs liegen jenseits eines vordergründigen politischen Selbstverständnisses. Die verbleibende „Unkenntlichkeit" (ENZENSBERGER) empfanden westdeutsche Kritiker als sehr „deutsch", als das „Realistische" des Romans. Um der Etikettierung als Dichter der deutschen Teilung zu entgehen, siedelte sich JOHNSON 1967 für zwei Jahre in den USA an und begann dort mit der Arbeit an den „Jahrestagen", die Jakobs und Gesines europäische Geschichte mit der Welt und Eindrücken aus New York verbindet.

Die Teilung Deutschlands wurde auch in der Lyrik thematisiert.

Ein Roman, der immer wieder mit den „Mutmaßungen" verglichen wurde, ist „Der geteilte Himmel" (1963) von CHRISTA WOLF (geb. 1929). Beide Romane beziehen sich auf einschneidende politische Ereignisse: JOHNSON auf den Ungarnaufstand 1956, WOLF auf den Bau der Mauer 1961. WOLF nimmt das zentrale Bild von JOHNSON auf:

Nachdem Rita von einem Besuch bei Manfred, der nach Westberlin übersiedelte, zurückgekehrt ist, bricht sie auf dem Bahngelände ihres Betriebes zusammen. Sie sieht von links und rechts Waggons auf sich zurollen. Während ihres Krankenhausaufenthaltes erinnert sie sich ihrer Geschichte. Sie wird gesund, studiert und wird Lehrerin.

WOLF erzählt das Scheitern einer Liebe unter Verhältnissen, in denen zur Verwirklichung für unterschiedliche Lebensentwürfe zwei unterschiedliche Länder zur Verfügung stehen. Der individuellen Entscheidung, das Land zu wechseln, gibt sie angesichts der politischen Verhältnisse auch die Dimension einer politischen Entscheidung. WOLF beharrt auf der Pflicht, sich zu entscheiden: „Der Himmel teilt sich immer zuerst" ist das Leitmotiv der Erzählung.
Die Erzählerin polemisiert damit gegen JOHNSON, dessen Figuren nur noch einen gemeinsamen Ort haben, die Wolken, Ort der Erinnerung an eine gemeinsame Kindheit. Die Diskussion in der DDR über dieses Buch tat sich schwer mit der Anerkennung der tragischen Dimension, die sich für den Einzelnen aus der Teilung Deutschlands ergab. „Da das Gefühl des Unglücks über das Gespaltensein Deutschlands möglicherweise ideologische Gefahren enthalten könnte, dürfe eben die Spaltung Deutschlands kein Unglück sein." (BIRGIT DAHLKE) Diese Dimension trotzdem aufgehoben zu haben, gehört zu einer wichtigen Leistung dieses Buches, auch wenn über die ungebrochene Fortschrittsgläubigkeit der Erzählerin zu Recht kritisch zu urteilen ist. WOLF teilte mit anderen die Faszination, die von dem „Sog einer großen geschichtlichen Bewegung" ausging. Die Teilung erhielt damit nachträglich Sinn, da sie in einem Teil Deutschlands mit einer neuen gesellschaftlichen Perspektive verbunden schien. In der Bundesrepublik scheint die Tragik der Geschichte und damit die der deutschen Teilung weniger wahrgenommen worden zu sein. Westdeutsche Abiturienten begrüßten den Roman, „weil er endlich einmal zeigt, wie ein volkseigener Betrieb an seinen eigenen Prinzipien zugrunde geht" (BRENNER 1967).

PETER SCHNEIDERS „Der Mauerspringer" (1986) ist das erste westdeutsche Buch, das die deutsche Teilung thematisiert.

Aus dem Vergleich der Werke „Mutmaßungen" und „Der geteilte Himmel" zogen Kritiker in der DDR die Schlussfolgerung, dass von einer „qualitativ einheitlichen deutschen Literatur keine Rede sein könne" (GEISTHARDT 1966).

Die Lyrik der 1960er-Jahre

WERNER SELLHORN organisierte Mitte der 1960er-Jahre die Veranstaltungsreihe „Lyrik-Jazz-Prosa" in Berlin (Ost).

Die 1960er-Jahre waren das *Jahrzehnt der Lyrik* in der DDR. Hier traten junge Lyriker auf den Plan, die nicht nur „neue Töne" anschlugen, sondern auch über weite Strecken die Lyrik deutscher Zunge beeinflussten. JOHANNES BOBROWSKI wurde mit seinen Lyrikbänden „Sarmatische Zeit" und „Schattenland Ströme" zum Anreger einer ganzen Lyrikergeneration. SARAH KIRSCH (1935–2013) widmete ihm in ihrem Band „Landaufenthalt" drei Gedichte. Sie gehörte mit VOLKER BRAUN (geb. 1939), REINER KUNZE (geb. 1933), ELKE ERB (geb. 1938) und HEINZ CZECHOWSKI (1935 bis 2009, ↗Bild) einer Generation an und beeinflusste wiederum mit ihnen die jüngeren Autoren der 1970er-Jahre nachhaltig.

In der DDR wurden Lyriklesungen organisiert, man kombinierte satirische und komische Prosa mit Jazz und Gedichten („Lyrik-Jazz-Prosa"), es wurde das politische Lied gepflegt („Singegruppen"), auch Popgruppen entstanden, die sich an die Beatgeneration des Westens anlehnten.

Die Suche nach dem historischen Ort, der mehr ist, als nur einer der beiden deutschen Staaten, war in der DDR und der BRD jener Zeit gleichermaßen zu beobachten. Die *Nichtaufarbeitung der jüngsten deutschen Geschichte,* der Mauerbau und das Weltgeschehen (Vietnamkrieg, Probleme der Dritten Welt, Notstandsgesetze) hinterließen in beiden Staaten literarischen Spuren, denn auch in der Bundesrepublik fand eine *Politisierung der Literatur* statt.

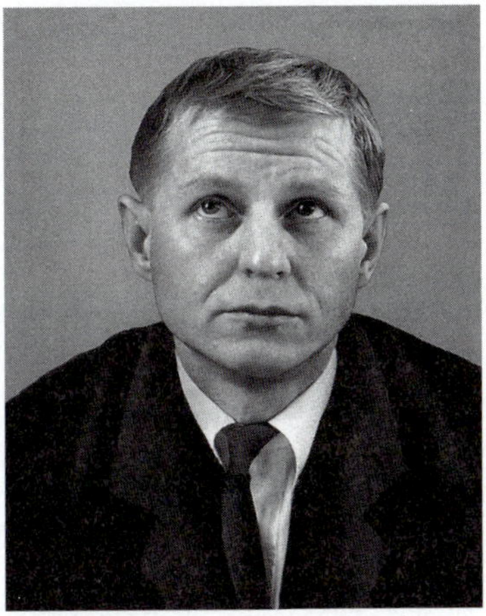

HANS MAGNUS ENZENSBERGER (geb. 1929)

Mit Kunstformen wie der **Agitationskunst** und dem *Protestsong* versuchten Autoren, sich gegen die tradierten Formen der Kunst wie der **Naturlyrik** abzugrenzen. Die *Teilung Deutschlands* war ein Thema, zu dem sich in Ost wie West die Stimmen häuften. Eine der wichtigsten Lyrikanthologien war „Deutsche Teilung. Ein Lyriklesebuch aus Ost und West".

ENZENSBERGER 1962: „Der politische Auftrag eines Gedichts ist, sich jedem Auftrag zu verweigern [...] Das Gedicht, das sich, gleichviel ob aus Irrtum oder aus Niedertracht verkauft, ist zum Tode verurteilt."
(Enzensberger, Hans Magnus: Poesie und Politik. In: Einzelheiten. Frankfurt/Main: Suhrkamp Verlag, 1962, S. 353.)

Der Mauerbau 1961 wurde von vielen DDR-Intellektuellen begrüßt. Sie verbanden damit die Hoffnung, dass das Land wirtschaftlich und sozial gestärkt würde und dass auch eine Veränderung der Gesellschaft einträte, die zu mehr individuellen Freiheiten führen würde. Diese Hoffnungen wurden jedoch mehr und mehr enttäuscht.

ENZENSBERGERS Gedichtband „landessprache"(1960) löste einen innerliterarischen Disput zwischen Ost und West aus. Das Titelgedicht hob nicht nur auf die politischen sowie geistig-kulturellen Zustände im westlichen Teil Deutschlands ab, sondern meinte auch die Menschen im Osten. Im Titelgedicht heißt es:

„was habe ich hier verloren,
in diesem land,
dahin mich gebracht haben meine älteren
durch arglosigkeit? [...]
ansässig im gemütlichen elend,
in der netten, zufriedenen grube [...]"
(Enzensberger, Hans Magnus: landessprache. Frankfurt/Main: Suhrkamp Verlag, 1960, S. 5.)

Auf das Titelgedicht antworteten ostdeutsche Lyriker der gleichen Generation, teilweise heftig, stets distanzierend, sich abgrenzend.

VOLKER BRAUN reagierte mit „Wir und nicht sie“ (1970) in einem beißenden, ironischen Ton auf ENZENSBERGER, er empfand dessen Haltung als Herausforderung: „Eins könnte mich trösten: wir haben das halbe/Land frei für den Frieden“, heißt es darin hoffnungsfroh, neun Jahre nach dem Mauerbau.

„In den verbrannten
Grenzen, wo das Gras wächst
Liegt es, das seine Zeitungen loben und die Sprecher
Des Volks, mein Land, nicht mehr gefürchtet
Von seinen Bewohnern.“
(Braun, Volker: Wir und nicht sie. Halle: Mitteldeutscher Verlag, 1970.)

Der Titel seines Gedichts ist eine Umkehrung des klopstockschen „Sie, und nicht wir!“ von 1790, in welchem dieser den Traum von einem deutschen Nationalstaat besang („Hätt' ich hundert Stimmen; ich feyerte Galliens Freyheit/Nicht mit erreichendem Ton, sänge die göttliche schwach“). BRAUN ist sich eins mit dem halb geeinten Vaterland – „Nach dem Jahrhundert/Des Granatenrechts, das wir brachen“ –, auch wenn sein Blick in die Vergangenheit geht:

„Als die Städte brachen, müßt ich, da Freiheit
Bis heut von fern gefeiert war, ihr Lob stärker
Singen als jeder! aber sie tröstet mich nicht.“ (Ebenda)

Ganz im Sinne der damaligen kalten Kriegsstimmung wittert er Gefahr für diese zerbrechliche Freiheit, diesen zerbrechlichen Frieden:

„Denn wer alles auch sagt, uns kümmere nur
Dies halbe, das wir schützen können: ich kenne
Nicht mein und dein vor diesen verletzlichen Ländern.“ (Ebenda)

Ähnliche Metaphern wird BRAUN 1990/92 gebrauchen, wenn er aus der Erfahrung des demokratischen Umbruchs in seinem Land sowie der Wiedervereinigung beider deutscher Staaten zurückschaut:

„Die Hoffnung lag im Weg wie eine Falle.
Mein Eigentum, jetzt habt ihrs auf der Kralle.
Wann sag ich wieder *mein* und meine alle.“
(Braun Volker: Das Eigentum. In: Zickzackbrücke. Ein Abrißkalender. Halle: Mitteldeutscher Verlag 1992, S. 84.)

Diese unerschütterliche Überzeugung, im Sozialismus gehöre allen alles und dies mache die Freiheit des Systems aus, Volkseigentum sei den privatkapitalistischen Eigentumsverhältnissen überlegen, verließ ihn nicht. Und selbst die Armseligkeit, in der die DDR daherkam, konnte ihn nicht daran hindern, Loblieder zu singen – eben auf ihre Armseligkeit, aber auch auf ihre Widersprüchlichkeit.
Dass selbst die „verbrannten/Grenzen, wo das Gras wächst“ gefeiert wurden, kann allerdings selbst in der DDR jener Zeit nicht jeder nachvollziehen.

Auch GÜNTHER DEICKE (1922–2006) bezog sich 1964 in „Gespräch mit einem Dichter“ auf ENZENSBERGERS damaligen Wohnort Schweden, als er äußerte, dass es leicht sei, aus der Ferne auf das Land zu schauen. Sein Gedicht endete mit den Zeilen: „[…] steckt sich einen zornigen/Enzensberger ins Knopfloch./*Aber das ist ein anderes Land* […]/Ja, überall und also auch hier,/in meinem Land, das ich liebe/wie den Alltag, den schöpferischen./Denn es ist mein Land.“ Aber nicht immer waren die Reaktionen auf staatliche Trennung Deutschlands und Mauerbau so enthusiastisch- zustimmend. GÜNTER DE BRUYN meinte einige Zeit später resigniert: „Man war der Entscheidung, zu fliehen oder zu bleiben, enthoben.“

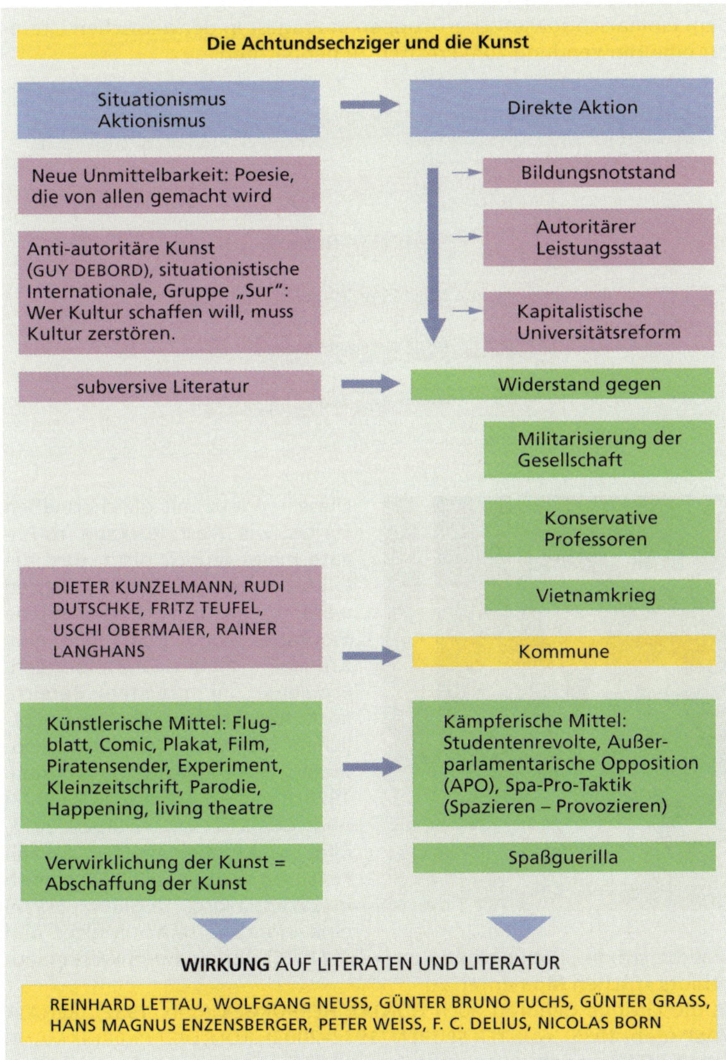

4.9.5 Die Literatur der 1970er- und 1980er-Jahre

Mit den Studentenunruhen 1968 setzte eine langsam fortschreitende Umorientierung in der bundesdeutschen Gesellschaft ein.

Neue Subjektivität

Neue Subjektivität bezeichnet eine Richtung in der deutschen Literatur seit den 1970er-Jahren, die stark subjektive und autobiografische Tendenzen aufweist. Die Neue Subjektivität grenzt sich ab von der stark politisierten Literatur der Zeit um 1968.

Nach dem politischen Scheitern der Protestbewegung von 1968 sowie dem Einmarsch sowjetischer Truppen in Prag ist in der deutschen Literatur eine Hinwendung zum Privaten zu beobachten.

Der Begriff **Neue Subjektivität** wurde von MARCEL REICH-RANICKI geprägt.

Die Tendenz subjektiver Schreibweise hält nach wie vor an.

Subjektive und autobiografische Tendenzen seit den Siebzigerjahren

- Neue Sensibilität
- Neue Subjektivität
- Neue Innerlichkeit
- Neue Irrationalität
- Neuer Realismus

Diese Tendenz gilt gleichermaßen für Ost wie West. Rückzug ins Private meint jedoch nicht, dass die Literatur „entpolitisiert“ worden wäre. Vielmehr wird die eigene *Biografie zum Schreibanlass:* eine Krankheit, eigene Empfindungen, Probleme im privaten Bereich, auch das Erleben der geschichtlichen Abläufe. Letzterem widmeten sich HERMANN KANT (geb. 1926) in „Der Aufenthalt“ (1977) und CHRISTA WOLF (1929–2011, Bild) in „Kindheitsmuster“ (1976). PETER HANDKE (geb. 1942) schrieb in „Wunschloses Unglück“ (1972) eine Biografie seiner Mutter und wandte sich in „Die linkshändige Frau“ (1976) und anderen Werken autobiografischen Momenten zu.
In die Gruppe gehören auch GÜNTER HERBURGER (geb. 1932), RENATE RASP (geb. 1935), GÜNTER SEUREN (1932–2003), ROLF DIETER BRINKMANN (1940–1975) und NICOLAS BORN (1937–1979).

In seiner Erzählung „Jugend“ (1976) verarbeitete WOLFGANG KOEPPEN (1906–1996) in düsteren, melancholischen Tönen seine Erlebnisse in seiner Heimatstadt Greifswald. „Greifswald war ihm bis ins Alter eine Stätte der Hassliebe, die ihn nicht losließ und die er nicht loslassen wollte.“ (GUNNAR MÜLLER-WALDECK) Vor den Augen des Lesers ersteht keine Handlung, an der er sich festhalten kann. Sehr präzise, detailreiche Beobachtungen, tiefgründige Reflexionen sind aneinandergereiht, das Fragment eines Romans verstört und baut das Bild einer Stadt und seiner Bewohner.
Auch CHRISTA WOLF in „Nachdenken über Christa T.“ (1968) nutzte autobiografische Elemente zur Gestaltung ihres Romans. Literarisch vorweggenommen hatte PETER WEISS (1916–1982) die Neue Subjektivität 1961 mit seinem autobiografischen Buch „Abschied von den Eltern“. Mit „Die Korrektur“ (1975) und „Beton“ (1982) legte THOMAS BERNHARD (1931 bis 1989) subjektiv gefärbte Prosa vor. ELIAS CANETTI (1905–1994) schrieb eine dreibändige Autobiografie. Er begann mit „Die gerettete Zunge“ (1977) „Die Geschichte einer Jugend“ (Untertitel) zu erzählen, setzte mit „Die Fackel im Ohr“ (1980) fort und endete mit „Das Augenspiel“ (1985). BARBARA FRISCHMUTH (geb. 1941) untersuchte in „Tage und Jahre“ (1971) und anderen Werken das Verhältnis zur eigenen Kindheit. Auch GABRIELE WOHMANN (geb. 1932) umkreist in vielen ihrer Werke das Verhältnis zwischen Eltern und ihren Kindern.

Schutzumschlag der Erstausgabe des Aufbau-Verlages von 1975. „Nachdenken über Christa T.“ wurde zu einem der meistdiskutierten Werke der Nachkriegsliteratur. Eine Kleinstauflage erschien 1968 im Mitteldeutschen Verlag Halle.

FRANZ INNERHOFERS (geb. 1944) „Schöne Tage“ berichtet aus seiner Kindheit im österreichischen bäuerlichen Milieu. Der sechsjährige Holl wird von allen herumgestoßen, von seinem Vater, dem der uneheliche Sohn eine billige Arbeitskraft ist, von seiner Stiefmutter, von den Knechten und Mägden des Hofes. Niemand kümmert sich um ihn. In der Schule sitzt er auf der „Fenstereselbank“, trotzdem gelingt es ihm, einiges zu lernen, bekommt er ein Entlassungszeugnis. „Eigentlich sollte ich ein Verbrecher werden“, resümiert er am Ende des Romans. Und erst in seiner Lehre kommt er zur Ruhe, lebt nicht mehr unter Bestien, sondern unter Menschen.

FRANZ INNERHOFER, in der Nähe von Salzburg als unehelicher Sohn einer Landarbeiterin geboren, kam mit sechs Jahren auf den Bauerhof seines Vaters, wo er von 1950–1961 lebte.

HUBERT FICHTE (1935–1986) erzählt in „Das Waisenhaus“ (1965) die Erlebnisse des achtjährigen Detlev in einem katholischen Waisenhaus während des Zweiten Weltkrieges. Der Junge ist Halbjude, jedoch evangelisch getauft. So kommt es zu vielen Konflikten. Er selbst ist sich nicht bewusst, dass der Aufenthalt im Waisenhaus auch seinem Schutz gilt.

HUBERT FICHTE war ein beständig Suchender. Er bereiste die Welt und beschrieb sie dabei, verdingte sich als Schäfer oder Landwirt. Zuletzt wohnte er in seiner Geburtsstadt Hamburg, die ihm zu Ehren einen Preis stiftete.

Viel unmittelbarer als die erzählenden Texte der Neuen Subjektivität nimmt die *Protokollliteratur* ihre Stoffe aus der Wirklichkeit. ERIKA RUNGES „Frauen. Versuche zur Emanzipation“ (1970), SARAH KIRSCHS (geb. 1935) „Die Panterfrau. Fünf Frauen in der DDR“ (1973), MAXIE WANDERS (1933–1977) „Guten Morgen, du Schöne“ (1978) und KARIN STRUCKS „Klassenliebe“ (1973) sind Beispiele dafür. Sie basieren auf Tonbandinterviews und versuchen, das „wirkliche Leben“ in die Literatur einzubringen. Literarisch knüpfen sie an die *Neue Sachlichkeit* der 1920er-Jahre an.
Die Lyrik der *Neuen Innerlichkeit* berichtet beiläufig Privates. Persönliche Erfahrungen werden in den größeren gesellschaftlichen Zusammenhang

Hermetische Lyrik ist eine in sich geschlossene, schwer verständliche Lyrik voller **Chiffren.**

gestellt. Diese Lyrik ist gekennzeichnet durch ihre Einfachheit, Direktheit und Authentizität. Sie wird charakterisiert durch Schlichtheit der Sprache und Metaphernarmut. Die sogenannte **Alltagslyrik** war auch eine Abgrenzung zur *hermetischen Lyrik* in den 1950er-Jahren in der Bundesrepublik:

„So oder so
Schön
geduldig
miteinander
langsam
alt
und verrückt werden
andererseits
allein
geht es natürlich
viel schneller"

(Kiwus, Karin: Neununddreißig Gedichte. Stuttgart: Reclam, 1998.)

Das historische Sujet in den 1970er- und 1980er-Jahren

STEFAN HEYM starb am 16.12.2001 in Jerusalem, wo er anlässlich einer Heine-Konferenz weilte.

STEFAN HEYM beschäftigte sich in seinem „König David Bericht" mit biblischer Überlieferung: der Geschichte um den König David. Die von der Geschichtsschreibung festgehaltenen heroischen Taten des Königs werden infrage gestellt. Die Geschichte wird aus der Sicht eines Schreibers erzählt. König David, der in seiner Jugend den Riesen Goliath bezwang, wird bei HEYM zu einem machthungrigen, zwar nicht nach den Geboten Gottes, wohl aber im Sinne seiner selbst und seiner Berater handelnden Tyrannen. Sein Chronist hat lediglich die Wahl, sein Leben in Glück und Reichtum zu beenden oder aber durch das Beil des Henkers zu sterben. Der Roman will die Zweifel nähren an der *Wahrheit der Überlieferungen,* will den Blick schärfen helfen für die *politischen Vorgänge* in der Welt. Die eingeschriebene Ablehnung diktatorischer Regimes ist durchaus sozialismuskritisch zu lesen. In diesem Sinn enthält der „König David Bericht" starke aktuelle Bezüge.
Die Aufgabe des Schriftstellers in der DDR, so eine Lesart, ist es, gegen die Alltagspropaganda anzuschreiben. Gesellschaftliches Engagement ist gefordert, der innere Widerstand des Einzelnen reicht nicht aus, die Verhältnisse zu korrigieren.

IRMTRAUD MORGNER (1933 bis 1990) war Tochter eines Lokomotivführers. Das Motiv „Eisenbahn" flocht sie in fast alle ihre Werke ein. So ist Laura, die in ihren letzten Romanen auftritt, Triebwagenführerin.

IRMTRAUD MORGNERS „Leben und Abenteuer der Trobadora Beatriz, nach Zeugnissen ihrer Spielfrau Laura" (1974) und „Amanda. Ein Hexenroman" (1983) vereinen das mythologische, das utopische Element mit dem gesellschaftlichen Alltag in der DDR. Der „Eintritt der Frau in die Historie" wird thematisiert. Man kann MORGNERS Geschichten in diesem Sinne als „historische Gegenwartsromane" lesen, wenn nach der Rolle der Frau in der (sozialistischen) Gesellschaft gefragt wird. Die Geschichten sind voller Fantasie und Fabulierlust und knüpfen durch das Einbeziehen von Legenden und Mythen in Teilen an den **magischen Realismus** an.

WALTRAUD LEWINS „Federico" ist ein Roman um den Hohenstauffener Kaiser FRIEDRICH II. und versucht, Mythologie und überlieferte Geschichte der Menschheit mit existenziellen Fragen zu verbinden. LEWIN stimmt ein Hohelied auf den „Unruhvollen Stamm" (deren Urahnen Gott und Eva sind) an. Trude, Abkömmling dieses Stammes, die fahrende Botin und Erzählerin verbindet die Antworten des Hochmittelalters mit Fragen der Entstehungszeit des Romans. Der „Unruhvolle Stamm" ist auf der Suche nach Erkenntnis der Epoche, die er durchschreitet. Trude kann die Vergangenheit befragen, nicht die Zukunft. Und so will sie den Stauffenkaiser, der in Sizilien einen Ideenstaat schaffen wollte, befragen. Für seine Idee sanktionierte der in Deutschland die Ketzerverfolgung. Trude will ihn nach dem Preis der Macht befragen. Sie findet Einlass in die Unterwelt (ähnlich DANTE in „Die Göttliche Komödie"). Aus der Sicht der Gegenwart ersteht das Bild FRIEDRICHS II. neu.

In der BRD gab es seit den 1970er-Jahren eine stärkere *Zuwendung zu historischen Themen.* So beschäftigte sich PETER HÄRTLING mit der Figur HÖLDERLINS (1976) und in „Hoffmann oder Die vielfältige Liebe. Eine Romanze" (2001) mit der Person E. T. A. HOFFMANNS in dessen fünf Bamberger Jahren. Er war dort Theaterkapellmeister, Komponist, Regisseur und Bühnenmaler. WOLFGANG HILDESHEIMERS „Mozart" (1977) wurde mit zweihundertfünfzigtausend verkauften Exemplaren in zehn Jahren sein erfolgreichstes Buch. GOLO MANNS „Wallenstein" (1971) war zwar aus der Sicht des Geschichtswissenschaftlers geschrieben, wies stilistisch jedoch sehr starke poetische Momente auf.
Einer der erfolgreichsten historischen Romane wurde PATRICK SÜSKINDS „Das Parfum" (1985), die Geschichte des Mörders Jean-Baptiste Grenouille, der 1738 auf dem Fischmarkt in Paris zur Welt kommt, von seiner Mutter für eine Todgeburt gehalten und zu den Fischabfällen gelegt wird. Das Kind überlebt, während die Mutter hingerichtet wird. Grenouille wird von einer Amme aufgezogen. Er lebt in der Welt der Gerüche, obwohl er selbst nach gar nichts riecht. Erwachsen arbeitet er bei einem Parfumeur und stellt die unwiderstehlichsten Parfums her. Durch seine einmalige Nase wird er zum Mörder, denn er will den perfekten Duft entwickeln. So tötet er 24 Jungfrauen, um aus ihnen diesen Duft zu extrahieren.

„Das Parfum" wurde in 37 Sprachen übersetzt und rund 12 Millionen verkauft. Der Roman wurde 2006 von TOM TYKWER verfilmt.

Die 1970er-Jahre in der DDR

Politisch beginnt das 1970er-Jahrzehnt in der DDR mit der Ablösung von WALTER ULBRICHT durch ERICH HONECKER. Die anfänglichen Hoffnungen auf eine Liberalisierung der Gesellschaft erfüllten sich jedoch nicht. Zwar sollte nach dem VIII. Parteitag der SED und dem 6. ZK-Plenum eine Ära folgen, in welcher es „keine Tabus auf dem Gebiet von Literatur und Kunst" (HONECKER) geben sollte. Diese „tabufreie Zeit" währte nicht

Der VIII. Parteitag der SED fand 1971 statt. Das 6. ZK-Plenum war 1972.

lange. Jedoch erschienen in dieser Zeit einige der wichtigsten Werke der DDR-Literatur, u.a. CHRISTA WOLFS „Nachdenken über Christa T." und „Kindheitsmuster", VOLKER BRAUNS „Das ungezwungene Leben Kasts" (1971), BRIGITTE REIMANNS „Franziska Linkerhand" (1974, in einer gekürzten Fassung).

Andere wichtige Werke durften jedoch erst viel später (VOLKER BRAUNS „Unvollendete Geschichte", entstanden 1975, erschienen 1988) oder nie in der DDR erscheinen (STEFAN HEYMS „Collin", 1979; ROLF SCHNEIDERS „November", 1979).
ULRICH PLENZDORFS „Die neuen Leiden des jungen W." (entstanden 1968, Prosafassung 1972, dramatisierte Fassung 1973) bringt auf neue Weise den Helden als Arbeiter auf die Bühne. Es ist die Geschichte eines auf Individualismus und respektlosen Umgang mit den Klassikern beharrenden jugendlichen Tüftlers.

Der 17-jährige Held Edgar Wibeau schmeißt seine Lehre, nistet sich in einer Berliner Gartenlaube ein. Er findet auf dem Klo einer Laube GOETHES „Leiden des jungen Werther" und versucht, in Tonbandbriefen an seinen Freund Willi seine Erlebnisse in GOETHES Manier zu schildern. Edgar leidet an den Anpassungszwängen der Gesellschaft. Er protestiert gegen die Welt der Erwachsenen, insbesondere gegen seinen früheren Ausbilder, dessen autoritärer Stil ihn in seiner Lebensqualität einschränkt. Er wendet sich gegen eine Vorbilderziehung, die die freie Entfaltung der Persönlichkeit (ein erklärtes Ziel der Pädagogik in der DDR) einschränkt. Edgar stirbt an einem Stromstoß, als er versucht, ein neues Gerät für seine Malerbrigade auszuprobieren. Seine letzten Botschaften erreichen Willi aus dem Jenseits.

Der Leser soll die Geschichte zu Ende denken: War Edgars Tod ein Unfall oder ein Selbstmord, ähnlich dem des goetheschen Vorbildes? PLENZDORF führt in seinem Buch einen Helden vor, der lebt um des Lebens willen, ähnlich der Charaktere BÜCHNERS. Hier wird die Unbedingtheit des Lebens beschworen jenseits aller Richtlinien, Bevormundungen durch Staat und Partei und der verknöcherten Pädagogik, die MARGOT HONECKER als Frau des ersten Mannes im Staate DDR mit harter Hand führte. Die Sprache orientierte sich an der Jugendsprache, ähnlich wie in J.D. SALINGERS „The Catcher in the Rye" (1951, dt. „Der Fänger im Roggen").

MARGOT HONECKER war Ministerin für Volksbildung in der DDR.

Der „Fall Biermann"

Eine literaturgeschichtliche Zäsur innerhalb der DDR-Literatur ist mit der Ausbürgerung WOLF BIERMANNS im November 1976 zu setzen. BIERMANN, der seit 1965 nicht mehr öffentlich auftreten durfte, war erlaubt worden, in Köln einige Konzerte für die IG Metall zu geben. Nach der Ausstrahlung seines ersten Konzertes am 13. November 1976 im „Westfernsehen" wurde ihm jedoch am 16. November die Staatsbürgerschaft der DDR aberkannt. Ihm wurde „feindliches Auftreten" vorgeworfen, im „ND" wurde er als „antikommunistischer Krakeeler" beschimpft. Nach Bekanntwerden der Ausbürgerung taten sich zwölf Autoren unter Federführung von STEPHAN HERMLIN zusammen, um in einem „offenen Brief" dagegen zu protestieren. Unter ihnen waren SARAH KIRSCH,

„Neues Deutschland" war das Zentralorgan des Zentralkomitees der SED.

CHRISTA WOLF, JUREK BECKER, GÜNTER KUNERT, VOLKER BRAUN, FRANZ FÜHMANN und STEFAN HEYM. Später schlossen sich andere Autoren dem offenen Brief an. Die Parteiführung blieb jedoch hart in ihrer Entscheidung. Es folgten Parteiausschlüsse und Parteistrafen für widerborstige Autoren. So wurden KARL-HEINZ JAKOBS und GERHARD WOLF aus der SED ausgeschlossen, SARAH KIRSCH, GÜNTER KUNERT und JUREK BECKER „aus den Reihen der Partei gestrichen". CHRISTA WOLF und andere erhielten Parteistrafen.
In der Folge der BIERMANN-Ausbürgerung kam es zu teilweise erheblichen Behinderungen und Sanktionen gegenüber unbotmäßigen Autoren, man sprach Druck- und Aufführungsverbote aus, einige Schriftsteller erhielten Gefängnisstrafen. Seit 1979 existierte zudem ein Gesetz gegen Devisenvergehen, das unter Strafe stellte, wenn Werke ohne Erlaubnis im Westen erschienen. Die Literaten ließen sich jedoch nicht mehr so einfach von Partei und Staat vereinnahmen. Viele Autoren konnten in einer Umgebung der Bevormundung und Gängelei nicht mehr schreiben (GÜNTER KUNERT).

CHRISTA WOLF formulierte: „Eine Gruppe von Autoren wurde sich darüber klar, daß ihre direkte Mitarbeit in dem Sinne, wie sie sie selbst verantworten konnte und für richtig hielt, nicht mehr gebraucht wurde."

(Wolf Christa: Kultur ist, was gelebt wird. Gespräch mit Frauke Meyer-Gosau. In: Christa Wolf, Materialbuch, hrsg. v. Klaus Sauer, Neuwied: Luchterhand Verlag, 1983.)

Weit über 200 von ihnen verließen im Laufe der Zeit die DDR. Kurz nach der Ausbürgerung BIERMANNS waren es u. a. JUREK BECKER, THOMAS BRASCH, KARL-HEINZ JAKOBS, BERND JENTZSCH, GÜNTER KUNERT, REINER KUNZE, SARAH KIRSCH, KLAUS POCHE, HANS-JOACHIM SCHÄDLICH und KLAUS SCHLESINGER. Auch in den Achtzigerjahren riss die Ausreisewelle nicht ab: IRINA LIEBMANN, JÜRGEN FUCHS, MONIKA MARON, FRANK-WOLF MATTHIES, CHRISTA MOOG, KATJA LANGE-MÜLLER u. a. verließen die DDR.

Viele Historiker sind sich heute einig, dass die Ausbürgerung WOLF BIERMANNS der Anfang vom Ende der DDR gewesen ist.

Literatur gegen Umweltzerstörung und Wettrüsten in einer Welt ohne Hoffnungen und Träume

„Die Rättin" wurde 1997 unter der Regie von MARTIN BUCHHORN verfilmt.

In den 1980er-Jahren mehrten sich die Stimmen gegen Umweltzerstörung und Wettrüsten. GRASS' Roman „Die Rättin" ist so eine Endzeitvision. Auch CHRISTA WOLFS „Störfall" thematisiert die nukleare Katastrophe angesichts der Zerstörung eines Kernreaktors im ukrainischen

Tschernobyl im Jahre 1986. MONIKA MARONS Roman „Flugasche" beschäftigt sich mit der Umweltzerstörung in der Region um Bitterfeld. VOLKER BRAUN nimmt zu den Umweltzerstörungen in „Bodenloser Satz" Stellung. Auch in der Lyrik wurde und wird das Thema behandelt. GÜNTER HERBURGER beschwört den „Gesang der Wale", HANS MAGNUS ENZENSBERGER denkt über „das ende der eulen" nach und SARAH KIRSCH nennt ihr trauriges Fazit „Bäume":

> „Früher sollen sie
> Wälder gebildet haben und Vögel
> Auch Libellen genannt kleine
> Huhnähnliche Wesen die zu
> Singen vermochten schauten herab."
> (Kirsch, Sarah: Landwege. Ebenhausen b. München: Langewiesche-Brandt, 1985, S. 135.)

ARNFRID ASTEL, geboren in München, nennt sich seit dem Tod seines Sohnes HANS im Jahre 1985 HANS ARNFRID ASTEL.

In seinem Gedicht „Grünanlage" bringt ARNFRID ASTEL (geb. 1933) das Verhältnis der menschlichen Gesellschaft der Umwelt gegenüber lakonisch auf den Punkt:

> „Die Überlebenden
> planieren die Erde.
> Sie sorgen
> für eine schönere
> Vergangenheit."
> (Astel, Arnfrid: Notstand. 100 Gedichte. Wuppertal: Peter Hamm Verlag, 1968.)

Mit „Physiker" hatte FRIEDRICH DÜRRENMATT das Nachdenken über die Verantwortung des Einzelnen vor den Gefahren der Atomkraft bereits vorweggenommen. Auch BERTOLT BRECHTS „Galileo Galilei" hatte die Frage nach der Verantwortung der Naturwissenschaft thematisiert.

Jahrhundertgeschichten

HEINER MÜLLER wandte sich in „Wolokolamsker Chaussee" (1985–1989) dem brechtschen Lehrstück zu. Die Panzer werden bei ihm zu Geburtshelfern der DDR, später zu ihren Wächtern. Die vier Teile des Stückes thematisieren:
- die Schlacht um Stalingrad 1943,
- den Arbeiteraufstand in der DDR 1953,
- den Aufstand in Ungarn 1956,
- den Einmarsch sowjetischer Truppen in Prag 1968.

Sie sind Ausdrucksversuche einer von MÜLLER konstatierten Stagnation von Raum und Zeit und symbolisieren die vertanen Chancen einer Entwicklung in Richtung eines demokratischen Sozialismus statt einer Rückkehr in die statische Enge der DDR.
UWE JOHNSONS Werk ist von den modernen Erzählern JAMES JOYCE und WILLIAM FAULKNER beeinflusst. Sein vierbändiges Hauptwerk „Jahrestage. Aus dem Leben der Gesine Cresspahl" (1970–1983) umfasst nahezu 2000 Seiten. Es setzt die Geschichte der Gesine Cresspahl aus „Mutmaßungen über Jakob" fort.

„Die Ästhetik des Widerstands“ (3 Bde., 1975–1981) von PETER WEISS versucht eine „erzählerische Synthese der politischen und ästhetischen Strömungen des 20. Jahrhunderts“ (Klappentext). WEISS begleitet seinen Erzähler von dessen Weggang 1937 aus Berlin in die Tschechoslowakei, nach Spanien (wo er am Bürgerkrieg teilnimmt) nach Paris (wo er das Scheitern einer Volksfront zwischen KPD und SPD erlebt) und schließlich nach Schweden. Hier wird er ansässig (wie eben der Autor selbst). Der Leser erfährt von den Ränkespielen unter den Kommunisten in Moskau, von ihren Enttäuschungen, den Verrätern und den Verratenen. Das Werk ist als Roman angelegt, jedoch treten durchaus reale Figuren der Zeitgeschichte auf: WEISS reflektiert u.a. über BRECHT, LENIN, THÄLMANN, EBERLEIN, MÜNZENBERG und DAHLEM, über das Verhältnis von Sozialdemokraten und Kommunisten, über den Reichstagsbrandprozess und über den Weltkrieg. So entstand eine Art „Wunschbiografie“ und zugleich eine Geschichte der Arbeiterbewegung von 1918 bis 1945.

„Jahrestage“ wurde 2000 unter der Regie von MARGARETHE VON TROTTA verfilmt.

LENIN, THÄLMANN, EBERLEIN, MÜNZENBERG, DAHLEM waren kommunistische Funktionäre.

CHRISTOPH HEINS „Der fremde Freund“ (1982, in der Bundesrepublik u.d.T. „Drachenblut“) erzählt die Geschichte der erfolgreichen Ärztin Claudia, die sich eingerichtet hat im Sozialismus. Sie hat keine Probleme, hat Arbeit, geht einem Hobby nach, lebt in einer Singlewohnung und fährt ein Auto. Sie ist hilfsbereit und genießt bei ihren Patienten einen guten Ruf. Für ein Jahr tritt ihr „fremder Freund“ Henry in ihr Leben und mit ihm das Unerwartete, die Spontaneität. Er droht ihr Leben zu verändern, denn er stellt sich bewusst gegen die Konventionen der Gesellschaft, fährt gern schnelle Autos. Als er stirbt (er wird erschlagen), erobert die Eintönigkeit ihr Terrain im Leben der Frau zurück: „Meine undurchlässige Haut ist eine feste Burg“, äußert sie in Anlehnung an LUTHERS „Ein feste Burg ist unser Gott“. Die letzten Sätze der Novelle lassen die Vermutung aufkommen, die (Anti-)Heldin sei zufrieden mit ihrem Leben: „Alles, was ich erreichen konnte, habe ich erreicht. Ich wüßte nichts, was mir fehlt. Ich habe es geschafft. Mir geht es gut.“

HEINER MÜLLERS Stücke der 1970er- und 1980er-Jahre sind sehr stark diskutiert worden. In der DDR wurden sie z.T. gar nicht erst gespielt. Seine Dramen „Germania Tod in Berlin“ (1977, Uraufführung 1978), „Leben Gundlings Friedrich von Preußen Lessings Schlaf Traum Schrei“ (Uraufführung 1979) und „Die Hamletmaschine“ (Uraufführung 1979) gehören zu den bedeutendsten des 20. Jahrhunderts. Mithilfe der Montagetechnik lässt MÜLLER in „Die Hamletmaschine“ die „[...] Welt ihre Runden drehn im Gleichschritt der Verwesung“ (Müller, Heiner: Mauser. Texte 6. Berlin: Rotbuch-Verlag, S. 89.).

Ihn interessiert, wie Faschismus entstehen und „überleben“ konnte, wie ewige Gewalt – revolutionäre Gewalt, Staatsterror – „funktioniert“ und den Menschen verändert. Die Frage: Welchen Preis bezahlt der Einzelne für eine bessere Zukunft aller Menschen?, beantwortet MÜLLER resigniert: „Der Humanismus kommt nur noch als Terrorismus vor. Der Molotowcocktail ist das letzte bürgerliche Bildungserlebnis.“ (Heiner Müller: Brief an Reiner Steinweg, 04.01.1977.).

Sein letztes Stück „Germania 3 – Gespenster am toten Mann“, sein literarischer Beitrag zum Scheitern der proletarischen Revolution, zum Untergang des Sozialismus, wurde Mai 1996 unter der Regie von LEANDER HAUSSMANN am Bochumer Schauspielhaus uraufgeführt, fünf Monate nach dem Tod des Autors.

„Montage“ bezeichnet das Zusammenfügen unterschiedlichster Textarten zu einem gemeinsamen Ganzen.

4

4.9.6 Literatur von 1990 bis zum Beginn des 21. Jahrhunderts

Der „deutsch-deutsche Literaturstreit" und die Stasidebatte

Das Bundeskanzleramt in Berlin: Symbol der „Berliner Republik"

Mit der Vereinigung der beiden deutschen Staaten am 3. Oktober 1990 ergaben sich auch neue Themen für die Literatur. Wie lebte es sich in dem neuen alten Land, in dem sich der Alltag vor allem für viele Ostdeutsche radikal geändert hat? Aus dieser Sicht waren die 1990er-Jahre eine Zeit des Übergangs. Kindheitserinnerungen und Bücher darüber, wie man sich die jeweils andere Seite, den „Westler" oder den „Ostler", vorstellte, erschienen. Einerseits sind Beobachtungen und Gefühle in der „Berliner Republik" im Gegensatz zur „Bonner Republik" zu beschreiben.

Andererseits werden die Verluste und die neu gewonnenen Freiheiten in den Biografien ehemaliger DDR-Bürger konstatiert. Ältere Autoren beschreiben die psychischen Verletzungen, die sie in der DDR erlitten, sowie ihren *Verlust an utopischen Hoffnungen*. GÜNTER GRASS leitete mit „Ein Schnäppchen namens DDR" (1990) die Ost-West-Diskussion nach der Wende ein.

Der allgemeine Streit um die Bewertung der west- und ostdeutschen Kultur wurde auch der „Kalte Bruderkrieg" (HEINZ KAHLAU) genannt.

Der damals so genannte **„deutsch-deutsche Literaturstreit"** wurde auf den Feuilletonseiten der Frankfurter Allgemeinen Zeitung (FAZ) und der ZEIT geführt, zunächst zwischen FRANK SCHIRRMACHER (FAZ) und ULRICH GREINER (Die ZEIT). Er begann mit der Veröffentlichung einer kurzen Erzählung CHRISTA WOLFS, die sie im Jahre 1979 niedergeschrieben und 1989 überarbeitet hatte, im Sommer 1990: „Was bleibt".

„Was bleibt" erzählt von der Observation der Ich-Erzählerin durch Stasibeamte in Berlin Ende der 1970er-Jahre. Die Erzählerin bemerkt die Beamten, beschreibt ihr Verhalten, aber sie ist handlungsunfähig. Sie sehnt sich nach einer Sprache, in der sie reden kann über das, was ihr nicht über die Lippen gehen will. „Nur keine Angst", muntert sie sich auf. Sie wird sie eines Tages haben. Der Streit entzündete sich zunächst daran, warum die Geschichte erst 1990, also nachdem für die Autorin keine Gefahr mehr drohte, veröffentlicht wurde. Er kreiste um Mut und Feigheit und weitete sich dahingehend aus, welche politische, aber auch ästhetische Rolle die Intellektuellen in der DDR gespielt hatten und welche sie – nach Meinung ehemaliger ostdeutscher Autoren und westdeutscher Kritiker – hätten haben sollen. Nicht das Geleistete wurde zum Maßstab der Betrachtung, sondern das, was man der Meinung der Kritiker nach hätte leisten müssen. So verlief die Diskussion heftig, kontrovers, teilweise despektierlich, aber schließlich im Sande.

Westdeutsche Kritiker erwarteten nach der Wende eine DDR-Literatur, die sich abkehrt von „sozialistische(n) Rollenzuschreibungen [...] (politischer Auftrag, soziale Mission, Lebenshilfe)" (Grunenberg, Antonia: Wer streitet? Das Unglück der Literatur. In: DIE ZEIT, 08.04.1994, Nr. 15.), obwohl in den 1980er-Jahren noch „eine Reästhetisierung der Literatur" (ebenda) festzustellen gewesen war. Andererseits wird „die Mitschuld der Intellektuellen der DDR um die Mitverantwortung für die zweite deutsche Katastrophe – nach der nationalsozialistischen die stalinistische" (Greiner, Ulrich: Deutscher Literatenstreit: Der Fall Christa Wolf und die Intellektuellen. In : DIE ZEIT, 27.07.1990, Nr. 31.) konstatiert. Der Vorwurf einer „Gesinnungsästhetik" wurde laut, der ost- wie westdeutsche Intellektuelle traf. „Sie läßt der Kunst nicht ihr Eigenes, sondern sie verpflichtet sie (wahlweise) auf die bürgerliche Moral, auf den Klassenstandpunkt, auf humanitäre Ziele oder neuerdings auf die ökologische Apokalypse." (Greiner, Ulrich: Die deutsche Gesinnungsästhetik. In: DIE ZEIT, 02.11.1990 Nr. 45.)

Ein Thema, das heftige emotionale Debatten auslöste, war das zum **Verhältnis von Staatssicherheit und Literatur.** Ihm wandten sich hauptsächlich ehemalige DDR-Autoren zu. Zwischen denen, die die DDR verlassen hatten, und denen, die geblieben waren, gab es große Meinungsunterschiede, nicht selten Unverständnis oder unerbittliche Schuldzuweisungen. Zeitgleich mit dem deutsch-deutschen Literaturstreit wurden zahlreiche Enttarnungen von Schriftstellern als ehemalige Informelle Mitarbeiter (IM) des Ministeriums für Staatssicherheit der DDR öffentlich. Schon 1990 hatte REINER KUNZE in seiner Dokumentation „Deckname ‚Lyrik'" die Zuträgerschaft seines ehemaligen Freundes IBRAHIM BÖHME für die Stasi aufgedeckt. ERICH LOEST nutzte den Erwerb von Teilen seiner Stasiakten für „Der Zorn des Schafes. Aus meinem Tagewerk" (1990) und „Die Stasi war mein Eckermann oder: Mein Leben mit der Wanze" (1991).

Zur Jahreswende 1992/1993 wurden Stasivorwürfe gegen CHRISTA WOLF und HEINER MÜLLER laut. WOLF reagierte darauf mit „Akteneinsicht Christa Wolf" (1993), es wurde nun bekannt, dass es zum einen eine 130 Seiten lange „Täterakte" und zum anderen eine 42 Aktenordner umfassende „Opferakte" gegeben hat. 2010 erschien ihr Roman „Stadt der Engel oder The Overcoat of Dr. Freud", in dem sie ihren Aufenthalt in Los Angeles 1992/1993 literarisch verarbeitete. Die Erzählerin ist Stipendiatin am „Getty-Center for the History of Art and the Humanities". Hier, in der Stadt der Engel, erfährt sie von den Vorgängen um sie und ihre ehemalige Stasitätigkeit in Deutschland.

Noch in Deutschland hatte WOLF ihre Stasiakten zum Lesen bekommen. Aus ihrer „Täterakte" ging hervor, dass sie nie Informationen an die Stasi geliefert hat. Die Erzählerin im Buch wird, wie die Autorin selbst, zum Mittelpunkt des „deutsch-deutschen Literaturstreits". Sie erhält die Zeitungen aus Deutschland und reagiert darauf. Der Vorgang um „IM Margarete" wird zum Anlass einer Rückschau der Erzählerin auf ihr Leben in den 1950er- bis 1990er-Jahren.

„Der Spiegel" berichtete in seiner Ausgabe 3/1993 von HEINER MÜLLERS „IM-Akte" (die allerdings nicht auffindbar ist) unter dem Decknamen „Zement", später unter „IM Heiner". MÜLLER wehrte sich bis zu seinem Tod gegen die Vorwürfe, er sei Inoffizieller Mitarbeiter gewesen.

Der Wenderoman

Die Diskussionen um die Vergangenheit der DDR-Intellektuellen, ihre etwaige Mitschuld am stabilen Bestehen der DDR über 40 Jahre, die Beleuchtung des Verhältnisses von Geist und Macht in diesem untergegangenen Land führten andererseits auch zur intensiven Suche nach dem „Wenderoman".

Wendeliteratur beschäftigt sich mit dem Mauerfall, der deutschen Wiedervereinigung und den ersten Jahren des Lebens in einem vereinigten Deutschland.

Wie die Reaktion auf UWE TELLKAMPS Roman „Der Turm" (2008) zeigt, wird der Begriff, der eigentlich aus dem Feuilleton stammt, thematisch ausgeweitet und für einen neuartigen Zugriff auf die DDR-Geschichte vereinnahmt.

1997 titelte HANS-CHRISTOPH BUCH „Bernd Wagner hat den großen Roman der Wendezeit geschrieben" und vergab diesen Titel dem Roman „Paradies".

WOLFGANG HILBIG beschäftigte sich in seinem Roman „Ich" (1993) mit der doppelten Identität seiner Hauptfigur als Schriftsteller und Stasispitzel. Dabei führt er die Utopien seiner Generation ad absurdum, indem er W., seine Hauptfigur, ein gedankliches Geflecht von Abhängigkeiten entwerfen lässt:

> „War dies nicht das unausgesprochene Ziel der großen Utopien, von Platon über Bacon bis Marx und Lenin? Daß jeder jeden in der Hand hatte, vielleicht war dies das letztendliche Ziel des utopischen Denkens."
>
> (Hilbig, Wolfgang: „Ich". Frankfurt/Main: S. Fischer Verlag, 1995, S. 75.)

Diese erträumte „Überwachung des Gedankens" paraphrasiert das volksliedhafte „Die Gedanken sind frei". Der Held, der einen Berufskollegen bespitzeln soll, erfährt, dass er lediglich als Legendenbildner diente, damit der, den er bespitzelte, im Westen einen Ruf als Stasiverfolgter erhielte. Als ihm Zweifel an seinem Tun kommen, wird er verhaftet und in eine Heilanstalt eingewiesen.

TERRY KAJUKO (geb. 1960) deckt in „Wild Wild Ost" (2007) schonungslos die Praktiken der westdeutschen Spekulanten und Goldgräber im „eroberten" Osten auf. Die „Ossis" werden alleingelassen, der arbeitslose „Wessi" verprasst mit seinen Kumpanen das Geld: Das ist eine Momentaufnahme deutscher Geschichte, aber kein Wenderoman aus feuilletonistischer Sicht.

> „Es mag defätistisch klingen, aber man konnte die ‚friedlichen Revolutionäre' auch in die Arme westlicher Politiker, Publizisten und Wirtschaftsvertreter laufen sehen und denken: Wehe Volk, jetzt kommt was auf euch zu!"
>
> (Willemsen, Roger, zitiert nach: Schlinzig, Marie Isabel: „Auf der anderen Seite der Welt". literaturkritik.de, Nr. 9, September 2009, http://www.literaturkritik.de/public/rezension.php?rez_id=13225, Zugriff am 03.03.2011.)

Literarische Werke, die sich mit der Wende und Nachwendezeit beschäftigen:

F. C. DELIUS:	„Die Birnen von Ribbek" (1991)
ULRICH WOELK:	„Rückspiel" (1993)
KERSTIN HENSEL:	„Tanz am Kanal" (1994)
MARION TIETZE:	„Unbekannter Verlust" (1994)
THOMAS BRUSSIG:	„Helden wie wir" (1995)
GÜNTER GRASS:	„Ein weites Feld" (1995)
THOMAS HETTCHE:	„Nox" (1995)
ERICH LOEST:	„Nikolaikirche" (1995)
REINHARD JIRGL:	„Abschied von den Feinden" (1995)
INGO SCHULZE:	„Simple Storys" (1998)
INKA PAREI:	„Die Schattenboxerin" (1999)
CHRISTOPH HEIN:	„Willenbrock" (2000)
JANA HENSEL:	„Zonenkinder" (2002)
THOMAS BRUSSIG:	„Wie es leuchtet" (2004)
INGO SCHULZE	„Neues Leben" (2005)
CLEMENS MEYER	„Als wir träumten" (2006)

„Am kürzeren Ende der Sonnenallee" ist nach dem vieldiskutierten Film „Sonnenallee" (1999) von LEANDER HAUSSMANN geschrieben worden.

Der große „Wenderoman", vielfach in der Literaturkritik beschworen, ist bis heute nicht geschrieben. Viele hielten THOMAS BRUSSIGS „Helden wie wir" (1996) für diesen „Wenderoman". Wie auch in „Am kürzeren Ende der Sonnenallee" (2001) wird hier versucht, die gesellschaftliche Entwicklung über den historischen Zufall zu erklären. Damit gelangt man bereits ganz nah an die Wahrheit, denn ein Zufall war es, der GÜNTER SCHABOWSKI (geb. 1929) 1989 erklären ließ, die Reisefreiheit für DDR-Bürger träte mit sofortiger Wirkung in Kraft. Diese wahre Begebenheit barg nicht wenig Komik in sich. Vielleicht deshalb setzten sich jüngere Autoren der ehemaligen DDR humoristisch-satirisch mit dem Thema „Wende" auseinander. Für sie war die DDR längst kein historischer Ort von Utopie mehr.

BRUSSIGS komplexbeladener „Held" Klaus Ultzscht will mit seinem erigierten Penis „die Berliner Mauer umgeschmissen" haben. Am legendären 4. November 1989 erleidet er einen Treppensturz. Als dessen Folge schwillt sein Penis zu einer beträchtlichen Größe, die die Grenzer derart beeindruckt, dass sie die Grenze öffnen. Die Geschichte wird so grotesk erzählt, dass sie geeignet scheint, den Ereignissen die mythische Überhöhung zu nehmen. An die Stelle des „geteilten Himmels" (CHRISTA WOLF) tritt der „geheilte Pimmel".

▸ Am 4. November 1989 fand die große Demonstration auf dem Berliner Alexanderplatz statt, an der Autoren wie CHRISTA WOLF, CHRISTOPH HEIN, HEINER MÜLLER und VOLKER BRAUN teilnahmen.

Der an CHARLES BUKOWSKI und JOHN IRVING geschulte BRUSSIG gibt uns Einblicke in die Lebensstationen seines Helden Ultzscht auf der „Messe der Meister von morgen" und seine Arbeit bei der Staatssicherheit: In allem steckt das Absurde und Lächerliche, das ein wenig auch in der DDR steckte. Nur wird es mit dem Spott der Erlösung erzählt, mit Banalitäten und Obszönitäten angereichert, um den Sarkasmus zu verpacken, der in diesem Werk versteckt ist.
INGO SCHULZES (geb. 1962) „Simple Storys" (1998), ein „Roman aus der ostdeutschen Provinz" (Untertitel), erzählt in 29 Kapiteln Episoden aus

der Zeit nach 1990. SCHULZE zeigt das Alltagsleben nach der Wende in vielen kleinen Geschichten, die lediglich über den Schauplatz Altenburg bzw. die Figuren zusammengehalten werden. Eine Frau erzählt über ihre Erlebnisse auf einer Busreise nach Italien. Sie reisen mit einem westdeutschen Pass und unter falschem Namen, als BRD-Bürger. Eine Autopanne zwingt zum unfreiwilligen Halt, als ein Bergsteiger die Kirchenfassade hinaufklettert. Davor bildet sich eine Menschentraube, man fotografiert den Wahnsinnigen. Jemand hat ihn erkannt, man ruft seinen Namen. Er hält auf dem Sims eine Anklagerede gegen „den Bonzen im grünen Anorak", dann klettert er nach unten, wird von Carabinieri in Empfang genommen. Die Menschentraube löst sich auf. Von dieser Art sind SCHULZES Geschichten, unspektakulär, in „lakonischem, gänzlich unpathetischen Stil", der „an die Tradition der amerikanischen Short Story" anknüpft (Klappentext). Es sind die kleinen und großen Verletzungen der Seele, die berichtet werden. Als Erzählmotiv wird genannt: „Weil man so schnell vergißt".

Titelgestaltung mit der Unterschrift von INGO SCHULZE. Erzählmotiv: „Weil man so schnell vergißt"

GÜNTER GRASS' von den Kritikern arg gescholtenes „Ein weites Feld" (1995) ist eine Geschichte über den Fontane-Verehrer Theo Wuttke (genannt „Fonty") und seinen Spitzel Hoftaller. Sie verbalisiert GRASS' Kritik an der Art und Weise der Wiedervereinigung im Ausverkaufsstil und der Zerstörung ostdeutscher Lebensgefühle. Dabei zieht der Autor eine Parallele von der Reichseinigung 1871, die Fontane als Zeitgenosse erlebt hatte, zur Wiedervereinigung 1990 mit dem Protagonisten „Fonty": „Deutsche Einheit ist immer die Einheit der Raffkes und Schofelinskis."

Für den Literaturwissenschaftler WOLFGANG EMMERICH waren neben BRUSSIGS „Helden wie wir" auch ERICH LOESTS „Nikolaikirche" (1995) und BRIGITTE BURMEISTERS „Unter dem Namen Norma" (1994) „Wendeliteratur". An BURMEISTERS „Pollok und die Attentäterin" (1998) wurden „die Phantasie und Originalität" gelobt, mit der „eine literarische Suche nach den Spuren verschwundener Lebensmuster" gelang. Nach Erscheinen von „Neue Leben" feierte ein Teil des Feuilletons INGO SCHULZES Roman als Geniestreich, ein anderer reagierte nüchterner: „Ein Wenderoman wie ein Bilderbuch. Es fehlt nichts. Es überrascht aber auch nichts." (Arend, Ingo: Ein Männlein hockt im Walde. In: Freitag 42/2005, 21. 10. 2005.)

CLEMENS MEYER, geboren 1977 in Halle an der Saale, erhielt 2008 den Preis der Leipziger Buchmesse.

Mit der Jahrtausendwende vollzog sich ein Wandel in der Sicht auf Wende und Wiedervereinigung. Die Generation der in den 1970er-Jahren Geborenen meldete sich mit ihren spezifischen Erfahrungen und Sichtweisen zu Wort. Suchte JANA HENSEL (geb. 1976) in ihrem Buch „Zonenkinder" (2002) wehmütig die verschwundene DDR und ihre vermeintlichen Errungenschaften, zeichnete CLEMENS MEYER (geb. 1977) in „Als wir träumten" (2006) das Bild einer verlorenen Generation. Die zur Wendezeit in der Pubertät Gewe-

senen werden zu Kleinkriminellen und Drogenabhängigen. Der Autor wirft einen schonungslosen Blick auf die Gestrandeten und Gescheiterten. Dabei gerät dieser weder voyeuristisch noch allzu distanziert. Vielmehr vermag es MEYER, eine packende Geschichte zu erzählen, in der Träume zu Albträumen werden. Diese Ossi-Geschichte passte allerdings plötzlich nicht in das Konzept „Wenderoman", sondern war „das eindrucksvolle Portrait einer verlorenen Generation, der nicht einmal die Träume zu bleiben scheinen" (Katharina Bendixen, In: http://jetzt.sueddeutsche.de/texte/anzeigen/279670, Zugriff: 03.03.2011.).
Und angesichts seines Erzählungsbandes „Die Nacht, die Lichter" (2008) überspitzt das Feuilleton: „Knast, Stütze, Drogen: Seine Figuren stehen am Abgrund" (http://www.spiegel.de/kultur/literatur/0,1518,536352,00.html).
Dass die Diskussion über den ultimativen Wenderoman auch über zwanzig Jahre nach dem Mauerfall nicht beendet ist, zeigen immer wieder die Interviews und Rezensentenstimmen in den Feuilletons: „Ingo Schulze – Wie war die DDR?" (Deutsche Welle vom 17.10.2008).

Fortbestehen der Neuen Subjektivität

Eine weitere Tendenz zeigt sich im Fortbestehen der Neuen Subjektivität. GÜNTER GRASS legte mit „Mein Jahrhundert" (1999) ein Erinnerungsbuch vor, das ebenso hart diskutiert wurde wie „Ein weites Feld". Sein Buch „Beim Häuten der Zwiebel" (2006) sorgte für Aufsehen, weil GRASS darin seine Zugehörigkeit zur Waffen-SS zwischen Ende 1944 und April 1945 beschreibt. „Nachgezeichnet wird die Entwicklung eines Zwölfjährigen [...], der in der NS-Zeit sozialisiert wurde und sich verführen ließ, bis zur erwachsenen, gereiften Künstler-Persönlichkeit." (stern.de: in: http://www.stern.de/kultur/buecher/grass-beim-haeuten-der-zwiebel-ein-literarisches-meisterwerk-567814.html)
STEFAN HEYMS autobiografische Geschichten „Immer sind die Weiber weg" (1997) sind „komische und traurige und humorvolle Geschichten", die den Autor „von einer ganz neuen Seite" zeigen, „sie gehören zu dem eigenwilligsten, was er je geschrieben hat" (Klappentext). Es sind Kurzgeschichten, die er für seine Frau INGE geschrieben hat.
FRIEDERIKE MAYRÖCKER erinnert mit „Requiem für Ernst Jandl" (2001) an ihren Lebenspartner, der 2000 gestorben war.
Rückschau hielten auch HEINER MÜLLER („Krieg ohne Schlacht. Leben in zwei Diktaturen", 1992), GÜNTER KUNERT („Erwachsenenspiele", 1997), SASCHA ANDERSON („Sascha Anderson", 2002) und HEINZ CZECHOWSKI („Die Pole der Erinnerung", 2006).
Neben den Texten der älteren Autoren und Literaturkritiker aus Westdeutschland beschreiben die jüngeren das Leben in der wohlhabenden Bundesrepublik und die jüngsten das Lebensgefühl der Technogeneration, für die die Love-Parade zu einem Symbol des Spaßes und fast grenzenloser Freiheit geworden ist. In Literaturkritiken wird diese Literatur als abgeklärt und illusionslos, verspielt und z. T. elitär, glatt und makellos – als ein Teil der neuen Popkultur – charakterisiert.
Nachdem in den Diskussionen die Frage, ob jemand aus dem Osten oder Westen kommt, immer weniger eine Rolle spielt, haben die Autoren einen gemeinsamen Konfliktstoff. Er entsteht aus den unterschiedlichen deutschen Vergangenheiten und Lebensformen im Deutschland des

Auch MARCEL REICH-RANICKI legte mit „Mein Leben" (1999) eine erfolgreiche Autobiografie vor.

21. Jahrhunderts, das seinen Platz im neuen Europa und der Welt finden muss. Was dies für den Alltag und die individuellen Lebensphilosophien bedeutet, davon werden die Autorinnen und Autoren erzählen.

Das historische bzw. das fantastische Sujet

Traditionelles historisches Erzählen in der Nachfolge SIR WALTHER SCOTTS oder LION FEUCHTWANGERS ist seit den 1990er-Jahren ebenso zu beobachten wie der ins historische Sujet gezwängte Roman, der nicht notwendig in der vollendeten Vergangenheit spielen muss. Eine Reihe historischer Romane greift Lebensabschnitte realer Personen auf, die dann zum Erzählanlass werden. Ein ungewöhnlich frischer, dabei erfreulicherweise oft inkorrekter Zugriff auf historische Figuren – gepaart mit fantastischen Elementen – ist ROBERT LÖHR (geb. 1973) mit „Das Erlkönig-Manöver“ (2007) gelungen. Er lässt einige der berühmtesten Schriftsteller der deutschen Klassik bzw. der Romantik im Jahre 1805 miteinander agieren, die historisch tatsächlich hätten aufeinandertreffen können: GOETHE, SCHILLER, ARNIM, KLEIST, ALEXANDER VON HUMBOLDT und – als einzige Frau – BETTINA BRENTANO versuchen, den französischen Thronfolger in sein Amt zu setzen, um so die Herrschaft NAPOLEON BONAPARTES zu beenden. Dabei erleben die Helden spektakuläre Abenteuer. Die Staffage erinnert dabei oft an Actionfilme à la „Indiana Jones“. Eine Fortsetzung findet sich in „Das Hamlet-Komplott“ (2010), wenn GOETHE, SCHLEGEL, KLEIST, TIECK und GERMAINE DE STAËL im Jahre 1807 gemeinsam aufbrechen, um die Krönung NAPOELONS zum Kaiser Europas zu verhindern, indem sie KARLS Kaiserkrone nach Preußen schmuggeln. Durchsetzt sind die abenteuerlichen Geschichten mit amüsanten Originalzitaten der Protagonisten, Streitgespräche enden oft pointiert-witzig.

DANIEL KEHLMANN, geboren 1975 in München, wuchs in Wien auf. „Die Vermessung der Welt“ ist sein sechster Roman.

Auch DANIEL KEHLMANN lässt historische Figuren aufeinandertreffen. In „Die Vermessung der Welt“ (2005) schildert er das fiktive Zusammentreffen des Mathematikers und Astronomen Carl Friedrich Gauß und des Forschungsreisenden Alexander von Humboldt in Berlin im Jahre 1821. „Humboldt ist mein Schlüssel, denn er hat diese Welt betreten, aber er hat sie als Deutscher betreten. Das ist etwas, was ich erzählen kann.“ (Lowenberg, Felicitas von: Interview mit Daniel Kehlmann. In: FAZ, 09.02.2006, Nr. 34, S. 41.) Das Buch sei „eine satirische, spielerische Auseinandersetzung mit dem, was es heißt, deutsch zu sein“ (ebenda), äußerte er in einem Interview.
Mit „Gretchen: Ein Frankfurter Kriminalfall“ (2007) holt RUTH BERGER (geb. 1967) den Fall der SUSANNA BRANDT ins Bewusstsein derjenigen Leser zurück, die das Gretchen nur aus dem „Faust“ GOETHES kannten. Auch in diesem Roman wird der Weimarer Geheimrat zur literarischen Figur. BERGER hält sich aber, entgegen LÖHR, an die historischen Fakten.

MARCEL BEYER („Spione“, 2000), JOHN VON DÜFFEL („Houwelandt“, 2004) und RALF ROTHMANN („Milch und Kohle“, 2000; „Junges Licht“, 2004) setzten die Tradition des Generationenromans fort, die nach dem Leben der Eltern und Großeltern sowie nach der eigenen Kindheit in der „alten“ Bundesrepublik fragt.
BERNHARD SCHLINK bediente sich der jüngeren Geschichte und schaffte es mit „Der Vorleser“ (1995) in die Bestsellerlisten. Erzählt wird die fiktive Geschichte eines Jungen, der einer Analphabetin beim gemeinsamen zärtlichen Beisammensein Geschichten vorliest und erst spät erfährt, dass diese Aufseherin in einem Konzentrationslager gewesen ist.
Eine zweite Tendenz ist der neuartige Rückgriff auf das **Sujet des Historischen.** ROBERT SCHNEIDERS (geb.1961) **postmoderner Roman** „Schlafes Bruder“ erzählt die „Geschichte des Musikers Johannes Elias Alder, der zweiundzwanzigjährig sein Leben zu Tode brachte, nachdem er beschlossen hatte, nicht mehr zu schlafen“. Es ist die Geschichte eines großen Talentes, das zu absolutem Gehör gelangt und so in der Lage ist, nicht nur die Geräusche des Universums zu hören, sondern sich selbst autodidaktisch das Orgelspielen beizubringen.
In PETER HANDKES „Don Juan (erzählt von ihm selbst)“ (2004) taucht der Titelheld unvermittelt in der Herberge des Erzählers auf und breitet diesem in mehreren Nächten sein Leben mit seinen sieben Frauen aus, die ihn nach den sieben Erzähltagen vor der Herberge zurückerwarten. Zwar begleitet der Erzähler den modernen „Don Giovanni“ (MOZART) durch die Welt, aber die Figur des Frauenverführers bleibt seltsam – und gewollt! – fleischarm: „Wer ich bin, du wirst es nicht erfahren.“ Den Mythos „Don Juan“ hebt HANDKE bewusst aus seiner gewohnten Gegend heraus und stellt ihn in eine neue, mythisch-gegenwärtige. Diese wird verortet im Kloster Port-Royal-des-Champs bei Paris, das seit dem 17. Jh. berühmt ist für seine asketischen Tugenden.

Damit steht der Handlungsort in völligem Gegensatz zum Mythos. Und man wundert sich nicht, wenn auch die Erlebnisse Don Juans eben nicht frivol sind.
Diese Tendenz der Befreiung der Mythen aus ihren Geschichten begegnet uns auch bei der Literaturnobelpreisträgerin von 2004, ELFRIEDE JELINEK (Bild), in ihrem Dramentext „Das Lebewohl“ (2000), den die Autorin mit Zitaten aus der „Orestie“ des AISCHYLOS und einem Interview mit JÖRG HAIDER füllt: „Wir taten Unrecht, doch jetzt bekommen wir Recht. Wir sind ausgewählt. Wir schwören, wir warns nicht, und schon waren wirs wirklich nicht. […] Die Welt […] wird genauso wie immer sein, nur eben: offener, freier. Dafür für andre geschlossen total. […] Tod will Tod. Alter Mord. Neuer Mord. Gar kein Mord. Egal. Das Schandrecht des Mörders jetzt Ehre! […] Niemals ein Ende.“ JELINEK entwirft so das Psychogramm eines Verführers und entlarvt den politischen Demagogen.

Postmoderne: Überwindung der Moderne durch extremen Stilpluralismus und spielerischen Umgang mit Vorhandenem. Genregrenzen werden dabei oft aufgelöst.

Zur Dramentrilogie „Orestie“ des AISCHYLOS gehören drei Stücke: „Agamemnon“, „Choephoren“ (oder: „Die Grabesspenderinnen“) und „Die Eumeniden“ (Rachegöttinen der Unterwelt).

Neoromantik wird auch in der Popmusik immer augenfälliger. Bands, wie „Within Temptation“ und „Nightwish“ gelang es, vordere Plätze in den Charts zu erobern. in Musikvideos wird der Kult des Dunklen, Geheimnisvollen ästhetisiert.

Seit geraumer Zeit zu beobachten ist die Tendenz der **Neoromantik.** Mit dem Erscheinen von „Harry Potter und der Stein der Weisen“ (engl. 1997, dt. 1998) von JOANNE K. ROWLING entstand auch im deutschsprachigen Raum eine neue **Fantasyliteratur.** Zwar legte MICHAEL ENDE mit dem Bestseller „Die unendliche Geschichte“ bereits 1979 einen weltweit beachteten Fantasyroman vor, aber erst der immer noch andauernde „Harry-Potter-Boom“ ließ nach alternativen Lesemöglichkeiten suchen. Dies löste eine erneute Beschäftigung mit J. R. R. TOLKIENS (1892–1973) Trilogie „Der Herr der Ringe“ (1954/1955) aus. TOLKIEN legt in seinen Werken eine eigene komplexe, fantastische Parallelwelt vor, in der der Mensch nur eine bedingte Rolle spielt. Das Geschehen bestimmen Elben, Zwerge, Hobbits, Ainur, Ents, Orks, Drachen und andere Wesen. „Die Chroniken von Narnia“ (1950–1954) des Tolkien-Freundes CLIVE STAPLES LEWIS (1898–1963) wurden zu Beginn des 21. Jh. in Deutschland einer größeren Leserschaft bekannt. LEWIS bemüht in „Der König von Narnia“ einen Kleiderschrank, der die Tür zum Land Narnia birgt. In „Die Reise auf der Morgenröte“ werden die Protagonisten durch ein Ölgemälde ins Reich des Löwen Aslan gespült. In dieser Fantasywelt leben Zentauren, Faune, Nymphen, Zwerge, Riesen sowie sprechende Tiere. Diese Parallelwelt ist jedoch nicht so komplex wie die des „Herrn der Ringe“. Am ehesten ist der im fiktiven Buch „Necronomicon“ beschriebene **Cthulhumythos** des US.Amerikaners HOWARD PHILLIPS LOVECRAFT (1890–1937) in seiner Komplexität mit TOKLKIENS Fantasywelt vergleichbar.

Zur Popularität TOLKIENS und LEWIS' tragen insbesondere die Verfilmungen ihrer Werke durch Hollywoodstudios bei.

Ein weiteres Vorbild für deutsche Fantasyromane ist „Die Nebel von Avalon“ (1982) von MARION ZIMMER BRADLEY (1930–1999). Aus der Sicht von Morgaine, der Halbschwester König Artus', wird der Untergang Avalons erzählt. WOLFGANG HOHLBEIN (geb. 1953) schrieb seit den 1980er-Jahren über einhundertfünfzig zumeist fantastische Romane, u.a. die „Drachenthal“- und die „Chronik der Unsterblichen“-Reihe. In einem Gemisch aus Action und Fantasy greift HOHLBEIN mit „Das Avalon-Projekt“ auf den Stoff zurück.

Avalon: dt. = *Apfelinsel,* ist ein in Nebel gehüllter Ort der Kraft, aber auch der Aufenthaltsort der Helden nach dem Tode. König ARTUS soll sich der keltischen Sage nach dort aufgehalten haben, nachdem er verwundet worden war.

MARKUS HEITZ' (geb. 1971) auf sechs Bände angelegtes Werk „Ulldart – Die Dunkle Zeit“ (2002–2005) spielt im Land Tarpol, dem – ähnlich wie in „Herr der Ringe“ – Verwüstung, Finsternis und Elend drohen. Allerdings sind HEITZ' Romane bei Weitem nicht so komplex angelegt wie ihre britischen Vorbilder. Das gilt auch für die Werke von CORNELIA FUNKE (geb. 1958). Der Autorin gelang mit ihrem 2000 erschienenen Buch „Herr der Diebe“ ein Achtungserfolg in den USA. Der erste Teil ihrer „Tintenwelt“- Trilogie erschien 2003 unter dem Titel „Tintenherz“ zeitgleich auf Deutsch und Englisch. Der Plot erinnert sehr an Endes „Unendliche Geschichte“, denn auch hier spielt ein Buch eine zentrale Rolle. Allerdings entsteigen diesem die Wesen, um die Wirklichkeit zu verändern.

FUNKES Roman „Reckless. Steinernes Fleisch“ erschien 2010 zeitgleich in acht Staaten und in sechs Sprachen. Die Geschichte ist – ähnlich der Tintenwelt – auf mehrere Bände angelegt. Helden sind die Brüder Jacob und Will Reckless, deren Vornamen nicht von ungefähr an JAKOB und WILHELM GRIMM erinnern. Damit erklärt sich schon der Plot, denn hinter der Spiegelwelt zwischen den Bücherregalen lauern die Figuren aus den Kinder- und Hausmärchen. Diese werden zu einem funkeschen Universum neu zusammengefügt und durch weitere Figuren der Funkewelt wie der Gestaltwandlerin Fuchs ergänzt.

Wendeliteratur

Lyrik

aus westdeutscher Sicht

YAAK KARSUNKE: „Zur schönen Aussicht“ (1991)
HANS ARNFRID ASTEL: „Wahnsinn“ (1992)
DIRK VON PETERSDORFF: „Im Museum der Geschichte“ (1999)

aus ostdeutscher Sicht

JÜRGEN RENNERT: „Mein Land ist mir zerfallen“ (1990)
DURS GRÜNBEIN: „Schädelbasislektion“ (1991)
REINER KUNZE: „Die Mauer“ (1991)
VOLKER BRAUN: „Das Eigentum“ (1992)
GUNTER KUNERT: „Nachtvorstellung“ (1999)
HEINZ KAMNITZER: „Der Preis der Wende“ (1995)

Dramatik

aus westdeutscher Sicht

KLAUS POHL: „Karate-Billi kehrt zurück“ (1991)
BOTHO STRAUSS: „Schlusschor“ (1991)
OTTOKAR RUNZE: „Der andere Mann“ (2009)

aus ostdeutscher Sicht

HEINER MÜLLER: „Germania 3. Gespenster am toten Mann“ (1995)
THOMAS BRUSSIG: „Sonnenallee“ (1999, Spielfilm)

Epik

aus westdeutscher Sicht

Vor der Wende:

PETER SCHNEIDER: „Der Mauerspringer“ (1982)
BOTHO STRAUSS: „Diese Erinnerung an einen, der nur einen Tag zu Gast war“ (1985)
MARTIN WALSER: „Dorle und Wolf“ (1987)

Nach der Wende:

F. C. DELIUS: „Die Birnen von Ribbek“ (1991)
ULRICH WOELK: „Rückspiel“ (1993)
GÜNTER GRASS: „Ein weites Feld“ (1994)
THOMAS HETTCHE: „Nox“ (1995)
INKA PAREI: „Die Schattenboxerin“ (1999)
SVEN REGENER: „Herr Lehmann“ (2001)
TERRY KAJUKO: „Wild Wild Ost“ (2007)

aus ostdeutscher Sicht

Vor der Wende:

UWE JOHNSON: „Mutmaßungen über Jakob“ (1959)
CHRISTA WOLF: „Der geteilte Himmel“ (1963)

Nach der Wende:

THOMAS ROSENLÖCHER: „Die Wiederentdeckung des Gehens beim Wandern“ (1991)
BRIGITTE BURMEISTER: „Unter dem Namen Nora“ (1994)
MARION TIETZE: „Unbekannter Verlust“ (1994)
ERICH LOEST: „Nikolaikirche“ (1995)
JENS SPARSCHUH: „Der Zimmerspringbrunnen“ (1995)
REINHARD JIRGL: „Abschied von den Feinden“ (1995)
THOMAS BRUSSIG: „Helden wie wir“ (1995)
INGO SCHULZE: „Simple Storys“ (1997)
JANA HENSEL: „Zonenkinder“ (2002)
THOMAS BRUSSIG: „Wie es leuchtet“ (2004)
INGO SCHULZE: „Neue Leben“ (2005)
CLEMENS MEYER: „Als wir träumten“ (2006)
UWE TELLKAMP: „Der Turm“ (2008)

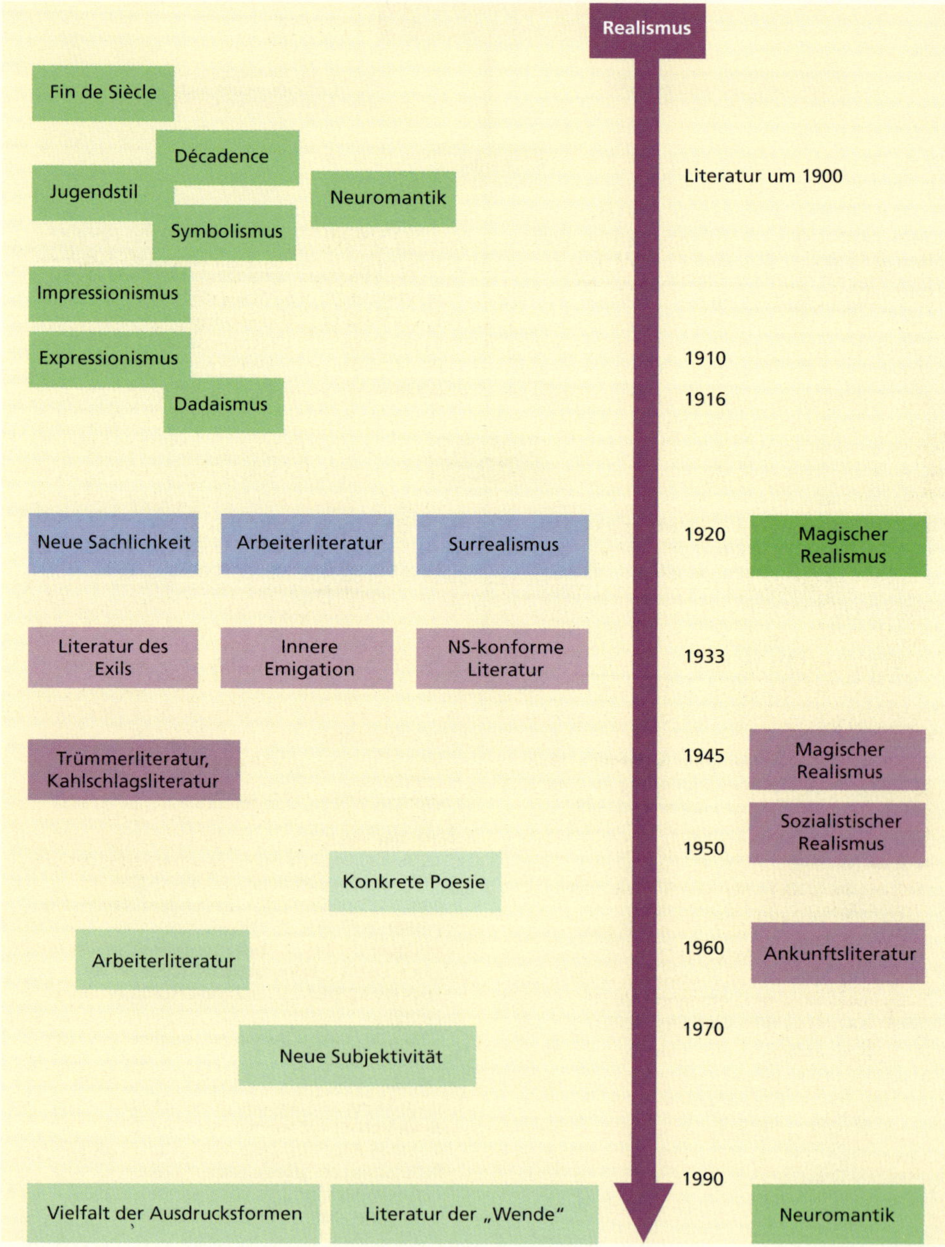

Wissenstest 4 abrufbar auf **www.lernhelfer.de** oder mit der Lernhelfer-App

Anhang

A

Register

A

B

C

D

I

J

K

M

N

A

T

Bildquellenverzeichnis

ADN, Zentralbild 333/1; Bibliographisches Institut GmbH, Berlin 6/1, 7/1, 77/1, 86/1, 90/1, 92/1, 93/1, 114/1, 117/1, 118/1, 120/1, 124/1, 125/1, 126/1, 127/3, 134/1, 135/1, 142/1, 143/1, 147/1, 168/2, 200/1, 206/1, 212/1, 231/1, 235/1, 236/1, 236/2, 237/1, 237/2, 242/1, 252/2, 255/1, 276/1, 284/1, 333/2, 334/1, 336/1, 342/1, 344/1, 346/1, 349/1, 363/1, 366/1, 370/1, 373/1, 379/1, 383/1, 385/1, 392/1, 393/1, 394/1, 409/1, 416/1, 418/1, 420/1, 455/1, 471/1; Bibliographisches Institut GmbH, Berlin/Siegfried Müller 454/1; Cornelsen Schulverlage GmbH 136/1, 441/1; T. Cugini, Zürich 423/1; Directmedia Publishing, Berlin 88/1, 94/1, 133/1, 174/1, 187/1, 195/1, 199/1, 220/1, 251/1, 253/1, 282/1, 302/1, 314/1, 341/1, 354/1, 369/1, 371/1, 374/1; dtv/D. Langermann, Berlin 450/1; Fotoarchiv Panorama 401/1, 408/1, 421/1, 426/1; © Martina Berg – Fotolia.com 41/1; Griechische Zentrale für Fremdenverkehr, Frankfurt am Main 179/1; Image Source, Köln 121/1; iStockphoto © iStockphoto.com 65/1; Wikipedia/Jessica Kemper 329/1; Kinderbuchverlag Berlin/D. Langermann; Berlin 443/1 M. Konrad; Falkenrehde 5/1; D. Langermann; Berlin 132/1, 165/1, 179/1, 203/1, 301/1, 343/2, 345/2, 352/1, 361/1, 362/1, 431/1, 436/1, 437/2, 448/1, 458/1, 459/1 461/1 462/1, 470/1; Leipziger Messe GmbH/Uwe Frauendorf 452/1; Leipziger Messe GmbH 2008 470/2; © The Nobel Foundation 1972 473/1; Photo Disc Inc. 46/2, 55/1; picture-alliance/akg-images 415/1, 419/1; picture-alliance/dpa 463/1, 472/1; picture-alliance/Erich Lessing 168/1; Pitopia/Armin Dörr, 2005 466/1; Presse- und Informationsamt des Landes Berlin/Landesbildstelle Berlin 437/1; D. Ruhmke, Berlin 54/1; S. Fischer Verlag/D. Langermann, Berlin 469/1; Spektrum Akademischer Verlag, Heidelberg 292/1; Städtische Museen Jena 305/1; Städtische Museen Quedlinburg, Klopstockhaus 249/1; Stadtspieltruppe Potsdam 27/1; Steidl/Linden/D. Langermann, Berlin 467/1; Ulm/Neu-Ulm-Touristik 477/1; Universität Mannheim 227